13인의
위대한
패배자들

▶ 한니발부터 닉슨까지 ◀
패배자로 기록된 리더의 이면

장크리스토프 뷔송 · 에마뉘엘 에슈트 지음

류재화 옮김

13인의 위대한 패배자들

▶ 한니발부터 닉슨까지 ◀
패배자로 기록된 리더의 이면

책과
함께

일러두기

- 이 책은 Jean-Christophe Buisson과 Emmanuel Hecht의 Les Grands Vaincus de l'histoire (Perrin, 2018)를 완역한 것이다.
- 본문의 각주에는 원서의 주와 옮긴이 주가 함께 수록되어 있다. 옮긴이 주에는 '−옮긴이'로 표기했다.
- 외국 인명·지명 등의 한글 표기는 주로 국립국어원의 외래어표기법을 따르되 경우에 따라 관행화된 표기나 원발음에 가까운 표기를 하기도 했다.

차례

지는 법을 알아야
이기는 법을 안다

이 13인은 영광의 정점에 올랐다가 지옥 같은 암흑세계로 떨어진 두 명의 여성과 열한 명의 남성이다. 패배자들은 추방을 당하거나 유형을 떠나거나 암살되거나 자살했다. 이들의 이름은 한니발, 클레오파트라, 베르킨게토릭스, 잔 다르크, 몬테수마, 기즈, 콩데, 샤레트, 로버트 리, 장제스, 트로츠키, 체 게바라, 닉슨이다. 이 13인의 왕자, 왕, 황제, 군사령관, 대통령은 신비한 색채를 띠거나 고유의 이념을 품었던 이들로, 때론 존경과 두려움의 대상이었고 때론 감탄과 아첨의 대상이었다. 그러나 운명의 수레바퀴가 돌아가면서 죄수 시체 공시장으로까지 보내졌다. 이게 다 사실이라면, 어느 시인이 말했듯이, "아름다움과 꿈, 위대함, 이 모든 것은 물이 물속에서 흐르듯 사라지는 것일까."

우리는 여러 시대와 대륙을 파노라마처럼 다채롭게 보여주기 위해서 13인만을 선택했다. 물론 더 추가할 수도 있다. 스파르타쿠스와 레오니다스에서 히틀러, 사담 후세인까지, 다리우스를 거쳐 예루살렘의 보두앵 4세, '무모 왕' 샤를, 메리 스튜어트, 크롬웰, 로베스피에르, 카두달, 나폴레옹, 일명 '고든 파샤'로 유명한 찰스 고든, 압델카데르, 미하일로비치 장군, 무솔리니, 파트리스 루뭄바, 살란 장군에 이르기까지. 이들은 카피톨리노 언덕에서 타르페이아 바위로 떨어진 자들이다. 영광의 연단에서 총살형의 사형대로, 무소불위의 권좌에서 유형지로, 태양에서 심연으로 떨어진 자들이다.

그렇다면 왜 13인가? 미신이긴 하지만 불길한 숫자 아닌가. 그러나 이 챔피언들을 넘어뜨린 운명의 기복을 설명하기 위해 우리가 굳이 타로카드를 꺼내거나 커피 찌꺼기로 점을 볼 필요는 없다. 그것은 허세, 자만, 경멸, 교만, 아니면 맹목, 아니면 휴브리스hubris[1]—고대 그리스어로 '과도함'이라는 뜻이다—, 나약함, 우유부단 탓이다. 그렇다, 한마디로 인간 영혼 속에 숨어 있는 본능이나 기질 속에 들어 있는 실패 요인 탓이다. 때로는 행운의 기회를 잡는 능력—아티카인들이 말하는 카이로스kairos—이 없어서이기도 하다. 아니면 힘의 논리를 간과하거나 음모와 계략을 꿰뚫어보는 능력이 없어서이기도 하다.

결코 평범하지 않은 이 13인의 초상화를 그리는 데에 위험이 따르지 않은 것은 아니었다. 왜냐하면 클리오Clio[2]는 약삭빠르고 꾀가 많기 때문이다. 패배자는 뜻밖에 후대에 영광을 얻음으로써 순교자로 바뀔 수 있다. 희생이 전투보다 더 큰 의미가 있을 수 있다. 열혈 지지자들은 전설을 만드는 데 늘 갈급하다. 비록 실패했지만, 자기 길을 똑바로 걸어갔던 이가 승자들이 지어낸 어두운 전설 때문에 정당한 평가를 받지

---

1. 역사학자 아널드 토인비는 과거에 성공한 사람이 자신의 능력과 방법을 우상화함으로써 오류에 빠진다는 뜻으로 이 그리스어를 더욱 발전시켜 해석했다.—옮긴이
2. 역사의 뮤즈. '유명한'이라는 뜻을 지닌 그리스어 '클레이오'에서 파생한 라틴어.—옮긴이

못할 때도 있다. 사실 역사는 대부분 이런 식이다.

이를테면 낭만적이면서 권위 있는 영웅풍의 체 게바라 신화도 이런 역사의 책략을 뚜렷이 보여준다. 이 아르헨티나의 스페인 귀족은 페루에 가서 죽는 새들처럼[3] 볼리비아 밀림으로 들어가서 죽었다는 것이다. 그러니까 그들의 콘키스타도르conquistador[4]는 예수가 제자들을 이끌고 골고다 언덕으로 올라갔듯이, 계속되는 혁명의 불길로 남아메리카 대륙을 모조리 불태울 수 있으리라 믿으며 대원들을 이끌고 그곳으로 갔다는 식이다. 그러나 그는 자신의 운명을 예감했다. "나의 운명은 게릴라로 죽는 것이다." 처음부터 패를 잘못 돌린 거였으나 아무도 그렇게 생각하려 하지 않았다. 현실을 거부하고 싶은 마음에 각자 자기 식으로 생각했다. '해방자'로 분장한 허무주의자와 사도신경 외에는 아무것도 읽지 않으려고 한 그의 파르티잔들. 볼리비아에서 치른 그의 최후의 전투는 실패했고, 그 지역 군인들은 누더기를 둘러쓴 유령을 체포했다. 그러나 후대에 와서 통용되는 이미지는 이와 다르다. 쓰러져 누워 있는 가톨릭교 순교자. 낭만적 혁명주의자 예수의 복사본.

오만은 패배자들이 가진 못된 재능이다. 생시몽과 베르사유 왕정이 '영웅 공작님'이라고 불렀던 콩데 공은 처형은 겨우 면했지만 결국 자기 영지로 귀양 가는 신세가 되었다. 류머티즘에 걸려 사지가 불편한 이 사내가 22세에 로크루아 전장에서 혁혁한 공을 세우고(1643년) 전설이 될 줄 누가 상상이나 했을까? 그는 자신의 유명세와 계급 정도면 선한 의지만 가져도 충분하다고 믿었지만, 군주권이 프롱드 난을 일으

---

3. 프랑스 작가 로맹 가리의 《새들은 페루에 가서 죽다》를 연상케 하는 문구다. 이 단편 소설집에는 이와 유사한 이야기가 몇 편 나온다.—옮긴이

4. 스페인어와 포르투갈어로 '정복자'라는 뜻.—옮긴이

킨 자들만큼은 절대 봐주지 않을 것임을 미처 간파하지 못했다. 왜냐하면 군주들에게는 생존이 걸린 문제였으니까. 콩데 대장은 전장에서는 영민했지만, 이른바 '세상'에는 무지했다. 이 '세상'이란 나중에 샹포르⁵가 '사교계'라고 명명하게 될 그것이다. "서로 다른 수천 가지 작은 이해관계들의 싸움, 인생무상인 것들을 놓고 다투는 영원한 싸움. 이 모든 것이 서로 교차하고, 부딪히며, 차례차례 상처 주고, 모욕한다. 전날에 승리했던 자가 이튿날에는 패배의 혐오감 속에서 치를 떨며 죽어가야 하는 사회."

이런 '작은 이해관계'는 시대에 따라 이름만 바뀌며 이어질 것이다. 트로츠키는 얻어야 할 이익이 있다면 굶주린 제국의 조지아⁶ 독재자한테까지 굽신거리는 것을 관료 사회의 '비프스테이크'에 비유했다. 트로츠키는 이것을 악으로 보았지만, 스탈린처럼 새롭게 급부상한 지배 계급으로부터 자신을 보호하지는 못했다. 트로츠키 역시 두뇌는 명민했으나 "서로 대치하는 수천 가지 작은 이해관계"를 소홀히 한 나머지 결국 멕시코 한 교외의 벙커 자택에서 토끼 고기로 식사한 직후 두

---

5. 세바스티앙로슈 니콜라 드 샹포르(1741~1794). 18세기 프랑스 혁명기의 시인이자 언론인이며 작가. 구체제 특권 신분을 겨냥한 그의 촌철살인하는 통렬한 문장과 문체는 아주 유명하다. 이른바 '파편fragment'처럼 문단을 분할하며 쓰는 그의 기법은 정평이 나 있으며(17세기 프롱드 난에 가담한 귀족 작가들, 즉 라로슈푸코 공작 등 17세기 프랑스 모랄리스트 작가들 때부터 이런 기법은 나타났지만, 샹포르가 이를 더욱 계승, 발전시켰다), 슐레겔 같은 독일 낭만주의 작가들에게도 깊은 영향을 미쳤다. '분노의 순수성'과 그 절대성을 살리기 위해서는 장황한 설명 없이 가장 정확하고 간결하며 절도 있게, 그러나 가장 무시무시한 힘을 실어 문장을 압축할 필요가 있었다. 혁명 초기, 급진적 강성 혁명파였으나 공포정치기에 좌절하면서 자살을 기도하기도 한다. ─옮긴이

6. '그루지야'로 익숙한 지명이지만 오늘날 통용되는 국가명을 기준으로 하고 외래어 표기법에 맞추었다. 본문에 나오는 국가명 또는 도시명은 모두 외래어 표기법에 따른다. ─옮긴이

개골에 총상을 입고 죽는다. 그의 볼셰비키 이력은 종이 위에 빼곡히 채워질 만큼 완벽했다. 1905년 소비에트 최고회의 대표, 1917년 10월 혁명 주동자, 신랄하고 통렬한 이론가이자 웅변가, '붉은 군대'의 창설자, 레닌의 추정상속인.

시사하는 바가 많은 이런 처신들에서 끌어내야 할 교훈이 있다면 무엇일까? 적을 무시하거나 적에 대해 무지하면 절대 안 된다는 것이다. 《손자병법》(기원전 5세기)이 이미 알고 있었고 또 알려주는 바가 바로 이것이다. 위대한 전사이자 교양이 넘치는 자였으며, 이상적인 왕자의 모범과도 같았던 기즈 공작―콩데 공작이 있기 100년 전에는 기즈 공작이 있었다―은 그의 '친애하는 사촌' 앙리 3세를 대놓고 무시하다가 평생 그 대가를 치러야 했다. 상처 입은 짐승처럼 조롱감이 된 그에게는 이 모욕을 피로 갚는 것 말고 다른 길이 없었다.

다른 시대, 다른 사회 체계에 살면서 같은 실수를 범한 또 다른 사람이 있다. 장제스는 중국 농민들을 무시했다. 군사 작전이 긴급하게 전개되자 무차별 징발을 요구했고 농민들의 마을을 침수시키는 행위마저 주저하지 않았다. 그 시각, 마오쩌둥이 이끄는 공산당 부대―마오는 《손자병법》을 읽었고 저자가 강조한 교훈을 숙지했다―는 마을 사람들이 살아갈 수 있도록, 또 그들이 보호받고 있다는 확신을 가질 수 있도록 행동했다. 나중에 이 '총통'과 마오-린뱌오 2인조의 최종 대결에서 농민들은 그때 그날을 떠올릴 것이다. 국민당의 대표는 이른바 '군벌'을 제거하면서 중원의 제국을 통일하는 힘겨운 과업에는 성공했지만 인민들의 삶을 뒤흔들었고 평화를 위협했다. 다음은 리바롤[7]의

7. 앙투안 드 리바롤(1753~1801). 프랑스의 작가이자 문필가. 볼테르의 제자로 알려져 있다.

말이다. "위대한 민중은 결국 실행[8]한다."

역사 속 위대한 패배자들은 신들과 너나들이하는 것을 좋아하다 보니 현실 감각이 부족한 모습도 보인다. 자기확신과 오만으로 가득 차 도처에 있는 배신의 기미를 알아채지 못한다. 배신이란 권력과 근친상간하는 연인이다. 한니발은 도저히 믿어지지 않는 알프스 횡단에 성공하지만 이탈리아 남부에 갇혀 오지 않는 지원군을 기다리는 신세가 되었다. 그의 최고의 적은 로마가 아닌 카르타고에 있었다. 모든 갈리아족이 하나가 되기를 꿈꾸었던 젊은 대장 베르킨게토릭스도 이와 유사한 좌절을 겪는다. 몇몇 갈리아족이 배신하고 떨어져 나간 것이다. 내분과 분열이라는 현실, 이것은 독 중에서도 가장 끔찍한 독이고, 특히 프랑스에서는 늘 있어왔고 앞으로도 있을 영원한 독일 것이다.

잔 다르크 역시 버림받았다. 그녀의 눈에는 언제나 '착한 태자님'이었던 미래의 샤를 7세는 잉글랜드의 지배로 너무나 오랫동안 모욕을 당한 태자 신세여서 그랬을까. 그는 자신의 군주권이 그녀보다 더 소중했다. 왕은 몇 년 후에 다시 재판을 열어 이전의 재판(종교재판)을 무효로 만들었지만, 잔 다르크의 명예를 회복해 주려고 그런 것이 아니라 엄연히 왕인 자신이 '마녀'의 채무자 신세로 있어야 하는 그 찜찜함을 씻어내기 위해서였다. 종교적 신비주의에 빠진 잔은 자신을 오로지 하늘의 왕에게만 보고하는 사람이라고 주장했지만, 지상의 왕국에

그런데 그는 프랑스 혁명 당시 군주제를 지지한 걸로 알려져 있다. 주요 작품은 《프랑스어의 보편성에 관하여》이다. ─옮긴이

8. 원어는 'éxecution'인데, 흔히 '실행' '집행'이라는 뜻으로 쓰이지만 '처형' '살해'라는 뜻도 있다. '처형'이라는 함의를 폭로하는 단어로 번역하지 않고 이중적 의미 그대로 번역했다. 혁명을 일으킨 민중은 법을 초월한 '신성한 폭력'으로 결국 부패한 정부 또는 부패하고 무능한 국가 지도자를 처형하거나 권력에서 내려오게 만든다는 의미다. ─옮긴이

서는 '리얼폴리티크realpolitik'가 가장 견고한 법임을 전혀 알지 못했다. 버려지고, 종국에는 순교당한 잔 다르크는 더 추락하여 역사의 쓰레기장 속에 묻힐 뻔했다. 이 쓰레기장에서 잔 다르크를 건져낸 이가 역사학자 쥘 미슐레다. "프랑스 국민 여러분, 항상 기억하십시오. 우리의 조국은 한 처녀의 심장으로부터 태어났습니다. 그녀의 따스함과 눈물, 그녀가 우리를 위해 흘린 피로부터 태어났습니다." 이 공화주의자 역사가의 목적은 잔 다르크에게서 종교적 색채를 벗겨내고 그야말로 종교를 떠나 일반 시민의 가치를 되살려, 종교재판의 이름으로 그녀를 화형대에서 사라지게 한 가톨릭교회의 권위를 무너뜨리고 그녀를 새로운 차원의 성인으로 격상하는 것이었다. 바야흐로 반교권주의를 내세운 제3공화국 시절이었다.

우리가 다루는 이 위대한 패배자들이 모두 잔 다르크 같은 역전의 기회를 가진 건 아니다. 악의적인 검은 전설이 딱 달라붙어서 절대 사라지지 않는 경우도 있다. 클레오파트라가 그런 경우로, 그녀를 주제로 다룬 거의 모든 책이 2000년이 지나도록 과거 로마 작가들의 서술에서 한 발자국도 못 나가고 있다. 변덕스럽고, 야망에 가득 찬, 계산속 밝은 여자, 아니면 "세상의 악덕이란 악덕은 다 가진 저속한 매춘부." 그녀의 죄라면 이것이다. 그녀보다 300년 앞서 동양과 서양을 통일하려 했던 알렉산드로스 대왕의 꿈을 감히 그녀가 어루만졌다는 것. 그것도 두 번이나. 이 꿈은 처음에는 카이사르의 암살로 무산되었고, 두 번째는 아우구스투스의 멸시로 무산되었다. 세 번째가 있으려면 그다음 다른 남자가 있어야 했으려나?

우리에게 훨씬 가까운 최근의 예를 들면, 닉슨은 워터게이트 사건 때문에 사악한 표정에 얼굴을 찌푸리는 캐리커처로 신랄하게 표현되는 이른바 '트리키 딕(교활한 딕)'으로 낙인찍혔다. 반면 이 미국의 제37대 대통령의 외교와 사회 정책은 나머지 후대 대통령들의 질투심을 불러일으키고도 남는다.

클리오가 배은망덕할 때도 많지만, 때론 정확하다. 어떤 경우는 도저히 변호해 줄 수 없는 인물도 있어, 클리오에게 이의를 제기할 수 없게 한다. 아무리 뛰어난 변호사라도 몬테수마 같은 경우는 승소하기 힘들지 않을까? 몇 줌도 안 되는 스페인 정복자들에게 아스테카 제국을 갖다 바쳤으니 말이다. 이것이 그의 우유부단함과 비겁함과 오만함과 미신 때문에 초래된 것이라면? 그는 끝까지 '깃털뱀'으로 일컬어지는 케찰코아틀 신의 귀환을 기다렸다. 그런데 그에게 다가온 것은 자기 자식까지 제물로 바칠 생각을 하게 만든 "끔찍하고 비루한" 결말이었다.

패배자들에게 마지막 선회의 기회가 있다면 '죽는 법을 알기'이다. 그래, 그건 사실이다. 그러나 이런 예외적이고 특별한 영웅성은 몇몇 정도에게만 있었다. 로마인들은 한니발이 유배 생활을 하던 그 먼 소아시아에까지 와서 그를 제거하려 했고, 이런 로마인들의 손에 죽지 않기 위해 한니발은 스스로 목숨을 끊는다. 잔 다르크는 화형대에 올라가서도 실신하지 않았다. 샤레트는 사형 집행장에서 누군가 눈가리개를 주자 거부하고 기꺼이 단두대 아래에서 무릎을 꿇는다. 체 게바라는 법정에 끌려 가느니 차라리 누구든 와서 자신을 죽이라고 했다.

역사의 여러 비극이 서린 이 묘지에서, 로버트 리 장군은 그 엄정함과 초연함, 무심함으로 이른바 비정형적 인간형을 보여준다. 미국 남북전쟁에서 '남부연합파의 전설'이었던 리 장군은 웨스트포인트 사관학교를 나온 입지전적인 인물로, 순도 100퍼센트 버지니아 사람이었다. 그러니까 코르네유풍의 인물[9]이라고나 할까? 가족과 친지라는 세계와, 국가와 군인으로서 임무라는 두 세계 사이의 갈림길 앞에 놓였을 때 그는 전자를 택한다. 결국 그는 북군과 맞서 싸우다 패배하지만 북군에게 그리 심하게 공격받지는 않는다. 남북전쟁을 종결하는 협약의 서명을 마친 후, 그는 전장에서 늘 자신과 함께했던 애마 '트래블러' 위에 올라탔다. 그의 상대 적수였던 북군 총사령관 그랜트에게도 그는 "생존하는 가장 위대한 미국 군인"이었기에 그랜트는 조용히 모자를 벗고 인사한다.

간혹 패배자가 승자의 모습을 할 때가 있다.

---

9. 프랑스 고전극의 쌍벽인 라신과 코르네유는 다른 성향 및 경향으로 자주 비교되곤 한다. 프랑스인들 사이에서는 '라신적' '코르네유적'이라는 수사어가 통용되는데, 라신이 현실적 인물을 그린 데 비해 코르네유는 의지의 힘으로 가득한 이상적 영웅상을 많이 다뤘다. ─옮긴이

#

한니발

(Hannibal, BC 247~BC 183)

로마를 떨게 한 장군

이 카르타고인은 무훈의 영웅으로 역사에 길이 남을 것이다. 그는 로마 땅을 밟겠다는 일념으로 코끼리들과 함께 알프스를 넘었다. 비범한 전략가이자 용사 중의 용사였던 그는 연방 조직자라는 원대한 계획을 세웠지만 이탈리아 반도의 민족들을 결국 결집해 내지 못했다. 그는 제국이라는 큰 그림을 그리며 상업적 부를 탐내는 과두 정치도 굳이 반대하지 않았다. 어쩌면 알렉산드로스 대왕이 죽은 지 한 세기가 지나 새로운 알렉산드로스가 되기를 꿈꾸었는지도 모른다.

기원전 216년 봄, 한니발과 그의 병사들은 아드리아해 북부에서부터 긴 행군을 시작해 이탈리아의 장화 뒤축에 와서야 겨울을 났다. 이 카르타고의 수장首長은 서른 살 아니면 서른한 살이었다. 문헌에 따르면 그는 기원전 247년 아니면 246년에 태어났다. 이 출생 연도에 따라 전쟁 연도, 전장에 참가한 병사 수나 사망자의 수도 바뀐다. 이 남자의 용모 역시 신비에 둘러싸여 있다. 주화나 흉상이 매우 드물다. 그 가운데 하나가 나폴리 국립 고고학 박물관에 소장되어 있다. 수염이 없고 머리카락은 곱슬머리이고 코는 곧은가 하면 구부러져 있다. 개인적 삶에 대해서는 거의 알려진 바가 없다. 어머니의 이름도 모른다. 이베리아 귀족 출신의 젊은 아내가 있었고 둘 사이에 아들이 하나 있었다는 정도만 알려져 있다. 역사가 유스티누스[1]에 따르면 그는 자신에게 매우 엄격했다고 한다. 고대 사회의 절대적 모델 알렉산드로스 대왕(기원전 356~323)처럼 결코 포기하는 법이 없었다. "그는 결코 비스듬히 누운 자세로 식사하지 않았다. 포도주도 반 잔 이상은 마시지 않았으며, 옆에 부릴 수 있는 몇몇 여자 포로가 있긴 했지만 아무도 그가 아프리카에서 태어났다고는 생각할 수 없을 만큼 극도로 조신했다." 반면 티

---

1. 기원후 2세기 인물.

투스 리비우스[2]는 종교심도 없고 무법자 같은 야만인의 현현이자 절대 신뢰할 수 없는 '배신자perfidus'라고 혹독하게 평가했다. "위대한 미덕과 쌍을 이루는 거대한 악덕이 있다. 비인간적인 잔인성, 카르타고인 특유의 비열함. 그에게서는 진실도, 성스러움도, 신들에 대한 경외심도 찾아볼 수 없었다. 한 말에 대한 신뢰도, 신실한 종교심도 그에게서는 찾아볼 수 없었다." 역사학자란 로물루스가 세운 도시 세계에서 어쩌면 가장 대단한 선전선동가인지 모른다.

한니발이라는 이름은 그가 탄생한 도시인 카르타고의 신인 "바알의 호의를 받는 자"라는 뜻이다. 그는 이탈리아 반도 남쪽 끝에 있는 아풀리아(풀리아)에 자신의 병영을 세우기로 마음먹는다. 농산물이 풍부한 지역이어서 병사와 말을 충분히 먹일 수 있었기 때문이다. 그곳으로 가는 도중 칸나에 요새(지금의 칸네 델라 바타글리아)를 점령했고, 로마인들과 어떤 충돌도 일으키지 않고 식량을 얻어냈으며, 동시에 로마와 로마 남동부 동맹 도시들의 소통 창구를 막는 데도 성공했다.

'로마다운' 승리

로마의 집정관 바로와 아이밀리우스 파울루스는 가공할 만한 적이 나타났으니 이자를 물리치기 위해 새로운 정복전을 벌여야 한다고 주장했다. 이 명분으로 '우르브스Urbs'[3]에서만 무려 10만 명 이상을 징발했

---

2. 기원전 59~기원후 17년.

3. 라틴어로 '도시'라는 뜻. 대문자로 쓰면 모든 도시 중의 도시, 즉 로마를 뜻한다.

다. 7월, 한니발이 있는 칸나에에서 10여 킬로미터 떨어진 곳에 진영을 구축했다. 한니발은 중장보병 4만 5000명을 비롯해 기병 1만 명과 함께 이들을 기다리고 있었다. 병사 수는 열세였지만 그는 기죽지 않았다. 오히려 기동성과 순발력, 이른바 '메티스metis', 즉 재치와 계략이라는 으뜸패가 있었다. 이를 시원하게 써볼 준비도 되어 있었다. 한니발은 메티스를 그리스계 스승에게서 배웠는데, 한 사람은 스파르타 출신이고, 다른 한 사람은 시칠리아 출신이었다. 소실로스와 실레노스가 바로 그들이었다. 카르타고인은 그리스 문화를 간직한 아프리카 페키니아인이었다. 지체 높은 가문 출신인 한니발은 테살리아의 젊은 왕자와 같은 교육을 받았다.

진영을 설치하자마자 로마인들은 적들의 주요한 물 보급처가 될 아우피두스강(지금의 오판토강으로, 풀리아 지역에서 가장 중요한 수로다)을 차단해 적들의 진입을 막았다. 깜짝 놀란 한니발은 이튿날인 8월 1일에 그곳 캠프를 버리고 떠난다. 카르타고인들은 그야말로 전략적 철수와 퇴각의 달인이었다. 적들을 완전히 장악하기 위해 '전쟁의 어머니'의 가호 아래 강 건너편에 바로 막사를 쳤다. 병사들의 사기를 진작하기 위해 그가 하는 장광설은 가령 이러했다. "그대들이 승리하면 그대들 손에 저 완전한 이탈리아가 들어올 것이다. 이 유일무이한 전쟁으로 여태 참아온 모든 고통이 끝날 것이다. 로마의 보석이 그대들 품 안에, 세계가 그대들의 지배 아래에 들어올 것이다."

이튿날 새벽, 카르타고의 병사들은 등에 뜨거운 바람과 먼지를 맞아야 했다. 한니발은 매 전투마다 복잡하고 섬세한 지형을 택했다. 수의 열세를 만회하려면 협소한 지역이 유리했다. 그래야 수가 아주 많은 로마 군단의 움직임에 제동을 걸 수 있었다. 한니발은 앞쪽에는 경보병을 배치했다. 형인 하스드루발이 지휘하는 갈리아와 스페인의 기마병은 왼쪽 날개를 맡았고, 북부 아프리카의 누미디아 기병대는 오른쪽 날개를 맡았다. 구릉처럼 약간 튀어나와서 밖에서도 보이는 가운데 부분에는 가장 약체인 보병을 배치했는데, 일종의 미끼였다. 맨 뒤에는 결정적인 최후의 일격을 위해 리비아의 베테랑들을 예비로 배치했다.

가운데 자리에 있던 카르타고 병사들은 처음에 로마 군단의 어마어마한 규모를 보고 놀랐다. 이는 충분히 예견된 일이었다. 로마인들은 앞으로 진격하면서 이미 승리감에 도취되었다. 그러나 곧이어 누미디아 기병대에게 포위되었고, 사방에서 일제히 공격이 들어왔다. 마침내 아주 체계적으로, 철저하게 섬멸되었다. 집정관 아이밀리우스는 도망치기보다 병사들 가운데서 죽기를 원했다. 다만, 로마 원로원에 전령을 보낼 시간은 있어 그는 당장 방어 체계를 갖춰야 한다는 급전을 보냈다. 부집정관인 바로는 기적적으로 몇몇 기마병과 함께 도망치는 데 성공했다. 결과는 처참했다. 8개 군단이 전멸했고, 집정관 2명, 의원 및 행정관 80명, 재무관 2명, 군사령관 30명이 전장에서 사망했다. 4만에서 6만에 이르는 보병과 기마병이 희생되어 저세상에 합류했다.

로마는 자기 땅에서 싸운 것이고, 한니발은 외부에서, 즉 남의 땅에서 싸운 것이다. 이 승리는 예상치 못한 일이라 더욱더 극적이었다. 오후 반나절 만에, 도시 로마에서 사망한 사람의 수가 베트남 전쟁에서 사망한 미국 병사의 수와 같을 정도였다. 칸나에 전투는 고대의 전투 가운데 피를 가장 많이 본 전투로 기록된다. 로마인들보다 열 배는 적었지만, 카르타고인들도 6000명 좀 못 되는 사망자를 냈다. 전사들은 동료의 죽음에 깊은 애도를 표했다. 로마 병사의 수가 압도적으로 많았던 점이 족쇄로 작용했음이 틀림없다. 기병대도 효력을 발휘하지 못했다. 가장 오래되고 가장 용맹스러운 보병들이 열에 하나 꼴로 죽어나가서 새로운 병사를 징발할 수밖에 없었지만, 신참 병사 비율이 너무 높은 것이 패착 요인이었다. 더욱이 교대 명령이라는 부조리한 체계도 문제였다. 집정관이 두 명이어서 하루씩 번갈아가며 지휘하니 혼란이 가중되었다. 더욱이 두 사람의 기질은 완전히 반대였다. 한 사람은 공격적이었고, 다른 한 사람은 신중했다. 사실을 말하자면, 두 사람은 서로를 싫어했다.

　로마는 그야말로 아연실색했다. 티투스 리비우스는 이렇게 썼다. "도시를 빼앗긴 것도 아닌데 로마가 이렇게 두려움과 공포에 떤 적은 없었다. 이런 그림을 그려야 하다니, 아, 내 능력 밖의 일이다. 현실에 대해 창백한 개념밖에 내놓을 게 없으니 이런 이야기에 나는 뛰어들고 싶지 않다." 로마인들로서는 재앙의 원인을 신들에게서 찾을 수밖에 없었다. 신들에게 헌물을 바치고 의식을 치르는 과정에서 어떤 실수가 있었던 게 아닐까. 그래서 죄인을 찾아냈다. 성스러운 불을 관리하는 베스타 무녀였다. 무녀는 들것에 실려 나와 포룸[4]을 지났고 그 뒤를 사제들과 시민들이 따랐다. 무녀는 지하 감옥에 보내졌다. 침대 하나와 램프 하나, 약간의 먹을 것. 그게 전부였다. 이어 입구를 막았다.

---

4. 고대 로마 도시의 공공광장. '포룸 로마눔'이라고도 한다.ㅡ옮긴이

알렉산드로스의 발자취를 따라

왜 승리했는가? 완벽한 포위에 성공한 덕분이다. 인원수가 너무 많아 몸이 굼뜬 보병대를 말 탄 기병대가 완전히 둘러싸니 보병대 기능이 마비된 것이다. 이 전투는 2000년이 지난 지금 보아도 탄복하지 않을 수 없는 기가 막힌 전략이었다. 한마디로 "가장 작은 부분까지 다 계획을 짜서 멋지게 실행한 전략·전술의 진정한 구현"이었다. 이 말은 프러시아 전략가인 알프레트 폰 슐리펜[5]이 한 말로, 한니발은 가장 아름다운 전투로 승리를 거머쥠으로써 군사 예술의 천재임을 입증했다. 그런데 여기서부터가 문제였다. 이 기세를 몰아 300킬로미터 떨어진 로마로 곧장 진격했어야 했는데, 그걸 하지 못해 결국 미래의 패배를 예약한 셈이다. 칸나에의 저녁, 승리한 병사들은 휴식을 요구했다. 배려심 깊은 세심한 대장인 한니발은 그러자고 했다. 그런데 누미디아 기병대를 지휘하는 마하르발은 기세를 몰아 적을 완전히 섬멸해야 한다고 주장했다. 그러니 진정한 저녁은 닷새 후 카피톨리누스[6]에 가서 먹자고 했다. 한니발은 우물쭈물했다. 마하르발은 그 이야기가 후세에까지 전해졌을 정도로 돌진하는 기질이 있었다. "신들이 한 사람에게 재능을 다 몰아주는 것은 아니다. 한니발, 그대는 승리는 할 줄 알았지만,

5. 자도바에서 오스트리아 대전(1866년)과 프랑스 대전(1870~1871년)을 치른 후, 독일군은 1차 세계 대전 초기인 1914년에 방어 전략을 부분적으로 수정했다. 그 안을 낸 사람이다. 칸나에 전투는 모든 군사 학교에서 배우는 전투의 모델이다.

6. 현재는 카피톨리노Capitolino라고도 하고 캄피돌리오Campidoglio라고도 한다. 고대 로마에서 가장 신성시되던 언덕이다. 유피테르, 유노, 미네르바 세 신을 제사하는 신전이 있었고, 집정관, 총독 등의 취임 서약, 개선장군의 환영도 모두 여기에서 진행되었다. 이 책 본문에서는 로마를 상징하는 비유법으로 자주 나온다. ─옮긴이

승리를 이용할 줄은 모르는구나."

한니발은 궁극의 장애물을 만나면 회피하는 경향이 있었다. 젊었을 때부터의 이력을 보면 마치 이 기질과 평생 싸움을 벌인 사람 같다. 첫 번째 회피가 나타난 날은 기원전 217년 6월 21일. 칸나에 전투 1년 전으로, 트라시메노 호수에서 집정관 플라미니우스를 상대로 이탈리아에서 큰 승리를 거둔 다음이다. 시인 실리우스 이탈리쿠스[7]는 이런 퇴각 능력을 하늘이 준 재능이라고 했다. "신들은 그대가 티레니아해 유역 여기저기에 시신들을 뿌려놓는 건 허락했다. 로마인들의 강가에 라틴의 피를 흘러넘치게 하는 것도 허락했다. 그러나 유피테르는 그대 같은 젊은 대장에게는 로마의 문을 절대 열어주지 않는다. 그대를 로마 도시 안으로는 결코 들여보내지 않을 것이다." 사실 한니발은 로마라는 도시가 장장 16킬로미터에 이르는 성벽과, 기꺼이 목숨 바칠 준비가 된 군단으로 철저히 수비된다는 점을 너무나 잘 알고 있었다. 투석기나 파성추, 아니면 이미 전설이 되어버린 알프스 횡단에서 쓰고 버리고 온 전쟁 도구 같은 게 없으면 로마를 결코 공략할 수 없다는 것을 잘 알고 있었다. 대담한 전략가였던 그는 힘의 함수 관계를 늘 계산했다. 그래서 도를 벗어나는 일은 잘 하지 않았다. 인간의 이성을 앗아가는, 그리스어로 '휴브리스' 때문에, 즉 지나친 자신감 때문에 모든 일을 망치는 자는 아니었던 것이다.

만일 이 카르타고인이 장애물을 넘지 않았다면, 그건 우회해서 가고 싶었기 때문이다. 그의 꿈은 로마와 전쟁을 벌이는 것이 아니라 로마를 옥죄어 굴복시키는 것이었다. 로마를 상대로 승리의 횟수를 늘

---

7. 기원후 25~101년.

려, 로마가 지닌 신뢰에 위기를 가져오는 것, 그래서 로마 동맹 세력들의 이탈을 가져오는 것. 바로 이것이 그의 계획이었다. 이탈리아 반도에서 두 번째로 큰 도시인 카푸아, 그리고 삼니움[8]과 마그나 그라이키아[9]가 그의 편이 되자, 그리스의 유산을 간직한 도시들의 연합 세력이 구축될 수 있을 것 같다는 확신이 생겼다. 각 도시는 자기 고유의 법에 따라 완전한 자유를 누릴 것이다. 그들에게 강요되는 유일한 사항은 전쟁에 참여해 기여하는 것이다. 이 연합 체계는 피 흘린 백성들에게 납세와 군복무를 강요하지 않을 것이다. 더는 굴욕도 없을 것이다. 한니발은 알렉산드로스 대왕을 본받고 싶었다. 재위 10여 년간 위협이 아니라 유혹과 존경으로 한 제국을 이룬 알렉산드로스 대왕 말이다. 이탈리아 반도의 대다수 도시가 이 카르타고인의 큰 그림에 동참했던 날, 그들에게 승리는 그야말로 완벽해 보였다. 로마인들은 포 평원에 자리 잡고 있던 갈리아 때문에 남쪽만이 아니라 북쪽으로도 차단되었다. "나는 이탈리아인들과 싸우러 온 것이 아니다. 로마에 대항하는 이탈리아인으로서 온 것"이라는 말을 그는 자주 했다.

하밀카르, 아버지의 이름으로

그날 저녁 칸나에에서 한니발은 아버지 하밀카르를 떠올리지 않을 수 없었다. 그리스 역사학자 폴리비오스는 하밀카르를 "그 영리함과 대담

---

8. 현재의 아펜니노산맥 남쪽에 있는 몰리세주.
9. 현재의 칼라브리아와 캄파니아, 바실리카타와 풀리아 지방.

함"으로 1차 포에니 전쟁[10]에서 승리한 '최고'의 영웅이라고 평가했는데, 이랬던 그도 시칠리아 서쪽 끝 아에가테스 제도에서 기원전 241년에 로마인들에게 대패했다. 함대의 절반이 침몰했다. 카르타고의 과두정치는 이 옛 실력자를 희생양으로 삼았다. 비록 그를 처형하지는 않았지만 패배한 장수가 겪어야 할 통상적인 운명을 따르게 했다. 당시 여섯 살밖에 안 되었던 한니발은 퇴역 장군인 아버지가 느꼈을 굴욕을 뼈저리게 느꼈다.

그가 태어났을 때부터 카르타고는 25년 가까이 로마를 상대로 사활을 건 투쟁을 벌이고 있었다. 포에니 전쟁(기원전 264~146년)은 고대 사회의 '백년전쟁'이었다. 두 도시국가는 서로 경쟁자가 되지 않기 위해 한동안 관계를 현명하게 유지해 왔으나, 공통의 야망이 너무 많았던 탓일까, 결국 적수가 되고 말았다. 두 강력한 해상권이 지중해라는 단 하나의 바다를 앞에 두고 있으니 어쩔 수 없는 일이었다. 로마는 사르데냐를 곁눈질했고 밀 곡창 지대이자 유럽과 아프리카를 잇는 다리 역할을 하는 시칠리아를 노렸다. 카르타고는 번성한 해상국으로서 상업로를 안전하게 확보하기 위해 티레니아 바다에 있는 섬들에 의존했다. 특히나 시칠리아 서부 해안가에 있는 유일한 항구인 드레파눔(트라파니)에 그들의 전함을 배치했다. 스페인의 은과 아프리카의 주석, 금, 철, 납, 동방의 도자기, 키프로스와 사르데냐의 구리 및 각 지역에서 수출된 밀을 면세 통과시킨 곳도 바로 그곳이다.

기원전 264년, 포 평원을 제외하고 이탈리아를 거의 정복한 로마인

---

10. '포에니poeni'는 카르타고인들을 가리키는 라틴어다. 1차 포에니 전쟁은 기원전 264년부터 241년까지 지속되었다.

들은 다시 남하하기 시작했다. 이 남하는 이미 70년 전부터 시작된 일이었다. 그들은 시칠리아의 메시나에 상륙했고, 아그리젠토의 평야를 약탈했다. 그리고 3년 후에는 이 도시를 함락하게 될 것이다. 아그리젠토의 보호국이었던 카르타고는 당연히 이에 대해 항의했다. 1차 포에니 전쟁 또는 시칠리아 전쟁은 이렇게 해서 시작되었다. 이 전쟁은 한 세대에 걸쳐 진행되었다.

기원전 260년, "뗏목도 저을 줄 모른다"고 조롱받던 로마인들이 리파리섬 바로 앞에 있는 밀라이(밀라초)에서 해상전 최초로 승리를 거두었다. '까마귀' 배가 그 증거였다. 금속 부리—까마귀 부리를 닮아서 이런 이름이 생겼다—가 달린, 흔들리는 트랩을 적의 선교船橋에 끼워 맞추면 보병들이 이 다리를 타고 적선에 침투할 수 있었다. 이렇게 해서 해상전에 취약한 다리를 가진 로마 군단은 마치 육지에서 싸우는 느낌으로 지상전의 실력을 고스란히 발휘할 수 있었다. 로마의 이 첫 해상전을 보며 무적의 카르타고는 강력한 위협을 느꼈다. 새로운 해상전 정책을 수립한 것이 그 증거다. 카르타고인들은 병기창에 대대적인 주조 시설을 갖추어 전함을 120여 척 만들었고 수천 명의 죄수를 전함 조정수로 전환했다.

두 함대는 기원전 256년에 에크노무스곶(아그리젠토 지방) 해역에서 다시 한번 맞붙는다. 고대 사회에서 벌어진 대규모 해상전 중 하나로 기록된 싸움이다. 각 진영의 병사만 15만 명이었다. 로마인들은 집정관 레굴루스의 지휘 아래 아프리카에 상륙하고 나서 또 한 번 새로운 승전을 기록한다. 카르타고로서는 이제 시칠리아의 요새가 몇 개밖에 남아 있지 않았으니, 심장부가 위협받는 셈이었다. 몇몇 전투에서 승리했으나 한 번도 승리를 제대로 활용한 적이 없었다. 카르타고에 대한 저주일까? 기원전 250년에 로마인들은 다시 한번 결정적 승리를 거둔다. 집정관 메텔루스가 섬의 수확물이 비축된 팔레르모 바로 앞까지 들어가서 카르타고의 봉쇄를 뚫어버린 것이다. 처음으로 카르타고 군단은 그 유명한 코끼리들과 포에니 공격 대원들을 도주시켰다.

20여 년간 산발적으로 전투를 벌이던 로마 공화국은 이제 모든 것을 종결짓기로 한다. 기원전 241년 아에가테스섬에 로마 대귀족 가문의 재정 지원을 받는 새로운 함대가 상륙하여 카르타고를 완전히 섬멸한다. 전쟁론자이면서도 실용주의자인 하밀카르는 평화 협상을 받아들인다. 그의 우선순위는 포로가 된 병사들을 구출하는 것이었다. 좋다! 그건 해주겠다. 그렇다면 어떤 대가를 치를 것인가? 시칠리아와 코르시카, 사르데냐에서 완전 철수할 것, 그리고 군함 포기하기. 아니, 다시는 군함을 만들지도 운용하지도 말 것. 20년간 황금 60톤에 해당하는 분담금을 낼 것. 파면된 하밀카르는 술잔의 찌끼까지 들이켰다. 술에 취해 비틀거리며 이 아프리카 땅에 겨우 발을 딛고 서 있을 때, 로마 원로원이 그를 불렀다. 급료를 못 받게 된 외국 용병들이 반란을 일으키지 않도록 그들을 완벽하게 제압하라고 했다. 이런 장면은 3년 동안이나 계속되는데(기원전 241~238년), 포에니 부대의 취약성을 여실히 드러낸다.[11] 3000여 명의 젊은 귀족 자제들을 제외하고는 포에니인들은 전투에 참여하지 않았다. 군인들 대다수는 전쟁에 참여하지 않을 수 없는 다른 동맹 세력들—압도적 다수가 베르베르족—에서 차출되었다. 그들은 용감했으나, 충성도는 장담할 수 없었다.

---

11. 플로베르는 이 역사적 일화에서 영감을 얻어 소설 《살람보》를 썼다.

그러나 '바르키데스Barcides'[12]의 가장 무서운 적은 카르타고 안에 있었다. 바로 과두 정치[13] 세력 한복판에 있던 한노 파벌이었다. 한노는 선주, 상인, 사제의 후원자였고, 어떤 대가를 치르든 화평을 취해야 한다는 보수파 및 온건파의 우두머리였다. 그들의 최고 우선순위는 장사였다. 이들은 마치 카르타고의 패배가 상업을 지키는 험난한 여정에서 하나의 사소한 사건에 불과하다는 듯이, 하루아침에 로마 엘리트 편에 붙었다. 그들이 볼 때 백성들의 우두머리인 바르키데스는 정도를 벗어나 전쟁만 하는 자들이었다. 하밀카르는 늘 뱃머리에 선 선장의 모습이다. 아니, 그런 표상으로 알려져 있다. 그는 고립되어도 포기하지 않을 것이다. 하밀카르는 원로 고문 회의에 나가 이제 스페인 사람들을 규합해야 한다고 주장했다. 카르타고가 교두보 역할을 하고 있는 가데스(카디스)에서는 배상금 조로 금, 구리, 용연, 은 등을 로마로 보내고 있었다. 로마 휘하에 들어간 시칠리아 대신에 이제 항구와 광물이 있는 스페인과 연합할 필요가 있었다. 로마를 정복하기 위해 이제는 이 베리아족을 잡아야 했다.

---

12. 문자 그대로 '바르카Barca의 아들들'이라는 뜻이다. 바르카란 '번개'라는 뜻으로, 하밀카르의 별명이기도 하다.

13. 카르타고의 정치 및 행정 제도에 대해 알려진 바는 많지 않다. 아리스토텔레스는 카르타고의 헌법에서 군주제(우선 왕들이 있고, 로마 집정관에 해당하는 '수페스suffes'가 있다)와 귀족제(원로원)와 민주제(시민 회의)가 적절히 균형을 이룬 모델을 발견한다. 수페스는 로마 원로원과 유사한 대귀족 가문 대표들로 구성된 '원로 회의'에 참석한다. 이 회의체는 외교 정책이나 전쟁 선언, 장군들의 임명과 제재 등의 권한을 갖는다. 또한 원로원에서 선출된 몇몇 판사로 구성된 고등 법원, 즉 104인위원회도 있었다. 시민 회의는 중대한 사안이 있을 경우, 의견 수렴을 위해 소집되었다. 바르키데스 시절에는 이 고등 법원이 수페스와 장군을 임명했다.

멜카르트 신에게 한 맹세

칸나에 전투에서 승리한 날 저녁, 한니발은 풍요와 바다의 신이자 페니키아의 신인 멜카르트를 위해 흰 소 한 마리를 제물로 바친 날을 떠올렸다. 기원전 237년에 스페인으로 출발하기 전 아버지의 하명으로 치러진 의식이었다. 그날 하밀카르는 아직 열 살밖에 안 된 장남 한니발에게 로마인들과는 결코 조약을 맺지 않겠다고 약속했다. 사실인지 아닌지 증명되지 않은 이 장면에 대한 이야기는 카르타고의 적들이 퍼뜨린 것으로 보인다. 그 선두에 있는 티투스 리비우스는 역사나 후대보다 로마를 비호하는 데 급급했다.

하밀카르는 이베리아(스페인)에서 안달루시아의 켈트족을 제압했고, 작은 왕국 하나를 손에 넣었다. 이어 지금의 톨레도, 알바세테, 알리칸테—이 도시는 그가 세웠다—, 그리고 발렌시아와 무르시아에 해당하는 지역을 손에 넣었다. 그러나 아직은 왕관 없는 군주였다. 왕관에 대한 꿈은 기원전 230년에 사라진다. 그는 그의 아들들인 한니발과 하스드루발(아들들의 삼촌인 다른 하스드루발과 구분하기 위해 이 둘째 아들은 '청년 하스드루발'이라 부른다), 그리고 마고를 보호하려고 벌인 이베리아족과의 교전에서 익사하고 말았다. 분명 이 젊은 세 바르키데스는 전사의 삶을 살면서 군인이라기보다 아버지로서 죽어간 이 영웅에게 늘 죄책감을 느꼈을 것이다.

'미남 하스드루발'—하밀카르 아들들의 삼촌이면서 하밀카르의 사위이기도 하다—이 장인인 하밀카르를 계승했다. 장남인 한니발이 후계자로 지목되었을 때 한니발의 나이 겨우 열 살이었다. 한 나라를 통치하기에는 너무 어린 나이였고 하밀카르 죽음에 책임이 있는 오레타니족의 열두 도시를 섬멸할 임무를 맡은 기마병 8000명을 지휘하기에 도 너무 어린 나이였다.

그때까지 한니발은 학업과 수련을 성실히 하고 있었다. 포에니 문자를 배웠고, 외국인 용병들의 언어 및 그리스어, 페니키아어, 베르베르어, 라틴어 등을 익혔다. 교양으로 문학과 연극도 배웠으며 명장들의 전술·전략과 생애를 학습했다. 열 살이 되었을 때 병사들 옆에서 생활하며 병영 생활을 몸소 체험했다. 또래의 아이들이 그랬듯이, 그도 군인들의 심부름을 해주는 보조병이었다. 식사도 다 같이 했다. 주로 곡물을 으깬 죽이 나왔으며 어쩌다가 소시지 몇 조각이 들어 있었다. 잠도 땅바닥에서 잤다. "그의 몸은 어떤 노동을 해도 지치지 않았고, 정신 또한 나약해지지 않았다"고 티투스 리비우스는 단언한다. 열네 살이 되자 한니발은 첫 전투에 나간다. 이어 부하들을 이끌고 전투에 나갈 것이다.

'미남 하스드루발'은 전쟁보다 외교를 선호했다. 장인이 정복을 통해 견고한 카르타고를 만들었다면, 그는 별도의 안정된 왕국을 세웠다. 수도는 콰르트 하다쉬트, 즉 카르타헤나[14]로, '신도시'라는 뜻의 이 도시는 하나의 만과 두 개의 항구, 그리고 내일을 위한 함선이 건조될 병기창이 환히 내려다보이는 언덕에 자리 잡고 있었다. 그는 또 혼인이나 군대 징집을 통해 이베리아 주민과의 동맹을 도모했다. 그 자신도 스페인 공주와 결혼하여 몸소 예를 보였고, 조카도 자기를 따라하도록 했다. 그래서 이 조카는 카스툴로[15]의 켈티베리아족 처녀와 결혼

---

14. 지금의 스페인 남서쪽 무르시아주.

15. 스페인 리나레스 부근.

했다. 이로써 스페인에 대한 영향력을 로마와 공유한 셈이 되었다. 에브로강 남쪽은 카르타고인들이, 북쪽은 로마인들이 지배했다. 그런데 총독으로서 하스드루발이 누린 정치적 지배력은 기원전 221년에 갑작스레 중단된다. 한 노예에게 암살당했기 때문이다.

이제 그의 계승자로 한니발이 선택된다. 이 결정은 군인들의 투표를 거친 것이었고, 카르타고 민회의 비준을 받은 것이었다. 26세의 이 젊은 대장은 비로소 알렉산드로스 대왕의 상속자로서 헬레니즘 시대[16] 왕들의 길을 따라갈 수 있게 되었다. 부대에 충성과 승리를 요구할 수 있는 정당성은 여기서 나온 것이다. 티투스 리비우스는 서사시풍으로 이렇게 적는다. "젊은 날의 하밀카르와 똑같은 자가 와 있었다. 눈부신 얼굴과 그 기운, 눈에 가득한 불꽃, 같은 느낌, 같은 윤곽선." 조카는 삼촌의 업을 그대로 이어받아 소요를 일으키는 부족들을 진압했다. 2년 후, 에브로강 이남도 다 '벌목'[17]했다. 카르타고 지대 도시인데도 로마에 더 우호적인 사군토[18]만 남아 있었다. 한니발은 이런 비정상적인 상태를 끝내고 싶었다. 사군토는 비록 스페인 지역에 속하지만 언젠가는 로마의 전초 기지가 될지도 몰라서 두려웠기 때문이다. 그런데 내부의 적인 한노가 이를 경고했다. "사군토와의 전쟁은 곧 로마와의 전쟁이 될 것이오. 로마가 사군토를 지원할 테니 말이오." 이런 사실을 알려주면 한니발이 현실 판단을 할 줄 알고 해준 말이었지만 한니발

---

16. 알렉산드로스 대왕이 동정東征(기원전 334~323년)을 펼치면서 서구 그리스 문명과 동방의 문명이 서로 융합했던 문명의 시대를 특별히 지칭하는 역사 해석학적 용어. -옮긴이

17. 원어는 'coupe réglée'. 일정한 지역을 정기적으로 벌목한다는 뜻이다. 비유적으로는, 차지한 일정한 지역이나 사람에게서 정기적으로 돈을 뜯어낸다는 함의가 있다. -옮긴이

18. 발렌시아주.

은 듣지 않았다. 기원전 218년, 그 도시는 함락되었다. 로마인들한테는 이것이야말로 '카수스 벨리casus belli', 즉 전쟁 발발 원인이자 전쟁 명분이었다. 로마인들은 카르타고와의 전쟁을 선포했다. 한동안 함선을 소유하지 못한 카르타고이니 이제는 약체가 되었을 거라고 생각했다. 이로써 2차 포에니 전쟁, 또는 한니발 전쟁이 시작된다. 로마는 두 전선, 즉 스페인과 아프리카에 대대적인 공격을 감행했다. 한니발은 이번만큼은 적과의 전쟁을 적의 땅에서, 즉 이탈리아 땅에서 해보기로 단단히 결심한다. 전략적으로 주사위를 던진 것이다.

이베리아로 출발하면서 한니발은 가데스에 있는 멜카르트 성소에 들른다. 전설에 따르면 이 성소는 이 반신半神이 지브롤터에서 시칠리아로 가는 여정에 들른 곳이다. 젊은 카르타고의 장수는 로마의 또 다른 최대 적수인 북이탈리아의 '갈리아 키살피나Gallia Cisalpina'[19]와 동맹을 확실히 해놓고 난 후, 시칠리아를 정복할 계획을 차근차근 세워놓았던 것이다. 전선이 생기면 생길수록, 승리는 우연한 일이 아니게 될 것이다. 지형, 기후, 병참 등을 세심히 살피는 철두철미한 계획자인 이 전쟁의 장인은 무기를 닦으며 윤을 내고 있었다.

믿기지 않는 알프스 횡단

기원전 218년 5월, 병사 8만 명과 기병 1만 2000명 ─ 말, 코끼리, 요리

---

19. 로마인들의 위치에서 봤을 때 '알프스 이쪽의 갈리아'라는 뜻으로, 북이탈리아 지방, 지금의 롬바르디아 및 피에몬테 지방이다. ─옮긴이

사, 시종 들까지는 세지 않아도—으로 이루어진 어마어마한 부대가 하루에 15킬로미터를 행군한다. 이런 행렬이 지금 우리 눈앞에서 펼쳐진다 해도 경악할 것이다. 더더군다나 몸집이 큰 코끼리들과 공격 무기를 실은 전차까지 갖추어 이동한다면 말이다. 가죽이 두터운 이 후피 동물이 알프스라는 장벽을 넘어가는 장면은 상상을 초월하는 것으로, 고야에서 터너에 이르기까지 서양의 내로라할 상상력 풍부한 화가들에게 강렬한 영감을 안겨주었다. 한니발의 대서사시는 이것 하나로도 요약된다. 물론 캐리커처로 희화화될 수도 있었지만.

카르타고인들 이전에 알렉산드로스 대왕과 피로스도 이런 위용을 갖춘 장갑 부대에 도움을 청한 적이 있었다. 지금은 사라진 동물인 아틀라스와 베르베르의 코끼리는 사촌 격인 인도 코끼리보다 훨씬 작고 덜 무거웠다. 이 동물의 몸에 칼날 100여 개를 씌운 갑옷을 입혔다. 나팔 같은 긴 코끝에는 긴 칼을, 어금니에는 철 송곳을 박았다. 무릎 보호대에도 단도를 여러 개 걸어놓았다. 전장에 데려가기 전에는 포도주와 무화과나무 향을 입힌 술을 섞어 먹여 얼근하게 취하게 만들었다. 코끼리가 맡은 중책은 적들을 공포에 떨게 만드는 것이었다. 숨도 못 쉬게 심리적으로 압박하여 발로 짓밟고 배를 갈라놓는 것이었다. 그런데 코끼리가 겁을 먹으면 뒤로 반회전을 돌아 자기 진영을 짓밟는 일이 왕왕 있었다. 하밀카르는 이를 해결할 방안을 찾았는데, 사육사한테서 도망치는 코끼리가 있으면 소뇌小腦에 못을 박아버리는 것이었다.[20]

---

20. 소뇌는 대뇌 아래 연수 뒤에 있는 뇌수의 일부인데, 몸의 평형 감각과 근육 운동을 조절한다. 그래서 여기에 못을 박았을 것이다.—옮긴이

여하튼 스페인에서 쉽게 빠져나올 줄 알았는데 예상대로 되지 않았다. 여러 이베리아 부족이 카르타고 군대를 괴롭혔기 때문이다. 겨울이 오기 전에 서둘러서 알프스를 넘어가야 했는데, 소중한 3개월을 스페인에서 허비하고 말았다. 그 나라는 바르키데스가 생각한 만큼 그렇게 평화로운 곳이 아니었다. 이 불확실한 지역을 통제하기 위해서는 하스드루발 휘하에 있는 3만 명이 넘는 병사 수를 줄여야 했다. 퇴각할 때를 대비해 준비한 랑그도크[21]의 병사 1만 명도 줄여야 했다. 카르타고인들은 자기들이 살던 터전에서 멀리 벗어날수록 지치고 힘들어했다.

알프스 횡단은 10월에야 시작되었다. 모리엔 골짜기에 들어서자 이 대부대가 통과하기에는 입구가 너무 좁은 고개가 연신 나왔다. 스무 개도 넘었다. 2만 명의 병사, 수천 마리 말과 당나귀, 수십 마리의 코끼리가 20 내지 30킬로미터로 죽 늘어서서 통과하는 데 무려 15일이 걸렸다. 그야말로 악몽이었다. 첫 통과 지역에서부터 또 다른 난관에 봉착했다. 이 카르타고 아프리카인들과 어떤 조약도 맺은 적 없는 완전 산골 무지렁이 부족들이 이들의 난데없는 등장에 놀라 순순히 보내주지 않은 것이다. 높은 지대를 통과하고 나니 이제 시간과의 싸움이었다. 안개, 이른 눈, 얼어붙은 땅. 티투스 리비우스가 전하는 바에 따르면, 통로를 막은 바위를 폭파하려면 나무에 불을 붙여 바위를 뜨겁게 만든 다음 식초를 부으면 되었다. 아마도 이건 지어낸 이야기일 것이다. 그래도 제법 그럴싸하다! "그렇게 그들은 불을 이용해 바위에

---

21. 프랑스어를 크게 둘로 나누는데, 랑그도크langue d'oc와 랑그도일langue d'oil이 그것이다. 랑그도크는 프랑스 남부 지역 및 스페인 접경지대와 이탈리아 접경지대에 이르는 곳에서 쓰던 언어이며 랑그도일은 현재의 파리를 비롯해 프랑스 북부 및 벨기에 남부 지역에서 쓰던 언어다. ─옮긴이

불을 붙인 다음 쇠를 가지고 바위를 끊어냈다. 이어 좀 덜 가파른 곳을 택해 최소한의 방향 전환만 하면서 산길을 내려왔다. 일반 동물만이 아니라 코끼리도 따라 내려와야 했기 때문이다."

안달루시아와 북아프리카 출신 병사들은 몹시 지친 데다 난생처음 겪는 추위에 대부분 얼어 죽었다. 어떤 날은 수천 명의 죽음을 애도해야 했다. 대량 학살과 같았다. 아마 지금의 클라피에르 고개(해발 2477미터)였을 것으로 보이는 곳에서 한니발은 부대원의 사기를 올리기 위해 이렇게 말한다. "우리는 이탈리아 성벽을 오르는 중이다. 곧 로마를 수중에 넣게 될 것이다. 한두 번의 전투만 하면 이탈리아 수도가 우리 손에 들어온다. 이제 내려가기만 하면 된다. 정복은 시작되었다." 성급한 단정이었다. 고개는 매우 가파른 지형이어서 "반듯한 길에서 나온 사람이라도 갑자기 균형을 잃고 낭떠러지로 떨어질 수도 있었다." 길을 내기 위해 다시 암벽을 뚫어야 했다. 겁에 질린 짐승들부터 통과시켰다. 한마디로 대역사大役事였다. 말들은 빠져나왔으나 코끼리들은 빠져나오지 못하고 죽었다. 다른 선택이 없었다. 한니발은 다시 상기시켰다. "도망칠 배도 없다. 그대들 앞에는 포 평원이 있다. 그대들 뒤에는 죽을 고생을 해서 넘어온 알프스 장벽이 있다. 적이 눈앞에 있는 곳에서 승리할 것인가, 아니면 여기서 죽을 것인가."

빽빽한 숲과 늪지대인 포 평원을 빠져나오는 데만 다섯 달 이상이 걸렸다. 1500킬로미터를 힘겹게 주행한 끝에 겨우 그곳을 빠져나오는 동안 보병대와 기병대 절반을 잃었다. 코끼리 서른일곱 마리를 전부 잃었다. 단 한 마리, 아시아 코끼리 시루스만 제외하고. 이들과 함께하기로 했던 갈리아 부족 연합 세력은 약속을 지키지 않았다. 게다가 여기저기서 반란을 일으키기까지 했다. 카르타고인들은 몇몇 소규모 교전에 만족해야 했다. 한니발은 사령관으로서 고독을 느꼈고, 로마인들은 충격에 휩싸였다. 로마인들이 가상으로 쓴 최악의 시나리오에도 카르타고인들이 알프스를 넘는 일은 없었다. 그들의 힘은 왕성했고 인내와 끈기는 상상을 초월했다. 푸블리우스 스키피오와 그나이우스 스키피오는 군사를 모집한다. 두 형제는 코르넬리우스 혈통으로 이른바 대귀족 가문의 자제였다. 푸블리우스는 한니발을 바로 앞쪽에서 만날 것을 기대하며 포강을 건너 서쪽으로 향했고, 반면 그나이우스는 뒤에서 공격할 계획으로 바다를 건너 스페인 쪽으로 향했다. 푸블리우스 코르넬리우스는 병사들을 독려했다. "로마 성벽 앞에서 싸운다고 생각하고 적들을 포획하라! 카르타고인들은 배고픔과 추위에 지친 데다 한 번도 못 씻어서 흉측한 몰골의 유령들 같을 것이다." 그렇다면 승리는 그들의 것이 아닐까? 하지만 기원전 218년 11월 말, 이 "그림자 부대"는 포강의 좌안 지류인 티치노강에서 패주함으로써 로마 병사들을 당황스럽게 했다. 이것이 바로 이 장수가 처음으로 실행한 전략으로, 나중에 그의 '마크'가 될 것이다. 기병대의 포위. 적들은 혼비백산이 되었다. 부상을 당한 푸블리우스 코르넬리우스는 이제 막 열일곱이 된 아들을 참전시킬 수밖에 없었다. 바로 이 아들이 미래의 스키피오 아프리카누스다. 한니발을 이길 자. 어쨌든 이 승리는 지친 카르타고 병사들의 가슴에 진정한 위로가 되었다. 고집을 부리며 말을 잘 듣지 않던 몇몇 갈리아족도 마음을 돌렸다. 강한 자에게 붙어야 살아남으니까. 그런데 얼마 동안? 새로운 충격은, 그다음 달에 또 왔다. 포강의 또 다른 지류인 트레비아강에서 훨씬 격렬한 전투가 벌어진 것이다. 로마 군단은 처참히 살육되었다. 4만 명 중 2만 8000명이 목숨을 잃었다. 카르타고 병사의 사망자는 그보다 네 배 적었다. 그런데 겨울은 마르스 신이 좋아하는 계절이 아니었다. 한니발과 그의 부대는 다음 공격을 위해 봄을 기다리기로 했다. 메디올라눔(밀라노)과 보노니아(볼로냐), 무티나(모데나)에서 맞을 좋은 날을 기다렸다.

늑대의 딸 같은 강철 의지

로마인들은 패배했지만 포기한 건 아니었다. 전투에는 그토록 세심하고 준비성이 철저한 한니발이었지만, 적들의 오만과 끈기를 예상하지 못한 걸 보면 그는 인간의 기질에 대해서는 잘 알지 못한 듯하다. 기원전 217년 봄, 얼어붙을 것만 같은 추위를 뚫고 그는 아펜니노산맥을 지나 로마로 다시 떠난다. 이때 생긴 안질로 오른쪽 눈을 잃는다. 로마인들이 한니발에게 품은 악감정 때문에 생긴 로마식 프로파간다겠지만, 애꾸눈이 잔혹과 비열의 대명사가 된 건 이때부터일 것이다.

　한니발은 움브리아 지방에 사령부를 두고 이제 트라시메노 전투를 준비한다. 그리고 오는 길에 플라미니우스 장군에게 모욕을 주기 위해 그가 관할한다고 알려진 에트루리아 중부[22] 일대에 불을 지르고 피로 물들인다. 고지에 진영을 구축한 뒤 가장 숙련된 병사들을 매복시키고, 기초 보병대와 발레아레스에서 온 투석병들을 호수를 따라 길게 뻗은 기슭에 배치한다. 협로 출구 쪽은 누미디아 보병이 자리 잡는다. 기원전 217년 6월 21일 새벽, 승리를 확신하던 플라미니우스는 병사 2만 5000명과 함께 협곡 깊숙이 숨는다. 그러나 전방의 병사들이 도

---

22. 키안티 지방.

륙당하자, 뒤에 덩어리처럼 모여 있던 부원들은 공격 한번 제대로 하지 못하고 제압당한다. 로마 병사들은 낭떠러지로 굴러떨어지거나, 호수에서 익사하거나, 적들의 칼날에 참수되었다. 대장까지 포함해 병사 1만 5000명이 살해되었다. 병사 4000명이 지원군으로 더 왔지만 같은 운명을 맞이해야 했다.

이제 로마까지는 150킬로미터밖에 남지 않았다. 그러나 한니발은 아드리아해를 따라 다시 북쪽으로 올라간다. 병사들을 쉬게 하기 위해서다. 트라시메노에서 또 다른 승전 소식이 들려왔다. 칸나에 때는 물론이고 이 승전 소식도 역시나 속임수였다. 현명한 한니발은 그의 부대가 피를 많이 흘렸다는 것을 잘 알고 있었다. 그의 부대는 그의 성공과 기벽의 희생자였다. 한니발은 새로운 수비대를 준비하기 위해 승리를 거둘 때마다 현장에 일부 병사를 남겨두었는데, 이로써 알게 모르게 부대의 서열이 드러났다. 고참병들은 지쳐갔고, 카르타고 본국은 원군에 인색했다. 한니발의 요청을 들은 척도 하지 않았다. 왜냐하면 결코 전쟁에 찬성한 적이 없었기 때문이다. 사실대로 말하자면, 전쟁을 하고 다니는 그에게 적의를 품었다. 한니발은 아프리카로 돌아갈 선박도 없었다. 로마는 바다를 지배하고 있다. 진실은 이것이었다. 한니발은 어떤 의미에서는 누추한 꼴로 이탈리아 남부에 갇힌 셈이었다. 여기서 15년간의 긴 방랑이 시작될 것이다.

카르타고 내 적수인 한노는 한니발을 비웃었다. 어떤 라틴 부족이 침략자와 동맹을 맺었다고 로마로부터 영원히 벗어날 생각을 하겠는가? 하지만 한니발은 이미 캄파니아와 브루티움,[23] 풀리아 지방 일부,

___

23. 칼라브리아의 브루치오.

그리고 여러 남부 도시의 지배자가 되어 있었다. 특히 반도에서 두 번째로 큰 도시인 카푸아는 기원전 216년에 그에게 손을 내밀었다. 로마에 늦게 항복한 카푸아는 이전의 자치권을 되찾는 게 꿈이었다. 너무 열성적이거나 악취미를 가진 티투스 리비우스는 이 도시를 파렴치한 도시로 만들어버렸다. 한마디로 카르타고 병사들은 다 닳아빠졌고, 이전에 보여줬던 전사로서의 왕성한 기운을 모두 잃었다는 것이다. 그의 눈에 아프리카인들은 그저 관능적인 짐승들로 보였을까? 시인 실리우스 이탈리쿠스가 쐐기를 박는다. "포옹하고, 교미하고, 진탕 술에 취해 곯아떨어져 도망치기 바쁜…… 장검도, 불타는 눈빛도, 마르스의 기상도 없는 군대는 더 이상 적을 무너뜨릴 수 없다." 전설은 한니발이 카푸아 전쟁에서 지기를 바라는 것 같다. 그러나 무엇이 진실일까. 한니발은 그곳에서 병사들과 '오티움otium'을 즐기며 휴식을 취하고 있었다. 로마인들이 높이 평가하는 오티움, 그러니까 물러남, 무위, 행동과의 일정한 거리두기 등을 하고 있었던 것이다.

그 시각 로마는 복수만을, 육체적·정신적 재무장만을 생각하고 있었다. 이제 로마에 남은 장군은 없을까? 상관없다. 전권을 가진 최고의 집정관인 '독재관'이 선출되었기 때문이다. '쿤크타토르Cunctator', 그러니까 '기회를 기다리는 자Temporisateur'[24] 파비우스 막시무스가 바로 그였다. 이런 별명이 붙은 이유는, 그가 적과 직접 대결하기보다

---

24. 라틴어 'Cunctator'는 프랑스어로 'Temporisateur'로 번역되고, 이 말은 '기회를 기다리는 자'를 뜻한다. 'temporisation'은 적절한 때를 기다리며 기회를 엿보거나 병의 경과를 지켜보는 일 또는 기계의 작동 시간 조절하기 등 여러 의미로 쓰이는데, 이른바 '타이밍을 조절하는 일'이 장점으로 작용하나 때로는 단점으로 작용하는 경우도 있다. 이 책의 뒤쪽 16세기 프랑스 종교전쟁을 다루는 장에서 잠시 언급될 카트린 드 메디시스 왕비의 결정적 패착을 이 'temporisation'에서 찾기도 한다. – 옮긴이

는 적의 바로 옆에 붙어서 괴롭히는 것을 선호했기 때문이다. 병사들이 열에 하나는 죽는 식으로 섬멸되었기 때문에, 로마인들은 17세부터 입대를 해야 했다. 주인들이 군대를 살찌우기 위해 노예를 사서 전장에 내보내기도 했다. 국고가 비어가자 세금이 늘어났고, 대출이 시작되었고, 화폐 가치가 떨어졌다. 전쟁으로 인구가 줄어서 장교층이 얇아졌을까? 로마는 에트루리아, 움브리아, 사비나 같은 이웃 귀족들에게 도움을 청했다. 결혼 동맹을 통해서라도 인구수를 회복하려고 시도했다. 이들에게 시민권을 임시로 부여하고 일정한 자리를 주었다. 의지만 있으면 뭐든 통합할 수 있는 시스템을 갖춘 로마의 기계는 여전히 잘 작동했는데, 한니발은 제자리걸음을 하고 있거나 말에 재갈을 물린 꼴로 지지부진한 채 있었다. 넓은 전장에 나가야 살아나는 사나이가 도움의 손길이나 기다리고 있는, 그야말로 답답한 상황이었다. 스키피오 형제는 서로 교대로, 이베리아 몇몇 부족의 신뢰를 얻어 스페인 왕국 속으로 서서히 들어가고 있었다. 카르타고와 로마의 전쟁은 스페인과 이탈리아의 여러 전선에서 진행되었다. 갈리아, 시칠리아, 사르데냐, 마케도니아, 북아프리카…… 당시 알려진 전장 규모로만 봐도, 이미 세계 대전이었다.

마치 불길한 전조처럼 기원전 211년 내내 나쁜 소식이 이어졌다. 천재적인 수학자 아르키메데스의 발명품에도 불구하고—대부분은 지어낸 전설이다—시라쿠사가 로마 부대의 손에 넘어갔다. 아르키메데스가 발명했다는 것은 가령 이런 것들이다. 성벽 꼭대기에서 배를 잡아끌어낼 수 있는 기중기, 배의 돛을 태워버리기 위해 태양 광선을 모으는 거울. 아르키메데스가 이런 무기들을 발명했다고는 하나, 결국 시라쿠사가 로마에 넘어간 것은 한 이베리아인이 로마 장수 마르켈루스에게 성문을 열어주어서라는 설이 있다. 이런 배신행위가 속속 벌어졌다. 아르키메데스와 관련한 일화도 있는데, 아르키메데스는 당시 모래 위에 도형을 그리며 문제를 푸는 데 골몰하느라 군부가 내린 명령에 대답할 시간이 없었다. 설상가상으로, 한 군인이 다가와서 계속 재촉하자 "내 원을 제발 방해하지 말게나!" 하고 호통을 쳤다. 그러자 화가 머리끝까지 난 그 군인은 이 수학 천재를 그 자리에서 바로 칼로 찔러 죽였다.

이어 이번에는 카푸아 차례인데, 부유했지만 요새가 튼튼하지 못했던 이 도시는 카르타고의 손에서 벗어난다. 부대의 결함도 있었지만 신뢰도 문제가 컸다. 즉 동맹 도시들이 한니발을 도우러 오지 않은 것은 잔인한 타격이었다. 그렇다면 기분 전환을 하듯 로마 땅을 좀 밟아 주는 정도로 체면은 차릴 수 있을 거라 생각했다. 로마인들이 그들의 수도를 지키느라 카푸아 주변에서 긴장을 늦추고 있길 바랐다. "한니발 아드 포르타스Hannibal ad portas!(한니발이 문 앞에 와 있다!)" 공포 그 자체였다. 이 카르타고인이 로마에 이렇게까지 가까이 온 적은 없었기 때문이다. 그런데 일은 저질렀는데 뭔가를 할 수 있는 수단이 그에게 없었다. 안달이 난 이 빽빽한 10여 개 군단 무리 앞에서 이렇게 듬성듬성한 군대를 가지고 도대체 무엇을 할 수 있단 말인가? 나쁜 소식은 꼬리에 꼬리를 무는 법이다. 카르타고 함대의 해군 장교는 타란토 앞에서 완전히 발이 묶여 요새까지는 가보지도 못했고, 진입을 시도했던 시칠리아에서 박살이 났다. 한니발의 겨울 숙영지였던 마을 중 하나인 살라피아[25]마저 로마인들의 손에 넘어갔다.

---

25. 풀리아 지방.

스키피오의 탄생

역전된 해인 기원전 211년, 젊은 스피키오, 즉 미래의 그 유명한 스키피오 아프리카누스[26]가 바로 자신의 진영에서 한니발을 몰아내도록 스페인 집정관에 임명된다. 그는 로마의 지배 아래로 들어간 마살리아(마르세유)와 연맹을 맺은 그리스 도시 엠포리움[27]에 하선했다. 그는 보병 4만 명과 기병 4000명의 수장이기도 했지만, 이베리아 땅에서 지난해에 명예롭게 죽은 아버지와 삼촌의 복수를 하기 위해서 온 것이었다.

어떤 의미에서 스키피오는 한니발과 역으로 닮았다. 그도 25세에 부대원들의 투표로 대장이 되었다. 8년 전에는 북부 이탈리아 티치노 전투에서 아버지를 구했다. 그의 흉상을 보면 머리는 대머리이고, 이마에는 엑스 자 형태의 괴상한 자국이 나 있다. 얼굴은 낫도끼로 자른 듯 조각 같고, 이마는 넓고 반듯하며 턱은 뾰족하다.

대귀족 가문 출신인 스키피오 역시 그리스식 왕세자 교육을 받았다. 물론 그의 교양은 한니발의 교양에 미치지는 못했다. 적에 대한 증오 속에서 자라난 그는 카르타고와 히스파니아, 이베리아의 역사를 공부했고, 특히 한니발의 승리를 연구함으로써 적을 '읽을' 수 있는 법을 배웠다. 타라고나[28]에서 그는 이베리아 군사 5000명에게 히스파니아의 카르타고인들을 마음대로 사냥해도 좋다며 "모든 큰 전쟁에서는 패배로 시작하여 마침내 승리를 쟁취하는 것이 운명의 법칙"이라

---

26. 기원전 236/235~183년.

27. 카탈루냐 지방의 지로나.

28. 카탈루냐 남부.

는 말을 못이 박이게 했다. 또 "곧 적들이 부끄러운 패주의 파편들로 그들의 땅과 바다를 채울 것"이라는 말도 했다. 그들의 첫 번째 목표는 매우 상징적이었다. 하밀카르가 세운, 변화하는 왕국의 수도 카르타헤나였다. 이 도시가 함락되었을 때(기원전 210년), 그는 주민을 자유롭게 놔두었고, 이베리아 인질들은 가족에게 돌려주었다. "그대들은 공포보다 호의에 얽매이는 것을 좋아한다. 그대들은 혹독한 노예 제도 속에 이국민을 굴종시키기보다는 우정과 동맹 관계로 이국민과 하나가 되기를 좋아하는 민족의 수중에 떨어진 것이다." 스키피오는 카르타고 장수와 똑같이 생각하고 말하며 행동한다. 로마는 자신감을 되찾는다.

기원전 208년. 한니발이 2차 포에니 전쟁에 참여한 지 2년째다. 한니발의 동생 하스드루발은 형이 2년 전부터 도움을 요청했기에 형에게 합류할 준비를 하느라 스페인의 바이쿨라[29]에서 분주하게 지냈다. 이번에는 그가 알프스를 넘어야 했다. 그는 빨리 성공할 가능성을 훨씬 많이 가지고 있었다. 그도 그럴 것이, 그 지형에 익숙한 이베리아족과 갈리아족 군사들을 새로 모병했기 때문이다. 형 한니발은 여기서 부대의 절반을 잃은 바 있다. 그러나 운명의 수레바퀴가 새롭게 돈다. 기원전 207년에 아드리아해로 흘러 들어가는 마르케강(이탈리아 북부)을 낀 메타우로에 도착하고 보니, 클라우디우스 네로가 지휘하는 로마 부대가 기다리고 있었다. 이 장군은 군대 역사에서 일주일에 500킬로미터를 행군한 무훈의 장수로 기록되었는데, 당시 주둔하고 있던 아풀리아 지방에서부터 온갖 장비와 무기, 식량, 막사 덮개와 말뚝 더미 등

---

29. 하엔주의 바일렌.

을 싣고 왔고, 병사들은 30킬로그램에 육박하는 행장을 메고 있었다. 그야말로 '강행군'이었다.

충격은 어마어마했다. 카르타고 부대는 로마 기병대가 신속하게 전개하는 작전—바로 한니발의 방식 아닌가!—에 휘말렸다. 하스드루발은 질 것을 알았다. 항복하느니 전장에서 죽고 싶었다. 그는 적을 향해 온몸을 날렸고, 산산조각 났다. 이런 희생 하나로 만족할 클라우디우스 네로가 아니었다. 그의 머리를 잘라 한밤중에 한니발의 진영 한가운데에 던졌다. 한니발은 중얼거렸다. "나는 카르타고의 불행을 알아버렸도다." 로마인들은 칸나에의 패배를 이렇게 설욕했다.

바알 신은 바르키데스를 버린 것일까? 이번에는 하밀카르의 셋째 아들인 마고가 스페인으로 들어갔지만 역시 패배했다. 가데스에 피신하는 것 말고 달리 할 일이 없었다. 이제 카르타고의 위협이 하루하루 약화될 것이라 판단한 로마인들은 신이 났다. 카르타고의 마지막 동맹군들을 치기 위해 아프리카 해안가 전방위에서 밀고 들어가는 공격을 개시하기로 한다. 기원전 206년, 칸나에 전투 10년 만에 카르타고인들은 이베리아 반도에서 아주 질서 정연하게 체계적으로 철수했다. 전쟁은 시칠리아에서처럼 종결되었다.

배신

이듬해 봄, 로마인들에게서 카르타고를 탈환하는 데 실패한 마고는 이탈리아 해상을 통해 제노바에 상륙했다. 그러나 한니발은 그의 부대를 연결해 줄 수단이 없었다. 한니발은 타란토만에 있는 카탄차로, 코젠

차, 크로토네 사이에서 옴짝달싹 못 하고 있었다. 그는 대부분의 시간을 크로토네 남부 라키니움의 사원에서 보냈다. 자신의 무훈을 그리스어로, 포에니어로 새겨놓으며 시간을 보내고 있었다. 마치 그 어디에도 소속되어 있지 않다는 것처럼. 오로지 자신만이 후대에 자신의 서사시를 남겨줄 수 있다는 듯이.

카르타고에서는 어떤 지원군도 오지 않는다. 방금 로마와 평화 협정을 맺은 마케도니아 필리포스 5세의 지원군도 역시나 오지 않는다. 한니발은 다시 한번 배신을 당한 것이다. 그리고 처음으로, 추격을 받는 중이다. 모든 해안가가 로마 선단의 감시를 받았다. 바다를 통한 식량 보급도 차단되었다. 기원전 205년, 로크리[30]에서 그는 또 한 번 패배를 맛본다. 의심할 여지없이 이제 이 싸움의 주역은 스키피오다. 그는 막 서른이 되었다. 한니발이 알프스를 넘던 때의 나이다. 스키피오는 지금까지 이렇게 자신감이 넘친 적이 없다. 이듬해 가을, 그는 병사들에게 새로운 청사진을 제시한다. "지금까지는 카르타고가 로마에서 전쟁을 벌였다. 이제 로마가 카르타고에서 전쟁을 벌일 것이다. 우리는 한니발을 이탈리아에서 뿌리째 뽑아낼 것이다. 우리는 아프리카로 전장을 옮길 것이고, 거기서 전쟁을 완수할 것이다."

스키피오는 보병 2만 5000명과 기마병 2500명을 40척의 군함에 상선시키고, 식량과 물자를 실은 소형 함선 400척의 호위단과 함께 시칠리아를 출발했다. 이틀을 항해한 후, 튀니지 북동부 끝단에 위치한 봉Bon 곶에 도착했다. 이번에는 카르타고인들이 혼비백산하여 달아났다. 아프리카의 이 도시는 이제 더는 이름에 걸맞는 군사 도시가 아니

30. 칼라브리아 지방.

었다. 더욱이 계속되는 실수와 방심으로 자기 영토 해역에 적들이 들어온 것을 손 놓고 보고 있는 처지였다. 베르베르족인 마시니사(기원전 238~148)는 로마와 결탁했다. 그런데 마시니사는 카르타고에서 자랐다. 왜냐하면 그의 아버지가 누미디아 왕이었고 한때 카르타고와 동맹을 맺었기 때문이다. 그러나 아버지가 죽자 카르타고인들은 다른 누미디아 고객인 시팍스에게 힘을 실어줬고, 결국 시팍스가 권력을 잡았다. 다 잃은 마시니사는 반드시 복수하겠다고 별렀다.

스키피오는 다시 한번 한니발을 모방한다. 카르타고를 함락시키는 게 중요한 게 아니었다. 그는 이 도시가 항복하기를 원했다. 언덕 위에서 겨울 분기를 보내며 시간을 벌었다. 카르타고 본국에서는 그와의 협상을 원했다. 한니발이나 한니발의 야망, 또는 그의 도당이 벌인 전쟁일 뿐, 전쟁의 책임이 자신들에게 있지 않다고 항변했다. 그들은 기꺼이 정복자에게 그를 바치고 항복할 준비가 되어 있다고 했다. "우리에게 명령을 하시지요." 스키피오는 승리와 영광을 위해 왔노라고 대답했다. 그가 원한 것은 적당한 타협이 아닌 진정한 설복의 시간이었다.

이탈리아 북부에서 마고는 로마에 대항하는 리구리아인 부대를 조직해 보려고 했으나 실패로 끝났다. 남쪽에서 발이 묶인 한니발은 이제 병사들에게 줄 급료도 떨어졌다. 기원전 203년 봄, 스키피오는 다시 함선을 출발시켜 카르타고 진지와 시팍스의 진지를 공격했다. 이 로마인의 승리는 섬광을 발하듯 강렬했다. 패배자들은 4만 구의 시신을 담아야 했고, 포로 5000명과 1500마리가 넘는 포획된 말과 코끼리 여섯 마리를 위해 묵념해야 했다. 그들 군대는 이제 보병 2000명과 기병 500명밖에 남지 않았다. 군대가 존재하지 않는 거나 마찬가지였다. 주변 도시들은 승자에게 항복했다.

4월에 시팍스는 우티카[31]에서 닷새를 행군해야 하는 이른바 대평원에서 끔찍한 좌절을 겪는다. 카르타고 본국의 배후 세력들은 시팍스라는 이 새로운 권력을 두려워했다. 시팍스는 도시의 성벽을 견고히 하고 식량을 비축하고 새로운 방어 기지를 구축했다. 그러자 카르타고 배후 세력들은 크로토네에 몇 사람을 보냈다. 갑자기 그들 눈에 은총으로 보이는 한니발에게 도움을 요청하려 한 것이다. 그러나 한니발은 속지 않았다. 티투스 리비우스는 한니발이 이렇게 말했다고 전한다. "그들이 나를 다시 부르는데, 이번만큼은 계략이 아니다. 그러나 솔직히 말해, 그간 내게 돌아오라고 하면서 원군과 자금 보내는 일을 방해한 건 그들이다. 나 한니발 때문에 로마인들이 그토록 자주 패배하고 도망쳤지만 패배한 건 그들이 아니다. 나를 질투하고 시샘한 카르타고 원로원이다. 너무나 수치스러운 나의 귀환으로 기뻐하고 행복해할 자는 스키피오가 아니라 한노다. 어떤 환란도 해결할 능력이 없으면서 카르타고를 폐허로 만들고 나의 가족을 파괴한 한노다."

이탈리아에서 전투와 방황으로 15년을 보낸 후에도 이미 전설이 된 이 영웅은 칼라브리아와 이베리아, 누미디아 출신 3만 노장을 거느리고 있었다. 그러나 칸나에 전투 이후로 신들은 그를 포기했다. 의도치 않게 유배자가 되어버린 한니발은 떠난 지 벌써 34년이 된 아프리카 땅에 다시 발을 들여놓는 게 무서웠다. 그는 적들이 너무 많은 카르타고에 하선하지 않고 렙티스 미노르[32]에 내렸다. 거기에 그의 가문 소유의 땅이 조금 있었다. 그는 기꺼이 세상에서 물러났다. 그러나 기원

---

31. 튀니지 북부.

32. 튀니지 수스 근처.

전 203년 말 무렵, 굶주린 카르타고인들이 식량이 선적된 로마 선박 100여 척을 탈취한 일이 생기자 로마와의 휴전이 결렬되었다. 라틴 민족에게 이런 일은 '카수스 벨리'였다. 겁에 질린 카르타고인들은 다시 한니발에게 도움을 요청한다. 한니발은 최고의 자리는 잃었지만, 여전히 카리스마가 있었다. 이런 사실은 티투스도 확인해 준다. "장수 중의 장수인 아버지의 막사에서 태어난 이 장군을 모두가 두려워했다. 아기 때부터 무기와 군인들 사이에서 먹고 자랐고, 소년티가 나면서부터 벌써 장군이 되었고, 승전의 한복판에서 늙어가면서 스페인, 갈리아, 이탈리아 전역을, 또 알프스부터 바다에 이르는 전역을 쟁취한, 높은 업적을 달성한 자였다. 그의 군대는 온갖 고생을 하면서 단련되었다. 로마의 피보다 천배는 강렬한 색을 띤 이들 부대에는 병사들의 유해만이 아니라 로마 장군들의 유해도 한가득 있었다." 한니발은 의무감을 느껴 몸소 헌신하며 그럭저럭 신병도 모집했다. 그러나 역할이 바뀌어 있었다. 로마인 우두머리의 승리를 연구하는 일을 이번에는 이 카르타고인이 맡았다.

최후의 전투

한니발은 대패를 막기 위해 마지막으로 스키피오를 만나볼 생각을 한다. 그리스 역사가 폴리비오스에 따르면, 한니발은 이런 말을 했을 거라고 한다. "로마인들은 이탈리아 밖 어떤 영토도 탐하지 말고, 카르타고인들은 아프리카 밖 어떤 영토도 탐하지 말기를 바라고 바랐다. 왜냐하면 자연이 경계선을 그어준 아름다운 제국이 각각 있기 때문이다." 폴리비오스는 여기에다 한니발이 적들에게 했다는 말을 덧붙인다. "그러나 우리가 먼저 시칠리아를 소유하기 위한 전쟁에 뛰어들어서 이렇게 된 것이다. 이어 우리는 스페인을 소유하기 위해 다시 싸웠다. 결국 운명의 여신의 경고에 귀를 기울이지 않은 탓에 나는 내 조국까지 위험에 처하게 만들었다. 어제는 그대들의 땅이었다면, 오늘은 우리의 땅이다. 이제 우리에게 남은 것은, 우리만이라도 신들의 호의를 다시 받을 수 있을지, 그럴 수만 있다면 제발 이제 전쟁을 끝내야 한다는 것이다. 나로서는 당장 그렇게 할 준비가 되어 있다. 왜냐하면 경험을 통해 운명의 여신이 얼마나 변덕스러운지, 우리를 가지고 얼마나 장난을 치는지 알아버렸기 때문이다." 갑옷 아래서 백발이 된 이 전쟁 대장은 스키피오의 젊음을 불신했다. "그대의 자긍심은 평화보다는 승리를 더 사랑하겠지. 내게도 한때 그런 오만함이 있었다." 자신의 성공과 실패, 또 두 형제의 죽음을 떠올리며 그는 덧붙인다. "만일 그대가 승리하면, 그대의 개인적 영광, 혹은 그대 조국의 영광만 있을 뿐이다. 그런데 패배하면 그대가 이룬 위대하고 아름다운 것 모두가 사라질 것이다. 오늘, 나는 평화를 요구한다. 왜냐하면 그게 유용하다고 생각하기 때문이다. 나는 그 평화를 유지하려 애쓸 것이다."

스피키오는 조약을 존중하지 않고 공격을 감행한 사람들은 항상 카르타고인들이었다고 반박했다. "신중함을 취해 당신이 당신의 부대와 조국을 우리에게 양도하거나, 아니면 전장에서 만나서 당신들 부대를 우리가 무찌르는 수밖에 없다. 그러니 전쟁을 준비하라. 당신은 결코 평화를 참을 수 없을 테니까." 폴리비오스에 따르면, "카르타고인들로서는 그들 자신의 구원과 아프리카 영토의 수호를 위해 싸우는 수밖에 없었고, 로마인들로서는 세계를 지배하고 전 세계를 로마 제국으로 만들기 위해 싸우는 수밖에 없었다."

기원전 202년 10월 19일, 한니발은 자마[33]에서 최후의 전투를 치르리라는 것을 알고 있었다. 그는 자신의 병사들에게 어제의 승리를 떠올리게 했다. 그렇다면 오늘의 승리는? 그것도 떠올려줄 수 있을까? 그에게는 전쟁에 단련된 성실한 노역 1만 명밖에 없었다. 숙련된 로마 군단과 대적하기 위해 서둘러 병사 3만 명을 더 선발해야 하는데, 그게 가능한 일인가? 처음부터 좋지 않았다. 코끼리 여든 마리가 적들이 쏜 화살에 혼비백산, 몸을 반회전 돌려 후퇴했고, 더욱이 로마 기병대에 놀란 후방 부대들까지 코끼리들과 뒤엉켰다. 스키피오가 한니발에게서 '훔친' 작전이었다. 더욱이 마시니사와 누미디아 기마병들이 카르타고 부대에서 나가버렸고 스키피오는 그 덕을 보았다. 제자가 스승을 능가한 셈이다. 완전한 패주였다. 아프리카 대열은 로마인보다 세 배나 많은 2만 명의 사망자를 애도해야 했다. 더욱이 포로도 그만큼 나왔다. 한니발에게는 도망칠 시간만 겨우 남아 있었다.

이탈리아, 시칠리아, 스페인 그리고 지금의 아프리카. 여기저기 편재하던 카르타고의 땅들을 모두 탈취한 로마인들은 제국을 건설한다. 스키피오와 체결한 조약은 강제 조약이었다. 주권을 송두리째 빼앗긴 카르타고인들은 다시 50년 동안 배상금을 내야 했다. 한니발 장군은 평화의 수호자가 되었다. 한때의 그의 아버지처럼. 패배자에게는 승자가 요구한 조건을 들어주는 것 외에 선택지가 없었다. 2차 포에니 전쟁은 이렇게 종결된다. 완전한 침체와 쇠락. 전쟁 속에 카르타고의 멸망이 잠복해 있었다.

---

33. 튀니지 북서부, 실리아나 근처.

방랑자 카르타고인

전前 전쟁사령관은 정치적 공인으로서 새로운 삶을 시작한다. 민주 진영의 수장으로서 반부패 및 반귀족 전선에 뛰어든다. 그가 이렇게 나오니 귀족도 가만 있을 수 없었다. 그가 전쟁에서 진 것을 가지고 비난했다. 지난 전선에서 얻은 전리품을 독점한 것을 규탄했다. 그러자 한니발은 "대도시에서는 긴 휴식을 누리려야 누릴 수가 없구나. 밖에 적이 없으면 안에서 적을 찾으니 말이다"라고 쓸쓸하게 말하며 옛 측근 병사들과 함께 고향으로 내려가 농사를 짓는다. 평생 공적인 생활을 해온 그가 낙향하여 아무것도 하지 않는 것이 쉬운 일만은 아니었을 것이다. 결국 5년 후 다시 정치 무대에 복귀한다. 그리고 최고 집정관으로 선출된다. 이 직책은 도시 최고위 행정관이다. 그러자 다시 군인의 열정이 솟아나 오랜 숙적과 한판 붙어볼 마음이 생긴다. 오랜 숙적이란 바로 과두 정치다. 이런 집단 지도 체제가 그의 계획에 속쇄를 채웠고 결국 실패하게 만들었으며, 자기를 저버린 것도 그것이었다. 그가 추진하고 싶은 첫 개혁은, 충성스러운 지지자들의 이해관계가 반영된 일종의 정치적 소굴인 원로원과 104인위원회[34]의 권력을 축소하는 것이었다. 그의 프로그램은 가령 의원들의 자금 횡령을 막고 공공 재정을 깨끗하게 만드는 것, 카르타고를 아름답고 더 크게 만드는 것 등이었다. 그의 인기는 다시 올라갔다. 과두 세력이 그에게 품은 증오심은 더 달아올랐다. 이들은 한니발이 시리아의 안티오코스와 접촉하고 있다고 고발함으로써 그를 또 한 번 배신한다. 안티오코스는 새로 급

---

34. 고등 법원 및 심의회 기능을 동시에 하는 기관과 유사한 역할을 했다.

부상한 로마의 적으로, 인더스강에서부터 헬레스폰투스[35]까지, 타우루스에서 이집트 접경까지 영토를 넓히고 있던 젊은 제국의 수장이다. 안티오코스와 한니발이 뭉친다면, 이것은 로마로서는 최악의 시나리오였다. 그러나 카르타고의 귀족들은 이젠 쇠약해진 이 장수를 유배 보내고 재산을 몰수함으로써 여전히 로마의 최고 우방국임을 증명한다.

카르타고 아이들의 최고의 우상이었던 자가 이제는 배척자이자 도망자가 되었다. 그는 에페소스로 떠난다. 거기서 기원전 195년 가을에 안티오코스를 만난다. 이어 6년 동안 이 왕의 궁정에 머문다. 이 시리아의 왕 또한 알렉산드로스 대왕을 꿈꾸었다. 한니발은 안티오코스의 해상 고문이 되고 이어 해군 대장이 된다. 무기를 늘 잘 닦아놓으라고 제안하고, 군사 작전에서 양쪽 날개에 기마병을 배치하여 적을 포위하는 기술을 강의한다. 그리고 로마인들이 지중해의 어느 항구로도 접근하지 못하게 막으라고 조언한다. 그들 영토에 들어오면 집중적인 공격을 감행하라 한다. 그러나 칸나에 승자의 말은 잘 경청되지 않았다. 그는 궁정 사회에 늘 있게 마련인 모략과 계략의 희생자가 되어 결국 이 왕에게서도 버려진다. 설상가상, 모든 불행은 같이 오는가. 두 번의 해상전에서도 패배한다.

한니발의 방랑은 이제 고성소古聖所[36]로 이어진다. 정말 말도 안 되는 가설들이 돌아다닌다. 스키피오와 한니발이 에페소스라는 도시에서 회담을 했을 수도 있다는 것이다. 거기서 이 위대한 두 전략가가 역

---

35. 다르다넬스 해협.

36. 원어는 'limbe'인데 이 말은 원래 '경계' '주변'을 뜻한다. 죽은 착한 사람이나 세례를 받지 않은 어린아이의 영혼이 머무는, 천국과 지옥 사이의 중간 지대를 뜻한다. 여기서는 운명이 어떻게 될지 모르는, 모호하고 난해한 시기를 비유하는 수사법으로 쓰였다.

사상 가장 위대한 장수는 누구냐를 놓고 견해를 밝혔으리라는 것이다. 카르타고인 한니발에게 최고의 대장은 알렉산드로스이고 그다음은 피로스다. 특히 후자는 도시 포위 공격술의 장인이며 뛰어난 외교 천재다. 세 번째는? 그는 자기라고 말한다. 그러자 스키피오가 말한다. "만일 로마를 얻었다면, 어떤 자리를 차지하고 싶은가?" 한니발은 주저하지 않고 대답한다. 첫 번째 자리. 엄청난 대화다. 외전이지만.

제국주의적 야망으로 충만한 로마는 안티오코스를 가만히 내버려둘 수 없었다. 적대 행위를 선언할 구실로, 보이오티아에 주둔한 보병 300명을 학살한 일을 따진다. 기원전 191년 봄, 로마 부대는 테살리아로 쳐들어간다. 안티오코스는 300년 전 페르시아와 벌인 전쟁에서 레오니다스가 쓴 그 유명한 전법을 테르모필레 전투에서 써먹으며 설욕한다. 그러나 시리아의 이 '대왕'은 스파르타인 특유의 희생정신을 지니고 있지 않았다. 패주하면서 병사 9000명을 남겨놓고 왔고, 소아시아 쪽으로 퇴각하면서 500명만 데리고 왔다. 로마는 단 한 번의 전투로 이 셀레우코스 왕조를 그리스에서 몰아낼 수 있었다. 이 왕조는 알렉산드로스 장군이 세운 왕조였다. 로도스와 에페소스 사이에 해군이 참전하자 새로운 패배가 가중된다. 안티오코스는 패배를 아직 인정하지 않았다. 여전히 협로들을 통제하고 있었으니까. 기원전 190년 초, 다시 총애를 얻은 한니발에게 그는 페니키아에 선단을 꾸려달라고 부탁한다.

그해 여름, 로도스의 선박 30여 척이 한니발의 함대를 공격한다. 이 함대는 20여 채 부속 시설만 겨우 남고 완전히 와해되어 안티오코스 선단에게 했던 약속을 지키지 못한다. 그러자 로마인들과 재결합한 로도스인들이 벌이는 새로운 해상전에 안티오코스는 단독으로 참전하는 꼴이 된다. 패배는 당연했다. 그러자 이 '대왕'은 로마인들에게 그들 전쟁 비용의 절반을 주겠다고 제안한다. 그리고 유럽에서 소유한 지역도 내놓겠다고 한다. 이 지역은 세 곳인데 그 가운데 스미르나가 있었다. 그러나 스키피오는 협상 취향은 아니었다. 그는 패배자가 굴욕감을 느낄 때만 승리감을 느꼈다. 스키피오는 전쟁 비용 전체를 지불하고 소아시아 전역에서 철수할 것을 요구했다. 이건 수용 불가능했다. 그러자 한니발은 그의 주인에게 삼중 상륙 작전을 제안한다. 즉, 풀리아 지방, 로마 근역 그리고 시칠리아. 그러나 너무 늦었다. 기원전 189년, 로마인들은 소아시아에 군단을 배치하고, 함대를 궤멸하고, 안티오코스의 군대도 섬멸한다. 안티오코스는 전장에 5만 명의 군사를 버려둔 채 죽는다. 그의 아들은 이듬해에 아파메이아[37] 평화 조약에 날인한다. 조항 가운데에는 한니발과 그 밖의 몇몇 "로마의 적들"을 양도하라는 항목도 있었다.

한 번 더, 육감이 발달한 한니발은 바다로 이동해 크레타로 넘어간다. 적어도 리비아 쪽만 아니면 되었다. 지중해는 더는 그를 위한 피난처가 못 되었다. 그를 구원하는 것은 이제 아르탁시아스 왕이 있는 아르메니아다. 이 왕국은 아라라트산 아래 아라스 협곡에 자리하고 있었다. 전장과 바다에서 멀어진 이 불운한 영웅은 도시 설계자로 변신한다. 아르메니아의 미래 도시 모델이 되는 아르탁사타라는 새로운 도시의 도면을 그린다.

---

37. 카파도키아.

세상에 홀로 남다

장군, 의원, 최고 행정관, 함대 선장, 건축가. 한니발은 자신의 모델 알렉산드로스 대왕처럼 온갖 재능을 다 펼칠 수 있었다. 평화주의자이기도 했던 그가 이런 새로운 활동을 한다고 해서 로마인들이 그에 대한 격렬한 증오심을 거둔 것은 아니다. 왜냐하면 한니발이 아르탁시아스에 어느 정도 영향을 미치고 있었기 때문이다. 방랑자는 이 왕국을 떠나야 했다. 새로운 망명지는 비티니아 왕국[38]의 프루시아스 왕궁이다. 당시 이 왕은 페르가몬[39]의 에우메네스 왕과 전쟁을 치르고 있었다. 마치 외국인 용병처럼 된 한니발은 그의 주인이 마르마라해[40]에서 치른 해상전에서 승리하게 만든다. 드디어 승리! 전략·전술가에서 기하학자로 변신한 듯, 그는 이제 승자를 축하하기 위해 도시 프루사의 설계도를 그려준다(이 도시는 아나톨리아의 부르사 또는 브루스가 되며, 미래의 오스만 제국의 첫 번째 수도가 된다).

한니발은 평온해졌는가? 아니다. "로마인들에게는 한니발이 있는 한 어떤 확실한 평화도 없다." 도시 로마 사람들은 이런 말을 수군거린다. 기원전 183년, 로마 원로원에 한 동맹국 사절이 온다. 페르가몬 왕이 보낸 자로, 프루시아스 왕이 마케도니아의 필리포스 왕이 보낸 병사들의 도움을 받고 있어 불만이라는 내용이었다. 상황을 짐작한 원로원은 이번에는 그들의 사절 퀸크투스 플라미니누스를 파견한다. 그

---

38. 소아시아 북부.

39. 스미르나 지방.

40. 이스탄불에서 50여 킬로미터 떨어져 있는 곳이다.

는 이 작은 왕국에서 한니발 냄새가 난다는 사실을 간파한다. 그리고 당장 그를 넘기라고 요구한다. 한니발은 다시 마르마라해 근처에 있는 리비사에 은거한다. 그야말로 한니발은 세상에서 혼자였다. 비티니아 병사들이 현장에 나타날 때면 몇몇 경비병이 그의 곁에 마지못해 서 있었다. 한니발은 자신이 개조하여 만든 비밀 출구를 찾아보려 했다. 그러나 다 막혀 있었다. 또 한 번, 아니 늘, 배신이다. 절망한 한니발은 바곳 이파리와 독당근을 갈아 섞은 것을 입술에 가져다 댄다. 티투스 리비우스에 따르면, 한니발은 다음과 같은 기념비적인 말을 했다고 한다. "이제 로마인들을 놔주자. 얼마나 불안하면 한 늙은이의 죽음을 기다릴 인내심도 없는가. 무기 하나 없는 나에게서 거둔 플라미니누스의 승리는 대단하지도, 기억할 만하지도 않다." 한니발은 64세에 그렇게 죽었다.

우연의 일치인지 같은 해에 그의 가장 가공할 만한 라이벌이던 스키피오도 사라졌다. 이 걸출한 두 사람은 평행론적인 삶을 살았다. 최고의 가문에서 태어나, 최고의 교육을 받았다. 유년기를 벗어나자 직업군인이 되었고 젊은 나이 때부터 전장에서 두각을 나타냈다. 이 두 위대한 장군은 그들의 생애를 고집스럽게 전쟁에 다 바쳤다. 그들은 집에서 멀리 나가 살았다. 스키피오는 아프리카인으로, 한니발은 이탈리아인으로, 태어난 고국에서보다 타국에서 더 많은 시간을 보냈다. 두 사람 모두 진영 내부에서 끊임없이 배신을 겪었다. 스키피오 역시 전장에서 획득한 전리품을 독식했다는 이유로 고발당했다. 그의 가장 큰 적은 로마에 있었다. 바로 대★ 카토(기원전 234~149). 2차 포에니 전쟁 때 군인이었던 그는 스키피오의 재무관을 지냈는데, 로마의 덕목인 준엄성을 고수하지 않고 로마의 풍속을 헬레니즘화했다며 스키피오를 비난하게 될 것이다. 스키피오는 재판정에 나가는 대신 고향인 캄파니아 지역 리테르눔의 자택에 머물며 자기를 배반한 사람들의 배은망덕을 생각했다. 한니발은 소아시아 지방에 추방되어 있었다. 그런데 한니발은 사람들의 기억에 계속 남아 있지만, 스키피오는 사람들의 기억에서 사라졌다. 패자의 영광이란 게 이런 것일까?

적어도 한니발이 3년만 더 자리를 지켰다면 기원전 146년에 카르타고가 멸망하는 것은 막을 수 있지 않았을까? 그곳 주민들이 그렇게 대량으로 학살되는 일을 막을 수 있지 않았을까? 가장 큰 상업적 경쟁자를 아예 없애버릴 작정으로, 이번에는 로마가 일으킨 3차 포에니 전쟁에서 살아남은 자는 5만 명이었다. 그가 있었다면 이들이 노예가 되는 일은 막을 수도 있었을 것이다. 대 카토는 예언했다. "카르타고는 멸망하리라." 하지만 그는 자기 꿈이 실현되는 것을 볼 수 없었다. 왜냐하면 3년 일찍 죽어 카르타고의 멸망을 보지 못했기 때문이다.

2
베르킨게토릭스
(Vercingétorix, BC 82~BC 46)

카이사르에게 '아니오'라고 말한 자

왕의 자제로서 로마에서 청소년기를 보낼 때 군사 훈련을 받은 적이 있는 이 아르베르니족의 대장은 로마인들의 우두머리인 카이사르와 대결하기 위해 10여 개 부족을 규합하는 데 처음으로 성공했다. 여러 번 승리도 하고 영웅적인 저항을 펼쳤지만 기원전 52년에 알레시아에서 패배함으로써 갈리아족의 독립을 간절히 원했던 그의 꿈도 끝이 나고 만다. 그러나 애국심이라는 감정의 출현, 프랑스라는 나라의 출현, 국가라는 신화의 출현은 어쩌면 이때부터일지 모른다.

무찌를 것이냐, 죽을 것이냐. 아니, 굶어서 죽을 것이냐. 베르킨게토릭스[1]가 자신의 마지막 기병대를 갈리아 지방 너머로 보낸 지 벌써 한 달이 넘어가고 있었다. 외곽에서 부대를 모집하면 알레시아 포위망을 깨뜨릴 수 있을 거라고 생각했다. 요새에 비축되어 있는 식량과 물이 바닥난 지 벌써 30일째였다. 더는 줄일 수 없는 갈리아족[2] 8만 명이 이 도시 요새에 갇힌 채 카이사르 군단에 포위되어 있었다. 기원전 52년 9월 중순의 어느 날 아침, 갈리아족의 대장은 평소 하던 대로 군사 고문 회의를 소집했고, 여자들, 아이들, 노인들은 그곳을 떠나라고 명령했다. 불필요한 입은 줄여야 했기 때문이다. 그럼에도 불구하고 몇몇 부관이 그것 가지고는 '불충분'하다고 툴툴거렸다. 베르킨게토릭스는 이제 기다림과 저항의 전략을 끝내기 위해 웅변가로서 재능을 발휘해야

1. 프랑스 사람들은 '베르생제토릭스Vercingétorix'라고 발음하나 우리말 외래어 표기법은 '베르킨게토릭스'로 되어 있어 이를 따른다. ─옮긴이

2. 골족이라고 표기하기도 하고 갈리아족이라고도 표기하는데, 이 책에서는 갈리아족이라 통일한다. 골Gaule은 프랑스어이고, 라틴어로는 갈리아Gallia다. 골은 갈루스Gallus에서 파생했는데, 이는 '수탉'이라는 뜻에 불과하다. 갈리아를 지배한 로마 문명인이 보기에 이들은 야만인에 불과했는지 폄하하듯 '수탉'이라 명명했다. 우리가 관용적으로 쓰는 표현들에 따르면, '골'과 '갈리아' '갈리아족'과 '갈리아인' 등의 표현이 섞여서 쓰인다. 가령 사람을 가리킬 때 '골인'이라고는 하지 않는다(대신 '갈리아인'). 그러나 이 책에서는 대부분 우리말 외래어 표기에 더 많이 등장하는 라틴어 표현을 주로 따랐다. ─옮긴이

했다. "항복하겠다는 자들에 대해서는 말하고 싶지 않다. 고문 회의에 그들의 자리는 이제 없다. 싸우고자 하는 자들에게 나는 말하겠다. 그들은 스스로 용감하다고 믿는다. 그러나 실은 비겁하게 포기하는 것이다. 배고픔이 두려운 자는 차라리 자살하는 게 낫다."

알레시아를 포위한 적의 부대와 싸우는 것은 정신 나간 일이었다. 그 대신 인내심을 증명해야 했다. 2년 전만 해도 그의 부족이 알지 못했던 미덕 말이다. 그러나 이 젊은 사령관의 지휘하에 승전을 거듭하며 배우고 깨달은 것, 바로 그것을 증명할 때가 왔다. 서른의 이 대장은 6년 동안이나 지속된 갈리아 전쟁의 베테랑으로, 벌써 갑옷 아래에서 하얗게 늙어버린 로마 백인대장 같은 모습으로 변해 있었다.

베르킨게토릭스는 기다림을 강조했다. 왜냐하면 로마인들이 통제할 수 없는 유일한 자유로를 통해, 북서쪽 속주로부터 올 20만 이상의 보병 지원군을 기대하고 있었기 때문이다. 새로 투여된 이 신선한 부대와 함께한다면 로마 여덟 개 진영의 장벽을 한 번에 칠 수 있을 거라고 생각했다. 그가 피신해 있는 이 도시는 고원 지대였는데, 로마 부대가 왕관 모양으로 주변에 진을 치고 있었다. 몇 달 전 게르고비아에서 그랬던 것처럼, 그는 이번에도 집정관 가이우스 율리우스 카이사르를 퇴각시키고 싶었다. 이번에는 결정적으로 카이사르가 갈리아를 영영 떠났으면 싶었다. 갈리아 연합체는 1년 전 바로 자신을 대장으로 뽑아주지 않았나. 그런데 그만한 승리를 거두려면, 그의 부하들은 서로를 잡아먹을 정도로 욕구에 굶주려야 한다. 그래야 승리의 징조가 보일 것이었다. 승리에서 인간의 살 맛이 날 정도로 지독한 맛이 난다면, 그렇게 얻은 자유는 그만큼 소중할 터였다.

며칠 후, 아니 몇 시간 후, 갈리아의 운명은 바뀌리라. 아르베른

Arverne[3]의 이 젊은 대장에게 새로운 승리가 주어지기만 한다면, 분명 하늘을 찌를 듯한 카이사르의 위상은 확실히 꺾일 수 있었다. 복종시 키겠다고 호언장담했던 말썽 많은 갈리아를 제압하지 못하고 그가 캄 피돌리오 언덕으로 돌아온다면, 로마 원로원이 그를 재신임할 리 없기 때문이다. 로마의 지배로부터 해방되면 갈리아는 정말 하나의 나라가 되는 것이다. 그렇게 되면 분명, 확실히, 제국을 향한 새로운 위협이 될 것임이 틀림없었다. 그러나 만일 베르킨게토릭스가 패배한다면, 그 의 깃발 아래 모여든 40여 개 켈트족의 '국가적' 독립이라는 꿈도 완전 히 물거품이 될 것이다. 그러면 갈리아 전역은 로마를 따라야 할 것이 다. 문화, 종교, 전통, 문명 모두 다 말이다.

승자 베르킨게토릭스는 잉태 중인 한 국가의 최초의 영웅이 될 것 이다.

패자가 된다면, 그의 부족을 영원한 피지배자로 만들 것이다. 아마 도 노예로 만들 것이다.

한마디로 말해, 원군이 도착하기만 하면 되었다.

그런데 그걸로 충분할까? 갈리아의 대장은 부하들에게는 내색하지 않았지만, 스스로는 의문을 품고 있었다. 로마 군단과 대적했을 때, 최 근 역사가 그 점을 보여주었다. 수적 우위로는 충분치 않고 결정력과 조직력이 필요하다는 것을. 베르킨게토릭스는 어렸을 때부터 이런 이

---

3. 베르킨게토릭스가 속해 있던 아르베르니족은 갈리아 지방에 모여 살던 50개 부족 중 하 나였다. 갈리아 지방은 크게 다음 세 지역으로 나뉘어 있었다. 오늘날의 벨가이(벨기에) 부족들이 거주하던 센강 북부, 아퀴타니족이 거주하던 가론강 남부, 켈트족들이 살던 중 부. 이 중부 지역에 속하는 아르베른(이 단어에서 '오베르뉴Auvergne'라는 현재의 지 방 이름이 탄생했다) 지역은 대략 현재의 알리에, 퓌드돔, 캉탈, 오트루아르, 이 네 개 도 département(우리나라 행정 구역의 '도道'에 해당한다-옮긴이)에 해당한다.

야기를 귀에 못이 박이도록 들었다. 어떤 위대한 갈리아 사령관이 있었는데, 훨씬 막강한 힘을 앞세워 로마 독수리들에게 저항했으나, 쓰라린 패배로 끝났다고. 그 장군 역시 위대한 아르베르니족 사람이었다. 150년 전부터 이 지역에서 가장 강성한 부족은 아르베르니족이었기에 당연한 이야기였다. 갈리아의 지리적 중심지가 카르누테스 숲과 그 인근[4]이라면, 그의 가슴을 뛰게 하는 곳은 중앙의 묵직한 지대였다. 그곳은 산과 아르베른 계곡이 펼쳐져 있고, 이 계곡 물이 강으로 흘러들어 주변 모든 도시를 관개灌漑해 주었다. 뤼테스[5](파리)와 마살리아(마르세유) 사이에 자리 잡은 이 도시들은 그 수가 상당했다. 갈리아 중부의 가장 높은 곳인 해발 2000미터쯤에는 퓌 드 상시 같은 산악 마을도 있었지만, 아주 비옥하고 인구수도 많은 마을이 여럿 있었다. 대체로 산악 지대여서 접근이 어렵다 보니 야만족들의 침략과 약탈에서 벗어날 수 있다는 이점도 있었다. 통행이 빈번한 상업로와 떨어져 있다 보니 오히려 힘을 비축하면서 자신들을 성장, 강화할 가능성도 있었다. 이른바 시끄러운 소음도 없고, 휘황찬란한 빛도 없고, 약탈의 위험도 없는 곳으로서 서로 일체감을 느끼며 미래의 작은 제국을 건설할 수 있는 50여 개 부족이 함께 살아가고 있는 곳이 바로 갈리아 지방이었다.

기원전 121년, 비투이토스 대왕은 로마인들이 세벤(알프스와 론, 피레네 일대) 남쪽 지대를 속주로 만들자 이에 대항해 갈리아 중앙의 모든

---

4. 이 지역은 오늘날의 이블린, 외르에루아르, 루아르에셰르, 루아레 등에 해당한다.

5. 프랑스 사람들은 '뤼테스Lutèce'라고 발음한다. 라틴어로는 루테티아로 표기되어 외래어 표기도 주로 그렇게 하지만 여기서는 프랑스어 발음에 따른다. 310년 무렵, 루테티아는 '파리'라는 이름으로 바뀐다. ─옮긴이

부족을 규합하기로 마음먹는다. 로마인들은 모르방과 부르고뉴 남쪽에 정착한 하이두이족과 공모한 덕에 지역을 복속시킬 수 있었다. 로마는 아르베르니족의 라이벌인 하이두이족과 길게 뻗은 국경을 공유했다. 하이두이족의 주요 관심사는 자신들의 연합 행위에 대한 보상이었다. 이 보상을 가장 확실히 해줄 수 있는 자의 편에 붙을 수밖에 없었다. 용맹한 비투이토스 대왕에게는 알로브로게스족[6]의 지지와 20만 병력의 강력한 부대가 있었지만, 이제르강에서 결국 집정관 퀸투스 파비우스 막시무스가 이끄는 로마 부대의 손에 섬멸되었다. 코끼리까지 합해도 로마 부대는 수적으로 다섯 배나 열세였다. 끔찍한 패배 이후, 비투이토스 대왕은 결국 로마로 추방되었고, 로마식 행정관 체제에 유리하도록 군주제를 폐지한 갈리아 나르보넨시스가 세워졌다. 그러나 원로원은 여러 갈리아족(볼크족,[7] 살루위이족,[8] 알로브로게스족, 헬루위이족[9])을 그저 충실한 봉신으로만 만들라고 강경하게 요구하면서, 야심 많은 파비우스가 갈리아족들을 로마법 체제에 따르게 만들려는 것을 막았다. 로마 원로원은 왜 그랬을까?

기원전 80년경, 이번에는 아르베르니족의 시민 및 군인 대장인 켈틸루스가 나섰다. 자신이 모든 부족을 규합, 왕족의 위상을 재구축해 보

---

6. 북부 알프스 아래, 오늘날의 빈과 제네바 사이에 정착한 갈리아족이다. 한니발이 알프스를 넘어갈 때 로마 작가들에 의해 처음으로 언급된 부족이다. 기원전 120년부터 로마인들은 이 지역으로 진출했는데, 이 부족은 로마인들에게 극렬하게 저항했으며, 특히 아르베르니족과 가까워 이 부족과 주로 연대했다.

7. 랑그도크에 정착한 켈트-이베리아 부족.

8. 바르와 뤼베롱, 론 사이 프로방스 전 지역에 정착한 켈트-리구리아 부족 연합체.

9. 비바레 남부의 갈리아족.

겠다는 것이었다. 그러나 이 담대한 독재통령(베르고브레vergobret)[10]은 켈트족의 이해관계가 얼마나 제각각인지 그 정도를 가늠하지 못했다. 원칙적으로 군주제로 회귀하는 것은 절대 안 된다는 부족이 있는가 하면, 경제적으로나 상업적으로 로마인에게 복종하는 것이 유리하다고 판단하는 부족도 있었고, 지역적 자치권과 정치적 자유를 누리는 아르베르니족을 질투하는 부족도 있었으니, 갈리아 부족의 여러 왕자가 이번에는 켈틸루스에게 저항하고 나왔다. 그를 체포하여 게르고비아 공공 광장의 화형대 위에 세웠다. 말뚝에 묶인 채 그의 몸을 갉아먹는 불길 사이로 이런 외침이 흘러나왔다. "모두가 하나 되어 우리는 로마로 갈 것이다!"

전설에 따르면, 이날 그의 비명은 메아리가 되어 온 산골 마을로 퍼졌다. 갈리아족의 열기가 달아오르자 로마 원로원은 이들을 아르모리크, 벨가이, 아르베른, 하이두이 네 군데로 분할했다. 그런데 칭찬할 만한 놀라운 관용으로, 비명에 사라진 켈틸루스의 어린 아들만큼은 살려주었다. 아버지처럼 포로로 잡혀가야 했던 비투이토스 대왕의 아들과는 달랐다. 그러나 갈리아에 남아 기적적으로 목숨을 구한 이 어린 소년은 복수심에 가득 차 있었다. 그가 바로 베르킨게토릭스다.

대장의 유년 시절

베르킨게토릭스는 기원전 80년 무렵, 게르고비아에서 태어났다. 당

---

10. 갈리아족의 최고 행정관에게 붙여진 이름이다.

시 그의 아버지 켈틸루스는 반로마 혁명의 새로운 수장이었다. 아버지가 사망하자 그는 삼촌들의 부대로 보내진다. 다른 갈리아족 가문 귀족 자제들처럼 그도 아주 어려서부터 말을 타고 무기를 다루고 사냥하는 법을 배웠다. 그의 신체적 조건에 사관들은 놀랐다. 정신 학습 또한 소홀히 하지 않았다. 한 수사학자가 그리스어와 라틴어 수업을 해주었다. 웅변술도 배웠고 마을의 음유 시인들이 부르는 서사시 구송도 배웠다. 드루이드교 학교에서는 신학과 역사처럼 힘이 아닌 다른 가치를 지닌 분야도 배웠다. 또한 진정한 영혼을 갖는 법을 배웠다. 현생 다음에 다른 생이 온다는 것을, 모든 켈트족은 단 하나의 신성에서 내려왔다는 것 또한 배웠다. 그는 특히 여행을 많이 했다. 도처를 다녔다. 북으로, 서로, 남으로. 스무 살이 되니 '장발'을 한 갈리아족이라면 어떤 갈리아족도 이방인처럼 느껴지지 않았다. 그래서 하이두이족과 세콰니족[11]과 벨로바키족[12]과 카르누테스족의 땅을 방문했다. 심지어 알프스 너머, 즉 이탈리아로도 갔는데, 마치 '인질'처럼 카이사르한테 개인적으로 보내진 적도 있다. 속국이 되면 로마의 이익에 협조해야 했다. 로마는 갈리아족 도시의 젊은 왕자들에게 반은 학생이고 반은 포로인 독특한 위상을 부여하며 테베레 강변에서 몇 달씩 머물게 했다. 3년이 지나 어엿한 남자가 된 베르킨게토릭스는 로마의 전쟁 기술을 익혔다. 나중에 그의 적이 될 자들의 전장을 함께 다니며 바로 옆에서 그들의 전쟁 기술을 배운 셈이다.[13] 전투에서는 무엇보다 빠른 결정력이나 조

---

11. 쥐라산맥 서쪽 사면, 갈리아 동부에 정착한 갈리아족.

12. 루테티아 북부와 북동부에 정착한 벨기에 갈리아족. 우아즈강 서쪽 편이다.

13. 베르킨게토릭스의 전기를 쓴 역사가 장루이 브뤼노Jean-Louis Brunaux에 따르면, 이 기간에 카이사르와 베르킨게토릭스 사이에는 우정 비슷한 것이 생겨났고 특히 서로에게 상

직력, 비장의 비밀 병기 등이 중요했다. 그러나 교련은, 그러니까 이런 개탄스러운 훈육[14]은 갈리아족 같은 종족에게는 참으로 낯설었다.

기원전 53년, 베르킨게토릭스는 매일같이 말을 타고 게르고비아 일대를 성큼성큼 다녔다. 군마에 올라탄 그의 모습은 알파벳 I자처럼 우아하고 꼿꼿했다. 머리숱이 무성해 투구를 써도 머리카락이 투구 아래로 삐져나왔다. 그는 만나는 사람들에게 다양한 인상을 심어주었다. 순박한 농부, 드루이드 승려, 용감한 대장, 상인 등등. 그런데 그가 동포들에게 심어주고 싶은 인상이 있었다면, 그건 모두가 자기를 장군으로 여겨주었으면 하는 거였다. 왜냐하면 그는 그런 사람이 되기로 결심했기 때문이다. 속국 신세가 더는 참기 힘들었다. 아주 잘 조직되고 훈련된 군대를 창설하고, 자신만의 전략적 병법을 활용하여 로마인들을 갈리아 밖으로 몰아내고 싶었다. 그러나 아르베르니족을 중심으로 다른 켈트족들을 규합해야 그 일을 할 수 있을 터였다. 그러려면 우선 자기를 중심으로 아르베르니족을 규합해야 했다.

갈리아 전쟁은 5년 전인 기원전 58년에 이미 시작되었다. 2년 전에 폼페이우스, 크라수스와의 삼두정이 성립되자 로마 원로원에 대한 카이사르의 영향력은 다소 줄어들었다. 원로원은 카이사르가 전년도에 집정관이라는 칭호를 달고 나서 상당히 큰 야망을 품자 이를 경계했

당한 호감을 가졌다고 한다.

14. 아래에서도 언급되지만(가령, 75쪽 문장 "갈리아족은 이른바 단체성을 함양해 본 적이 결코 없었다"), 프랑스인들은 지금도 단일한 집단정신보다는 개인의 자유와 개성을 중시한다. 강제적인 훈육이나 엄한 훈련 방식을 다소 폭력적으로 보며 이를 거부하는 기질이 근현대 프랑스인들에게도 여전히 남아 있는데, 이런 시각이 은근히 암시되어 있다.─옮긴이

다. 기원전 59년, 카이사르는 제국 산하의 여러 지역을 관리, 감독하는 지방총독도 겸하게 된다. 이 지역 가운데 '갈리아 트란살피나'[15]도 있었다. 4반세기 전 켈틸루스가 여러 차례 반란을 일으켰지만 모두 실패로 돌아간 후 이 지역은 한동안 조용했다. 갈리아의 여러 부족은 로마와 동맹 조약을 체결했다. 다시 브렌누스[16] 같은 자가 나타나 알프스와 아르모리크 사이 지역[17]에서 반란을 일으킬 것 같은 조짐은 전혀 없었다. 그러나 카이사르는 정치적 입지를 다지려면 군사적 승리가 절실했다. 카이사르는 나중에 폼페이우스와 벌일 경쟁에서 자신이 두각을 나타내려면 무엇을 해야 하는지 알고 있었다. 행정관으로서 눈부신 경력이 있고, 잘 복종하지 않는 이베리아족을 제압함으로써 장군으로서 어느 정도 성공을 거두긴 했지만, 히스파니아 정복자의 여러 승전에 비하면,[18] 또 스파르타쿠스를 처형하고 해적들을 소탕하고 파르티아를 무찌른 영웅에 비하면,[19] 카이사르의 성과는 그렇게 대단한 것은 아니었다. 정치적 상승 가도를 달리는 동안 그야말로 전설에 남을 만

---

15. 로마인들은 갈리아를 두 갈래로 구분했는데, '갈리아 트란살피나'('알프스 너머 갈리아'라는 뜻)와 '갈리아 키살피나'('알프스 안쪽의 갈리아'라는 뜻)가 그것이다. 갈리아 트란살피나는 유럽 거의 전역에 해당하고, 갈리아 키살피나는 이탈리아 북동부 지역을 뜻한다. 고대 로마인들에게 감정을 이입해 보면, 이탈리아에서 가까운 곳, 그래서 반드시 정복해야 할 곳과 이탈리아에서 먼 곳, 그래서 정복하고 싶은 곳으로 이해할 수 있다. ―옮긴이

16. 갈리아 트란살피나의 장군으로, 기원전 4세기 무렵에 로마를 공격하고 약탈한 적이 있다.

17. 켈트족이 살던 중부를 가리킨다. 베르킨게토릭스가 소속된 아르베르니족의 땅에 해당하는 갈리아 지역의 양 경계를 빗대어 표현한 말이다. 바로 앞에서 나온 과거의 장수 브렌누스 역시나 미래의 베르킨게토릭스를 비유한 말이다. ―옮긴이

18. 폼페이우스가 이룬 성과를 뜻한다. 폼페이우스는 히스파니아 총독이었다. ―옮긴이

19. 크라수스가 이룬 성과를 뜻한다. 그런데 크라수스는 처음에는 파르티아 원정에서 승리를 거두었지만, 너무 쉽게 승리하자 자만해서 나중에 대패하고 파르티아인들 손에 처참하게 죽는다. ―옮긴이

한 방탕도 한때 보여줬지만, 이젠 재정 회복의 수단을 다시 찾지 않으면 안 되었다. 평화롭기 그지없는 갈리아를 전투 한복판으로 끌고 올 적절한 구실을 찾아야 했다.

그는 그것을 찾았다. '갈리아 키살피나'와 게르마니아 숲 사이에 있는 헬베티족이 그들 지역을 떠나 다른 곳으로 이주하려 한 것이다. 그들의 목표는? 바로 침략과 정복의 위험을 피해 생통주로 이주하려는 것이었다. 그들은 오르게토릭스 왕의 진두 지휘하에 살던 도시를 불태우고 기원전 58년 겨울 말 무렵부터 이주를 시작했다. 불관용! 카이사르는 이것만큼은 봐줄 수 없다고 판단했다. 갈리아 트란살피나를 횡단하는 20만 영혼을 보는 것만으로도 너무나 불안했으며, 갈리아 키살피나 북부를 깨끗하게 비워두면 호전적이고 예측할 수 없는 게르만족과 바로 이웃하게 되는 셈 아닌가. 카이사르는 이를 좌시할 수 없었다.

카이사르는 여섯 개 군단 정도만 동원해 헬베티족을 타이르듯 하여 그들 영토로 돌려보낸다. 첫 번째 대전은 후방에 갈리아족을 둔 제네바에서 펼쳐졌다. 로마의 승리! 몇 주 후, 로마 보병들은 미처 손Saône 강도 건너지 못한 불행한 헬베티족 앞에 방책을 친다. 다시 승리! 마침내 기원전 58년 6월, 4만의 병사가 하이두이족 영토인 비브락테[20] 요새에서 헬베티족 전사 9만 명을 섬멸한다. 카이사르는 그들의 항복을 수용하면서 게르만족의 위협으로부터 보호해줄 테니 빠른 시일 내에 본국으로 돌아가라고 명령했다. 그러면서 보주족과 알자스족을 규합하여, 게르만 대장 아리오비스투스의 강권에 못 이겨 게르만족과 동

---

20. 모르방의 현재 뵈브레산에 해당하는 지역.

맹을 맺은 수에비족[21]을 라인강 좌안에서 몰아내겠다고 약속한다. 이 기세를 몰아 이번에는 북으로 진군, 벨가이족과 네르비족,[22] 이어 벨로바키족을 복속시킨 후 아르모리크[23]까지 정복한다. 이들은 영웅적으로 저항했지만(특히 모르비앙의 베네티족이 그러했다), 결국 이 강력한 총독에게 항복하고 만다. 기원전 55년, 마침내 망슈(지금의 영불 해협) 건너편에 있는 브르타뉴까지 습격하고, 게르만족의 영토라 할 라인강 건너편까지 작전 명령을 수행한다. 카이사르는 폼페이우스와 본격적으로 경쟁하게 되면 이 두 위력의 전투가 자신의 정치적 후광을 훨씬 강화해 주리라 믿었다.

그러나 갈리아의 이 역사적 국경 지대 안쪽 사정은 순탄하지 않았다. 카이사르는 원로원에 보낸 메시지에서도 이런 사정을 주장한다. 세금 징수원들을 향한 산발적 반란, 도상에서 피습당하는 로마 상인들, 불안한 동부 지역에 배치된 군인들 중 일부가 벌인 반란. 더욱이 고향을 떠나 몇 년째 전쟁을 치르느라 지칠 대로 지친 군인들은 불만을 터뜨리기 시작했다. 특히나 갈리아족은 분노에 차 있었다. 어디서 불똥 하나라도 튀면 상스에 주둔한 열 개 로마 군단(병사 6만 명)에 당장 달려들 기세였다.

기원전 53년 3월, 사마로브리바Samarobrive(아미앵)에서는 카이사르가 직접 주재하는 갈리아 총회가 열렸다. 대다수 부족은 대표단을 보내지

---

21. 주로 발트해 연안에서 살던 유목 게르만족.

22. 갈리아 북동부(현재의 에노와 브라방 지역)에 정착한 게르만 출신의 벨가이족(옛 벨기에 부족).

23. 현재 브르타뉴 주요 간선 지역에 해당하는, 루아르강과 센강 사이 일대.

않았다. 구성원 절반이 게르만족인 갈리아 동부의 트레베리족이 이 총
회에 참석하지 않았을 뿐 아니라, 특히 심각한 일은 갈리아 부족들 가
운데 가장 강성한 세노네스족[24]과 카르누테스족이 불참한 것이었다.
이들 부족은 카이사르가 부여한 국경 사용료도 앞으로는 내지 않겠다
고 했다. 사마로브리바 총회에 오지 않은 데다 국경 사용료까지 내지
않겠다고 하니 이건 일종의 반란 징조였다. 불안해진 카이사르 총독은
총회를 연기하고 반란자들을 치기 위해 출군했다. 얼마 후 뤼테스에서
는 살벌한 분위기 속에서 여러 갈리아족의 집회가 열렸다. 카이사르는
이 집회를 세노네스족과 카르누테스족이 항복할 빌미로 마련했다. 항
복 조건은 끔찍했다. 인질 수백 명을 요구했고, 세금을 올렸다. 그다음
으로 총독은 이제 트레베리족과 에부론족[25]을 몰아내기 위해 다시 길
을 떠났다. 카르누테스족, 세노네스족 사건에 대한 지침을 가을까지
마련하고 사태를 종결하기 위해 뒤로코르토룸(랭스)에서 갈리아족들
과 약속을 잡았다. 이 마지막 양자 회담은 그의 부족만이 아니라 다른
부족에게까지 존경을 받던 세노네스족의 대장 아코의 처형으로 완결
되었다.

카이사르는 이제 갈리아 키살피나 쪽에 있는 라벤나로 들어가기로
마음먹는다. 로마 정세가 심상치 않아 로마 가까이에 머물러야겠다고
생각했고, 원정에 지친 병사들을 올해만큼은 조금 쉬게 할 필요도 있
었다. 이때를 카이사르는 확신에 차서 이렇게 기록한다. "갈리아는 조
용하고 침착해졌다." 그러나 갈리아는 결코 만만치 않았다. 겨우 10분

---

24. 뤼테스(현재의 파리)의 남동부(현재의 센에마른과 욘)에 정착한 갈리아족.
25. 현재 랭부르(림뷔르흐)와 리에주 지방에 정착한 게르만족 출신의 벨가이족.

의 1에 해당하는 영토의 주민들만 실질적으로 로마 군단의 보호를 받았을 뿐이다. 카이사르가 가져다준 것은 가난, 복종, 불행, 약탈밖에 없었다. 지방 관아에서는 점령자에게 매수된 중앙 과두정의 눈치를 보았다. 최고 정예 기마병들은 저 먼 국경에 징발되어 나가 있었다. 한편 갈리아라는 고국을 위해 싸워야 할 씩씩한 수천의 어린 갈리아족 병사들이 카이사르 군대에 차출되어 제일선에서 싸우고 있었다. 이는 로마 보병들을 보호하기 위한 꼼수였다. 바로 5년 전, 집정관은 갈리아족에게 뭐라고 말했던가. 야만의 위험으로부터 갈리아를 보호하겠다고 약속해 놓고 갈리아를 예속시켰을 뿐이다.

갈리아족은 이른바 단체성을 함양해본 적이 결코 없었다. 하지만 이제 주요 부족장들은 카르누테스족의 숲에 모여 총회를 열고 대동단결을 결의했다. 저마다 가진 정보를 서로 교환했고 이삭줍기를 하듯 서로 필요한 정보를 얻었다. 카이사르는 지금 라벤나에 들어가 있고 최근 그의 오랜 친구인 클로디우스가 죽고 난 후 상황이 그다지 좋지 않다는 것을 알게 되었다. 클로디우스는 자신의 이름을 걸고 로마 질서 유지에 한몫했던 사람이다. 행동을 결의할 수도 있는 순간이었다. 봄까지는 기다려야 할까? 키살피나와 트란살피나를 잇는 도로는 눈으로 대부분이 막혀 있었다. 각 부족의 깃발이 하나둘 모여들어 한 다발 묶음처럼 되었다. 그들은 엄숙하게 맹세했다. 카르누테스가 반란의 선봉에 서기로 했다. 이들이 먼저 행동을 개시할 터였다. 아르베르니족을 대표해 총회에 참석했던 베르킨게토릭스는 언제든 전투에 참여하기 위해 게르고비아로 돌아갔다.

서곡

1월 말의 어느 날 아침, 로마 상인들이 케나붐[26]에서 살해되었다. 카르누테스족의 대장인 구투아테르와 콘코네토둠의 지령에 의한 것이었다. 이는 고대하던 신호탄이었다. 갈리아 지역 전역에서 주민들이 무기를 들었다. 게르고비아에서 베르킨게토릭스는 주민들에게 만반의 준비를 하고 로마에 대항해 들고일어나 자유 부대에 합류하라고 독려한다. 그런데 어떻게 된 일인지 정작 그 자신은 삼촌에 의해 게르고비아에서 쫓겨난다. 그러나 그는 이에 아랑곳하지 않는다. 말을 탄 이 젊은 아르베르니인은 몇 시간 만에 사람들을 동원해 길을 떠난다. 시골의 수많은 농민이 그의 뒤를 따른다. 그는 이 의기양양한 무리를 이끌고 마침내 몇 달 만에, 쫓겨났던 도시의 성벽 앞에 도착한다. 로마의 몰록[27]에게 굴욕을 당해 비참해질 대로 비참해진 이 100여 명의 갈리아족 사람들은 우선 켈틸루스 장군의 아들이라는 베르킨게토릭스의 명성에 이끌렸고, 그의 눈빛에 보이는 결단성에 유혹되었으며, 뛰어난 말솜씨("우리는 전 갈리아의 자유를 위해 싸우는 것이다")에 매혹되었다. 그의 열정에 동화된 사람들이 주변에 몰려들었다. 그의 옆에서, 그의 뒤에서, 때론 그의 앞에서 함께 걸어갔다. 게르고비아는 별 어려움 없이 정복되었다. 그의 삼촌 고바니티오는 추방되었고, 그의 이름은 연신 환호를 받았다. 도시 전체가 그의 매력에 반했다. 그는 이 도시의 지배

---

26. Cenabum 또는 Genabum 등 철자를 다르게 쓰기도 하여 케나붐 또는 게나붐으로 발음한다. 고대 카르누테스족의 수도였고, 현재 프랑스의 오를레앙에 해당한다.—옮긴이
27. 아이를 제물로 바치는 셈족의 신. 또는 도마뱀이라는 뜻이 있다. 고대 중동 지역에서 유아를 희생 제물로 삼은 신, '바알'로도 알려졌다.—옮긴이

자라기보다 창조자 같았다. 새로운 도시의 창조자. 이것이 그의 지상 권이었다. 이제 곧 모든 나라가 아르베른처럼 될 터였다.

첫 승리는 소박했고, 다른 것에 더 호소할 필요가 있었다. 무훈으로 탄생한 명성을 당장 활용할 필요가 있었다. 자신의 힘과 카리스마, 군사 지식에 자신감이 있던 베르킨게토릭스는 갈리아 전역에 전령을 보냈다. 이들은 로마에 반기를 든 부족 대장들을 게르고비아에 초청한다는 소식을 전했다. 메시지가 수신되었다. 무장을 한 20여 개 중소 부족의 대표들(세노네스족, 파리시족, 픽토네스족,[28] 카두르키족,[29] 투론족,[30] 안데카베스족,[31] 아우레르케스족,[32] 레모비케스족,[33] 기타 등등)이 속속들이 이 수도에 도착했다. 모두가 공동 군대 원칙에 동의했다. 따라서 공동의 지휘권을 따라야 했다. 그런데 베르킨게토릭스는 이미 첫 번째 전투에서 승리를 거두었고, 과거 갈리아족 연맹 부족 장군의 아들이다. 이보다 확실한 정통성을 지닌 자가 있을까? 압도적 찬성으로 이제 막 탄생한 병권의 수장이 된 그는 독재자처럼 전권을 휘두르지 않겠다고 약속했다. 각 부족은 정치적 독립권을 갖기로 했다. 대신 갈리아족의 대장들은 서로 긴밀히 연락을 주고받고, 가능한 자주 회의를 열어 군사 작전을 보고할 필요가 있다고 했다. 그는 약속을 지킬 것이다.

세계에서 가장 큰 군대를 어떻게 공격해야 할까? 베르킨게토릭스는

---

28. 북부 푸아투와 방데 남부 지역에 정착한 부족.

29. 케르시(카오르 지역)에 정착한 부족.

30. 투렌 지역에 정착한 부족.

31. 앙주에 정착한 부족.

32. 빈두눔(르망) 근역에 정착한 부족.

33. 리무쟁에 정착한 부족.

그만의 방법과 조직을 가지고 있었지만 자기 부대의 약점도 알았다. 일단 대장급의 실력이 변변치 못했다. 보병은 수치상 수십만이나 되어 언뜻 강해 보였지만 훈련이 잘 안 되어 있었고 용맹하지도 않았다. 이들은 전쟁 경험도 별로 없었고, 팀플레이도 좋지 못했으며, 특히나 전략이라는 개념 자체를 낯설어했다. 거리를 두고 싸우는 원격 전투에서 로마의 투창 부대에 맞서 싸울 투석기 부대나 궁수 부대도 별로 없었다. 그러나 이 아르베르니족의 대장은 그들의 힘 또한 알고 있었다. 기병대는 엘리트급이었고, 그들의 지역에는 공략 불가능한 지대도 있었다.

지난 몇 년 동안, 베르킨게토릭스는 카이사르가 참전했던 여러 전투를 바로 옆에서 지켜본 적이 있었다. 예컨대 기원전 54년의 브르타뉴(훗날의 잉글랜드) 원정이 그러했다. 브르타뉴의 카시벨라우누스 대장은 정확한 전략을 구사하여 카이사르 총독의 전진을 효과적으로 방해했고, 그의 기병대 4000명은 최전선에서 격돌하는 전투를 피하면서 로마의 보병 군단을 끊임없이 괴롭혔다. 그의 기마병은 로마 보병이 잠입할 준비를 하고 있던 영토의 지표면을 일부러 황폐하게 만들었고, 척후병과 뒤로 처진 느림보들을 살육했으며, 좁은 길, 그러니까 행군하는 로마 보병들 사이를 적극 활용하는가 하면, 적의 동정을 살피며 바짝 추격하다가 평원에서 갑자기 나타나기도 했다. 평원이야말로 로마 보병에게 유리한 지형이었는데, 기마병의 급습을 받자 속수무책이었다. 베르킨게토릭스도 총독 카이사르에게 강렬한 인상을 심어줄 총 7개월간의 전투를 벌이는 동안, 약자가 강자와 맞붙어 싸울 때 유용한 게릴라 전법을 아주 이례적으로 구사할 것이다. 단 한 번의 결정적 전투로 적들을 제거할 수 없다면, 적들의 피를 한꺼번에 다 쏟아내게 할 것이 아니라, 한 방울씩 한 방울씩 쏟아내게 해야 했다.

　제법 큰 규모로 갈리아 기병대가 조직되자, 베르킨게토릭스는 다시 한 번 공격을 감행한다. 이때가 바로 기원전 52년 2월이었다. 베르킨게토릭스가 직접 지휘하는 가운데, 이번에는 중부의 비투리게스족[34]이 공격을 받았다. 이 부족의 영토는 북부의 그들 동맹국과 아르베른 사이에 있었다. 북서쪽에서는 몇몇 소규모 접전이 있었다. 특히 아르모리크에 주둔하고 있던 로마 군단이 공격을 받았다. 드디어 남서쪽에서도 교란 작전이 펼쳐졌다. 로마 속주인 나르본 쪽이 공격을 받았다. 그렇다면 남동쪽은? 그게 어떤 부대든 군이 동원할 필요가 없었다. 왜냐하면 이 세벤 지역은, 겨울에는 눈이 몇 미터나 쌓여 자연스럽게 방벽이 쳐지고 도저히 건널 수 없는 얼음 성벽이 만들어졌기 때문이다.
　비투리게스족에게 펼친 공격은 성공적이었다. 이 부족은 하이두이족의 도움을 받지 못했을 뿐만 아니라—베르킨게토릭스는 행여나 하이두이족이 도와줄까 걱정했다—바로 전투를 포기했다. 아르베르니족의 대장 편에 붙기 위해서 말이다. 사건은 커졌다. 어마어마한 땅덩어리 위에 모여 사는 비투리게스족은 갈리아에서 가장 오래된 부족이었고, 그들의 수도인 아바리쿰(부르주)은 갈리아에서 매우 아름다운 도시 가운데 하나였다. 이중의 승리였다. 군사적 승리와 상징적 승리.
　베르킨게토릭스의 기쁨도 잠시, 로마 속주에서 치러진 그의 부관 루크테르의 원정은 예상대로 전개되지 않았다. 나르본 성문에 도착했지만 적의 철저한 방벽에 놀라 길을 돌아가야 했다. 이 방벽은 카이사르

---

34. 베리에 정착한 부족.

가 라벤나로 철수한 이후 강행군을 거듭한 끝에 만든 작품이었다. 베르킨게토릭스의 주도하에 갈리아에서 이런 공세가 벌어지고 있다는 정보를 얻은 카이사르는 그가 당장 전투를 감행하리라는 사실을 알아챘다. 알은 부화하기 전에 깨야 하는 법이다. 반란의 싹이 올라오기 전에 당장 잘라버려야 했다.

속도전, 충격법, 결정력. 카이사르가 괜히 최고 명장인 게 아니었다. 앞서가는 자신을 뒤에서 추격 중인 베르킨게토릭스의 기를 꺾기 위해, 또 그의 군대 규모가 커지는 것을 막기 위해 시간을 허비해서는 안 되었다. 봄까지 기다리지 않고 바로 역공을 취해야 했다. 아무도 예상하지 못한 유일한 길이 하나 있었다. 나중에 카이사르는 바로 거기서 튀어나온다. 바로 세벤 지역이다. 이건 미친 짓이었다! 카이사르 총독은 여름에 상인들이 르퓌앙블레 지역으로 들어갈 때 빌리곤 하던 길을 따라 자신의 부대를 이끌고 세벤 산악 지대의 험난하고 가파른 길, 게다가 겨울이라 얼어붙은 길을 몇 킬로미터나 지그재그로 행군했다. 용감한 공병대가 있어 얼음과 눈으로 이루어진 방벽에 복도 같은 길을 트는 데 성공했다 해도, 이런 신속한 처리는 그야말로 빛나는 무훈이었다. 한밤중에 추위와 삭풍과 안개 속에서 말을 내려 걷는 기병대와 보병, 수레전차가 몽페자를 벗어나 험난한 700미터 높이의 팔Pal 고개를 넘어갔다. 인명 손실이 있긴 했지만, 부대는 어쨌든 세벤 지역을 통과해 너른 아르베른 지역으로 나왔다. 이어 퓌 유역이 펼쳐졌다. 이곳 마을은 완전 무방비 상태여서 집에 남자들이 거의 없었다. 갈리아 부대에 징병되어 다들 북서쪽 지대에 나가 있었기 때문이다. 카이사르는 병사들이 마을을 약탈하게 내버려두었다. 그리고 자신은 대반격을 준비했다. 목표 거점은 랑그르 고원이었다. 바로 그곳에는 보기 드물게 그에게 충실한 갈리아족이 살고 있었다. 거기에서라면 그가 불신해 마지않는 하이두이족을 감시할 수 있었다. 하이두이족의 일탈은 카이사르에게는 재앙이었다. 그에게 귀속된 이 북부 지방에서라면 부대가 식량을 비축할 수도 있었다. 또 근처에 주둔한 게르만족 부대에서 병사를 약간 보충할 수도 있었다. 명성이 자자한 베르킨게토릭스의 기마부대와 맞붙는 데 이 게르만족 부대가 도움이 될 수 있었다.

카이사르는 디종에 도착했고, 이어서 바로 출발해 겨울이 끝나갈 즈음 상스에 부대를 전부 다 결집시켜 진영을 꾸렸다. 아무도 예상할 수 없는 천재적인 술책—실제로 전투를 하지 않으면서도 승리하는 작전—으로 몇 주 만에 역동적인 갈리아족을 무찌를 것이라고 누가 감히 상상이나 할 수 있었을까. 적들을 아연실색하게 만들고 여기저기 흩어진 부대를 다시 정비하여 전열을 가다듬었으니, 이 전투는 그의 전설에서 가장 영광스러운 장면으로 남는다. 이는 의지의 승리이자, 기술적인 지성의 승리였다. 이제는 이 파렴치한 갈리아족 대장과의 일대일 결투만 남아 있었다. 동등한 조건에서. 아니, 거의 동등한 조건에서. 이때 베르킨게토릭스의 병력은 병사 10만에 기병 7000명으로 카이사르 부대의 두 배였다.

첫 맞대면

두 사나이의 직접적인 첫 대면은 노비오두눔(넁)에서 이루어졌다. 벨라우노두눔(몽타르지)과 케나붐(오를레앙)은 별 어려움 없이 탈취했지만, 이 첫 대결에서만큼은 특별히 끔찍한 운명이 예약되어 있었다. 이 대결은 나중에 갈리아족 봉기의 도화선이 될 것이다. 카이사르는 비투리게스 지방인 노비오두눔에 당도했다. 베르킨게토릭스는 처음에는 망설였지만, 주요 참모진들의 성화에 못 이겨 전투를 수락한다. 그것은 재앙이었다. 자신의 적수와 맞붙어 보겠다고 결심한 후 나름의 준비를 했던 갈리아 기병대는 어디선가 갑자기 나타난 게르만 기병대를 보고 혼비백산하여 도망치기 바빴다. 노비오두눔은 로마인들에게 넘어갔고 로마인들은 아바리쿰(부르주)이라는 도시로 가기 전 갈리아 기병대를 결딴냈다. 카이사르는 아바리쿰을 탈취하기로 결심했다. 주민 4만 명이 사는 이 도시는 그의 말에 따르면, "아름다운 성과 요새를 갖추어 갈리아 지방에서 가장 아름다운 마을"이었다.

그런데 아르베르니족의 대장은 노비오두눔의 패배가 그리 불만족스럽지는 않았다. 군사적 관점에서는 지엽적인 패배일 수 있었지만 그의 전략적 비전이 나름으로 타당했음을 반증해 주었기 때문이다. 로마 군단을 이기려면 정식 전투를 교묘히 피해 갈 필요가 있다는 것을 그는 다시 한번 확인했다. 즉, 게릴라전을 늘려 로마 군단으로 하여금 탈취할 수 없는 도시를 포위 공격하게 만들어야 했다. 비투리게스족의 요새가 함락되고 나서 며칠 후, 총회에 집결한 갈리아족 대장들에게 그는 바로 이 점을 상기시켰다. "우리가 여태 했던 방식과는 다르게 전쟁을 치러야 한다. 로마 병사들이 먹을 식량과 말들이 먹을 사료를 완전히 끊어버려야 한다. 우리한테는 그것보다 쉬운 게 없다. 지금은 말들이 먹을 풀을 베기에 좋지 않은 때다. 적들은 농장을 약탈하러 몇 개 분대를 보낼 것이다. 이렇게 따로 움직이는 소대라면 우리 기병에게는 식은 죽 먹기다. 그러나 우리가 해야 할 일이 있다. 우리 각자의 재산을 잊어야 한다. 적들에게 개방된 곳이라면, 로마인들이 말 먹이를 구하러 오는 곳이라면, 우리 마을이고 농장이고 다 불태워야 한다. 우리 성이고 요새고 다 불태워야 한다. 단, 그들이 결코 공략할 수 없는 성벽과 그 안에 있는 것들은 남겨둬야 한다. 만일 로마인들을 지금 이대로 놔둔다면, 그대들 힘도 낟알이 떨어지듯 떨어질 것이다. 자기 도시의 성벽 뒤로 피신하기 위해 부대를 따르려 하지 않는다면, 로마인들은 다시 우리의 지배자가 될 것이다. 그들은 생필품이며 탐나는 전리품을 죄다 가져갈 것이다. 만일 그렇게 된다면, 너무나 막대한 희생 아닌가? 이렇게 끔찍한 고통이 어디 있겠는가? 그대들의 아내와 아이를 노예로 보내고, 그대들은 죽음에 처해질 것이다. 알겠는가! 만일 패배하면, 그 몫은 다 그대들 것이다."

청중은 이 말에 설득되어 베르킨게토릭스가 제안한 전략을 따르기로 했다. 그런데 의문이 하나 생겼다. 스스로 파괴할 수밖에 없는 도시와 적이 절대로 공략할 수 없는 도시, 즉 구제될 운명의 도시를 어떻게 구분하는가? 로마 군단의 다음 목표물인 아바리쿰에서도 곧장 이런 질문이 나왔다. 아르베르니 대장이 보기에 아바리쿰은 절대로 접근할 수 없는 도시는 결코 아니었다. 그러나 이것이 아바리쿰 주민들인 비투리게스족의 견해가 될 수는 없었다. 또 한 번 나름의 이유를 들어 이들은 대장의 마음을 돌리게 만든다. 이들의 간청을 들어주는 것이 잘못임을 알고는 있었지만, 독단적으로 결정할 수 없었던 베르킨게토릭스는 이들이 아바리쿰 근처 몇몇 마을들—이곳들을 통해 카이사르 부대가 들어올 테니까—을 불태우고 자기네 마을을 방어하도록 아바리쿰으로 돌아가게 한다. 그리고 자신은 아바리쿰에서 20킬로미터쯤 떨어진 북동부 쪽, 즉 방대한 늪지 맞은편으로 가서 매일같이 로마 분대에 기병대를 보내 괴롭힌다. 로마 기병대는 식량을 조달하려고 보이족[35]과 비투리게스족 마을에 심심찮게 들어오곤 했다.

　카이사르는 아바리쿰에서 남쪽으로 500미터쯤 떨어진 곳에다 진지를 구축했다. 로마 여덟 개 군단은 3주 동안 도시 성벽 높이의 사각형 노대 ??를 짓고 탑 두 개를 나란히 세웠다. 포위 26일째 되던 날, 단테 서사시풍의 무시무시한 천둥과 번개가 쳤다. 아바리쿰의 수많은 수비병이 비를 피하느라 자리를 이탈했고, 이때를 틈타 로마 대장은 공격을 명령했다. 이들은 힘들여 세운 노대 덕분에 적들의 성벽 꼭대기까지 쉽게 들어갈 수 있었다. 결국 아바리쿰은 몇 시간 만에 공략되었다. 비투리게스족 수천 명이 목숨을 잃었다. 카이사르의 압승이었다. 상스 이후 카이사르의 진군에는 거침이 없었다. 로마와 동맹을 맺은 갈리아 부족이라면 어느 부족도 그를 배신하지 않았다. 두 번째 전선이 선언될 필요도 없었다. 도처에서, 모든 사람이, 이 전술 천재에게 경의를 표했다.

　세벤 지역을 통과할 때처럼 그는 자연적 요소를 자신에게 이롭게 활용할 줄 알았다. 갈리아족은 부대 내 느슨한 규율과 대장에 대한 불신으로 쓰라린 패배감을 맛봐야 했다. 기원전 52년 4월, 이제 로마인들에게는 게르고비아를 정복하는 일만 남아 있었다. 베르킨게토릭스의 고향 말이다.

마지막 승리의 미소

위대한 장수들은 승리한 다음 날에도 진가를 드러내지만, 패배한 다음

---

35. 부르보네에 정착한 부족.

날에도 진가를 드러낸다. 베르킨게토릭스는 아바리쿰의 함락을 한탄하기보다 그곳이 탈취 불가능한 곳이 아니라고 평가했던 것이 얼마나 옳았는지 상기하며, 이 재앙 후 며칠 만에 군사 고문 회의를 열어 낙관적인 발언을 했다. "갈리아 전역에 희망의 바람이 불고 있는데, 들으셨습니까? 우리 군의 증원을 위해 모든 도시에서 병사를 보내주고 있는 것 보셨습니까?" 그러나 그는 자기가 말을 많이 하기보다 부하들의 말을 더 많이, 더 잘 듣고 싶어 했다. 카이사르를 이기려면 자신의 부대가 적의 부대와 흡사해야 했다. 아르베르니족의 대장은 혈기 넘치고 산만하기 이를 데 없는 갈리아족에게 그 어느 때보다 열심히 로마인의 규율과 이성을 고취시켜야겠다고 마음먹었다. 예를 들어 신병 수를 확실히 정했고, 새로운 지원자를 찾아 각 지역을 돌아다닐 밀사를 정했으며, 이들이 본 부대에 돌아올 날도 못박았다.

베르킨게토릭스는 하이두이족에게서 눈을 떼지 않고 그들의 동향을 살피는 것도 잊지 않았다. 반란 초기부터 그는 하이두이족을 자기편으로 끌어들일 생각을 하고 있었다. 세력들 간의 함수 관계를 자기에게 유리한 방향으로 결정적으로 돌릴 필요가 있었다. 이른 봄, 하이두이족은 새로운 독재통령을 선출해야 했다. 두 개의 분파로 분열된 하이두이족은 카이사르의 중재를 요청했다. 카이사르는 아바리쿰을 떠나 베르킨게토릭스 부대를 추격하기 전에 하이두이족의 새로운 수장을 지명하기 위해 드시즈[36]에 도착했다. 베르킨게토릭스도 곧이어 이곳에 도착했다. 그러나 그는 알리에강 건너편에서 오고 있었다. 두 부대 모두 긴 오베르뉴강을 사이에 두고 몇 킬로미터를 따라 온 셈이었다.

---

36. 부르주(아바리쿰) 동쪽에서 100킬로미터 떨어진 니베르네의 하이두이족 도시.

카이사르가 마침내 다리 하나를 발견했을 때, 아르베르니족의 대장은 이미 그 지역에 도착해서 게르고비아에 야영지를 마련해 놓고 있었다. 높이 700미터, 고원 정상의 넓이만 75헥타르에 이르는 이 아르베른의 수도는 자연적 환경 자체로 견고한 방벽을 갖추었다는 이점이 있었다. 북쪽과 동쪽으로는 거의 올라갈 수 없는 큰 바위들이 가로막고 있었고 숲도 무성했다. 베르킨게토릭스는 아바리쿰의 실수를 똑같이 되풀이 하지 않기 위해 도시 외부(남쪽)에 병사들을 밀집시켜 배치했고, 몇 미터 높이의 성벽으로 진지를 에워쌌다. 기병들과 궁수들은 게르고비아 북쪽에 세워진 로마 진영의 주변을 어슬렁거리는 임무를 수행하기 위해 매일 아침 출발했다.

포위 첫날부터 카이사르에게 믿을 수 없는 소식이 날아들었다. 로마 군단에 합류해 달라는 요청을 받은 하이두이족이 불참을 통보해왔다고 했다. 설상가상으로 며칠 전 카이사르의 배려로 독재통령으로 임명된 콘비크톨리탄이 그가 내정에 간섭한다며 비난하는 것도 모자라— 이것이야말로 충격의 극치다—급기야 그를 배신했다. 게다가 하이두이족은 카이사르가 게르고비아 정복전의 제일선에 자기네 부족의 군사 1만 명을 배치한 데에는 어떤 의도가 있다고 의심했다. 싸움이 불리해지면 자신들을 희생시킬 것이 분명하다는 것이었다. 카이사르는 속지 않았다. 이런 고발·고소 접수장에는 아르베르니 대장의 손길이 미쳤을 것이다. 그 대장은 아마 한때 적이었던 이들을 설득하기 위해 재정적 논의를 충분히 했을 것이다. 그런데 하이두이족 모두가 설득된 건 아니었다. 하이두이족 몇몇 영주가 아르베르니족 대장이 요청한 새로운 동맹을 거부하고 카이사르 집정관에게 와서 이 사실을 일러바친 것이다. 카이사르는 이번에도 역시 '빨리' 그리고 '세게' 답했다. 그는 소규모 분대만 이끌고 북쪽을 향해 말을 전속력으로 몰아 25마일[37]을 달렸다. 그가 마침내 랑당에 닿자, 이 예상치 못한 눈부신 도착에 베르킨게토릭스에게 충성을 바칠 준비가 되어 있던 수천 명의 하이두이족은 아연실색했다. 이들은 베르킨게토릭스와 합의한 내용을 곧장 내팽개쳤다. 몇 시간의 짧은 휴식을 취한 후, 카이사르는 다시 게르고비아를 향해 마음 놓고 출발할 수 있었다. 그런데 또 다른 나쁜 소식이 기다리고 있었다. 카이사르가 북으로 떠났다는 소식을 전해들은 이 계략가 아르베르니 족 대장이 이때를 틈타 파비우스가 지휘하던 두 로마 군단을 공격한 것이다. 수많은 부상자가 속출했다.

상황은 더 꼬여갔다. 카이사르에게 남은 부대는 48시간을 전력 질주하느라 완전히 지친 병사들 아니면 적들의 맹렬한 공격에 대항하느라 진이 빠진 병사들뿐이었다. 그러면 하이두이족은 어떨까? 막판에 자신을 지지하게 만들긴 했지만, 승리로 사기가 진작된 이 맹렬한 갈리아족과의 싸움에 하이두이족만 내보낼 수는 없었다. 결국 철수다. 싸우지 않고? 그건 불가능하다. 도피처럼 보이는 퇴각을 하자. 이렇게 미끼를 던진 다음, 카이사르는 최상의 엘리트 부대인 10군단의 수장이 되어 무모한 작전을 감행한다. 도저히 공략할 수 없으리라 여겨진 라로슈블랑슈 요새를 공격한 것이다. 이 예상치 못한 습격은 우선은 성공했다. 몇 분 후 공격수들이 수비수들을 뚫고 게르고비아 성문에 도착했다. 당시 카이사르의 상황치고 그 정도면 성공이었다. 그는 퇴각을 알리면 게르고비아 병사들이 떼 지어 몰려올까 봐 걱정했던 터였다. 그런데 대장의 퇴각 작전과 급습 작전이 성공하자 사기가 올라

---

37. 1마일이 1.6킬로미터이므로 40킬로미터 조금 못 되는 거리.

홍분할 대로 홍분한 로마 병사들은 이성을 잃고 잠시 갈리아족처럼 변해 대장의 말을 듣지 않았다. 그들은 요새 성벽의 꼭대기까지 계속해서 올라갔다. 그사이 전투의 규모를 가늠한 베르킨게토릭스는 최고의 병사들만 전투 현장에 내보냈다. 이제 싸움은 더 격렬해졌다. 꼭대기까지 올라오느라 숨을 헐떡거리던 로마 병사들은 갈리아족의 선발 병사들에게 놀라 부리나케 도망치는 수밖에 없었다. 파비우스와 160명의 백인대장 중 46명이 사망했다. 8군단은 열 명 중 한 명이 도륙당했다. 대열은 정렬한 채 100여 명의 사망자를 애도해야 했다. 카이사르는 이번에는 어쩔 수 없이 정말 떠나야 했다. 용케도 인내심, 규율, 결정력이라는 병기를 쓸 줄 아는 상대에게 패배한 것이다. 베르킨게토릭스의 명성은 하늘을 찔렀고, 반면 총독의 별빛은 흐릿해졌다.

게르고비아에서의 대패 이후 북동쪽 방향으로 돌아가는 카이사르를 보면서 베르킨게토릭스는 깊이 안도했고, 로마 군단이 그 흉측한 철과 불을 가지고 사랑하는 아름다운 고향 아르베른에서 나가는 것을 보자 속이 시원하기 이를 데 없었다. 그와 병사들은 숨을 돌리고 자리에 앉아서 좀 쉴 필요가 있었다. 행운의 여신은 승자에게 미소를 지어주었고, 갈리아족 부대의 모든 깃발은 (레미족[38]과 린곤족[39]만 제외하고) 하나로 운집했다. 그러나 승전 소식들을 조금 소화해야 했다. 각 부족의 대장을 통합하기 위해 고문 회의를 열어 관리해야 했다. 조직이 커지면 커질수록 질투와 시기도 그만큼 커지기 마련이니. 그런데 조금 다른 질문을 해볼 필요가 있었다. 새 연합 세력인 헬베트족과 세콰니족

---

38. 상파뉴 지역에 정착한 부족.

39. 모르방과 보주 사이에 정착한 부족.

그리고 하이두이족의 실질적 충성도는 얼마나 될까?

특히 하이두이족의 경우 이들은 고문 회의 수장 자리를 자신에게 달라고 요청하며 기원전 52년 여름 초에 갈리아족의 대장을 비브락테까지 오라고 요구한 적이 있었다. 베르킨게토릭스는 물론 왕홀을 그들에게 주지 않았고, 군 총사령관 자리에 새 연합군 세력 가운데 한 사람이 와야 한다고 말했다. 이 자리는 사람을 적절하게 교체하여 구조적 변화를 주는 것이 중요하다고 공개적으로 말한 셈이다. 그래서 새로운 선거를 제안했다. 이보다 더 영리한 전략을 상상할 수 있을까. 하이두이족은 크게 동요했다. 총사령관 선출은 투표 양상을 띠고 전개되었다. '갈리아 총 고문 회의'는 결국 베르킨게토릭스를 갈리아 연합군 총사령관 자리에 앉혔다. 다시 한번 그의 권력은 강화되었다. 이 기회를 활용, 기병 1만 5000명을 더 충원하자고 요청했다. 그도 그럴 것이 이상한 움직임이 디종 근처에서 포착되었기 때문이다. 카이사르가 갑자기 알로브로게스족 영토 쪽으로 방향을 바꿔 진격한다는 소식이 들려왔다. 갈리아의 대장은 이제 이 적수를 유인해 완전히 끝장낼 적당한 장소를 물색했다. 새로운 게르고비아. 그렇다! 그곳은 알레시아가 될 것이다.

목 조르기

알레시아는 구릉과 계곡이 주변을 둥글게 둘러싼 고원 지대로, 고원 발치에는 오즈와 오즈랭이라는 두 강이 흘렀고, 늪지도 상당히 많았다. 고원 경사면은 가파른 암석들로 뒤덮여 있어, 자연적으로 방벽 역할을 했다. 동쪽으로는 혀처럼 생긴 땅이 도시와 펜느벨산을 연결하는 일종의 고개 역할을 했다.

이렇듯 그곳은 유리한 지세를 갖추었을 뿐 아니라 어떤 상징과 전설이 있을 법한 특이한 기운이 감도는 곳이었다. 그리스인들도 이곳을 잘 알고 있었다. 그리스 신화의 영웅인 헤라클레스가 활동하는 무대로 이곳을 상정할 정도였다. 특히 갈리아의 사제들은 이곳을 "모든 켈트족의 어머니가 계신 화덕"으로 여겼다. 알레시아에서의 승리가 군사적이면서도 정치적인 이유가 바로 이것이었다.

이런 이유 때문에 베르킨게토릭스가 알레시아를 바로 보지 못하고 고개를 돌렸던 것일까? 봄에는 이성적이고 섬세한 전략가였던 그가 여름이 되니 저속하고 혈기 왕성한 야만적 갈리아 족장이 된 것인가? 이해할 수 없는 일인데, 몇 달 전부터 베르킨게토릭스는 이상하게도 직접적인 전투를 피하는 데 몰두했다. 땅을 불태우고 로마 군단을 철저히 괴롭히는 특유의 전략을 포기했다. 이전에는 한 달 정도 버티기 위해 요새 안에 무기와 식량을 비축하고 로마 병사들이 요새 발치에 오기도 전에 적들에게 달려들어 무찌르곤 했는데 말이다. 그는 고문 회의에서 단호하고 비장한 연설을 하며 의외의 결정을 내렸다. "로마인들은 퇴각했다. 하지만 카이사르는 그들을 데리고 다시 올 것이다. 결코 복구할 수 없는 치욕을 당하지 않는 이상 이자는 결코 전쟁에서 물러나지 않을 것이다. 로마 군단에 타격을 입히는 수준이 아니라 완전히 끝장을 내야 한다."

베르킨게토릭스는 알레시아로 점점 다가오는 로마 군단의 전방부터 공격하기 위해 최정예 병사들을 보냈다. 그리고 기병대들(기본적으로는 하이두이족)에게는 여러 방향에서 동시에 돌진하라고 부탁했다. 그는 적들이 오랜 행군에 지치고 짐이 많아서 거동이 불편하므로 조금 저항하다 말 거라고 생각했다. 그러나 카이사르는 이 모든 것을 예견했다. 1만 5000명으로 이루어진 기병대가 세 방향으로 나뉘어 공격하리라는 것을. 그는 이들을 상대할 병사들로 몸이 무거운 보병대를 배치하지 않고 게르만 기병대를 세 분대로 나누어 보냈다. 일사불란한 게르만 기병대는 맹렬하나 무질서한 갈리아 기병대를 몇 시간 만에 제압했다. 군사적으로나 심리적으로나.

카이사르는 지체 없이 부대를 이끌고 이틀 안에 알레시아 고원에 합류하려 했다. 오주아산 동쪽 능선에 중장 보병단의 진지를 구축할 생각이었던 것이다. 선제적으로 판단, 주도는 빨랐지만 그는 늦게 도착했다. 갈리아족은 일찌감치 언덕 쪽에 자리 잡고 있었다. 그런데 언덕을 주시하던 로마 장군은 그들이 방어의 최대 취약 지대에 있다는 점에 주목했다. 그런데 공격도 불가능해 보였다. 길이 2킬로미터, 폭 800미터, 100헥타르에 이르는 넓은 갈리아 요새를 공략하기는 불가능해 보였다. 그렇다면? 포위 작전이 남아 있었다. 아그리젠토[40] 또는 누만시아[41]에서 했던 것처럼(기원전 262년과 133년). 이 두 유명한 로마의 명승부에서처럼.

베르킨게토릭스가 기마병들을 갈리아 전역에 보내 원병을 요청한 지 벌써 30일. 무력감을 느끼던 그는 아이러니하게도 이번에는 마치 헤라클레스가 해놓은 것 같은 적들의 놀라운 흙 다지기 작업에 감탄해야 했다. 칼과 투창 대신 삽과 곡괭이를 든 4만 로마 병사가 진영과 해

---

40. 로마인들은 카르타고의 손아귀에 있던 시칠리아를 7개월 동안 포위해 승리한 바 있다.

41. 이 스페인 도시는 스키피오 아이밀리아누스 장군에 의해 15개월 동안 포위당했다. 결국 굶주림에 지친 스페인 부대는 패퇴했다.

자, 각면보角面堡 등을 지은 것이다. 갈리아족의 대장은 대규모 교전은 엄두도 못 내고 매일같이 작은 공격을 몇 차례 감행했으나 별 효과는 없었다.

요새 안에 그나마 비축해 두었던 밀가루와 고기도 떨어지고 없었다. 갈리아족 주민들은 뭐라도 씹기 위해 가죽 띠와 갑옷을 끓였다. 비계 조각 하나, 빵 조각 하나라도 얻으려고 매일같이 싸움이 벌어졌다. 다들 분노로 으르렁거렸다. 주민들(특히 만두비족) 사이에서 동요가 감지되었다. 그들은 도시가 정복되는 것을 넘어 벌을 받게 될까봐 두려워했다. 항복하는 것이 차라리 낫겠다는 생각이 서서히 밀려왔다. 부관들이 와서 부대의 분위기와 움직임을 알리자 베르킨게토릭스는 "항복도 없고, 탈출도 없다. 카이사르는 절대 누구도 봐주지 않는다. 접안 지대에 함정을 잔뜩 파놓았다"며 반박했다. 그는 원군이 오리라는 것을 다시 한번 상기시켰다.

9월의 어느 맑은 날 아침, 드디어 원군이 도착했다. 수십 킬로미터 길이에 이르는 어마어마한 종대, 25만 명의 갈리아족이었다. 베르킨게토릭스의 요구에 따라 그들이 온 것이다! 저 먼 아르모리크의 오시스미족, 아쟁의 니티오브로즈족, 플랑드르의 모랭족, 헬베티족, 벨로바키족, 세콰니족, 모젤의 메디오마트리키족, 푸아투족, 지롱드족, 노르망디족, 앙주족. 정말 어마어마하게 거대한 부대였다. 제법 잘 갖춰졌으나 상대적으로 경험은 부족한 이질적 부대. 그럼에도 불구하고 카이사르를 몰아내고 알레시아를 구하겠다는 결연한 각오로 이들은 뭉친 것이다. 이들에게 저항하는 건 불가능해 보였다. 이 긴 부대와 정면 대결을 벌일 로마 군단은 겨우 10여 군단, 5만 명 남짓한 병사들에 불과했으니까.

갈리아족 대장은 전투에 돌입하기 전에 통합 지원군 부대를 알레시아 근역에 배치할 시간이 필요했다. 포위된 병사들은 아마 일주일 이상 버텨줄 수 있을 것이다. 그 일주일 동안 새로 온 지원군까지 포함된 갈리아족 부대를 가지고 새로운 지형을 짜야 했다. 그런데 카이사르가 그걸 용인할까? 기원전 52년 9월 25일, 롬 평원은 (카이사르의) "기병대로 뒤덮여" 있었는데, 맞대결 몇 시간 만에 상황이 갈리아족에게 절대로 유리하지 않다는 것이 명확히 드러났다. 분노만 타올랐을 뿐이지 질서가 잡히지 않은 이들은 로마 중장 보병의 공격에 방어선부터 무너졌다. 기병대들은 어떻게 되었을까? 그들과 동종인 게르만 기병단에게 여지없이 하나둘 섬멸되었다. 게르만 기병들은 이미 며칠 전부터 레아산에 매복해 있다가 마치 이 산속에서 살아온 악마들처럼 여기저기서 튀어나왔다.

1차전의 실패를 만회하기 위해 베르킨게토릭스는 실력도 보여줄 겸 야간 공격을 개시하기로 한다. 그런데 이렇게 비장의 그림자 부대를 출동시켰는데도 또다시 전세가 로마군에게 유리하게 돌아간다. 이 작전 계획을 미리 입수한 로마 부대가 투석병, 투창병 등을 배치하여 대응했기 때문이다. 전진하는 데 방해를 받지 않자 대원들은 해자로 들어갔다. 진지를 보호하기 위해 중간에 만들어놓은 해자에는 미리 숨겨놓은 뾰족한 창끝들이 있었고 병사들이 이것들에 찔렸다. 전투는 새벽까지 계속되었다. 게르만 기병의 역습이 두려워 베르킨게토릭스 병사들은 일단 철수했다. 그들은 패배했다기보다 확실한 승자가 아니었을 뿐이다.

세 번째이자 최후의 공격은 그 이튿날 감행되었다. 군사 고문 회의의 결정으로 레아산 봉우리와 플라비니산이 최우선적인 목표물이 되었다.

거기에 카이사르 총사령부가 있었으니까. 이번에는 전투 가능한 모든 요원이 동원되었다. 알레시아 주변에 산재한 진지의 성벽 위로 연속적인 파도처럼 밀려오는 갈리아 부대와 맞서 싸우느라 로마인들은 잠시 적의 수중에 넘어갈 뻔했지만, 그때마다 화려한 망토를 입고 손에 칼을 든 채 몸소 전장 한가운데로 깊숙이 뛰어드는 대장 카이사르를 보며 다시 힘을 냈다. 자부심과 결의가 용솟음쳤다. 전투를 지켜보기 위해 알레시아 고지에 자리잡았던 베르킨게토릭스는 다시 무력감을 느껴야 했다. 그는 자신의 꿈이 무너지는 것을 보았다. 매 시간 단위로 절망적인 소식이 들어왔다. 용감한 충신인 베르카시벨라우노스가 포로로 잡혔다는 소식, 레모비케스족의 대장인 세둘루스가 살해되었다는 소식, 군기 10여 개가 적들의 손에 넘어갔고, 중장 보병과 기병 열 명 중 한 명은 죽음을 면치 못했다는 소식이 들려왔다. 특히 롬 평원 서쪽 뮈시산의 능선에서 대기 중이던 지원군 부대가 마치 기체처럼 증발했다고 했다. "환영 혹은 몽상처럼"(플루타르코스) 스르르 사라진 것이다. 전투가 끝나기 전 이미, 그러니까 기원전 52년 9월 27일, 이 전투가 어떤 끔찍한 결말을 맞을지 짐작한 갈리아족 주민 수만 명이 짐을 싸서 이미 그 지역을 빠져나가고 있었다. 그들은 다시 그들의 고향으로 돌아갔다. 그리고 이 소식을 널리 퍼뜨렸다. 알레시아의 승자 카이사르. 그리고 패배자 베르킨게토릭스. 결국 갈리아는 로마가 될 것이다.

패배, 굴욕, 죽음

"에오 두케스 프로두쿤투르; 베르킨게토릭스 데디투르, 아르마 프로

지키운투르Eo duces producuntur; Vercingetorix deditur, arma projiciuntur .(장수들은 그에게 불려왔다. 베르킨게토릭스는 그에게 넘겨졌다. 무기들은 그의 발밑에 던져졌다.)" 특유의 날렵하고 간결한 문체로 카이사르는 《갈리아 전쟁기》에서 적장의 항복을 이렇게 적었다. 그런데 '그에게' 또는 '그의'를 쓰며 자신을 3인칭으로 말하는 것은 지금 봐도 놀랍다. 아마도 미래에 로마의 수장이 될 그는 갈리아족의 반란이 자신에게 또 다른 불안의 불씨가 될 수 있다는 사실을 차마 생각하고 싶지 않았을 것이다. 마치 사건의 대단원을 장식하듯, 카이사르는 적과 그 적의 힘을 완전히 꺾어놓았다. 베르킨게토릭스의 위협과 조금이라도 남아 있는 그의 힘을 꺾어놓았다. 카이사르는 겸손한 태도를 취하면서도 아첨꾼들이 실컷 찬가를 부르도록 내버려두었다. 일대 장면이 연출되었다. 베르킨게토릭스를 에워싸고 있던 갈리아 기병 서른 명이 트럼펫 소리가 울려 퍼지는 가운데 말에서 내려 땅바닥에 발을 디뎠고, 로마 장수의 발치에 숙연하게 자신들의 무기를 내려놓았다. 한편 그들 갈리아족의 대장은 승자에게 축하의 말을 건넸다. "나는 용감했소. 그러나 당신이 더 용감했소. 그래서 당신이 나를 이긴 것이오."

실제는 이와 달랐다. 지원 부대가 떠난 다음 날 아침, 베르킨게토릭스는 마지막 군사 고문 회의를 소집하여 전투의 의미를 환기한 후("나는 사적인 이익을 위해 이 전투를 기획한 것이 아니었소. 모든 사람의 자유를 위해 한 것이오"), 자신의 운명을 투표로 정해 달라고 청했다. 사형 혹은 항복(이것 역시 죽음을 의미하나 조금 나중에 이루어질 것이다). 후자가 선택되었다. 고문 회의 의원들은 카이사르 막사로 들어갔다. 그러나 카이사르는 조건 없는 항복을 요구했다. 코미오스를 비롯한 다른 대장들은 도망쳤고—베르킨게토릭스도 마음만 먹으면 도망칠 수 있었을 것이다─, 과거 게르고비아의 승자였던 베르킨게토릭스는 이제 알레시아에서 자기 발로 나와 무기도 없이 롬 평원으로 통하는 문 앞까지 왔다. 그는 즉각 체포되어 사슬에 묶였고, 그를 따라온 다른 부족 대장들도 마찬가지였다. 패자들이 승자에게 바친 무기로 가득 채워진 수레차들이 그들 뒤를 따랐다. 갈리아족 장수들은 로마 진지 한가운데에 세워진 연단으로 끌려 나왔다. 좌석에 앉은 카이사르는 아르베르니족 대장이 자신이 있는 곳까지 올라오는 동안 조용히 침묵했다. 겨우 그에게 시선을 던질 수 있을까 말까 한 거리였다. 완전히 계산된 무심함이었다. 승자와 패자 사이에는 지켜야 할 엄정한 거리가 있었기에 카이사르는 그나마 베르킨게토릭스에 대한 형언하기 힘든 종류의 존경이나 감탄을 숨길 수 있었는지 모른다.

패자에게는 불행만이! 베르킨게토릭스의 수난사는 길고 길었다. 무려 6년! 카이사르가 화려한 개선식을 준비하는 6년이라는 긴 시간 동안 이어졌다. 폼페이우스를 추격하기 위해 카이사르가 지중해 주변에서 전투를 벌이는 동안, 그는 무슨 추한 짐짝처럼 그 옆에 붙어 다녀야 했고, 캄피돌리오 언덕 바로 근처에 파놓은 어둡고 습기 찬 구덩이 속에서 몸을 숙이고 있어야 했다. 빛도 들어오지 않는 깜깜한 구덩이 감옥에 앉아 벽만 쳐다봐야 했다. 벼룩과 거미에게 온몸이 물어뜯겼고, 수염도 일절 깎지 못했으며, 때론 고문을 당했고, 때론 음식도 차단되었다. 그를 방문한 사람으로는 간수들이 유일했다. 가령 기원전 50년 초, 피레네에서 라인강에 이르는 지역, 그리고 대서양에 이르는 모든 갈리아 지역(늪지로 둘러싸여 도저히 접근할 수 있는 플랑드르 지역 몇 곳만 빼고)이 카이사르에게 항복했다는 소식을 간수가 와서 전해 주었다. 테살리아의 파르살루스, 이집트, 아프리카의 타프수스에 이르는 카이사르의 연전연승 소식도 간수가 전해 주었다. 긴 말이 필요 없다. 이 말이면 충분하다. 베니, 비디, 비치!Veni, vidi, vici!(왔노라, 보았노라, 이겼노라!)

기원전 46년, 아프리카에서 돌아온 카이사르는 전리품을 자랑하여 로마와 전 세계를 놀라게 하고 싶었다. 물건 전리품은 물론이고, 인간 전리품까지. 가령 클레오파트라의 라이벌이었던 아르시노에,[42] 카이사르가 방금 정복한 누미디아의 왕자 유바 또는 베르킨게토릭스. 지하 감옥에서 처음 나와 햇빛을 본 이 옛 갈리아족의 수장은 긴 '사크라 비아Sacra Via'[43]에 운집한 로마 민중에게 가장 관심을 끄는 인기 품목이 되었다. 알프스 너머 지역을 한 계절, 아니 두 계절 동안 공포에 떨게 만든 자가 철저히 기획한 무대였다. 사슬에 묶인 베르킨게토릭스는 지칠 대로 지쳐 마치 술에 취한 사람처럼 비틀거리며 제대로 걷지도 못했다. 70개월이 넘게 햇빛을 보지 못해 거의 장님이 되어 있었다. 얼굴은 긴 수염과 더부룩하게 엉킨 긴 머리카락에 파묻혀 제대로 보이지도 않았다. 이런 흉한 몰골로 그는 하얀 말 네 마리가 이끄는 황금빛 마차에 묶여 질질 끌려가고 있었다. 로마 포룸으로 개선하는 '임페라토르imperator'가 탄 마차였다. 이들 뒤에는 전차 10여 대가 따라왔다. 이들 전차에는 무기와 금괴, 40여 마리의 코끼리, 화려한 의상을 입은 로마 병사들이 타고 있었다. 그런데 불쑥 갈림길이 나왔다. 캄피돌리오로 가는 길 왼쪽에는 로마의 종교적·군사적 힘을 상징하는 유피테르와 유노 사원이 우뚝 서 있는 언덕이 펼쳐져 있었다. 카이사르가 갈

---

42. 다음 장을 볼 것.

43. '신성한 길'이라는 뜻으로, 간혹 '비아 사크라'라고 하기도 한다. 고대 로마의 길 중에서 가장 유명한, 포룸 로마눔에서 티투스 개선문까지 올라가는 길이다.―옮긴이

길이었다. 오른쪽에는 뱀 모양처럼 구불구불 내려가는 비탈길이 있었는데, 툴리아눔[44]으로 통하는 길이었다. 베르킨게토릭스가 갈 길이었다. 고관을 선도하는 하급 관리들이 베르킨게토릭스를 감옥으로 밀어넣었다. 들어가자마자 습기 찬 넓은 방이 나왔다. 형 집행관이 그를 기다리고 있었다. 그를 바닥에 꿇어앉히고 움직이지 못하게 했다. 그의 목에 동아줄을 걸었고, 천천히, 아주 천천히 조이기 시작했다.

한 시간 후, 그 아르베르니족의 몸은 정육점에서 쓰는 갈고리에 꽂혀 죄수 시체 공시장으로 옮겨졌다. 그곳은 감옥과 콘코르디아 사원[45] 사이에 있었다. 로마 시민들이 볼 수 있도록 며칠간 그곳에서 전시된 후, 거기서 가까운 테베레강으로 던져졌다.

베르킨게토릭스는 죽었다. 그러나 그의 전설은 살아났다.

---

44. 캄피돌리오(카피톨리노) 언덕 아래에 만든 지하 감옥. 베르킨게토릭스가 수감되었다가 처형된 이곳에서 훗날 베드로와 바울도 머물게 된다.

45. 콘코르디아 여신을 기리는 사원으로, 포룸 로마눔 위에 있다. 로마 시민의 하나 됨을 기원하며 세워졌다. ─옮긴이

3
클레오파트라
（Cleopatra VII, BC 69~ BC 30）

사라진 환상

고국 이집트를 구하고 사라진 파라오의 위대함을 되찾기 위해 그녀는 자기 세기의 위대한 힘을 하나로 통일하려는 야심 찬 계획을 세웠다. 그녀의 야심은 바로 로마였다. 그녀는 야심을 이루기 위해 율리우스 카이사르의 여자였다가 마르쿠스 안토니우스의 여자가 되었다. 그녀는 마치 300년 전 또 다른 왕자, 알렉산드로스 대왕처럼 동양과 서양을 하나로 통일하려는 꿈과 환상을 어루만졌다. 자신의 매력과 신념의 힘, 그리고 황금을 이용하면 거의 목표에 도달할 것 같았다. 미래의 아우구스투스 옥타비아누스가 그녀의 희망을 꺾어 버리고 자살하게 만들기 전까지는 말이다. 이어 아주 능숙하고 효과적인 선전선동으로 그녀는 완전히 더럽혀졌다. 그러나 클레오파트라는 알려진 이미지보다 더 가치 있는 한 여성이자 여왕이었다.

이것이 지속될 수 있을까. 기원전 47년 봄 바로 그날 저녁, 클레오파트라는 불안했다. 며칠 전부터 그녀는 나일강 위에서 너무나 행복했다. 이렇게 크고, 아름답고, 한 번도 느껴보지 못한 행복이라니…… 계속될 것 같지도, 영원할 것 같지도 않았다.

　눈앞에 펼쳐진 주변의 풍경은 마치 요정이라도 나올 듯 환상적이었다. 10여 명의 조정수가 갑판의 좌석에 앉아 노를 젓는 왕실 범선은 알렉산드리아에서 출발하여 이제 막 옛 수도였던 테베를 통과했다. 이곳 테베에는 파라오 프톨레마이오스 11세와 프톨레마이오스 13세의 미라가 모셔져 있다. 이제 선박은 강변을 따라 스핑크스, 기자와 카프레와 미케리노스의 피라미드가 우뚝 솟아 있는 곳으로 다가가고 있었다. 곧이어 멤피스의 하얀 성벽과 카르나크, 룩소르, 아스완의 첫 폭포가 나타날 것이다. '탈라메고스'를 수행하는 400여 척의 소형 배가 서로 간격을 약간 벌리자 무성한 파피루스와 연꽃 사이로 하마와 악어, 왜가리와 황새의 실루엣이 얼핏 보였다. 이 동물들은 푸른빛 물속에서 제법 조화롭게 공생하고 있었다. 그 너머로 바다 같은 밀밭이 펼쳐졌고, 그 옆에는 살구나무, 대추나무, 바나나나무가 도열해 있었다. 자연이 만들어낸 놀라운 천상의 광경은 사실 궁정에 버금가는 화려한 범선이 만들어낸 반영이었다. 범선의 길이는 100미터가 넘었다. 상아로 만든 뱃머리에는 높이 6미터에 이르는 황금 조각상이 세워져 있었다. 범선의 객실은 2층으로 되어 있었고, 회랑이 도열한 넓은 공간이 있었으며, 연회와 무도회를 위한 대연회실, 10여 개의 침실, 성소, 겨울 정원, 은밀한 소연회실 등이 갖추어져 있었다. 300년 전 이집트[1]를 통치한 알렉산드로스 대왕 이후 그 누가 프톨레마이오스 왕조의 이 후손만 한 부와 힘을 자랑한 적이 있었던가? 그녀 옆에서 세계의 지배자도 함께 여행하고 있었다. 그리고 그녀는 이 지배자의 아이를 임신하고 있었다. 이 지배자는 바로 카이사르였다.

로마의 황제[2]는 단순히 그녀의 미래의 아이의 아버지가 아니었다. 그는 무엇보다 그녀가 자신의 권좌를 다시 찾을 수 있도록 해준 은인이었다.

그날로부터 약 1년 전인 기원전 48년 9월(당시 그녀의 나이 스물한 살이었다), 그녀의 남편이자 동생(그녀보다 일곱 살 어린 남동생)은 그녀를 고국 땅에서 쫓아냈는데, 그녀에게 적대적이었던 몇몇 정치 실세의 압력을 버티지 못한 탓이었다. 시리아 사막으로 추방된 이후 그녀는 우연히 얻은 기회를 발판 삼아 정치적으로, 외교적으로 재기한다. 당시 프톨레마이오스 13세는 로마의 집정관 폼페이우스를 받아들이는 전

---

1. 이집트 왕조의 시조는 프톨레마이오스 1세부터 시작된다. 그는 마케도니아의 장수였는데 기원전 323년에 제국과 권력을 공유하는 형태로 이집트 태수로 지명되었다. 이 왕조는 프톨레마이오스 1세의 아버지 이름인 라고스를 따서 라지드 왕조라 불리기도 했다. 기원전 283년에 아버지를 계승한 아들 프톨레마이오스 2세는 왕으로 불렸을 뿐 아니라, 이집트의 사제를 뜻하는 '파라오'로도 불렸다.

2. 율리우스 카이사르에게 사용된 '황제'라는 칭호는 정치적 의미(당시 로마는 공화국 체제였기에 황제라는 칭호는 없었다)가 아니라 군사적 의미가 있었다. 개선장군으로서 그의 위상이 황제 격이라는 의미로 '임페라토르imperator'라 불렸다.

략을 취하고 있었다. 폼페이우스는 한 달 전 파르살루스에서 카이사르에게 대패한 후 이집트 왕조에 의지하고 있었다.[3] 삼두정치의 옛 실세였던 집정관 폼페이우스는 이집트 땅에 발을 디디자마자 얼마 안 있어 암살당한다. 그리고 그의 잘려 나간 머리는 그의 라이벌인 카이사르에게 보내졌다. 프톨레마이오스는 카이사르를 이런 식으로라도 설득하여—주적도 제거했으니—알렉산드리아에 오게 하고 싶었다. 그러나 그것은 잘못된 계산이었다. 자신의 적수였지만 존중했던 자에게 가한 너무나 야만적인 행동에 카이사르는 충격을 받아 그 아름다움과 위대함에 늘 매혹되었던 이집트의 수도에 아예 자리 잡을 생각을 하게 되었다. 아울러 프톨레마이오스에게 자신과 그의 누이와의 관계를 정상적인 것으로 보이게 만들고 싶은 의지도 있었다. 고국 로마로 돌아가기 전 카이사르는 천하를 호령할 힘을 더욱 확고하게 만들기 위해서라도 경제적으로 부유한 이 지역을 차분하고 부드럽게, 그러나 확실하고 지속적으로, 그리고 성실하게 로마에 충성하는 체제로 만들어야겠다고 생각했다.

---

3. 제1차 삼두정 시기(기원전 59~50년)에 이 두 사람은 크라수스와 권력을 나눠 가졌다. 그런데 기원전 49년 1월, 유일하게 원로원의 지지를 받고 있던 폼페이우스와 몇몇 군사적 승리로 영광스러운 후광이 생기기 시작한 카이사르 사이의 갈등이 폭발한다. 갈리아에서 수행할 임무가 끝나면 총독이라는 직함도 사라지는데, 카이사르는 그 자리를 더 유지하게 해달라고 요구한다. 폼페이우스는 이를 거절한다. 그리고 그의 부대를 해산하려 한다. 그러자 카이사르는 부대를 해산하는 대신, 부대를 이끌고 선두에 서서 루비콘강을 건넌다. 루비콘강은 당시 갈리아와 이탈리아의 경계에 있던 작은 강이다. 이는 당시 공화국의 법률을 무시한 행위였다. 이로써 카이사르의 부대와 폼페이우스의 부대가 격돌하는 내전이 발발한다. 특히 이 두 부대는 기원전 46년 8월에 테살리아 지방의 파르살루스에서 맞붙는다. 카이사르는 수적으로는 열세였지만 눈부신 성공을 거둔다. 폼페이우스는 지중해 동부 몇몇 섬으로 도망 다니다가 나중에는 이집트로 도망갔다.

정복당한 정복자

클레오파트라는 카이사르의 희망이 무엇인지 알아챘다. 정교하고 섬세한 정치. 그녀는 즉각 거기서 끌어낼 이점을 파악했다.

남동생의 부하들이 그녀를 완전히 제거할 방법을 찾고 있었기에 늘 위협을 느끼던 그녀는—이런 전통은 자기 아버지 대까지 거슬러 올라간다. 그의 아버지도 자신의 친누나인 베레니케의 목을 땄다—, 이 '대머리 신'에게 접근하기 위해 아주 대담한 전략을 짰다. 클레오파트라는 알렉산드리아에 잠입하여 양탄자로 자기 몸을 말았다. 그녀의 충직한 시종이 임페라토르 카이사르에게 가져갈 선물인 양 그 양탄자를 준비한 것이다. 그래서 어떤 호위병도 양탄자 안쪽까지 점검할 생각은 하지 않았다. 그녀의 시종인 아폴로도로스 시칠리아누스가 카이사르 앞에서 양탄자를 풀자, 스무 살 젊은 처녀가 튀어나왔다. 황당하기도 하고 우습기도 했다. 바로 클레오파트라였다. 카이사르는 그 도도한 아름다움과 장난기 어린 미소에 매혹되었다. 지성과 담대함으로 눈이 반짝거리는 아름다운 여자였다. 왕권을 잃고 전락한 이 작은 여왕의 용기에 마음을 빼앗긴 카이사르는 그날 저녁 또 다른 루비콘을 건넌다. 바로 오리엔트의 루비콘. 그토록 많은 승리를 거둔 전사가 마케도니아 공주의 아름다움에는 곧바로 항복한 것이다. 자신의 롤 모델인 알렉산드로스 대왕의 여동생과 똑같은 이름을 가진 이 공주의 치명적인 아름다움에 카이사르는 반하지 않을 수 없었다. 마르스도 어느 날에는 베누스에게 항복하는 법이다.

클레오파트라에게 홀린 이 50대 남자는 이집트에 머물면서 예기치 않은 사랑의 휴식 시간을 맛본다. 이는 비논리적이고 비이성적인, 정신 나간 행동이었다. 거의 1년이 넘게 로마를 비웠는데, 그 기간을 더 연장한다면 그에게 너무 큰 위험이 따르지 않을까? 내전의 상처로 도시 로마는 내부에 균열이 나 있었다. 프톨레마이오스의 간신배 일당이 쥐락펴락하는 이 도시에서 과연 아주 적은 수의 부대만 대동하고 이집트 궁정에 박혀 있어도 되는 걸까? 더욱이 이 일당이 로마 지배자이자 왕권 찬탈자를 몰아내기라도 한다면, 이건 거의 자살행위 아닌가? 카이사르의 함선을 불태워 없애려는 시도도 있었다. 카이사르에게 닥칠 위험을 증명하는 게 아니고 무엇이겠는가. 그러나 신들은 변심한 것 같았다. 세찬 바람이 몰려와 들쑤시는 바람에 불은 알렉산드리아 도서관까지 삽시간에 번졌다. 아니, 화마가 왜 우리 도시를 집어삼키려 하는가? 다들 아연실색했고, 분노가 치밀었다. 카이사르는 이 기회를 활용, 파로스섬을 접수했고 해상 세력들과도 관계를 텄다. 몇 주 후, 동맹국인 파르티아의 미트라다테스 군대가 시리아 속주에서 이곳으로 와주었고, 팔레스타인에서도 중장 보병 3000명이 와준 덕분에 물렁물렁한 프톨레마이오스 13세의 부대를 손쉽게 격퇴할 수 있었다. 이 왕은 황금 흉갑의 무게 때문에 나일강에서 익사했다. 이런 일련의 사건에 깊은 인상을 받은 알렉산드리아 사람들은 카이사르의 위대함을 재확인했다. 더욱이 그들의 여왕과 사랑에 빠진 그가 여기에 더 머물면서 이집트의 명성과 위대함을 되찾아 주기를 바랐다. 과연 무슨 일이 일어날까?

이렇게 흥분되는 몇 주 동안, 클레오파트라는 어떤 향수와 우울을 느끼지 않을 수 없었다. 권력을 쟁취하는 것과 쟁취한 권력을 유지하는 것은 달랐다. 남자도 마찬가지였다. 며칠 후면 그녀가 그 마음을 정복한 이 남자는 떠날 것이다. 캄피돌리오도, 그의 아내 칼푸르니아도 그를 기다리고 있다. 갈리아, 그리스, 스페인, 아시아 등지를 다니며 전쟁을 치러준 베테랑 장군들에게 주어야 할 상여금 지급이 늦어졌고 그들에게 약속한 땅의 분양도 늦어지고 있었다. 다들 초조해했다. 동요가 확산되었다. 눈에서 멀어지면 마음에서도 멀어지는 법. 클레오파트라와 잠시 떨어져 있는 동안 카이사르는 그녀를 잊을지 모른다. 그가 없으면 그녀는 권력과 정통성[4]도 잃게 될 것이다. 그녀의 승리라는 것도 정치와 연애 전선에서 패배하면 물거품이 될지 모른다.

그가 그녀 없이는 살 수 없도록 뭔가 조치를 취해야 한다. 그의 아이를 갖자. 딸보다 그의 상속자가 될 아들을 낳자. 카이사르에게 결코 잊을 수 없는 추억을 새겨주는 것이다. 그의 피와 정신에 정교하게 증류한 마약을 타는 것이다.

이 모든 것이 꿈이런가

1년 후, 클레오파트라는 다시 한번 자신의 운명을 향해 나아갔다. 그녀가 바란 대로, 율리우스 카이사르는 그녀를 로마로 불러들이게 될 것이다. 카이사르는 로마로 돌아가기 전, 우선 소아시아의 젤라로 가서 파르나케스 왕을 무찌르고 그 자리에 자신에게 늘 충성을 보인 미트라다테스를 앉혔다. "왔노라, 보았노라, 이겼노라"를 승리할 때마다 외친 이 영원한 승자는 우선 이 영원불멸할 도시 로마의 질서를 바로잡았

---

4. 클레오파트라는 자기 손아래 남동생인 프톨레마이오스 14세와 다시 결혼함으로써 이집트 지방의 풍속에 집착하는 그의 백성들에게서 다시 신뢰를 얻는다.

다. 잘못하면 불평불만이 반란의 분노로 바뀔 수도 있었으니 말이다. 이어 제도 개혁을 단행해 자신의 권력을 강화했고, 공화국이라는 단어의 의미가 무색하게 권력을 독점했다. 그는 누미디아에 피신해 있던 폼페이우스를 지지하는 자들까지 자기 휘하에 두어야 동방에서 만난 자기 여자를 로마로 초청할 수 있다고 생각한 것이다. 그들의 아들 카이사리온-프톨레마이오스와 함께. 물론 실권 없는 프톨레마이오스 14세는 빼고.

클레오파트라는 테베레강 우안에 있는 카이사르의 시골 별장에서 2년 가까이 살게 된다. 그곳은 사랑의 노래가 감도는 두 사람만의 아름다운 저택이어서 바깥으로 노출되어 있지 않았다. 저택 테라스에서는 수도 로마가 한눈에 내려다보였다. 너무나 기가 막힌 전망이었다. 황제는 우아하지만 조금 지루한 정실부인 칼푸르니아보다 이 정부 곁에 더 많이 머물렀다. 스페인 원정에서 돌아온 기원전 45년 가을에는 이 부인에 대한 희미한 불꽃마저 완전히 꺼져버렸다.

이집트 여인이 로마의 최고 집정관에게 미치는 영향력은 결코 무시할 수 없었다. 그녀는 점점 그가 내리는 어떤 결정에 영향을 미쳤다. 그것도 자신이 만족할 만한 수준으로. 예를 들면 대로를 직각으로 만든다든지(율리아 거리), 로마의 도시 정비를 알렉산드리아식으로 한다든지, 아니면 이집트 여주인의 짐 속에 딸려온 이집트 천문학과 수학 책에 근거한 365일의 달력(이른바 율리우스력)을 채택한다든지. 게다가 이집트 파라오와 결부된 신의 덕성을 갖추도록 그를 설득하기까지 했다. 동방의 나라들이 열렬히 좋아하는 종교적 신성을 지닌 군주권을 복원하는 것까지…… 안 될 것 없지 않나? 공화국은 그에게 너무 좁은 정치 체제 아닌가? 클레오파트라가 자신의 동향인들이 자발적으로

솔선해서 해주겠다는 어떤 것들을 카이사르에게 말해줬을 때 그는 정말로 기분이 상했을까? 아니면 상한 척만 했을까? 가령 어떤 사람들은 최근 왕실 상징인 하얀 머리띠 장식 왕관을 그의 황금 조각상에 둘러 경의를 표하기도 했고, 또 어떤 사람들은 라틴 전통 종교 축제일(기원전 44년 1월)[5]에 카이사르가 도시 입구 성문에 말을 타고 나타났을 때 '렉스rex'를 외치며 그에게 갈채를 보낸 자들도 있었다. 그들은 이집트 출신이었다. 한 달 후인 목신牧神 축제일(2월 15일)[6]에 연단에 올라간 이 리키니우스[7]에 대해서는 무슨 말을 할까. 카이사르는 연단에서 축제를 집전하면서, 옆에는 월계수 이파리가 새겨지고 이집트 왕실을 상징하는 하얀 머리띠가 함께 장식된 왕관[8]을 자기 머리 위에 엄숙하게 썼다. 새 집정관이자 그의 수석 부관이 된 마르쿠스 안토니우스는 같은 날, "오, 폐하! 안녕하십니까?" 하고 활기 넘치게 인사를 건넸다. 한마디로, 카이사르의 권력이 명약관화해지는 것을 보려면 좀 더 시간을

---

5. 로마에서 20킬로미터 떨어진 알바누스산에서 매해 종교 축제를 치렀는데, 이 의식 수행 임무를 맡은 집정관의 주도로 라티움 및 라틴 도시들의 수호신인 유피테르 라티아리스를 기리는 제례를 올렸다.

6. 팔라티노 언덕 아래에서 새해의 시작(3월 1일) 며칠 전에 늑대(루푸스)의 위협을 받는 무리들을 보호해 주는 신인 목신(판)을 기리는 '정화 의식'을 올렸다.

7. 여기서 리키니우스는 동방과 서방을 함께 통치하게 된 카이사르를 빗댄 비유적 표현이다. 로마 제국은 3세기에 혼란스러운 '군인 황제' 시대를 거치며 사등분되어 통치되다가 나중에는 동로마와 서로마로 양분되는데, 리키니우스는 308년부터 324년까지 로마 제국의 동쪽 지대에 해당하는 지역을 통치한 로마 제국의 이른바 '공동 황제'다. 서쪽을 통치한 콘스탄티누스와 대결했지만, 발칸반도에서 결국 콘스탄티누스에게 패배하고 그에 의해 처형된다.―옮긴이

8. 월계수 이파리는 로마의 개선장군 및 승자를 뜻하는 서방의 문화라면, 하얀 머리띠 장식 왕관은 이집트의 상징으로, 이 왕관 장식에 동방과 서방의 권력 표상을 다 아로새겼다는 함의다.―옮긴이

기다려야 할까? 로마는 종신 독재관을 필요로 할 뿐만 아니라—이 칭호는 2월에 받았다—신적인 왕, 다시 말해 지속될 질서를 보장해 줄 그런 사람을 필요로 했다. 로마식 파라오. 그녀와 함께라면, 알렉산드로스 대왕이 이루려고 했으나 부서진 꿈을 카이사르는 다시 꿀 수 있을까? 서방과 동방의 결혼을? 그렇다면 그들은 온 세계의 정복자가 될 것이다.

그러나 클레오파트라의 희망과 꿈은 끝나버리고 만다. 키케로의 영향을 받은 브루투스와 브루투스에게 동조한 원로원 의원들은 카이사르의 전제적이고 독단적인 군주 체제라는 일탈이 생길 것을 심히 걱정했다. 캄피돌리오의 현관에서 야만적으로 그를 칼로 찌른 것도 그래서였다. 이 소식을 들은 여왕은 깊이 낙담했다. 문을 걸어 잠그고 아무도 만나려 하지 않았다. 깊은 낙담 때문이었을까? 도도한 자존심에 상처가 난 걸까?(나는 영영 로마 황후가 될 수 없는 것인가?) 어쨌든 그녀는 자기 슬픔의 정체를 파악할 시간조차 없었다. 카이사르의 장례식에서 안토니우스는 엄숙하게 장례 추도사를 올렸다. 마치 자연스럽게 자신이 카이사르의 후계자라도 된다는 듯이. 그녀는 저택의 방 안에까지 들려오는 군중의 함성을 들었다. "나일강의 저 독사년을 죽여라!" "외국인을 죽여라!" 정원 철책 앞까지 와서 시위를 하며 구호를 외치는 결연한 자들도 있었다. 로마를 떠나야 할 때가 왔다.

카이사르가 죽은 지 한 달이 조금 못 되어, 키케로가 대단히 흡족하게도("나는 여왕을 싫어한다"), 그녀는 알렉산드리아로 돌아가기 위해 범선에 올라탔다. 불행의 그림자가 그녀의 얼굴에 드리워졌다. 2년 만에, 그녀는 그토록 탁월했던 자태를 잃었을 뿐만 아니라, 특히 환상을, 그리고 위상을 잃었다. 아들이 황제 카이사르의 상속자가 되기를 그토록 열망했건만 이 황제는 핏물 속에서 익사하고 말았다. 죽기 전, 카이사르는 자신의 조카손자이자 양아들인 옥타비아누스를 후계자로 임명했다. 지난해 스페인에서 폼페이우스 군단과 최후의 전투를 치렀을 때, 옥타비아누스를 바로 옆에서 있었던 카이사르는 그에게서 후계자의 자질을 보았다. 카이사르는 옥타비아누스에게 자기 행운의 4분의 3을 주었다. 클레오파트라는 옥타비아누스를 알지 못했지만, 그가 그녀를 좋게 평가할 리 없었다. 아들 카이사리온을 출산한 그녀가 그의 왕관을 빼앗을 것이 뻔했기 때문이다. 유일한 위안이라면, 옥타비아누스를 돕고 지원할 임무를 맡은 사람이 안토니우스라는 것. 안토니우스 말고는 없었다. 그가 그나마 유일하게 왕실 업무를 해본 사람이었다. 클레오파트라는 안토니우스를 좋게 평가했다. 카이사르의 장례식에서 누군가, 쾌락에 눈이 멀어 이집트에서 지체했다고 망자를 비난하자, 그 말을 물리친 사람이 안토니우스이기도 해서였다. 만일 신들만 허락한다면, 내일이라도 그녀의 부를 탐내고 권력을 질투하는 탐욕스러운 로마의 다른 장군과 다시 관계를 맺어야 하는 걸까? 그렇다면 이 사람이다. 안토니우스와 서로 통하면 안 된다는 법이 어디 있겠는가? 클레오파트라는 그런 사람이었다. 자기 운명을 탓하거나 자기 실패나 패배를 되새김질하지 않았다. 그저 다시 두 번째 기회가 올 것이라는 희망을 품고 운명의 주사위를 던지는 사람이었다.

의심의 시간

통치권자가 자리를 비웠는데도 재무 담당자가 효율적으로 일한 덕분인지 기원전 44년 봄에 클레오파트라가 다시 찾은 이집트의 상황은 그런대로 괜찮았다. 왕국은 평화로웠고 번영을 누렸다. 진압해야 할 사회적 반란도 일절 없었다. 화폭에 드리운 유일한 그림자는 바로 여동생 아르시노에 4세의 욕망이었다. 아르시노에 4세는 클레오파트라에게서 왕관을 빼앗고 싶어 했다. 프톨레마이오스 13세의 과부였던 클레오파트라는 카이사르가 이집트에 도착했을 때부터 아르시노에 4세와 대립했다. 클레오파트라로서는, 동생이자 남편인 프톨레마이오스 13세의 패배는 곧 자신의 패배였다. 아르시노에 4세는 다른 포로와 마찬가지로 로마로 보내졌고, 카이사르가 개선할 때 쇠사슬에 묶여 끌려가는 수모를 겪었다.[9] 그런 다음 소아시아의 에페소스로 유배되었다. 바로 거기서 절치부심하며 결연히 각오를 다진 듯하다. 프톨레마이오스 14세와 은밀히 공모하여 자신의 권리를 회복하겠다고 마음먹은 것이다. 프톨레마이오스 14세는 누이이자 아내이기도 한 클레오파트라의 돌출적인 행동과 독단적인 태도에 진력이 나 있었다. 클레오파트라는 다시 한번 실력을 발휘한다. 새로운 갈등 국면 속으로 들어가는 대신, 프톨레마이오스 14세를 독살해 버리고, 아들 카이사리온을 공동 섭정자로, 이어 파라오로 선포했다. 권력의 사적 남용이라느니 전통 제도로부터의 일탈이라느니 하는 비난도 다 잘라냈다. 또한 아들을 "아버지와 어머니를 사랑하는 신이시며 카이사르이기도 하신 프톨레마이오스 왕"이라고 불렀는데, 이집트가 로마에 빚진 게 있고 로마도 이집트에 빚진 게 있다는 사실을 로마인들에게 공공연하게 알리기 위

---

9. 프톨레마이오스 13세, 클레오파트라 7세, 프톨레마이오스 14세, 아르시노에 4세는 모두 프톨레마이오스 12세의 자녀들이다. 아르시노에 4세는 프톨레마이오스 13세나 클레오파트라 7세와는 이복형제다. –옮긴이

해서였다. 다시 말해 카이사리온은 이집트의 왕자이자 로마의 왕자이며, 황제의 아들이자 신의 상속자인 파라오이기도 하다는 생각이었다. 이제 겨우 세 살인 아들에게 이렇게라도 우선 날개를 달아놓아야 어머니의 평온도 보장될 터였다.

그 어느 때보다 이시스 같아진—이시스의 남성 파트너 오시리스는 내장이 나올 정도로 적들에게 맞았다—클레오파트라는 특히 도시 건축에 야망을 보였다. 파라오가 지배하는 이집트를 더욱 위대하게 번성시켰고, 이집트에 처음으로 철학 학교를 세우기도 했으며, 교육과 의학 실습 같은 학문을 발전시켰다. 거의 광기에 가깝도록 일에 매진한 것은 이집트가 힘과 부를 확실히 거머쥐게 하겠다는 집념 때문이기도 했지만, 기원전 44년 3월 15일에 그 끔찍한 일을 겪은 이후 그녀 안에 들어와 살기 시작한 고독이나 자포자기 같은 심정과 싸우기 위한 극단의 조치였다.

기원전 43년 여름, 로마에서 카시우스라는 사람이 와서 그녀의 집 문을 두드렸다. 그는 과거에 폼페이우스에게 충성을 바쳤던 자질이 우수한 장군인데, 카이사르 암살자들과 손을 잡기도 했다. 마르쿠스 안토니우스와 옥타비아누스—카이사르 사후 첫 달은 두 사람이 서로 대결하다가 뒤에 연합하기로 결정한 연유가 있다[10]—에게 추격을 받던 그는 그녀에게 도움을 청하러 올 정도로 뻔뻔한 사람이었다. 그런

---

10. 마르쿠스 안토니우스는 옥타비아누스가 카이사르의 후계자가 된 데에 불만을 토로하면서 라이벌 군단과 대적해 자신의 군단을 여러 지역에서 꾸린다. 그러나 두 사람은 우선 카이사르 암살 세력을 벌하기 위해 잠시 휴전하기로 하고 힘을 합친다. 카이사르 암살 세력이란 폼페이우스파(폼페이우스의 아들인 섹스투스 폼페이우스가 그 배후에 있다)와 공화국의 몇몇 원로원 의원이다. 특히 주범인 브루투스는 마케도니아로 피신한 상태였다. 카시우스는 기원전 42년 초에 브루투스에게 합류한다.

데 상황이 안 좋았다. 클레오파트라는 최대한 외교적인 화법으로 그에게 거부 의사를 밝혔다. 진실이 아닌 것은 아니니, 있는 그대로 할 말은 하면서 말이다. 봄의 수확이 나빠 흉년인 데다가 역병이 들었고, 올해는 나일강이 불어나는 해도 아니라고. 카시우스는 여왕의 말을 믿지 않았다. 불쾌해진 카시우스는 당장 군단을 꾸려 무적의 기마 궁수 부대를 이끌고 시리아에서부터 이집트까지 쳐들어왔다. 하지만 그는 이집트를 포기해야 했다. 원로원의 동의를 얻은 옥타비아누스와 안토니우스가 아드리아해를 건너 동쪽으로 오고 있었기 때문이다. 더 정확히 말하면, 그의 친구 브루투스가 피신해 있는 그리스로. 카시우스는 결국 브루투스와 합류하기로 결정한다.

기회의 신이 클레오파트라에게 다시 한번 미소를 지어줄까? 승산이 있음을 확인하고 행동에 나서야 한다는 생각에, 클레오파트라는 군함 및 네모난 돛을 단 전함 10여 척을 준비시켰다. 옛 연인의 죽음을 복수해 주겠다고 하는 두 남자를 돕기 위해서 말이다. 괜한 솔선수범이었을까? 격심한 풍랑이 이집트 함대에 밀어닥쳐 클레오파트라는 알렉산드리아로 다시 귀항할 수밖에 없게 된다. 선두에 선 소형 배들은 표류물처럼 다 망가져 있었다. 마르쿠스 안토니우스와 옥타비아누스는 마케도니아 동부 필리피에서 그들의 적을 물리쳤다(기원전 42년 10월). 그녀의 시간은 다시 왔다. 배당금을 더 많이 받기 위해 원조 함대를 보낸 척하는 거라고 그녀를 비난하는 나쁜 소문이 이미 그녀의 귀에까지 들려왔다. 그녀에게 계산서를, 아니면 적어도 핑곗거리를 요구할 로마 밀사가 곧 있으면 알렉산드리아에 도착할 것이다. 그날 그녀는 이제 헛된 기대만 품어서는 안 된다는 것을 깨달았다. 2년 전부터 로마를 대하면서 주권과 독립성을 갖춰야 한다는 것을 절실하게 깨달았지만, 이번에는 더더욱 그랬다. 절대 위험에 빠지면 안 되었다. 그날 그녀는 한 남자를 맞이하기 위해 다시 바다로 나간다. 로마 제국은 (기원전 43년 11월에 볼로냐 근처의 라비니우스에서) 삼등분이 되어 아프리카는 레피두스[11]가, 서방은 옥타비아누스가, 동방, 특히 이집트는 마르쿠스 안토니우스가 상속받았다. 클레오파트라가 맞으러 간 남자는 바로 마르쿠스 안토니우스였다.

유혹에 넘어간 마르쿠스 안토니우스

이제 클레오파트라에게는 유혹할 남자가 확실히 정해졌다. 카이사르의 이미지와 더불어 자신에게 씌워진, 특히 아우구스투스(옥타비아누스)에 의해 단호하게 표명된 악의적인 검은 전설에 묶여 사느니 이 남자를 유혹해 새로 도약하는 편이 훨씬 가치 있어 보였다. 그는 마흔이 조금 넘은 나이의 로마 기병대 대장이고, 갈리아 전쟁이나 폼페이우스와 대결한 내전 등 카이사르의 최근 전쟁을 매번 수행한 카이사르의 최측근이자 최고의 부관이었다. 그는 자신의 멘토가 암살된 이후 젊은 옥타비아누스의 돌연한 출현으로 야망을 꺾어야 할 판이었다. 금발 곱슬머리에 창백한 얼굴, 여드름투성이인 영 어리숙한 외양에다 청소년기를 잘못 보낸 탓인지 신체 발달이 덜 된 듯한 옥타비아누스를 이른바 로마의 옛 주인이 후계자로 지명한 것이다! 그건 그렇다 치고 두 라

---

11. 카이사르의 보호와 후원을 받던 옛 장군 레피두스는 영특한 인물로, 그때까지만 해도 옥타비아누스와 안토니우스의 갈등에 끼지 않으려고 어느 정도 거리를 두고 있었다. 결국 안토니우스를 선택하지만, 기원전 36년부터는 군사 및 정치 권력에서 조금 물러나 있었다.

이별은 우선 용기를 잃지 않고 불운을 견디기 위해 필리피로 건너간 카시우스와 브루투스부터 제거하여 그들 멘토의 죽음에 함께 복수해야 했다. 두 라이벌은 당분간 동맹을 맺는다. 안토니우스는 그때까지 애도의 표시로 그대로 두었던 턱수염을 깎는다.

뛰어난 체력, 인상적인 용모와 신체(거인처럼 큰 키에 넓은 어깨, 조각으로 새긴 듯한 얼굴, 다부진 의지가 엿보이는 각진 턱)의 마르쿠스 안토니우스는 부하 병사들에게 인기가 높았고 아시아 주민들에게도 존경을 받았다. 전쟁에 단련된 장교지만 술을 끊으려 해도 끊지 못할 정도로[12] 잘 마시고 제법 유흥을 즐길 줄 아는 자였다. 삼두 중 한 명이 되고 나서는 그가 들르는 곳 어디서나 인기를 몰고 다녔다. 아테네, 에페소스, 특히 킬리키아의 타르스(타르수스)에서 명성이 드높았다. 그는 타르스에 자신의 사령부를 두었다. 그리고 바로 여기서 이집트 여왕의 소환을 명령한다. 자신보다 열다섯 살 아래인 이집트 여왕과 해후하는 곳이 바로 이곳이다. 적절하고 적법한 형식의 예속을 약속하지 않는다면 그녀를 보내주지 않겠다고 단단히 결심한다. 최소한, 그것이라도 약속받아야 한다. 그러나 일이 꼭 그렇게 되지는 않을 것이다.

안토니우스의 소환에 응하기 전, 클레오파트라는 카이사르가 그에 대해 했던 말을 기억해 낸다. 카이사르는 그를 좋게 평가했다. 용감하고, 타고난 천성이 좋다고. 그러나 기분에 따른 변화가 심해서 예측 불가능한 행동을 하기도 하고, 외양이나 어떤 연출에 신경을 쓴다고 했다. 약간 허세가 있는 남자라면 공연과 무대를 좋아할까? 칭찬과 사

---

12. 가령 엘리자베스 테일러가 클레오파트라로, 리처드 버튼이 안토니우스로 분한 영화 〈클레오파트라〉(1963)에서도 안토니우스는 전쟁을 치르는 와중에도 작전이 잘 풀리지 않으면 갑판에 나와 술을 마신다. 그의 손에는 거의 늘 술잔이 들려 있다. ─옮긴이

치를 좋아할까? 그렇다면 그런 서비스를 받게 될 것이다.

플루타르코스마저 클레오파트라가 타르스 항구에 도착하는 장면을 묘사하면서 형언할 단어를 찾는 데 애를 먹는다. 이 항구는 키프로스와 안티오크 맞은편에 있는 타우루스 성벽 요새 발치에 자리 잡고 있었다. 클레오파트라가 탄 범선은 어마어마하게 큰 자줏빛 돛을 달았고 선미는 거대한 코끼리 머리 모양의 황금 조각상으로 장식되어 있었다. 하프와 피리, 탬버린 소리와 구름처럼 피어오르는 향 내음이 정신을 혼몽하게 하는 가운데, 황금빛으로 수놓인 닫집을 걷으면 똬리를 튼 듯이 앉은 클레오파트라가 있었다. 나이아스, 네레이스 같은 물의 요정들이 클레오파트라를 둘러쌌고, 큐피드들은 거대한 타조 깃털로 만든 부채를 연신 흔들었다. 이어 안토니우스는 승선을 안내받고 평생 결코 잊지 못할 향연에 초대된다. 두께 50센티미터에 이르는 장미 꽃 잎으로 만든 매트리스에 몸을 편안하게 가로로 뻗고 연회를 즐기니 디오니소스와 아프로디테의 해후라 할 만했다. 이어서 여름의 진수성찬이 나왔고, 매번 미묘한 음악과 달콤한 음료와 치명적인 향기가 어우러진 색다른 분위기가 연출되었다. 적어도 안토니우스에게는 정치와 사랑이라는 체스의 말을 하나씩 앞으로 나아가게 하는 순간처럼 느껴졌다. 동방 세계에 국한되어 있긴 하지만 지상의 군주권을 미리 맛보는 것 같은 꿈같은 시간이었다.

2주간의 체류만으로도 충분했다. 안토니우스는 그녀와 사랑에 빠졌다. 클레오파트라는 파르티아[13]에서 승전하면—자신의 왕국에 상시

---

13. 기원전 3세기, 현재 이란 북동부 지역에 해당하는 곳에서 발원한 파르티아 제국은 알렉산드로스 대왕이 죽고 나서 탄생한 셀레우코스 왕국의 여러 파편 지역을 기반으로 수십 년에 걸쳐 영토를 확대해 나갔다. 그리하여 북으로는 코카서스까지, 서로는 현재의 이라크와 시

적으로 존재하는 위협 문제는 부차적인 듯 따로 떼어놓고—그의 명성이 더욱 확고해질 것이라고 설득했다. 기원전 41년 8월, 클레오파트라는 안토니우스를 데리고 다니며 자신이 얼마나 풍요와 부가 넘치는 땅을 지배하고 있는지 그의 눈으로 직접 확인하게 해주었다. 그녀가 그에게 없어서는 안 될 존재가 될 날이 올 것이라고 말했다. 그날은 바로 최고의 권력을 쟁취하게 해줄 전투에 나가는 것을 그가 결심하는 날이라고 했다. 로마의 금고는 텅텅 비었으며, 사람들이 오랫동안 생각해 온 바와 달리 아시아 나라들은 대부분이 빈곤하다. 따라서 남은 것은 이집트뿐이다. 이집트에 의존해야 새로운 카이사르가 될 수 있을 것이라고도 했다.

클레오파트라는 머지않아 자신의 계획이 단순한 희망 사항이 아니라 충분히 성공할 수 있는, 실현 가능한 것임을 알아챘다. 이듬해 겨울, 안토니우스가 자신의 부대를 겨울 사령부로 돌려보낸 후 클레오파트라를 보러 알렉산드리아로 다시 온 것이다. 더욱이 혼자서! 호위병도 대동하지 않고 혼자, 그것도 익명으로! 아마도 다음 원정에 필요한 자금을 마련할 계획도 있었겠지만, 25년간 전쟁을 치르느라 그동안 맛보지 못한 전사의 휴식을 실컷 누리고 싶었을 것이다. 가면 축제와 진수성찬의 식사, 끝날 것 같지 않은 낚시와 경주, 오락과 여흥. 4개월 동안의 휴식, 쾌락, 긴장의 이완, 음주가무와 통음난무로 치닫는 디오니소스 축제 그리고 사랑. 알 만한 사람은 다 아는 일이니 두 사람은

리아까지, 남으로는 페르시아만에까지 이르렀다. 안토니우스가 레반트(특정 지역이라기보다 오늘날의 근동 팔레스타인, 레바논, 요르단, 시리아 일대를 가리킴—옮긴이)에 도착했을 때만 해도 크라수스 군대의 패주로 일단락된 기원전 53년 카레(지금의 터키 하란) 전투의 흔적을 로마 공화국은 아직 다 지우지 못한 상태였다.

자유롭게 도시를 거닐었다. 그 지역 사람들은 안토니우스가 로마의 토가를 벗고, 등에 걸쳐서 오른쪽 어깨 앞을 후크로 잠그는 그리스식 망토인 클라미스를 걸치고 하얀 반장화 신은 모습을 좋게 보았다. 안토니우스는 현자들과 철학자들을 찾아갔으며 그 지역 종교 전통에도 관심을 보였다. 이집트 사제들은 그들의 결합을 축복하는 의식을 치러주기까지 했다. 이듬해에는 두 사람의 자녀인 쌍둥이(알렉산드로스 헬리오스와 클레오파트라 셀레네)의 탄생을 축하하며 이날을 성일로 축성하게 될 것이다.

마르쿠스 안토니우스에게는 카이사르가 지녔던 우아함이나 섬세함은 없었다. 클레오파트라는 이 점을 결코 모르지 않았다. 그렇지만 사리판단을 정확히 했다. 그들의 결합은 자신의 왕위를 보장하는 일종의 생명보험이었다. 클레오파트라는 새 연인이 다소 서툴고 비속하긴 하지만 자신의 책임을 소홀히 하지 않는 점이 좋았다. 나일강에서 유유자적 시간을 보내다 보면, 그의 권력과 힘, 명성까지 흘려보내 버릴지도 몰랐다. 바로 이런 이유로 기원전 40년 봄에 그녀는 그를 재촉해 다시 원정을 떠나게 한다. 시리아에서 점점 커지고 있는 파르티아의 위협을 가라앉혀야 했다. 게다가 안토니우스가 임명한 총독이 암살되기까지 했으니.

정교한 기술자인 클레오파트라는 가련한 책략가이기도 했다. 안토니우스가 흐물대지 않도록 연인을 자신의 관능적인 품안에서 모질게 떼어내 그의 아내 풀비아[14]의 품으로 돌려보내야 했으니 말이다. 그가

---

14. 스키피오 아프리카누스의 후손인 이 로마의 부유한 귀족 여성은 마르쿠스 안토니우스와 결혼하기 전부터 상당한 정치적 활동을 하여 이미 자신의 첫 두 남편을 잃은 바 있다.

이집트를 떠났다는 소식을 들은 풀비아는 그리스로 와서 자신을 도와달라고 요청했다. 풀비아는 옥타비아누스에게 도전하려 했다는 죄목으로 옥타비아누스 부대에 의해 그리스로 추방된 상태였다. 안토니우스는 파르티아를 일단 내버려둔 채 지체하지 않고 풀비아를 만나러 그리스로 갔다. 바로 이 만남이 클레오파트라를 혼란과 동요에 빠뜨리게 한 연속적 사건의 발단이 된다. 페루자에서 옥타비아누스 부대와 맞붙은 안토니우스 부대는 패주하고, 이로써 두 남자는 서로 화해하고 브린디시에서 새로운 동맹을 맺는다(기원전 40년 9월). 클레오파트라로서는, 연인을 볼 수 있다는 희망과 카이사르의 양자를 제거한다는 희망 둘 다 멀어져 가게 된다. 곧이어 풀비아의 사망 소식[15]이 들려오자 클레오파트라는 기뻤지만 그것도 잠시였다. 이번에는 안토니우스가 옥타비아누스의 여동생인 옥타비아—자기보다 어린 나이이니 더 화가 났다—와 결혼했다는 소식이 들려왔다.[16] 아마도 안토니우스가 클레오파트라를 만나지 못하게 하려고 취한 조치였을 것이다. 그런데 전언에 따르면 안토니우스가 이전보다 더 주연을 즐기며 쾌락적으로 산다고 했다. 이런 그에게서 아무 소식도 오지 않고 여러 달이 가고 여러 해가 지나갔다. 안토니우스가 클레오파트라를 완전히 잊은 건지, 아니면 생각하기 나름으로, 그녀가 그를 마법에 거는 데 성공한 것인지? 그녀는 이제 유혹의 힘을 잃은 것일까? 운명의 여신이 이번에도 그녀를 버린 걸까?

---

15. 풀비아는 마르쿠스 안토니우스와의 이혼을 종용받다가, 그리스로 추방되었으며 그곳에서 서른일곱 살에 사망했다.

16. 9개월 후 옥타비아는 딸 안토니아를 출산하는데, 이 딸이 훗날 네로 황제의 할머니가 된다.

협약의 효력

기원전 37년 1월, 별로 존재감이 없는 레피두스와 야망가 옥타비아누스, 예측 불가능한 안토니우스, 이들의 삼두 정치는 5년간 경신, 연장된다. 여기에는 좀 이상하고 불합리한 거래 조건이 있었다. 동방의 총감독이 카이사르의 양아들에게 자기 함대 130척을 주고 그 자신은 겨우 2만 병사만 회수한 것이다. 자신의 지배력을 지중해까지 뻗어가게 할 수 있는 좋은 기회였는데, 그 가능성을 카이사르의 후계자에게 내준 셈이다. 옥타비아누스의 해상 장악력은 아드리아해와 갈리아 및 시칠리아 해안 유역 정도였지 그 이상은 아니었다. 이런 비이성적인 행동만이 아니라 더한 소식까지 전해졌으니, 아테네에서 함께 살던 옥타비아와 갑자기 이혼한 것이 그것이었다. 그 행동은 감정적이었다기보다 정치적이었다. 이는 두 라이벌 사이의 동맹이 끝났음을 의미했다. 안토니우스는 결국 로마를 떠난다고 선언한다. 사실 그는 로마에서 시간을 얼마 보내지 않았다. 함의는 이것일까? 옥타비아누스와 안토니우스 같은 두 남자를 수용하기에는 로마가 너무 작다? 만일 그가 어느 날 로마로 다시 돌아온다면 혼자 통치하기 위해서일 것이다.

마르쿠스 안토니우스의 부관인 폰테이우스 카피토가 들고 온 메시지를 읽은 클레오파트라는 마음이 양 갈래로 나뉘었다. 그가 나를 잊지 않았다는 말인가? 그렇지만, 감히, 그동안 내가 그토록 기다리고 울부짖고 한탄한 시간이 얼마인데, 그 시간에 대한 어떤 대가도 치르지 않고 감히 나한테 두 번째 희망을 갖는단 말인가? 그는 그녀에게 안티오크로 와달라고 부탁했다. 40개월이 넘는 공백이 있었는데, 다시 사랑의 관계를 맺자는 것인가? 좋다. 그녀는 갈 것이다. 그러나 그가 다시는 그녀를 못 떠날 협약을 맺은 다음에.

타르스에서 처음 만나자마자 일었던 뜨거움과 달리 클레오파트라와 안토니우스의 재회는 냉랭했다. 그녀를 안으려고 벌린 근육질의 팔은 이내 풀렸다. 자부심 강한 이 여왕은 파피루스를 펼쳤다. 거기에는 그녀가 당장 알렉산드리아로 돌아가는 모습을 보고 싶지 않다면 그가 서명해야 할 협약문이 쓰여 있었다. 이 안티오크 협약에는 두 사람이 이집트 전통에 따라 결혼할 것과 카이사리온을 로마 제국의 공동 섭정자이자 적법한 상속자로 인정할 것, 1400년 전 이집트 왕국의 최전성기였던 제18대 왕조 시절에 소유했던 지역[17]을 이집트가 다시 회수하도록 돕는다는 내용이 들어 있었다. 그녀 쪽에서는 그가 자신의 남편이 된 이상, 그에게 필요한 모든 재정적·군사적 지원을 하겠다고 약속했다.

안토니우스가 이 강제 조약을 받아들이는 데는 채 몇 분도 걸리지 않았다. 물론 이것이 무엇을 의미하는지 그는 잘 알았다. 옥타비아누스에게 결투를 선언하는 것이자, 그가 이 나일강의 뱀을 선택한 만큼 로마로부터 비난받으리라는 것을 의미했다. 하지만 그는 이집트 여왕 곁에서 사는 편을 택했다. 그런데 비용이 생각보다 높다고 그가 불만을 토로하지 않았던 것은 아니다.

기원전 36년 겨울이 끝나갈 무렵, 4개월 만에 다시 기운을 회복한 안토니우스는 새로운 전쟁을 빨리 시작해야겠다고 결심한다. 물론 승리할 전쟁. 바로 행동을 개시한다. 파르티아 군대를 무찌를 부대를 그

---

17. 이 지역은 다음과 같다. 시나이반도, 아라비아반도의 로마 속주, 흑해의 동쪽 해안, 요르단 계곡 대부분, 티레와 시돈을 뺀 페니키아 해안, 레바논과 시리아 남부, 킬리키아 거의 전 지역, 타르스와 키프로스, 크레테 동부.

곳으로 보냈고, 옥수스강 너머에도 부대를 보냈다. 그사이 그는 동맹 세력인 아르메니아 왕과 폰토스 왕을 만날 필요가 있었다. 그러나 이 만남은 성사되지 않는다. 더욱이 파르티아와 옥수스강 너머로 보낸 부대들은 메디아[18] 부대의 공격을 받아 산산이 흩어져 버렸다. 그럼에도 안토니우스는 북쪽으로 진격했다. 그런데 교차로가 나왔다. 향후 6개월이면 4만 중장 보병과 2만 기병이 배고픔과 추위, 피로와 질병, 그리고 프라아테스 4세 왕이 지휘하는 용감한 전사들의 일격으로 다 사라져버릴지 모르는 상황이었다. 결국 군단은 딱하게 철수하고 원정은 베이루트에서 종결된다. 클레오파트라는 이제 연인이 꿈도 명성도, 아니, 제 흉갑도 못 챙기고 코카서스 산악 지대 어딘가에서 길을 잃고 헤매는 모습을 보게 된다. 안토니우스는 절망에 빠졌다. 그녀는 그를 치료하고 위로하고 다시 힘을 내게 한다. 그러면서 그녀는 그에게 슬쩍 암시한다. 왜 굳이 파르티아와 싸우려고 하는 건가? 당신의 운명은 차라리 로마에 있지 않은가? 옥타비아누스만이 당신이 겨룰 만한 유일한 상대 아닌가? 안토니우스와 그녀의 마음은 거의 서로 통한다. 하지만 메디아 왕국이 파르티아에 대항, 봉기를 일으켜서 또 한 번 마지막으로 안토니우스는 아시아 원정을 떠나야 했다. 역시나 그는 승리했다. 그의 명성은 회복되었고, 이제야 비로소, 그렇다, 기원전 34년 가을에야 그 발육이 덜된 놈 같은 옥타비아누스를 생각할 시간이 생겼다.

---

18. 현재 이란 지역에 정착한 부족. 당시 파르티아 제국과 동맹 관계에 있었다.

악티움이라는 커브길

안토니우스? "술기운으로 사는 타락한 자?" 클레오파트라? "세상의 악덕이란 악덕은 죄다 가진 저속한 매춘부?" 콜로세움과 캄피돌리오 사이, 영원불멸의 도시 로마의 시민들은 두 사람의 소문이 나돌자 분노를 가라앉히지 못하고 욕설과 비방을 해댔다. 부부가 알렉산드리아, 에페소스, 아테네 사이를 자유롭게 항해하며 돌아다닌 지도 벌써 2년이 지났고—열망이 생기면, 욕망이 생기면 언제든 갑자기 떠났다—, 로마인들로만 구성된 권력 체계를 대수롭지 않게 여기면서 수백만 세스테르티우스[19]의 비용이 드는 선상 파티를 즐겼다. 클레오파트라가 값을 매길 수 없을 만큼 비싼 진주를 식초에 넣어 녹여 마셨다는 일화도 이 선상 파티에서 나왔다. 안토니우스가 법적 부인인 옥타비아를 버린 지 2년이 되었다. 로마 제국의 수도를 언젠가는 알렉산드리아로 옮길 구상을 가지고 있다는 것을 굳이 부인하지 않은 지 2년이 되었다. 안티오크에서 저지른 스캔들이나 다름없는 그 협약에 대해 설명하러 로마에 오지 않은 지도, 개선식을 로마가 아닌 알렉산드리아의 대로에서 한 지도 2년이 되었다. 이탈리아 반도를 향해 간다고 상상하게 만드는 대단위 군대를 구성하기 시작한 지도 2년이 되었다. 100여 척의 갤리선이 메디아, 아르메니아, 유대, 그리스, 시리아, 트라키아, 아랍의 병사들을 선상 갑판에 배치하여 지중해의 중심에서 해상 훈련을 한 지도 2년이 되었다. 로마의 영웅이 갑자기 지방 태수로 돌변하여 한니발

---

19. 고대 로마에서 사용되던 화폐 단위. 작은 은화로, 세스테르티우스Sestertius는 세미스테르티우스semis-tertius라는 말에서 나왔는데, 2와 2분의 1이라는 뜻이다. ―옮긴이

을 흉내 내듯 로마를 위협하기 시작한 지 2년이 되었다.

기원전 32년 봄, 결정이 내려졌다. 로마 원로원 400명이 단체로 안토니우스가 있는 에페소스로 파견되었다. 이 이상야릇한 준비에 대해 설명하라는 얘기였다. 이게 과연 로마 삼두정의 한 사람으로서 할 수 있는 짓인지 설명하라는 것이었다. 그가 그들에게 이 상황을 설명하는 데는 일주일이면 족했다. 안토니우스는 아침부터 저녁까지, 저녁부터 아침까지, 술에 취해서 아무것도 관심을 보이지 않았다. 그는 이제 부대를 지휘하지 않았고, 어떤 것도 통솔하지 않았다. 그를 좌지우지하는 힘은 오로지 이집트 여왕의 손에 있었다. 로마 공화국에서 아주 배려심 깊었던 사람 가운데 한 명이던 그를, 클레오파트라는 끝을 모르는 자신의 야망에 복무하는 온순한 인형으로 만들어버린 것이다. 새로운 내전을 치르느니, 이 로마인을 속일 계획을 세우는 게 나았다. 그 여자에게서 먼저 그를 떼어놓은 다음, 정신을 차리게 해서 원로원의 신뢰를 다시 얻게 만들어야 했다. 그러나 이 계획이 안토니우스의 귀에 들어가기도 전에 먼저 클레오파트라의 귀에 들어갔다. 옥타비아누스는 안토니우스에게 정식으로 이혼하라고 명령함과 동시에 아주 격렬한 비난과 욕설이 섞인 단어까지 써가며 자신의 부대를 아테네로 보냈다. 그런데 안토니우스가 로마와 자신을 연결해 주는 끈들을 결정적으로 끊어버렸음을 보여주는 두 가지 행동을 했다. 그리고 그는 전쟁을 원했다. 알레아 작타 에스트!Alea jacta est!(주사위는 던져졌다!)

옥타비아누스도 이에 즉각 응답했다. 그는 자기 라이벌 편에 여전히 머물고 있는 원로원 의원들을 소집하여 공개적으로 다음과 같은 선언을 했다. 안토니우스에게서 "그의 모든 임무와 기능을 박탈한다. 왜냐하면 그것을 그 자신이 아닌 다른 여자가 실행하게 방치했기 때문이다." 이 문장의 톤까지 전해들은 클레오파트라는 전율을 느꼈다. 그런데 이중의 전율이었다. 자부심과 두려움. 이 같은 옥타비아누스의 군사적 기개가 안토니우스에게도 있을까? 이것은 카이사르의 기개와 같지 않은가. 그녀는 결코 유리하지 않다. 만일 안토니우스가 패배한다면, 그녀 역시 그와 함께 날아갈 것이고 이집트도 마찬가지일 것이다. 이 부유하고 강성하며 자부심 넘치는 이집트가 로마의 속주로 강등되는 건 아닐까? 이 끔찍한 전망을 피하는 유일한 방법. 그와 동행하고, 그를 인도하고 지휘하는 것. 그를 파라오의 위상에 걸맞게 만들기 위해서. 사실 자신이 파라오였지만.

처음에는 우선 용감하게 일대일 결투를 신청했고("반도 밖, 그가 좋은 곳이면 어디든 좋다"), 이어 각자 군대를 이끌고 파르살루스 평원에서 만나자고 제안했다. 이곳은 이전에 카이사르와 폼페이우스가 격돌한 곳이다. 그런데 홀쭉하게 마른 옥타비아누스는 두 제안 다 현명하게 거절했다.[20] 두 라이벌은 결국 기원전 31년 여름, 악티움에서 만나게 된다. 악티움은 툭 튀어나온 곳으로, 전면에 바다가 펼쳐지지만, 한쪽은 이오니아해로 연결되고 다른 한쪽은 암브라시아만으로 연결된다. 그들 부대는 서로 대치했다. 대결이 임박했다. 그러나 다른 게 있었다. 훨씬 결정타가 될 심리적 상태. 안토니우스가 옥타비아누스 함대를 봉쇄한 다음 로마 부대를 몰아쳐서 기세를 잡으려 했던 계획을 갑자기 포기한 것이다. 그러자 속이 부글부글 끓어오른 클레오파트라가 그를 차갑게 대한다. 잠자리도 거부하고 말도 걸지 않는다. 안토니우스는

---

20. 옥타비아누스는 자신의 육상 부대가 훨씬 약하다는 것을 잘 알고 있었다. 하지만 당대 최고의 해상 부대 사령관 아그리파가 함대를 지휘하고 있으니 해상전을 하면 승산이 있다고 생각했다.

어떻게 하면 결정적 순간에 연인의 호감을 다시 얻을까 고민하며 고통 속에서 방황한다. 수장의 이 같은 모습을 본 몇몇 병사는 실망하여 그를 버리고 옥타비아누스 진영으로 합류한다. 그토록 위대했던 전사가 그렇게 오만하고 맺힌 것 많은 여자에게 빠져서 완전히 변해 버리다니. 이런 그를 보는 것이 고통스럽다고 하나같이 말했다. 슬픈 예감은 왜 틀리지 않는가. 이제 형세가 가차 없이 바뀔 대전이 기다리고 있었다. 두 남자의 싸움을 넘어선 동방과 서방의 싸움. 세기의 맞대결이 예고되고 있었다.

해상전 초반 몇 시간 동안은 두 함대 선박들의 차이가 뚜렷했다. 무거워서 항해하기가 조금 어려운 안토니우스의 선박, 그리고 빠르고 가벼운 옥타비아누스의 선박. 결과는 예상대로였다. 전략이라도 재빨리 바꿨으면 혹시 몰랐다. 그러나 안토니우스는 그럴 상황이 아니었다. 오로지 한 가지만 신경쓰고 있었기 때문이다. 클레오파트라가 탄 범선인 '안토니아'가 점점 멀어져 가고 있었던 것이다. 그 배는 남쪽 방향으로 향했다. 이집트로. 오만한 이 이집트 군주는 사실상 그를 떠나기로 마음먹은 것이다. 그녀가 달갑지 않은 사람이라는 점을 로마 사람들이 안토니우스에게 충분히 납득시키지 못한 것일까? 아니면 안토니우스는 시시하고 하찮은 로마 병사들의 말을 듣느니 클레오파트라의 야심 찬 계획을 참조하는 편이 낫다고 판단한 것일까? 애초부터 패배가 정해진 전투라면, 아직 구할 수 있는 것은 구하는 편이 낫지 않을까? 아듀, 악티움. 아듀, 로마. 그는 그녀가 원하는 카이사르가 아니었다. 그의 아들이 그녀를 기다리고 있었다. 정맥에 진짜 카이사르의 피가 흐르고 있는 아들이었다.

이어지는 일화는 혼란스럽다. 서로 모순되는 해석들이 존재한다.

안토니우스는 이번에도 전투를 포기한다. 그런데 바로 이 점이 이야기가 된다. 옥타비아누스와의 승산 없는 싸움에서 희망을 잃는 것보다 동방 여왕의 사랑을 잃는 것이 더 참기 힘들었을 수 있다. 자신의 명예나 명성, 지난 영예 따위는 무시해 버렸을 수 있다. 아니면 이것 역시 충분히 숙고한 계산일까? 악티움에서 빠져나가자. 그런데 이 수십 척의 배와 함께 어디로 가야 하나? 전투 장소를 어디로 옮겨야 하나? 속력이 가장 빠른 갤리선이 한 척 있었는데, 그는 거기에 두 부관과 함께 자리를 잡았다. 이집트 함대를 따라잡기 위해 옥타비아누스의 그물망에서 빠져나간 것이다. 반면 대장을 잃어버린 그의 부대들은 아그리파 부대에게 섬멸되었다. 아그리파가 병사들에게 대단한 명령을 내린 것도 아닌데 안토니우스의 병사 5000명에서 1만 명 정도가 사망했다. 안토니우스의 나머지 부대는 포로로 잡혀가거나 로마 부대로 넘어갔다. 안토니우스가 도착하자 클레오파트라는 그를 경멸하는 태도를 보였다. 안토니우스가 심사숙고한 계획이 성공할 확률이 거의 없다고 보는 것이 틀림없었다. 그녀는 완벽한 무관심으로 자신의 분노와 경멸, 원한을 그에게 이해시켰다. 이집트-로마 제국이라는 꿈이 악티움에서 물거품처럼 완전히 사라진 것이다. 더욱이 옥타비아누스는 이제 해상권마저 장악했으니 여차하면 이집트에 하선하여 독립적인 왕국으로서의 이집트 위상을 방해할 것이다. 이 남자의 실수가 이 모든 일을 초래했다. 그녀는 선박의 구석진 선실에 처박혀 수치심과 비참한 기분에 빠져 있는 그를 이미 보았다. 캄피돌리오에 그녀를 데려갈 것이라고 철석같이 믿었던 남자가 그런 나약한 모습으로 있었던 것이다. 그게 아니라면, 타르페이아의 바위에 걸린 그 끔찍한 실루엣을 헛것처럼 본 것인지도 몰랐다.[21]

압박과 우울

결말이 가까이 와 있었다. 클레오파트라는 그걸 느꼈고, 알았다. 악티움의 패배는 또 다른 패배의 전조였다. 그러나 전투에 모든 힘을 쏟지는 않았으니 그녀는 무너지지 않을 것이다. 그리스인의 피가 흐르는 이집트인으로서 그 기질과 위상은 절대 무너질 수 없었다.

클레오파트라는 알렉산드리아에 돌아오자마자 내부의 적들이 자신을 조금이라도 비난할 시간조차 주지 않았다. 그런 자들은 모두 처형했다. 재산과 부를 몰수했다. 그 돈으로 새로운 동맹국을 사들일 생각이었다. 메디아의 왕과도, 유대의 헤롯 왕과도 동맹을 맺을 것이다. 그런데 메디아 왕은 자신의 제안을 못 알아듣는 척했고, 헤롯 왕은 옥타비아누스와 직접적으로 동맹 맺는 편을 선호했다. 군사 작전에서도 그녀는 거의 미친 시도를 했다. 지중해의 재앙에서 살아남은 몇몇 선박을 육지로 끌고 나와 그것들을 다시 홍해로 띄운 것이다! 목표는? 인도로 가자. "전쟁과 노예 제도와 거리가 먼" 그곳. 거기서는 그녀를 기다리고 있을 비극적 운명으로부터도 멀어질 수 있을 것 같았다. 그러나 이런 발의도 실패한다. 두 바다를 가르는 수에즈 해협이 프톨레마이오스 시대 때부터 이집트의 오랜 숙적인 나바테아 왕국에게 점령된 것이다. 이 왕국은 작은 규모의 특공대 같은 것을 보내, 물에서 나오는 배란 배는 죄다 불 질러버린다. 클레오파트라는 그곳 국경 해역에서 포로로 잡힌다.

---

21. 캄피돌리오 언덕에 있는 수직 절벽으로, 적에게 성문을 열어준 죄로 절벽 공허로 추락당해 죽은 타르페이아의 일화에서 유래했다. 고대 로마 말기까지 범죄자를 처형하는 장소로 이용되었다. −옮긴이

그렇다면 마르쿠스 안토니우스는? 알렉산드리아에서 조금 떨어진 곳에서 몇 주간 방황한 후 자신에게 충실했던 마지막 로마 군단마저 일탈했다는 사실을 알고는 자살할 생각을 품은 채 이집트의 수도에 들어간다. 염세주의자, 아테네의 티몬처럼 은둔자의 삶을 살기 위해 작은 항구 마을의 아주 소박한 집에 머물려고 말이다. 궁에 나갈 수 있는 자격을 얻을 때까지만이라도. 클레오파트라는 심사숙고한다. 옥타비아누스의 승리는 필연적이다. 그렇다면 그녀의 목숨이 남아 있는 날은 고작 몇 주인데, 마지막으로 연인 곁으로 가는 편이 나을까? 향연과 축제와 통음난무를 벌이면서 그녀는 다시 예전의 아름다움을 찾기도 했다. 이런 광란의 방탕은 비록 허사로 끝났지만, 옥타비아누스에게 비참한 몇 가지 외교적 시도를 하다 실패로 끝나자, 절망한 끝에 다시 방탕에 빠진 것이다. 어떤 때는 클레오파트라 스스로 왕홀과 왕관과 황금관—그녀에게 아직 처분할 수 있는 막대한 부가 있음을 상징하는 것들—을 옥타비아누스에게 보내기도 했고, 왕위 포기 각서를 제안하기도 했다. 또 안토니우스는 단순한 시민으로 살아갈 테니, 아테네에 가서 살게 해달라고 부탁하기도 했다. 그는 굴복의 증거로서, 한때 자기 곁에 있던 카이사르의 마지막 암살자 중 한 사람인 투룰리우스의 머리를 보내기도 했다. 그러나 미래의 아우구스투스는 여왕에게는 위협적인 답을 보냈고, 타락한 삼두 가운데 한 명에게는 무거운 침묵을 보임으로써 최고의 경멸감을 드러냈다.

두 연인은 이해했다. 그들의 운명은 봉인된 것이다. 이제 그들에게 남은 것은 아무것도 없었다. 1년이 가고 또 1년이 가면서 고문관도 장교도 친구도 모두 그들을 떠났다. 충복 중의 충복 몇 명만 남았다. 그리고 그들 각각의 아들들은 모두 청년이 되었다. 하나는 열여섯, 또 하나는 열일곱. 안틸루스가 열여섯, 카이사리온이 열일곱.[22] 그들의 열정적인 사랑으로 태어난 세 아이도 잊으면 안 된다. 쌍둥이 알렉산드로스 헬리오스와 클레오파트라 셀레네(열한 살) 그리고 프톨레마이오스 필라델포스(다섯 살).

기원전 30년 겨울과 봄이 지났다. 클레오파트라는 심한 우울증에 빠져 있었다. 용서를 구하면 안토니우스를 없애주겠다는 옥타비아누스의 (비밀스러운) 제안도 무시할 만큼 무기력한 상태에서 그녀는 급기야 독극물을 경험하기에 이른다. 적절한 양의 독소를 삼키면 온몸의 감각이 마비되면서 고통 없이 죽음에 이를 수 있었다. 그녀는 방탕한 야회를 즐기기 위해 자신이 세운 최후만찬실의 이름도 바꾸었다. 즐거운 느낌이 나는 "모방할 수 없는 삶"에서 침울한 느낌이 나는 "죽음의 동료들"로. 마침내 그녀는 왕궁 성벽 내부에 2층으로 된 기념물 하나를 세운다. 그곳은 바닷가에 있는 이시스 성소에서 가까운 곳이다. 미래의 자신의 영묘. 그녀는 그 안에 수천 점의 보석과 불에 타는 상당한 양의 물건을 쌓았다.

그날을 기다릴 뿐이었다.

나일강의 죽음

(기원전 30년) 초여름, 옥타비아누스 군대는 이집트로 들어갔다. 클레오

---

22. 클레오파트라는 카이사리온만큼은 죽음을 피하도록 이집트를 떠나게 했다. 그런데 불행하게도 베레니케 항구에서 옥타비아누스 군대에게 발각된다. 그는 곧장 교살된다. 안틸루스는 이보다 며칠 전 알렉산드리아에서 처형되었다.

파트라는 측근 부하들에게 행여나 옥타비아누스 부대에 맞설 생각은 하지 말라고 명령했다. 그녀의 정신세계에는 이제 저항 대신 체념이 자리 잡았다. 이런 소식이 안토니우스의 귀에까지는 전해지지 않았다. 그는 몇 달간 침울해하다가 이제야 다시 연인의 품에 안긴 참이었다. 그걸 계기로 새로이 기운을 얻은 것일까. 그는 기병대 몇 명으로 아주 약소하게 꾸린 부대의 선두에 서서 로마의 전위 부대를 공격했는데 의외로 쉽게 이겼다. 이 승리에 적잖이 고무된 그는 8월 1일 아침에 새로운 지상 및 해상 공격을 실행하라고 부대원들에게 명령했다. 그 자신은 알렉산드리아의 약간 동쪽에 있는 고지대에 자리를 잡았다. 그 역시 전투에 참여하기 위해서였다. 그러나 전투는 일어나지 않는다. 옥타비아누스 함대가 가까이 다가오자, 안토니우스 부대의 함선 노들이 들어 올려졌다. 적에게 그들이 얼마나 집결했는지를 보여주는 신호였다. 기병대 역시 열악하기는 마찬가지였다. 병력 차이가 너무나 확연해서 적들이 승리할 것은 불을 보듯 뻔했다. 굳이 전투할 필요가 있을까? 적에게 황금이 있다면, 그에게는? 수치심과 치졸함이 서로 싸우고 있었다.

　그는 분노에 휩싸인 채 궁으로 달려갔다. 클레오파트라에게 욕설을 퍼붓기 위해서였다. 그의 부대에 옥타비아누스 부대와 굳이 싸우려들지 말라고 명령한 장본인이 클레오파트라일 거라고 믿어 의심치 않던 것이다. 그러나 그녀는 궁에 없었다. 새벽부터 그녀는 시녀 몇 명을 데리고 미리 준비해 둔 영묘에 들어가 틀어박혀 있었다. 높은 내리닫이 쇠살문이 그녀를 에워싸고 있었다. 안토니우스는 그녀가 죽으려한다는 것을 알아차렸다. 그 역시도 그것 말고는 다른 선택지가 없었다. 그녀 없는 삶은 아무런 의미도 없으니까. 옥타비아누스에게 자기를 직접 죽이는 기쁨을 주고 싶지 않아서이기도 했다. 더더군다나 자신을 저승으로 보내기 전, 개선식을 하는 동안 자신을 감옥에 처넣고 굴욕감을 주는 기쁨을 옥타비아누스에게 주고 싶지 않았다. 그는 충신인 에로스에게 제발 자기를 죽여달라고 애걸했다. 이 충신은 자신의 목숨을 걸고 명령에 불복했다. 그러자 안토니우스는 자기 칼로 자기를 찔렀다. 안토니우스는 자결하려는 것이었다. 그런데 지친 나머지 힘이 없었는지 심장이 아닌 배를 찔렀다. 그는 기절했다가 다시 깨어났고, 제발 마저 죽여달라고 외쳤다. 그러나 아무도 듣지 않았다. 클레오파트라 외에는. 그녀는 온몸이 피로 범벅이 된 그를 영묘 꼭대기에서 내려다보고 있었다. "그녀는 죽지 않았어!" 안토니우스는 희미한 의식 속에서도 그녀를 보았고, 놀랐다. "그는 아직 살아 있어!" 그가 살아 있다는 것을 확인한 클레오파트라는 시종을 시켜 그를 들것에 실어 자기가 있는 곳으로 보내달라고 했다. 돌과 석재를 운반하는 도구에 밧줄과 쇠사슬이 연결되었고, 들것에 실린 그의 몸은 이 운반 도구에 다시 실려 그녀가 있는 곳까지 올려졌다. 비감하고, 기괴하고, 연극적이기도 한 장면이었다. 이집트 여왕은 이 옛 삼두정의 영웅에게 마지막 인사를 했다. 온몸이 피로 물든 그를 부둥켜안았다. 몇 분 후, 안토니우스는 10년 동안 미친 듯이 사랑했던, 그리고 자기를 결국 이렇게 만든 그녀의 품안에서 마지막 숨을 거두었다. 그토록 좋아했던 포도주를 그에게 마지막으로 건네지도 못하고, 옥타비아누스에게 내줄 것은 내주고 그 대신 그의 목숨은 구해달라는—다만 명예는 실추시키지 않는다는 조건으로—협상도 시도하지 못한 채, 그녀는 그를 그렇게 떠나보냈다.

자기 얼굴에 온통 안토니우스의 피를 묻힌 채 한참을 울고 신음하고 소리를 지른 다음에야, 클레오파트라는 옥타비아누스가 보낸 대표단 갈루스와 프로쿨레이우스와의 협상을 수락했다. 그녀의 조건은 명료했다. 자기를 살려주면 권좌에서 물러난다. 그러나 세 자식의 왕실 상속권은 포기하지 못한다. 그 조건을 들어주지 않는다면 자신의 보물들이 보관되어 있는 영묘에 직접 불을 지를 것이다. 한편 이 협상 토론이 속행되는 사이를 틈타, 프로쿨레이우스는 그녀의 영묘 처소로 몰래 잠입해 들어가 그녀를 덮쳤다. 여왕이 옆에 놔둔 단검으로 심장을 찌를 시간조차 주지 않기 위해서였다. 이렇게 그녀는 포로가 되었다.

그다음 날 안토니우스의 장례식만큼은 치를 수 있도록 허락받은 그녀는 여전히 자살할 방법을 찾고 있었다. 얼굴을 긁어 상처를 내면 곪아서 감염되고 고열이 나면 죽을까? 아, 그러나 열은 지속되지 않았다. 작전을 바꿔 옥타비아누스를 만나게 해달라고 간청하기도 한다. 옥타비아누스는 바로 얼마 전 알렉산드리아 관료들에게, 단순히 배신한 수준을 넘어 로마의 가장 치명적인 적을 수십 년 동안 피신시켜 주었지만 그들을 벌하지는 않겠다고 했다지 않은가. 20년 만에 다시 세번째 황제를 그녀가 매혹시킬 수 있을까? 불가능하지는 않을 것이다. 그러나 세월을 이길 수 있을까? 미모라는 그녀의 병기도 이젠 시들해졌다. 남은 것은 단 하나. 15년 전 그의 양아버지인 카이사르의 품안에서 많은 영예를 누리며 살았던 로마, 바로 그 로마의 개선식에서 자신의 명예만 지켜준다면, 아니 자신을 능멸하지만 않는다면 그녀는 뭐든 하겠다고 한다. 미래의 아우구스투스는 이 말을 들을 뿐, 아무것도 약속하지 않는다.

8월 9일, 그녀는 자신을 사랑했던 한 젊은 로마 귀족을 통해 옥타비아누스가 사흘 후 알렉산드리아를 떠날 준비를 하고 있다는 사실을 알게 된다. 그의 짐보따리 속에 그녀와 그녀의 아이들을 함께 숨겨갈 수는 없을까? 그녀의 마지막 청원은 먹히지 않았다. 자신의 왕국이 로마인들의 지배를 당하는 수모를 피하기 위해, 또 쇠사슬에 묶여서 죽는 불명예를 피하기 위해 그녀에게 남은 출구는 단 하나였다.

그녀는 안토니우스의 무덤으로 가서 마지막으로 슬픔을 한껏 토해낸 후에 자신의 영묘로 돌아갔다. 그리고 아주 성대한 식사를 준비하게 했다. 식사가 끝나갈 무렵, 그녀를 감시하는 임무를 맡은 간수에게 편지를 내밀고는 바로 옥타비아누스에게 전해 달라고 부탁했다. 그가 나가자 그녀는 시녀들을 돌려보냈다. 단, 이라스와 샤르미온은 빼고. 그녀는 총애하는 두 시녀에게 왕실 의상과 장신구 등으로 자신을 치장해 달라고 부탁했다. 그리고 머리에는 파라오의 왕관을 씌워달라고 했다. 이어 세 여자는 함께 자결했다. 전설에 따르면 독사를 풀어 자살했다고 한다. 아니면 더 그럴 법한 정황으로는, 독이 든 음료를 마시고 죽었다고 한다.

옥타비아누스에게 보낸 편지에서, 프톨레마이오스의 마지막 자손인 자신을 안토니우스 옆에 묻어달라고 부탁했다. 미래의 로마 황제는 22년이라는 긴 세월 동안 한 나라를 통치한 그녀의 서열이나 위상에 걸맞은 장례식을 치러주지 않았다. 그녀가 소원한 것만 해주었을 뿐이다. 이것만큼은 그가 그녀에게 빚진 걸까? 기원전 30년 8월 30일, 이집트는 공식적으로 로마의 속주가 된다. 비로소 동방과 서방을 하나로 통일한 명실상부한 로마 제국이 성립된다. 클레오파트라의 꿈이 깨진 덕분에 옥타비아누스는 아우구스투스, 그러니까 진정한 로마 최초의 황제가 될 수 있었다. 카이사르는 그에게서 정확히 자신의 후계자를 본 셈이다.

죽은 여왕에 대해서라면, 신화는 역사를 앞서갔다. 전설이 실제를 앞서갔다. 훗날의 세기까지, 지금도 물론, 그녀는 모든 여성의 얼굴을 구현하는지도 모른다. 결단성 있고, 야망 있으며, 관능적이고, 사랑에 빠져 있으며, 때론 나른해하고, 사람을 홀리며, 명령할 때는 명령하고, 계산할 때는 계산하며, 질투할 줄 알고, 복종하지 않으며, 길들여지지 않는, 다루기 힘든 존재. 그녀에 대한 환상, 과장, 삽입, 왜곡이 끊임없이 일어났다. 수많은 화가, 작가, 영화인 들에게 영감을 주었다. 그런데 이들 중 그 누구도, 가장 엄격한 역사가들조차도, 어느 날 결국 패배를 인정할 수밖에 없게 된 이 여성 군주의 신비를 완전히 꿰뚫어 내진 못했다.

4

잔 다르크

(Jeanne d'Arc, 1412~1431)

죽음으로 일군 승리

이보다 아름다운 전설의 주인공이 있을까? 로렌의 한 어린 처녀의 전설. 신과 왕 모두에게 헌신을 다한 이 민중의 영웅은 백년전쟁으로 사경을 헤매는 프랑스를 구하고 더불어 왕을 구함으로써 샤를 7세에게 권위와 정통성을 마련해 주었다. 그런데 말이다. 그녀를 속세의 성녀로 만든 역사학자 쥘 미슐레의 변호와 예증이 없었다면, 종교 재판소에서 이단으로 선고받은 이 가련한 처녀를 가톨릭교회의 성녀로 만든 뒤팡루 사제의 변호와 예증이 없었다면, 군주권의 '리얼폴리티크'라는 제단 위에 희생된 그녀에 대해 우리는 무엇을 기억해야 할까? 당시 군주권 사회가 열병을 앓는 광신도에 가까운 인물보다는 견고한 제도를 더 필요로 했다고 본다면 말이다.

쥘 미슐레는 1833년에 출판한 《프랑스 역사》에서 잔 다르크를 '성녀' 또는 '살아 있는 전설'로 만든다. 이 역사학자가 보기에는 민중 또는 애국심이 이 처녀 안에서 구현되고 있었다. 그리고 이 처녀 덕에 왕국의 진전을 일궈냈다. "프랑스 국민 여러분, 항상 기억하십시오. 우리 조국은 한 처녀의 심장에서 태어났습니다. 그녀의 따스함과 눈물, 그녀가 우리를 위해 흘린 피에서 태어났습니다." 40년 후, 작가 샤를 페기[1]는 자기 믿음에 사로잡혀 이 로렌 처녀의 '소명'은 악에 대한 그녀의 강박 관념, 더 나아가 그녀 안에서 솟구친 저항 의식에서 기인했다고 말한다. 사회주의자 장 조레스는 저서 《새로운 군대》(1910)에서 갑옷 입은 그녀 앞에 고개를 숙인다. 좌파 사회주의자들부터 우파 보수주의자들에 이르기까지 다 참여하는 정치 체스판이 등장하자 잔 다르크를 위한 향연의 식탁은 치워진다. 에두아르 드뤼몽[2]부터 비시 정부를 거쳐 장

---

1. 오를레앙 출신의 19세기 말, 20세기 초 프랑스 작가로, 잔 다르크를 민중과 사회주의의 영웅으로 묘사한 작품을 썼다. 가톨릭교와 사회주의 사상을 기반으로 실증주의를 비판하고 휴머니즘을 옹호했다. ─옮긴이

2. 19세기 말 반유대주의 노선을 펼친 언론인이자 작가. 특히 파나마 운하 건설 사업에 유대계 금융 자본이 정치권의 뇌물이나 비자금으로 흘러 들어간 정황을 입수해 폭로함으로써 반유대주의 정서에 불을 붙였다. 3년 후에 드레퓌스 사건이 일어났을 때, 그는 보수애국주의 및 반유대주의자로서 반反드레퓌스파의 선봉에 서서 드레퓌스파인 조르주 클레망소, 에밀 졸

마리 르펜[3]에 이르기까지 극우파는 이 '퓌셀Pucelle'[4] 잔 다르크를 프랑스파로, 유대인을 '반反프랑스파'로 놓고 대결시키기도 한다. 1920년에 바티칸은 마녀 종교 재판에 의해 이단으로 처형된 그녀를 다시 성인품聖人品에 올린다. 잔은 탁월한 영웅이 된다. 비교할 만한 예가 없는 그녀는 이제 아무도 넘볼 수 없는 국민 영웅이 된다. 앙드레 말로는 1964년에 이 순교자의 고향인 루앙에서 격정적인 연설을 하는데, 가령 이런 문장으로 요약된다. "프랑스가 진정 사랑받는 나라가 되도록, 지금까지 알려지지 않은 당신의 얼굴을 우리에게 주신 것입니다."

그렇다면 이 '대단한 패배자'들의 갤러리에서 이 비범하기 짝이 없는 퓌셀이 하게 될 일은 무엇일까? 전설에서 말하는 장식적 미사여구를 들어내고 나면 그녀의 어마어마한 용기 너머, 그 인간성 속에 그녀가 품었던 의심과 실패할 수밖에 없었던 연약함 등이 나타난다. 신이 보낸 이 사자使者는 하늘의 왕에게 올리는 보고 능력만 출중했을 뿐, 정치적으로는 신참이었다. 특히나 '리얼폴리티크realpolitik'의 악랄한 방식이나 기습에 대처하지 못하고 좌절을 맛봐야 했다. 그녀가 "착하기 이를 데 없는 태자님"이라고 믿었던 샤를 7세에게도 그녀는 당했다.

6년. 잔 다르크 대서사시가 쓰인 기간은 총 6년이다. 1425년 여름, 고향 동레미에서 미카엘 대천사가 그녀에게 처음 나타난 날부터 1431년 5월 30일 루앙의 비외마르셰 광장의 화형대에서 사라진 그날

라 등을 공격하는 글을 다수 썼다.-옮긴이

3. 프랑스 극우정당인 국민전선FN의 설립자로, 불법 이민자 추방과 주 35시간 노동제 폐지 등을 주장하는 극우 인종차별주의자다.-옮긴이

4. 처녀, 동정녀라는 뜻. 대문자로 쓰면 보통 잔 다르크를 가리키는 말이다. '퓌셀'을 그대로 살려 번역하거나 문맥에 따라 '처녀'로 옮기기도 했다.-옮긴이

까지. 소명-전투-순교, 3막으로 구성된 이 드라마에서 잔 다르크는 생전에 겨우 1429년 몇 달간만 영광을 맛보았다. 프랑스는 '수치스러운' 트루아 조약(1420년 5월 21일)[5]을 맺음으로써 발루아 왕조의 태자를 희생시키고 잉글랜드의 헨리 5세에게 프랑스 왕관을 씌워주었다. 그 이후부터 프랑스는 완전히 양분되어, 자칭 '이중 군주제'가 성립되었다. 먼저, 잉글랜드의 랭커스터 가문[6]이 프랑스에 들어와 노르망디 공국을 핵으로 삼고 기엔 지방과 그 주도인 보르도, 칼레 등을 지배했다. 이른바 '프랑상글레즈(프랑스의 잉글랜드인)'는 땅덩어리 하나를 이리저리 쪼개 나눠 가지면서 그 영향력을 남쪽의 앙주까지 넓혀 갔다. 이어 동쪽에서 서쪽으로 샤토됭, 랭스, 콩피에뉴를 거쳐 알바트르 연안에 이어 결국 파리까지 다 포함하는 반원 모양의 땅을 차지했다.

두 번째 프랑스는 부르고뉴 공작의 프랑스였다. 부르고뉴 공작은 잉글랜드와 동맹을 맺긴 했지만 잉글랜드와의 관계에서 자주 변덕을 부렸다. 그는 프랑스 왕의 사촌이나 자기 사촌을 그다지 신뢰하지 않았다. 그의 영지는 손Saône과 루아르 사이에 펼쳐져 있었다. 디종, 오세르, 느베르 같은 도시를 포함했고, 더 나아가 샹파뉴, 피카르디를 비롯해 브뤼주를 넘어 플랑드르까지 차지했으며, 잉글랜드인들과 파리를 나누어 갖고 있었다. 그 나머지는 미래의 샤를 7세의 영토로, '델피날 프랑스'라 불리는 이른바 "태자의 프랑스" 지역이었다. 이 지역은 겉

---

5. 부르고뉴 공작인 '겁 없는 장'이 암살되고 나서 8개월 후에 잉글랜드인들과 부르고뉴 주민들 사이에 맺어진 조약으로, 발루아 왕조의 태자인 샤를이 "끔찍하고 어마어마한 범죄"를 저질렀다는 이유로 왕권을 상속받지 못하게 한다. 광기로 인한 발작을 앓던 샤를 6세는 왕관과 왕실 수입은 지켰다. 그러나 잉글랜드 왕 헨리 5세가 "공적 업무를 통솔하고 명령하는 능력과 집행력"을 가지고 실질적으로 통치했다.

6. 잉글랜드를 지배하던 가문.

으로 보기엔 가장 넓었지만 군사적으로나 정신적으로나 잘 무장되어 있지 않았다. 여기에는 베리 공작의 영지를 비롯해 푸아투, 오베르뉴, 아르마냐크, 도피네, 랑그도크 등이 포함되었다. 수도는 부르주였는데 이곳에는 국무성, 재무성, 회계원 같은 행정 조직이 갖춰져 있었고, 푸아티에에는 의회가 들어와 있었다. 왕은 가끔 시농에서 기거했다. 그가 프랑스 변방 출신의 잔을 만난 곳도 여기였다. 변방이라고 부르는 이유는 이 지역이 뫼즈강 좌안을 끼고 프랑스와 게르만 제국 사이에 있어서다. 그녀의 고향 동레미는 로렌 공작이 호시탐탐 노리던 곳으로, 공작은 당시 잉글랜드 및 부르고뉴 공국과 동맹을 맺고 있었다. 동레미 사람들은 1세기 전 그들 조상 때부터 계속해서 노략질을 당하고 있었다. 약탈자들은 가축을 훔쳐가거나 살인을 일삼고 농민을 물에 빠뜨려 죽이기도 했다. 1425년과 1428년 두 번, 잔과 그녀의 가족은 프랑스 왕권을 지지하는 보쿨뢰르 지역 바로 근처의 요새로 피신하기도 했다. 다시 말해, 잔은 겨우 열세 살 때부터 백년전쟁이라는 배경 속에서 이미 지방에서 매일같이 일어나는 약탈과 습격을 온몸으로 체험하고 있었다. 습격이 잦은 국경 지대에서는 '애국심'이 더 잘 자라나는 법이다. 잉글랜드에 우호적이던 플랑드르 지역의 투르네나, 브르타뉴에서 얼마 떨어져 있지 않은데도 잉글랜드에 적대적이던 몽테귀 같은 곳에서 프랑스 왕권 지지파임을 드러내는 백합꽃 문장을 더 가슴에 새겼다. 이런 새로운 감정을 '퓌셀' 잔은 아주 강하게 느끼며 프랑스 발루아 왕조를 향해 확고한 충성심을 품고 성장했다.

오를레앙이라는 전략적 빗장

파리와 일드프랑스[7]를 잃어버린 후로 카페 왕조 때부터 두 번째 도시가 된 오를레앙은 '부르주 왕국'의 북쪽 한계선에 위치한 전략적 요충지였다. 사람들이 '부르주 왕국'이라고 다소 조롱하듯 부르는 곳에는 미래의 왕이 은신하고 있었다. 그는 도시의 성벽을 8미터 높이로 쌓아 방어를 강화했고 성벽 앞에는 대형 해자를 팠으며, 둥근 탑 31개와 30미터쯤 되는 큰 누樓를 올렸다. 이 성채 앞에는 다리가 하나 있었는데, 이 다리로 강 건너편, 즉 루아르강 좌안과 연결되었다. 다리 옆에는 제방을 쌓아 외부에서 쉽게 접근하지 못하게 했고, 해자 역시 깊게 파서 투르넬 성채를 보호했다. 그의 최고 병기는 바로 포병대였다. 옛 소총인 장포는 탄환을 70여 개 장착할 수 있는데, 일명 '로렌 공'이라 불리는 장 드 몽트클레르가 이 장포를 잘 다루는 무적의 저격수였다. 총포의 구경 크기가 다양한 대포도 갖추고 있었다. 베아른, 가스코뉴, 스코틀랜드 등지에서 온 외국 용병대는 이곳 주민 수보다 더 많은 수인 약 5000명에 이르렀는데, 자기 자리를 이탈하지 않고 잉글랜드 부대의 군사 4000명과 그들의 동맹군인 부르고뉴, 피카르디, 플랑드르의 부대를 기다리고 있었다. 최고의 무기 전문가라 불리는 잉글랜드의 장수 토머스 몬터규(솔즈베리 백작)의 목표는 바로 오를레앙을 정복하고, 이어 긴 강을 따라 채워져 있는 빗장을 하나씩 차례로 여는 것이었다. 파리가

---

7. 1418년 5월 29일, 파리 시민들은 잉글랜드와 동맹 세력인 부르고뉴파에게 성문을 열어준다. 부르고뉴파는 발루아파의 수장인 오를레앙 공작의 장인 베르나르 다르마냐크를 살해한다. 태자 샤를, 즉 미래의 샤를 7세에게 충성하는 발루아파는 이제 자신들도 다르마냐크의 일원임을 인정해 달라고 요구한다.

정복하기 힘든 사정권 밖이라면, 부르주는 거꾸로 사정권 안에 있었다. 그러나 솔즈베리에게는 이런 계획을 실현할 짬이 없을 것이다. 그도 그럴 것이 포위 공격을 시작한 지 12일 만에, 그러니까 1428년 10월 24일에 어디선가 날아온 발사체를 맞고 죽기 때문이다.

내일에 대한 전망도 없이, 법랑 씌운 걸쇠처럼 겨울 내내 어떤 공격도 없었다. 대장의 죽음 이후 약화된 잉글랜드군은 물 샐 틈 없이 방어할 만큼 수가 충분하지도 않았다. 프랑스 병사들은 성 밖으로 나가 도시로 들어갈 계획도 세웠으나 잉글랜드의 단단한 바이스를 풀 만큼 충분히 강하지 못했기에 조금 망설였다. 1429년 2월 12일에 잉글랜드 병사들에게 전해질 식량 및 물자 조달품을 실은 전차 100여 대의 대열을 본 터라 더욱 주춤거렸다.[8]

낯선 얼굴의 마돈나

바로 이 국면에서 잔이 등장한다. 땅과 쟁기를 소유한 것을 보면 약간 넉넉한 농부의 딸이었다. 마을 유력 인사인 잔의 아버지는 자주 동레미 마을을 대표하는 역할을 했다. 그는 도청 소재지인 보쿨뢰르의 군사 총책이던 로베르 드 보드리쿠르 수장과도 잘 아는 사이였다. 바로 이 수장의 도움을 얻어 잔은 왕을 만날 수 있게 된다. 이 쟁기 농부 부인의 이름은 이자벨 로메. 아마 이 여인의 성이 '로마Roma'에서 파생한 '로

---

8. 이 영광스럽지 않은 일화는 후대에 '청어 강도질' 또는 '청어의 날'로 불렸는데, 이때는 바로 사순절 기간이어서 이 행렬이 넘쳐나는 청어 떼처럼 보여서 붙여진 명칭이다.

메Romée'인 것은 독실한 신자인 그녀가 로마로 성지 순례를 다녀와서일 것이다. 그녀의 딸은 아마 1412년 1월 6일 주현절에, 그러니까 '왕들의 밤'에 태어났다고 하는데, 확실한 근거는 없다.[9] 잔 다르크가 동부 지방의 강한 억양—가령 '기쁜'이라는 의미의 프랑스어 '주아이유joyaux'를 '슈아이유choyeaux'로 발음했다—을 썼다는 것은 알려져 있지만, 용모나 태도 등은 거의 알려져 있지 않다. 어떤 증언 기록에 따르면 키는 작았고 갈색 머리였다. 잔 다르크가 체포되었을 때 현장에 있었던 샬롱 주교에 따르면, "갑옷을 입어 잘 보이지 않던 가슴이 드러났는데 거의 배까지 내려올 정도였으며, 엉덩이도 동그랗고 커서 여자들에 대해 헛소리를 늘어놓는 자들이 말하기 좋게 생긴 몸이었다." 이런 적나라한 표현이 마돈나의 진짜 얼굴을 말해 줄까? 아니면 르네 팔코네티, 잉그리드 버그먼, 상드린 보네르, 밀라 요보비치처럼 영화에서 잔 다르크 역을 맡은 배우들을 닮았을까? 아니면 이들과는 전혀 다른 얼굴일까?

잔 다르크는 쓸 줄도 읽을 줄도 몰랐다. 재판에서 그녀는 이렇게 말했다. "나는 '아a'도 모르고 '베b'도 모릅니다." 그녀의 교육 수준은 농부들이 받는 기초 교육 정도였다. 그녀의 어머니는 딸에게 〈파테르Pater〉와 〈아베Ave〉[10]를 가르쳤고, 실 잣는 물레 기술을 가르쳤다. 교구 주임 신부는 본당의 주일 설교를 통해 그녀에게 교리를 가르쳤다. 이

9. 주현절로 번역되는 '레피파니L'Épiphanie'는 가톨릭교 정통 교회 및 동방정교회에서는 '테오파니Théophanie'라고 부르는데, '신의 현현' 또는 '신의 표명'이라는 뜻이다. 예수가 동방박사의 방문을 받고 세상에 메시아로 왔음을 기념하는 가톨릭교 축제일이다. 여기서 이날을 '왕들의 밤'이라고 덧붙인 것은, 셰익스피어의 희곡 〈왕들의 밤〉이라는 제목에서 비롯된 것으로 보인다. -옮긴이

10. 〈주기도문〉과 〈성모송〉을 뜻한다. -옮긴이

런 작은 교회당은 전쟁, 페스트 같은 전염병, 곡물 식량 위기, 교회의 분할[11]처럼, 세계를 좀먹는 여러 위기에서 벗어나 그나마 안정감을 느낄 수 있는 유일한 곳이었다. 무언가에 억압되어 있는 건지 그녀는 언어도 자학적으로 무거운 경구를 자주 썼다. 재판관들이 "그대는 은총의 나라를 아는가?"라고 물으면, "만일 내가 거기에 없다면, 신께서 나를 거기에 놓으실 것이고, 만일 내가 거기에 있다면, 신께서 나를 거기에 붙잡아 두길 원하십니다"라고 대답했다. 그녀는 마을 사람들이 놀릴 정도로 신심이 매우 깊었다. 그녀는 여러 번 순례를 떠났다. 가까운 데부터 하나씩 하나씩 여러 번. 이런 순례 여행은 이 나라 가톨릭교회에 기여하는 행동이었다. 그녀는 길에서 만난 설교자들이 "프랑스 왕국의 긍휼"을 위해 기도하는 것을 유심히 듣는다.

열다섯이 되면서부터 그녀는 자신이 천사들의 목소리를 듣는다고 주장한다. 카타리나 성녀, 마르가리타 성녀, 또 왕국의 첫째 수호자인 대천사 미카엘의 목소리도 듣는다고 주장한다. 그녀는 소교구에서 가톨릭교인으로서의 모범적인 생활을 배웠고, 특히 이웃한 노트르담 드 베르몽이라는 작은 예배당에서 자주 기도를 올렸다. 그런데 어느 날, 이 마을을 떠나야 한다는 긴급한 지령이 그녀에게 떨어진다. "너는 다른 삶을 사는 것이 좋을 것이다. 기적을 완수하는 것이 좋을 것이다." 이런 목소리가 들려온다. "왜냐하면 너는 하늘의 왕이 프랑스 왕국을 되찾고 영주들에게서 축출된 샤를 왕을 돕고 보호하라고 선택한 자이기 때문이다. 남자의 의복을 입어라. 무기를 들고 나가라. 너는 전쟁의

---

11. 1378년과 1418년 사이 교회는 두 분파로 분열되었다. 하나는 로마 교황청을 따르고, 하나는 아비뇽 교황청을 따랐다. 분할주의를 해결하기 위한 바젤 공의회, 즉 한 명의 교황을 뽑는 공의회에 참여하기 전까지 프랑스 왕은 아비뇽 교황청을 따랐다.

수장이 될 것이다. 모든 것이 너의 조언에 따라 이루어질 것이다." 잉글랜드와 부르고뉴 공국이 지배하는 지역인데도 프랑스 왕국의 태자에게 충성을 바치는 보쿨뢰르 지방으로 가기 위해 잔은 구실을 하나 찾아낸다. 사촌 언니의 남편이 보쿨뢰르 요새에 있는데, 사촌 언니가 임신을 해서 언니를 보러 간다는 구실을 만들어냈다. 그곳 대장인 로베르 드 보드리쿠르가 왕과의 첫 만남을 주선하는데, 그때는 1429년 1월이 아니라, 1428년 5월이었을 것이다. 이 날짜에 대해서는 증언이 엇갈린다. 잔은 고집을 피우며 이곳에 계속해서 온다. 2월에도 오고, 어떤 논의를 통해 거기에 이르렀는지는 모르지만, 결국 보드리쿠르를 설득해 군 호위병까지 대동한다. 이제 그녀는 머리카락을 자르고 시동처럼 변장을 하고서 무장한 두 남자를 대동, 미래의 왕을 만나러 시농으로 출발한다.

이런 행적이 상식적이지는 않다. 그러나 침묵과 자기 생각 속에 고립되어 있던 한 서민층 여성이 군주 앞에 나타나 왕국의 평화와 통일을 위해 갑자기 신의 이름을 빌려 말하기 시작하는 장면이 희귀하기는 하지만, 일어나지 말라는 법은 없다. 교회가 가난한 민중의 구원을 주장하며 그녀를 그렇게 하도록 부추겼을 수도 있다. 또한 예수 그리스도의 이미지와도 연관된다. 수태고지가 보여주듯 예수는 양치기 목자들 가운데서, 죄 없고 순수무결한 아이들 가운데서 나타난다. 더욱이 당시 왕궁은 엄격한 예법과도 거리가 멀었으니,[12] 군주에게 접근할 수 있는 방법이 아예 없지는 않았을 것이다. 물론 왕을 보필하는 성직

---

12. 뒤에서 자세히 설명되지만, 샤를 7세는 정식 왕으로 인정받지 못하고 거의 폐위된 상태로 시농 성에 와 있었다. - 옮긴이

자들은 사탄의 계략일 거라고 주장했다. 당시에는 누구나 마녀를 믿었으니까. 이 여자가 예언자의 얼굴을 한 사탄이나 마녀가 아니라는 법이 있는가? 이런 소박한 처녀도 악마와 계약을 맺을 수 있다. 믿음을 주기 위해 보드리쿠르는 잔에게서 마귀를 몰아내는 의식을 치렀다. 샤를 7세는 그녀의 옷을 재봉선 하나하나까지 샅샅이 검사하게 했다. 그러나 그녀가 가져온 메시지의 순수성이 입증되자 그녀의 말을 귀 기울여 들었다. 왜냐하면 당시에는 주요한 정치적 결정을 내릴 때 신탁이나 별점을 참조하곤 했기 때문이다.

이 시대에는 예언자가 많았다. 콩스탕스 드 라바스탕, 카트린 드 라로셀, 피에론 라브르통, 기타 등등. 이 가운데 가장 유명한 예언자는 마리 로빈으로 피레네 출신의 농부였다. 잔 다르크가 태어나기 바로 얼마 전에 사망한 사람이다. 그녀는 프랑스라는 나라가 한 여자 때문에 망할 것이라고 예언했는데, 아마 간통을 저지른 샤를 6세의 아내이자보 드 바비에르를 두고 한 말이었을 것이다. 그리고 또 다른 여자에 의해 프랑스가 구원을 받는데, "로렌 변방 지역의 한 처녀"라고 했다. 그렇다면 잔?

동레미의 퓌셀은 1429년 3월 4일부터(다른 설에 의하면 2월 23일부터) 열흘이 넘도록 말을 타고 달렸다. 밤에도 달려 "들판과 성, 적들의 요새"를 통과, 무려 600킬로미터를 달린 끝에 드디어 왕이 있는 곳에 도착했다. 바로 거기서 샤를 7세와의 첫 만남이 이루어진다. 그녀를 시험해 볼 요량으로 귀족들 속에 태자를 섞이게 하고는 직접 그를 찾아보게 했는데, 잔은 그를 '알아본다'. 이전에 로베르 드 보드리쿠르를 만날 때도 이런 방식이었는데, 그녀는 갑자기 그를 알아보고 그를 향해 걸어갔다고 한다. 자신은 하늘이 보낸 전사이며 신이 내린 임무를 가지고 왕을 보호하러 왔다. 이것을 증명하기 위해 보여줄 하나의 '신호'가 있다며 그녀는 왕에게 개인 면담을 요청한다. 그런데 어떤 신호였을까? 그건 알려져 있지 않다. 아마도 그녀는 왕에게 그가 샤를 6세의 적통이라는 확신을 심어줬을 것이다. 당시 어머니의 경박함에 대한 소문이 자자해서 그는 자신의 출신을 늘 의심하던 터였다.

완전히 설득된 건 아니지만 잔에게 상당히 유혹된 왕은 그녀를 푸아티에로 보낸다. 귀족 계층의 여성들이 모여 그녀의 여성성과 처녀성을 검사하고, 성직자들은 그녀의 신앙을 점검한다. 그녀의 "겸손함, 처녀성, 헌신성, 정직성, 소박성"이 만장일치로 인정된다. 마지막 시험 과정으로서 그녀는 또 다른 '신호들'을 줘야 했다. 바로 예언 말이다. 잔은 이것들의 베일을 훗날 자신의 재판에서 걷어낼 것이다. 오를레앙 점령의 해제, 왕의 대관식, 그 밖의 또 다른 증언들, 잉글랜드 헨리 5세의 동생 베드퍼드 섭정에 의한 파리 함락, 그리고 아쟁쿠르 전투(1415년) 때부터 런던에 포로로 잡혀 있던 시인 샤를 도를레앙 공작의 석방까지.

젊은 로렌의 처녀는 푸아티에에서 이른바 '능력자'로 선포되면서 '근위병'을 제공받는다. 종복 하나, 무장 호위병 둘, 시동 둘, 고해 신부. 4월 초에는 태자 휘하의 한 부대도 하사된다. 그녀는 편의를 위해, 또 단체성을 위해 남자 복장을 한다. 남자 병사들로 가득 찬 곳이니 굳이 여자로 보일 이유가 없다.

1429년은 서사시의 서두에 불과하다. 우선 그녀는 블루아로 출발한다. 병사 3000명과 함께 식량과 탄환을 실은 전차 부대가 그녀를 기다리고 있었다. 이 부대의 통솔자는 생트세베르 원수와 질 드 레였다. 특히 질 드 레는 위대한 군인이자 잔 다르크의 가장 충실한 동반자였는

데, 그 전설이 후대까지 전승되어 '푸른 수염'이라는 인물로 그려지게
된다. 이 '푸른 수염'은 평화가 회복되면 아이들을 겁탈하고 살해하는
인물이다.[13] 4월 25일, 마침내 "베니 크레아토르 스피리투스Veni Creator
Spiritus(오소서, 창조주 성령님)"라는 소리가 들리자, 잔 다르크는 이 마을을 떠
나 오를레앙으로 간다. 오를레앙 공의 서자인 뒤누아 공작의 지휘를
받는 병사들 수백 명까지 오를레앙에 와 있었기에 병사들은 차고도 넘
쳤다. 재앙에 가까웠던 '청어 축제 날' 이후 오를레앙 사람들은 회의적
이었다. 차라리 잉글랜드와 동맹을 맺은 부르고뉴 공작의 보호를 받는
편이 낫지 않을까? 섭정 베드퍼드는 이 문제에 신경 끄고 더 이상 알
려고 하지 않았다. 그러자 화가 난 부르고뉴 공작은 전투하는 동안 잔
인하게 결핍감을 느껴보라고 자신의 부대를 철수시켰다.

　뒤누아는 주민들의 울적한 기분을 달래기 위해 잔을 오를레앙으로
들어오게 했다. 사실 주민들은 한 젊은 처녀가 자신들을 구할 거라는
소문을 들어서 알고 있었다. 그 당시에 그렇게 소문이 빨리 퍼진 것을
믿기 힘들 정도로 마을에서 마을로, 도시에서 도시로 소문이 재빨리
퍼졌다. 하얀 말에 올라탄 그녀가 여기 있다. 그녀의 왼쪽에는 뒤누아
공작, 말을 타고 여기까지 오는 내내 그녀를 수행한 라이르, 티보 드
테름 장군이 있다. 이들은 막 부르고뉴의 성문을 통과했다. 성당 앞에
이르자 그녀는 말에서 내렸다. 그리고 〈테 데움Te Deum〉[14]을 함께 노래
했다. 이튿날 그녀는 당장 적군을 공격하자고 했다. 뒤누아와 다른 장
군들은 무조건 서두르지 말고 타이밍을 조절할 필요가 있다며 태자가

---

13. 여러 전설과 실존 인물이 뒤섞여 창작된 샤를 페로의 〈푸른 수염〉에서 '푸른 수염'은 호기
　　심 많은 어린 아내를 차례로 살해하는 귀족 남자다.-옮긴이

14. 라틴어로 쓰인 감사와 찬송의 노래.-옮긴이

약속한 지원군이 온 다음에 공격하자고 했다. 답답한 마음이 풀려 흐뭇했다가 또 한편 다시 섭섭해졌지만 잔은 결국 그들의 말을 따르기로 한다. 잔은 항상 개인적인 제안과 발의를 주도했다. 때로는 일관성 없이 적을 치자는 독촉을 여러 번 하기도 했지만 긴장을 늦추지 않게 하기 위한 위협 정도에 그쳤다. 그녀가 행동하는 것은 결코 프랑스 왕을 위해서가 아니라, 하느님을 위해, 예수를 위해, 마리아를 위해서였다. 그녀는 어떻게 해서 이런 원한을 품게 되었을까? "잉글랜드의 왕이여, 만일 그대가 그것을 하지 않는다면, 나 전쟁의 대장으로서 말하니 프랑스 어딘가에서 그대의 병사들을 기다리겠노라. 그들이 원하든 원하지 않든, 나는 그대 병사들을 여기서 나가게 하겠노라. 그들이 내 말을 따르지 않겠다면, 나는 다 죽일 수 있다. 나는 하늘의 왕이신 신께서 보낸 자다. 온 힘을 다해 당신들을 프랑스 밖으로 몰아낼 것이다." 여세를 몰아 그녀는 베드퍼드 공작에게도 자신을 따라 지상의 십자군에 동참하라고 외쳤다. 잉글랜드인들은 기가 차다는 듯 이 "방탕한 계집"을, 이 "아르마냐크의 창녀"를 불태워 죽이겠다고 으르렁댔다. 이에 질린 뒤누아는 블루아에 지원군을 요청했다. 그가 상대하는 자들은 모든 걸 포기했거나 초탈한 자들로, 지앙, 샤토르나르, 샤토됭에 주둔한 부대들이 합류한다 해도 2000명 정도가 전부였다.

5월 4일에 생루 요새 주변에서 전투가 시작되었다. 잔에게는 알리지 않은 상태였다. 잔은 서둘러 전선에 합류했다. 여태 지기만 해서 주눅 들어 있던 오를레앙의 첫 승리에 그나마 기여했다. 배은망덕이라고 해야 할까. 이튿날 군사 고문 회의가 열렸는데 그녀는 이 자리에도 초청되지 않았다. 전쟁은 너무나 중요해서 여자 예언자에게 물을 사안이 아니라서? 좌우지간 그녀는 이 지역에서 설욕한다.

이틀 후 프랑스인들은 오를레앙 근처의 오귀스탱 수도원에 모인다. 그녀는 선두에 선다. 일단 그녀의 용기를 믿어볼 따름이다. 그녀가 있었기에 승리가 가능했고, 다음 전쟁도 가능할 것이다. 적을 완전히 섬멸할 때까지. 아무도 그녀의 의견을 묻지 않았는데, 그녀는 자기 의견을 피력해 투르넬 요새를 공격하자고 했다. 이 요새는 루아르강 남쪽에 있는 잉글랜드의 주요 보루였다. 장수들은 처음에는 그녀를 비웃었지만 나중에는 그녀 말이 맞다고 인정한다. 이 작전은 다시 한번 성공했고, 잉글랜드인 500여 명이 전사한다. 다들 잔의 말을 믿지 않다가 충격을 받은 다음에야 믿는다. "두려워하지 마시오. 그 자리는 우리 것이오." 그녀는 잉글랜드 대장 글래스대일의 죽음도 예언했는데, 적중했다. 도개교가 붕괴되면서 그는 익사했다. 그녀가 오를레앙에 들어올 때는 도개교가 열렸을 때다. 그녀는 새로운 〈테 데움〉으로 환영받았다.

발루아 왕조의 명예를 되찾다

5월 8일 아침, 잉글랜드의 장군들은 '전쟁의 어머니'를 참여시킬 준비가 된 것 같았다. 잔은 '주님의 날'인 일요일에는 전투를 하지 않는다며 화를 냈다. 결국 잉글랜드군은 대결을 거부하고 거기서 30킬로미터 떨어진 묑쉬르루아르로 들어가서 나오지 않았다. 프랑스 병사들은 그들을 괴롭히며 포병 및 장비를 탈취했다. 오를레앙 공격은 결국 성공했다. 그 도시의 한 부르주아는 이 승리를 "예수의 부활 이후 가장 기적적인 일"이라고 적었다.

샤를 7세의 생각도 많이 다르지 않았다. 발루아 왕조의 후손으로서 잉글랜드에 패배한 후 무려 90년 가까이 당한 굴욕이, 물론 중간에 샤를 5세의 희미한 승리로 잠깐 빛을 본 적도 있었지만, 어찌 됐든 이제 이런 수모가 끝난 것이다. 카페 왕조는 후사를 못 이어서 끝났고, 그 왕조를 계승한 첫 군주는 필리프 6세(1293~1350)로 샤를 7세의 할아버지의 할아버지의 할아버지였다. 1340년, 브뤼주의 외항인 슬라위스 앞에서, 잉글랜드 왕 에드워드 3세가 플랑드르에 상륙하지 못하게 할 임무를 맡은 프랑스 함대가 격퇴되는 일이 있었다. 지금의 영국해협 통제권을 완전히 상실한 것이다.[15] 6년 후인 1346년 8월 26일, 잉글랜드 군주는 크레시에서 백년전쟁 중에 발발한 매우 큰 패배 가운데 하나를 프랑스 부대에 선사했다. 필리프 6세의 아들 장 르봉 2세(1319~1364)가 등장하면서 발루아 왕조는 위기를 벗어나는 듯하다가 더 큰 위기에 봉착하는데, 바로 1356년 9월 13일 푸아티에 전투에서 그가 포로가 된 것이다. 그의 후계자인 샤를 5세(1338~1380)는 이 반복되는 패배를 끝낼 것처럼 보였다. 바야흐로 잃어버린 영토를 회복해야 할 때가 온 것이다.

14세기 말, 잉글랜드인들은 기옌과 칼레로 밀려났다. 두 진영 간에는 여러 차례 휴전이 있었다. 이제 전쟁이 끝난 것인가? 영국해협 건

---

15. 백년전쟁의 주요 원인은 잉글랜드 왕들의 프랑스 왕국 왕위 요구였다. 잉글랜드의 에드워드 3세는 프랑스 카페 왕조의 마지막 왕인 샤를 4세의 여동생 이자벨의 아들이자, 필리프 르 벨 왕의 손자였다. 필리프 르 벨의 막내아들인 샤를 4세가 1328년에 후손 없이 죽자 그의 사촌인 필리프 6세가 발루아 왕조를 계승한다. 1337년 5월 24일에 필리프 6세는 프랑스 왕에 대한 반역과 불신을 이유로 에드워드 3세의 영지인 기옌을 몰수한다. 그러자 그 반작용으로 에드워드 3세는 프랑스 왕권을 내놓으라고 요구한다. 보통 이해를 백년전쟁의 시발점으로 본다. 슬라위스 해전은 두 왕국이 벌인 주요 대결 가운데 첫 대결로 통한다.

너편의 왕조가 랭커스터에서 플랜태저넷[16]으로 이어지는 변화를 맞자 "전쟁 지지파"는 날개를 단 듯 다시 힘이 생겼다. 휴전하는 동안에 지루해서 혼이 난 이 전쟁 지지파의 대다수는 전쟁 중에 부와 소유물을 증대할 기회를 확보하곤 했던 귀족들이었다. 1415년 8월, 잉글랜드의 새로운 왕 헨리 5세는 해협을 건너와 아브르에서 10킬로미터쯤 떨어진 아르플뢰르 공략을 감행, 두 달 후 아쟁쿠르[17]에서 프랑스 기사단을 무너뜨린다. 한 시간도 채 못 되어 프랑스 군대의 꽃이라 할 7000명의 기사가 잉글랜드 궁수병의 화살을 맞고 전멸한다. "우리는 소수, 행복한 소수. 우리는 형제 집단"이라고 셰익스피어가 〈헨리 5세〉에서 이 왕으로 하여금 가슴을 내밀며 멋지게 말하게 하는 바로 그 장면이다. 프랑스 함대를 격퇴한 이후, 잉글랜드인들은 주요 항구 도시인 캉, 옹플뢰르, 셰르부르와 루앙 등을 함락한다. 이들은 노르망디 지방에 정착한 뒤로 1417년 무렵이 되어서야 그곳을 떠난다.

불행은 결코 홀로 오지 않는다. 발루아 왕조는 샤를 6세(1368~1422)의 정신 질환 때문에 위기를 맞는다. 왕권이 불안정해서였을까. 알비용(잉글랜드의 옛 이름)과 벌인 백년전쟁에 내전까지 겹친다. 1404년 부르고뉴 공작 '거침없는 필리프'[18](1342~1404)가 죽자, 그의 아들 '겁

---

16. 앙주 백작과 멘 백작에서 시작된 왕가. 이 가문에서 예루살렘 왕이 나오고, 잉글랜드 왕도 나온다. 12세기 중반, 이들의 왕국은 아일랜드, 잉글랜드, 오늘날 노르망디-베아른 너머에 해당하는 프랑스 서부 지역까지 포괄했다.

17. 투케 동부에서 60킬로미터 떨어진 곳.

18. 카롤링거 왕조 이후부터 프랑스 왕 또는 군주권의 이름 앞에는 그 인물의 성격과 운명을 함축해 형용하듯 별명이 붙는다. '거침없는 필리프'는 프랑스어 표현으로는 'Philippe le Hardi', '겁 없는 장'은 'Jean sans Peur'이다. 그밖에 다른 예들도 많다. '대머리 왕' '미남 왕' '미친 왕' '뚱보 왕' '게으름뱅이 왕' 등등.—옮긴이

없는 장'(1371~1419)과 그의 또 다른 사촌 루이 도를레앙(1372~1407)의 사이는 더 악화되었다. '겁 없는 장'은 허약한 사촌(샤를 6세)의 왕위를 호시탐탐 노렸고, 루이 도를레앙은 왕실의 재정 및 고문, 행정 등에 막강한 영향을 미쳤다. 행정 쪽에서 소외된 장은 할 수 있는 건 다해본다. 우선은 유혹. 그는 정신적으로 아픈 샤를 6세의 마음을 홀린다. 그다음은 선전선동. 더는 세금 감면은 없다. 이것도 잘 안 되자, 1407년 11월 23일 파리에서 루이 도를레앙을 암살하기에 이른다. 이로써 발루아 왕조의 양팔 사이에 묶여 있던 끈은 잘려 나간다. 최고 권력을 놓고 사활을 건 싸움을 벌인 두 진영은 군주권에 대해 상반된 비전을 공공연히 드러냈다. 부르고뉴파는 세금을 줄이고 화폐를 안정시켜야 한다고 주장했다. 그래야 반복되는 화폐 가치의 하락을 해결할 수 있으며, 정의와 자유를 보장하는 유연성 있는 체제를 만들 수 있다고 했다. 반면 아르마냐크파는 질서와 엄격한 정의를 지지했다. 그들은 행정 기계를 잘 돌아가게 하려면 그 기계에 기름칠을 할 세금이 필요하며, 이제 막 탄생한 국가의 안녕과 지속성을 보장하기 위해 왕실 장교들에게도 적정한 급료를 지급해야 한다고 주장했다.

　1419년 9월, 부르고뉴 가문과의 화해와 절충이 필요한 때가 되자 이 가문의 수장인 '겁 없는 장'이 왕실 당국과 맺은 협약을 비준하기 위해 파리로 오지만, 그는 거기서 암살된다. 발루아 왕조로서는 1407년 루이 도를레앙이 암살된 데에 대한 '복수'였다. 그러나 '겁 없는 장'의 자리를 대신해 당시 이 가문의 스타였던 필리프 르봉 공작이 등장해 다시 내전이 시작된다. 그가 개시한 첫 번째 행동은, 샤를 태자 최고의 적수인 잉글랜드 헨리 5세가 프랑스 왕관의 상속자가 되는 순간, 바로 그와 연합한 것이다.

잔 다르크의 기나긴 여정

목숨의 위협을 무릅쓰고 자신의 임무를 다하는 잔 다르크. 그런데 정치적 지도자 또는 가족의 가장으로서 그녀를 그린 그림은 없다. 샤를 7세에게는 그런 모습이 있었는데 말이다. 오를레앙에서, 그는 속지 않았다. 샤를 7세는 잉글랜드와 맞붙은 싸움에서 승리했지, 전쟁에서 이긴 건 아니었다. 잉글랜드인들은 묑쉬르루아르와 보장시 지역의 자르고에서 30킬로미터 반경 이내로 잘 요새화된 곳에 질서 있게 피신해 있었다. 그들은 새로운 상황을 굳건하게 버텼다. 프랑스인들은 오를레앙에서 승리를 거둔 뒤 겨우 이틀 만에 자르고의 수비를 뚫어야 하는 난관에 부딪힌 셈이다. 무엇을 할 것인가? '부르주 왕'의 당면 과제는 무엇이 되어야만 할까? "당당한 왕관"을 써서 정통성에 이론의 여지가 없도록 랭스에서 대관식을 하자. 이것은 잔의 열렬한 욕망이었다. 그러나 장군들은 루아르의 점령 거점을 쳐서 승리를 더 확고하게 만든 다음, 잉글랜드인들이 건너오는 다리 역할을 하는 노르망디를 공격하는 편을 선호했다. 왕은 루아르를 공격할 엄두를 내지 못하고 우물쭈물했다. 병사 5000명이 알랑송 공작의 명령 아래 결집했다. 피가 끓는 이 젊은 공작(스물한 살)은 당장 싸우고 싶어 했다. 잉글랜드인들에게 인질로 잡혀 감옥에 있다가 막 나와서이기도 했다. 잔은 첫 번째 목표는 자르고가 되어야 한다고 확신했다. 이곳은 루아르강 남쪽 해안가에 위치한 요새로, 병사 2000명이 수비하고 있었다. 다행히도 만장일치였다. 6월 12일 아침, 공병대가 주요 탑을 무너뜨리고 나서 공격이 개시되었다. 잔은 손에 깃발을 들고 최전선에 섰다. 반면에 알랑송은 망설였다. "우리 공작님, 두려우십니까?" 로렌의 처녀가 물었다. "제가 공작님 부인께 공작님을 건강하고 안전하게 돌려보내겠다고 약속한 것 모르십니까?" 돌멩이 하나가 그녀의 철모로 날아와 약간 비틀거리는 순간도 있었지만 아랑곳하지 않고 그녀는 다시 공격을 외쳤다. 피곤해하지도, 지치지도 않았다. 잉글랜드인들이 항복하면 곧바로 다음 전투를 생각했다. "나는 묑의 그자들을 보러 가고 싶습니다. 당장 원정대를 출발시킬 준비를 합시다." 15일에 묑의 진지로, 이어 17일에는 보장시의 진지로 갔다. 여기서 멈추지 않았다. 잔 다르크의 독촉에 달아나는 적들의 뒤까지 쫓았다. "말을 더 세게 몰아요! 어서 갑시다!" 6월 18일 파테에서 잉글랜드인들은 끔찍하게 대패한다. 주요 장군들은 포로로 잡혔다. 특히 '언더스테이트먼트understatement(절제, 절제된 표현)'라는 멋진 별명으로 유명한, 가공할 탤벗[19]도 포로가 되었다. "이건 행운의 징조예요." 잔은 이번에는 뒤누아의 명령에 따라 후진으로 갔다. 거기서 전투를 처음부터 끝까지 챙겼다.

왕에게 충성하는 마을들에서는 승전 축하 의식이 펼쳐졌다. 소문은 이렇게 부풀려졌다. 샤를 7세는 파리의 성문 앞에 와 있었다, 교황이 씌워주는 관을 받기 위해 왕은 또 로마로 갔다, 잉글랜드인들과 프랑스인들은 화평 조약을 맺었고 한 해를 회개하며 보낼 것이다. 오를레앙에서의 전투 후 3주가 지났을 때, 잔의 솔선하는 행동과 열정 덕분에 진지의 분위기가 바뀌어 있었다. 그러니 당연히 잔의 몫이 있어야 했다. 그러나 어떤 몫? 군사적 천재? 남자들을 이끈 여자? 왕실의 파렴치한 공작과 모략 행위를 다 잊게 만들 대중적 영웅이 필요했던 왕가의 프로파간다 때문에 잔 다르크의 인기가 더 올라갔을 수도 있

---

19. 아주 유명한 잉글랜드 장군인 슈르주베리 백작 존.

다. 당시의 우상화를 보면 그녀에게 최고 지상권을 준 듯하다. 마르샬
드 파리가 양피지에 그린 화려한 채색화 〈샤를 7세의 전야제 나날들〉
을 보면 잔 다르크는 치마 갑옷을 입고 있는데―남자로 표현되는 것
은 금지되었다―파리 성벽을 바라보며 지휘봉 같은 것을 들고 있다.
샤를 도를레앙의 시를 그림으로 표현한 이 채색화―이 그림에서 그녀
의 머리칼은 다갈색이다―에서 오른쪽 팔꿈치를 가슴 쪽으로 구부리
고 뾰족한 검날을 위로 치켜 세우고 있다. 하지만 그녀는 작전을 명령
하는 부대의 '총사령관'으로는 한 번도 명명된 적이 없다. 그녀가 여자
이기 때문이었을까? 왕실 부대에서도 장수 같은 역할을 맡지 않았다.
위계상 그녀의 자리는 주변부에 머물러 있었다. 군사 고문 회의에서도
배제되었다. 반면 병사 무리를 이끈 거침성이나 능력은 아무도 부인하
지 않는다. 그녀를 향한 구체적인 비난이 있다면, 무모할 정도로 겁이
없다는 것이다. 그녀는 세 번이나 부상을 입었다. 투르넬을 공격했을
때는 석궁에서 쏜 쇠뇌 활[20]이 목으로 날아왔다. 자르고 전투에서는
투석기에 머리를 맞은 적도 있다. 파리 요새에서는 허벅지에 화살을
맞았다. 부르고뉴 지지파였던 코르들리에라는 연대사가는 다음과 같
이 강조한다. "그녀는 몸에 아주 놀라운 무기를 장착하고 있었고, 마
법의 봉처럼 생긴 아주 강력한 긴 창을 다루었다." "이런 무기는 단순
히 경고용에 불과했고, 모든 일이 신의 뜻에 따라 이루어질 것이라 믿
고 기적을 희망했다." 사실 이 말이 더 설득력 있게 들린다. 잔은 단념
하거나 포기하지 않았다. 그녀는 프랑스 밖으로 "잉글랜드인들을 몰

---

20. 라틴어 'arcuballista'에서 파생한 'arbalète'는 앞에 강력한 무쇠 발사 장치가 달린 활이
   다.―옮긴이

아내고 싶었다." 설득이 아닌 열정을 통해 그녀는 참전 장수들에게 신뢰를 심어주었고 이것이 승리를 추동했다. 그녀의 역할은 전략 활동이 아닌 동원과 지지 활동에서 주요했다.

궁극의 임무, 대관식

왕의 대관식을 위한 출발. 한층 더 눈부시고 장엄한 의식 효과를 위해 왕가의 주요 인사들―알랑송 공작, 클레르몽 백작, 방돔 백작, '오를레앙 공의 서자'―이 참전 장수들을 축하하러 가기로 한다. 샤를 7세의 측근들, 특히 그의 최측근 고문인 조르주 드 라트레무아유는 달가워하지 않는 표정이 역력했다. 그도 그럴 것이 앵글로-부르고뉴 주둔지가 즐비한 지역까지 300킬로미터나 되는 긴 행군을 하는 건 너무 위험하지 않은가? 불필요하게 위험을 자초하는 일 아닌가? 부르주 왕국을 위협하는 셈이 될 라샤리테쉬르루아르와 콘쿠르쉬르루아르 요새를 정복하는 데 온 에너지를 쏟아붓는 게 낫지 않을까? 대관식이 왜 꼭 필요한가? 법관들이 혈통적 계승성을 판단해 주면 군주권의 합법성은 충분히 인정될 수 있지 않은가?

잔은 또 한 번―이번이 마지막이다―왕의 늑장으로 곤란에 처한다. 잔의 부대는 1429년 6월 29일에 지앙에서 출발한다. 잔은 부르고뉴의 몇몇 도시는 살려준다. 오세르는 식량을 제공해 준 대가로, 트루아는 도시 입성을 도와준 대가로. 마침내 7월 16일, 왕실 부대는 랭스에 진입한다. 그다음 날 노트르담 성당 성가대의 합창 속에서 대관식이 열린다. 의식은 왕을 위한 기도를 올린 뒤, 오전 아홉 시에 시작되었다. 사제가 생레미 수도원에 보관되어 있던 성유병을 대주교 르뇨드 샤르트르에게 가져가자, 대주교는 그것을 성당의 대제단 위에 올려놓는다. 이것이 유일한 표장標章이다. 나머지 왕관이나 왕홀은 잉글랜드의 통제를 받는 생드니 수도원에 보관되어 있다. 전통에 따라 열두 쌍의 왕홀이 거기에 있다고 한다. 의식의 맨 마지막 단계에서 잔의 충실한 전사들에게 상을 수여하는 절차가 있었다. 질 드 레는 프랑스의 원수로 책봉된다. 라이르는 노르망디에 있는 롱그빌 백작령을 받는다. 그 지방이 잉글랜드령이었으니 그로서는 그 땅을 가질 수밖에 없었다. 상트라유는 대시종으로 승진한다. 새로 기사 100여 명이 선정된다. 잔은 무릎을 꿇고 울며 말한다. "관대하신 폐하, 신의 기쁨이 드디어 집행되었습니다. 신께서는 제가 오를레앙에서 적들을 몰아내기를 원하셨고, 랭스라는 이 도시로 폐하를 모셔가 당신의 신성성을 입증하길 원하셨습니다. 당신은 진정한 왕이시며, 이 왕국은 바로 당신께 귀속된다는 것을 알리라고 하셨습니다."

  왕의 대관식까지 마침으로써 잔 다르크는 샤를 7세를 프랑스 권좌로부터 멀리 떼어놓았던 트루아 조약을 비로소 무효로 만든다. 이제 태자의 합법성과 적통성은 이론의 여지가 없게 되었다. 이것이야말로 잔의 두 번째 승리이자 최종 승리였다. 정점 중의 정점. "그대는 어디에서 죽을 거라고 생각하오?"라고 묻는 대주교에게 그녀는 이렇게 대답했다고 역사학자 미슐레는 적는다. "모릅니다. 신께서 원하시는 곳이면 그 어디든요. 내 자매들, 형제들과 함께 양을 돌볼 수 있는 곳이라면 어디든 좋습니다. 그들이 저를 다시 보게 된다면 정말 기뻐할 겁니다."

실망과 환멸

샤를 7세는 '진짜 왕'이 되었지만, 그의 처지는 여전히 취약했다. 그가 랭스에 왔을 때, 잉글랜드인들은 남쪽으로는 20킬로미터 지점인 에페르네에, 북쪽으로는 30킬로미터 지점인 르텔과 라옹 주변에 있었다. 외양은 왕이었지만, 아직 만족스러운 위상을 갖지는 못했다. 왕실 부대의 활약으로 위축된 섭정은 파리와 노르망디 사이, 그들이 지방 유지로 통하는 곳, 그러니까 그들의 영향력이 여전히 미치는 곳에 물러나 있었다. 그러나 섭정에겐 부르고뉴 공작이라는 '조커'가 있었다. 실제로 베드퍼드와 필리프 르봉은 1429년 7월 15일에 회담을 마친 뒤 화해를 선언했다. 샤를 7세의 왕실 부대는 곡물을 곳간에 저장하듯 계속해서 도시들을 확보해 나갔다. 라옹, 코르베니, 수아송, 샤토티에리, 프로뱅, (파리가 지척인) 쿨로미에는 충성을 서약했다. 왕은 잉글랜드 부대가 한눈에 보이는 루아르 쪽으로 들어가 매복하기로 했다. 그러나 남쪽으로 가는 길이 봉쇄되었다. '부르주의 왕'은 이러지도 저러지도 못하고 다시 북쪽으로 올라가는 수밖에 없었다.

이런 우물쭈물하는 태도에 잔은 또다시 화가 났다. 공격만이 길이라고 주장했던 잔은 세 번째 '임무'를 수행해야겠다고 결심한다. 바로 샤를 7세를 파리에 입성시키는 것이었다. 왕은 그녀의 말을 경청했다. 그러나 그 말을 따르지는 않았다. 그래서 그녀는 혼자 움직인다. 알랑송 공작이 지휘하는 소부대와 함께 8월 22일 콩피에뉴를 떠난다. 사흘 후, 수도의 북부에 있는 생드니에 도착했다. 다고베르 왕 이후 프랑스의 왕은 모두 이곳 교회에 안치되어 있었다. 한편 파리는 난공불락이었다. 이 도시는 부르고뉴파 장군들과 잉글랜드 병사들, 악랄한 부르주아들에 의해 방어되고 있었다. 파리 주민들은 단호했다. 그들이 볼 때 샤를 7세는 아르마냐크파를 대표하는 사람이었다. 그리고 이런 소문이 퍼져 있었다. 파리에 투자를 많이 한 부르고뉴파에 의해 1418년에 태자 지지자들이 살해되었으니, 복수를 하러 '왕'이 이곳에 직접 왔다는 것이다. 교회 당국은 "이 도시에서 평화롭게 하나가 되어 살고 싶어 잉글랜드 왕과 프랑스 왕 모두에게 복종하며" 두 군주권에게 충성을 다했을 뿐이라고 했다. 왕의 행렬은 생트주느비에브 수도원으로 이어졌다. 이 수도원에는 파리가 아틸라에게 넘어갈 위기를 막아준 그 도시의 수호성인 성녀 주느비에브의 성유물이 간직되어 있었다. 그렇다면 샤를 7세가 이젠 또 다른 훈족 대장이란 말인가?[21]

파리 주민들은 알랑송 공작의 제안에 우호적으로 대답할 수가 없었다. 공작은 도시 성문을 열어주면 그 대가로 그들을 사면해 주겠다고 했다. 파리 북쪽 라샤펠에 주둔한 잔의 부대처럼 소박한 분견대가 그들을 무릎 꿇게 만들 가능성은 거의 없었다.

공격은 뮈셀의 탄생일인 9월 8일로 정해졌다. 그날 새벽, 왕실 부대는 생라자르에 첫 대포 사격을 가했고, 이어 생토노레 성문을 포격했다. 잔 다르크는 첫 해자를 건넜으나 물이 채워진 두 번째 해자에서는 멈췄다. 그러고는 해자를 채울 나뭇단을 가져오게 했다. 전투는 치열했다. 어디선가 날아온 쇠뇌 활이 그녀의 허벅지에 꽂혔다. 그 장소는 현재의 오페라 거리 2번지 부근이다. 파리 주민들은 저항했

---

21. 샤를 7세의 파리 입성을 달가워하지 않는 자들의 시각에서는, 좀 과장해서, 샤를 7세가 기원후 350년경 동유럽에 등장하여 강력한 화살과 날렵한 기마 부대를 무기로 유럽 대부분의 나라를 침략하여 무력화한 훈족과 그런 훈족의 대장 아틸라처럼 여겨졌을 거라는 비유적 표현이다.—옮긴이

다. 불확실한 전투지만 끝까지 싸워야 한다고 잔이 고집을 피워서 한 장군이 그녀를 찾아와 데려가야 했다. 그 전투로 1500명이 목숨을 잃었다.

이튿날 해가 뜨자마자 다시 공격을 감행해야 한다며 나타난 사람은 바로 잔 다르크다. 기운을 되찾은 건지, 아니면 파리를 차지하지 않고는 절대로 그곳을 떠날 수 없다는 강한 의지인 건지. 지친 왕은 부대더러 생드니에 피해 있으라고 명령했다. 이어 루아르로 가라고 했다. 샤를에겐 전사 기질이 없었다. 그의 우선 과제는 샹파뉴와 일드프랑스 동부, 발루아(우아즈 남부, 엔Aisne의 일부)에서 획득한 곳만이라도 견고히 지키는 것이었다. 물론 파리를 감시할 수 있는 상리스, 노르망디를 관측할 수 있는 보베도 빠질 수 없었다. 프랑스 왕은 잉글랜드군에게 대항하는 새로운 군사 원정 계획을 배제하지는 않았지만, 이는 부르고뉴 부대와 함께할 때만 가능하다고 생각했다. 부르고뉴 부대를 기다리면서 9월 21일 지앙에서 왕실 부대의 상당수를 해산한다. 이어 부르주를 수복한다. 가장 호전적인 자들이 제압된 것이다. "이로써 잔 다르크의 의지와 왕실 부대의 의지는 꺾이고 말았다"고 페르스발 드 카니는 애석해한다. 알랑송 공작의 시종인 이 사람은 만일 군주가 6월 18일 파테에서 잡은 기세를 더 몰아붙였다면, "잉글랜드 부대를 바다로 밀어버리고 왕실 전사들 한 명 한 명이 품고 있던 용기를 볼 수 있었을 것"이라고 애석해했다. "왜냐하면 프랑스 병사 한 명이 잉글랜드인 병사 열 명을 상대했으니 말이다." 그러나 샤를 7세는 몇 달 전부터 필리프 르봉과의 화평을 위한 협상에 눈독을 들이고 있었다. 필리프 르봉이 런던과의 동맹을 열렬히 주장하긴 했지만, 사실 왕은 발루아 왕가의 두 경쟁 파벌이 연합하지 않는다면 잉글랜드인들을 이곳 대륙에서 몰아낼 수 있을 거라고는 생각하지 않았다. 8월 28일, 잔이 파리 성문 근처에 있었을 때, 두 도당 간에 휴전 조약이 체결되었다. 협정의 항목들은 부르고뉴 공작에게 유리한 내용이었다. 특히, 그는 피카르디를 되찾았다.

장수들은 이런 상황을 전혀 이해하지 못했다. 그다음 몇 달 동안 부르고뉴는 "프랑스와 잉글랜드 왕의 하사관"으로 불렸다. 이 지역은 노르망디를 제외한 왕국의 북부 지방에 해당하는 곳이다. 호전적이고 직감적인 잔 다르크는 부르고뉴를 '오류투성이'라고 비난한다.

감옥, 재판, 화형대

1429년 가을, 왕실 부대는 사기가 꺾이고 오합지졸이 되었다. 장군들은 그들 각자의 지역으로 돌아갔고, 대장들은 그나마 무기를 지니고 잔류한 병사들에게 의지해 요새 공격을 명령했다. 왜냐하면 전투는 끝나지 않았기 때문이다. 다시 공격하기 위해 출발할 필요가 있었다. 그해 말, 루앙에서 20킬로미터 떨어진 곳으로 잉글랜드인들의 주요한 도시인 라발, 토르시, 베르뇌유, 콩슈, 샤토가야르, 루비에 등은 프랑스 왕의 편이 된다.

잔은 노르망디 원정에 알랑송 공작과 동반하기를 바랐다. 왕의 고문인 라트레무아유는 알랑송을 라샤리테쉬르루아르로 보내고 싶어 했다. 그곳은 부르고뉴 영토인 느베르 백작 영지와 샤를 7세 충성파인 베리 공작 영지의 경계에 있었다. 이 도시는 부르고뉴파에 이어 잉글랜드파와 차례로 동맹을 맺은 담대한 모험가인 페리네 그르사르가 점령한 곳으로, 이런 동맹에는 그 나름의 계산이 깔려 있었다. 공격은 11월에 두 번 재개되었다. 그런데 두 번 다 실패했다. 파리 성문 앞에 서만큼 심각한 타격이었다.

이제는 잔 다르크와 왕 사이의 기류가 좋지 않았다. 파리 성벽에서 실패를 맛본 후부터 그녀의 예언은 맞지 않았다. 이제 그녀를 어떻게 "신의 딸"이라 할 수 있겠는가? 게다가 이제는 자기 운명마저 그림자 가 드리워져 있는데, 계속해서 이 영웅의 말을 들어야 하는가?

1430년 봄, 그녀는 자신의 "착하신 태자님"에게 미리 알리지도 않 고—즉, 그를 거역하며—자신에게 늘 충정을 보인 소수 부대와 함께 왕을 떠난다. 목표는? 위협받고 있는 지역인 라니쉬르마른과 특히 콩 피에뉴를 보호하는 것. 그러나 잉글랜드인들은 결정적인 말은 하지 않 았다. 그들은 '부르주의 왕'이 정복한 도시들을 최대한 압박하되 파리 와 기옌은 사수하려고 했다. 헛되이 퐁레베크에 대항하려 시도한 후, 1430년 5월 14일에 400명 병사들의 선두에 선 잔 다르크는 콩피에뉴 로 향했다. 5월 23일 새벽에 그녀는 그 도시로 들어갔다. 그녀는 성문 을 닫게 했고 주민들 모두가 모이는 집회를 열게 했다. 그리고 주민들 에게 맹세했다. 신이 보낸 사람이라고 알려진 카타리나 성녀가 그녀 자신에게, 왕의 적들에게 대항하기 위한 출구를 만들어달라고 부탁해 서 자기가 왔다고. 그녀는 승리를 거둔다. 그리고 부르고뉴 공작은 포 로로 잡힌다. 이제 그녀는 무장한 병사 500명을 도시에서 나오도록 설 득하여 기분 좋게 우아즈로 건너가려고 하는데, 그 앞에 장 드 뤽상부 르의 병사들이 기다리고 있었다. 이들과 작은 교전을 벌이는 와중에 한 궁수가 잔의 옷자락을 잡더니 말에서 떨어뜨렸다. 동료들은 그녀를 도와줄 수 없었다. 그녀는 결국 포로가 되었다. 미슐레에 따르면, 그녀를 넘긴 사람은 장 드 리니라는 사람인데, "그의 무기에는 무거운 짐 아래 눌린 낙타 그림이 그려져 있었다. 그리고 다음과 같은 슬픈 명구도 쓰여 있었다. '불가능에 버틸 수 있는 사람은 없다.'"

하지만 하느님께서 잔 다르크를 버리신 건 아니잖은가? 왕의 측근들은 그녀가 체포되면 이 논리도 다 해소될 수 있을 거라고 생각하는 듯했다. 왕실은 도움의 손길을 내밀어 그녀를 석방시키거나 몸값을 지불해서 구할 생각 같은 건 하지 않았다. 급할 게 없었다. 그녀의 실패는 왕의 실패가 아니고, 그녀 자신의 실패다. 신의 선택을 받은 자라며 물불 안 가리다 실패한 것이다. 5개월간 이어진 협상이 끝나고 결국 그녀는 잉글랜드인들에게 넘겨져 루앙으로 이송되었다. 1431년 1월 3일, 이들은 그녀를 종교 재판에 넘겼고, 엿새 후를 심판의 날로 잡았다. 재판장은 피에르 코숑 주교[22]였다. 59세의 이 고위 성직자는 프랑스 대심문관 보좌신부였다. 바로 그가 잔의 이단 유죄를 결정하는 일을 맡았다.[23] 결혼하지 않은 여자가 신의 의지를 소환할 능력이 있다고 주장하는 것만 보아도 악마의 부름을 받은 증거 아닌가? 이것은 전지전능한 신의 권위에 대한 도전 아닌가? 또한 왕권의 종교적·정치적 기반에 대한 도전이기도 하고. 그런데 어떤 왕? 샤를 7세? 아니면 아

---

22. 신학 박사인 그는 1379년, 26세의 나이에 파리 대학교 학장으로 임명된 사람이다. 아르마냐크파에 의해 그 자리에서 쫓겨나자 부르고뉴파를 위해 일하다가 1420년에 트루아 조약이 체결된 이후에는 잉글랜드 왕을 위해 일한다. 트루아 조약 문항을 작성하는 데도 기여했다. 보베 주교로도 임명된 그는 왕실 부대가 보베에 도착하자 그곳을 도망쳐 나와 침략자들의 수도인 루앙으로 간다. 잉글랜드 왕 헨리 6세의 대사를 여러 차례 맡기도 했던 그는 프랑스 내에서 잉글랜드 왕의 존재를 옹호한 마지막 사람들 중 한 명이었다. 그에 대한 비난과 조롱이 드높았던 시기에 72세의 나이로 급사한다.

23. 이단은 엄정하게 말하면 신앙 안에서의 방황을 의미하며, 신성모독죄와 유사하다.

직은 어리지만 아버지 헨리 5세를 계승한 헨리 6세?[24] 당시는 서구 사회의 왕권이 전반적으로 위기에 봉착한 때여서 이 질문은 더욱더 가열차게 전개되었다. 서구의 대분열이 일어났다. 세 교황이 저마다 정당성과 합법성을 주장했고, 프랑스에서는 샤를 6세가 죽은 이후 두 군주가 통치하지 않았나? 그렇다면 착한 가톨릭교인은 누구를 따라야 하는가?

판사들은 교회 법령에 의거하여 우선 '중상과 비방(명예 훼손)'[25]에서 시작하여 '명성'[26]으로 나아갔다. 그녀의 죄는 이단과 반항, 그리고 자연의 법칙에 어긋나게도 남자 의상을 걸친 것 등이었다. 피고인 잔 다르크는 여섯 번 공개 재판을 받았고, 10여 차례 투옥되었다. 3월 28일, 70여 개 항목으로 이루어진 기소장―일종의 비방문―이 낭독되었다. 판사들이 선언한 그녀의 죄목은 가령 다음과 같다. "마녀 또는 점쟁이, 예언자, 사이비 예언가, 마귀 들린 주술사, 모략자, 음모자, 마법과 주술에 능통한 미신가, 우리의 가톨릭교 신앙에 위해를 가하는 자, 교회 분리주의자, 중상모략가이자 우상숭배자, 배교자, 비방자, 험담가, 신과 성인들에게 불경한 자, 신성모독자, 소요를 일으키는 자, 평

---

24. 헨리 6세가 어려서 부계 쪽 두 삼촌이 섭정을 했다. 헨리 6세는 1431년 12월 16일에 노트르담 드 파리에서 대관식을 거행한다. (헨리 6세는 헨리 5세와 프랑스 왕 샤를 6세의 딸 카트린 사이에서 태어났다. 헨리 5세 죽고 잉글랜드 왕위에 올랐을 때 그는 생후 9개월이었다. 외할아버지 샤를 6세가 정신 질환으로 사망하자 트루아 조약에 따라 프랑스 왕까지 된다. 샤를 7세가 그에게 외숙부가 되는 셈인데, 샤를 7세가 랭스에서 대관식을 하자 그도 파리로 가서 1431년에 대관식을 올린다. 이때 그의 나이 열 살이었다. ─옮긴이)

25. 교회 법령에서 'diffamation'('중상과 비방', 법률 용어로는 '명예 훼손')은 심문과 조사를 통해 피고인이 'fama'(라틴어로 '명예')를 거슬렀는지를 판단한다.

26. notoriété. 말 그대로 '잘 알려진'이라는 뜻이다.

화 교란자, 전쟁 사주자, 전쟁 유발자, 인간의 피를 잔인하게 흘리게 만들어 사방에 뿌린 자, 수치심도 없이 불경한 옷을 입고 남자 행세를 한 자, 왕자들과 소박하고 선한 인간들을 미혹한 자, 비상식적인 이단 기질이 있거나 적어도 이단 성향이 상당히 의심되는 자."

성직자, 판사, 종교인 들이 입회했다. 5월 24일, 루앙의 생투앙 묘지에 군중이 모여들었고 그녀는 이들 앞에서 자신의 과오를 공식적으로 인정하기에 이른다. 그녀는 무기 징역에 처해졌다. 그러나 감옥에 들어가자마자 다시 남자 차림을 하는데, 자백을 뒤집기 위한 행동이었다기보다 겁탈을 피하기 위한 조치였을 것이다. 그녀의 집행관은 이런 사정에 대해 더는 알고 싶어 하지 않았다. 다시 이단에 빠진 죄로—죄를 고백해 놓고 다시 그 죄에 빠졌으므로—잔은 종교 재판이 아닌 '속세 재판', 즉 민사 재판으로 넘겨졌다. 잉글랜드인들의 재판으로 말이다. 그녀는 산 채로 화형당했다.

1431년 5월 30일 아홉 시, "그녀는 여자 차림으로 짐수레에 실렸다"라고 미슐레는 썼다. 그러나 증언이 부족한 데다 여러 상반되는 얘기가 난무한다. 루앙의 비외마르셰 광장에 놓인 화형대 옆에서 그녀는 십자가를 가져다달라고 부탁했다. 한 잉글랜드인이 막대기로 십자가를 만들어주었다. 그녀는 십자가에 입을 맞춘 후, 그것을 "자신의 옷 아래, 자신의 살 위에" 놓았다. "비방의 게시문"("이단, 이교, 배덕") 아래에 사형 집행관이 불을 붙였다. 불길이 점점 타오르자 그녀는 성수를 요청했다. 그러고는 외쳤다. "그렇다, 나의 목소리는 신의 목소리다. 나의 목소리는 나를 속이지 않았다!" 참석했던 한 수도사의 말에 따르면, 그때 1만여 명이 울었다고 한다. 화형대에 불을 지르겠다고 맹세했던 한 잉글랜드인은 그녀가 숨을 거두는 모습을 보다가 잠시 혼절했다. 그를 급히 작은 선술집으로 옮겼는데, 그는 의식을 되찾을 때 이런 말을 했다고 한다. 그 젊은 순교자가 "마지막 숨을 내쉴 때" 입에서 "비둘기 한 마리가 날아갔다"라고. 잉글랜드 왕 서기관은 다음과 같은 통렬한 비난을 남겼다. "우린 패배했다. 우린 성녀를 불태웠다."

비로소 되찾은 '프랑스의 위대한 군주권'

내전이 완전히 종식되기까지는 잔 다르크가 처형된 후 아라스 조약이 체결되고도 4년이 더 흘러야 한다(1435년 9월 20일). 하지만 어떤 대가로? 무릎을 꿇고서라도 자신의 사촌과 화해할 준비가 된 샤를 7세는 '겁 없는 장'의 살해를 부인한다. 그 대신 죄인들을 벌하겠다고 약속한다. 고인의 명복을 빌기 위해 매일같이 속죄의 미사를 올리겠다고 약속한다. 그리고 범죄가 일어난 곳에 기념비를 세우고 수도원을 짓겠다고 약속한다. 그러나 이듬해에 그는 의기양양하게 파리에 개선한다.

시간이 가고 또 시간이 가면서 왕은 전사 잔 다르크가 그토록 자기 눈앞에서 보고 싶어 했던 선왕의 면모를 갖추며 통치 체계를 하나하나 정비해 나간다. 샤를 페기가 하나의 원칙으로 삼았던, 정치와 신비종교[27]의 분리를 그가 처음으로 구현한 셈이다.

샤를 7세가 왕국을 수복하고 "프랑스의 강건한 군주제"를 세운 것은 퓌셀 잔 다르크 이후다. 아라스 조약은 그 사전 격이었다. 잉글랜드

---

27. 원어는 종교나 가톨릭교라고 하지 않고 'mystique'라고 써서 기원이나 발생이 정확하지

인들과의 완전한 휴전은 평화에 우호적인 헨리 6세와 프랑스 왕의 조카인 마르그리트 당주의 약혼을 통해 이루어진다. 이어 프랑스 국왕은 즉각 상시 직업 군부대를 창설한다. 최고의 전사들 가운데에서 정기적으로 선발하여 고용한 열다섯 대장이 이 부대를 지휘한다. 이 대장들이 1만 2000명의 기병대 병사들의 선발을 책임진다. 여기에는 기병대 소속의 시종, 근시近侍, 궁수, 칼잡이 들의 선발도 포함된다. 이 명성 높은 첨병 부대에 경비병, 석궁수, 주로 헬베티족 출신인 외국 용병 보병 같은 주군 부대를 추가로 선발한다. 군주 국가를 유지하는 두 개의 기둥은 전쟁과 세금이었다.

1449년, 프랑스 국왕은 잉글랜드와의 조약을 깨고 기선을 잡고 싶은 욕망을 강렬하게 느낀다. 그래서 노르망디 반란을 구실로 삼는다. 연전연승! 11월 10일에 드디어 말을 타고 루앙으로 들어간다. 샤를 7세는 잔 다르크와의 문제를 완전히 청산한 건 아닌지, 가톨릭교인들을 겨냥한 잉글랜드의 선전술에 흔들린다. 그녀가 화형되기 전에 이단을 버리고 용서를 구했다고? 어쨌든 그녀의 명예는 루앙 재판에서 더럽혀졌다. "독실한 가톨릭교도"인 왕이 '마녀' 덕에 왕관을 썼다니, 어떻게 그럴 수 있나? 이 불명예를 씻기 위해 왕은 1450년에 소송을 건다. 2차 재판 선고는 6년 후인 1456년에 나오는데, 1차 선고가 "무효이며 효력 정지"라고 선언된다. 왜냐하면 "기만과 부정, 비방과 모순, 오류와 과오로 더럽혀진 선고(그 불법성을 인지한 행위)이기 때문이다." 이는 단순히 잔의 명예를 회복해 준 것이라기보다 왕이 개입한 특단의 판결 무효 조치다. 그의 목표는 무엇이었을까? 젊은 처녀의 역할을 최소화

_____

않고 미신적이거나 비의적인 면을 띠는 독특한 종교로 구분했다.―옮긴이

하려는 것이었다. 요컨대 그에게 퓌셀은 왕의 지상권보다 덜 중요해야 했다.

기엔 정복은 훨씬 어려웠다. 이곳 주민들은 주로 알비용(영국)과 포도주 무역을 했기 때문이다. 1453년에 잉글랜드인들은 카스티용에서 패배했다. 그들의 마지막 보루는 칼레였는데, 이곳은 한 세기 후인 1558년에 무너진다. 헤이스팅스에서의 격전(1066년) 이후 프랑스와 잉글랜드 사이에서 벌어진 '오백년 전쟁'은 그제야 비로소 종식된 셈이다. 아니면 더 엄밀히 말해, 잉글랜드 통치권자가 공식적으로 프랑스 왕 칭호를 포기하고 그의 백합 문장을 거두기로 협약한 1802년 아미앵 조약 이후부터일 것이다.

나폴레옹의 입지전적인 일화 이후에도 잔 다르크에게서는 아직 거룩한 냄새가 나지 못했다. 군주론자들은 그녀의 희생적 영웅주의가 왠지 불편했다. 그래서 만약 군주론을 버려야 한다면 그건 그녀 탓이라고 비난했다. 그러니 19세기 중반까지 기다릴 필요가 있었을 것이다. 미슐레, 이어 특히 샤를 페기의 애국적이고 종교적이고 서민적인 상상력을 통해 이제 그녀는 프랑스라는 나라를 구한 첫 구세주로 구현된다. 공화주의자들은 물론 군주론자들도 결코 범접할 수 없는 우상으로 말이다.

5

몬테수마 2세

(Montezuma II, 1466~1520)

마지막 황제

그 무엇보다 황제의 권좌에 오르기를 두려워했던 몬테수마 2세는 젊은 아스테카 제국의 권좌에 내던져지듯 올랐을 때, 자신의 제국에 닥친 카오스 같은 일련의 급박한 사건에 맞서야 했다. 그러나 그 특유의 소심하고 신중한 성격을 결코 넘어서지 못한다. 바로 그에게서 시작하여, 1529년 아메리카의 얼굴은 바뀌게 될 것이다. 스페인 정복자들은 신세계의 부富를 찾아 멕시코 땅으로 밀려들어 온다. 결단력 있고 섬세한 전략을 가진 코르테스에 비해 이 군주는 너무나 유약하고 우유부단하며, 특히 적의 대규모 군대와 맞서 싸우기에는 너무나 무력한 전통과 종교에 사로잡혀 있었다. 결국 후퇴하고 양도하며, 패배하고 도주한다. 그가 침략자에게 맞서 저항 운동을 조직할 만한 역량을 발휘하지 못하자 자국민들은 그를 멸시하고 거부한다. 제국의 수도 멕시코-테노치티틀란의 감옥에서 마지막 숨을 거두기 전, 그의 모습은 초라하기 그지없었다. 그런데 그의 죽음이 아스테카 제국에 경종을 울린다. 그는 떠나면서, 이렇게 문명화의 종말을 고한다.

"너, 눈부신 젊은이여, 창조주께서 너에게 커다란 짐을 부여한바, 네가 그 짐을 질 만한 힘을 충분히 가졌음을 의심하지 말라. 과거에 너에게 그 힘이 차고도 넘쳤으므로, 네 머리 위에 풍부한 축복의 비를 더 많이 뿌려주실 것이다. 길고 영광스러운 세월 내내 너의 권좌는 결코 흔들리지 않을 것이다."

서른다섯 살에 아스테카의 새 황제가 된 몬테수마[1]는 행복한 사람이 될 수 있는 조건을 다 갖추고 있었다. 큰 호수를 사이에 두고 두 도시가 있었는데, 동쪽에 자리한 텍스코코의 왕 네사우알필리가 예언했다시피 그의 통치는 위대하게 펼쳐질 예정이었다. 삼촌 아우이소틀이 예기치 않게 우연히 사망하여 1502년 어느 날 물려받은 아스테카 제국은 최고의 절정기였기에 그가 황제 자리를 오래 지키지 못할 것이라고는 아무도 생각하지 못했다. 노예들 수만 명이 채취하여 갖다 바치는 금, 은, 납, 주석, 구리 등에 올라앉아 있으니, 주변국들이 부러워하기도 하고 두려워하기도 했다. 멕시코만에서 태평양까지, 남쪽으로는

---

1. 그의 이름 철자는 여러 가지가 있다. 통상 Montezuma, 즉 '몬테수마'로 표기하지만, 원 발음은 '모테크소마'이다. Moctezuma, Motecuhzoma 등으로 표기하기도 하는데, 원래 철자는 Motecuhzoma Xocoyotzin이다. '모테크소마'는 '군주'와 '전지전능'이라는 뜻을 합한 것이다. 보통 '화가 나 눈썹을 씰룩거리는 자'로 표현되기도 한다. -옮긴이

과테말라와 니카라과까지 제국의 힘이 미치고 있었다. 2000만 가까이 되는 인구가 제국 국경 안에서 살고 있었다. 수도 멕시코-테노치티틀란은 늪지와 사구, 진흙 같은 좋지 못한 토양 위에 기발하면서도 악착스러운 힘으로 150여 년 전에 세워진 도시였다. 홍수와 범람이 잦긴 했으나, 100만 명 정도의 인구를 지닌 이 수도는 이를 잘 극복하고 성장을 멈추지 않고 계속해서 발전하고 있었다. 절대 흔들리지 않을 것같은 튼튼한 봉건 제도에 기댄 권좌 위에 이제 막 몬테수마 2세가 오른 것이다. 미래는 온전히 그의 것이었다. 찬연하게 빛날 일만 남아 있었다. 아스테카인들은 멕시코에 정착하기 전만 해도 사막을 배회하던 소박한 유목민에 불과했다. 그들은 멕시코에 정착한 이후 전 방향으로 세력을 넓혀 갔다. 겨우 200년 만에 이룬 일이었다.

주요 여섯 귀족 가문이, 다른 형제들이 아닌 그를 특별히 선호하여 수장으로 선택한 결과를 알려왔을 때 몬테수마가 보인 별다른 호기심 없는 반응에 몇몇 측근은 분명 주목했을 것이다.[2] 이 귀족 계급은 부계 특성을 고려하면서도, 특히 "슬프면서도 진지한 사람"이라는 그의 성격을 고려했다. 그런데 그들의 판단은 잘못된 것이었다. 군사적 자질이나 성직자의 자질로는 그 자리를 차지할 만했다(이집트의 파라오처럼 아스테카의 황제들도 종교인으로서뿐만 아니라 군사를 이끌 장수로서도 수련을 받아야 했다). 이는 의심의 여지가 없다. 그러나 몬테수마는 자신의 머리 위에 온갖 황금과 보석, 깃털로 뒤덮인 왕관을 쓰는 것에서 어떤 즐거움이나 흥분도 느끼지 못했다. 대관식 이후 하루가 멀다 하고

---

2. 2세기 전부터 '틀라토아니', 즉 아스테카 왕국의 군사적·종교적 최고 고관은 왕국의 몇몇 고관에 의해 지명되었다. 지배적인 가문의 구성원 중 한 사람이 선택되었는데, 나이, 가족 서열 또는 직계 혈통 같은 것과 관련한 규칙은 따르지 않았다.

계속될 인간 희생제도, 집권 초 몇 달간 이어질 군사 원정도, 제국의 새 군주에게 충성 서약을 하러 각지에서 올 다양한 부족도 그의 즐거움과 흥분의 대상이 될 수는 없었다. 그는 이제 다시는 현실의 땅에 발을 딛지 못할 것이다. 가신들 그 누구 하나 제대로 보지 못할 것이다(신하들은 주군의 눈을 똑바로 바라볼 수 없다). 손을 가볍게 스치는 정도일 것이다(손을 만지는 것은 불경죄다). 미래에 대한 이런 우울한 전망으로 그의 이마에는 늘 불안의 주름이 깊이 새겨져 있었다. 그리고 이 주름은 영영 그를 떠나지 않을 것이다.

신중한 성격이거나, 아니면 수줍은 성격이었던 아스테카 제9대 황제는 자신에게 전수된 짐을 충분히 질 수 있을 거라는 확신이 없었다. 사람들은 그를 강하다고 생각했지만, 자신이 약하다는 것을 그는 너무나 잘 알고 있었다. 하지만 그런 생각을 말해서는 안 되었고, 보여줘서도 안 되었다. 아주 신중하게 은폐된 함의 정도면 몰라도. 아스테카와 대대로 원수지간인 틀라스칼라족이 있었는데, 이 부족 사람들이 연회나 행사가 벌어지는 동안 무리에 끼여 있다가 적발되어 체포된 적이 있었다. 첩자짓을 한 죄로 이들의 심장을 빼내도 모자랄 판국에 몬테수마는 이들에게 연회의 가장 좋은 자리를 내주기도 했다. 처음에는 다들 놀랐지만 이 충격 효과는 금방 해소되었다. 궁정 사람들은 이것이야말로 황제가 지닌 넓은 도량의 증거가 아니고 무엇이겠냐고 생각하고 넘어갔기 때문이다. 그러나 그게 아니었다. 오로지 황제 자신만이 그렇게 한 이유를 알고 있었다. 아니면 아마도 그의 두 아내 정도가 알지 않았을까? 황제에게는 두 정실부인이 있었다. 둘이 돌아가며 중앙아메리카의 가장 강한 자이자 가장 멋있는 자와 잠자리를 함께했으니, 이 여인들이라면 황제가 왜 그랬는지 알 수도 있었을 것이다. 당시 증언에 따르면, 황제의 피부색은 원주민 그 누구보다 부드럽고 밝았으며, 키도 원주민들의 평균 키보다 훨씬 컸다. 짧은 수염이 나 있었고, 신체적으로 매우 당당한 풍채였다. 자세나 태도로만 보면 영락없는 황제였다.

불길한 징후

처음 몇 해 동안 몬테수마는 왕이라는 직무를 그럭저럭 수행해 나간다. 자신의 소심함과 두려움을 감추기 위해 성격을 바꾸어보려고도 한다. 이전 왕들에 비해서는 전쟁을 덜 일으켰지만, 수행한 전쟁마다 모두 성공하여 제국의 경계를 상당히 넓힌다. 그런데 제국이라는 것은, 마치 예전에 유럽 로마 제국이 그랬듯이, 비대해진 무게를 스스로 견뎌내지 못할 수 있다. 성장하면 성장할수록 약화된다는 것을 이해하지 못한 채, 그는 영토 확장에만 신경 썼다. 단순하고 사랑스러운 성정의 그는 전례를 찾아볼 수 없는 부를 거머쥔다. 그래서인지 때로는 지독히 오만한 모습을 보이기도 한다. 백성들 눈에서 점차 사라져 궁 안에만 머무는 일이 잦아진다. 길이 200미터에 달하는 높은 성벽으로 둘러진 궁은 도시 안에 있는 또 하나의 도시라 할 만했다. 황제는 네사우알필리의 조언을 무시하고서, 비만증에 걸린 궁정 생활 방식을 계속해서 유지하기 위해 세금을 올리고, 귀족 중에서도 좀 떨어지는 귀족들은 궁 밖으로 내보낸다. 그런데 절대 왕정의 두꺼운 화장 아래 숨어 있는 그의 민낯을 잠깐이라도 보여주듯, 진짜 성격을 엿보게 하는 일화도 더러 있다. 어느 날 그가 밭을 거닐다가 옥수수 이삭 하나를 주웠는데, 밭의 주인이 그에게 호통을 친다.

"폐하는 옥수수 이삭 훔친 자를 사형에 처하게 하라는 법률을 제정하지 않으셨습니까?" 대머리 농부가 그에게 물었다.

"그렇소, 맞소." 왕은 대답했다.

몬테수마는 옥수수 이삭을 돌려주겠다고 말했다. 그러자 농부는 거부했다. 왕의 호위 무사들은 무례하다며 이 농부를 체포하려고 달려들었다. 그러나 왕은 이를 저지했다. 그리고 그에게 자신이 입고 있던 망토를 벗어서 입혀주고는 그를 이 지역의 군수로 임명한다. 어안이 벙벙해져 할 말을 잃은 고관들을 향해 그가 이렇게 말한다. "이 가난하고 불쌍한 농부는 그대들 중 그 누구도 갖지 못한 용기를 지녔다. 내가 만든 법률을 내가 위반했다고 내게 대놓고 말하지 않는가?"

아스테카인들의 정치·사회 조직은 종교 및 신화에서 비롯된 믿음과 밀접하게 연관되어 있다. 이들에게 신화란 종교적 시 같은 것이었다. 전지전능하고 완전하며 불멸하는 존재, 그러나 눈에는 보이지 않는 최고의 존재가 우주를 지배하고 있다. 이 세계의 창조주 곁을 주요 신 열명이 보좌하고, 그 신들 옆에는 다시 200여 명의 하위 신이 있다. 이들 모두가 끔찍하게 무서운 전쟁의 신 우이칠로포츠틀리에게 복종한다. 이 신만큼이나 두려워하고 숭상하는 '깃털뱀' 케찰코아틀 신이 있는데, 이 신을 숭배한다. 그리고 이 신이 사라지면 못내 그리워한다. 지상에 머물던 이 신이 어느 날 강력한 신성을 띤 번개를 맞으면, 멕시코 백성에게 작별을 고해야 한다. 이 신은 백성에게 농업과 금속 제련술 및 그것의 이용법을 가르쳐주었을 뿐만 아니라 평화의 종교를 가르쳐주었다. 이 신은 뱀 가죽으로 만든 배를 타고 돌아올 것이라는 기약도 없이 지평선 너머로 사라진다. 수십 년 전부터 내려온 전설에 따르면, 그 신은 중간키보다는 훨씬 크고 피부는 하얗고 수염이 약간 있고 머리칼은 까맣다.

미신을 잘 믿는 아스테카인들은 대자연이나 하늘이 그리는 형상적 부호들을 보면서 언젠가는 케찰코아틀이 돌아올 것이라고 믿어 의심치 않았다. 그 신이 두려운 존재인지 희망의 존재인지는 알지 못하면서 말이다. 그런데 1509년부터 이 부호들이 이상했다. 잘 이어지던 것들이 무질서하게 뒤흔들리면서 한 번도 보지 못한 형국이 되었다. 멕시코 큰 호수의 물이 격렬하게 요동치기 시작했고 뚜렷한 이유도 없이(폭풍도 아니고 화산 폭발도 아니다) 물이 부글부글 끓었다. 소규모 쓰나미가 마을을 덮쳤고, 주요 희생제가 열리는 우이칠로포츠틀리 대사원 탑의 뼈대가 불타며 무너져 내렸다. 세 개의 혜성이 하늘에서 내려오더니 수도 근처로 떨어졌다. 동쪽 하늘에서 피라미드 형태의 거대한 밝은 빛이 나타났다(증언들에 따르면, 어떤 충상層狀을 이루는 이 불은 '별 부스러기들'처럼 보였고, 아니면 하얀 거인이 걸어가는 것처럼 보였다). 전투를 하던 전사 1800명이 강물에 빠져 죽었다. 일식이 나타났다("태양이 잡아먹혔다"). 땅이 흔들리기 시작했다. 머리가 두 개 달린 사람들과 거울을 들고 있는 새 한 마리를 보았다는 사람도 있었다. 몬테수마는 궁에서 두문불출하며 어떤 내색도 하지 않았지만 이 사건들 모두가 서로 연관되어 있다고 생각했다. 한 발 한 발 심연으로, 구렁텅이 속으로 빨려 들어가는 것처럼 제국이 몰락할 운명임을 직감했다. 아스테카 역법에 따르면 52년을 주기로 우주의 기운이 바뀌는데, 지금 바로 그 끝에 와 있었다.

1517년에 제국 북동부 해안 지역에서 한 전령이 달려왔다. 그에겐 불안에 찬 긴급 통신문이 새겨진 목판이 들려 있었다. 약간 구겨진 이 파리 위에 새겨진 상형문자에 따르면, 세 개의 '산'이 물 쪽으로 이동하고 있는데, 카토체곶[3]에 가서 바싹 붙었다는 것이다. 그리고 전령은 더 구체적인 이야기를 들려주었다. 창백한 얼굴색에 이상한 옷을 입었으며 알아들을 수 없는 언어로 말하는 남자들 10여 명이 그 곳에 내렸다고 했다. 며칠 만에 그곳 땅에 성큼성큼 걸어 들어갔고, 이어 그 지역 농민들과 의사소통이 잘 되지 않자 떠났다고 했다. 그러나 그들은 되돌아올 수도 있었다. 더 많은 수가 되어.

이 소식은 몬테수마를 깊은 혼돈과 수렁으로 밀어 넣었다. 그 사람들은 도대체 누구란 말인가? 어디서 온 사람들인가? 무엇을 찾고 있는가? 낯선 곳에서 온 정복군의 전위대인가? 아니면 신화의 예언대로, 깃털뱀 신이 보낸 정찰병인가? 이제 와서 자기 왕국의 소유권을 주장하려고? 그래, 그 신의 전령이라면 기꺼이 환영해야 하지 않나? 왕 노릇하기 참으로 힘들구나.

영광을 향한 길

"나는 전쟁을 위해 떠나네 / 왜냐하면 난 가난하니까 / 하지만 내가 돈이 있다면 / 난 떠나지 않을 거야." 세기말에 세르반테스는 이렇게 노래함으로써 젊은 에르난 코르테스가 고국 스페인을 떠나 신세계로 가는 배를 탄 이유를 요약한다. 당시 대다수 젊은이들처럼 그도 열아홉 살의 나이에 행운을 거머쥐고 싶었던 것이다. 에스트레마두라 지방의

---

3. 칸쿤 근처.

비교적 좋은 가문 출신이긴 하나 학력이 변변찮아 아버지가 아들에게 기대했던 법조인이라는 돈벌이 좋은 직업을 가질 수는 없었다. 차라리 다행이다. 그가 보기에는 부자가 되면서도 인생을 걸 만한 큰 모험을 하는 것이 훨씬 영광스러운 삶이었다. 그는 히스파니올라섬[4]에서 일을 하거나, 누가 준 땅을 경작하거나, 친구의 여자를 유혹하거나, 지역 원주민들의 반란을 진압하면서 몇 년을 보내다가 1511년 쿠바 정복 전쟁에 참가한다. 섬의 총독인 디에고 벨라스케스의 비서관이 된 그는, 몇 달 전 폭풍으로 인한 스페인 선박의 조난으로 발견된 주인 없는 땅에 총독이 자기 대신 다른 사람을 보내 속앓이를 단단히 한 터였다. 그 지역은 유카탄[5]이라 명명되었다. 그런데 후안 데 그리할바(코르테스 대신 보내진 다른 사람)는 거기에 어마어마한 금과 은이 있다고 보고하면서 귀국을 뒤로 자꾸 미루고 있었다. 만일 그가 아직도 거기에 있다면, 그 새로운 땅을 자기가 독점하려는 거 아닌가? 아무리 그래도 그는 무엇보다 스페인 총독을 모시는 신하 아닌가? 벨라스케스는 코르테스에게 배를 몇 척 내주고서, 그리할바를 정신 차리게 해서 돌려보내게 하라는 임무를 비롯해 그 밖의 몇몇 구체적인 임무를 맡겼다. "우선 유카탄 원주민과 무역을 할 수 있도록 관계를 엮어볼 것. 그들의 부가 어느 정도 되는지 가늠해 볼 것. 만일 가능하다면 조용히, 부드럽게 그들을 개종시킬 것. 스페인 왕의 막강한 권력이 어느 정도나 되는지 그들로 하여금 알게 하고, 황금, 진주, 보석 등을 선물로 바치도록 할 것. 그러면

---

4. 산토도밍고섬과 아이티섬.

5. 이 섬에 들어온 침략자들의 말을 전혀 이해할 수 없었던 원주민들이 '텍테칸tectecan'이라는 말을 계속해서 반복했는데, '무슨 말인지 모르겠습니다'라는 뜻이었다. 스페인 사람들은 이를 '유카탄'으로 잘못 알아듣고, 그게 그 지역명인 줄 알았다.

스페인 왕께서도 그 답례로 그들에게 친선과 우호, 보호를 약속한다고 말할 것". 코르테스는 생각하고 말 것도 없이 찬동했다. 드디어, 그의 시간이 온 것이다.

1519년 2월 10일, 33세라는 절정의 나이가 된 에르난 코르테스는 자신의 운명이 인생을 걸 만한 모험에 승선하는 것임을 조금도 의심하지 않았다. 이 모험은 영광과 행복으로 가득 찰 것인가, 아니면 유혈이 낭자한 비극이 될 것인가? 그는 어느 쪽이 되어도 상관없다고 생각했다. 차가운 피가 그의 혈맥에 흐르고 있었고 결코 무너질 수 없는 단단한 결심이 그의 영혼 저 깊숙한 곳까지 가득 차 있었다. 하지만 그와 동행할 자들은? 선원 110명, 병사 553명과 원주민 200명—솔직히 말해, 이들 일부는 선발된 이들이었고 또 일부는 카리브해의 외국 용병들 아니면 오랜 모험가들이었다—은 무슨 생각을 하고 있으며, 무엇을 원할까? 아바나 항구에는 선박 열한 척이 닻을 내리고 정박한 채 대기하고 있었다. 곧 있으면 이 배 위에 말 열여섯 필이 합류할 것이다. 이 낯선 동물을 원주민들이 보면 무서워서 벌벌 떨 것 같아 코르테스는 이들을 데려가야겠다고 생각했다. 부원들에게 용기와 열정을 고취하기 위해 이 이달고hidalgo(귀족)는 자신의 작은 부대의 깃발—검은 바탕에 파랗고 하얀 불길로 둘러싸인 붉은 십자가 모양—위에 라틴어 비문을 수놓게 했다. 마치 전쟁의 외침 소리처럼 울리게 말이다. "친구들이여, 십자가를 따르자. 우리에게 신념이 있다면, 우리는 이 십자가 부호로 승리하게 될 것이다." 그리고 이걸로 충분치 않다고 생각했는지 대출항을 하기에 앞서 연설을 하기로 마음먹는다. 거창하고 지루한 장광설이 되겠지만. "나는 그대들에게 영광스러운 보상물을 제공하겠다. 그러나 이는 끝없는 노고로써 얻어야 한다. 위대한 과업은 각고의 노력이 있어야만 완성된다. 무위도식으로는 결코 영광을 얻을 수 없다. 내가 이토록 힘든 일에 뛰어든 것은, 내가 가진 모든 것을 이 계획에서 시험해 보려고 하는 것은, 명성에 대한 사랑 때문이다. 이것이야말로 인간이 얻을 만한 가장 고상한 보상 아니겠는가. 그러나 만일 여러분 중 누군가가 부를 갈망한다면, 내가 그대들을 믿는 것처럼 그대들도 나를 믿어라. 나는 우리 동포가 결코 꿈꾸지 못한 보물을 여러분에게 드릴 것이다. 여러분은 숫자는 적지만 결의는 강하다. 흔들리지 않아야 한다. 전지전능한 그분은 신을 믿지 않는 불경스러운 자들과의 싸움에서 스페인을 결코 버린 적이 없다. 여러분은 방패로 무장되어 있다. 구름 떼 같은 적들에게 둘러싸인다 해도 도망칠 수 있다. 그리고 십자가 깃발 아래 뭉쳐서 싸워야 한다."

한 시간 후, 함대는 드디어 닻을 올렸다. 이 함대는 자신의 임무와 신념을 확신했고, 또 자신의 대장을 확신했다. 이 대장은 하얀 피부와 약간의 수염, 검은 머리칼에 키가 커서, 바로 근 200년 전부터 아스테카 민족이 기다려온 그 신을 닮은 것도 같았다.

동쪽 구름

무엇을 할 것인가?

텍스코코와 틀라코판의 왕들을 모두 소집하여 대회의를 주재한 몬테수마는 1519년 4월 그 숨 막히던 날, 자신의 정신적 불안과 동요를 감추느라 몹시 고통스러웠다. 일주일 전부터 대서양 연안으로부터 여러 불안한 소식이 들려왔다. 그래서 이 비상 대책 회의를 소집한 것이다. 그는 지금까지 있었던 일을 소상하게 설명했다. 몇 달 전 그리할바가 하선한 후, 제국 동부의 모래 해안가에 관측소를 몇 개 설치했다. 각 지역 추장들에게 몬테수마는 다음과 같은 명령을 내렸다. 낯선 자들이 다시 나타날 시, 격식에 맞춰 환영하되 온 목적이 무엇인지, 그들의 야망이 무엇인지 최대한 정보를 수집하여 보고할 것. 그런데 바로 며칠 전 바다 수평선에서 배 몇 척이 나타난 것이다. 이 배들은 멕시코만의 작은 포구로 들어와 잠시 바닷물에 몸을 적시고 있었다. 이윽고 100여 명의 무장한 자들이 배에서 내려왔고, 또 올라가기도 했다. 그 가운데 다리가 네 개 달린 이상한 피조물이 있었는데, 지치지도 않고 상당히 빨리 이동했다. 그들은 세계에서 가장 강한 군주가 보낸 자들이라 했다. 그래서 그들에게 꽃과 과일, 사냥감, 보석, 면 옷감, 깃털 외투 등을 제공했다. 이 낯선 자들은 그 선물에 대한 대가로 그들 왕에게 갖다드리라며 이런 것들을 주었다. 화려한 조각과 그림으로 장식된 의자, 메달로 장식된 모자. 메달에는 불을 내뿜는 피조물과 싸우는 전사가 새겨져 있었다. 또 알 수 없는 재질(유리)로 만들어진 팔찌. 이 모든 것을 여기서 수천 리외lieue[6] 떨어진 바다 건너편에 살며 그들보다 훨씬 힘이 센 군주가 주었다는 것을 다시 한번 강조했다. 그리고 그들은 이 추장들의 왕을 한번 만나보고 싶다는 말도 전했다. 그들의 왕은 그러니까 바로 몬테수마 2세를 말하는 거였다.

이 정보는 스페인 사람들에게 '제공된' 마리나라는 이름의 한 여자 노예 덕분에 입수한 것이었다. 이 노예는 며칠 만에 카스티야 말에 익숙해져 통역을 해줄 만큼 되었다. 추장들과 긴 담판을 벌일 때 현장에

---

6. 예전의 거리 단위, 약 4킬로미터. −옮긴이

급파된 아스테카 예술가들이 그림을 그려가며 그녀의 통역을 보완했다. 몬테수마 2세가 지친 몸짓으로 두려움과 감탄이 섞인 전율을 드러내자 거기에 출석한 고문관들 사이에도 그 비슷한 전율이 퍼졌다. 분명 이 스페인 사람들은 발견을 위해서가 아니라 정복을 위해 온 것이다. 그리고 그들의 문화와 풍속을 심어주기 위해. 그들은 타바스코에서 자기들이 하고 싶은 일을 거침없이 다 했다. 가령 사원 계단 상부에 세워놓은 아스테카 신들의 조각상을 한 아이를 품에 안고 있는 여자의 조각상[7]으로 교체했다. 이어 같은 장소에서 다른 의식, 그러니까 강제로 새로운 가톨릭교 신 앞에 무릎을 꿇게 하고 미사를 드리게 했다.

이 집회 한가운데서 단호한 목소리가 흘러나왔다. "저자들을 당장 우리 땅에서 몰아내야 하오."

한편 한숨 섞인 또 다른 목소리도 나왔다. "저들은 전지전능한 초자연적 존재들이야. 우린 저들을 물리칠 수 없소."

"저들을 환대해야 하오." 이 낯선 자들의 무기와 갑옷에 그려진 상형문자를 보고 나서 신중해진 텍스코코의 왕 카카마는 그런 제안을 했다.

원주민들은 몇 시간 동안 이어진 토론 끝에 그들이 깃털뱀 신과 유사하지만 케찰코아틀일 리 없다는 결론에 이르렀다. 왜냐하면 그들은 아스테카 신앙이 아닌 다른 것을 만들어냈기 때문이다. 몬테수마는 유카탄에 대사와 선물을 보내 이 낯선 자들에게 어떤 인상을 심어주기로

---

7. 성모 마리아 상을 의미하나 이곳 원주민들 시각에서는 이렇게도 보일 수 있다. 스페인 가톨릭교 문명은 자신의 조각상은 성스러운 것으로 여기고 아스테카 신들의 조각상은 미신으로 보면서 없애라고 강요했지만, 같은 조각상 물건에 불과하다는 점을 우회적으로 표현했다. —옮긴이

했다. 다시 말해, 이 제국의 부와 힘을 보여주자는 것이었다. 동시에 그들에게 확고한 메시지를 보낸다. 수도에 접근하는 것을 절대적으로 금지한다는 내용이었다. 이는 낯설고 서툰 발의였다. 사자 한 마리를 대하는데 반은 양이고 반은 늑대처럼 행동한 격이니 말이다. 아스테카 군주는 자신의 성격과 약점, 그 어수룩한 정치 감각을 그대로 노출한 셈이었다. 위협하는 자에게 선물을 주고, 선물을 주는 자를 위협하다니. 최상의 경우, 스페인 대장이 술책에 말려들었다는 기분을 느꼈다면 그나마 다행이다. 최악의 경우, 스페인 대장의 결심은 굉장히 굳건해지고 호기심도 커질 것이다. 그리고 그의 야망과 탐욕도 치솟을 것이다.

모든 일이 아스테카 황제가 구상한 바와 정반대로 흘러간다. 코르테스에게 보내는 선물 전달을 맡은 두 대사가 한 달 후에 목이 잘린 채 돌아왔다. 터키옥 가면과 경옥 원반, 보석 팔찌, 귀고리, 투구, 흉갑, 전통 모자, 금 또는 은 부채, 케찰의 깃털로 만든 의상을 비롯해 수많은 장신구를 보냈는데, 이 침략자는 금지 조항 듣기를 거부하고 나온 것이다. 이는 멕시코를 차지하겠다는 의미였다. 더 심각한 일은 그의 숙영지 막사에서 토토나카족의 대사들 몇몇이 보인다는 점이었다. 이들은 수십 년째 아스테카 제국이 만든 멍에에 묶여 매해 부인들과 젊은 처녀들을 멕시코 귀족에게 바쳐야 했다. 이들은 이 굴레에서 벗어나고자 코르테스를 도와 연안 도시를 건설하기로 마음을 고쳐먹는다. 그러니까 새로운 식민자를 받아들이기로 한 것이다. 이 마을 이름은 '비야 리카 데 베라 크루스Villa Rica de Vera Cruz'가 될 것이다. '진정한 십자가의 부유한 도시'(오늘날의 베라크루스)라는 의미다.

몬테수마 2세는 망연자실했다.

진군

1519년 8월 16일, 납 같은 햇빛이 쏟아지는 불볕더위 속에서 스페인 중장 보병 400명과 기병 열다섯 명, 대포 일곱 대, 원주민 토토나카족의 전사 1300명, 그리고 짐꾼 1000명이 베라크루스를 떠났다. 그 전날, 코르테스는 타고 온 배를 모두 부수었다. 동료들에게 그들의 미래는 그들 앞에 있지 뒤에 있지 않다는 것을 인식시키는 가장 강렬한 방법이었다. 앞으로, 즉 서쪽으로만 나아갈 것이다. 선인장 밭과 알로에 농장을 열 군데 정도 지나고 나니 첫 번째 언덕길이 나왔다. 이 언덕길만 올라가면 고도 2000미터가 넘는 멕시코 고원이 나온다. 그리고 할라파를 통과하면 틀라틀라우키테펙에 이를 것이다. 이곳 추장은 코르테스를 정중히 환영했고, 코르테스는 그에게 몬테수마의 가신이냐고 물었다. "몬테수마의 가신이 아닌 사람이 어디 있겠습니까?" 추장은 성난 사람처럼 이를 갈며 말했다. "당신 앞에 있지 않소"라고 코르테스가 대답했다. 추장의 권고를 물리치고 그는 다시 길을 떠났다. 이 추장은 몬테수마가 각자 10만 명을 움직일 수 있는 대가신 30여 명을 거느리고 있다고 전했다. 몬테수마는 제국의 모든 도시에 주둔한 군대를 소유하고 있다고 했다. 제국의 수도는 광활한 호수 위에 세워져 있고 그 주변은 여러 개의 나무다리로 둘러싸여 있으며, 이 다리를 위로 한 번 들어 올리면 접근이 완전히 차단된다고 했다. 이런 주의 사항을 듣자 '콘키스타도르(정복자)'는 의지와 결단이 불끈 솟아올랐다.

베라크루스를 떠난 지 2주 만에 코르테스와 그의 부대는 틀락스칼라 공화국으로 들어갔다. 이곳에는 평소 아스테카족에게 고분고분하지 않던 전사의 후예인 산악 부족이 살고 있었다. 그런데 틀락스칼라족은 이 스페인 사람들에게 통행로를 내주지 않겠다고 했다. 여기서는 적의 적이라고 해서 반드시 친구는 아니라는 것이었다. 결국 일주일이 넘는 동안, 이들은 치고받고 싸워야 했다. 틀락스칼라족은 벗은 몸에 진홍색 칠을 하고, 소유주의 계급과 가문을 가리키는 동물 두상 가면, 크기와 색이 각기 다른 깃털로 장식된 투구를 얼굴에 썼다. 창과 투창, 끝에 구리 도금이 된 뾰족한 침이나 면도날처럼 생긴 칼날이 사이사이 달린 장대를 손에 들고, 갈대를 엮어 색을 칠한 다소 웃기게 생긴 방패를 보호 장구 삼아, 말과 개와 대포 그리고 카를 5세(카를로스 1세)[8]의 무적의 전사들이 두른 금속 갑옷을 향해 마구 소리를 지르며 내달렸던 것이다. 9월 중순경, 틀락스칼라족의 대장 시코텐카틀은 결국 항복했다.

틀락스칼라가 함락되었다는 소식은 몬테수마의 불안을 가중시켰다. 한 줌도 안 되는 자들이 이 무적의 틀락스칼라족을 며칠 만에 무찔렀다니! 자기는 십수 년 전부터 진압하느라 애를 먹었는데. 다시 한번 서투르고 어리석게 그는 새 대사들을 코르테스에게 보냈다. 양팔에 선물 보따리를 가득 안은 이 대사들은 스페인의 승리를 축하하러 왔다고 말했다. 그러면서 소란스러운 아스테카의 수도 근처에서는 제발 이런 모험은 하지 말아줬으면 했다. 어린애처럼 순진한, 이런 '진짜이자 가짜인' 위협을 또 한 것이다. 자신들의 주군에게 바치는 엄청난 조공을

---

8. 프랑스어로는 '샤를 캥Charles Quint'이라 부르는 스페인 왕 카를로스 1세는 해양 제국 스페인을 창건한 신성로마제국의 황제 카를 5세이기도 하다. 프랑스의 프랑수아 1세가 그와 대등한 세력을 견지했던 거의 유일한 적수로, 그가 신성로마제국의 황제가 되었을 때는 프랑스를 제외한 서유럽 전역과 대서양 건너 아메리카 대륙에 이르기까지 해가 지지 않는 해양 제국을 세웠다. 프로테스탄트교의 확산을 막으며 가톨릭 제국을 건설하려 했던 그의 꿈은 나중에 구교와 프로테스탄트교의 분열로 부서진다. ─옮긴이

코르테스에게도 똑같이 바치겠다고 했다. 그 대가는, 당연히, 멕시코까지 오지 않는다는 약속. 코르테스는, 당연히, 거절한다.

스페인 사람들의 고집은 농부의 고집과 비슷하다. 며칠 후 멕시코에서 출발한 새로운 대사가 틀락스칼라에 나타났다. 이 도시가 왠지 그들의 먼 고향 그라나다를 떠올리게 해서 그 매력에 사로잡힌 콘키스타도르들은 새로운 진군을 기다리는 동안 그곳에 그들의 본거지를 마련했다. 충격이었다. 몬테수마는 이번만큼은 자신의 무능을 인정한다. 그도 그럴 것이 코르테스가 아스테카의 수도에 자기 영역을 점유할 수 있도록 만든 사람이 바로 자기 아닌가. 그것도 일정한 형식과 격식을 갖춰, 더욱이 추천까지 하면서. '촐룰라'라는 도시를 통해서 가시오. 멕시코에서 20리외 떨어진 곳에 위치한 촐룰라는 아스테카인들에게 가톨릭교인들의 예루살렘 같은 도시였다. 이 성스러운 도시에서 매년 신들의 광영을 위해 6000명의 남녀가 희생되었다.[9]

촐룰라에 들어온 스페인 사람들은 그 도시의 아름다움과 부유함과 깨끗함에 놀랐다. 더욱이 성대한 환대를 받고서 호화스러운 사원의 분위기에 젖어들었다. 매일 저녁 그들의 기분을 풀어주러 누군가 왔고, 진수성찬에 가까운 먹을 것들을 잔뜩 가져왔다. 그런데 그다음 날부터는 이 우정 어린 방문이 점점 뜸해졌다. 토착민들의 눈빛에서 왠지 거

---

9. 인간 희생제는 이 지역 여러 문명사회에 존재했다. 그러나 멕시코인들은 대량 학살에 이르는 기이한 전통을 발전시켰다. 신들에게 인간의 피를 바치면 이 우주를 더 새롭게 만들어준다는 믿음 때문에 인간 희생제를 벌이기도 했지만, 권력의 한 수단으로서 이용하기도 했다. 신들을 기쁘게 한다는 구실로 패배한 적들의 몸을 신에게 바쳤으니, 위험한 죄수를 없애거나 잠재적 경쟁자를 공포로 몰아넣기 위한 수단이 되기도 했다. 아주 성대한 차림과 무대 연출을 한 희생제는 '스펙터클 사회'의 일면을 드러내기도 한다. 민중이라는 시민 주체를 여흥을 즐기는 관람객으로 전락시켜 정신을 지배했을 뿐 아니라 지배자들의 권위를 따르게 했다.

리감이 느껴지고, 뭐랄까 관계를 맺긴 하지만 불신이 섞인 관계 같았다. 이런 예기치 못한, 알 수 없는 이상한 변화를 코르테스는 감지했고 흥미를 느꼈다. 이제는 그의 정부가 된 마리나의 값진 통역을 통해 그가 함정에 빠졌다는 것을 알게 됐다. 도시 서쪽 출구에서 2만 명의 병사가 그의 소부대를 기다리고 있었다. 그의 기병대가 진입하는 데 애를 먹었던 작은 골목길에도 이들이 포진하고 있었다. 그러나 그가 매수한 사제 덕분에 자신들을 맞아준 이 주인들의 급작스러운 변화의 진상을 알게 되었다. 촐룰라가 "적들의 무덤"이 될 것이라는 신탁이 몬테수마에게 내려왔다고 했다. 그래서 황제는 그들을 우선은 대접하고, 그다음은 전투를 해서 몰아내기로 결심했던 것이다! 전략적 심사숙고나 군사적 준비에 의한 선회 기술이 아니라 오로지 종교적 미신에 의존한 즉흥성이라면, 코르테스에게는 천만다행, 아니 요행이나 다름없었다. 그는 어느 날 아침 촐룰라의 추장들을 사원 뜰에 소집해 열렬히 설교했다. 이들은 어느 정도 설교를 듣다가 이제 함정에 빠진 사람들은 다름 아닌 자신들이라는 것을 눈치챘다. 코르테스의 동작 신호에 따라 뜰 주변에 대기하고 있던 10여 명의 화승총수와 궁수가 그들을 향해 일제사격을 시작했다. 그야말로 대학살이었다. 궁 바깥에서 초조해하며 기다리던 주민들이 그들을 도우러 달려왔지만 사원 입구에 설치해 놓은 대포들에 의해 하나둘 쓰러졌다. 오후가 끝나갈 무렵, 촐룰라 대광장 근처의 골목마다 흥건한 핏물이 흘러내렸다. 카를 5세에게 한 보고에 따르면, 코르테스는 3000명을 죽였다고 자랑스럽게 말했지만, 아마 그 두 배는 죽였을 것이다.

15일 후, 스페인 대장은 다시 진군한다. 더 기나긴 여정이 될지 모를 행군이었다. 그런데 아직 15일밖에 지나지 않아서 주변국 주민에게까지 이 놀라운 소식이 당도한 건 아니었다. 며칠 후 포포카테페틀 화산의 폭발로 생긴 긴 지맥을 따라 걸었으며, 이어 넓은 경작지 평원과 나무가 무성한 숲, 언덕, 멕시코 계곡에서 흘러내린 푸른 호수를 만났다. 이 호수 마을은 '아스테카의 베네치아'라 불리는 곳이었다. 그리고 며칠 후에는 이질로 인한 통증에서도 벗어난다. 그가 앓은 이질은 곧 상대하게 될 어마어마한 적에 대한 두려움 때문에 생겼을 것이다. 문명화의 정도가 정확히 가늠되지도 않을뿐더러 백성 전체의 정신세계를 갉아먹는 악, 아니면 다른 말로 자신은 한 번도 보지 못한 위력을 지닌 한 문명과의 만남을 목전에 두고 있었으니 말이다. 며칠 후면 그들은 아메리카 인디언 제국 중 가장 부강한 도시에 승리자로서 입성할 것이다. 그리고 이 도시는, 아마, 굳이 전투를 하지 않아도 손에 쥘 수 있을지 몰랐다.

위선의 가면이 벗겨지다

위기는 사람의 성격을 드러낸다. 그런데 몬테수마에게는 위기라는 게 없었다. 그의 제국과 제국이 구현한 문명은 불멸한다는 생각 속에서 그는 자라왔다. 그래서 외국인 군대가 멕시코 계곡을 둘러싼 높은 산악 지대를 건너서까지 쳐들어온다는 생각은 꿈에도 하지 않은 것이다. 당연히 권좌를 지키기 위해 싸워야 할 일도 결코 없으리라 믿었다. 그러다 보니 상상을 초월하는 이런 상황에 놓이자 그는 완전히 절망에 빠졌다. 궁 안에 틀어박혀서 먹는 것도 거부하고 계속해서 기도만 올렸다. 신탁을 내려달라고 읍소했다. 그러나 정적뿐이었다. 그의 불안

감은 열 배로 커졌다. 자존심을 내세운다고 내일이 기약되는 것도 아니었다. 같은 날, 국정 자문 회의단 앞에서 고대 그리스의 영웅들처럼 전투적으로 의지를 불사르는 연설도 해보았다("싸울 수도 도망칠 수도 없을 만큼 약한 노인과 장애아, 여성, 아이들의 운명을 한탄하노라. 나를 비롯해, 나를 둘러싼 용감한 자들은 튼튼한 가슴이 있으므로 뇌우와 대적할 수 있을 것이다"). 그는 조카 카카마를 스페인 군대에 보내 멕시코로 들어오는 길을 열게 한다. 또 한 번, 그리고 늘 바람이 부는 방향대로 지그재그로 갔다. 확신도 없었고, 단호한 결정을 내릴 능력도 안 되었다. 더욱이 버티는 인내심도 없었다.

스페인 군대가 야영하고 있던 아호친코에 성장한 차림으로 도착한 카카마는 친절하게 선물을 내밀었지만, 코르테스는 아랑곳하지 않고 돌과 석회질로 된 두텁고 거대한 둑길을 따라 진군해 들어왔다. 이 둑길이 찰코 호수와 호치밀코 호수를 갈라놓았다. 종대로 서서 가는 코르테스 부대 옆을 카누 100여 척이 따라오고 있었고, 토착민 원주민들은 어떤 적대감도 없이 마치 동물원의 동물을 신기해하며 바라보는 구경꾼처럼 이 행렬을 바라보고 있었다. 이제 걸어서 몇 시간만 가면 멕시코였다.

1519년 11월 8일, 코르테스는 한 줌도 안 되는 적은 수의 기병을 포함한 스페인 병사 400명과 현지에서 막 선발한 수천 명의 보충병을 이끌고 맨 선두에 서서 작은 목조 도개교를 건넜다. 이 도개교를 경계로 멕시코 성의 밖과 안이 나뉘었다. 운명의 주사위는 던져졌다. 스페인 병사들 뒤에서 이 위풍당당한 수도의 성문이 닫혔다. 이 도시가 그들의 무덤이 될 것인가, 아니면 승리의 목격자가 될 것인가.

그런데 갑자기 지평선에서 먼지 구름이 일어 그들은 멈춰서야 했다.

남자들 수십 명이 그들이 출발한 방향에서 바닥을 쓸 듯 앞으로 질주하며 나왔다. 그들 뒤로, 황금빛 광택이 나는 가마를 몇몇 사람이 들고 있었고, 바로 그 가마 안에 황제 몬테수마가 있었다. 그가 가마에서 내리려고 하자 그 앞에 선 노예들이 그에게 망토를 걸쳐주고 목화솜으로 만든 깔개를 깔아 행여나 그의 발이 더러운 땅과 접촉하지 못하도록 막았다. 몬테수마가 코르테스를 향해 걸어왔다. 그가 가는 길 옆에 한 덩어리처럼 모여 있던 주민들은 하나같이 머리를 숙였고 무릎을 꿇는 사람도 있었다. 그는 망토를 입고 있었고 보석과 진주가 여기저기 달린 샌들을 신고 있었으며, 머리 위에는 여러 색깔의 깃털로 장식된 관을 쓰고 있었다. 수염이 약간 나 있고 중간 길이의 검은 머리칼과 창백한 얼굴색을 한 채 도도하게 걸어 나왔는데, 시선에서는 어떤 감정도 드러나지 않았다. 두려움도 놀라움도 없는 무심한 표정이었다.

"몬테수마이십니까?" 스페인 정복자가 물었다.

"그렇소." 아스테카의 군주가 대답했다.

두 사람은 보석과 유리 세공품을 교환했고, 이어 코르테스가 자신을 맞아준 황제의 목에 유리 세공품을 걸어주려고 하자 추장들이 단호한 동작으로 저지했다. 그 누구도 황제라는 신성한 자의 몸을 만질 권한이 없다는 뜻이었다. 황제는 별반 화를 내지 않고 스페인 사람들이 머물 곳을 안내시켰다. 그들을 위해 준비한 숙소는 도시 한가운데에 있었다. 왕의 처소인 악사야카틀 궁에서 그리 멀지 않은 곳으로, 전쟁의 신에게 바쳐진 피라미드 같은 거대한 사원이 궁궐 바로 앞에 있었다. 궁에 압도된 채 한참을 둘러본 코르테스는 입구마다 전부 보초병을 세웠다. 그리고 성벽 위에는 대포 여러 대를 대광장 방향으로 설치했다. 이보다 더 철저하고 신중할 수 없을 만큼. 황제의 호의적인 방문 뒤로 코르테스는 다소 마음이 놓였다. 황제가 그에게 이런 말을 한 것 같은 인상을 받았기 때문이다. "그대는 수많은 시련과 고뇌를 겪었소. 그러나 이제 그대의 도시에 와 있지 않소." 해가 질 무렵, 포병대는 축포를 쏘았다. 코르테스는 멕시코인들이 미신에 의존한다는 것을 알았기에 자신이 하늘에서 번개를 치게 할 수도 있고 화산을 폭발시켜 연기를 내고 구름을 만들 수도 있는 자라는 것을 보여줌으로써 이곳 주민들과 추장들의 마음을 사로잡으려 했다.

이튿날 이번에는 코르테스가 몬테수마 황제를 알현할 차례가 되었다. 그는 커다란 문 하나를 지나야 했는데, 검은 석재에 흰색과 붉은색 줄무늬가 새겨진 문이었다. 문 위에는 대리석 조각상이 걸려 있었는데, 큰 살쾡이를 발톱으로 움켜쥔 독수리 상이었다. 황제는 2층에서 살고 있었다. 건물 본채에는 시녀와 시종, 요리사, 회계사 들이 거주하고 있었다. 갈대를 엮어서 만든 방석 위에 앉아 있는 이 주인에게 코르테스는 가톨릭교적 우주론을 설명해 보려 했다. 인간 희생제가 얼마나 끔찍한 야만인지 설명하면서 문명화가 되면 모든 인간이 형제가 된다고 설명했다. 가톨릭교 신을 믿지 않는 아스테카의 황제는 슬픔과 체념 사이에서 방황하는 얼굴을 하고 있었다. 그러나 그의 신들은 스페인의 신만큼이나 가치가 있다고 강조하면서, 자신의 권위를 양도할, 아니 적어도 같이 공유할 수도 있다는 마음을 미묘하게 내비쳤다. "그대의 야망을 충분히 고려하여 잘 신경 써주겠소. 마치 그대의 야망이 내 야망인 것처럼 말이오." 예리한 심리 분석가인 코르테스는 결정력이 약한 그의 성격에서 특유의 조울증을 포착했다. 생에 작별을 고하는 듯한 운명론적인 말이나 그의 얼굴에서 왠지 본 것만 같은 눈물 때문에 그는 자신이 이미 승리한 건 아닐까 생각하기도 했다. 아니다, 적어도 아직은 아니다.

도시 한가운데에 있는 우이칠로포츠틀리 사원을 방문했을 때 두 사람 사이의 팽팽한 긴장은 더욱 고조되었다. 사실과는 달랐지만, 코르테스는 이 사원을 "세비야의 성당보다 더 높은" 곳으로 봤는데, 이 사원에는 아스테카인들이 경배하고 숭배하는 신들의 조각상과 우상이 서 있는 여러 성소가 있었다. 이 사원을 방문한 뒤 코르테스는 결국 혐오감과 분노를 감추지 못하고 드러낼 수밖에 없었는데, 그도 그럴 것이 사원 벽은 피로 붉게 물들어 있었고 도살장에서 나는 것 같은 악취가 진동했기 때문이다. 보기에도 끔찍한 이교풍 조각상들과 그것들에 상감된 보석들에서 나오는 빛은 눈을 어지럽게 했다. 그는 이런 야만성에 대해 혹독한 비판을 퍼부었다. 그러면서 그 자리에 십자가를 세우고 동정녀 마리아에게 바치는 교회당을 지으라고 했다. 그러자 이번에는 몬테수마가 격분해서 말했다. "그렇게 모욕적인 말을 내뱉을 거라면, 나는 내 신들을 보여주지 않을 것이오. 우리가 건국한 이래 우리를 승리로 이끈 것은 바로 이 신들이오. 건강과 비를 가져다주신 것도 이들이오. 우리가 그들을 경배하는 이유도, 그들에게 희생 제물을 바치는 것도 바로 그래서요. 더는 그들을 욕보이는 말을 하지 마시오. 안 그러면 당신들을 쫓아내겠소." 짧지만 강렬한 말을 주고받은 후 두 사람은 헤어졌다. 그들이 만난 이후 각자 쓰고 있던 위선의 가면이 벗겨졌다. 이제부터는 공식적인 투쟁이다. 그 투쟁의 유일한 형태가 무엇인지는 아직 모르지만. 그러나 그것이 그리 오래가지는 않을 것이다.

두 사람을 중심으로 두 집단 간의 관계는 날이 갈수록 안 좋아졌다. 스페인 장교들의 일을 해주는 아스테카 하인들은 점점 더 무례하게 굴었고, 카카오나 옥수수, 고추, 신발, 꿀, 생선, 개구리 또는 오리를 파는 상인들은 시장에 잘 나오지 않았으며, 설혹 나온다 해도 스페인 사람에게는 물건을 팔지 않았다. 코르테스는 위력을 보여줄 필요가 있겠다고 생각했다. 사실 몬테수마나 원주민들이 자기가 그들보다 힘이 더 우세하다는 것을 인정하지 않는 게 늘 꺼림칙했다. 원주민들이 베라크루스의 주둔 부대를 공격하고 여러 병사를 살해했다는 사실도 알게 되었다. 심지어 아르구에요라는 병사를 희생 제물로 삼아 종교 의식을 치렀다는 말을 듣고 나서는 코르테스도 더는 참을 수 없었다. 아니면 운명의 신이 그에게 팔을 뻗어준다고 생각했다. 거사를 위한 이상적인 구실이 생긴 것이다. 신속하게! 난폭하게!

왕궁에서 직접 그를 만나고 싶다는 청을 넣은 이 정복자는 30여 명으로 꾸려진 최상의 정예 부대를 이끌고 왕궁으로 향했다. 코르테스는 몬테수마와 억지스러운 호의의 말을 몇 마디 주고받다가―몬테수마는 자기 딸 중 하나와 결혼하라는 제안을 하기도 했다―베라크루스에 가해진 공격에 그가 얼마나 화가 나 있는지 알렸다. 그리고 이 공격의 책임자를 자기에게 내놓으라고 요구했다. 황제는 자신은 전혀 알지 못하는 사실이라고 강력하게 주장하더니 전령을 보내 그 책임자인 콰우포포카를 찾아오라고 했다. 그러자 코르테스는 크게 판돈을 걸 듯 단호하고 차가운 목소리로, 콰우포포카 일당이 재판을 받는 동안 황제는 자기 궁에 와서 지내면 어떻겠냐고 제안했다. 몬테수마는 아연실색했다. 자신의 비밀스러운 성격을 드러내고야 말 결정적인 공포의 순간이 도래했음을 직감했기 때문이다. 이번에는 그가 목소리를 높였다. "나 같은 대왕이 내 왕궁을 떠나는 것을 백성들이 보면, 외국인의 손안에서 노는 포로가 되었다고 볼 것 아니겠소? 나는 누군가의 포로가 되는 그런 사람이 아니오. 내가 그 제안을 받아들인다 해도 내 백성들은 그럴 수 없을 것이오." 그러자 코르테스는 '포로'라는 용어를 남용하는 것에 감정이 상한 척하면서 자신이 의도한 것은 귀족적 대우라고 항변했다. 그런데 그의 기사 가운데 벨라스케스 데 레온이라는 자가 그만 인내심을 잃고 말았다. 검고 두터운 수염에 육중한 체구를 지닌 그가 우렁찬 목소리로 말했다. "이런 야만인과 무슨 할 말이 그렇게 많으십니까? 우린 이제 물러설 수도 없습니다. 그를 잡아야 합니다. 저항하면 내 단검을 그의 몸에 푹 찔러 넣겠소." 이번에는 평화의 루비콘강을 건넜다. 스페인 사람들이 주도하는 이 연극에서 몬테수마는 선택지가 없었다. 자신의 목숨은 구할 수 없더라도 아스테카족을 지킬 명예는 그에게 남아 있어야 했다. 그는 호위병들에게 도움을 청했고, 30대 1이지만 온몸으로 싸웠다. 자기가 죽어도 자신의 희생을 기리며 그의 백성은 언젠가 들고 일어날 것이라고 확신했다. 아니면 자기 대신 아들과 두 딸을 넘겨주면 어떻겠느냐고 가련하게 부탁했다. 이들이 제안을 거부하자, 그는 고개를 숙이고 알겠다고 했다. 그들을 따라 그들 궁으로 가겠다고. 자기 궁을 떠나겠다고. 그는 이제 자신의 궁을 다시는 보지 못하게 된다.

아스테카 군주는 자신에게 권한 왕실 가마는 거들떠보지도 않은 채, 직접 자기 발로 걸어서 광장을 가로질러 갔다. 황제가 적들의 호위를 받으며 걸어가는 기이한 장면을 본 주민들이 여기저기서 몰려들었고 그를 언제든 구할 준비가 되어 있었다. 하지만 몬테수마는 그러지 말라고 했다. 우이칠로포츠틀리 신께 물었는데, 자신의 건강을 위해 스페인 사람들의 궁에 가서 지내는 편이 좋겠다고 했다는 것이다. 그러자 안심한 멕시코인들은 다시 흩어졌다. 그들의 유일한, 정통하고 합법한 지도자를 앞세워 무장을 하고 저항이라도 해볼 최후의 기회는 이렇게 사라졌다.

종말의 시작

몬테수마의 권력은 와해되기 시작했다. 무척이나 빠른 속도였다. 침입자들은 대담했고 멕시코 주민들은 여기에 놀라 황제를 구하기 위한 어떤 행동도 취하지 않았다. 황제가 스스로 완전히 포로가 된 이유를 그들 나름으로 이해해 보려 했는데, 사실 그가 점을 너무 신봉하고 지나치게 미신적이어서 그의 신하들마저 상당히 놀라곤 했다. 아스테카의 젊은 건국 역사 중 처음으로 한 남자의 이름을 무시하게—아마도 약간의 수치심을 가지고—된 것이다. 몇 달 전만 해도 그는 신들의 이름으로 "신의 옥좌가 나의 옥좌이며, 신의 피리가 나의 피리이며, 신의 턱과 귀가 나의 턱과 귀"라고 말하며 두려움과 감탄을 불러일으킨 자였는데 말이다.

한때 황제였지만 이제 그에게 남은 것은 황제라는 칭호뿐이었다. 그래도 여전히 화려한 일상을 보냈다. 하루에 두 번 목욕을 했고, 아내들의 방문을 받았고, 조금 덜 고상한 방법으로 이름을 알린 여자들의 방문도 받았다. 매 사냥을 하고, 호수에 띄운 배를 타고 노닐고, 별을 바라보고, 황금 팔찌를 하고 토톨라케 놀이(일종의 고리 놀이)도 했다. 이런 유유자적한 삶에 만족했을까? 그의 조카 카카마가 그를 석방할 계획을 세우고 작전에 들어가자 그는 이를 스페인 측에 알리고 황제 칭호마저 넘기고 싶어 했다. 텍스코코 왕이 황제로서 제 역할을 못 하는 자신을 더 쉽게 제거하려고 석방 작전을 피우는 것이라고 지레 짐작했다. 카카마는 사슬에 묶인 채 베라크루스에 보내졌으나, 코르테스의 부관들은 그를 텍스코코로 데려갔다. 그곳에 있는 황금을 다 쓸어 담기 위해서였다. 말뚝에 우선 그를 묶고, 깜부기에 불을 붙여 작은 불더

미를 만든 다음 그를 불태울 것처럼 위협하면서 그의 보물들이 어디에 있는지 빨리 자백하라고 했다.

아스테카가 지닌 힘은 이제 종잇장처럼 된다. 몬테수마가 그나마 주도적인 행동을 할 때마다 그의 권위는 점점 더 박탈되어 갔다. 1520년 1월 아침, 그는 신하들을 전부 불러 스페인 궁정에 충성 서약을 바치라고 지시했다. 그 이유는 "지금은, 신들이 나더러 여기 포로로 잡혀 있으라고 하신다"는 것이었다. 이 충성 서약에는 콘키스타도르들에게 어마어마한 금을 주겠다는 내용도 포함되어 있었다. 이제 멕시코인들은 카를 5세 황제(스페인의 카를로스 1세)의 봉신이 되었다.

베라크루스 부대의 공격을 주도한 범인이 드디어 코르테스에게 붙잡혀 왔다. 그런데 아! 개탄스럽게도 콰우포포카는—아마도 스페인 병사들의 고문을 받은 끝에—자기가 한 게 아니라 주군의 명령에 따라 행동했을 뿐이라고 주장했다. 그는 놀라서 할 말을 잃은 채 경색된 군중 앞에서 화형에 처해져 죽었다. 스페인은 이들이 반란을 일으킬까 두려워 몬테수마도 투옥시켰다. 그러나 필요 이상의 조치였다. 황제의 용안에 그림자가 드리워지자 아스테카인들의 얼굴에도 그림자밖에 남지 않았다. 그들은 무르게나마 저항했다. 그러나 체념했고, 복종했고, 가톨릭교도가 되었다. 몬테수마는 희생제를 그만두기로 했다. 코르테스가 그들의 고대 성소를 파괴하고 그 자리에 교회와 예배당을 짓도록 내버려두었다.

이제 이 '카우디요(총통, 독재자)'에게 위협은 멕시코 쪽에서 오지 않고 제국 동부 연안 쪽에서 왔다. 그의 성공을 질투한 디에고 벨라스케스가 함대 20여 대를 무장시켜 베라크루스 근처에 닻을 내린 것이다.

벨라스케스는 자신에게도 멕시코 땅에 대한 권한이 있다고 주장했다. 쿠바 시절부터 코르테스의 개인적인 원수였던 판필로 데 나르바에스가 보낸 100여 명 덕분에 멕시코 정복이 가능했고 자기도 여기에 어느 정도 기여했다는 주장이었다.

코르테스는 멕시코 수도를 알바라도에게 맡기고 부하 70여 명을 데리고 그곳으로 간다. 자기가 없어도 이 지역에서는 어떤 반란도 일어나지 않는다는 것을 증명할 좋은 방법이기도 했다. 강행군 끝에 형제이자 적들과 맞붙었다. 그는 우선 촐룰라에 식민 도시를 세우려고 남아 있던 벨라스케스 데 레온에게서 120여 명의 지원군을 얻었다. 이 지원군은 틀락스칼라족 보충병들과 명장 산도발이 지휘하는 베라크루스의 병사 60여 명, 나르바에스 군대에서 탈영한 자들로 구성되어 있었다. 코르테스가 베라크루스에서 거둔 승리는 눈부셨으나 개운치 않은 뒷맛이 남았다. 예상과 달리 아스테카인들이 그의 부재를 틈타 들고일어났기 때문이다. 멕시코로부터 온 이 메시지에는 적어도 어떤 중요한 의미가 있었다. 알바라도는 아스테카 귀족들의 음모를 구실 삼아 톡스카틀 축제 때 학살을 감행했고 도시의 중심부를 약탈했다. 그러자 주민들은 그다음 날부터 무기를 들고 나와 스페인 구역을 활보했다. 이제 황제에게는 아무것도 기대할 게 없으니 아스테카인들 스스로 저항군을 만들어 점령자에게 대항하려는 것이었다.

코르테스의 귀환을 기다리며, 알바라도는 스페인 사람들이 은신한 궁을 방어하려고 했다. 멕시코인들은 지역 대영주들의 인도로 결단력을 발휘했고, 알바라도는 몬테수마를 악사야카틀 왕궁 테라스로 나오게 해서 당장 그의 가신들에게 무기를 버리게 했다. 수차례 굴욕을 겪었지만 이 정도면 그의 권위가 얼마나 아무짝에도 쓸모없는지 알게 할 만한 처사였다. 이튿날 저녁, 원주민들은 스페인 군사 구역 주변에 거대한 바리케이드를 쌓았다. 도시 봉쇄가 시작되었다. 3주 동안이나 지속되었다. 그런데 1520년 6월 24일, 공격자들이 궁 주변에서 갑자기 자취를 감추었다. 작전인가? 아니었다. 괴상한 옷을 입힌 말을 타고 나타난 코르테스의 위용에 놀라 도망간 것이다. 코르테스 뒤에는 무장 병사 1300여 명과 말 100여 마리가 서 있었다. 나르바에스를 이김으로써 그의 군사력은 더욱 강화되었다. 두 번째 멕시코 입성은 마치 고대 로마 장군의 개선식 같았다.

지나친 혈기 때문에 벌어진 일이라고 짐작하긴 했지만, 코르테스는 부하 알바라도를 일단 질책했다. 그리고 시내에 사람을 보내 먹을 만한 것들을 좀 구해 오게 했다. 헛수고였다. 도시는 거의 사막처럼 조용했고 마치 숨을 거둔 듯했다. 음식도 없는 상황이었는데, 코르테스가 보낸 사절들은 불안한 소식들을 가져왔다. 멕시코인들이 쿠이틀라우악이라는 새 대장을 뽑아 호상 가옥의 다리를 죄다 들어 올리고 궁을 공격하려는 준비를 하고 있다는 것이었다. 빨리 대포를 장전해야 했다. 무장도 제대로 하지 않고 간단한 평상복 차림을 한 사람들이 활, 돌, 도끼를 들고 벌써부터 떼 지어 몰려오고 있었다. 대포의 일제사격으로 10여 명씩 한꺼번에 쓰러지면서도 이들은 공격 속도를 늦추지 않았다. 프랑스군이나 터키군을 상대로 수많은 원정에서 호전적으로 싸워본 스페인 전사들이지만 이렇게 맹렬한 전사들을 만난 적은 결코 없었다. 멕시코인들의 용기는 가해자인 이들조차 거의 탄복할 지경이었다. 대포의 사각지대로 점차 몰려드는 이 빽빽한 무리를 분산시키기 위해 코르테스는 빠져나갈 구멍을 마련했다. 이 역공 중에 그 역시 왼손에 부상을 입었다.

불명예와 죽음

그렇다면 몬테수마는? 점령자와 맞서 싸운 아스테카인들의 투쟁이 그가 아닌 다른 사람에 의해 이끌어졌다는 사실을 생각하니 수치심으로 죽을 것 같았다. 그는 코르테스가 권유한 명상과 성찰을 전부 거부했다. "나는 단 한 가지를 원하오. 죽는 것이오. 이것만이 나를 위한 호의이며 배려요." 전에는 그에게서 제법 대담함과 오만함으로 솟구치는 열정이 나타났는데, 이제는 그것도 없었다. 거리에서 악착스러운 전투가 일어난 지 일주일, 그는 침묵과 은둔으로부터 나오기로 결정한다. 지친 스페인 사람들을 안전하게 나가게만 해준다면 그도 여기서 나가도 좋다고 했다는 어느 사제의 말을 믿고 몬테수마는 에메랄드 보석이 여기저기 박힌 파랗고 하얀 망토를 걸치고, 황금 샌들을 신고, 머리에는 황제관을 그대로 쓴 채 아스테카 군주의 상징인 황금봉을 들고 왕궁 성벽 위에 모습을 드러냈다. 왕궁 아래 대광장에는 무장한 백성들이 모여 있었다. 그 무리의 앞쪽 열에는 가족도 한 명 있었다. 악사야카틀 궁의 성벽 앞에 모인 멕시코인 100여 명은 그에게 품었던 원한을 잊은 듯했다. 집단적 노예근성 탓인지, 반사 행위로 예전처럼 고개를 조아렸다. 몬테수마는 완벽하게 요약된 하나의 담화문을 발표했다. 그가 얼마나 심약한 상태인지, 앞도 제대로 보지 못한 채 앞으로 살아가야 할 운명인지가 핵심이었다.

"그대들의 군주가 포로가 되었다고 생각하는가? 그래서 그를 구출할 방법을 찾고 있는가?" 그는 아무 말도 하지 않고 침묵을 지키는 군중을 향해 이렇게 말했다. "만일 그대들의 생각이 그렇다면, 그대들은 잘 처신한 것이다. 하지만 그대들은 틀렸다. 나는 포로가 아니다. 내가 그들과 함께 있었던 것은 나의 온전한 의지였다. 나는 그들을 떠나고 싶으면 언제든 떠날 수 있다. 그러니 그대들은 집으로 돌아가라. 무기를 거두어라. 이 백인들은 나의 친구이자 나의 손님이다. 그들은 그들 나라로 곧 돌아갈 것이다. 그리고 이 테노치티틀란의 성안은 만사형통하리라."

'나의 친구들'인가, '그의 친구들'인가! 아스테카 용사들 100여 명은 일주일 동안 스페인의 탄환과 칼을 맞고 쓰러졌다. 그런데 그들의 주군이 이 살인자를 자신의 '친구'라고 부르다니? 다들 기가 막혔다. 이내 분노로 바뀌었다. 몬테수마의 친조카인 과트모신의 한마디를 시작으로, 황제를 향한 욕설과 돌멩이가 여기저기서 날아들었다("백인들이 널 여자로 만들었구나! 네가 만질 수 있는 게 네 고추 말고 더 있어?"). 스페인 연대사가에 따르면, "하늘에서 돌, 화살, 투창, 막대기가 비처럼 쏟아졌다. 스페인 병사들이 방패로 막아보려 했지만 이미 늦었다. 돌 세 개가 날아왔고 그 가운데 하나에 정통으로 맞았다. 사람들은 그를 안으로 데려갔다. 일순간 이성을 잃고 저지른 신성모독적인 행위에 스스로 공포를 느낀 그들은 대광장을 급히 떠났다.

몬테수마는 죽지 않았다. 그러나 살아서 무엇 하겠는가? 싸워보지도 않고 스페인에 패한 그는 자신의 민족에게서도 버려졌다. 이 땅에서 그가 살아야 할 이유가 없었다. 그는 그의 '친구들'이, 그의 '손님들'이 아낌없이 베푸는 배려를 거절했다. 그리고 자신을 묶고 있던 붕대를 풀고 누군가 그에게 삼키게 했던 독약을 뱉어냈다. 그리고 완전한 침묵 속에 갇혔다. 적어도 그의 생애 마지막 시간은 몇 달 전과 비교해 그렇게 수치스럽지 않았다. 그의 단말마는 며칠 동안이나 지속되었다. 올메도 신부의 집요한 간청에도 불구하고 그는 죽음의 문턱을 넘으면서도 가톨릭교로 개종하지 않았고, 가톨릭교 신도 찾지 않았다. 스페인 사람들이 이 신의 이름을 들먹이며 제국을 정복하러 오지 않았나. 코르테스에게 그가 한 유일한 부탁은 그의 세 딸을, "나의 가장 소중한 보석"을 보살펴달라는 것이었다.

1520년 6월 30일, 54세의 나이에 18년간의 집권을 마치고 몬테수마는 저세상으로 떠났다. 그의 시신은 멕시코에 묻혔으나, 마치 최후의 잔인한 상징처럼 아무도 이 사람의 무덤이 어디에 있는지 알지 못한다. 황제의 종말은 제국의 종말과 거의 일치했다. 몇 달 후인 1520년 8월, 멕시코인들은 다시 한번 봉기했다. 그러나 완전히 섬멸되고 이로써 제국은 무너진다. 도미니코회 신부인 디에고 두란이 쓴 기도 연설문에 따르면, "그의 마지막은 비루하고 끔찍했다. 장례식에서 그에 대해 말하거나 흐느끼는 사람은 아무도 없었다. 그를 안치할 무덤 하나 내주는 사람이 없었다. 땅을 흔들리게 하는 자이니, 그 이름만 들어도 몸서리를 쳤다."

권력 의지가 전혀 없던 그가 몬테수마 2세라는 황제 자리에 오르면서 운명이 그에게 부여한 시련을 극복하려 했지만, 할 수 없었다. 불행에 직면하자 마치 새가 뱀 앞에서 굳어버린 것처럼 완전히 경직된 것이다. 뱀 앞에서도 경직되지 않는 새가 있다면 독수리다. 아스테카 왕조의 상징은 독수리다. 그러나 그는 결코 독수리가 되지 못했다.

그가 사라지자 스페인이 지배하는 아메리카 제국에 황금기가 시작된다. 새로운 보물을 찾아 북으로 떠난 코르테스의 길을 그대로 따라 다른 콘키스타도르들(피사로, 아기레, 알마그로, 기타 등등)도 여태 보지 못한 넓은 영토를 차지했고, 그 지역 부족들을 복속시켰다. 필요하면 완전히 멸족시켰다. 이 콘키스타도르들이 너무 큰 힘을 갖지 않도록 마드리드는 부왕 통치령을 만들어냈다(누에바에스파냐,[10] 페루,[11] 이어 18세기에는 누에바그라나다[12]와 리오 데 라플라타[13]). 스페인 왕가의 수익을 올리기 위해 그 지역의 부를 착취하고 개발하는 데 편리한 행정 제도를 만든 것이다. 오로지 한 왕가의 수익을 위해서. 이런 체제는 한 세기 이상 지속될 것이다. 그야말로 '황금' 세기였다. 카를 5세에서 펠리페 4세로 이어지는 통치 기간이었다.

---

10. 코르테스가 정복한 땅에는 중앙아메리카 나머지 지역과 베네수엘라, 오늘날 미국의 텍사스주, 애리조나주, 캘리포니아주, 뉴멕시코주 등이 포함된다.

11. 남아메리카 거의 전 지역을 포함한다. 브라질 동부만 포르투갈이 정복했고, 베네수엘라는 일부만 여기에 포함된다.

12. 오늘날의 콜롬비아, 에콰도르, 베네수엘라와 파나마 지역.

13. 아르헨티나, 우루과이, 볼리비아, 오늘날의 브라질과 칠레 일부.

6
앙리 드 기즈

(Henri de Lorraine Guise, 1550~1588)

왕이 아닌 신을 위하여

앙리 1세 드 기즈는 그 자체로 완벽했다. 용기, 교양, 기품, 매력, 무엇 하나 부족함이 없었다. 부족한 게 딱 하나 있다면 바로 왕관이었다. 공작 가문인 그의 집안은 몇 세대 전부터 왕관을 꿈꾸었고, 결혼을 통해 그 꿈에 차츰 다가갔다. 생루이의 후손이기는 하나 왕가 혈통이 아닌 이상 실패할 것이 뻔한 탐색이었다. 더욱이 그는 점점 더 신성동맹에 의존했고, 권력을 '평화적'으로 쟁취하기보다 프로테스탄트들과 한판 싸움을 벌이는 과도한 전쟁을 선호했다. "얼굴에 칼자국이 나 있는" 기즈 공은 가톨릭교도를 분기탱천시켜 "진정한 신앙"의 의무를 저버린 앙리 3세를 규탄하고 반反앙리 3세 전선을 펼쳤다.

블루아 성이 왕궁이 된 지는 벌써 한 세기 전이다. 루이 12세와 프랑수아 1세가 군대를 이끌고 이탈리아 밀라노와 나폴리에 이르는 여러 도시를 공략했고, 귀국할 때 가져온 이탈리아의 고급 예술품과 고딕 장식물로 성을 아름답게 꾸밈으로써 이른바 프랑스 예술 부흥의 상징으로 만들었다. 프랑수아 1세의 아들인 앙리 2세의 아내 카트린 드 메디시스[1]는 피렌체 메디치 가문의 딸로, 미래에 프랑스 왕이 될 세 아들, 즉 프랑수아 2세,[2] 샤를 9세,[3] 앙리 3세[4]의 어머니인데, 이 궁에 딸린 세 정원을 특별히 정성스럽게 가꾸었다.

발루아 왕조의 마지막 왕인 앙리 3세는 한적하고 고요하며 특히나 공기가 좋은 루아르 계곡의 이 보석 같은 궁에 자주 머물렀다. 그러나 1588년 5월부터는 제대로 휴양을 취할 수가 없었다. '이단'과의 강경 투쟁을 선언하고 나온 '사도전승 로마 가톨릭교회' 세력이 바리케이드를 치고 파리에서 프로테스탄트들을 몰아내라고 요구하고 나섰기 때

---

1. 이탈리아 명문 '메디치Medici' 가문의 프랑스식 발음은 '메디시스'다. 두 발음 표기가 혼용되나 여기서는 프랑스식 발음에 따른다.-옮긴이

2. 프랑수아 2세(1544~1560)는 겨우 1년간 통치했으며 15세에 사망했다.

3. 샤를 9세(1550~1574)는 형 프랑수아 2세를 이어 왕위를 계승하나 23세에 늑막염으로 사망한다.

4. 앙리 3세(1551~1589)는 세 형제 중 가장 긴 기간을 통치했다(14년).

문이다. 이들 눈에는 왕이 위그노들[5]에게 너무 마음이 약하고 언제든 타협을 볼 준비가 된 것처럼 보였다. 도시는 사슬이 풀린 맹수처럼 포효하여 왕에게 반항했다.

1588년 12월 18일에 열린 야회에서, 국왕은 프랑스 르네상스의 또 다른 화려한 건축물인 샹보르 성이나 로슈 성, 또는 빌랑드리 성보다 자신의 블루아 성이 더 낫다며 비교하고 자랑할 만한 기분이 아니었다. 바야흐로 때가 온 것이다. 왕은 두 사람을 죽이기로 결심한다. 프랑스 왕국에서 가장 기세등등한 파벌의 수장이자 자신을 모욕한 신성 동맹의 핵심 우두머리인 앙리 드 기즈 공작과 그의 동생 기즈 추기경을. "만일 왕께서 그들을 죽이지 않으면, 그들이 왕을 죽일 것입니다. 그자들의 기세는 막강합니다. 그들이 안 죽으면 그들을 죽여야죠." 측근 신하들은 국왕에게 이렇게 단언했다. 자신이 속한 진영에 한해서라고 해도, 프랑스 왕국에 너무 잘난 놈이 있어서는 안 되었다. 하필 그자의 이름도 앙리다.

'칼자국' 공은—전장에서 얼굴에 칼을 맞아 자국이 남은 이후로 그런 별명이 붙었다—호위병들 없이는 절대로 혼자 움직이지 않았다.

---

5. 위그노Hugenot는 독일계 스위스어 'Eidgenossen' 또는 프랑스계 스위스어(제네바어) 'Eidgnots'에서 파생한 말로, '서약을 걸고 하나가 된 동지'라는 뜻이다. 프랑스 프로테스탄트, 즉 주로 칼뱅파 교도를 가리키는 말이다. 16세기 유럽 사회에 종교 개혁 운동이 일어나면서 로마 가톨릭교회에서 분파한 각종 개혁 세력을 이른바 '프로테스탄트'라 불렀다. 이 단어는 'protester', 즉 '이의를 제기하다' '항거하다'에서 파생했다. 기존의 가톨릭교를 구교라 부르는 것과 대비하여 이 프로테스탄트를 신교 또는 개신교로 통칭하는데, 이 책에서는 유럽사적 맥락을 고려하고 원문의 외래어를 그대로 살려 '프로테스탄트'라 옮겼다. 다만, 이 장에서 복잡한 종교 전쟁의 상황 및 정치적 갈등 양상이 서술되는데, 원서에서는 프로테스탄트와 위그노를 함께 쓰기도 한다. 원문에 위그노로 되어 있는 것은 그대로 위그노로 옮겼다.—옮긴이

궁의 2층에 위치한 왕의 내실—일종의 축소된 정부인 국가 고문 회의
가 열리는 장소—에 들어갈 때만 대동하지 않았다. 의전에 따라 계단
을 올라갈 때는 무기를 놓고 가야 해서 다른 선택을 할 수도 없었다.

국왕은 성탄절 전에 급히 문건을 보내야 한다는 구실을 들어 1588년
12월 23일 꼭두새벽부터 최측근 고문들을 소집했다. 그러니까 마치
업무 장면처럼 연출되었지만, 실은 군주와 가장 밀착된 경호단인 '레
카랑트생크Les Quarante-Cinq'[6]가 준비한 매복 작전이었다. 이들은 몸을
바쳐 충성할 준비가 된 가스코뉴와 랑그도크 출신 시종들이었다. 도망
칠 수 있는 모든 수단을 막기 위해 내실 문 세 개 중 두 개는 폐쇄했다.
카랑트생크의 대부분이 이른바 '사슴방'이라 불리는 왕의 내실 바로
옆 부속실에 모여 있었고, 나머지 몇 명은 위층에서 망을 보고 있었다.
왕의 방에서 무슨 일이라도 생기면 곧바로 들이닥칠 태세를 갖추고 있
었던 것이다.

거사일, 새벽 네 시. 시종이 앙리 3세를 깨웠다. 왕은 준비 상황을 점
검하고 모의자들의 결의가 확고한지 다시 한번 확인한 후 미사에 참석
했다. 아침 일곱 시, 미사를 마칠 무렵, 기즈 공작이 입궁했다. 그는 여
느 때처럼 단정하고 침착하고 우아했다. 아니면 그의 적들이 말하듯
그 특유의 교만한 태도를 취했다. 기즈 공은 이런 자세를 절대 풀지 않

---

6. 숫자 45를 뜻한다. 왕의 최측근 호위 무사들에게 붙여진 이름으로, 특히 왕이 가장 아낀 시
   종인 에페르농 공작과 그를 따르는 가스코뉴 출신의 시종들로 구성되었다. 기즈 가문에 대
   항하는 프로테스탄트교 세력으로부터 왕을 보호하기 위해 만들어졌다. 특히 앙리 드 기즈
   공작과 사랑에 빠진 마리 드 메지에르가 왕을 제거하기 위한 음모를 꾸몄으나 이 호위 무사
   들 덕분에 왕은 암살을 모면한다. 한편, '레카랑트생크'는 영화 〈여왕 마고〉의 원작으로도 유
   명한 알렉상드르 뒤마의 소설 제목으로, 뒤마는 종교 전쟁의 역사적 맥락을 세밀하게 다룬
   발루아 왕가 3부작을 썼는데, 그 마지막 권 제목이 '레카랑트생크'다. ─옮긴이

을 것이다. 하지만 이제 이것도 꺾일 만한 나름의 충분한 이유가 생길 것이다. 며칠 전부터 그는 경고 메시지를 받았다. 흔히는 그가 앉아 있는 식탁의 냅킨 밑에 누군가 종이쪽지를 놓고 가거나, 아예 사저 관저에 짤막한 편지를 두고 가는 자도 있었다. 그의 어머니와 사촌 르네 델 뵈프 후작은 그에게 목숨이 위태로워질 수 있으니 지체하지 말고 블루아를 떠나라고 간청했다. 그럴 때마다 그는 "감히 나한테 그럴 리가!"라고 외치며 경고를 번번이 무시했다. 전쟁 영웅이어서 적들의 사격이나 단검에 너무나 익숙하다 보니 그런 쪽지 정도야 험담 수준이라고 여겼던 걸까? 그러나 그날 밤이 정부인 누아르무티에 후작부인 샤를로트 드 소브의 품에 안길 마지막 밤이 될 줄은 몰랐을 것이다. 그녀 역시 두 배는 더 경계해야 한다고 간청하고 또 간청했건만.

암살 기획자

12월 23일 아침, 기즈는 고문 회의실로 통하는 큰 계단을 올라가고 있었다. 그는 고문들에게 인사를 건넸는데, 그 가운데 동생인 추기경도 있었고 친구인 리옹 주교도 있었다. 이들 소규모 그룹은 그날 안건을 전달할 서기장을 기다리고 있었다. 그가 왔고, 모든 게 지극히 정상적인 분위기에서 진행되었다. 개회가 선언되었고, 다룰 안건이 낭독되었다. 국왕은 내실에 있었는데, 할 말이 있다며 기즈 공작을 불러오라고 했다. 공작은 왕을 보러 갔다. 왕실 호위병들이 그의 뒤를 따랐다. 공작 앞에서 문이 열렸고 이어 그의 뒤에서 문이 닫혔다. 그런데 평소보다 호위병 수가 많았다. '칼자국' 공작은 바로 직감했다. 그러나 이미 늦었다.《두 형제의 순교》라는 이름의 가톨릭교 팸플릿에서 한 익명의 저자는 이날을 이렇게 묘사한다. "몇 명은 그의 두 팔을 잡았고, 다른 몇 명은 그의 몸에 장검과 단도를 찔러 넣었다. 그리고 한 명이 그의 목에 단검을 쑤셔 박았다." 상술하면, 그의 동생인 추기경 루이는 비탄의 외침을 듣고 곧장 왕의 처소로 달려갔다. 그 역시 그 자리에서 체포되었고 이튿날 처형되었다.

기즈는 키가 거의 2미터에 달할 정도로 커서 네 명 정도는 거뜬히 해치울 수 있었다. 하지만 칼을 서른 번 넘게 맞는다면? 그는 분개했다. "아, 귀하들께서! 이런 배신이라니!" 거사가 끝나자 국왕이 나타났다. 국왕의 얼굴은 오른쪽 눈과 코 사이에 난 연주창(부스럼) 때문에라도 다른 사람들 사이에서 확연히 눈에 띄었다. 또 턱수염이 있었고 머리카락은 하얬다. 뺨은 푹 꺼져 있었다. 서른여섯밖에 안 되었는데 벌써 노인 같았다. 몸을 곧추세워 성큼성큼 걷긴 했지만, 당시 기준으로 봐도 그의 키는 적당한 키였다(1미터 68센티미터). 하지만 거인 같던 기즈 공작과는 비교도 안 되었다. 다비드가 골리앗을 이긴 것이라 할까?

국왕은 이 희생자의 (살아 있을 때는 상당히 '좋았던') 얼굴과 배, 목을 발로 찼고, 다 망가진 치아를 보고는 소리쳤다. "우린 이제 둘이 아니다. 내가 이제 왕이다!" 그러고는 이렇게 덧붙였다. "살아 있을 때보다 죽으니 키가 더 커 보이는군!"

이처럼 조금 튀는 이야기는 분명 외전일 것이다. 진위를 알 수 없는 이야기지만 역사적 맥락은 있다. 희생자의 유형학, 다시 말해 희생자의 가치를 빗댄 암시일지 모른다. 훨씬 그럴듯한 가설로는, 이른바 왕실 회사의 출자자가 이런 선언을 한 것이라는 얘기가 있다. "감히 내 권위에 도전하는 자는 내게서 무슨 일을 당하게 될지 똑똑히 알기 바란다." 모욕당한 자의 복수보다 더 끔찍한 일은 없는 법이다.

앙리 3세에게는 이제 경쟁자가 없다. 자유다. 그는 평생을 다른 사람의 그림자에 가려져 지냈다. 우선 25년 동안은 형 샤를 9세에게. "프랑스에 두 왕이 존재할 수는 없으니" 다른 나라 왕관을 찾아보는 것이 어떻겠냐며 그를 거의 해고하다시피 하고 곁을 주지 않았다. 어머니 카트린 드 메디시스의 능란한 사교술 덕분에 그는 폴란드 귀족들의 추임을 받아 폴란드 왕위에 오른다(1574년).[7] 이탈리아 메디치 가문 출신의 카트린 왕비는 자식들 모두에게 왕관을 씌워주고 싶은 욕심으로 지참금을 주고 성사시킨 결혼을 통해 왕위를 거의 사다시피 하는, 그야말로 타의 추종을 불허하는 거간꾼이었다. 폴란드 왕위 재임 기간은 오래가지 않았다. 형의 때 이른 죽음으로 새 군주가 되어 왕위를 계승하기 위해 파리로 돌아와야 했기 때문이다. 우울하게 지내던 폴란드에서 벗어나 자유의 몸이 되었지만 그는 다시 온갖 사람들의 포로가 되었다. 어디나 따라다니는 어머니, 앙심을 품은 위그노들, 위그노의 수장과 언제든 전쟁을 치를 준비가 되어 있는 가톨릭교도들, 스스로를 왕이라 자부하는 검객, 그러니까 기즈 공작. 여기에 대해선 나중에 다시 이야기할 것이다.

1588년 12월 23일, 기적이 일어났다. 앙리 3세는 '쿠데타Coup d'État'의 군주 격인 '쿠 드 마제스테Coup de majesté'에 성공한 셈이다.[8] 그는 이

---

7. 폴란드 군주제는 혈통에 의한 왕위 계승이 아니라 선출제여서 프랑스 왕자가 폴란드 국왕이 되는 일이 가능했다. 앙리 3세는 폴란드 왕이 되었는데도 이상하게 폴란드로 가지 않고 계속 파리에 머물렀다. 1572년 8월 24일, 성 바르톨로메오 축일 대학살 사건 당일에도 파리에 머물렀기 때문에 그가 그 사건의 전모를 간접적으로 알고 있었거나, 혹은 적극적으로 관여했을 것으로 추정된다. —옮긴이

8. Coup는 '일격' '타격'이라는 뜻이고 État는 '국가' 또는 '정부 체제'라는 뜻이다. Majesté는

제 '지도상'의, '문서상'의, '주현절 잠두콩'의 왕[9]이 아니다. 그는 이제 억지로 익살을 부릴 사람도 아니고, 그렇게 신실한 사람도 신비한 사람도 아니다. 기즈의 암살 소식을 들은 기즈의 누이동생 몽팡시에 공작부인은 수도원에 갇히기 전에 스스로 머리를 깎겠다고 말했다.

가족 스캔들

앙리 드 발루아는 앙리 드 기즈를 늘 불신했지만 "나의 사촌"이라고 부르기를 좋아했다. "그는 늘 사람들을 힘들게 하고 어디서나 주인이 되고 싶어 한다"고 미래 왕의 여동생 마르그리트 드 발루아도 하소연한 적 있다. 이들은 모두 루이 12세(1462~1515)를 할아버지로 둔 사촌 사이였지만 세대를 거듭하며 혼인 관계를 통해 서열이 갈렸다.

기즈 가문[10]의 시조는 피카르디 지방의 영지를 소유해 피카르디라는 성을 가진 클로드(1494~1550)다. 그는 1000년경 로렌 가문의 시조인 제라르 달자스Gerard d'Alsace('알자스 영지를 가진'이라는 뜻)의 직계 자손이다. 로렌 가문은 지리적으로는 부르고뉴 지방, 즉 신성로마제국[11]

'왕' '폐하'라는 뜻이다.-옮긴이

9. 주현절에 먹는 케이크 안에 잠두콩 하나를 숨겨놓고 나눠 각자 한 조각씩 먹는데, 그 부분을 고른 사람이 '왕'이 되는 프랑스 전통 축제 놀이다.-옮긴이

10. 《프랑스어의 어려움에 관한 라루스 사전Dictionnaire Larousse des difficultés de la langue française》에 소개되어 있지만, 왕실 직계 가문이거나 왕가와 혈연관계인 프랑스 명가들 가운데 성이 복수로 표기된 것들은 's' 항목에 따로 분류되어 있다. 부르봉 가문les Bourbons, 카페 가문les Capets, 콩데 가문les Condés이 그런 경우다.

11. 신성로마제국은 중부 유럽의 다민족 국가 체제였다. 800년에 프랑크 왕국의 카롤루스 1세

과 프랑스 왕국 사이에 끼여 있어 500년 동안 두 왕국과 동맹을 맺었다가 나중에는 프랑스 왕국에 합류했다. 이 결합에는 상당한 비용이 들어갔다. 앙주 공국과 프로방스 공국에 그들의 땅을 양도할 것. 기즈 가문은 나중에 이 땅을 줄기차게 요구할 것이다.

클로드는 이 가문의 첫 프랑스인이었지만, 기즈가의 경쟁자들은 그를 늘 '외국인' 취급했다. 그러나 그는 승승장구했다. 우선 루이 12세 왕실 고문 회의에 들어갔고, 대大 '접대관échanson'[12]으로 임명되었으며, 이어 국왕 프랑수아 1세가 카를 5세(샤를 캥)와 대적하여 혁혁한 승리를 거둔 마리냥 전투(1515년)와 퐁타라비 전투(1521년)에 참전, 왕의 곁에서 용감하게 싸운 전사이자 영웅이었다. 이에 대한 보상으로 그는 공작 작위를 받았다. 그리고 프랑스 왕가의 피가 흐르는 앙투아네트 드 부르봉과 결혼했고 그들의 첫아이인 마리를 스코틀랜드 왕과 결혼시키면서 서서히 유럽 군주권 사회로 밀착해 들어갔다. 또한 그 유명한 손녀 메리 스튜어트—앙리 드 기즈의 사촌 여동생—는 잠시 프랑스의 왕비[13]로 지내다가 스코틀랜드의 여왕이 된다. 자신의 왕권에 위

가 교황 레오 3세에게 서로마 황제 대관을 받아 신성로마제국 황제라는 개념이 탄생했다. 그 이후 오토 왕조에 이어 합스부르크 왕조가 들어서는데, 특히 스페인 왕국의 해상력을 기반으로, 유럽의 강자로 등장한 카를 5세가 신성로마제국 황제에 오르고 이어 페르디난트 1세의 치세로 이어진 16세기 전반 최전성기를 누리다가 유럽 전역에 종교 전쟁이 일어나면서 내적 분열과 혼란을 겪다가 서서히 그 위력이 약해진다. 18세기에 볼테르가 형식뿐인 이 제국을 빗대어 "이 나라는 신성하지도 않고, 로마도 아니고, 제국도 아니다"라고 평할 정도로 그 위상이 추락한다. 나폴레옹의 등장과 함께 1806년 황제 프란츠 2세가 퇴위하면서 이 제국은 해체된다.—옮긴이

12. '왕이나 귀족의 식탁에서 술을 따르는 하인'이라는 뜻인데, 특별히 왕이 신뢰하는 자만이 이 직책을 맡을 수 있었다. 독살로부터 왕을 지키는 역할을 부여받았기 때문이다.

13. 프랑수아 2세(앙리 2세와 카트린 드 메디시스의 장남)와 결혼해 프랑스 왕비가 되지만 병

협적인 존재인 사촌 메리 스튜어트를 늘 경계하던 영국의 엘리자베스 1세는 메리 스튜어트를 28년간 유폐시켰다. 총명하기로 유명한 메리 스튜어트는 이런 비운의 삶을 살았다.

또 다른 사촌인 프랑수아 드 로렌은 카를 5세의 조카인 크리스틴 드 다네마르크와 결혼한다. 이들의 첫째 아들은 미래의 앙리 3세의 누이인 클로드 드 프랑스와 결혼하게 된다. 왕가로 들어가기 위해 할 수 있는 일은 다 해온 기즈 가문이었지만, 이들에게 부족한 것은 딱 하나, 바로 프랑스 왕관을 기대해 볼 수 있는 왕가 직계 혈통의 왕자가 없는 것이었다.

클로드가 사망하자, 아들인 프랑수아(1519~1563)가 뒤를 이었는데 그는 안 데스테와 결혼한다. 안 데스테는 루크레치아 보르자의 손녀(부계)이자, 루이 12세와 안 드 브르타뉴의 손녀(모계)다. 그리고 이들의 장남이 바로 앙리 드 기즈다. 프랑수아 역시 전장에서 이름을 날린 용감한 전사였다. 영국 군대와 대적한 칼레 전투 및 카를 5세 군대와 격돌한 메스 전투와 티옹빌 전투에서 특히 이름을 날렸다. 따라서 프랑스 왕국의 전장 사령관, 즉 부대 총사령관이 될 만한 자격이 충분했다. 파드칼레의 랑티 전투(1554년) 이후, 그는 한 사건을 계기로 몽모랑시와 대적하게 된다. 몽모랑시 원수는 국왕이 총애한 측근으로, 그의 강력한 라이벌이었다. 전장에 나가 용감하게 싸운 프랑수아가 볼

약한 남편이 일찍 사망하는 바람에 프랑스 왕비로서의 삶은 1년 만에 끝난다. 남편이 죽자 시어머니 카트린 드 메디시스가 통치를 하며 이 영리하고도 오만한 며느리 메리 스튜어트를 은밀한 방식으로 핍박한다. 아버지인 스코틀랜드 왕 제임스 5세가 죽고 어머니 마리 드 기즈가 스코틀랜드를 섭정했는데, 어머니마저 죽자 메리 스튜어트에게 스코틀랜드를 통치할 의무가 주어진다.-옮긴이

때 몽모랑시 원수에게는 자기만 한 전투력이 없었다. 그런데도 국왕의 사랑을 독차지하자 상당한 불만을 품고 그를 비난한다. 몽모랑시의 조카인 콜리니 제독이 나서서 삼촌을 변호하고 방어하자 기즈가는 더욱 신경이 곤두선다. 그러자 국왕은 최악의 사태를 막기 위해 이 두 가문의 남자들을 서로 떼어놓기로 결정한다.

반세기가량 종교 전쟁을 치르면서 기즈 가문은 열성적인 가톨릭교도 세력의 중심이 되었고, 몽모랑시 가문은 가톨릭교도이긴 하나 언제든 프로테스탄트 세력과 타협할 준비가 되어 있었다(그래서 이들을 '정치꾼'이라 부른다). 몽모랑시가는 특히나 프로테스탄트인 사촌 콜리니 샤티용가의 절대적 지지를 받았다. 기즈 가문과 몽모랑시 및 콜리니 가문은 서로를 죽도록 싫어하는, 그야말로 철천지원수였다. 겉으로 보기에는 종교적 신념을 놓고 싸우는 것 같았지만, 실상은 권력과 명예, 그러니까 자리싸움이었다. 이런 귀족 전쟁은―다음 세기의 프롱드 난까지―절대 왕정의 온상이면서 절대 왕정을 내부부터 갉아먹는 좀이기도 했다.

예민해진 기즈가와 되살아나는 욕망

사람들은 프랑수아 드 기즈의 신념과 웅변 재능을 높이 평가한다. 한 연대사가는 "그는 충분히 판단하고 분별한다. 더는 그보다 나은 의견이 나올 수 없을 때까지 생각한다"고 썼다. 프랑스 국왕 앙리 2세가 1559년 마상 투창 시합 도중에 사고로 죽자, 겨우 열네 살 된 아들 프랑수아 2세가 왕위에 오른다. 섭정은 어머니 카트린 드 메디시스가 확보했다. 18개월의 공위空位 기간—이 어린 왕은 열다섯 살에 죽는다—에 실질적 권력은 프랑수아 드 기즈와 이 파벌의 정치적 수장인 동생 로렌 추기경의 손으로 넘어간다.[14] 프랑수아 드 기즈는 군대 대장이었다가 곧 왕가의 업무를 맡는 국사의 수장이 된 셈이다. 로렌 추기경은 재정 및 사법에 영향을 미쳤다. 두 사람은 다음 왕인 샤를 9세를 가장 가까이에서 수행하며 랭스 대관식을 집전하는 인물이 될 것이다. 의전에 따르면 기즈 공은 발루아 왕가, 즉 국왕 그리고 그의 사촌이며 미래의 앙리 4세가 되는 앙리 드 나바르(나바라의 엔리케)의 뒤를 이어 권력 서열 제3위의 남자였다. 그런데 이런 애매한 서열이 꼭 좋은 것만은 아니었다.

왕실 권력에 공백이 생기면서 기즈파는 우선권을 확보했다. 더욱이 카토-캉브레지 평화 협정[15]을 맺고 국왕의 누이 엘리자베트를 스페인의 강성 가톨릭파인 펠리페 2세와 혼인시킴으로써 스페인과의 유대를 강화해 나갔다. 이와 같은 동맹으로 '이단'인 위그노들을 없애버릴 수 있을 거라고 그들은 믿었다. 파리에서는 이미 용의자들이 체포되었고, 집회를 금지하는데도 모임을 갖는 집단들은 죄다 철퇴를 맞았으며, '진정한 신앙'을 환기하기 위해 성모 마리아와 성인들의 그림이 네거리에 나붙었다. 지방에서는 목사들이 학살되었다. 하지만 프로테스탄트 수장들은 전혀 아랑곳하지 않았다. 여기저기서 기즈 가문의 권력

---

14. 이전 세대부터 자주색 추기경복은 사실상 삼촌에게서 조카로 옮겨 갔다. (로렌 추기경에서 기즈 추기경으로 권력이 이전되었다는 의미다.–옮긴이)

15. 카토–캉브레지 2차 협정(1559년 4월)은 이탈리아 전쟁으로 끝난다. 1494년에 발발한 이 전쟁은 프랑스와 스페인 및 신성로마제국이 맞붙은 전쟁이다. 평화를 대가로 프랑스는 코르시카, 토스카나, 사보이아, 피에몬테 등을 양도한다.

독점과 만행을 규탄했다. 몇몇 지역에서는 봉기가 일어났다. 프로테스탄트 수장들 중 가장 유명한 콜리니 제독(앞서 언급한)은 종교의 자유를 요구하기 위해 기즈 가문의 후견자인 젊은 왕을 제거하려는 음모를 세운다. 계략을 알게 된 기즈파는 급하게 왕실 가족을 그나마 방어하기 쉬운 블루아 성과 앙부아즈 성으로 불러들인다. 모의자들은 1560년 3월 16일에 성 근처 숲에서 체포되었다. 이들은 물에 빠지거나, 목이 잘려 나가거나, 목이 매달리는 것 가운데 하나를 선택해야 했고, 그들의 시신은 성의 철책 창살에 걸려 전시되었다. 이때 죽은 사람만 1000명이 넘었다.

이 앙부아즈 음모[16]는 40년간 지속될 폭력 사태의 전주곡에 불과했다. 장남의 죽음으로 세를 잃은 카트린 드 메디시스는 때를 기다리며 사태를 관망할 뿐, 이 난폭한 기류를 어떻게 진정시켜야 할지 몰랐다. 태후의 일관된 목표는 두 라이벌 사이에서 균형을 잡는 것이었다. 그래서 상황에 따라 어떤 때는 새로운 세력인 위그노 쪽에 힘을 실어줬다가, 이런 긴장에 지쳐 녹초가 되면 기존 세력인 가톨릭 세력에 동조했다. 그녀의 이른바 '시간 벌기temporisation'[17]는 미덕일 수도 있었고

---

16. 이 음산한 일화가 일어난 곳에서 유래한 별칭이다. 더러 '앙부아즈의 소요'라 불리기도 한다.

17. 시간temps이라는 단어에서 파생한 말로 여러 표현으로 번역될 수 있지만, '어떤 결정을 미룬다'는 의미가 첫 번째다. 당시 카트린 드 메디시스의 이런 결정은 남편의 죽음 이후 섭정을 하면서 정치력이 약한 가운데 기존 세력과 새로운 세력 사이에서 동분서주하며 양손에 떡을 다 쥐려 하다 보니 어쩔 수 없는 면도 있었지만(프랑스 왕비라고는 하나 이탈리아에서 시집온 외국인으로서 프랑스 왕궁에서 그녀가 눈치를 볼 수밖에 없었던 초반 상황을 비롯해, 마키아벨리의 《군주론》이 카트린 드 메디시스의 아버지 로렌초 데 메디치에게 헌정된 점을 강조하며 마키아벨리즘적인 사유를 유추하기도 한다), 미덕일 수도 있는 이런 관망과 절제의 기술이 상황에 맞게 구현되지 못했을 때는 걷잡을 수 없는 실책이나 악덕이 될 수도 있다는 해석이 이 발루아 왕가 마지막 시절을 보는 일반화된 정론이다. ―옮긴이

나약함으로 해석될 수도 있었다. 다른 한편에서는 약탈당하는 가톨릭 교회들이 있었는데, 프로테스탄트 수장들은 왕실이 자신들에게 보인 관대함을 믿고 벌써 왕실을 개종할 꿈을 꾸기도 했다. 한편 가톨릭교 대영주들은 왕실의 '발뺌하는' 태도를 보고는 격분하여 필요하다면 왕실의 도움 없이 이번만큼은 이 전통적 가치의 '신앙'을 반드시 지켜내겠다고 다짐했다. 불편한 심기를 드러내기 위해 왕실을 떠나는 자들도 몇 사람 있었다. 이들 중 가장 대표적인 사람이 다름 아닌 앙리 드 기즈였다. 이제 그는 귀족주의 및 '교황주의papiste'를 자처하며 가톨릭교를 대표하는 야당의 수장으로 간주될 것이다.

성깔 있는 남자

왕실 당국이 1562년 초에 조인한 생제르맹 칙령은 프로테스탄트파를 고무시켰다. 왜냐하면 이 개혁파가 양심의 자유를 얻고 나면 이제 예배의 자유가 보장될 수도 있었기 때문이다. 그도 그럴 것이 프랑스 왕정의 원칙, 즉 "하나의 신앙, 하나의 법, 하나의 왕"에 틈이 생겼으니 이제는 전쟁이었다. 내전!

불똥은 기즈 공작이 1562년 3월 1일 샹파뉴 지방의 마을 와시에 들렀을 때 일어났다. 설교를 듣기 위해 곡물 창고 같은 넓은 곳에 위그노 600여 명이 모여 있었는데, 이 타락한 설교를 듣다 못한 기즈 공작 휘하의 병사들이 위그노들을 자극했고 이들 사이에 주먹다짐이 일어나면서 이내 육탄전과 살육으로 번졌다. 기즈 공의 병사들은 법에 따르면 프로테스탄트교 사무소는 도시 바깥에만 세울 수 있는데 도시 안에서 왜 이런 설교와 집회를 하느냐며 비난을 퍼부었다.

이때 프로테스탄트의 사망자 수가 50여 명이나 나왔고 부상자는 그 세 배였다. 카트린 드 메디시스 왕비와 미셸 드 로스피탈 재상[18]이 화해를 위한 정책을 고안할 시간도 주지 않고 기즈파는 몇 시간 만에 모든 것을 무산시켰다. 앙리 드 기즈는 당시 열한 살밖에 되지 않았지만, 앞으로 평생 이런 폭력적인 세상에서 살 수밖에 없으리라는 것을 충분히 알 수 있었다.

가톨릭교 수장들이 사용하는 완곡어법에 따르면 이른바 "와시의 거북함"은 프로테스탄트교 성향의 군주권에도 커다란 반향을 일으켰다. 한편 파리에서 프랑수아 드 기즈는 영웅으로 환대받았다. 생드니 성문에서 시청 관사까지 가는 동안 귀족 3000여 명이 그를 호위해 주었다. 이 코스는 이른바 왕들의 행차 길이었다. 지방은 폭력 사태로 얼룩져 있었지만, 수도 파리는 환희가 가득했다. 루이 드 콩데[19]가 이끄는 위그노파가 무기를 들고 몇몇 도시를 약탈하기도 했지만, 기즈가 이끄는 군대에게 12월 드뢰 전투에서 완패했고, 기즈는 다시 의기양양해하며 파리에 개선한다. 그는 이제 누가 봐도 프랑스 왕국의 최고 권력자였다. 그러나 1563년 2월에 오를레앙 앞에서, 폴트로 드 메레라는 자가 쏜 총에 맞는다. 그리고 일주일도 안 되어 사망한다. 이제는 행동 대 행동이었다. "신께서 좋은 사람이 되는 은총을 너에게 베풀어주실 것이다"라고, 후계자이자 이제 겨우 열두 살 된 아들 앙리에게 말하고

---

18. 이 직책을 갖게 된 뒤로 그는 좋은 사법 행정을 펼칠 수 있었다. 그는 어떻게든 내전을 막으려는 의지가 강했던 것으로 알려져 있다.

19. 같은 이름, 즉 콩데 가문의 창립자인 앙기엥 공작 루이 드 부르봉은 종교 전쟁의 3분기까지는 프로테스탄트파의 수장이었다.

그는 하늘나라로 갔다.

기즈 가문의 이 새로운 대장은 어린 나이였음에도 제법 성깔이 있었다. 삼촌 샤를 드 로렌 추기경의 요구를 거절할 때 그는, 랭스 주교성당 참사원에서 삼촌이 눈부시게 빛나 보였던 일곱 살 어린이가 아니었다. 삼촌은 그에게 이런 말을 했다. "몇몇 용감한 스페인 병사나 부르고뉴 병사와 맞서 창을, 아니 칼을 한번 부숴보려면, 그러니까 내 팔이 아직 쓸 만한지 한번 시험해 보려면, 아무래도 내가 네 옆에 있는 게 좋을 것 같지 않니? 수도복 입고 수도원에 갇혀 있는 것보다는 창이라도 한번, 칼이라도 한번 써보고 싶구나. 창이나 칼이야 좀 부서지면 어떠냐." 이 청년은 고집이 세고 집념이 강했다. 가녀리고 섬세한 얼굴형에 금발인 그는 "안색도 좋고 용모도 우아하며 태도와 몸가짐도 요령이 있고 정확"했으니 정말 어떤 모델이 될 만했다. 그는 이미 사람들을 매혹했고, 앞으로도 매혹하게 될 것이다.

미성년인 그가 아버지가 했던 일을 잘 이어갈 수 있을지 어떨지는 아직 잘 몰랐다. 카트린 드 메디시스가 그에게 급히 떠넘긴 대시종 업무를 해낼 수 있을지 확신은 없었다. 그래서 한동안은 삼촌인 샤를 드 로렌 추기경의 보호하에 있었다. 로렌 추기경 역시 아주 강한 성격의 소유자였는데, 교활한 정치가이자 예술의 후원자이기도 했다. 그는 성직자로서 여러 이점을 가진 덕분에 부자가 되었고 국고가 어려운 상황에 처하자 여러 차례 이를 해결했다. 그는 앙리 2세의 열성적 봉사자였지만 후배들한테 기회를 많이 빼앗겼다. 그러나 언젠가는 전면에 나설 날을 꿈꾸고 있었다. 프로테스탄트들은 그를 두려워했고 그에게 "프랑스의 사자"라는 별명을 붙여주었다. 하지만 적어도 말로는 카트린 드 메디시스가 격찬하는 화해안을 지지했다. 그가 지닌 활기나 재주, 예리한 정신은 카트린의 셋째 아들, 그러니까 미래의 앙리 3세를 매혹해 나중에 왕국의 총사령관, 그러니까 프랑스 군대의 최고 우두머리에 오를 것이다.

1차 종교 전쟁은 앙부아즈 평화 칙령으로 종결되었다(1563년 3월 15일). 1년 전에 나왔던 생제르맹 칙령과 마찬가지로, 개혁적인 예배 방식을 인정해 준다는 내용이었다. 지금부터 칙령의 수는 늘어나고, 평화 서약이 결렬되면 그때마다 새로운 전쟁이 이 나라에서 일어난다. 총 여덟 번 일어난다. 마침내 낭트 칙령(1598년 4월 30일)[20]으로 시민들의 내전은 끝난다. 그러나 가톨릭교와 프로테스탄트교의 싸움은 끝나지 않았다.[21]

열일곱 살에 겪은 시민전쟁

앙부아즈 사건이 발생한 지 4년 후 "모의 기습"의 여세 속에서 새로운 갈등이 시작되었다. 실패한 습격이었지만, 콩데는 이를 통해 왕과 왕실을 위협하려 했다. 스페인 군대가 프랑스 동쪽 국경을 따라 진군해

---

20. 앙리 4세가 조인한 이 칙령은 프로테스탄트의 신앙 및 예배의 자유(단, 예배를 치르는 장소와 횟수 등에는 일정한 조건이 있었다)를 보장하는 내용이었다. 아울러 그들에게 시민으로서의 권리를 보장하고 100여 군데에 입시세市稅 납부소를 설치할 수 있었다. 이곳에서는 부대를 주둔시킬 권리가 보장되었다.

21. 어떤 역사가들은 종교 전쟁의 끝을 1629년 6월 알레스 칙령이 발표된 때로 본다. 새로운 갈등들이 10여 년간 다시 불거지면서 프로테스탄트를 위한 안전 장소가 전부 다 철거되었고, 그들의 군사적·정치적 힘도 무력해졌다. 다른 역사가들은 루이 14세가 낭트 칙령을 철회하여(1685년) 프로테스탄트에게서 앗아간 시민권을 루이 16세가 다시 부여한 때인 1787년으로까지 늦춰 본다.

오자 불안해진 프로테스탄트파의 수장들은 사실상 샤를 9세를 인질로 잡는 것이 펠리페 2세 군대의 습격에 대항하는 최선의 방패라 생각했다.

2차 종교 전쟁(1567~1568년)이 앙리 드 기즈에게는 첫 번째 종교 전쟁이었다. 이제 막 열일곱 살이 된 청년은 2년간 유럽 일대를 돌고 돌아온 참이었다. 무기를 다루는 전사로서의 기술을 배우고, 신성로마제국 막시밀리아누스 1세의 지휘하에 다른 프랑스 귀족들과 함께 헝가리에서 터키군과 대적하여 싸웠다. 프랑스에 돌아오자마자 그는 사촌인 앙주 공작, 즉 미래의 앙리 3세와 함께 군사 작전에 참여했다. 당시 앙리 3세는 군대장이었으며 프랑스 왕국에서 권력 서열 2위였다. 혈통 좋은 건 못 속이는 법인가. 이 청년은 1567년 11월, 수도로 밀고 들어온 프로테스탄트 부대를 생드니에서 격퇴하여 유명해진다. 1569년 3월 자르나크에서는 위그노인 콩데가 항복한다는 표시로 손에서 장갑을 벗었는데도 그냥 살해한다. 6개월 후에는 함락되었던 푸아티에가 해방되었고, 몽콩투르 전투가 이어졌다. 이 같은 여세 속에서 앙리 드 기즈는 한동안 국왕의 누이인 마르그리트 드 프랑스와 결혼하기를 희망하다가 결국 카트린 드 클레브(되 백작부인)와 결혼한다. 마르그리트와 앙리 드 기즈는 서로 사랑하는 사이였다. 로렌가—기즈가의 또 다른 이름—는 두 청춘의 관계를 잘 이용하면 섭정으로 통치되는 왕실과의 관계를 더 강화할 수 있을 거라고 생각했다. 여전히 왕위를 조준하면서. 물론 영원한 신기루일지도 모르지만. 그런데 샤를 9세가 갑자기 태도를 바꾸어 이 결합을 공식적으로 반대하고 나왔다. 심지어 이 무례한 젊은이를 죽일 수도 있다며 위협했다. 사실 왕과 그 어머니 카트린 드 메디시스는 또 다른 결혼을 계획하고 있었다. 1572년 8월 18일에 마르그리트를 부르봉 왕가의 자손이자 프로테스탄트파의 수장인 앙리 드 나바르와 결혼시켜 왕국에 평화를 가져오려 한 것이다. 그러나 독실한 가톨릭교도들의 눈에 이런 결합은 "혐오스러운 짝짓기"와 다를 바 없었다. 일주일 후, 종교 전쟁 중에 일어난 가장 끔찍한 사건인 성 바르톨로메오 축일의 대학살이 벌어진다.

혼인을 통한 정략적인 정치에만 신경을 쓴 나머지, 왕권은 가톨릭교 평민들의 분노가 얼마나 격렬한지 가늠하지 못했다. 게다가 왕실이, 위그노 편인 데다 파면당한 영국 여왕 엘리자베스와 보호 조약까지 체결하자 민중의 격분은 더욱 고조되었다. 상황은 정말 심각해졌다. 계속되는 소문에 따르면 프로테스탄트 콜리니 제독이 국왕의 허가를 얻어 스페인의 펠리페 2세와 싸울 군대를 징발한다고 했다(전장은 플랑드르 지역). 프랑스 왕국은 이제 이튿날이면 '이단'의 손아귀에 들어가는 것인가? 이 소문의 설교자들은 이를 확신했다. 파리 시민들은 국왕의 누이동생과 나바르 왕자의 '더러운' 결혼에 이미 격앙되어 당장이라도 싸울 준비가 되어 있었다. 이들은 프랑수아 드 기즈에 이어 자신들의 새로운 대장이 된 앙리 드 기즈의 명령만을 기다리고 있었다. 이제 행동으로 옮길 때다!

그러나 젊은 공작은 신중했다. 9년 전 오를레앙 공략 때 그의 아버지인 프랑수아 드 기즈를 살해한 위그노의 군대장 콜리니 제독의 죄를 샤를 9세가 사해 주고 책임을 면하게 해 무죄로 만들어주었음이 분명했다. 아버지는 아들에게 프랑스 왕국이 집안 간의 불화로 피를 흘리며 싸우는 아수라장이 되어서는 안 된다며 복수하지 말라고 당부했다. 앙리는 아들로서의 의무와 삼촌인 추기경과 공유해야 하는 견해 사이에서 진퇴양난이었다. 삼촌은 로마의 교황 옆에서 일하는 추기경이니

만큼 평화를 위한 국왕의 노력을 방해하고 나설 수 없었다.

이러지도 저러지도 못하는 상황에서 빠져나올 수 있게 한 사건이 몇 건 일어났다. 8월 22일 오전 열한 시, 국왕이 주최하는 고문 회의를 마치고 돌아가던 콜리니가 손과 팔꿈치에 화살을 맞았다. 예상되는 위그노들의 격분을 가라앉히기 위해서라도 곧장 국왕과 그 동생 앙리는 부상당한 콜리니 제독의 침상으로 달려갔다. 이튿날 아침, 파리의 부르주아 민병대, 즉 가톨릭교도들은 유사시에 대비해 무장을 갖췄다. 스페인 대사가 이제 프랑스와 외교적 관계를 단절한다고 발표하자, 불에 기름을 부은 꼴이 되었다. 펠리페 2세는 자신의 가장 가까운 동맹 세력인 기즈가가, 실패에 그치긴 했지만 콜리니 제독을 테러하려 한 시도로 규탄받는다면, 전쟁도 불사하겠다고 선언했다. 이 테러 행위에 일부 책임이 있다고 지목된[22] 젊은 공작과 그의 삼촌 오말 공작은 이 소식을 듣고 가톨릭교도들을 결집시켰다.

샤를 9세는 궁에 있을 때 결코 홀로 있지 않았다. 그런데 호위병 몇몇이 이탈하고 민병대도 그에게 복종하지 않았다. 기즈의 기병대는 도시에 집결해 있었다. 이 복잡한 그물망에서 빠져나오기 위해 그는 고문 회의의 지지에 기대어 앙리 드 나바르 측근의 프로테스탄트 귀족들 20여 명만 희생시키기로 결심한다. "내 신앙은 어디에 있는가? 내가 그들에게 한 약속은 어디에 있는가?"라며 그는 신음했다. 너무 늦었다. 불행은 이미 일어났다.

1572년 8월 24일 새벽 세 시경, 파리 교회의 종이 사냥할 때 울리는

---

22. 당시에 그가 베티지가에 있었기 때문에 그렇게 된 것이다. 베티지가의 한 집에는 이 공작의 교사인 사제가 세 들어 살고 있었다.

것 같은 뿔피리 소리를 냈다. 군인들과 평민들은 피에 굶주려 있었고, 수공업 장인들과 부르주아들은 격정에 휩싸여 있었다. 이들은 모두 하나가 되어 '이단' 사냥에 나선다. 이것이야말로 신과 왕의 의지를 완수하는 행동이라 믿었다. 국왕이 전통 종교인 가톨릭교를 배신하고 싶어 한다는 의심은 여전히 하고 있었지만 말이다. 성 바르톨레메오 축일의 대학살은 이렇게 시작되었다.

창문에서 떨어지는 시신들

사냥은 나흘 동안 지속되다가 이어 지방으로 번지면서 대학살로 바뀌었다. 라샤리테, 부르주, 오를레앙, 앙제, 소뮈르, 트루아, 루앙, 리옹, 나중에는 보르도, 툴루즈, 알비, 가야크, 기타 등등. 수도 파리에서만 3000명이 죽었고 지방에서는 서로 주거니 받거니 수백 명이 죽어 나갔다. "대기는 죽어가는 자들의 울부짖음과 횡사하는 자들의 신음으로 뒤흔들렸다. 칼에 잘려 나간 몸들이 창문에서 계속 떨어졌다. 마차들이 드나드는 큰 성문과 또 다른 문들에는 이미 생명이 꺼져버린 몸들과 신음하며 쓰러지는 몸들로 막혀 있었다. 길 한복판은 수레차에 실려 끌려 다니는 시신으로 가득 찼고, 거기서 쏟아져 나온 피는 포석에 고이지 않고 연신 홍건한 핏물이 되어 강까지 떠내려갔다. 죽은 자들의 수는 도저히 헤아릴 수 없을 정도였다. 남자들, 여자들, 아이들 그리고 심지어 갈라진 어머니 뱃속에서 빠져나온 태아들까지." 당시 행정관이자 역사가인 자크오귀스트 드 투는 이렇게 썼다.

지난 10여 년 동안 이보다 더 참혹한 살육은 없었다. 그날 저녁, 프로테스탄트교 수장들을 전부 제거해야 하는 임무를 맡은 부대의 우두머리는 바로 앙리 드 기즈였다. 콜리니 제독의 암살을 명한 사람도 그였을까? 그 어떤 증거도 없지만, 그럼에도 불구하고 몇몇 증언에 따르면 명령은 오말 공작이 내렸을지라도 제독의 집에 들어간 사람은 그였을 거라는 소문이 있다. 그리고 몸이 축 늘어진 시신에 발길질을 하며 그는 이런 말을 내뱉었다고 한다. "이 독사 같은 짐승, 이젠 독을 내뿜지 못하겠군." 다른 일화에 따르면, 이와는 반대로, 정확히 그 시각에 그는 센강 좌안에서 프로테스탄트교 수장들을 추격하고 있었으므로 가장 처참한 살육이 벌어지고 있던 파리 도성 내에 있지 않았을 수도 있다. 더욱이 그는 위그노의 새 수장이 된 가브리엘 드 몽고메리[23]를 포획하지 못해서 부아가 치밀어 이튿날이 되어서야 파리로 돌아왔으니 말이다.

게다가 왕의 명에 따라 기즈는 살육과 약탈을 멈추게 한다. 그리고 질서를 다시 회복한다. 그의 숙적들은 그를 학살자로 고소할 것이다. 다시 한번 말하지만, 증거는 없다. 모든 정황이 그에게 유리했다. 유일하게 확실한 사실은 그의 사저가 프로테스탄트의 은신처로 사용되었다는 것이다. 그의 할머니인 르네 드 프랑스는 위그노파이지 않나? 할머니의 안전을 위해 파리 밖으로 할머니를 직접 모시고 갔을 수 있다.[24]

---

23. 그는 2년 후에 참수된다.

24. 앙리 드 기즈의 할머니는 몽타르지에 거처가 있었다. 그녀는 루이 12세와 안 드 브르타뉴의 딸이다. 페라라 공작부인 르네는 칼뱅파를 자신의 집에 받아들였다. 일화에 따르면, 그녀의 아들이자 앙리의 아버지인 프랑수아 드 기즈는 이 불편하기 짝이 없는 손님들을 당장 되돌려 보내지 않으면, 그리고 다시 '전통 신앙'으로 돌아오지 않으면 수녀 베일을 씌워버리겠다고 하면서 어머니를 위협했다고 한다. 반면 의회가 이단죄로 그녀의 재산을 모두 몰

야만의 사건 이후 정치가 재개된다. 1573년 6월, 프로테스탄트의 항구 마을인 라로셸을 공략하지만 5개월을 버티지 못하고 결국 후퇴한다. 이는 군주권이 유리한 상황을 맞고도 더 밀고 나가지 못하는 무능을 보인 것이다.[25] 몽모랑시 공작과 나바르 및 콩데 공작 등은 그들 혈통 덕분에 목숨을 구했고, 이들은 화해의 정치를 위해 가톨릭교 대영주들에게 프로테스탄트교를 공식적으로 포기한다고 선언했다. 반면 국왕은 강경했다. 그 결과, 자신들이 붙인 이름이기도 한 '불평분자파'는 권력의 절대적 독점을 끝내기 위한 국가 개혁을 요구했다. 이 '불평분자파'의 대장은 다름 아닌, 왕위 계승 후보권에 들어오는 자이자, '나리 님'[26]이라 불린, 앙리 3세의 동생 프랑수아 달랑송[27]이었다.

샤를 9세 ― 얼마 안 있어 그는 늑막염으로 사망한다 ― 와 그의 어머니 카트린 드 메디시스는 종교 분쟁에 이어 귀족의 반란이 일어나지 않을까 노심초사했다. 그래서 한 발 물러나 콩데에게 피카르디 영지를

수하려고 하자, 그녀에게 우호적인 샤를 9세가 개입하여 무마했다고 한다.

25. 두 진영이 지지부진하게 대치하다가 1573년 7월 11일에 합의하는데, 불로뉴에서 새로운 평화 칙령이 나온다. 이로써 4차 종교 전쟁이 종결된다.

26. 원문은 대문자 M을 써서 'Monsieur'라고 되어 있다. '무슈'는 지금 보통 성인 남자의 성 앞에 쓰지만, 이때만 해도 특정한 귀족 신분에게만 썼다. 프랑수아 달랑송은 샤를 9세, 앙리 3세 등에 이어 왕위 계승권 안에 드는 후보였지만, 앙리 드 나바르(훗날의 앙리 4세)에게 밀린다. '무슈'라는 호칭에는 상대를 높이면서도 낮추는 이중의 함의가 있는 것으로 보인다. ―옮긴이

27. '달랑송' '알랑송'이 혼용 표기되는 것은 우리말로서는 불가피하다. 프랑스어 전치사 'de'가 성 앞에 붙으면 귀족명이기 쉽다. 그리고 'de' 이하는 귀족이 소유한 영지, 봉토 등을 뜻하는 지역명이다. 지역 이름은 알랑송Alençon이지만 모음인 A로 시작하므로 'de'와 연음되어 '달랑송'으로 바뀐다. 이와 비슷한 예로 오말 공작, 엘뵈프 공작이 있다. 도말 공작, 델뵈프 공작으로도 표기될 수 있다. 모두 모음으로 시작되기 때문이다. ―옮긴이

반환하고 몽모랑시에게 상임 왕실 고문을 맡기며 발루아 왕가의 마지막 왕손을 이끌게 한다. 반면 알랑송, 나바르, 콩데를 왕궁 안에 처소를 마련해 거주시키며 가까이에서 감시한다.

1575년 2월 13일, 앙리 3세의 대관식[28]에서 기즈 가문은 과잉 표상된다. 대주교좌를 대부분 차지하고, 기즈가의 공작들과 마옌 공작, 오말 공작 등은 3대 평신도회를 대표하며, 엘뵈프 후작은 프랑스의 대원수가 된다. 그리고 이틀 뒤에 젊은 왕은 기즈가의 루이즈 드 보데몽과 결혼할 것이다.

새로운 군주가 된 앙리 3세는 환영의 선물로 다시 내전을 상속받아 12년간 다섯 번의 종교 전쟁을 치른다. "랑그도크의 왕"이자 프로테스탄트교와 연합한 가톨릭교도 앙리 드 몽모랑시당빌이 적대적 도발을 개시한다. 왕의 동생인 프랑수아 달랑송이 곧이어 이 세력에 합류한다. 그는 루브르 궁에서 탈출하여, 앙주, 리무쟁, 푸아투 출신 병사들로 이루어진 부대의 대장이 된다. 동쪽에서는 콩데가 라인 지방의 영지를 소유한 백작의 아들 장 카지미르와 그가 이끄는 용병대에 도움을 청한다. 그러나 이 용병대는 알랑송의 부대와 합류할 시간을 미처 갖지도 못한다. 따라서 파리를 위협하기에도 역부족이었는데, 왜냐하면 이들이 마른 지방의 도르망 전투에서 10월 10일에 앙리 드 기즈에게 섬멸되기 때문이다. 앙리 드 기즈 공작이 얼굴에 습격을 받아 '칼자국' 사나이라는 별명이 붙은 게 바로 이 전투에서다. 이 전투를 기점으로 그의 영광의 해가 시작된다. 왕은 이 "위대하고 탁월한 도움"에 대

---

28. 대관식은 다섯 시간 동안 계속되었다. 왕은 일곱 차례나 의상을 갈아입었고 열 번을 조아려 엎드렸으며 서약 기도를 세 번 올렸다.

해 진정으로 감사를 표한다. 다시 한번, 또 한 명의 기즈가 프랑스 왕권을 구한 것이다.

'귀염둥이들'과 함께!

이 승리에도 불구하고 왕은 기즈를 믿을 수 없어 위그노들에게도 담보를 걸고, 가톨릭교도들에게도 담보를 걸었다. 볼리외 칙령(1576년 5월)으로 프로테스탄트는 전 지역에서 예배를 볼 수 있게 되었고 콜리니와 몽고메리를 기억하며 성 바르톨로메오 축일 학살의 희생자들을 추모할 수도 있게 되었다. 또한 프로테스탄트에게는 여덟 군데 안전지대가 제공되었다. 왕실로 돌아오기만 하면 특별 영지[29]를 주겠다며 프랑수아 달랑송을 달래기도 했다. 아이러니하게도 사람들은 "나리 님의 평화"라고 불렀다. '나리 님'이 결국 승리한 것처럼 보였으니 말이다. 스물네 살이 된 젊은 왕은 이 사람, 저 사람에게 많은 것을 양도했다. 그는 모욕감을 느꼈고 그럴 때면 눈가에 눈물이 고였다.

그가 혐오한 조약이니 정당화해서도 안 될 일이다. 평화 조약이라고는 하나 여전히 지켜지지 않는 몇몇 협정이 있어서 언제 깨질지 모르는 상대적인 조약이었다. 기즈가와 가까운 피카르디 영주, 자크 뒤미에르 같은 이는 페론에서 프로테스탄트에게 도시 성문의 열쇠를 내주지 않았다. 이런 방어 행위 때문에 지방에서는 속속 가톨릭 조직체가 생겨났고, 프로테스탄트에게 안전지대를 제공한 것에 분노, '리그'라

---

29. 왕권에서 배제된 왕자, 즉 왕위 계승의 기회가 오지 않는 왕자에게 주던 특별 영지.

는 이름으로 연대하기 시작했다. 다시 이렇게 왕권은 약화되었으며 왕국에는 또 다른 근심거리가 생기기 시작했다.

앙리 드 기즈는 이런 상황을 주의 깊게 관찰하고 있었다. 프랑스의 대원수이자 왕가의 수장이 된 그는 특히 '귀염둥이들'[30]의 길을 막는 데 전념했다. '귀염둥이'는 여자 같은 모습을 하고 "무신론자이며, 쾌락주의자이고, 비방꾼이며, 남색을 즐기는" 탓에 적들이 비웃듯 붙여 준 이름이다. 그러나 실제로 이들은 최고 귀족 엘리트들의 자제들이었다. 또 칼싸움에 상당히 능한 사나이들로, 충성하는 군주를 위해서라면 기꺼이 목숨을 바칠 준비가 된 자들이었다. 생뤼크, 카일뤼스, 라발레트, 보베낭지와 주아이외즈 등이 바로 그들이다. 왕은 이들의 충성도에 따라 임무와 지위를 부여하고 이들에게 여러 직책을 몰아주기도 하여 궁에서 이들은 미움의 대상이 된 상태였다. 이들의 담대함은 도가 지나쳐, 가령 이들 가운데 한 사람은 기즈 공작이 지닌 프랑스 대원수라는 지위를 착복하려고 했다. 왕에게 직접 부탁해 기즈 공작을 물러나게 하라고 요구하기도 했다. 왕과 가장 가까운 인물이자 가장 영향력 있으면서 가장 미움을 샀던 귀족은 바로 에페르농 공작[31]이다. 이 '초특급 총신'은 정말 믿을 수 없을 정도로 온갖 특혜를 누렸다. 프랑스 사령관, 보병대 총연대장,[32] 노르망디와 앙주와 투렌 지방의 통

---

30. '귀염둥이'의 원어는 'mignon'이다. 귀엽고 사랑스럽다는 뜻의 형용사인데, 여자아이처럼 생긴 남자를 가리킬 때도 있다. 앙리 3세의 총신들 가운데는 여성적인 동성애자들이 있어 이런 별명이 붙었다.—옮긴이

31. 몇 문장 앞에서 열거한 인물인 라발레트. 라발레트는 영지 이름이다. 그 밖의 다른 이름도 많은데, 그만큼 많은 특혜를 받았음을 뜻한다.—옮긴이

32. 장교에게 부여하는 계급을 그에게 준 셈이다. 이 자리는 원래 기즈 공작의 형인 샤를 드 마옌에게 돌아갈 것이었다.

치권을 준 것까지는 말하지 않아도 말이다. 그런데 왕이 로렌 지방 한 가운데에 있는 메스의 통치권을 그에게 추가로 내놓은 데다 의붓 여동생인 크리스틴 드 로렌까지 그에게 주겠다는 약속을 하자 기즈 형제들은 기겁했다. 사람들은 이미 그를 "반쪽 왕"이라고 부르고 있었다. 기즈가의 형제들은 그에게서 자신들을 그토록 고통스럽게 만들었던 과거의 콜리니, 콩데, 몽모랑시 같은 라이벌의 환영을 보는 듯했다. 적어도 이들은 프로테스탄트였다. 그러나 이 새로운 총신은 이런 경우도 아니었다.

세 앙리 전쟁

1584년, 상속자 없는 국왕의 마지막 생존 동생인 앙주 공작,[33] 즉 프랑수아 달랑송이 결핵으로 사망하자 계승권을 놓고 다시 싸움이 벌어졌다. 나라는 다시 내전에 빠진다. 왜냐하면 이제는 프로테스탄트가 된 앙리 드 나바르가 합법적으로 왕권을 주장할 수 있게 되었기 때문이다. 어렸을 때, 앙리 3세는 너무나 잘 웃고 장난기 많고 착하고 귀여운 이 작은 '앙리오'와 노는 것을 참 좋아했다. 사냥 놀이도 항상 같이 했다. 성인이 되자 '앙리오'는 준수한 용모에 콧수염도 아름답고 성격도 원만한 사람으로 변해 있었다.[34] 앙리 3세는 이 먼 사촌이 다섯 번이나

---

33. 앙주 공작은 앙리 3세에게도 붙여진 명칭이고, 프랑수아 달랑송에게도 붙여진 명칭이다. 영지 이름에서 유래한 것이라 중복되기도 한다. ―옮긴이

34. 앙리 4세에 대한 평은 당대나 현대나 좋은 편이다. "프랑스인이 가장 좋아하는 인간형"이라는 평가가 있을 정도다. 앙리 4세의 운명은 곤란하게도 프로테스탄트교 출신인데도 가

종교를 바꾸긴 했지만 칼뱅파의 모든 예배를 이제 한 번이라도 공개적으로 포기하기를 바랐다. 그러나 그가 영악하다는 것도 잘 알고 있었다. 어찌 되었든, 이렇게 세 앙리, 즉 발루아의 앙리, 나바르의 앙리, 기즈의 앙리가 대결할 수밖에 없는 이유는 다 갖추어졌다.

가톨릭교를 옹호하는 연합체들이 결성되었다. 첫째는 '신성동맹(생트 리그Sainte Ligue)' 또는 '신성연맹(생트 위니옹Sainte Union)'이라 불리는 파리 부르주아 연합체. 두 번째는 모두 다 귀족인 기즈와 그의 형 마옌 그리고 느베르 공작. 이들은 가톨릭교를 다시 복구하고 수호하자고 다짐했고, 왕권에 굴레를 씌우기 위해 세금을 삭감하고 귀족으로서의 권한을 다시 갖게 하고 3년마다 삼부회를 열라고 주장했다. 그들의 진정한 대장은 영웅 전사이자 교양과 문예가 출중하며 매력이 흘러넘치는 앙리 드 기즈 말고 다른 사람은 생각할 수도 없었다.

기즈와 앙리 3세가 전장에서 맺은 오랜 우정은 이제 사라지고 없었다. '신성동맹' 탓만은 아니었다. 일대일 결투로 왕의 총신들을 하나하나 제거하면서 기즈는 거의 살상무기 같은 존재감을 발휘하고 있었다. 더욱이 스페인 왕가와 맺은 친교 및 펠리페 2세에게서 받는 후원금으로 외국 군대의 대장 노릇까지 하고 있었다. 이렇게 승승장구하다 보니 급기야 그의 눈에 국왕은 군주라기보다 독실한 수도사처럼 보인다

톨릭교 국가의 통치를 맡은 왕이라는 점이었다. 그는 특유의 여유 있는 성격과 인내심으로 이 중간적 위치의 어려움을 잘 극복해 신·구교 갈등을 비로소 해소한 왕으로 평가받는다. 그는 한 당파의 왕이 아닌 전 국민의 왕이 되기를 희망했다. 성격이 명랑하고 원만하여 서민들과도 술자리를 함께했고 농민에게도 관심이 많았으며 향락이나 사치스러운 의복도 일절 좋아하지 않았다고 알려져 있다. 다만, 여자관계가 복잡했다. 역사가들이 찾아낸 연인의 이름만 56명이 넘는다. 늙어서도 이런 애정 일화는 끊이지 않아, 국민과 왕비에게 불만을 샀다. 특히 노년의 애정 행각이 유명하다. -옮긴이

고 실컷 조롱해 주고 싶은 마음이 굴뚝같았다.

입 밖으로 내지는 않았지만 이미 그런 생각을 아주 많이 한 터라 언제 실수할지 몰랐다. 기즈는 전쟁이 고팠다. 공식적으로는 "진정한 신앙"을 옹호하기 위해서라는 명목을 내세웠지만, 실은 내심 왕관을 빼앗고 싶었다. 그날을 기다리며 그는 전장으로 다시 나갔고 그의 형제들인 오말 공과 엘뵈프 공이 뒤따랐다. 노르망디, 피카르디, 브르타뉴는 저항했지만, 부르주, 디종, 마콩은 점거되었다. 곧이어 북부와 중부의 지방들도 '신성동맹'에 합류했다.

앙리 3세는 아직은 서부와 중부 쪽, 그리고 큰 두 도시인 보르도와 툴루즈는 챙기고 있었다. 프랑스 왕치고 너무나 보잘것없었다. 특히나 왕은 완전히 혼자였다. 누이인 마르그리트는 신성동맹파를 지지했고, 어머니 카트린은 늘 때를 보며 사태를 관망할 뿐, "신경을 거스르거나 위험을 걸지 않는" 편을 택하니 도리어 각 진영 모두에게 왕비는 자신의 편이 아니라 적의 편에 있다는 인상을 심어주기에 충분했다. 당시의 한 연대사가는 절망적인 평가를 내놓는다. "왕은 걸어가고, 신성동맹은 말한테 말한다. 왕은 회개 봇짐을 메고, 신성동맹은 등에 흉갑을 찬다. 무기를 잊은 왕은 잉크에, 종이에 도움을 청할 뿐이다. 왕은 무슨 말인가는 하고 있지만 자신의 적이 누구인지 감히 말할 수 없는 노릇이니 싸늘하게 말할 뿐이다. 그는 완전히 기가 꺾였는데도 아무 말도 하지 못하고 그저 끙끙대는 남자처럼 보였다."

사기도 저하되고 사방에서 압박을 받는 데다 돈도 없고 병사도 없는 앙리 3세는 결국 허허벌판에서 항복한다. 기즈 형제의 꼼꼼한 통제 아래 협상을 마치고 느무르 평화 조약을 체결하는데(1585년 7월 7일), 위그노인 앙리 드 나바르를 자신의 계승자로 인정하는 내용도 포함되어 있었다. 그는 프로테스탄트의 예배를 금지하고 신앙의 자유와 안전지대를 모두 폐기한 기존의 칙령들을 전부 철회한다. 이 부조리한 상황을 한 베네치아 외교관은 미묘한 어조로 잘 요약한다. "그는 이단들과 전쟁을 하긴 할 것이다. 그는 가톨릭교의 성공을 질투했다. 위그노의 패배를 원하면서도 두려워했다. 가톨릭교의 패배를 두려워하면서도 갈망했다." 수많은 개혁파 사람들은 또 있을지 모를 학살의 희생자가 되느니 차라리 신앙을 포기하는 쪽을 선택했다. 사촌인 국왕의 온정을 믿었던 앙리 드 나바르는 환상이 깨진다.

그러는 동안 왕은 술책을 쓰고 있었다. 기옌의 나바르를 무너뜨리기 위해 앙리 드 기즈의 형인 마옌 공작의 왕실 부대에 정성을 쏟았다. 왜냐하면 왕은 두 앙리가 서로를 질투한다는 것을 잘 알고 있었기 때문이다. 왕은 속셈을 가지고 '귀염둥이' 주아이외즈에게 군대 지휘권을 맡겼다. 그가 승리하면 기즈를 대신해 왕인 자신이 귀족들의 마음을 사로잡을 거라면서. 분할 통치를 할 것인가? 하지만 어느 왕국을 통치할 것인가?

1586년, 군사 분야에서 (기즈에게는 큰 손해가 될 수도 있을) 어떤 움직임도 없자, 국왕은 이젠 류머티즘에 걸려 잘 걷지도 못하고 늘 검은 드레스를 입고 다니는 늙은 카트린 드 메디시스에게 나바르와 협상해 보라고 부탁했다. 이건 생각조차 할 수 없는 일이다! 파리 시민들은 기가 막혔고, 화가 났고, 선전자들의 말에 고무되어 분노로 이글거렸다. 1587년 2월 8일, 런던에서 기즈 가문의 딸인 가톨릭교도 메리 스튜어트의 처형이 발표되자 그들의 분노는 드디어 폭발했다.

왕은 가톨릭교 동맹자들에게 첫 번째 공공의 적이 되었다. 그들은 험담과 중상비방만으로는 충분하지 않았고, 납치와 감금까지 생각했다.

두 가지 음모 계획이 솔솔 모의되고 있었다. 명가의 자부심도 있고 이런 일이 낯설어서 기즈가는 그 정도의 험악한 비리는 저지르지 않기로 했다. 게다가 기즈 공작은 왕을 뒤엎을 생각은 한 번도 하지 않았다. 동맹자들의 취향에 맞는 어떤 혁명을 일으킬 생각도 하지 않았다. 그의 목표는, 오로지 위그노를 무찌르는 것이었다. "가톨릭교가 이 왕국에 잘 자리 잡고 있는 한, 그는 말에서 결코 내리지 않겠다"고 약속하지 않았던가? 그러니까 어쩔 수 없는 상황이 발생하면, 그때에 왕관을 못 이기는 척 주워 가겠다는 심사였다. 그래서 1587년 7월에 왕이 모Meaux를 방문했을 때, 왕에 대한 반감과 경멸을 눈에 띄게 드러내는 정도에 만족했다.

왕실 부대는 10월 20일에 쿠트라(지롱드)에서 산산조각 와해된다. 참담한 결과였다. 사망자가 2000명이었고, 그 가운데 300명이 귀족이었다. 이는 앙리 드 나바르가 거둔 첫 대승이었다. 여기서 얻은 명성을 기반으로 그는 옥좌를 향한 행보를 하나하나 밟아나간다. 비록 지금 당장은 이 승리를 활용할 수 없긴 하지만. 앙리 3세는 목숨은 건졌으나 패배하고 굴욕을 겪었으며, 점점 더 무능해질 것이다.

기즈 공작은 8차 종교 전쟁 때 승리에 승리를 거듭하며 기세등등했다. 비모리에서 난폭한 독일 기병들을 만나 두 번 패배하고(1587년 10월 26일), 한 달이 좀 못 되어 샤르트르 근처의 오노에서 진 것(11월 24일) 말고는 다 승리였다. 한 시대의 증언자는 이를 두고 "신성동맹의 송가"였다고 쓴다.

위험하기 짝이 없던 1588년

성공에 힘입어 신성동맹 수장들은 더욱 대담해졌다. 1588년 초에 몇몇 의심스러운 장교들의 파면을 요구했고, 트렌트 공회[35]의 행동 강령을 출판했으며, 대도시에 화형대를 설치하고 프로테스탄트 죄수들을 처형하라고 요구했다. 4월 말, 왕이 납치되었다는 소문이 퍼졌다. 선전선 동가들과 기즈의 누이인 몽팡시에 공작부인은 수도의 교회 강단과 예배 행렬에서 '폭군'은 암살할 필요가 있다는 말이 나오게 만들며 '폭군'에 대한 분노를 한층 더 돋우었다.[36] 영광의 신은 "진정한 신앙"을 망치는 자의 악마적 통치를 중단하라고 요구하지 않나? 왕 쪽에서는 기즈를 체포하거나 처형하기를 거절했다. 반면, 왕은 이제는 왕 노릇을 할 준비가 되어 있었다. 왜냐하면 "신하들의 아첨을 너무 많이 받고" 있어서였다. 그러나 굶주려 있고 적대감으로 똘똘 뭉친 파리 시민들을 상대로 어떻게 왕 노릇을 할 것인가? 이 한 사람, 기즈를 상대로 어떻게 왕 노릇을 할 것인가? 기즈가 파리에 체류하지 못하게 하자. 앙리 3세는 단호하게 결정을 내린다. 하지만 5월 9일에 이 '칼자국' 사나이는 단출한 호위대만 대동하고 생드니 문을 통해 수도로 들어간다. 신성동맹원들과 부르주아 민병대는 이미 현장에 와 있었다. 그는 군중의

---

35. 마르틴 루터의 종교 개혁 여파로 교회 개혁을 위한 트렌트 공회(1542~1563년)가 열렸다. 여기서 일곱 가지 성례가 정해졌다. 세례baptisma, 견진comfirmatio, 고해paenitentia, 성체Eucharistia, 신품ordo, 혼인matrimonium, 종부extrema unctio. 그리고 성인과 성인 유품에 대한 예배 및 성경의 권위, 화체化體(성찬의 빵과 포도주가 예수의 살과 피가 됨)를 공고히 했다.

36. 고대부터 몇몇 가톨릭교 교부는 폭군 살해 교리를 내세웠다. '나쁜 왕' 또는 '폭군' '전제 군주'는 폐위시키거나 사형시켜야 한다고 주장했다.

만세 소리를 들으며 카트린 드 메디시스의 처소로 바로 갔다. "기즈 만세, 교회의 지주 만세!" 여자들은 그의 외투 끝자락이라도 만져보고 싶어 했다.

사흘 후인 5월 12일 새벽 다섯 시, 병사 6000명 가운데 스위스 출신 병사 4000명이 왕의 부탁으로 파리로 들어왔다. 외국 부대가 파리로 들어오는 것을 금하는 도시의 규율도 무시하면서 말이다. '폭군'이 파리 시민들을 완전히 진압하겠다는 결정을 내린 건가? 포석과 모래, 흙을 채운 큰 통이 세워졌다. 이것이 수도 파리를 막은 최초의 바리케이드[37]다. 왕실 병사들은 포위되었다. 반란의 신호는 모베르 광장에서 나왔다. 앙리 3세는 군중에게 사격을 하는 것은 금했다. 스위스 병사들은 살해되었다. 그는 학살을 막기 위해 기즈에게 개입해 달라고 부탁했다. 이튿날 네 시에 손에 모자를 들고 무장하지 않은 채 '칼자국' 사나이는 자신의 저택에서 나왔다. 그가 지나가도록 바리케이드가 열렸다. 그리고 그의 명령에 따라 반란자들은 병사들을 풀어주었다. "이 일은 왕실의 권위를 쓰러뜨린 마지막 일격이었다"고 증언자는 적는다. 공작은 파리의 대장이다. 그러면 곧 왕국의 대장도?

이튿날 카트린 드 메디시스가 협상을 벌이러 왔고, 그는 "너무 늦었습니다"라고 말했다. 폭도들이 이미 루브르를 포위했다. 왕은 혼란을 틈타 튈르리 정원으로 아무도 모르게 내려왔다. 그리고 곧장 샤르트르 방향으로 도망쳤다. 어디까지 내려가야 하는가? 파리가 겪은 백년전쟁의 끔찍한 시간을 또 떠올려야 하는가?

---

37. '바리케이드'라는 말은 사실 갈리아−로마어 '바리카barrica'에서 왔다. 두꺼운 나무통이라는 뜻이다.

기즈는 왠지 속은 느낌이 들었다. 그러나 '군주'를 위해하는 것은 원치 않았다. 가장 극렬한 반란자들을 자제시켰을 뿐이다. 5월 14일, 그는 루브르, 바스티유, 아르스날, 뱅센 성을 차지했다. 왕에게 우호적인 상인 관료와 두 부시장을 체포하라고 명했다. 시의회를 해체하고 다시 선거를 실시해 "시민을 잘 단속해 줄 것"을 부탁했다. 그리고 민병대 대장들을 교체했다. 그는 교황에게 이렇게 알린다. "제가 어떤 극한 상황에까지 와 있는지 모르실 겁니다. 완전히 졸아들어 어떻게 해볼 수가 없는 상황인데, 이게 이상하지 않아 보이신다면 다행이겠으나, 극약 처방을 하면서 이렇게 있는 겁니다."

왜 기즈는 이때를 왕위 찬탈의 기회로 활용하지 않았을까? 법치주의 때문에? 정당성 때문에? 루비콘강을 건널 수 있는 마지막 기회였고, 마지막 기회가 될 것이다. 왕보다 더한 왕당파 되기가 그렇게 어려운 것인지. 반란을 획책하는 선동자가 되지 않고는 구원자로 나서기가 그렇게 힘든 것인지. 공작은 파리의 소란이 지방의 비위를 거스르리라는 것을 잘 알았다. 군주의 도피로 자신의 입지마저 흔들릴지 몰랐다. 왕권에 대한 자신의 충성을 널리 알려야 했다. 그런데 이런 가짜 고백을 믿어줄까?

앙리 3세는 샤르트르에서 객석의 관객처럼 이 모든 사건을 관찰했다. 파리 시민들은 과거의 자유를 회복하기를 희망한다. 그러나 그를 뒤엎어 버리기를 원하는 사람이 그토록 많을까? 아니다. 그 증거라면, 파리의 대표단이 그를 보러 오겠다고 한 것이다. 그는 그들에게 자신이 음모의 희생자라고 설명했다. 지방의 지사들에게는 전령을 보내, 잘 버티며 견디고 있으라는 암묵적인 메시지를 보냈다. 그럼에도 불구하고 '연맹' 칙령의 문건에 따라 동맹파가 요구하는 조건을 수용하지 않을 수 없었다. 동맹원들의 사면, 위그노 전쟁의 재개, 세금 감면, 왕실 부대 수장에 앙리 드 기즈를 임명할 것 등등.

8월 2일, '칼자국' 사나이는 자신이 그토록 모욕한 왕을 알현하러 샤르트르로 갔다. 앙리 3세는 이렇게 말했다. "오, 나의 사촌, 우리 위그노 친구들을 위해 건배하지. 그리고 파리에서 바리케이드를 세운 자들을 위해서도. 그들을 위한 건배도 잊으면 안 되지." 앙리는 "기즈의 사촌들과 함께 통치하기를 원한다"라고 맹세한 셈이다. 그에게 다른 선택의 여지가 있었을까? 왕은 우선은 기즈를 속일 필요가 있었다. 이 마지막 카드는 삼부회, 즉 국가의 대표자들을 전부 소환하겠다는 의미였다. 그리고 이 마지막 카드를 통해 동맹파를 상대하며 자신의 합법성을 되찾겠다는 것이었다. 9월 중순에 블루아에서 삼부회가 소집된다.

블루아의 짱돌꾼들

바람이 부는 방향이 바뀐 건가? 1588년 여름, 무적의 아르마다 함선이 바다의 격랑에 휩싸여 영국 함대에게 섬멸되자 그 영향으로 기즈 공작의 기세도 꺾였다. 공작은 펠리페 2세라는 스페인 국왕으로 대변되는 최고의 동맹 세력도 잃는다. 마치 결정 장애라도 있는 듯, 그렇게 오랫동안 우유부단한 태도를 보이던 앙리 3세는 갑자기 변신한다. 이제는 적당히 타협하지 않을 뿐만 아니라 권위주의적인 모습을 보이기까지 한다. 자신의 어머니 카트린과 가까운 모든 장관을 해고하기 시작한다. 슈베르니, 빌루아, 벨리에브르, 클로드 피나르, 피에르 브륄라르.

바리케이드파에게 항복할 것을 왕비에게 조언한 자들이 바로 이 장관들이었다. 그런데 무엇보다 그는 스스로에게서 해방된다. 교황대사에게 그는 이런 말을 했다고 한다. "나는 이제 서른일곱입니다. 약해지지 않고 스스로 제 왕국 일에 전념하고 싶습니다. 제 방식대로 통치하려면, 그동안 멀리했던 사람들의 조언을 들어야 합니다. 그래야 최상의 결과가 나올 겁니다."

그러나 차후에 열리는 삼부회 의원 선거는 완전히 끔찍했다. 동맹파가 압도적으로 승리를 거두었다. 왕은 자기 방법에 충실할 뿐, 별다른 반응을 하지 않았다. 이 상황을 그대로 받아들였다. 9월 초가 되자 의원들을 한 명 한 명 블루아 성으로 불러들였다. 기즈보다 선수를 쳐서 이들의 마음을 잡아보려는 것이었다.

10월 16일, 궁정 대회의실에서 삼부회가 열렸다. 앙리, 카트린 드 메디시스와 왕비 루이즈가 그의 옆에 앉았고, 뒤로는 추기경단과 귀족 영주들과 공작들이 착석했다. 그리고 옥좌 바로 아래에 왕가의 대수장인 기즈가 황금 백합으로 장식된 긴 막대기를 들고 앉아 있었다. 앙리 3세는 빛나는 연설을 했다. 예전과 같지 않은 단호함에 사람들은 놀랐다. 그는 왕실의 권위를 다시 세우겠다고 약속했고, 정부를 개혁하고 이단을 근절하겠다고 약속했다. 반란을 획책하는 자들은 이제 도시에서 어떤 권리도 누릴 수 없을 것이라고 공언했다. "왕실과 떨어져 별도로 동맹을 만들고 싶어 하는 프랑스인들이 있다. 그러나 이제 내 권위 말고 다른 권위 아래서 연맹을 만드는 자는 응당 고통을 겪을 것이다. 신도 왕도 그것을 허락하지 않는다. 내 평소의 어진 모습은 이제 없다. 다 지난일이라고 말하겠다. 나는 왕실의 위엄을 지키기 위해 어쩔 수 없이 내 과거의 선한 모습을 내려놓을 수밖에 없다. 연맹에 발을 담그는 자가 내 신하 가운데 있다면 기꺼이 모독죄로 간주하겠다." 이 말에 기즈는 얼굴이 일그러졌다. 회의가 끝나자마자 기즈 지지자들은 이 단락만큼은 제거하라고 요구했다. 늘 하던 대로, 왕은 한 발 물러났다. 그러나 그는 의원들의 다른 두 가지 요구 사항은 바로 받아들였다. 프로테스탄트가 왕위에 접근하는 것을 금하는 연맹 칙령을 선포할 것. 이제 왕과 삼부회의 공통적 의지에서만 법이 도출된다는 것을 인정할 것. 다시 말해, 왕은 국가 대표자들과 권력을 공유한다는 것이었다. 어림도 없는 일이었다. 앙리 3세는 앙리 드 나바르를 모독죄로 규탄하는 일만큼은 막았다. 그나마 안심이었다.

12월 초, "블루아에 짱돌을 던지는 자들"[38]은 다시 나타났다. 그들은 왕실 회계를 감사勘査하고, 세금을 감면하고, 투표권을 부여하라고 요구했다. 그들은 단지 왕정의 정책에만 항의하는 것이 아니라, 이제 군주제라는 그 본질적 실체를 매일같이 문제 삼았다. 왕실은 절대로 긴장을 풀지 않았다. "내 존엄이 이렇게 무너지고 실추되느니 차라리 나는 죽으련다."

비록 이 동맹자들이 궁에서 게임을 하면서 기즈와는 일정한 거리를 두고 있었지만, 왕이 보기에 이 모든 굴욕의 유일한 책임자는 바로 기

---

38. 원어는 '프롱되르frondeur'다. 원래는 중세 때 투석기인 프롱드fronde를 다루는 투석병을 뜻했다. 나중에는 짱돌 또는 새총 같은 도구로 상대를 가격한다는 점에서 누군가에게 비판적이거나 반항적인 사람을 뜻하게 되었다. 사실 다음 장 '콩데 대공'에서 주로 다뤄질 '프롱드의 난'을 암시하는 전조적 표현이다. 16세기 앙리 드 기즈만 해도 같은 로열패밀리로서 아직은 왕권을 대놓고 반격하지 못했지만, 17세기 중반에 들어서면 귀족의 반항과 일탈이 시작될 것이다(1648~1653년). 루이 14세가 귀족을 제압하며 강력한 절대 왕정을 구축하게 된 배경에는 어린 시절부터 봐왔던 귀족들의 반란, 이런 프롱드 난에 대한 불편한 심기가 깔려 있었다.—옮긴이

즈 공작이었다. 그늘 속에서도 이자의 탐욕은 만족할 줄 몰랐다. 그는 군 총사령관의 존엄을 요구하지 않는가? 이런 분위기라면 왕의 측근이 한탄한 대로, 왕은 곧 "어쩔 수 없이 신성동맹파에게 왕위를 빼앗기고 몰락할 터였다." 이기기 위해서라면, 발루아 왕가의 이 마지막 왕에게 남은 유일한 방법은 무력이었다. 아니, 살인이라는 범죄[39]였다.

---

39. 1589년 8월 2일, 앙리 드 기즈가 암살되고 8개월 후, 이번에는 앙리 3세가 수도사 자크 클레망의 칼에 맞아 죽는다. '세 앙리의 전쟁'의 마지막 승자, 아니 최대 수혜자는 앙리 4세라는 이름으로 프랑스를 통치하게 될 미래의 프랑스 왕, 앙리 드 나바르다.

7
콩데 대공
(Louis II de Bourbon Condé, 1621~1686)
오만의 결정체

스물한 살에 전장의 영웅이 되어 이미 전설의 반열에 들어간 자에게 어떤 삶이 기다리고 있을까? 귀족의 특권이 보장되던 봉건 제도의 마지막 불을 절대 군주가 끄려 할 때 어떻게 하면 귀족의 신분을 지킬 수 있을까? 프롱드 당원임을 밝히고도 어떻게 하면 기존의 직무와 명예를 잃지 않을 수 있을까? 아니, 더 열망할 수 있을까? 왕을 배신하지 않되 어떻게 하면 왕의 반대편에 설수 있을까? '무슈 르 프랭스Monsieur le Prince'[1] 루이 2세 드 부르봉콩데는 '아주 많이' 반항아였고, '아주 조금' 궁정인이었다. 위대한 군인이었던 그는 왕이 될수도 있었다. 하지만 오만과 자만이 그를 철저한 정치인이 되지 못하게 만들었다. 그는 결국 '카노사'[2]로 간다. 한때 도전했고 싸웠던 자이지만, 이제 그를 위해 복무하지 않으면 안 되었다. 그자는 바로 루이 14세다. 콩데는 정말 하나의 운명이었다. 귀족의 운명을 구현하기도 했지만, '단수의 명예'에서 '복수의 명예'로 이행하는 시기[3]를 구현한 인물이었다.

1. '무슈'는 앞에서 말했듯이 과거에는 귀족의 성 앞에 붙이는 경어적 표현이었다. '프랭스 prince'는 왕자라는 뜻만 있는 게 아니라 공국의 왕이나 제후, 여러 대영지를 소유한 '대공'을 가리키기도 한다. 왕가 직계 혈통에서 뻗어 나간 다른 왕가 혈통에게 주로 붙었다. '대공 나리님' 정도로 옮길 수 있다. ─옮긴이

2. 콩데 대공과 루이 14세의 관계를 신성로마제국 황제 하인리히 4세와 교황 그레고리우스 7세에 비유한 말이다. 교황권과 황제권이 서로 대치하던 시기, 결국 하인리히 4세는 카노사에 있던 교황 그레고리우스 7세를 찾아가 굴욕적인 사과를 했다(1077년). ─옮긴이

3. 원문은 "le passage de l'âge de l'honneur à celui des honneurs…"라고 되어 있다. '명예honneur'라는 단어가 단수와 복수의 차이만 있을 뿐이지만 맥락을 분명하게 살려 이렇게 옮겨보았다. 왜냐하면 시대적 평가가 들어 있는 함축된 문장이라고 보았기 때문이다. 이 장에서 본격적으로 다뤄질 '프롱드 난'은 17세기에 일어난 귀족들의 반란으로, 18세기 프랑스 혁명의 전조라고 볼 수 있다. 루이 14세의 절대 왕정이 완벽하게 꽃을 피울 수 있었던 것은 그가 어릴 때부터 보아온 섭정 및 측근 정치의 폐단 및 귀족들의 야망을 제어해야 할 필요를 강하게 느껴 그것을 구현하는 데 성공했기 때문이다. 그러나 시인 폴 발레리의 말처럼, 절대 1인 체제라는 완벽한 안정 체제는 일종의 환상으로, 이미 그 내면에 스스로를 파멸시킬 악의 씨앗을 품고 있었는지 모른다. 17세기 중반에 귀족들의 일탈은 반란에 그쳤지만, 언제든 혁명이 일어날 수 있다는 것을 반증한 셈이고, 루이 14세 사망 이후 절대 왕정 체제가 더는 작동하지 않는다. 루이 15세와 루이 16세라는 무능한 통치자의 시기를 거쳐 결국 군주제는 무너지고 프랑스 혁명을 맞아 복수와 다수의 견해를 반영하여 의결하는 국민의회와 국민 주권 시대로 나아가게 된다. ─옮긴이

1643년 5월 19일, 새벽 다섯 시 무렵, 로크루아에서 두 군대가 서로를 노려보고 있었다. 로크루아는 아르덴 지역에 있는, 나무와 늪지로 둘러싸이고 몇 킬로미터에 이르는 넓은 숲 지대였다. 이탈리아군, 왈롱군, 독일군, 부르고뉴군 등으로 구성되고 네덜란드 총독 프란시스코 데 멜로가 지휘하는 스페인 합스부르크가[4] 부대는 프랑스 부대를 단번에 해치울 수 있을 거라고 확신했다. 여기서 진다면 이 전투 부대는 그저 이전 전투에서 살아남은 병사들이 모인 잡다한 혼합 부대밖에 되지 않을 터였다. 프랑스 국왕 루이 13세의 명은 단호했다. 왕국 북부만이 아니라 동부의 부르고뉴와 프랑슈콩테에서도 까부는 스페인 왕의 부대를 분쇄해야 한다는 것이었다.

반전을 위한 마지막 기회였다. 이 부대의 우두머리는 이제 갓 스물

---

4. 스페인의 합스부르크 왕가는 카를 5세(1500~1558)가 구축한 부르고뉴 왕국을 유산처럼 잘 보존해 왔다. 부르고뉴 왕국이란 현재의 벨기에, 프랑스 북부, 룩셈부르크, 네덜란드 일대에 해당하는 열일곱 개 지방이다. 이 가운데 일곱 개 지방은 칼뱅교로 개종한 후 반란을 일으킨다. 그리고 이 왕국에서 이탈하여 프로뱅스위니Provinces-Unies(또는 네덜란드)라는 이름으로 뭉치며, 배후에서 프랑스와 군사 동맹을 맺는다. 스페인 왕가 혈통에서 뻗어 나온 합스부르크가는 아직은 이탈리아 북부, 부르고뉴, 프랑슈콩테 등에서 프랑스에 적대적인 자들과 결속하며 존재감을 발휘하고 있었다. 루이 13세와 재상 리슐리외는 이런 결속을 끊어놓는다.

한 살 된 젊은이였는데, 그가 바로 미래의 콩데 대공이 될 앙기앵 공작이다.

스페인 포병대가 선제권을 쥐고 먼저 첫 예포를 발사했다. 프랑스 보병은 움찔했다. 그 충격은 아찔했고 출로는 불확실했다. 그러나 앙기앵 공작은 전례 없이 대담한 작전을 펼쳤다. 적의 오른쪽 날개 및 후방까지 압박해 들어갔고, 한 부관이 이끄는 부대는 왼쪽 날개를 공격해 들어갔다. 공작은 기세를 몰아 언제든 말들을 관통할 태세가 되어 있는 스페인의 가공할 정예 부대 '테르시오스 비에호스tercios viejos'를 혼비백산하게 만들었다. 프랑스 기병대는 집요하게 싸웠고 적들은 결국 항복했다. 완벽한 승리였다. 그리고 차분한 묵상의 시간이 왔다. 보쉬에[5]는 이 순간을 이렇게 기록한다. "왕자는 무릎을 꿇었다. 그리고 이 부대의 영광을 신에게 돌렸다. 비로소 로크루아는 해방된 것이다. 적들의 위협을 적들의 수치심으로 바꾸었다. 이로써 섭정[6]은 힘을 얻게 될 것이다. 이제 프랑스는 휴식을 취하고 이토록 행복한 예감 속에서 섭정을 시작하게 될 것이다." 오전 열 시, 스페인 부대는 사망자 5000명과 그에 상응하는 부상자들을 처리해야 했다. 프랑스인들도

---

5. 보쉬에(1627~1704)는 17세기 프랑스의 신학자이자 설교가로 루이 14세의 왕자 시절 스승이었다. 훗날 루이 14세의 정신과 정치관에 영향을 미칠 글을 많이 썼는데, 특히 가톨릭적이고 반프로테스탄트적인 사유가 많이 포함되어 있었다.—옮긴이

6. 루이 13세는 로크루아 승리 며칠 전인 1643년 5월 14일에 사망한다. 그 뒤 루이 13세의 왕비이며 루이 14세의 어머니인 안 도트리슈의 섭정이 시작된다. 루이 13세 시절 실질적 막후 통치자였던 리슐리외도 이미 1642년에 사망한 터라, 국사를 안 도트리슈에게 의존해야 했다. 권력의 누수 현상은 예견되었다. 그러나 다행히 루이 13세에게는 늦게 본 총명한 아들 루이 14세가 있었다. 이때 루이의 나이는 겨우 다섯 살이었다(1638년 출생). 리슐리외에 이어 마자랭이 재상에 오르고 어린 루이가 열세 살이 되던 1651년까지만 안 도트리슈가 섭정을 했다.—옮긴이

참전했던 병사의 절반이 넘는 희생자를 내어 그들의 죽음을 애도했다. 그러나 이 원정에서 눈부시게 떠오른 새로운 영웅을 축하하느라 이내 슬픔을 잊었다.

마르스에서 영감을 받아 만들어진 사내였는지 앙기앵 공작은 아폴론의 신체를 가진 건 아니었다. 다리는 짧고, 얼굴은 작은 설치류 동물처럼 길쭉하며, 머리털은 갈색에 숱이 무성한 더벅머리이고, 이마는 벗겨져 있고, 코는 시라노처럼 생긴 데다[7] 가는 수염 아래 큰 입이 튀어나와 있었으며 치아도 돌출되어 있었다. 모계 가문 영지인 샹티이 성에 걸려 있는 다비트 테니르스가 그린 초상화를 보면 그렇게까지 아첨꾼으로 보이지는 않는다. 좌우지간, 내일이면 알렉산드로스 대왕에 비유될 그는 거친 사내들을 통솔할 만한 카리스마를 내뿜었다. 그의 푸른 눈빛은 총명함을 드러냈고 부드럽고 유연한 걸음걸이는 신뢰감을 주기에 충분했다. 훗날 드 모트빌 부인[8]은 회상록에서 "그에게는 독수리를 닮은 그 무언가가 있다"라고 제법 후한 평가를 내린다.

젊은 루이 2세 드 부르봉콩데는 처음엔 앙기앵 공작으로만 알려졌으나 겨우 4년 만에 위대한 군인의 표상이 되었다. 프랑스가 1635년

---

7. 시라노 드 베르주라크(1619~1655)는 풍자 편지, 연애편지, 뷔를레스크, 수사학, 모순명제 등을 담은 수많은 글을 남긴 프랑스 작가로, 작가로서 거의 정점에 섰던 위대한 인물이다. 그러나 시라노는 기형적인 거대한 코와 못생긴 용모로 더 유명했는데, 실제 인물의 전기적 요소에서도 근거하지만, 에드몽 로스탕의 희곡《시라노 드 베르주라크》에 묘사된 주인공 때문에 그의 외모가 더 많이 회자되었다. 베르주라크의《다른 세상》이라는 작품에서는 이질적인 다양한 모양과 형상, 인물, 개념, 허구 들이 하나의 놀이처럼 펼쳐지며 타의추종을 불허하는 독특한 세계관을 보여주며, 시대와 문화를 초월해 범신론적인 마력이 구현되어 있다.─옮긴이

8. 어린 왕 루이 14세를 대신해 당시 섭정을 하던 안 도트리슈의 시녀로,《안 도트리슈의 역사에 바치는 회상록》이라는 책을 썼다.

에 마드리드에 전쟁을 선포한 이래 프랑스와 스페인은 매해 국경 인접 지대에서 전투를 벌였고, 콩데는 부대를 이끌고 이 지대를 포위 공략하여 여러 차례 승리함으로써 무훈의 위업을 달성했다. 그간 프랑스 왕국은 이 국경 지대 요새 도시들을 방어할 인력이 충분하지 않아 계속해서 대장을 바꿨을 뿐, 이렇다 할 해결책을 찾지 못하고 있었다. 해마다 전쟁을 벌였지만 매번 무모한 싸움이었다. 1640년에 루이 13세는 이제 이 지난한 싸움을 끝낼 준비를 한다. 스페인 합스부르크가에 충성하던 아르투아 지역과 그 주도인 아라스를 표적으로 정한 것이다. 이 도시 공략전에 7주간 참전한 젊은 콩데는 라메이에레 장군 옆에서 전쟁의 기초를 배웠다. 참호[9] 기술, 여러 부대를 향한 동시적이고 즉각적인 명령, 사람과 동물에게 반드시 필요한 식량 및 물품 조달에 관한 병참술. 그는 곧 있을 결혼식마저 잊어버릴 만큼 전쟁에 집중했고 배고픔, 갈증, 피로 같은 육체적 고통도 참았다. 그의 결혼은 술책에 능한 아버지가 성사시킨 것으로, 아들을 당시 왕국의 실권자인 리슐리외 추기경의 조카딸과 혼인시켰다. 이때 예비 신부 클레르클레망스 드 마이예브레제는 겨우 열두 살이었다.

이 차용한 여자에게 젊은 공작이 보인 혐오는 차마 눈 뜨고 못 볼 지경이었다. 사실 그는 자기 누이의 친구인 아름답고 수줍은 마르트 뒤 비장을 미치도록 사랑했고, 그녀만이 그의 유일한 사랑이었다. 마르트는 홧김에 수도원으로 들어가고 비탄에 젖어 20년 후 그곳 수도원에서 죽는다. 1641년 2월 11일에 팔레카르디날 예배당에서 파리 주교회의 집전으로 두 사람의 결혼식이 치러진다. 젊은 신랑과 신부는 신혼

---

9. 땅을 파고 산울타리를 만들어 외부의 지원 부대가 오더라도 요새를 공격하지 못하도록 함.

방으로 들어갔다. 그러나 어떤 일도 예상대로 되지 않는다. 공교로운 사안 하나. 교회는 결혼을 '비소비非消費'한다고 해서 결혼을 취소할 수 있는 사유로 인정하지 않는다. 신부를 죽도록 싫어하는데도? 신랑은 좌절했다. 그다음 날 그는 착란을 일으키고 기절한다. 의사가 와서 응급 처치를 했다. 신경이 예민한 건지 감수성이 극도로 깊은 건지, 그는 평생 갑작스런 고열에 시달리는 일이 허다할 것이다. 이런 신경병의 최고의 치료제는? 전장에 나가는 것이다. 움직이는 것이다. 거의 죽을 지경으로 신체를 격하게 쓰는 것이다. 군대 동료이자 가문의 남자 형제들인 샤티용콜리니, 구아용, 피자니 들과 함께 여인숙이나 사창가를 드나들기도 한다. 삼총사 같은 담력을 자랑하는가 하면, 이른바 도덕군자 따위는 집어치운다.

'루이'라는 이름

1640년 초, 리슐리외 재상은 50대 중반이 되었고 루이 13세(곧 마흔이 된다)는 아팠다.[10] 둘은 곧 자신들이 죽을 거라는 것을 알았다. 왕국은 화산 폭발 일보 직전 같았다. 전쟁 비용은 너무나 컸고 세금은 계속해서 늘어났다. 노르망디의 헐벗은 농민들과 페리고르의 '크로캉croquant'[11] 들은 들고일어났다. 권력으로부터 멀어져 소외된 지방 대영주들은 분

---

10. 루이 13세는 오늘날 크론병(만성 염증성 장 질환)이라고 알려진 병을 앓았다.─옮긴이
11. 원래는 표면이 거친 과자나 빵의 바삭한 느낌을 표현한 말이다. 루이 13세 시대에 반란을 일으킨 농민들을 가리키는 말이기도 했다.─옮긴이

노하여 왕의 동생인 가스통 도를레앙[12] 주변으로 몰려들었다. 이들 중 가장 격노한 자는 수아송 공작으로, 왕실 부대를 치겠다며 세당 근처까지 군대를 몰고 갔다. 이렇게 들고 까불다 우연히 사망자가 한 명 생겼는데, 이런 사고가 있었기에 망정이지 그렇지 않으면 그는 정말 계속해서 일을 벌였을지 모른다. 왕의 총신 생크마르스Cinq-Mars[13]도 가담, 폭력 사태를 일으켰으나 실패했고, 결국 처형되었다.

이런 무질서 속에서 젊은 앙기앵은 리슐리외 경에게 절대적 충성을 보였다. 규율이 몸에 밴 그는 결국 결혼도 받아들이기에 이르렀다. 곧이어 상속자도 생겼다. 아들 앙리쥘. 추기경은 마음이 흡족해져서 왕에게 이 아이의 젊은 아버지에게 피카르디 부대를 맡기면 어떻겠냐고 제안한다. 리슐리외 경은 1642년 12월 4일에 사망한다. 5개월 후 이번에는 루이 13세가 사망한다. 프랑스 왕조사의 한 장은 이렇게 넘어간다. 1643년 5월 18일, 여왕은 섭정을 시작하고 국가 고문 회의 의장에 마자랭을 임명한다. 우리가 이미 보았듯이, 젊은 콩데는 같은 해 5월 19일 로크루아 전투에서 영광의 승리를 거머쥔다.

---

12. 앙리 4세와 마리 드 메디시스의 셋째 아들이다. ─옮긴이

13. 생크마르스 후작(1620~1642)은 아버지가 죽고 나서 열두 살의 나이에 리슐리외 추기경에게 맡겨진다. 추기경의 추천으로 루이 13세를 알현하고 곧 왕이 가장 총애하는 신하가 된다. 왕의 의복 담당 대시종관이었고, 말과 마사 일체를 관리하는 최초의 시종관이 되었으며 이로써 대시종관에까지 오른다(오늘날 최고 통수권자의 모든 의전을 담당하는 직책과 유사하다─옮긴이). 이렇게 승승장구하면서 모종의 결혼 계획을 세우는데, 두 후견인(왕과 추기경을 의미함─옮긴이)에게 도움을 청하지만 불발되자 원통한 마음에 가스통 도를레앙과 연합한다. 그리고 그와 함께 리슐리외 추기경을 제거하려는 음모를 꾸미며 적국인 스페인과도 내통한다. 이 일이 발각되어 결국 체포되고 리옹의 단두대에서 머리가 잘려나가기 전, 이렇게 외친다. "오, 신이여, 도대체 이 세상은 무엇이란 말입니까?" 이 인물은 작가 알프레드 드 비니에게 많은 영감을 주었다.

누가 이런 승리를 예측이나 했겠는가? 샹파뉴 부대는 1년 전 캉브레 근처에서 완전히 산산조각 났고, 이는 왕권의 약세를 여실히 보여주었다. 스페인 군대가 더욱 치고 나갔다면, 파리가 150킬로미터 떨어져 있었다고는 해도, 새처럼 비상하여 파리를 공격할 수도 있었다. 스페인 군대로서는 이때 주저한 것이 치명적 패착이었다. 프랑스 부대의 로크루아 전투 승리 이후, 이들의 신화는 무너졌다. 이베리아인들은 이제 더는 무적의 군단이 아니었다. 젊은 앙기앵 공작으로 말할 것 같으면, 영광과 명예를 업고 널리 이름이 알려졌다. 젊은 날 병약했던 몸에 대한 고통스러운 기억은 지웠다. 끔찍한 재앙과도 같았던, 초라하기 짝이 없는 실적으로 구겼던 체면도 다시 펴졌다. 7년 전, 스페인 통치하의 프랑슈콩테 왕국의 주도인 돌Dole에서 그의 군대는 요새를 지키는 농성군 500명만 남기고 다들 도망치기 바빴다.

이것은 유명세의 시작에 불과했다. 로크루아에서의 승리 후 연이어 스페인의 전략적 요충지인 티옹빌을 탈취했다. 이 도시는 밀라노에서 플랑드르로 가는 길목에 있었다. 그다음 해에는 또 다른 위대한 전사 튀렌과 함께 프라이부르크임브라이스가우에서 바이에른 사람들을 무찌른다. 이어 다시 두 젊은 장군은 속전속결로 뇌르틀링겐 전투(1645년)에서 승리한다. 미래에 언젠가 적으로 만나 싸우게 될 줄 이때는 몰랐겠지만 말이다. 그러나 둘은 늘 서로를 존중할 것이다.

원정이 계속되면서 앙기앵은 고대 영웅들의 화려한 표상을 있는 대로 다 취했다. 멋진 전투복에 멋진 폼, 우아하고 멋진 동작, 강렬한 기습 기술, 적절하고 유효한 기동력. 이런 것들에는 정신이 완전히 혼미해질 정도로 빠져 있으면서도 부하들의 생활에는 별반 관심이 없었다. 그에게 이런 비난이 날아왔다. "저 엘리트 귀족성은 못 버릴 거야." 그는 못 들은 척했다. 영광을 향한 갈증이 있던 그는 오로지 전쟁 계획이나 전략·전술에만 관심이 있었다. 1646년 10월에는 됭케르크를 함락한다. 아버지가 죽으면서 콩데라는 타이틀을 그에게 물려주기 바로 두달 전이었다. 이듬해 '무슈 르 프랭스(대공 나리님)'는—이제 사람들은 그를 이렇게 부를 것이다—새 실권자가 된 마자랭을 비방했다는 이유로 레리다 앞에서 좌초한다. 마자랭은 그가 승리할 수 있는 수단과 구실을 잘 만들어주지 않을 것이다. 그러나 1648년 8월 20일, 랑스에서 다시 놀라운 승리를 거둠으로써 명예를 회복한다. 두 달 후, 베스트팔렌 조약이 체결되어 30년전쟁이 끝난다. 비교할 만한 대상이 없을 만큼 비범한 전사로서 놀라운 경력을 한껏 쌓았는데, 그의 나이 이제 겨우 스물일곱이었다. 앞으로 살아가야 할 인생이 40여 년이나 더 남아 있었다.

이미 반신半神처럼 되었는데, 이제 무엇을 할 것인가? 반신에서 완전한 신이 되기? 아니면 적어도 이 지상의 대표자 되기? 그러니까 말이지, 이제 왕? 이런 가설이 터무니없는 것은 아니다. 만일 루이 13세가 당시 상속자 없이 죽었다면, 그리고 그의 동생[14]이 죽는다면, 계승 순위로만 보면 그다음 왕위에 오를 사람은 바로 그 자신, 콩데였다. 그는 왕가 혈통이었으니까. 그의 정맥에는 생루이(성왕 루이)[15]의 피가 흐르

---

14. 루이 13세의 동생, 즉 앙리 4세와 마리 드 메디시스의 셋째 아들인 가스통 도를레앙. 프롱드 난에 참여했다는 이유로 마자랭이 1652년에 그를 블루아 성에 감금시켰고, 거기서 1660년에 사망했다.—옮긴이

15. 프랑스 중세 13세기에 효심 많고 선한 통치로 유명해 '성왕'이라고 불린 카페 왕조의 루이 9세. 생루이의 여섯째 아들 로베르 클레르몽이 분가하여 세운 게 부르봉 왕가이고, 발루아 왕조를 끝내고 부르봉 왕조를 처음 연 앙리 4세의 최초 조상인 셈이다. 부르봉 왕가는 그래서 카페 왕가의 후손임을 강조한다.—옮긴이

고 있었다. 그가 속한 부르봉 분가의 시조는 생루이 왕의 여섯째 아들인 로베르, 즉 클레르몽 공작이다. 콩데앙브리에 위치한 작은 영지 이름에서 유래한 '콩데'라는 작위를 처음 갖게 된 사람은 이 젊은 콩데의 증조할아버지인 루이 1세 드 부르봉(1530~1569)이다. 이 증조할아버지의 이름을 본떠 콩데는 루이 2세 드 부르봉이라는 이름을 갖게 된 것이다.[16] 루이 1세 역시 전장에서 주목을 받았던 인물이다. 그는 개혁 프로테스탄트교로 개종한 위그노파의 수장이었다. 앙부아즈 음모 사건(1560년)의 주동자였던 개혁파 대영주들은 국왕 프랑수아 2세와 그 고문관들 및 기즈 일당을 제거하려고 했다. 이들은 심지어 그에게 왕관을 제안하기도 했다. 그러나 이 음모는 실패했고, 이 루이는, 그러니까 '루이Louis'라는 이름을 처음 쓴 루이 1세는 무기를 손에 든 채 전장에서 죽었다.[17] 아들인 앙리 1세(1552~1588)도 쿠트라 전투(1587년)에서 비극적 운명을 맞아야 했다. 하지만 이 전투에서 그의 사촌 앙리 드 나바르가 이끄는 프로테스탄트교 진영이 승리한다. 손자인 앙리 2세 드 부르봉은 다시 가톨릭교로 개종하는데, 종교적 신념 때문이라기보

16. 루이 2세 드 부르봉콩데(1621~1686)의 아버지는 앙리 2세 드 부르봉콩데(1588~ 1646)이며, 그 아버지는 앙리 1세 드 부르봉콩데(1552~1588)이고, 그 아버지가 루이 1세 드 부르봉콩데(1530~1569)다. -옮긴이

17. 저자가 '루이'라는 이름을 자꾸 환기하며 상술하는 것은, 과거 역사에서 선왕 중의 선왕이었던 생루이의 피가 이 집안에 흐른다는 것을 강조하기 위해서다. 그 뒤로 몇백 년이 흐르고 후대인 16세기에 와서 프랑스 왕조는 발루아 가문에서 부르봉 가문으로 넘어간다(앞에서 다룬 성 바르톨로메오 축일의 대학살 사건에 등장한 앙리 드 나바르, 즉 카트린 드 메디시스의 사위가 결국은 '세 앙리 전쟁' 이후 앙리 4세가 되어 새로운 왕조를 연다). 부르봉 가문의 첫 왕인 앙리 4세의 아들 루이 13세가 왕위를 계승하면서 '루이'라는 이름을 다시 쓰지만(저 중세 때부터 순번을 매겨 13이라는 숫자가 붙은 것이다), 루이 13세보다 먼저 '루이'라는 이름을 쓴 사람이 바로 이 장의 주인공인 젊은 공작 콩데의 증조할아버지인 루이 1세 드 부르봉이라는 것을 강조하기 위해서다. -옮긴이

다 기회를 잡을 수 있을 것 같다는 판단 때문이었던 것으로 보인다. 그래야 그나마 앙리 드 나바르를 잘 계승할 수 있을까 해서 말이다. 이제는 앙리 4세(재위 1589~1610년)가 된 앙리 드 나바르지만, 만일 그에게 '불행'이 닥친다면? 그러나 이 모든 계획은 물거품이 되었다. 1601년에 앙리 4세의 새 아내 마리 드 메디시스가 프랑스에 태자를 선물했기 때문이다. 바로 미래의 왕 루이 13세가 될 아이를. 그리고 7년 뒤에는 가스통 도를레앙이 태어난다(앙리 4세와 마리 드 메디시스의 셋째 아들). 이런 명백한 사실 앞에서 부르봉콩데 가문은 왕관을 포기할 수밖에 없었다. 그것이 당연지사였지만, 몇몇은 여전히 꿈꾸었다. 그래서 콘시니 장성 같은 사람은 섭정 왕후인 마리 드 메디시스의 측근 신하이면서도 왕국의 통치와 경영 방식에 분개해, 1616년에는 왕비를 수도원에 유폐시키고 아직 열여섯밖에 안 된 젊은 왕 루이 13세를 폐위시킨 뒤 그 자리에 이 콩데 공작(앙리 2세 드 부르봉콩데)을 올릴 생각까지 했다. 그러나 공작은 즉각적인 답을 회피한다. 마리 드 메디시스에게 이런 메시지가 전해지자 왕비는 감사를 표한다. 그러나 나중에는 공작을 3년 동안 감옥에 보내버릴 것이다. 왕비는 이런 배은망덕한 태도를 보이다가 다시 고마워하는 태도로 바뀌어, 그의 아들, 그러니까 훗날의 콩데 대공의 대모가 되어준다. 왕은 또 그의 대부가 되어주며 '우리' 사람이라고 한다. 하여간 여자들 마음은 자주 바뀐다.

　이 정도 서열까지 올라온 앙리 2세 드 콩데는 왕의 신뢰를 얻어보려 했지만, 헛된 시도였다. 루이 13세는 그를 좋아하지 않았다. 리슐리외와 마리 드 메디시스 역시 그를 좋아하지 않았다. 공작은 자신의 영지로 유배되었고, 슬픔에 빠졌다. 왕의 은총을 잃어버린 사실을 결코 받아들이지 못했다. 왕에게 장문의 편지를 써서 충성을 맹세했지만 왕은 무심히 넘겼다. 퇴짜를 맞은 그는 이제 리슐리외 경에게로 몸을 돌렸다. 경은 그 보상으로 정말 별 볼일 없는 일을 하나 주었을 뿐이다. 보기 좋게 퇴짜 맞은 그는 이제 아들 교육에 매진한다. 왕을 만들기 위한 교육이다. 셰르와 마르망드가 이어지는 지점에 언덕이 하나 있고 그 위에 몽롱 요새가 우뚝 서 있는데 그 주변으로는 가문 대대로 내려오는 베리 공작의 봉토가 있다. 이런 봉토를 배경으로 궁정의 모든 간계와 음모로부터 보호받는 그런 왕을 만들 생각이었다.

어린 루이는 소질이 있었다. 다섯 살에 이미 읽고 쓰는 법과 라틴어, 수학을 익혔다. 예수회 학교에서 도덕과 품성을 배웠으며, 이어 열네 살에는 파리로 보내졌다. 파리의 자가 거주지에 기거하며 지배인, 시종, 시동, 부속 사제, 하인 들의 보호와 관리를 받았다. 어머니 샤를로트마르그리트 드 몽모랑시[18]가 연 살롱에도 드나들었다. 아들과 따로 떨어져 있을 때면 부모는 아들의 눈부신 미래를 바라고 또 바라며 아들과 지속적이고 끈끈한 유대감을 나눴다. 지방에서 올라와 더더욱 자신에게 엄하고 성실한 이 젊은이는 대부분의 시간을 왕실 아카데미에서 군사 훈련을 받는 데 할애하지만, 그래도 파리에 입성했으니만큼 소설과 연극 및 가벼운 오락거리에도 관심을 보인다. 리슐리외는 한 늙은 장성 옆에 그를 보내 젊은 청년으로서 익혀야 할 군사 교육을 받게 했다. 이런 교육이 처음으로 구현되는 것은 아라스 전투에서다.

---

18. 몽모랑시 가문은 대대로 유명한 명가다. 가장 최근의 유명 인사는 할아버지인 안 몽모랑시 원수다. '안'이라는 이름은 여자 이름인데, 이 이름은 대모였던 안 드 브르타뉴에서 따온 것이다. 몽모랑시 원수는 왕의 중요한 고문관이자 왕의 최측근으로서 종교 전쟁 당시 가톨릭과 위그노 사이에서 중재자 역할을 했다. 마리냥에서 생드니에 이르는 전장에서 용감히 싸웠고, 생드니에서 전사했다.

군주권의 구원자

이제 무엇을 할 것인가. 젊은 루이는 스스로에게 물었다. 서류상으로 그는 모든 것을 다 가졌다. 1646년 말에 아버지는 세상을 떠나면서 어마어마한 재산을 물려주었다. 거의 리슐리외 경에 비견될 만한 규모였다. 비록 등록만 되어 있긴 했지만 왕비가 주재하는 고문 회의 자리를 통해 왕실 업무의 대강은 알 수 있었다. 서류상의 권위일 수도 있지만, 왕실 업무에 숙련되어 있었으므로 그를 신뢰할 만했다. 그러나 가장 고마운 일은 부르고뉴 같은 한 지방에 대한 특권을 부여받은 것이다. 여러 자리와 임무를 고객들에게 잘 배분만 해줘도 그에 준하는 상당한 이익과 혜택을 얻을 수 있었기 때문이다. 됭, 자메츠, 스트네 등의 영지를 받았고, 클레르몽탕아르곤 백작이라는 작위도 받았다. 그런데도 만족스럽지 않고 답답했다. 침울했다. 그가 열망한 자리는 해군 사령관이었기 때문이다. 그의 젊은 매형인 아르망 드 마예브레제가 전투에서 사망한 후 공석이 된 자리였다. 마자랭이 이를 거절하자 콩데는 개인적으로 모욕을 느꼈다. 사실 안 도트리슈 왕후와 추기경은 너무나 많은 사람들이 너도나도 성직록을 달라고 해서 이들의 비위를 맞추느라 성직록의 양을 아끼며 현명하게 조정하는 중이었다.

1643년 5월 14일에 루이 13세가 사망하자 안 도트리슈 왕후가 섭정을 시작했고, 가스통 도를레앙이 왕국 총사령관이 되었다. 그는 아버지 앙리 4세에게서 물려받은 호인 기질과 친절한 대화술로 왕국에서 인기가 높았다. 부드럽고 인자한 마자랭 추기경도 "붉은 남자" 리슐리외의 "납 같은 시절"을 보낸 후였으니 친절하게 환영받았다. 라로슈푸코 공작[19]의 말을 빌리면, "그렇게 많은 피를 흘리게 하고 그렇게 많은 재산을 뒤엎어 버렸으니, 그런 내각은 정말 지긋지긋했다."

왕후와 추기경은 자신들의 취약점을 모르지 않았다. 안 도트리슈가 가진 조건은 죄다 불리했다. 당시에는 살리카 법전[20]에 따라 여성이 왕위에 오르는 것을 금했다. 더욱이 그녀는 프랑스와 대적해 전쟁을 치른 스페인 태생이었다. 정치적 경험도 없었다. 마자랭에 대해서 말하자면, 이탈리아 출신인 게 그 자신도 유감이었고 말할 때 강한 억양이 나와서 더 놀림감이 되었다. "왕위 찬탈자 수상." 두 사람 다 인기가 없어서 선왕의 정치, 그러니까 전쟁을 통한 타개책 또는 재정을 위한 증세 같은 과감한 정책을 단호하게 펼쳐나갈 수 있을지 의문이었다.

젊은 콩데는 1648년 8월 20일, 랑스에서 입은 부상으로 샹티이 성에서 치료를 하고 있었는데, 그때 낯선 4행시 한 수를 듣게 되었다. "오늘 아침 어디선가/ 투석기 바람 불었네/ 나는 알지, 마자랭한테 씩씩거리는 소리라는 걸." 파리에서는 말도 안 되는 이상한 소문이 돌고 있었다. 연초에 파리 고등법원은 재정 압박을 견디다 못해 회계감

---

19. 프랑스의 대귀족이자 프롱드 당원. 《잠언록》으로 유명한 프랑스의 대표적 모랄리스트 작가이기도 하다. 특유의 촌철살인과 같은 날카로운 문장은 17세기 프랑스 문체의 한 모범적 스타일을 보여준다. 프랑스 군주권과 귀족 사회를 접하며 인간의 위선과 가식을 느끼고 인간 세계에 아주 냉소적인 시선을 던졌다. ─옮긴이

20. 4세기에서 6세기경 프랑크 왕국의 법전으로, 당시 프랑크 왕국의 주요 부족인 살리족에서 이름을 땄다. 고대 로마의 법전을 상당히 차용했고, 당시 사적인 원한들로 빚어진 범죄가 많아 이를 제재하기 위한 형벌 원칙이 다수 들어 있다. 살리카 법전이 유명해진 것은 더 후대의 일로, 카페 왕조 시절 프랑스 왕위 계승에서 여성은 배제한다는 법률적 근거를 대기 위해 법률가들이 이 살리카 법전의 문구를 인용하면서부터다. 근세에 살리카 법전은 거의 대부분 군주권 사회에서 왕위 계승 논쟁이 불거질 때마다 인용되며, 다른 유럽 사회도 이에 근거, 공주나 왕비 등 여성에게는 절대 왕위 계승권을 주지 않았다. ─옮긴이

사원이나 재정지원원 같은 다른 기관들과 함께 군주제의 기능 자체에 이의를 제기하는 가장 근본적인 개혁 정책을 시도하려 했다. 그 정책은 다음과 같은 내용이었다. 세금을 턱없이 인상한 지방장관은 해임하고, 어떤 재정 정책이든 투표에 따르는 것을 의무화하고 왕실도 이에 따라야 한다. 인신보호령의 초안을 만들거나 공채公債는 취소하며 국가에 손해를 끼치는 공금 횡령은 철저하게 조사해야 한다. 왕실 쪽에선 이 소란을 멈추게 하려면 고등법원에서 가장 격렬하게 이런 주장을 내세우는 두 고문관의 입을 막으면 된다고 생각했다. 그러나 상황은 역전되었다. 이튿날 바리케이드가 파리를 에워쌌으니, 이틀 후에 있을 반란의 전주곡이었다. 두 고문관은 바로 긴장이 풀린 반면, 왕후는 놀랐다.

10월 22일, 왕실은 고등법원이 제기한 문제의 대다수를 들어주겠다고 했다. 그러나 사실 전략적 후퇴였다. 1649년 1월 5일에서 6일로 넘어가는 추운 밤, 주현절 전날 밤이었다. 왕실 가족 및 궁정인들, 마자랭, 오를레앙, 콩데는 조용히 생제르맹앙레로 출발했다. 왕가는 파리를 더 잘 혼내주기 위해 자리를 비운 것이다. 8000명으로 이루어진 부대를 이끌고 도시 포위 작전을 총괄한 사람은 바로 콩데였다. 그런데 대귀족에게 맞서 부용 공작, 파리 주교좌의 성직자이자 레츠의 미래 추기경인 공디, 엘뵈프 공작들과 이들의 두 지인, 그리고 그의 매형인 롱그빌 공작과 친동생 콩티 대공 등이 프롱드에 합류한 것을 콩데 공작은 전혀 알지 못했다. 콩데 공은 레츠에서 징발한 작은 부대를 앙토니에서 혼내줬고, 샤랑통에서도 적을 무찔렀다. 1649년 2월 8일의 전투는 이 '새총 부대fronde'가 치른 사실상 첫 전투였다.

이렇게 승리를 거두고 나자 이제 그는 섭정의 실력자처럼 보였다.

그러나 전장에서 피를 흘리며 싸워서 얻은 영광에 비해 이 정도로 약한 수준의 시민전쟁에서 싸워 이기는 일은 여태까지 쌓아온 영웅으로서의 영광을 축내는 건 아닐까? 그의 부대는 난폭한 데다 왕국에서 가장 미움받는 사람인 마자랭에게 충성하니 파리 시민들한테 미움을 살수도 있었다. 사실 그의 진짜 목표는 마자랭을 잇는 실권자가 되는 거였다. 그는 거친 섭정 왕후나 교활한 수상 또는 이자를 질투하는 궁정인들에게 불편한 심기를 드러내기도 했다. 그래서 그가 어느 쪽인지 확실히 알기가 힘들었다. 아무튼 이 모든 것이 이 젊은 영주의 덕인 건분명했다. 그는 스스로 군주제의 구원자라며 젠체하고 다녔지만, 충족감이나 만족감이 들지 않았다. 수도가 겨우 봉쇄에서 풀려나기 무섭게 그는 퐁드라르슈 영지를 요구했다. 매형인 롱그빌 공작—더욱이 프롱드의 수장—이 그의 노르망디 영토를 확장했으면 하는 마음에서 말이다. 당연히 마자랭은 퇴짜를 놓았다. 그러나 공작은 기세가 꺾이는 게아니라 한술 더 떠서 추기경 자리를 요구했다. 고관 귀족들의 임명이나 결혼 계획 등 여러 주요한 결정을 내릴 수 있는 게 그 자리였다. 달리 말하면, 자기 이익을 챙겨야겠으니 그 자리에서 이제 그만 물러나라고 은근슬쩍 종용한 셈이다. 콩데는 1년이 채 안 되는 기간에 고육지책을 썼지만, 결국 해낸 일이라곤 이른바 프랑스에 최초의 '정당' 하나가 생겨나게 만든 것이다. 그것은 다름 아닌 '반反콩데당'이었다.

　왕후와 마자랭은 이 시건방진 청년과 그의 동생 콩티와 매형 롱그빌의 체포를 비밀리에 투표에 부쳐 가결했다.

프랑스에서 가장 유명한 죄수

1650년 1월 18일, 평소와 다름없이 국가 고문 회의가 열렸다. 콩데도 법적으로 참석해야 했다. 오를레앙 공작(롱그빌)은 안색이 좋지 않았다. 마자랭은 신중하게 자리를 피하고 없었다. 어린 왕—루이 14세는 열한 살에 불과했다—은 주빈들에게 인사했다. "어머님께서 회랑으로 이동하라 하십니다." 회의실에서는 왕후의 호위대장인 프랑수아 드 코맹주가 그들을 기다리고 있었다. 그런데 느닷없이 그들의 체포를 명했다. 이들은 뱅센 성으로 이송되었다. 콩데는 추락했다. "자, 얼마나 대단한 그물망이냐. 사자(콩데) 한 마리 잡았고, 원숭이(콩티) 한 마리 잡았고, 여우(롱그빌)도 한 마리 잡았구나." 안 도트리슈는 이렇게 말하며 자신을 정당화했다. 〔왕세자 루이를 가리키며〕 "이 아이의 구원을 위한 일이라면, 난 무엇이든 해결하지요." 어미가 새끼를 지키기 위해 발톱을 드러낸 것이다.

호위병 20여 명이 밤낮을 번갈아가며 성탑 4층에 머물고 있는 왕세자들을 지켰다. 롱그빌은 얼굴이 어두웠다. 콩티는 불만을 쏟아냈다. 그러나 콩데만은 이전과 똑같은 기분 상태를 유지했다. 노래를 부르거나, 혼자 다짐을 하거나, 프랑스어와 이탈리아어로 쓰인 책을 읽거나 패랭이꽃을 키웠다. 가을에 그들 당파가 왕실을 공격해 오자 죄수들은 파리 남서쪽에 있는 마르쿠시스 성으로 이감되었다. 이어 아브르로. 저마다 자신의 직책에서 쫓겨난 콩데 파벌은 손Saône 지방의 벨가르드에 집결했으나, 광장을 포위한 왕실 부대 한가운데에 눈부신 기마복을 입고 자태를 뽐내는 젊은 왕을 보고 난 후에는 무기를 내려놓았다. 마자랭의 계략이 성공한 것일까? 왕실의 권위가 추기경이 두려워한 정도로 실추된 것은 아닌 걸까? 콩데의 모친과 어린 아내는 위협을 느끼고 이번에는 서둘러 샹티이로 떠났다. 그리고 몽트롱으로, 이어 기옌으로. 이곳에서는 부용 공작과 라로슈푸코 공작 같은 친구 부대의 환영을 받았다. 다들 흰 거위인 줄만 알았는데 놀랍게도 아마조네스로 변신한 것이다.[21] 감옥 창살 안에서 콩데는 이런 상황을 즐겼다. 그는 정원사에게 이렇게 말했다. "내가 정원에 물을 주고 있을 때 내 아내가 전쟁을 하게 되다니, 자네는 이게 믿어지나?"

한때 콩데 공의 동료 전사였던 튀렌은 뫼즈에 위치한 공작의 거점지인 스트네에 은둔해 있었다. 여기서 콩데 공의 누이인 롱그빌 부인과 합류한다. 두 사람은 곧장 자신들이 직접 서명하여 스페인과 동맹 조약을 체결한다. 이것은 파리와 마드리드 간에 이루어질 "백색 평화"의 전조로, 각 진영은 저마다 잃어버린 영토를 회수하고, 감옥에 있는 이 유명 죄수들을 석방시켜 준다는 내용이었다. 튀렌은 '왕자들의 자유를 위한 왕실 부대 총사령관'이라는 자리를 찬탈한다. 그러나 그의 이런 일탈은 1650년 12월 15일에 르텔에서 멈춘다. 그리고 왕실 부대에 조종을 울리기 위해 추기경을 반대하는 팸플릿으로 온 파리를 도배한다. 이런 선전전으로 콩데파가 기습 공격을 감행한 것이다. 이것이 그 유명한 '마자리나드mazarinades', 곧 마자랭 풍자문[22]이다. 프롱드의

---

21. 프랑스어로 흰 거위는 약간 바보처럼 세상 물정 모르며 순진하기 짝이 없는 여자를 비유하는 은어다. 아마조네스는 그리스 신화에 나오는 이른바 '여전사'다.—옮긴이

22. 이 단어는 작가 스카롱이 만든 말이다. 이 풍자문에는 궁정과 마자랭 추기경을 비방하는 문장이 수천 개 들어가 있다. 1649년에 2000여 개의 풍자문이 나돌았을 정도다. 가령 이런 것들이었다. "이탈리아의 더러운 쓰레기" "붉은 옷을 입은 상놈" "과부와 고아의 피를 빨아먹는 잔인한 놈". 압도적인 징세와 파리 시민들에 대한 탄압 등을 언급한 비방문들인데, 이런 주제는 오늘날에도 그대로 적용될 만한 '보편적 소음'이다.

여자 영웅들은 음지에서 계속해서 활동했다. 팔라틴 공작부인 안 드 공자그와 슈브뢰즈 부인도 스페인과의 평화 조약을 기반으로, 공작을 석방시키고 마자랭을 축출한다는 내용의 협약을 맺는다. 치안판사들도 승인한다. 치안판사들이 대부분인 "늙은 프롱드"들도 이제 막 공작들과 하나가 되었다. 유동적이었던 가스통 도를레앙도 이 새로운 전선에 합류했다. 그토록 미움받던 콩데 공을 위해 이런 결집이 이루어지다니, 믿을 수 있겠는가? 어두운 쇠창살 아래 있는 이 사람의 진심을 세상 사람들이 1년 전에만 알아봐 줬어도.

시시각각 상황이 불리해지자 추기경은 1651년 2월 6일에 일단 수도를 몰래 떠난다. 아무도 알아보지 못하게 추기경복을 벗고, 대신 기마병복을 입었다. 그가 이렇게 도망간 것은 나중에 더 잘 돌아오기 위해서다. 일주일 후, 아브르에 있던 이 반란 공작들을 석방시키고 첫 1점을 얻는다. 돌 하나로 새 두 마리를 한꺼번에 잡을 수 있을 것이다. 치안판사들이 원했던 임무를 그가 재빨리 수행하여 이들의 각광을 받고, 이로써 두 프롱드 간의 반목과 불화를 조장할 수 있게 되는 것이다. 이른바 추기경과의 그렇고 그런 관계를 폭로한 마자랭 풍자문 때문에 더 고립된 안 도트리슈는 파리 시민들이 팔레루아얄 궁까지도 왕왕 잠입해오자 더 큰 위협을 느꼈다. 파리 시민들은 왕비가 왕을 짐 속에 넣어 도망가지는 않는지 감시하려고 했다. 이제 가스통 도를레앙 아니면 콩데 공의 이름이 그녀를 대신할 이름으로 빈번하게 언급되었다. 그러나 두 사람은 서로를 기피했다. 어떻게 할 것인가? "가스통 도를레앙 공작의 마음 저 깊은 곳에는 '선함'이 없는 걸까?" 그리고 "콩데 공의 영혼 속에는 악에 대한 자연스러운 혐오감이 없는 걸까?"라고 모트빌 부인은 다시 회고록에서 한탄한다. 적어도 둘 다 장애물 앞에서 멈춰서는 사람은 아니었다.

추기경이 석방해 준 덕에 자유의 몸이 된 콩데는 파리에 개선장군처럼 돌아왔다. 도를레앙 공작들과 보포르 공작들 그리고 보좌 성직자 및 왕후가 환영을 나왔다. 안 도트리슈 왕후는 그에게 좋은 인상을 주고 싶어 했다. 이걸 누가 믿었을까마는. 1년 정도 투옥되어 있는 동안, 콩데는 수천 가지 근심에 시달렸다. 자기 관할 영지에 가서 다시 질서를 잡아야 했다. 왕실에서 보수를 삭감한 뒤로 최악에 이른 재정을 다시 복구해야 했다. 분열된 가문을 하나로 모아야 했다. 자기를 의심하기 시작한 고객들의 마음을 안심시켜야 했다. 힘을 잃은 군대의 기강을 다시 잡아야 했다.

도망친 추기경한테 계속 조언을 듣고 있던 왕비는 추기경이 하라는 대로 콩데와 도를레앙 간의 경쟁을 즐겼다. 두 사촌은 모든 면에서 반대였다. 콩데가 독단적이고 퉁명스럽다면, 도를레앙은 때를 기다릴 줄 알고 온화하고 사랑스러웠다. 한 사람이 절대적 권위가 있는 군주제를 원하는 사람에게 인기가 있다면, 다른 한 사람은 중재 집단[23]에 기대면서 온화하고 절제력 있는 군주제를 원하는 사람에게 인기가 있었다. 안 도트리슈가 이 후자의 인기를 모르는 바는 아니었다. 그는 "군주의 주권과 백성의 자유를 행복하게 결합할 수 있는" 그런 사람이었다. 이 표현은 훗날 그의 추도사에서 나온 것이다. 마자랭의 귀환을 동

---

23. 원어는 'les corps intermédiaires'라고 되어 있어 다소 추상적으로 묘사되어 있는데, corps는 사람의 신체를 가리키기도 하지만, 어떤 실체나 물체 또는 단체, 정치 체제 등을 두루 가리킨다. 따라서 이 문장은 정치를 운영하는 통치 체제의 유형을 비유하며, 강력한 절대 1인 체제를 선호하는 유형과 온건한 입헌군주제 같은(훗날 보게 될) 통치 체제를 선호하는 유형을 콩데 대공과 가스통 도를레앙이라는 두 인물의 기질 및 성향에 빗대고 있다. ─옮긴이

의해 준다면 그 대가로 그에게 권력을 내줄 수도 있었다. 콩데는 그의
재산과 명예와 의무를 되찾기 바쁜 나머지 별다른 반응을 보이지 않
았다. 천성은 어디 가지 않는 법이다. 그는 동생에게 줘야 한다며 더
도 말고 덜도 말고 오로지 프로방스만 요구했다. "자기가 좋아하는 일
에 맹목적으로 빠져 있지 않으면, 맨정신으로 15일 이상을 사는 게 극
히 어려운 사람입니다"라고 마자랭은 불평 아닌 불평을 했고, "내 사
촌 콩데 공작은 우리 엄마를 너무 많이 모욕했다"라고 젊은 왕 루이도
마자랭과 이구동성으로 그에게 서운한 감정을 드러냈다. 요컨대 왕후
이자 모후인 안 도트리슈는 왕실에서 자신의 권위가 서지 않아 그를
궁에 불러들일 수밖에 없는 사실에 화가 났고, 치안판사들은 당황해서
그냥 자신들의 무능을 인정하는 편을 택했다. 안 도트리슈는 다시 고
민해 보기로 했다. 그리고 수도 없이 이리저리 생각을 바꾸며 방향 전
환을 시도하다가, 공작이 왕의 서열 후보로 들어오는 정도만 인정하는
선에서 멈추었다. 그리고 더는 이에 대해 왈가왈부하지 않기로 했다.
그런데 콩데는 이 기회를 잡기를 원했다. 하지만 늘 도전과 결별과 반
항으로만 자신의 위업을 성취했는데, 이제 와서 정녕 비루하게 타협을
해야 할까?

정치에서는 실패한 전사

어린 왕자 루이가 열세 살이 되던 1651년 9월 7일, 왕실 다수의 의결로
그를 루이 14세로 선포하기에 이르렀다. 이 빛나는 축하의 자리에 콩
데 공작은 참석하지 않음으로써 도리어 자리를 빛냈다. 새로운 왕에게

서 그가 기대할 수 있는 건 아무것도 없었기 때문이다. 그가 틀린 건 아니었다. 새 왕은 그가 출석하던 섭정 고문 회의를 거의 유명무실하게 만들고 그 대신 안 도트리슈를 왕실 고문 회의 수장으로 임명했다. 모후의 위상은 훨씬 강화되었다. 콩데파에 대한 적대감으로 유명했던 자들이 장관으로 임명되었다. 이제 그는 더욱 신중하게 처신해야 했다. 그나마 인정머리를 보여서 불운을 피해야 할까? 이것이 동생 콩티와 그에게 충성하는 몇몇 사람의 의견이었다. 그러나 롱그빌 공작 부인은 반대로 전쟁만이 유일한 답이라고 주장했다. 콩데는 자신에게 영향을 미치는 누이 쪽으로 의견이 기울었다. 이렇게 적대적으로 나오면 결국 왕이 스페인과의 평화 조약에 서명하지 못할 것 아닌가? 그리고 경우에 따라 생통주, 푸아투, 가스코뉴 쪽의 봉토를 더 확장할 수도 있다. 부대 두 개면 충분하다. 요새 하나를 기옌에, 또 하나는 아르덴에 두고 양쪽에서 수도를 조이면 된다. 펠리페 4세와의 협상에 따라, 두 군대는 이미 준비되어 있었다.

왕실 정부는 이 소식을 전해 듣자 콩데의 왕실 모독죄를 선포한다. 그러나 그래서 어쩌겠다는 건가? 왕국은 이미 수도를 포함해 셋으로 분열되어 있지 않은가. 보르도는 콩데파가, 푸아티에는 파리의 적들을 피해 이곳으로 내려온 왕실파가, 그리고 파리는 여전히 유동적인 가스통 도를레앙이 좌지우지하고 있었다. 이때 마자랭은 동쪽 지대에서 아주 꼼꼼하게 군대를 모으고 있었다. 새로운 내전이 곧 벌어질 것만 같았다.

얼마 안 있어 콩데 부대는 리부른과 아쟁, 페리괴를 점령하지만, 1651년 11월 15일에 코냐크에서 대패한다. 이 일로 그는 심리적 충격이 컸다. 로크루아의 승자가 불패의 무적자는 아니었으니 말이다. 성탄절 전야, 왕의 소환을 받은 마자랭은 한 부대의 대장으로서 스당에 도착했다. 이 부대에 과거 콩데의 동맹자였고 지금은 퇴역한 베테랑 전사 두 명이 합류했다. 바로 부용과 튀렌이었다. 이렇게 대영주 귀족들은 토라졌다가 협박했다가 반항했다가 복종하면서 자신들의 기분과 의지에 따라 동맹자를 계속해서 바꾸었다. 추기경이 파리에 돌아왔다는 소식에 이 도시에 다시 열기가 치솟았다. 학술적 수준이 상당히 높은 도서관으로 알려진, 그의 이름을 딴 마자랭 도서관은 우선은 해산했는데, 그를 포획하면 그 대가로 재정 지원을 해준다고 해서였다!

콩데는 유령처럼 다시 돌아온 이자를 내보내기 위해 사정상 가스통 도를레앙과 한 팀이 되었다. 그러나 현장에서는 새로운 좌절의 역사를 기록해야 했다. 생통주에서, 그리고 이어 아쟁 남부에서도 그는 패배한다. 1652년 3월 말, 전략을 대폭 바꿔 충복 몇 명의 호위를 받으며 북쪽으로 진격한다. 북상하는 중에 자신을 지지하는 자들을 동원해 부대를 충원, 마침내 4월 7일에 부르고뉴 지방의 블레노에서 승리를 거둔다. 그러나 이제는 왕실 부대의 지휘관이 된 튀렌의 개입으로 공작의 공격은 이쯤에서 멈춰야 했다. 루이 14세가 자기 사촌을 죄수로 잡아 굴욕 주는 일은 막은 셈이다. 나흘이 지난 뒤에도 공작은 수도 파리에 대한 미련을 버릴 수가 없었다. 그러나 파리에 가까워질수록 그의 봉토는 하나씩 하나씩 왕실 부대의 손으로 넘어갔다. 1652년 초여름, 이제 그에게 남은 것은 보르도와 아르덴의 몇 군데 영지가 전부였다.

바야흐로 때가 왔다. 7월 2일, 프랑스 왕국에서 가장 위대한 두 명장 튀렌과 콩데가 이끄는 두 부대가 파리 교외 생탕투안 거리에서 서로 대치했다. 안 도트리슈는 기도를 하러 생드니 수도원으로 들어갔다. 루이 14세와 마자랭은 페르라셰즈 언덕으로 올라가 전투를 내려다보았다. 처음에는 콩데 부대가 승리하는 것처럼 보였다. 그러나 라 페르테 원수의 공병이 합류하기만 하면 콩데 부대는 섬멸될 위기였다. 콩데 부대는 생탕투안 성문으로 몰려 들어갔고 성문은 열렸다. 한편 바스티유의 대포는 왕실을 겨누고 있었다. 콩데 대공이 이 자랑스러운 대포의 꽃불에 감사를 올려야 한다면, 바로 그 공은 가스통 도를레앙의 장녀인 그랑 마드무아젤[24]에게 올려야 할 것이다.

이제 그의 지휘에 따라, 마자랭의 편을 들었다고 의심되는 자들은 모두 추격했다. 추기경에 대한 적대감을 증명하려면 머리 위에 지푸라기 한 다발을 꽂고 다녀야 했다. 시청을 중심으로 긴장감이 팽배했다. 왜냐하면 파리 명사들이 시청에 다 모여 있었고, 군중이 시시각각 거리로 몰려들었고, 포도주 술잔들이 여기저기 몇 순배 돌았기 때문이다. 그때 어디선가 발포 소리가 들렸다. 아마도 시민들 사이에 섞여 들어가 있던 군인들 총에서 발사되었을 것이다. 집회는 폭동으로 변했다. 사망자만 100여 명이 되었다. 콩데 공은 공포를 조장하며 자신을 사로잡던 옛 악령과 다시 관계를 맺었다. 마치 너무나 정치적이지 않은 영주가 아는 건 힘의 언어밖에 없다는 듯이. 7월 4일, 시청은 유력 인사들을 환영했고, 군인들은 건물에 불을 밝혔다. 이 '지푸라기 날'은 파리 시민들과의 결정적 결별을 뜻했다. 왜냐하면 파리 시민들은 3년 전 부르봉 왕가가 실시한 봉쇄를 결코 잊지 않았기 때문이다. 더욱이 이어지는 소식들도 고무적이지 않았다. 어린 시절 결코 탈취할 수 없다

---

24. 프롱드 난의 여자 영웅 가운데 한 명으로, 문인이며 정치인이기도 하다. 그녀는 흔히 롱그빌 공작부인, 슈브뢰즈 공작부인, 샤티용 공작부인 등과 함께 언급된다. 코르네유의 《니코메데스》와 오노레 뒤르페의 《아스트라이아》의 열독자이기도 했다.(그랑 마드무아젤의 공을 언급한 배경에는 당시 파리는 가스통 도를레앙의 지배권 아래에 있어 성문을 여는 데 콩데 부대가 도움을 받았기 때문이다.-옮긴이)

고 생각한 몽트롱이 함락되었고 이어 완전히 결딴이 났다. 사실상 콩데가 수도에 포위되어 있는 형국이라면?

왕과 모후, 마자랭은 조건 없이 그를 항복시키기로 결정했다. 추기경은 왕실 인사들의 거만함에는 별로 불편함을 느끼지 않았다. 이탈리아 출신인 그에게는 마키아벨리의 현실론이 지침이었다. 그가 떠나야 공작들이 무기를 내려놓을까? 그렇다면 걱정할 것 없다. 1652년 8월 19일에 그는 새로이 자발적 유형을 떠난다. 콩데는 아직 항복할 때가 아니었지만, 두 달 후 그가 파리를 떠난 것은 네덜란드로 가서 합스부르크가를 위해 일하기로 해서다. 당시 젊은 왕 루이는 파리에서 개선식 준비를 하고 있었다. 콩데는 6년 동안 프랑스 왕국의 주요 적인 스페인 부대의 총사령관이 될 것이다.

궐석 판결로 사형 선고를 받다

배반이라고? 나를 모욕한 사람은 바로 왕이다. 이 용병대장은 이렇게 자신을 방어한다. 그의 눈에는 국가 대 국가의 관계는 존재하지 않거나 아주 조금 존재한다. 오로지 중요한 것은 명예다. 명예의 의미와 그 분신, 즉 자존심이다. 만일 이것이 멸시된다면 뭐든 할 수 있다. 그의 조상인 부르봉가의 원수[25]는 재산을 모두 몰수당했지만, 파비아 전투

---

25. 샤를 3세 드 부르봉을 가리킨다. 그는 아내가 죽은 뒤 막대한 유산이 생기는데 프랑수아 1세의 어머니인 루이즈 드 사부아는 이를 경계했다. 프랑수아 1세도 그의 사촌을 별로 좋아하지 않아서 그의 재산을 다 몰수한다. 분통이 터진 샤를 드 부르봉은 비밀리에 영국 왕 헨리 8세와 신성로마제국 황제인 카를 5세를 만나 프랑스를 양분하는 협상을 하려고 시도한

에서 국왕 프랑수아 1세를 포로로 잡지 않았다. 그의 아버지만 해도 앙리 드 나바르 진영을 결국 버리지 않았나? 튀렌은 그럼 어떤가? 모든 미덕과 승리의 아우라로 가득 찬 그 놀라운 장군은 한때는 프롱드 쪽에 섰지만 지금은 왕실 권력에 가담하고 있지 않은가?

콩데 공작은 스페인 부대의 선두에 서서 전투를 떠났다. 그는 군대장으로서 열정적으로 전투에 임하며 모든 전장에서 최선을 다했다. 샹파뉴와 아르덴 지역 여러 곳으로 쳐들어갔고, 아르덴 지역은 결국 항복했다. 역사의 아이러니다. 20년 전 그에게 온갖 영광을 안겨준 도시 로크루아를 지금 다시 공격하다니. 이 부조리한 전승을 노래하는 신랄한 4행시가 있다. "그대의 로크루아전은 위대했다/ 적의 부대는 패배했다/ 이제는 그대의 왕에게 대적하다니/ 기개 한번 대단하다/ 이제는 적들의 대장이 되다니/ 용기 한번 대단하다."

반역. 그가 부재한 재판에서 왕이 내린 판결이다. 1653년 3월 27일, 콩데 공작은 궐석 판결에 의해 사형 선고를 받는다. 이제 그에게서 "부르봉이라는 성을 박탈하고, 왕자 혈통의 자격도 박탈한다. 기꺼이 스스로 왕으로 하여금 이를 명하게 만들었으니 그자를 사형에 처한다." 뒤에 마자랭의 조준선이 있었겠지만, 프랑스 왕국에 의해 철저히 배척당한 그는 이제 모든 자격을 박탈당한다. 가족도 그를 포기한다. 그토록 오랫동안 전투적이었던 누이는 이제 신비주의 사상과 장세니즘에 빠져 속세를 멀리했다. 그녀는 곧 노르망디에 머물던 남편 롱그빌 공작 옆으로 갈 것이다. 등이 약간 굽은 볼품없는 신체에, 영웅인

다. 이를 눈치챈 프랑수아 1세가 그의 집을 방문해 그를 달래보기도 하지만, 결국 그는 프랑스에 대적하는 신성로마제국의 군대를 지휘한다.─옮긴이

형에게 눌려 늘 기가 죽어 있던 콩티 공은 결국 왕실에 협력할 것이다.

공작에게 이제 무엇이 남았는가? 세례명이 앙리루이인 그의 상속자, 아들 앙리쥘 2세가 있었다. 이 아이는 어머니 품에서 벗어나 나뮈르의 예수회 학교에 맡겨진다. 왜냐하면 공작이 이제 브뤼셀에 가서 살게 되었기 때문이다. 그의 저택은 화려했다. 파티를 열었고 충신들을 기거시켰다. 그는 여전히 부인과 다른 지인들에게 필요한 돈을 지원해 주었다. 부인은 발랑시엔 쪽에서 은둔하고 있었다. "몸을 조금만 돌려도 나한테 돈 달라는 사람밖에 없다. 아, 어쨌든 다 내가 빚진 사람들이다."

1654년 6월 7일, 루이 14세는 랭스에서 대관식을 치렀다. 위험은 적었지만 상징적인 군사적 무훈을 축하하는 자리도 마련되었다. 그 무훈이란 다름 아닌 콩데 공작의 마지막 영지 중 하나인 뫼즈의 스트네를 친 것이었다. 콩데에겐 이 일이 자신의 라이벌 튀렌에게 졌을 때와는 전혀 다른 느낌이었다. 그에게는 이번 일이 더 치욕적이었다. 튀렌 원수는 콩데를 아라스에서 물러나게 만들었다. 2년 후 이번에는 콩데가 반격할 차례로, 라투르 도베르뉴 자작이 발랑시엔을 포기해야 했고, 캉브레에서도 물러나야 했다. 전쟁은 끝이 없을 것만 같았다. 그러나 그 끝은 가까이 와 있었다. 1658년 6월 14일, 된Dunes 전투는 정말 놀라운 지대에서 펼쳐졌는데, 바로 됭케르크에서 그다지 멀지 않은 르프랭쿠크라는 곳으로, 강과 운하와 습지가 있는 곳이었다. 된 전투는 스페인의 야망에 종말을 고한 전투였다. 튀렌은 콩데 부대를 섬멸했다.

1658~1659년 마침내 평화 협상이 시작되었다. 프랑스 왕실은 콩데의 머리를 요구할까? 스페인 사람들은 콩데 부대의 헌신을 존중할 것이다. 그들은 프랑슈콩테라는 특별 하사품을 받지 않았던가? 아무

일도 없었던 것처럼 공작은 계속 도발했다. "내가 만일 프랑스 전역에서 반란을 일으켰다면, 내가 만일 내 진영에서 모든 사람의 마음을 끌수 있었다면, 나는 온 마음을 다해 그렇게 했을 것이다. 그걸 의심하는건 크나큰 과오다." 그는 중병에 걸린 마자랭이 사망하기를 내심 기대했다. 외교관과 판사 들은 그들 나름으로 스페인과 프랑스 국경에서여러 협잡을 벌이느라 분주했다.

피레네 협정에 수반된 계약은 루이 14세와 어린 스페인 공주[26]의 결혼이었다. 1659년 11월 7일, 이 계약서는 마침내 서명되었다. 프랑스왕은 이제 아르투아 북부 지역의 속주를 획득했다. 남쪽의 루시용, 카탈루냐 북부의 세르다뉴, 동부의 알자스 같은 몇몇 도시는 예외였지만. 지난 300년 동안 프랑스가 유럽에서 이렇게 넓은 영토를 소유한적은 없었고, 이토록 눈부신 지상권과 이렇게 안전하고 확실한 국경을확보한 적은 없었다. 전투적인 마자랭이 25년이 지나 이 새로운 대륙의 지도를 그린 자가 되었으니, 그는 이론의 여지 없는 실력자이자 조정자였던 셈이다.

이제 이 프롱드 당원의 우두머리에게 어떤 운명이 남아 있을까? 비틀거려 넘어져야 할 지점에 온 걸까? 안 도트리슈와 루이 14세는 전형적인 벌칙주의자였다. 이 우두머리의 직책과 명예를 완전히 박탈하고, 그의 재산을 상당량 몰수했다. 스페인 사람들은 강탈한 그의 재산회수를 변호하고 나섰다. 콩데는 결국 기옌을 주는 대가로 부르고뉴를

---

26. 마리테레즈 도트리슈(1638~1683)를 말한다. 아버지는 스페인 국왕 펠리페 4세이고, 어머니 엘리자베트 드 프랑스는 앙리 4세와 마리 드 메디시스의 딸이다. 루이 14세에게 시집올 때 프랑스어는 한마디도 할 줄 못했으며, 왕궁에 들어올 때 초콜릿과 오렌지(프랑스에들어온 최초의 오렌지)를 가지고 왔다고 한다. -옮긴이

회수했고, 어머니의 유산인 샹티이 성을 회수했다. 종신이 보장되는 프랑스의 장군직은 그의 아들에게 물려주게 했다. 그러나 비용을 치르고 이 자유를 얻어야 했으니 그 비용이란 다름 아닌 회개였다. 조약에 부록으로 붙어 있는 문서에다 공작은 자신의 모든 잘못을 인정하고 왕에게 충성할 것을 서약해야 했다. 회개의 문장은 가령 이런 식이었다. "몇 년 전부터 폐하를 불쾌하게 하는 불손한 행위를 저지른 데 대해 심한 괴로움을 느꼈습니다. 왕실 혈통의 일원으로서 프랑스와 프랑스 밖에서 저지른 모든 적대적 행위를 반성하고 최선을 다해 그간의 행위를 만회하겠습니다." 그의 마지막 시련은 왕을 반드시 알현해야 한다는 것이었다. 왕은 스페인 황녀와 치를 결혼식 준비를 위해 엑상프로방스에 가 있었다. 고등법원은 즉시 이 전前 추방자의 형을 취소하는 '사면장'을 발급했다. 그러나 그의 죄를 사면한 것은 아니었다.

"역경을 통해 사는 법을 배웠다"

콩데는 7년의 부재 후 자신의 이타케[27]로 돌아왔다. 안심이 되었고 피곤했다. 이제 겨우 서른일곱이었지만 전쟁에 지쳐 벌써 늙어 있었다. 살이 빠진 데다 얼굴은 주름살투성이였고 피로와 권태에 지쳐서인지 사람이 덜 날카로워 보였다. 팸플릿 작가인 뷔시라뷔탱은 "역경을 통해 그는 사는 법을 배웠다"고 적었다. 거기다가 최근 세상을 떠난 자들

---

27. 호메로스의 《오디세이아》에서, 오디세우스가 험난한 여정을 마치고 귀환한 고향 이타케섬에 비유한 말이다.─옮긴이

을 떠올려봐야 한다. 가스통 도를레앙은 1660년 2월 2일에 숨을 거두었고, 1년 후 마자랭도 기진맥진하다 결국 사망했다. 1665년에는 스페인의 펠리페 4세가 숨을 거뒀고, 그다음 해에는 안 도트리슈와 아르망 드 콩티가 세상을 떠났다. 한 세대가 지나간 것이다.

추기경이 사망하자, 루이 14세는 재상이나 총리를 두지 않고 지내기로 결심한다. 왕가 혈통의 귀족들이 의무적으로 참여해야 하는 고문 회의도 없이 그냥 가기로 한다. 왕은 이제 장관들을 훨씬 유순한 법복 귀족들 가운데서 찾는다. 대귀족, 대영주도 멀리했다. 그들은 자신들의 반란으로 결국 모든 것을 잃은 셈이었다. 왕국은 이제 다시 평화를 찾은 듯했다. 1661년은 4반세기 이래 군사 원정이 없는 첫해였다. 하나의 기적, 그러니까 같은 해 여름에 폐하의 새로운 일격으로 일단락된 일이 하나 있었으니, 재정 감독관 니콜라 푸케의 독직 행위에 책임을 물어 그를 체포하고 투옥한 조치가 그것이다. 군주제는 하루하루 조금씩 강화되고 있었다.

콩데 대공은 이제 그림자에 불과했다. 물론 여러 행사에 참석하기는 했지만, 왕실 서열에서 선배 격인 가스통 도를레앙 아래였다. 그는 그저 엑스트라였다. 한때 물 쓰듯이 돈을 썼던 공작은 재정 문제로 매일같이 고통을 겪었다. 빚에 쪼들려 화려한 생활은 완전히 포기해야 했다. 500여 명에 달했던 하인들은 파리의 저택이나 생모르 성, 샹티이 성 등으로 다른 일자리를 찾아 떠났다. 어머니에게서 물려받은 성과 저택들은 대공사를 해야 했다. 공작은 이제 맡은 직무도 없었기에, 그나마 남은 자산에서 끌어다 써야 했다. 전장에서 자신을 희생할 만큼 관대했던 그가 지금은 집안일과 생활고에 허덕이고 있었다. 공작은 아들 앙기앵 공작을 몽팡시에 양과 결혼시킬 계획을 세웠다. 나이가 아들보다 열여덟 살이나 많지만 돈이 많아서였다. 이게 잘 안 되자 이번에는 눈을 좀 낮춰서 폴란드 왕실 부부 조카인 안 드 바비에르와 결혼시키려 했다. 그런데 그녀는 "정말 못생겼고, 정숙하긴 했지만 멍청했다." 하지만 적어도 그녀와 맺어진다면 왕실 열쇠는 가질 수 있었다. 폴란드 귀족 의회는 이 결혼을 반대하고 나선다. 다 공상에 그쳤다.

자신감이 생긴 젊은 루이 14세는 이제 전쟁 계획을 세웠다. 북부와 동부 국경, 스페인 왕가가 통치하고 있는 저지대Pays-bas[28] 지역(플랑드르, 브라반트, 에노, 룩셈부르크)에서는 여전히 늘 위협이 감돌았다. 게다가 여기서 파리는 지척이었다. 아내 마리테레즈의 아버지인 스페인 왕 펠리페 4세의 사망 이후 아내 몫의 유산을 스페인 왕국이 불입하고 있지 않으니 갈등을 일으킬 만한 구실은 생긴 셈이었다. 1667년 5월, 5만 명이 넘는 병사들의 부대가 저지대 지역으로 움직이기 시작했다. 새 앙기앵 공작은 아주 잘 싸웠다. 아들의 용맹을 왕이 칭찬하자 대공은 기분이 좋아졌다. "아비가 변변치 못해 자식에게 아무런 도움도 못 되고 있습니다. 하지만 스스로 해낼 수 있을 겁니다." 콩데 공은 이제, 알다시피 늘 자식 걱정인 나이의 부모가 되었다.

스페인의 요새들은 하나둘 무너졌다. 8월 말에는 릴마저 넘어갔다. 승리에 도취된 루이 14세는 (잠정적으로) 튀렌 없이 지내보기로 마음먹는다. 튀렌은 왕의 이전 멘토였으나, 말이 너무 거칠었다. 이제 왕은 콩데에게 다시 일에 복귀할 수 있겠느냐고 묻는다. 그리고 지금까지는, 해고한 자작의 주 무대였던 독일 부대 사령관직을 그에게 맡긴다. 1672년 6월, 루이 14세는 네덜란드와의 전쟁을 선포한다. 콩데는 다

---

28. 프랑스에서 오늘날 네덜란드를 가리키는 이 말은 원래 '저지대'라는 뜻이다. - 옮긴이

시 한번 왕의 요청을 받는다. 왕은 그에게 자문하기를 좋아했고, 콩데 공은 왕의 요청에 호의적으로 대답하지 않을 이유가 없었다.

1674년 8월 11일, 곧 쉰이 된 늙은 군인의 몸으로 콩데는 전쟁에 나간다. 새로운 군주 통치하에서는 처음 나가는 전쟁이었다. 샤를루아 근처 스네프에서 치러진 전쟁이었다. 총 7만 명에 달하는 네덜란드, 스페인, 그리고 제국의 황실 병합 삼중 부대는 기욤 도랑주의 지휘로 나뮈르 근처에 집결해 있었다. 그들 앞에는 4만 명의 프랑스 병사가 있었다. 한 번도 보지 못한 규모였다. 지금까지 왕실 부대는 1만 명을 넘지 않았다. 콩데는 적의 전방이 먼 점을 이용, 후방의 보병대와 기병대까지 산산조각 냈다. 류머티즘으로 몸이 마비되곤 했는데도 불구하고 그는 부대의 선두에 섰다. 마지막 수당을 받기 위해서라도 왕가의 피가 흐르는 공작은 정말 충직하게 싸웠다. "콩데 대공이 손에 칼을 든 모습을 드디어 보았다. 내가 그토록 원했던 모습이었다"라고 훗날 프랑스 대원수가 될 빌라르[29]는 썼다.

프랑스 진영에서는 사망자와 포로가 도합 1만 명 나왔고, 적은 1만 5000명이 나왔다. 그러나 어디가 정말 승리한 걸까? 적이 파리로 진입할 수 있는 길을 차단했으니 승리가 선포되었지만, 그건 살육의 대가였다. 루이 14세는 관절염으로 불편한 이 용감하고 집요한 기마병을 환영하며 이렇게 다정하게 말했다! "오, 나의 사촌. 월계관을 쓰면 무거워서 빨리 걸을 수가 없는 법입니다."

---

29. 루이 14세 시대의 마지막 명장 중 한 명으로, 프랑스군 역사에서 가장 훌륭한 사령관으로 꼽히기도 한다. 단 여섯 명의 원수만이 승진한 프랑스 대원수였다. -옮긴이

샹티이의 은자

콩데는 세월의 무게를 느끼고 휴직을 신청했다. 프랑스 역사의 주요한 한 페이지가 닫히는 순간이었다. 프롱드를 이끌었던 대귀족이 나이라는 한계에 이르다니. 군주권이 설욕한 셈이다. 왕은 이제 '절대 왕정'이라는 정점에 오를 일만 남았다. 대장은 자신의 영지로 들어가 은거했다. 그곳에서도 전장에서와 마찬가지로 악착같이 지냈다. 그의 계획은 흡사 헤라클레스의 그것과도 같았다. 초원과 늪지를 말리고 수로를 변경해 땅을 새롭게 구획했다. 도로와 길을 내고 운하를 파기 위해 보르비콩트 궁과 베르사유 궁의 정원을 책임졌던 정원사 르노트르에게 도움을 청하기도 했다. 그는 자연주의를 안다고 자부했다. 그래서 희귀한 식물들을 심기도 하고 실험적으로 포도나무를 심기도 했다. 과거 라로슈푸코 공작의 시종이자 마자랭 치하의 경제 전략가이기도 했던 구르빌이라는 재무관이 그의 재정을 관리했다. 이례적으로, 은자의 삶을 살면서도 그는 이따금 사교계에 나갔다. 국왕은 연회에 두 차례 그를 초대했는데, 그 가운데 하나가 과거 푸케의 저택 관리인이었던 '그랑 바텔'이 총책을 맡은 연회로, 초대 손님들을 위한 생선이 충분히 준비되지 않은 것을 자책하여 스스로 목숨을 끊은 일화로 유명해진 연회다.

콩데 공은 교양인이었다. 독서가였다. 그의 서재에는 장서가 1만 권이 넘었다. 메세나이자 예술의 후원가였던 그는 중상모략을 당하는 라신과 몰리에르를 응원하고 지지했다. 호기심도 많고 의심도 많은 정신의 소유자인 그는 물리학과 형이상학에도 끌렸다. 자유사상가들과 예수회[30] 모두를 가리지 않고 받아들였다. 이제 에티켓은 중요하지 않았다. 옷차림에 무관심했고 수염도 아무렇게나 길렀으며 머리는 잘 자르지 않아 덥수룩했고 늘 기름때에 절어 있었다. 의상도 난해했다. 시간이 가면서 사람들도 변해 갔다. 하나둘 세상을 떠났다. 동생 콩티는 방탕한 삶을 살다가 종교에 헌신했다. 누이 주느비에브는 장세니즘에 귀의했다.[31] 콩데 공의 부인은 시종들과 부적절한 관계를 맺었다는 구실로 베리 성에 유폐되었다.

공작의 활동은 이제 손자들이 탄생하고 죽어가는 것에 맞추어진다. 여자아이 여섯 중 넷이 살아남았고, 남자아이 넷 중 하나가 살아남았다. 손자들이 공부보다는 승마와 사냥에 취미를 보이자, 모든 희망을 이제 조카들에게 건다. 죽음이 가까워지자 이 자유꾼이 종교를 만난다. 1685년 4월 15일, 그는 샹티이 예배당에서 혼자 조용히 부활절을 보낸다. 파리 시내에 있는 생쉴피스 교회에서나 이따금 모습을 보일

---

30. 당시 예수회는 왕실 고문 회의 및 대학 등을 장악한 일종의 기득권 세력이었다. 17세기 후반 자유사상가들 및 장세니스트들은 지나치게 속물화된 종교계를 비판하며 특히 구원의 메시지를 판매하는 속물적 포교론과 내용 없는 '빈번한 영성체'(파스칼의 친구이자 장세니스트인 앙투안 아르노의 저서 제목이기도 하다) 등의 매너리즘에 빠진 예수회를 비판했다.─옮긴이

31. 장세니즘은 얀선('얀세니우스'라는 라틴어 이름이 더 유명하다. 프랑스에 그의 사상이 유입되면서 '장세니즘'으로 통용되었다)이라는 네덜란드 수도사가 당시 속물화된 가톨릭에 맞서 초기 가톨릭 교회의 엄격성으로 돌아갈 것을 부르짖으며 시작된 운동이다. 얀선의 제자 중에는 생시랑, 앙투안 아르노 같은 프랑스인도 있었다. 이들은 포르루아얄이라는 파리 근교의 수도원을 거점으로 삼아 자신들의 신학적 입장을 명백히 하는 동시에 당시의 세속화된 예수회를 신랄하게 공격했다. 장세니스트들에게 중요한 것은 '개인적인 방식으로 신을 느끼는 것'으로, 인간은 약속된 보상을 위해 선을 선택하는 것이 아니라 자신을 위해 아무런 이유 없이 선을 선택해야 한다는 생각이었다. 세상사에 초월한 듯한 이 무심하고 염세적인 종교관은 너무 부정적이어서 이단으로까지 취급되어 탄압을 받지만, 블레즈 파스칼, 라로슈푸코 공작, 라파예트 부인 등 당시 파리 지식인과 문인들에게 깊은 감화를 주었다. 교황권이나 왕권 지상주의에 대한 반감이 팽배해 있던 당시 분위기와 맞물려 이 종교 및 사상 운동은 정치 운동, 그러니까 반체제 운동으로, 더 나아가 루이 14세 반대 운동으로까지 바뀌어 갔다. 루이 14세는 이들을 박해하고 제압한다.─옮긴이

뿐이다. 젊은 날 함께 수학했을 때 만난 한 예수회 수도사가 그의 마음의 지도자가 된다. 천연두에 걸린 손부孫婦를 한 차례 방문한 후, 콩데는 심한 고열과 호흡 곤란을 보이다가 1686년 12월 11일에 사망한다. 그의 시신은 상스 근처에 있는 발레리 성의 가족묘에 안치된다. 조상들 곁에 묻힌 것이다.

"나는 내 왕국에서 가장 위대한 사람을 방금 잃었다." 4개월 후 발표된 장례식 추도사에서 루이 14세가 한 말이다. 자신의 권좌를 늘 문제 삼고 위협했던 사촌. 그가 자신에게 안긴 수많은 고통을 왕은 깨끗이 잊은 듯했다.

생시몽 공작[32]이 한 말이기도 하지만, 영면하기 전 임종의 침상에서 이 "영웅 공작님"은 아버지가 했던 말을 마지막으로 떠올렸을까? "왕가의 공작에게 닥칠 수 있는 가장 큰 불행은 왕에게 대항해 자기 파벌을 만드는 것이다. 왜냐하면 그러면 좋은 자리를 잃고 노예들을 섬기는 자들의 노예가 되기 때문이다." 왜 이런 불행에서 벗어날 생각을 한 아들들이 결국 다 아버지들을 따라하는 걸까.

---

32. 생시몽 공작(정식 이름은 생시몽 공작 루이 드 루브루아)은 피카르디 지방의 귀족 자제로 군인이자 외교관인데, 베르사유에서 루이 14세를 처음 알현한 뒤 한동안 궁에 거주했으나 권력 중심부에 진입하지 못하고 그 주변에서 맴돈다. 노회한 귀족의 날카로운 시선으로 베르사유 궁정을 속속들이 관찰하고 권력의 본질을 통찰한 그는 이 모든 것을 기록했다. 1694년부터 1749년까지 총 57년에 달하는 베르사유 궁정사는 이렇게 회고록 형태로 작성되었다. 우리에게까지 전해진 루이 14세와 콩데 공작을 비롯한 수많은 귀족들의 시시콜콜한 일화는 생시몽 공작의 회고록 덕분에 알려졌다. 마르셀 프루스트는 가장 좋아하는 작가로 생시몽을 꼽기도 했다. —옮긴이

8
프랑수아 아타나즈 샤레트
(François Athanase de Charette de la Contrie, 1736~1796)

내 마음속의 방데

그 어떤 반혁명파들(카틀리노, 델베, 봉샹, 라로슈자클랭)의 죽음보다 서른세 살에 죽은 샤레트의 죽음은 인상적이었다. 왜냐하면 그의 삶은 정말 이례적이었기 때문이다. 방데의 그 어떤 장군들이나 올빼미당 장군들보다 그의 전략과 전투 방법은 특출했기에 청색군은 그를 두려워했다. 그는 오랜 추격 끝에야 잡혀서 처형되었다. 명분 또는 저항 정신 측면에서도 완벽함을 보여준 상징적 존재였다. 이 올빼미당 영웅의 군사적 패배와 비극적 사망으로 방데 전쟁은 종식되었지만, 거기서 그의 새로운 신화가 탄생했다.

1783년 6월 17일, 대포 70여 대를 장착한 군함이 브르타뉴의 브레스트 항구로 들어오고 있었다. 이 군함의 이름은 '헤라클레스', 아메리카 대륙에서 돌아오는 길이었다. 완전히 손상된 채. 미국 독립전쟁이 벌어지고 있던 1년 전, 앤틸리스 제도의 생트섬에서도 프랑스 해군은 굴욕적인 패배를 당하고 겨우 살아남아 귀환한 바 있었다. 이 격전에서 로드니 제독의 함선은 5000여 명의 죄수를 만들어냈고, 참전한 프랑스 함선 30여 척 중에 다섯 척은 부서지거나 나포되었다[그 가운데 하나가 '빌 드 파리Ville de Paris(파리시)'다]. 그 이후, 전쟁의 흐름은 역전되어 1776년 7월 4일에 선언된 미국의 독립을 인정하는 파리 조약에 영국이 1783년 2월에 서명했다. 이는 곧 프랑스의 승리이기도 했다.[1]

이날 영웅들을 환영하고 갈채를 보내기 위해 브르타뉴 항구의 부두들에는 수많은 사람이 나와 있었다. 이곳 사람인 샤토브리앙[2]이라는

---

1. 미국 독립전쟁에 영국과 경쟁관계에 있던 프랑스가 참여하여 영향을 미쳤다는 의미이다. 프랑스는 처음에는 본국 영국인에 대항하는 아메리카인들을 비밀리에 원조만 하려 했으나 참전할 가치가 있다고 여겨 적극 개입한다.-옮긴이

2. 프랑수아르네 샤토브리앙(1768~1848). 브르타뉴 생말로에서 태어난 귀족 출신의 프랑스 작가. 낭만주의 문학의 선구자로 일컬어질 만큼 그의 유려한 문체는 유명하다. 프랑스 최고의 산문가 중 한 명이다. 우수와 불안, 황폐감 등의 내면을 매우 정교한 서정적 문체로 표현했다.-옮긴이

주의 깊은 관찰자가 이 장면을 《역사 잡문Mélanges historiques》에 이렇게 기록한다. "브레스트 사람 전부가 달려 나왔다. 모선에 딸린 작은 배들이 떨어져 나왔고 이어 방파제에 정박했다. 배들을 가득 메운 사관들의 얼굴은 햇볕에 그을려 있었고, 그늘져 가려진 얼굴 반쯤에는 알 수 없는 표정이 서려 있었다. 뭐랄까 쾌활하고, 자랑스럽고, 대담하고. 이들은 마치 국가의 명예를 막 회복하고 난 사람들 같았다." 이들 가운데 한 사람이 특별히 눈에 띈다. 키는 제법 크고(1미터 75센티미터), 코는 오뚝하고, 눈빛은 그윽하고 날카로웠으며, 턱은 앞으로 좀 나와 있고, 자세는 다부졌다. 이제 막 스무 살이 된 어린 청년이었지만 자세가 당당해서인지 적어도 다섯 살은 많아 보였다. 상사들은 전투에서 그가 보인 특출한 용맹을 눈여겨보았다. 이제 곧 그가 함선을 지휘할 거라고 확신했다. 그는 행복했다. 이제 그의 운명은 바다 위에서 쓰이리라. 고향 브르타뉴가 아닌 먼 바다 말이다.

프랑수아 아타나즈 샤레트는 1763년 5월 2일 낭트 북동부에서 10여 킬로미터 떨어진 쿠페라는 마을에서 태어났다. 허약하게 태어나 여름을 넘길 수 있을까 싶었지만, 넘겼다. 부모는 소小 귀족 출신으로, 이미 아홉 자녀—그중 넷만 살아남았지만—를 두고 있었다. 그들은 작은 성을 하나 소유했고, 소작지가 몇 군데 있었다. 아버지는 퇴역 장교였는데, 프랑수아가 아홉 살 되던 해에 사망했다. 브르타뉴 의회의 의장인 루이 샤레트 드 라가슈리가 그의 대부였는데, 부모를 대신해 그가 아이의 교육을 도왔다. 이것이 그의 운명이 된다. 브르타뉴에는 요정이나 코리강korrigan,[3] 꼬마 악동에 관한 설화도 많이 내려오지만, 특히나 샤레트 가문의 무훈 서사시풍 전설이 많았다. 이 가문은 필리프 오귀스트 국왕[4] 시절 십자군 원정을 치르며 프랑스에 피 같은 세금을 퍼주었고, 카페 왕조의 땅을 지키고 늘리는 데 크게 공헌한 전장의 명장 뒤 게클랭 같은 조상도 있었다. 수줍음을 잘 타고 별로 말이 없으며 약간 힘이 없어 보이기까지 한 이 사랑스러운 아이가 어떻게 그렇게 멀리 여행을 떠나고 용감한 행동을 하게 되었을까. 아버지 없이 자란 데다 어머니의 사랑도 듬뿍 받지 못한 아이는 혼자 외롭고 고독하게, 자기만의 세계에 갇혀서 자랐다. 아이는 앙제의 오라토리오 수도회 학교에 보내지는데, 사제들이 보기에는 정말 밝고 영리한 아이였다. 아이는 유독 수학을 좋아했다.

"경작할 밭이 없으면, 바다라도 쟁기질해야지." 자신의 피후견인에게 미래를 열어주고 가문의 전통에 맞게 키우기 위해 루이 샤레트 드 라가슈리는 아이가 열다섯 살이 되자 해군 장교가 될 길을 열어주었다. 7년전쟁(1756~1763년) 때 북아메리카 해안과 앤틸리스 제도에서 패배하여 왕실을 창피하게 만든 이래 한 세기 반이 넘도록 해군이라는 직업은 무시되었지만, 이제 서서히 새로운 유행이 되고 있었다. 루이 16세의 독촉을 받던 슈아죌 경의 추진력으로 해군이 창설되었고 많은 청년이 선발되었다. 최근 플루에스카트 해변에서 영국 군함 'HMS 아레투사'를 패주시킨 프리깃함 '벨 풀'의 젊은 해군들처럼 그도 영웅이 되고 싶었다. 프랑수아는 추천장을 들고 브레스트의 기센 백작—왕실

---

3. 브르타뉴 전설에 나오는 난쟁이 악령.

4. 프랑스 카페 왕조 7대 왕 필리프 오귀스트(1165~1223, 필리프 2세)는 여러 공국에 둘러싸여 있었는데, 특히 경쟁하던 영국 왕 헨리 2세가 노르망디, 앙주, 멘 등 프랑스 내부의 영토를 차지하고 있었다. 치세 초기에는 이런 이웃 경쟁국들 때문에 어려움이 있었지만 말기에 들어 헨리 2세의 땅을 차지하고 영토를 많이 넓혔다. -옮긴이

부대의 전설―을 찾아갔고 1779년에 마침내 왕실 부대의 신참 단원이 된다. 1년 정도의 견습기를 거친 후에는 '아르디호'에 상선, 첫 전투의 전율을 느끼고 첫 루이 금화 급료를 받는다. 그는 친구가 별로 없었다. 사람들과 떨어져 있기를 좋아했고, 갑자기 돌변하거나 거칠고 뻣뻣하며 냉소적이었다. 훗날 나폴레옹의 구술 회상록을 집필한 라스 카즈[5]가 그의 내무반 동료였는데, 세인트헬레나에 있을 때 그는 샤레트를 황제에게 그다지 중요하지 않은 인물로 묘사한다. "그냥 평범합니다. 교육을 그다지 많이 받지 않았고 흑담즙질 기질[6]인지 늘 침울하고 화를 잘 내며, 특히 지극히 게으릅니다."[7]

처음 지휘 사령관이 되어 참전했을 때, 샤레트는 겨우 난파를 면한다. 그는 신을 믿었다. 미신적이지는 않지만 신의 가호를 빌며 여러 해전에 참전한다. 프리깃함, 호위함, 운송함, 연안 항해선, 중형 군함 등을 다 타보는데 특히 이런 이름의 배들이다. '클레르부아양(투시자)', '루아르' '도팽(황태자)' '블레트(족제비)'. 특히 '클레오파트라'. 그는 이 함선 위에서 일말의 동정심도 없는 권위를 발휘하며 반란을 이끈 자들을 쓰러뜨린다. 전쟁에서 배신자나 약자를 위한 자리는 없다. 절대 전

---

5. 에마뉘엘 드 라스 카즈(1766~1842)는 해군에 입대하여 여러 전쟁에 참여했다. 특히 워털루 전투에서 패배한 나폴레옹 보나파르트의 곁을 지켰다. 나폴레옹이 말메종을 출발할 때부터 세인트헬레나섬에 유배될 때까지 그를 수행했으며, 나폴레옹의 구술을 받아 적어 《세인트헬레나 회상록》을 함께 집필했다.―옮긴이

6. 히포크라테스가 구분한 기질로, 일종의 우울질이다. 신중하고 민감하며 지능 지수가 높으며, 예술가 및 작가 들에게 자주 나타나는 기질이다. 의학적으로 정말 그렇다기보다 관용적으로 쓰는 수사법이다.―옮긴이

7. 그러자 나폴레옹은 구술 회상록의 기록자에게 이렇게 답한다. "그렇게 잠자던 자가 깨어나면 무섭네." 나폴레옹은 샤레트에게서 "천재성을 가진 사람은 드러나게 마련인"(낭중지추 같은-옮긴이) "대단한 성격"을 알아보았다.

선을 포기하면 안 된다. 지중해 근역에서 야만인들을 몰아냈고 이 일을 계기로 터키 침략자들에 맞서 용감히 싸운 가톨릭교 민족(그리스 펠로폰네소스)도 알게 되었다. 북해에서는 상선을 호위하기도 했다. 앤틸리스 제도에서는 영국군과 전투를 벌였다. 세계를 돌아다니며 항해하면서 말라리아와 괴혈병—바다의 페스트라고 불린다—에 걸리기도 했다. 하지만 전쟁을 통해 그 무엇과도 비교할 수 없는 값진 경험을 했다. 이제 그는 공포와 허기, 혼란과 번민의 맛을 알게 되었다. 또한 담대함과 용기, 동지애와 승리, 패배의 맛도 알게 되었다. 어느 날 "샤레트, 자네는 키가 크군. 전장에 어울리는 키야"라고 한 어느 늙은 대장의 말이 옳았음을 그는 인정했다.

혼란에서 반란으로

1789년 7월, 샤레트는 툴롱에 하선했다. 2년 전 해군 중위가 되었지만 그는 의구심이 들었다. 아버지, 어머니, 대부 모두 지금은 돌아가시고 안 계신다. 의지가지없는 신세인 데다 재산도 없다. 반란이 전국 각지에서 일어났다. 이제 아무도 부두에 해군 사관을 마중 나오지 않는다. 씁쓸하고 불안해진 프랑수아 아타나즈는 프랑스 왕국에 어떤 부패가 만연해 있음을 짐작했다. 장검에 새겨진 문구("나는 결코 양보하지 않는다")를 어기며 자신의 미래를 곰곰이 생각해 보기 위해 그는 8개월간의 장기 휴가를 냈다.

지상에서도 샤레트의 매력은 발휘되었다. 그는 해전의 무훈으로 아우라를 얻었지만 다른 형태의 정복도 시도해 보고 싶었다. 그보다 열한 살 많은 사촌 마리루이즈 샤레트 드 부아푸코도 그에게 무심하지 않았다. 그는 의견을 구하기 위해 어머니에게 손길을 내밀어보려고 했다. 그런데 마리앙젤리크 조스네 드 라두스티에르라는 여자가 자신에게 손길을 내밀어보면 어떻겠냐고 제안했다. 그녀는 과부이고 어느 정도 부유한 40대 여자였다. 마음이 동하기도 하고 그녀한테 칭찬을 받은 기분도 들고 유혹당한 느낌도 싫지 않아서 그는 망설임 없이 그녀의 제안을 받아들였다. 하여 27세가 되던 해의 달, 그녀와 결혼한다. 몇 주 후, 그의 상사에게 짧은 편지를 보낸다. "저는 떠납니다." 이런 사직은 자리를 잡고 싶기도 하고 가정을 꾸리고 싶기도 한 두 가지 욕망 때문에 이뤄졌다. 이렇게 살다간 계속해서 지위가 강등되는 것만 같은 기분을 견딜 수 없었기 때문이다. 그는 더는 군대에 소속되고 싶지 않았다. 그런 마음은 확고했다. '아우구스투스' '왕관' '황태자' 같은 아름다운 별칭을 새긴 꽃 장식 대신에 '자코뱅Jacobin'[8] '사 이라ça ira'[9] '상퀼로트Sans-Culotte'[10] 같은 이름을 새긴 꽃 장식이 군함을 뒤덮는 시

---

8. 1789년 프랑스 혁명이 발발하면서 생긴 정파. 첫 정식 명칭은 '호헌 결사단La société des Amis de la Constitution'이었고, 1792년부터는 '자유와 평등의 벗 자코뱅 결사단Société des Jacobins, amis de la liberté et de l'égalité'이라고 했다. 파리의 자코뱅 수도원을 본거지로 삼은 데서 그 이름이 유래했다. 특히 막시밀리앙 로베스피에르가 중심이 된 공포정치 기간(1793~1794년), 급진적인 혁명을 추진한 시기에 자코뱅파는 왕성하게 활약했으며, 테르미도르 반동으로 로베스피에르가 처형당하고 난 후 몰락의 길을 걷는다.─옮긴이

9. 프랑스 혁명 당시 자주 불린 노래 제목이자 후렴구인 "Ah! ça ira"에서 유래한 말이다. 'ça ira'는 "괜찮아" "잘될 거야" 정도로 번역될 수 있는 흔한 구어적 표현이다. 이 노래는 1790년 5월에 처음 불렸다. 이 노래를 만든 사람은 '라드'라는 이름의 거리 음악가이자 군인이었다. 가사 중에 이런 대목이 나온다. "아, 괜찮아, 괜찮아! 다 잘될 거야. 귀족들을 가로등에 매달아. 귀족들을 매달아. 만일 안 매달리면 줄을 끊어. 줄이 안 끊어지면 태워버려. 아, 괜찮아, 괜찮아. 우리에겐 이제 귀족도 사제도 없어! 괜찮아, 괜찮아. 평등이 도처에 넘칠 거야." ─옮긴이

대였으니 말이다.

샤레트 가족은 퐁트클로즈 라가르나슈 성에 정착했다. 샤레트가는 레Retz라는 지방에 20여 군데가 넘는 소작지를 가지고 있었는데, 이곳 한가운데에 있는 성이었다. 마리앙젤리크는 자기 소유지가 있는 낭트의 저택에 가서 살고 싶어 했지만, 프랑수아는 그 도시를 끔찍이도 싫어했다. 그러니 그곳에 가는 건 말도 안 된다는 것이 프랑수아의 생각이었다. 매일같이 그는 자신의 개 '아르디Hardi'[11]를 데리고 산책을 나가거나 사냥을 나갔다. 이 개 이름은 그가 처음으로 탔던 함선 이름이기도 하다. 동물들과 여자들이라…… 그의 아내는, 맹목적이지는 않았으나 그래도 그가 이제 아버지가 되어야 하니 한번쯤은 좀 차분하고 현명해지기를 바랐다. 그건 헛된 꿈이었다. 1792년 2월에 그들의 아이가 처음 태어나자 그의 격정적 기질은 좀 가라앉았다. 그런데 아이가 두 달 만에 죽자 다시 격해졌다. 아기를 묻고 나서 얼마 되지도 않았는데, 샤레트는 반혁명 투쟁에 가담하고 싶다는 희망을 아내에게 밝혔다. 그녀는 이 말에 속지 않았다. 정치적·사회적 투쟁에 뛰어들고 싶은 마음이 그를 뜨겁게 만들기도 했겠지만, 자신에게서 도망치고 싶

---

10. 퀼로트(반바지)를 입지 않은 사람, 곧 긴바지를 입은 노동자라는 뜻이다. 귀족 및 부르주아와 구별되거나 혁명 초기 정파에 가담할 자격도 주어지지 않아 불만이 컸던 무산자 계급을 가리킨다. 상퀼로트는 가장 흔히는 프랑스 혁명 시기에 특히 바스티유를 습격하고 베르사유 궁까지 행진하며 민중 봉기를 일으킨 민중을 가리킨다. 로베스피에르가 등장할 무렵, 산악파 및 자코뱅파를 적극적으로 지지하며 혁명을 추진하는 중요한 세력이 된다. 그러나 이후 혁명파가 분화하면서 이들의 정견과 이해관계도 복잡하게 뒤얽히며 분열을 겪는다. 돈에 매수되어 혁명을 그르치는 불순 세력으로 변질되기도 한다. '상퀼로트'는 '민중'이라는 단일한 확정적 의미로 이해하기보다, 상황과 정황에 따라 다소 미묘하게 구분해서 이해할 필요가 있다.−옮긴이

11. '거칠고 대담한'이라는 뜻.−옮긴이

은 마음이 더 크다는 것을 그녀는 알고 있었다. 이 지역에서만큼은 특히나 혁명이 유감스러운 결과를 초래하고 말 것임을 그녀가 감지하지 못한 건 아니었지만 말이다. 1790년 7월, '성직자의 시민헌법'이 국민의회[12]에서 가결됨으로써 이제 사제나 신부 같은 성직자도 서약('냉소적 서약serment cynique'[13])을 하는 것이 의무화되었고, 상당수 주교좌 자리도 내놓아야 했다. 그 자리를 내놓지 않으려면 어딘가로 도망가서

---

12. 'Assemblée Constituante'는 보통 '국민의회'로 번역하지만 원어 'Constituant(e)'에 주목할 필요가 있다. 이 말은 '구성하는' '헌법을 제정하는' 등의 의미다. 여기에는 중요한 역사적 맥락과 일화가 있다. 혁명의 전조가 된 삼부회 소집(1789년 5월 5일) 이후 표결 및 투표 방식을 두고(신분별인지, 머릿수별인지) 회의가 한 달여 동안 공전을 거듭하는 가운데 의원들은 삼삼오오 모여 격론을 벌였는데, 삼부회(État généraux: 이 단어에 3이라는 숫자를 가리키는 말은 들어 있지 않다)라는 용어에는 앙시앵 레짐(성직자, 귀족, 평민 등의 신분 서열)의 흔적이 남아 있으므로 새로운 용어로 바꾸자는 의견이 나온다. 그래서 세 가지 안이 나오는데, 《제3신분이란 무엇인가》를 쓴 시에예스는 '프랑스 국민에게 인정받고 심사된 대표자 의회'를 제안하고, 무니에는 '일부 소수가 결석했지만, 그래도 활동을 계속하고 있는 프랑스 국민 대다수 대표자 회의'를 제안한다. 미라보는 '인민대표회의'라고 하면 어떻겠느냐고 제안하지만, '인민'이라는 단어가 'peuple'(루소식 개념, 즉 투표권과 입법 행위를 통해 자신의 의견을 표현하는 국민)이 아니라 'pleb'(고대 로마식 하층민, 평민)으로 오해되어 그 의미가 축소될 수 있다며(대표성이 덜 부과된다는 점에서) 이 단어도 문제 삼는다.
    의원들은 결국 '국민의회Assemblée Constituante'로 정하고 의회주의를 선포한다. 이 사실을 알게 된 루이 16세는 군주제를 없애려는 이런 발상에 격노하며 삼부회 회의장 문을 모두 폐쇄한다. 그러자 의원들은 미라보의 주창으로 당시 궁정인들의 스포츠 시설이었던 '테니스 코트'로 몰려가 프랑스 성문 헌법을 제정하기 전까지는 절대 해산하지 말자고 결의한다. 이것이 그 유명한 '테니스 코트 선언'이다. 나중에 루이 16세 탈주 사건 및 샹 드 마르스 학살 사건의 여파로 '국민의회'는 해산하고 이듬해 '국민공회Convention nationale'를 소집한다.—옮긴이

13. '세르망 시니크'는 '세르망 시비크serment civique(시민적 서약)'에 반대하는 자들이 이 단어를 변형시켜 조롱하듯 만든 말이다. 이제 사제들은 루이 16세(억지로 서약)가 승인한, 그러나 나중에 교황 비오 6세가 파기시킬 이 서약에 서명하고 충성을 다할 것을 맹세해야 했다.

지내야 했다. 그리고 이 자리들은 이제 파란색, 흰색, 붉은색의 삼색 모자를 쓴 자들로 채워졌다. 이들은 스스로를 신의 대리자로 자처하기도 했다. 샤레트는 그 지역 농민들과 마찬가지로 이들을 좋게 생각하지 않았다. 그러나 여기저기서 봉기가 일어나자 자신의 결정을 표명할 수도 없고 다짜고짜 분노를 드러낼 수도 없었다. 다만, 언젠가는 자신이 무기를 들게 될 것임을 예감했다. 친형 루이 마랭은 라인강 너머 망명 귀족들과 합류하기 위해 프랑스를 빠져나갔는데, 그는 형처럼은 하지 못했다. 하지만 결국 자신도 그렇게 될 거라는 걸 알고 있었다.

코블렌츠[14]에서 그가 겪은 실망은 순진한 희망에 비례해 컸다. 프랑스에 휘몰아친 공포를 이해한 지 이제 겨우 30개월밖에 안 된 이 가난한 브르타뉴의 소귀족에게 주의를 기울이는 사람은 아무도 없었다. 한편 그가 보기에는, 한때 자신이 바다에 나가 목숨 걸고 싸웠던 적성 국가(프러시아나 영국)의 왕자들과 프랑스 대귀족들이 아무런 거리낌 없이 대뜸 연합하는 모습도 혼란스럽게 느껴졌다. 그는 두 달 만에 얼이 빠져서 그냥 집으로 돌아온다.

그런데 퐁트클로즈 문은 닫혀 있었다. 아이를 잃은 슬픔에다 버려진 아내까지 되자 마리앙젤리크는 실의에 빠져 고향인 낭트로 가버린 것이다. 아끼는 농민들과 아낙네들이 늘 곁에 있긴 했으나, 샤레트는 이제 혼자가 되었다. 망명 귀족들이 살던 도시로 가서 잠시 체류했을 때는 기쁘지도 슬프지도 않았지만, 이곳에서만큼은 불길하고 불안한 혁

---

14. 독일 서부의 도시로, 1794년 프랑스군에 점령되고 1798년에는 프랑스에 병합된다. 그러나 다시 1815년 프로이센의 속령이 된다.─옮긴이

명의 여파를 충분히 인지할 수 있었다. 지금까지는 신중했지만, 판단이 섰다. 이제는 참가할 준비가 되었다. 바로 미국 독립전쟁의 영웅인 라루에리 후작[15]이 만든 브르타뉴 연합군에 들어가 싸우는 것이었다. 루이 16세의 막내 동생인 아르투아 백작에게서 후원을 받고 있던 이 연합군은 반혁명파와 같은 대의를 품고 있었으므로 기꺼이 이들과도 협력했다. 특히 반혁명파는 망명파처럼 프랑스 외부에서 싸우기보다는 내부에서 투쟁하는 것을 선호했다. 그런데 프랑수아는 이 지역 소귀족들과 토론하고 수다 떨고 춤추는 것도 금방 지겨워졌다. 1792년 6월, 정말 행동다운 행동을 하고 싶다는 희망을 품고 그는 파리로 간다. 그의 소망은 이루어지겠지만 그가 바라던 방향은 아니었다.

1792년 8월 9일에서 10일이 되던 밤, 만일 파리 시민이 왕실 가족

---

15. 브르타뉴의 장교로 미국 독립전쟁의 경험을 바탕으로 처음에는 프랑스 혁명을 지지했지만 나중에는 이에 반대하여 무기를 들게 된다(이 전쟁은 1775년 북아메리카에 있던 영국령 13개 식민주가 영국 본토에 대항해 일으킨 전쟁이다. 영국이 식민국가에 부과하는 과도한 세금 및 여러 부당한 조공 및 조례 등에 불만을 품은 식민주 평민들과 농민들이 지배자처럼 군림하는 영국 귀족들을 향해 일으킨 봉기에 그칠 수 있었지만, 당시 영국과 경쟁 관계에 있던 프랑스가 이 분규에 가담함으로써 가히 지구전 규모로 커졌다. 프랑스는 이 전쟁에 막대한 자금과 군사적 지원을 쏟아부음으로써 훗날 손볼 수 없을 정도로 막대한 국가 채무에 시달리게 된다. 왕실 재정은 이를 만회하기 위해 거꾸로 프랑스 평민[당시는 주로 도시 시민 세력인 부르주아들]과 농민들로부터 가혹한 세금을 거둬들이게 되고, 이에 분노한 평민들, 즉 제3신분이 항거하여 일어난 것이 프랑스 혁명이다. 미국 독립전쟁에 참여한 프랑스 군인들은 이 경험을 바탕으로 시민 혁명 및 자유사상에 대한 영감을 얻어 프랑스 혁명 초기에는 혁명파에 가담하지만, 혁명의 양상이 과격해지면서 나중에 왕당파나 반혁명파로 돌아서기도 한다—옮긴이). 왜냐하면 그의 눈에는 프랑스 혁명의 여파로 지방 및 지역의 자치성과 그 자유까지도 파괴되고 있었기 때문이다. 브르타뉴 연합군의 수장으로서 올페미당이라는 저항 단체를 조직하기도 한다. 루이 16세가 단두대에서 처형되고(1793년 1월 21일—옮긴이) 난 지 며칠 후인 1793년 1월 30일에 심한 고열로 사망했다.

을 공격한다면 군사 작전에 돌입하겠다는 브룬스비크 선언이 《르모니퇴르Le Moniteur》지에 발표된 바로 다음 날, 파리 민중은 국왕 가족이 머물고 있던 튈르리 궁을 공격했다.[16] 반反프랑스 동맹파 수장이 그런 선언문을 쓰도록 국왕 가족이 압력을 행사했다는 사실이 밝혀졌기 때문이다. 파리 민중은 곧 카루젤 광장으로 몰려갔다. 궁의 방어를 도와주러 온 스위스 호위병 900명과 그 몇몇 우두머리는 불에 타 죽었다. 이들 가운데 앙리 드 라로슈자클랭과 샤레트가 있었다. 그는 멀리서 마리앙투아네트 왕비와 마리테레즈 공주와 루이샤를 왕세자를 보았다. 반란자들로부터 자신들을 보호해 주기 위해 와준 이 용맹한 자들을 향해 두 어린아이가 인사를 했다.

몇 시간이 흘렀고, 포위는 점점 확실해졌다. 새벽, 왕과 그 가족은 의사당을 비웠고, 바로 몇 분 후 무리가 왕을 잡기 위해 궁의 철책 문으로 몰려들었다. 한마디로 대살육전이었다. 스위스 경비대, 시종들, 요리사들, 시녀들 모두 배가 갈라졌고 내장이 쏟아졌으며 차마 눈뜨고 볼 수 없을 만큼 도륙되었다. 궁은 약탈당했고 불태워졌다. 샤레트는 기적적으로 이 대혼란에서 살아남았다. 그는 스위스 경비병에게 참살된 어느 상퀼로트의 옷을 벗겨 입고서 공격자들의 눈을 속여 별 탈 없

---

16. 파리 민중이 튈르리 궁에 머물고 있던 루이 16세 왕가 가족을 향해 몰려간 데에는 그만한 이유가 있었다. 이 글은 왕당파, 반혁명파인 샤레트에 대한 기술이다 보니 프랑스 혁명파 입장에 대한 서술이 상당 부분 생략되어 있는데, 1791년 6월에 루이 16세가 파리를 떠나 메스로 탈출하여 자신에게 늘 충직했던 부이에 장군 부대와 합류해 과거 권위를 되찾고자 했다. 그러나 국왕이 도망친 것을 알고는 파리 시내에 경종이 울렸고 결국 국왕 일가는 바렌에서 체포되었다. 1791년 7월 17일, 왕에게 실망한 파리 시민들이 샹 드 마르스에 모여 시위를 벌였는데, 이때 국민방위대를 이끄는 라파예트 장군이 시민들에게 발포를 명령해 수많은 사상자가 나왔다. 민중은 다시 이에 격분, 1792년 8월 10일에 튈르리 궁을 습격하고, 국왕 가족을 감금한다. ―옮긴이

이 그곳을 빠져나왔다. 그리고 몇 주 전 만난 적 있는 한 마부의 집에 들어가 은신했다. 또 그 뒤에는 어떤 학생의 집으로 피신했고, 이 학생이 마련해 준 통행증으로 파리를 빠져나올 수 있었다. 이 소중한 종잇조각 위에 적힌 그의 직업은 '소 몰이꾼'이었다. 9월에 그는 다시 퐁트클로즈로 돌아왔다. 이제 군주는 없었다. 루이 16세는 투옥되었고 공화국이 선포되었다. 이제 곧 프랑스는 '공포정치La Terreur'[17] 시대로 들어갈 것이다.

아내가 버리고 간 집으로 돌아온 그는 적적해서 누이 마리안을 불러함께 지냈다. 사냥을 했고, 낚시를 했다. 그러나 이런 생활도 곧 권태로워졌다. 1793년 1월 21일, 왕이 처형되었다는 소식을 듣고는 망연자실, 이상한 슬픔에 빠져들었다. 한 달 후, 칙령이 하나 발표된다. 18세부터 45세까지 30만 명의 남자들 중에, 독신자나 홀아비인 남자를

17. 1793년에 국민공회를 장악한 자코뱅 당이 지롱드 당을 몰아내고 혁명의 여파로 인한 사회적 혼란을 가라앉히기 위해 집중적으로 속도전을 내며 혁명을 완수하려 한 '혁명정부' 기간(1793~1794년)을 지칭한다. 1792년 처음 국민공회가 생길 때만 해도 '사회적 민주주의'보다는 '정치적 민주주의'를 선호하는 혁명 세력인 지롱드 당이 상당수 의석을 차지하며 정부와 관리를 장악했다. 그러나 1792년 12월부터는 국왕의 사형을 요구하는, 로베스피에르를 비롯한 자코뱅 당(산악당)이 시민들에게 더 큰 지지를 받는다. 1793년 6월 지롱드 당은 국민공회에서 추방되고 몰락한다. 그리고 로베스피에르를 위시한 자코뱅 당이 권력을 잡고 9월부터 이른바 완벽한 '적폐 청산'에 돌입, 반혁명 용의자에 대한 법령을 제정하고, 공안위원회를 설치하여 물가 상승을 단속하는 등 독재적 경제 관리 정책을 펼친다. 또 혁명재판소를 통해 수많은 반혁명 세력을 기요틴(단두대)에 보낸다. 1793년 10월, 국민공회는 임시정부를 혁명정부로 바꾸고 공포정치를 승인한다. 자코뱅 당은 철저한 독재적 통치로 국내외적으로 어느 정도 성공을 거두기도 했지만, 혁명파가 갈수록 폭력적이고 과격해지면서 많은 이들의 반감을 산다. 결국 로베스피에르의 공포정치에 사람들은 피로감을 느끼고 상퀼로트들도 그를 멀리한다. 로베스피에르는 1794년 국민공회에 의해 범법자로서 체포된다. 테르미도르력(혁명력) 2년 10일(1794년 7월 28일), 로베스피에르가 단두대에서 처형됨으로써 공포정치는 일단락된다.—옮긴이

제비뽑기로 추첨하여 공화국 군대 병적에 등록시킨다는 내용이었다. 라루에리 후작의 죽음으로 지역의 유일한 왕당파 레지스탕스 조직도 와해되었다. 그러나 이런 국민개병에 농민들은 분노한다. 그도 그럴 것이 방데와 브르타뉴의 농민들은 고향 땅을 버리고 알지도 못하는 지역으로 가서 전쟁을 한다는 것은 상상도 할 수 없었기 때문이다. 더욱이 자신들의 착한 왕을 처형한 체제를 위해 싸운다는 생각은 할 수 없었다. 특히나 국민방위대와 부르주아들(이들은 일정한 액수의 돈을 내면 아들들이 군에 선발되지 않도록 할 수 있었다)은 이 의무에서 면제될 가능성이 있다는 것을 알고는 더더욱 그랬다. 그 결과가 이것이다. 1793년 3월, 방데는 들고일어났다. 즉각적이고 즉흥적이며 조직도 채 되지 않은 민중 봉기였다. 법률가인 르네 수슈가 낭트 공화국 당국과 협상할 인물로 내정되었다. 왕당파 위원회장 자리에 있다가 갑자기 이 일을 떠맡은 그는 이 임무를 어떻게 수행해야 할지 감조차 잡을 수 없었다. 더욱이 반란 농민들을 무자비하게 쓰러뜨리는 이런 진압을 어떻게 막아야 할지도 몰랐다. 그래서 그는 이런 무질서한 봉기를 체계적 군사 운동으로 조직할 수 있는 자를 데려와야 한다고 제안한다. 바로 얼마 전, 그는 레라는 마을에 어떤 귀족이 은둔해 있다는 말을 들은 터였다. 그는 젊은 시골 귀족인데, 과거에 해군 장교여서 충분히 이 일을 해낼 수 있을 거라고들 했다.

반혁명파에 가담하다

1793년 3월 14일, 갈고리, 창, 낫, 낫도끼를 든 농민 부대가 요란한 소리를 내며 퐁트클로즈 영지로 몰려들었다. 이 무리에게 곧장 답하기를 거절하다가, 얼마간 시간이 지나서야 샤레트는 자택의 뜰로 내려왔다. 황금빛 실로 수놓아진 푸른 왕실 군복에 목에는 하얀 넥타이를 매고 머리 위에는 챙이 넓은 회색 모자를 쓴 그를 향해 박수갈채가 쏟아졌다. 다들 그를 알고 있었다. 그는 약간 오만한 태도로 엄중하고 단호한 목소리로 이렇게 물었다.

"저한테 무엇을 원하십니까?"

"샤레트 씨, 우리를 지휘해 주십쇼."

"미쳤습니까? 여러분은 프랑스 전체와 싸우게 되는 겁니다. 저는 해군 장교입니다. 지상전은 전혀 모릅니다."

"부끄럽지도 않소!" 무리 중에 누군가가 말했다. "우리 교회를 더럽히고 사제들을 투옥하는데 옛 왕실 장교였던 자가 이런 신성 모독을 그냥 두고 본다고?"

정확히 핵심을 찌른 말이었다. 샤레트는 가책을 느꼈다. 그래, 좋다. 소부대 대장은 수락하겠다. 그러나 조건이 있다. 자신의 말을 거역하지 말고 복종해야 한다. 박수가 쏟아졌다. 그는 또 이렇게 덧붙였다. "내 말에 복종하지 않는 사람이 있다면, 그자의 머리를 부숴놓겠소. 그래도 좋소? 그래도 나를 원하는 거요?" 갈채가 쏟아졌다. 그러자 그는 말에 안장을 얹고, 옆에 스카프 같은 천이 덧대어지고 하얀 깃털로 아름답게 장식된 제복을 몸에 걸쳤다. 이어 저택 입구 철책 옆 안뜰에 있는 느릅나무로 다가가더니 가장 높은 가지에다 하얀 천을 매달았다. "죽어서 돌아오거나 승리해서 돌아오겠다. 그렇지 않으면 결코 돌아오지 않을 것이다."

그때 샤레트는 알지 못했지만, 대서양 연안과 소뮈르 사이, 사블돌론에서 루아르에 이르는 지역에서도 같은 투쟁이 벌어지고 있었다. 샤레트 말고도 자크 카틀리노, 장니콜라 스토플레, 봉샹 후작, 모리스조제프 델베, 젊은 라로슈자클랭 백작 등 영광이나 승리를 거머쥐지 않고는 절대 물러나지 않겠다는 전사는 많았다.

샤레트는 곧장 자신이 운용할 수 있는 병력이 어느 정도인지 조사했다. 미약했다. 무기도 거의 없었고 탄약이나 탄환 같은 보급품도 없었다. 말을 탈 수 있는 청년이 고작 30여 명이었다. 포병이라고 이름 붙일 만한 자도 없었다. 더 난처한 점은, 대부분이 자기 고향이 아닌 다른 지역에 나가 싸우기를 꺼려한다는 것이었다. 그렇다면 굳이 나가 싸우지 말고 이 지역에 들어온 혁명파 청색군과 기동전으로 한번 붙어보자는 생각이 들었다. 사실 이 지역에 조제프 푸셰[18]가 지휘하는 혁명파 분견대가 들어온 적이 있었다. 그는 삼색기를 높이 휘날리고 다니면서, 당연히 그럴 권리가 있다는 듯이, "손에 무기를 드는 등 반항을 표시하는 불한당은 모두 포획해서" 죽일 수 있다고 공언했다.

병력이 열세였을 뿐 아니라, 과거 하사관 경력이 있는 장바티스트 졸리가 불평불만을 쏟아냈지만 샤레트는 포르니크 항구로 이동하라고 명령했다. 졸리라는 이 하사관은 나이를 봐도 그렇고 과거 전력을

---

18. 당시 로베스피에르와 가까웠고 국민공회 의원으로 선출된 푸셰는 부패가 만연한 귀족화된 성직자들의 특권을 비판하며 프랑스의 비가톨릭교화에 앞장섰던 열렬한 혁명가다. 국민방위대(국민군)를 조직하기 위해 서부 지역에 파견되었고 거기서 방데의 군사들을 몰아낸다. 또한 1793년 리옹 반혁명파 학살의 주도자이며, 훗날 나폴레옹의 집정관 및 제국 시기에 경찰국장이 된다(슈테판 츠바이크의 평전 《조제프 푸셰: 어느 정치적 인간의 초상》에서는 조제프 푸셰가 매우 흥미롭게 그려져 있다. 나폴레옹이 유일하게 두려워한 자로 묘사된다-옮긴이).

봐도 그렇고 이 반란군의 참모장 정도는 해야 한다고 생각하는 사람이었다. 포화가 쏟아지는 첫 전투는 끔찍했다. 국민방위대원들은 여러 가옥의 지붕에 자리 잡고서 백색군을 향해 사격을 해댔다. 샤레트는 마을 이엉지붕에 불을 놓아 불길이 번져가게 함으로써 겨우 이 상황을 타개했다. 몸에 불이 붙은 청색군은 혼비백산하여 도망쳤다. 이 보잘것없는 승리, 그러나 나름으로 상징적인 첫 승리로 백색군 부대는 4월 중순에 샬랑을 탈취한다. 1000여 명의 백색군 부대원들은 가슴이 터질 듯 기뻤다. 이들은 겨우 첫 승리인데도 페르시아의 아르타바누스처럼 요란하게 축포를 쏘아댈 만큼 순진하고 오만했다. 이런 식으로만 한다면 며칠 후 있을 생제르베 전투도 성공하리라 생각했다. 하지만 이번에는 적군이 일곱 배 많았다.[19] 이들은 전투에 나가기 전에 술을 마시기 일쑤였고, 고분고분 복종하지 않았으며, 제대로 참전 준비도 하지 않았다. 샤레트가 지휘한 농민군은 그다음 두 전투에서 형편없는 모습을 보인다. 결국 이들의 피 속에는 공포감이 가득 들어차 있었던 것이다. 마슈쿨로 돌아왔을 때는 음울한 정도가 아니었다. 끔찍하고 참혹했다.

아직은 연민과 동정의 시절이 아니었다. 승리로 더욱 대담해진 청색군은 마슈쿨로 진군했다. 베세르 부관이 지휘하는 부대는 보병 3000여 명과 기병 200명으로 구성되었고 여기에 대포 여덟 대가 동원되었다. 베세르 부관만 해도 어마어마한 명성을 가진 자였다. 그의 말은 호랑이 가죽으로 덮여 있고 그의 바지는 인간 피부로 만들어졌다는

---

19. 1793년 4월 15일에 있었던 이 전투는 혁명파의 승리로 끝난다. 청색군은 4000여 명이 참전하고 백색군은 7000여 명이 참전했는데, 청색군은 사망자 두 명에 부상자가 열 명이었던 데 반해, 백색군은 80여 명이나 사망했다. ─옮긴이

말이 나올 정도였다! 첫 번째 포격을 당하기가 무섭게 백색군의 전열이 난잡하게 흩어졌다. 샤레트도 자기 군마가 포탄을 맞아 바로 눈앞에서 두 동강 나는 모습을 봐야 했다. 약탈과 학살로 난장판이 된 이곳에서 그는 기적적으로 탈출했다. 시민 희생자 200여 명 가운데, 해방된 이 도시에서 아주 잠시나마 행정관을 맡았던 수슈라는 가난한 사람도 있었다. 내의 직조공이었던 마리 슈베라는 여자도 낭트까지 끌려가 샤레트가 숨어 있는 곳을 대지 않았다는 이유로 죽음에 처해졌다. 그녀는 죽기 전 자신을 고문하는 형리 얼굴에 침을 뱉으며 이렇게 외쳤다. "샤레트 기사 만세!" 그는 이제부터 편지에 이렇게 서명하게 될 것이다.

이어지는 몇 주 동안 이 백색군 사령관은 자신이 마주할 과업의 규모를 가늠해 보았다. 라이벌 졸리의 영지인 르제에 들어가 자리를 이탈해서는 안 되고 더는 물러나지도 말며 결코 포기해서는 안 된다고 병사들을 독려했다. 행운의 여신은 그에게 미소를 지어주는 듯했다. 병사들은 처음에는 적들의 공격에 놀라 혼비백산하여 달아났지만, 이제는 자리를 지키고 반격을 취해 청색군을 몰아냈다. 그 결과 그들 뒤에는 사망자 200여 명, 대포 두 대, 말 그리고 수없이 많은 탄약 상자가 남았다. 전날에 벌인 약탈의 결실이었다. 1793년 4월 30일은 백색군의 월등한 첫 승전으로 기록되었다. 샤레트는 농민들이 비로소 전사가 된 것이 기뻐서 어쩔 줄 몰랐다. 고무된 그는 한술 더 떠 마슈쿨을 제안했다. 마슈쿨을 되찾자는 거였다. 그러나 이 제안은 선뜻 받아들여지지 않았다. 격렬한 토론이 하루 종일 벌어졌다. 의견 차이로 서로 총을 겨누기까지 했다. 그는 자신의 권위를 무너뜨리는 이런 심상찮은 이의 제기를 묵과할 수 없었다. 일단 화를 가라앉히고 부하들을 불러 자신을 이 부대의 대장으로 앉힌 이들이 바로 당신들 아니냐며 지난날의 약속을 환기시켰다. 그 조건으로 절대적 복종을 요구한 사실도. 서로 미안하다고 했고 용서를 빌었으며 부둥켜안았다. 그런 후 마슈쿨로 진군하라는 명을 내렸다. 그러나 지원군 부족으로, 샤레트는 그냥 포기하고 르제로 돌아오는 편을 택했는데, 르제는 이미 청색군의 수중에 들어가 있었다. 분명 이번에도 그의 작전은 실패해 체면을 구긴 셈이 되었다.

무엇을 할 것인가? 단번에 효과를 보이는 전술을 구사해야 한다. 숙련된 기병대와 공병대가 필요한 대전은 피하고 봐야 한다. 그 대신 청색군보다 이곳 지리 정보가 월등하다는 점을 활용해 매복과 소규모 교전의 횟수를 늘렸다. 움푹 파인 길이나, 대포를 숨겨놓아도 보이지 않거나, 말이 들어올 수 없는 울창한 숲으로 적을 유인해 급습하는 매복전을 펼쳤다. 또 길을 잃거나 피로에 지쳐 뒤처진 청색군을 급습했다. 마치 해적처럼 적을 급습해 나포하는 작전, 말하자면 지상에서의 사략선私掠船 전법인 셈이었다.

며칠 만에 승리를 맛보자 다시 부대와 샤레트의 사기는 올라갔다. 전리품이 쌓였고, 가담자가 늘어났다. 가령 전에 퐁제임스에서 백색군에 대항해 싸웠던 알자스 부대가 백색군에 합류했다. 이 가운데 파이퍼라는 자가 있었는데, 나중에 마지막까지 샤레트를 돕는 충신으로 남는다. 마슈쿨은 6월에 탈환된다. 찬사의 대상이자 질투의 대상이었던 이 당당한 기사는 이제 이론의 여지 없이 이 진영의 대장이었다. 수천 명의 남자들이 그를 모방해 하얀 깃털 장식을 했다. 그를 만난 여자들은 그가 웃옷에 단 성심聖心 모양의 장식에 입을 맞췄다. 어떤 사람들은 완전히 그의 편이 되었다. 가령 '마담 드 라가르나슈'[20]라는 별명을 가진 라로슈푸코 백작부인 마리아델라이드 드 라투슈리무지니에르도 그들 중 한 사람이었다.

라이벌들

샤레트는 역량은 있었지만, 아직은 인지도가 부족했다. 1793년 6월 초, 그는 앙주 및 바푸아투의 가톨릭 왕실 부대에 밀사를 보냈다. 이 부대는 얼마 전 소뮈르와 앙제를 탈취한 전력이 있었다. 보샹 후작이 그 총책으로, 그 휘하에는 카틀리노, 델베, 스토플레, 라로슈자클랭, 레스퀴르, 로그르니에르와 리로 드 라파투이에르 등이 있었다. 말을 잘 따르며 규율을 잘 준수하는 4만여 병사를 갖춘 이 부대는 이제 낭트에서도 대열을 갖출 준비를 하고 있었다. 샤레트도 이에 동참하고 싶었다. 그리고 초대되었다. 그에게 주어진 임무는, 6월 28일과 29일로 예정된 공격을 위해 도시 남부로 가서 시간을 좀 보내다가 앙제 연대가 합류하면 지휘는 그가 하되 협심해서 루아르의 섬들을 공격하라는 것이었다. 샤레트는 전장의 한복판이 아닌 외곽에 있으라는 말에 화가 났지만 우선은 받아들일 수밖에 없었다. 군사 작전은 뜻대로 펼쳐지지 않았다. 전투 도중에 카틀리노가 사망했으니 앙제 연대는 절대 오지 않을 테고,

---

20. 남편이 망명을 떠나 혼자 남은 샤레트의 이 옛 이웃은 앤틸리스 제도에서 태어났다. 잘 담금질된 제련처럼 아주 강한 성격을 가진 그녀는 이 지역 반군 대장으로서 라가르나슈 성과 저택들을 탈환했다. 샤레트와 연합하기 전, 그녀는 왕당파 위원회를 조직하고 그의 아마조네스가 된다(아마도 그의 연인이었을 것이다). 그녀는 1794년 1월에 청색군에게 잡히는데, 그 지역 단두대가 고장이 나 작동하지 않자 사블돌론에서 총살당한다.

올빼미 수장에게 이런 사실을 누가 알려주지도 않을 것이다. 도전의식으로, 분함으로, 그는 다른 왕실 부대의 공격이 실패로 돌아갔다는 사실을 알고 나서도 계속해서 자기 진영을 지키며 전투할 것이다.

낭트에서 전투를 벌이지 않은 것이 반혁명파 부대의 기세를 꺾는 첫째 요인이 되었다. 이는 군사적 결과로만 이어지지 않았다. 카틀리노의 죽음으로 며칠 후(7월 14일!) 백색군 장군들 간의 경쟁심이 더 거세졌다. 델베 후작이 그 자리에 선출되었으나, 상대적으로 좀 수수한 출신이면서 성격도 활기가 없는 데다 수줍음까지 타 불신과 멸시의 대상이었다. 사람들은 그를 "구세주 장군"이라고 불렀는데, 실제로 그가 구세주여서가 아니라 말을 할 때 모든 문장에 이 단어를 소환하는 버릇이 있었기 때문이다. 샤레트는 이런 데 동화되기가 힘들 것 같았다. 그는 거만하기로 유명해서 실력에 대한 평가는 뒷전이고 다들 이런 점을 불안해하고 싫어했다. 그러나 그 기회가 완전히 날아간 것은 아니었다. 뤼송 공격 작전을 위한 군사 고문 회의에 불려 나간 적이 있는데, 전장에서 어느 위치를 배정받고 싶으냐는 질문을 받았다. 펼쳐야할 작전들에 대해 기나긴 토론이 이어지자 짜증이 난 그는 허세를 부리듯, 그러나 놀랍게도 이렇게 대답했다. "적과 가장 가까운 곳." 사람들은 그가 허풍을 떤다고 생각했다. 그러나 그는 흥분해서 몇 주 전 뤼송 작전이 왜 실패했는지 설명하며 전투 방식을 싸잡아 비판했다. 전방 부대에 내린 명령이 잘못되었다는 주장이었다. 그 전투에서는 왕당파가 혁명파보다 그 수가 네 배나 많았는데도 불구하고 전투가 잘 안풀렸다. 그래서 퇴각 명령이 떨어졌다. 샤레트는 다른 동료 병사들의 퇴각을 영리하게 숨겨주었다. 샤레트는 혼자 고립된 채 세 기마병에게 포위되어 있었는데, 이들이 덤비지 못하게 칼을 마구 휘두르는 동시에 부상당한 한 부하를 부축해 말까지 끌고 가 말 위에 올린 다음, 떨어지지 않게 묶기까지 하는 괴력을 발휘하며 기적적으로 그 함정을 빠져나온 것이다. 그의 이런 용맹한 행동은 약간 각색되어 전설처럼 전해졌다. 하지만 나폴레옹도 "방데의 영웅을 알리는 섬광"이라고 표현할 정도이니 완전히 지어낸 말 같지는 않다.

1793년 여름, 샤레트는 레의 고향 마을에서 휴식을 취했다. 무도회, 곡식 수확, 포도 수확. 이런 무사태평한 시간은 파리를 지배하는 격정의 시간과 대조적이었다. 7월에 샤를로트 코르데에 의해 마라가 암살되자[21] 봄부터 계속되어 온 유혈 진압은 더욱 가속화되었다. 공안위원회의 실세가 된 로베스피에르는 이 "음모자와 음모"를 강력하게 응징하기 위해 "인류와 시민에 반하는 반역자들을 품어주는 모든 사안"을 좌시하지 않겠다고 선포했다. 그가 조준하는 대상은 방데 반란군과 올빼미 당원들이었다. 그가 실행한 조치는 이 "이 불한당 족속의 불순물을 제거해 정화하는 것" 이상도 이하도 아니었다. 이를 위해 그는 먼

---

21. 1793년 7월 13일 산악파의 핵심 지도자인 장폴 마라가 자택에서 암살된다. 당시에 국민공회는 산악파가 장악했으나 산악파에게 의석수를 많이 빼앗긴 지롱드파는 늘 산악파를 견제하고 위협했다. 노르망디 출신의 여성 샤를로트 코르데는 계몽주의적 이념을 지니고 있으면서도 왕당파를 지지했는데, 특히 한 지롱드파 망명 귀족에게서 사상적 영향을 깊이 받아 지롱드파의 대의를 위해 마라를 암살할 계획을 세운다. 당시 마라는 산악파의 수장이자 발행하는 신문을 통해 프랑스 시민들에게 막대한 영향력을 미치고 있었기에 그녀의 표적이 되었다. 코르데는 마라에게 면담을 요청하고 그의 집을 찾아갔는데, 그때 마라는 욕조 안에 있었다. 코르데는 자신의 정체를 숨긴 채 혁명파인 듯 노르망디 반혁명 인사들의 이름을 나열해 주고, 이 명단을 그대로 받아 적은 마라는 그들을 처형하겠다고 약속한다. 바로 이때 코르데는 옷 속에서 단검을 꺼내 마라의 가슴을 찔렀다. 코르데는 그 자리에서 체포되었고, 혁명재판소의 선고를 받고 처형된다. 자크루이 다비드의 그림으로 유명한 〈마라의 죽음〉은 바로 이 사건을 그린 것이다. —옮긴이

저 "전쟁의 신"이라 불리는, 가공할 무적의 마이앙스(마인츠) 부대의 대장 장바티스트 클레베르를 내보냈다. 알자스 출신인 클레베르는 용감하게 저항하다가 프러시아 왕에게 항복을 선언한 이후 1년 동안 국내 영토 밖의 전투에는 나갈 수 없다는 명을 받아들여야 했다. 그러니 방데 진압은 그가 잘해낼 수 있을 것 같았다.

낭트를 출발(9월 8일)한 지 얼마 안 되어 그의 부대는(병사 1만 6000명)이 '방데 전장'을 가로지르며 모든 마을을 불태우고 약탈하고 완전히 싹쓸이해 버렸다. 샤레트는 자기 혼자서 대항할 수 없다는 것을 알았다. 그는 클레베르 장군과 싸울 기병대를 내보내는 척하다가 르제를 포기하고 몽테귀로 갔다. 그러나 이곳도 적들의 맹렬한 기세에 눌려 포기할 수밖에 없었다. 몇 시간 후 토르푸도 포기해야 했다. 투철한 공화당 직업 정신을 가진 군대의 기세를 꺾을 수 있는 것은 아무것도 없어 보였다. 여자들을 제외하곤. 무력한 남편과 형제에게 실망한 토르푸의 여자 주민들은 남자들을 격려하여 전선으로 다시 나가게 했다. 티포주까지 합하면 2만여 명은 되니 전투를 재개할 수 있을 것 같았다. 샤레트는 이들을 설득하는 데 성공했다. "나를 사랑하는 자들은 나를 따르시오! 동지들이여, 그대들은 나를 포기했으니, 나 스스로 승리하거나 스스로 죽을 것이오!" 다시 활기를 찾은 이 "나막신 신은 거지들"은 청색군을 몰아냈고, 청색군은 1000명이 넘는 병사를 전장에 남겨놓고 떠났다. 클레베르도 가볍게 부상을 당했다(이게 꼭 그의 자만심 탓만은 아니었다). 백색군은 이날 어마어마한 축제를 벌이기로 결정하고 저녁에 이런 노래를 불러 젖혔다. "마이앙스 부대여, 파이앙스 부대여!Armée de Mayence, Armée de faïence!"[22] 적들을 낭트까지 몰아내려면 이런 왁자지껄한 분위기에서 공포심을 극복해야 했던 것이다.

백색군의 기쁨도 잠시, 다음 날이 되자마자 기가 막힌 위기가 샤레트의 부대에 찾아온다. 앙제 연대와 전리품을 나눠 갖는 게 싫었는지 농민군 10여 명이 전리품을 들고 탈영한 것이다. 남은 사람들의 기분은 참담했고 사기는 더욱 떨어졌다. 그 역시 너무나 침울했다. 이제 예전의 그가 아니었다. 극도로 예민해져서 걸핏하면 화를 냈다. 르제로 가는 길에 누군가 자기를 공격하려고 하자 그자를 곧장 잡아서 무참히 죽이는 짓도 마다하지 않았다. 그래도 분이 안 풀려 죽은 몸뚱어리를 그의 군마가 짓이기게 했다. 아, 그토록 우아하고 귀족적이던 봄날의 기사는 어디로 갔나? 거울에 비친 그의 얼굴은 이제 《주르날 데 자코뱅Journal des Jacobins》에서 적들을 뿌리 뽑으라고 호소하던 파리 혁명파의 얼굴처럼 변해 있었다. "방데를 파괴하라! 방데 또 방데! 프랑스 공화국의 심장을 파먹는 이 정치적 암 덩어리들! 그러니 처단해야 한다!" "어떤 인간도, 어떤 동물도 이 땅에서는 살아남을 수 없다"며 방데의 씨를 말려 '인구 감소'를, 아니 멸종을 주장한 국민공회 의원들처럼 샤레트도 똑같이 피비린내 나는 살생을 한 것이다.

가톨릭 왕실 부대 대장

1793년 10월 중순, 샤레트는 서쪽으로 이동했다. 목표지는? 누아르무티에. 왜 느닷없이 이런 주도적 행동을? 왜냐하면 우선 아무것도 하고

---

22. 마이앙스와 파이앙스는 비슷한 발음의 단어들로, 언어적 유희다. 독일 라인강변의 도시 마인츠를 프랑스어로 발음하면 마이앙스가 되며, 파이앙스는 '사기(도자기)'라는 뜻이다. —옮긴이

있지 않는 것이 싫었고, 또 섬은 전술적으로 볼 때 이중의 이득이 있었다. 만일 국외로 나간 왕실 부대가 방데에 합류하는 날이 오면 해안가에 하선할 테고, 그러면 그 장소는 부상자와 시민을 위한 참호 역할을 할 수 있을 것이다. 그곳을 함락하는 데 반나절 이상 걸리면 안 되었다. 항복 조약은 이렇게 약정되었다. "누아르무티에섬은 왕의 소유지다."

움직이고, 움직이고, 또 움직이고. 섬이 일단 정복되자, 샤레트는 또 출발했다. 방데는 불길과 피에 휩싸였다. 국왕에 이어 이제 왕비의 차례가 되어 마리앙투아네트도 단두대에서 처형되었다(10월 16일). 숄레에서 가톨릭 왕실 부대는 참패했다(10월 20일). 이 전투에서 봉샹과 델베는 부상을 입고 결국 사망했다. 공화군 3연대는 이제 샤레트를 잡기 위해 낭트에서 출발해 누아르무티에섬을 향해 다가오고 있었다. 국민공회 서약에 따라 이 섬은 "회수되거나 아니면 바다에 잠겨야" 한다. 바다와 늪지 사이인 부앵에서 오도 가도 못 하게 된 샤레트는 절망적인 상황에 빠졌다. 청색군의 공격이 있기 전날에 큰 축제까지 열었는데 이런 일이 벌어지다니. 이튿날 그의 병사 1500명은 몇 시간 만에 전투 의지를 완전히 상실했다. 그들은 총검을 들고 격렬한 전투를 해놓고서도 지금은 최후 묵시록 같은 분위기에서 늪지라도 건너 도망치고 싶은 심정이었다. 다른 전략적 방법이 나와야 했다. 샤레트는 살아남은 몇 안 되는 부대원을 데리고 이 진창 속을 겨우 빠져나온 후, 이제 샤토뇌프에서 청색군을 역습했다. 악소[23]는 이런 반격에 기가 막혀서, 아니 탄복해서 편지에 이렇게 적었을 정도다. "보게나, 이런 자가

---

23. 라인 원정에 참여한 후 방데에 파견된 부대를 통솔한 뛰어난 사단장. 혁명군이 숄레 전투에서 승리하고 누아르무티에를 점령한 것은 그 덕분이다.

있을 수 있다니. 밤새 춤을 추고, 오전까지 우리 공격을 버티다가 진흙 뻘 속을 3리외나 기어 달렸는데 전투를 두 번이나 더 치를 힘이 남아 있다니! 왜냐, 결국 이자가 날 후퇴하게 만들었거든. 이웃 숙영 부대와 충돌해서는 또 밤이 이슥할 때까지 싸우고. 마침내 가장 중요한 우리 부대원들을 앗아갔네."

샤레트는 반란군 사령관에 이어 전쟁 대장으로서 자신을 증명했다. 대장다운 대장이 된 게 바로 얼마 전이기는 하지만. 백색군의 여러 대장들[24]이 사망하면서 그는 자신을 더 확실히 입증했다. 야망이 그를 지휘할 정도로 그는 야망으로 똘똘 뭉쳐 있었다. 1793년 12월 9일, 그는 오래된 라이벌 졸리를 물리치고 방데 해상전을 지휘할 바푸아투 가톨릭 왕실 부대 대장으로 선출되었다. 이 직책은 또한 "우리의 왕이시자 주군이신 루이 17세의 대리인"이었다. 루이 17세는 사실 몸이 아주 아픈 여덟 살짜리 소년으로, 요양 차 한 사원에서 키워졌는데 한 부부가 이 아이를 돌보았다. 그런데 이 부부는 내심 혁명파였다. 그래서인지 이 왕자는 자연스레 가톨릭교와 왕가에 증오심을 품게 되었다. 그러나 이런 사실을 샤레트는 알지 못했다. 그저 튈르리 궁에서 어느 날 여름 저녁에 얼핏 보았던 예쁘장한 작은 얼굴의 금발의 아이를 기억하고 있을 뿐이다.

혁혁한 승리 덕분에 샤레트는 방데 주민들을 결집시켜 다시 군대를 모아서 이번에는 숄레를 향해 진군했다. 그런데 한참 떨어진 먼곳에 있는 줄 알았던 라로슈자클랭과 스토플레가 돌연 이곳에 나타났

---

24. 봉샹, 레스퀴르, 카틀리노는 죽었고, 델베는 빈사상태였다. 샤레트는 스토플레나 라로슈자클랭의 소식을 듣지 못했다. 특히 라로슈자클랭이 10월에 백색군 대장으로 임명된 사실도 몰랐다.

다. 이들은 르망에서부터 출발해 이곳에 도착했는데, 르망에서 이들은 마르소 장군에게 혹독하게 패하고 구사일생으로 그곳을 빠져나온 참이었다. 방데의 두 대장과 재회하면서 상황은 샤레트에게 더욱 안 좋아졌다. 스물한 살인 라로슈자클랭이 그보다 나이 많은 샤레트에게 훈교를 하는 데다, 그를 대신해 방데군의 총사령관이 되었다. 이런 상황에서 숄레를 공격해야 했으니, 얼마나 신중치 못한 처사인가! 화가 난 샤레트는 무례한 라로슈자클랭에게 브르타뉴와 노르망디에 반공화파의 불을 붙일 요량으로 임무지를 이탈한 것이냐며 비난을 퍼부었다. 결과는 아는 대로다. 숄레를 공격하기 위해서라도 우선은 그와 화해해야 했다. 일단 갈등은 봉합되었지만 오만방자한 답이 돌아왔다. "나는 누군가를 따라다니는 게 익숙지 않습니다. 누가 나를 따라오면 몰라도요." 라로슈자클랭은 병사 600명을 데리고 그곳을 떠났다. 한 달 후 그는 지근거리에서 한 청색군 척탄병이 쏜 탄알에 맞아 죽었다.

라로슈자클랭의 죽음에 샤레트는 자괴감에 빠졌다. 자신의 오만에도 화가 치민 그는 이제 자신이 죽은 군대의 대장임을 확실히 인식했다. 그는 숄레를 포기하고 자기 진영으로 돌아왔다. 돌아오는 길에 끔찍한 소식을 접했다. 사촌 여동생이 낭트의 단두대에서 처형되었다고 했다. 마지막 숨을 거둘 때까지 성모 마리아에게 바치는 찬송가를 불렀다고 했다. 그를 위로할 길이 없었다. 누아르무티에는 함락되기 직전이었다.[25] 사브네는 용맹한 카두달이 애썼는데도 불구하고 웨스테

---

25. 이 일은 1794년 1월 초에 일어난다. 급진 좌파인 산악당의 이름을 따서 이 섬은 이제 '산악섬l'île de la Montagne'이라 명명된다.

르만[26]의 '죽음의 기병'[27]이 저지른 끔찍한 대학살로 점령당했다. 웨스테르만이 공안위원회에 보낸 한 유명한 편지에서 그는 자신의 무훈을 이렇게 자랑한다. "이제 방데는 없습니다. 공화국의 시민들이여! 우리의 자유를 위한 칼 아래에서 방데는 여자들과 아이들과 함께 죽었습니다. 나는 방금 사브네의 늪지와 숲에 방데를 묻었습니다. 나는 방데의 아이들을 말들의 굽에 짓밟히게 했습니다. 방데의 여자들을 도살했기에 앞으로는 이런 불한당 같은 자식들은 태어나지 않을 겁니다. 나를 비난하는 죄수는 없습니다. 나는 모두 박멸했습니다."

"자주 투쟁하고, 가끔 패배하고, 절대 무너지지 않는다."[28] 샤레트는 자신의 깃발 위에 보란 듯이 이 문장을 써넣었는데 점점 더 맞지 않게 되었다. 그를 제물로 바칠 인간 사냥(이 "머리가 돈 자들"의 대장 머리를 가져오겠다고 악소는 국민공회에 맹세했다. 아니면 자기 머리가 돌아버릴 거라면서. 3월에 그 일은 일어날 것이다)이나, 그의 개인적 패배 정도가 아니라, 방데 지역 민간인들에 대한 보복의 규모가 커질 것 같다는 의심이 들자 그는 몹시 불안했다. 서부군 사령관으로 온 새 지휘관 루이마리 튀로는 에베르파[29]인데, 지옥의 전사들처럼 무시무시한 12군단 병력을

<hr>

26. 자코뱅 당과 연합한 기병대 장교. 1792년 8월에 튈르리 궁을 경비하던 스위스 호위병들의 학살을 명령했다. 1793년 5월에 여단장으로 임명된 후 봉기를 가차 없이 진압하라는 명을 받고 방데로 파견되었다.

27. 국민의회가 창설한 200여 명의 파리 시민 자원 부대. 곧이어 파리 북부 지방의 시민들도 자원하여 이 기병 중대는 더 강화된다.

28. 원문은 "Combattu, souvent; battu, parfois; abattu, jamais." 'battre(때리다)'에서 파생한 동사들을 열거하며 운율을 맞춘 문장이다. ―옮긴이

29. 혁명 세력은 혁명의 진행 과정에서 여러 파로 나뉜다. 그중 에베르파는 가장 과격한 급진파였다. 주동자인 자크르네 에베르(나중에 결국 로베스피에르에 의해 숙청당한다)의 이름을 붙인 그룹이다. 이들은 일절 동정심 없는 완전한 혁명을 주장했다. 혁명은 처음에는 성

배치하여 방데 전체를 소구역으로 나누어 경비했다. 그리고 "여자건 아이건 간에 손에 무기를 든 자들은 조국에 대항해 반란을 일으킨 불순분자이므로 가리지 말고 총검으로 찌를 것"을 명령했다. 150여 년 전인 30년전쟁 때도 이런 끔찍한 대학살이 있었는데, 이어지는 몇 달 동안 똑같은 일이 일어나면서 수천 명의 희생자를 낳을 것이다. 이 학살은 클레베르 장군마저도 공포에 떨게 할 정도였다.

청색군의 이런 잔학에 미덕이 하나 있었다면, 샤레트와 다른 방데 장군들을 대동단결하게 만들었다는 것이다. 여담일 수 있지만, 그들의 힘과 자존심까지도 하나로 어우러졌다. 1794년 4월 22일, 그들은 라불라예 성에 있는, 폐허가 된 예배당에 모여서 회의를 했다. 이번에는 분열되지 않고 안건에 모두가 찬성했다. 방데 지역을 세 부대로 나누어 지휘하기로 했다. 앙주는 스토플레가, 중부 쪽은 사피노[30]가, 그리고 바푸아투와 레는 샤레트가 맡았다. 장검을 들어 올리며 스토플레, 플뢰리오,[31] 사피노, 샤레트는 합창으로 맹세했다. 행동할 때는 반드

공한 듯 보였지만, 혁명파의 애초 의지와는 다르게 점차 과격해지며 대량 학살로 번져갔고, 이 폭력성에 대한 견해 차로 여러 분파가 생긴다.

자코뱅 클럽의 초기 멤버들은 라파예트 장군이나 미라보 같은 혁명을 지지하는 귀족들이 중심이 된 반면(이때만 해도 마라, 당통, 로베스피에르 같은 혁명의 주역들은 존재감이 없었다), 초기의 자코뱅 클럽보다 더 급진적인 마라와 당통이 주도하는 코르들리에 클럽이 1790년에 생겨난다. 1791년 국왕 일가의 바렌 탈주 사건을 계기로 왕의 퇴위를 요구하는 자코뱅 클럽과 결별하여 앙투안 바르나브 같은 다소 보수적인 의회 의원들이 모여 '푀양파'가 된다. '지롱드파'는 1791~1792년까지 입법의회 의석을 상당수 차지한 온건파로, 의원들 대부분이 지롱드 출신이어서 붙여진 이름이다. 나중에 로베스피에르가 주도하는 자코뱅파와 경쟁하고 대립하지만, 로베스피에르가 완전히 주도권을 쥔 공포정치 시기, 즉 1793년에 몰락한다. 앞에서 나온 마라 암살 사건의 배후에는 지롱드파가 있었다. ─옮긴이

30. 혁명 이후 군대에서 해임된 샤를 사피노 드 라레리는 1793년 3월부터 방데 봉기에 참여한다. 그는 갈레른 임야 지대 및 르망의 끔찍한 전장에서 기적적으로 탈출한다.

시 다른 부대에게 알린다. 안 지키면 처형한다. 맹세하고 또 맹세했다. 그런데 이튿날이 되기가 무섭게 불복종이 일어났다. 미국 독립전쟁의 영웅이자, 1792년 튈르리 궁을 방어한 근위대 장교이며, 델베 군대의 포병대 사령관으로서 100여 명이나 되는 공화파 포로를 죽인, 그야말로 입지전적의 격정적인 인물인 가스파르 베르나르 드 마리니는 생플로랑을 정복하러 가겠다며 방데 모병 부대에 합류하기를 거부했다. 그러나 그 공격은 실패로 끝났고, 그는 명령 계통에서도 강등되었다. 일정한 제재를 취하겠다고 하자 드 마리니는 "너나 꺼져!" 하고 자리를 박차고 나갔다. 그에 대한 궐석 재판에서 샤레트가 일종의 판사 역할을 맡았다. 군사 고문 회의 구성원의 3분의 2는 사형에 표를 던졌다. 이 결정이 실제로는 불편했는지 결국 또 반동이 일어났다. 다시 불화가 시작되었고 6월 초에 이 세 부대는 샬랑 방어전에서 한계에 부딪힌다. 세 사람은 실패의 책임을 서로에게 전가했다. 그들은 갈라서기로 결정한다. 이제 각자 자기 지역에서 자기 병력과 지휘권만 가지고 싸우게 되었다. 샤레트는 벨빌쉬르비에 성 아래쪽에 작전 사령부를 설치했다. 600년 전 이곳에서는 중앙 권력에 대항한 또 다른 반항이 있었다. 바로 프랑스 최초의 여자 해적인 잔 드 벨빌[32]의 봉기였다.

---

31. 봉샹의 부관인 그도 갈레른 지대에서 구사일생으로 살아남았고, 그 전에 사브네 전투 때도 기적적으로 목숨을 구한다.

32. 잔 드 벨빌(1300~1359)은 평범한 귀족 부인이었는데, 남편인 올리비에 드 클리송이 어느 날 무슨 시합을 위해 파리로 갔다가 체포되는 억울한 일을 겪는다. 그가 당시 프랑스 왕 필리프 6세의 조카인 샤를 드 블루아의 라이벌이던 장 드 몽포르를 지지했다는 이유에서였다. 나중에 잘린 남편의 머리가 낭트에 도착하는데, 아내인 잔 드 벨빌은 이 왕과 그 조카를 도저히 용서할 수 없어 복수하기로 마음먹고 전 재산을 들여 선박을 사고 부대를 만들어 브르타뉴 해안에 정박 중이던 프랑스 편 선박들을 약탈하는 등 이른바 해적 활동을 벌여 프랑스 선원들을 괴롭혔다. 그래서 그녀에게 '브르타뉴의 암호랑이'라는 별명이 붙었다. ─옮긴이

전쟁과 평화

1794년 여름, 특별한 명칭이 있는 휴전은 아니었지만 지난해처럼 잠시 휴전이 있었다. 수확의 시기에. 내전의 주동자들은 지쳤다. 샤레트는 죽은 루이 16세의 동생인 아르투아 백작에게 자신의 부하들이 방데로 복귀하면 필요한 기운을 다시 찾을 수 있을 거라고 호소도 해보았다. 공화파도 로베스피에르를 처형한 뒤 그 기회를 활용해 공포정치를 종결하고 갈등을 그만 끝내고 싶어 하는 눈치였다. 평화를 위한 제안들이 제시되었다. 공화파는 올빼미파에게 "귀가하시오!" 이렇게 제안하는 듯했고, 올빼미파는 자신들에게 "집으로 돌아가라고 하지만 우리는 이제 집이 없소"라고 대답할 수밖에 없는 상황이었다. 가을까지는 몇몇 작은 게릴라전으로 버텼다. 지옥의 전사들과 살생을 좋아하는 자들의 시간도 이제 만기가 되었다. 파리는 휴전을 주장했다. 그리고 사면도. 더 나아가 보상과 배상도. 샤레트는 이들을 신뢰하지 않았지만, 일단 협상에 들어가는 것은 수용했다. 1795년 2월 12일, 클리송 근처 라조나예 성 부근에 있는 일명 '황금 사자'라는 곳에서 회담을 열기로 했다.

방데의 대장은 300명의 기병과 참모에게 둘러싸여 약속 장소에 도착했다. 협상의 막사 아래, 허리띠를 졸라맨 멋진 제복을 입은 국민공회 임원 열두 명과 일명 '불한당' 열두 명이 마주 앉았다. 샤레트의 복장은 특별히 수작을 부릴 만한 게 없었다. 샤레트는 상대편이 자신의 제복과 장식을 찬찬히 살펴보게 내버려두었다. 그의 웃옷은 살색이었고 붉은 커프스와 백합꽃 문양으로 장식되어 있었다. 어깨띠에는 십자가가 수놓아져 있었고 그 십자가 위에는 "신음하는 그대여, 제 고통을 헤아려주소서"라고 적혀 있었다. 그리고 마지막으로 하얀색과 검은색, 초록색 깃털이 달린 모자(차례로 왕, 애도, 희망을 상징하는 색이다).
상대 쪽은 자신을 멸시보다는 호기심을 가지고 바라보는 것일까? 그
런가 하면, 농민군은 청색군의 호의와 관대, 더 나아가 교만을 부러워
한다. 샤레트는 군사 작전에서처럼 주도권을 잡고자 했다. 그 증거라
면, 그가 별다른 말을 하지 않았다는 거다. 스무 명의 주인공이 자리에
앉기 무섭게 그는 회담의 안건이 (이미 12월에 제안된) 사면 아니면 평
화 협정문 작성이냐고 물었다. 그들은 답을 얼버무렸다. 평화를 위해
이 자리에 온 것은 맞다. 공화국이라는 프랑스 정부 형태를 인정해 달
라는 파리의 제안에 대해 샤레트는 22개 요구 사항을 제시했다. 청색
군에 의해 자행된 파괴와 손상의 복구, 종교 활동의 자유, 반란 지역을
하나의 도道로 통일해 이 지역에 행정 조직 및 상업의 자치권을 줄 것,
"카리에와 로베스피에르의 공모자들"이 이 지역에 발을 들여놓지 못
하게 할 것, 10년 동안 세금을 받지 말 것, 공공건물에 삼색기 게양 의
무를 면제해 줄 것 등. 분명 이 방데의 대장은 이 청원들 중 몇 가지는
수용되지 않으리라는 것을 모르지 않았다. 뛰어난 장수였던 그는 정치
적 협상의 기본 원칙을 본능적으로 알고 있었다. 최소치를 얻기 위해
최대치를 요구하는 것.

사실상 토론은 평화 협약으로 나아가고 있었다. 약하지만 잠정적인,
그러나 실질적인. 서로가 양보를 했고, 약속은 법적으로 인정되었다.
공식적이면서도 비공식적으로. 특히 후자, 즉 비공식적인 사항이라면
어린 루이 17세와 그의 누이 마리테레즈는 풀어준다는 것이었다. 적
어도 샤레트는 그렇게 이해했다. 그리고 이쪽 편에서도 더는 공화국에
대항해 무기를 들지 않겠다는 거였다. 왕당파 진영의 분노를 자아내는
조항이긴 했다. 이들 가운데 특히 스토플레가 민감하게 반응했다. 샤

레트가 벨빌에 돌아왔을 때, 스토플레는 "제기랄, 공화국놈들!" 하고 소리 지르며 협정에 서명하기를 거부했다.

　며칠 후 낭트에서는 평화 협약을 축하하는 파티가 열렸고, 샤레트도 그 자리에 초대받았다. 누군가 그에게 충고했다. 보란 듯이 뻐기거나 그들을 괜히 자극하는 행동은 하지 말라고. 그는 말을 타고 2월 26일에 피르밀 다리를 지나 도시로 들어갔다. 머리에는 하얀 깃털이 달린 모자를 썼고 십자가는 눈에 띄지 않도록 옷 안쪽으로 집어넣었다. 이 불한당 대장을 보러 사람들이 몰려들었고, 이어 공화파 협상자들의 뒤를 따라갔다. 조금 망설이는 듯 나직한 박수와 환호가 나왔다. "통합 만세! 평화 만세!" 샤레트에게 이건 가짜 승리였다. 브르타뉴 도시와 거리와 골목을 흐르던, 친구들과 가족들의 격류 같은 피를 그는 도저히 잊을 수 없었다. 공화파 부대가 부페 광장을 가로질러 올 때 그의 불편함은 정점에 달했다. 그 광장에 혁명감옥이 있었고, 바로 그곳에서 그의 사촌들이 처형되었다. 그는 노골적으로 불편한 심기를 드러냈고, 그 순간 주위 분위기가 긴장되었다. 그가 막 인사를 건넨 자들은 사촌들을 죽음에 처하게 한 장본인들이다. 그렇다면 그를 초대한 주인들은 이런 그를 보는 기분이 어떨까? 이런 상황을 구하려는 듯 한 공화파 장군이 나타났고, 다들 행렬을 이루어 관사 저택으로 들어갔다. 저택에는 파티를 위한 식탁이 차려져 있었다. 특별한 사건이 일어날 만한 분위기는 아니었다. 그런데 눈에 띄는 장면이 연출되었다. 춤을 요청받은 샤레트는 그를 부르는 곳으로 잠시 자리를 이동했고, 이내 여자들 무리에 둘러싸였다. 그 여자들 가운데 한 명이 농담을 하듯 "장군님, 포위되셨습니다!"라고 했다. 샤레트는 사슬처럼 연결되어 있는 여자들 맨팔 위로 몸을 솟구치며 원을 깨뜨렸다. "샤레트는 그렇게 쉽게 잡히지 않습니다!"

벨빌의 작은 왕국으로 돌아온 방데의 장군은 자신의 조급함을 누르는 법을 배우며 시간을 보내고 있었다. 봄에 아무런 활동을 하지 않으니 마음이 무거웠지만, 그래도 옛 왕실의 두 고아가 지낼 집을 지으며 그나마 마음을 달래고 있었다. 6월 13일로 완공일이 맞춰져 있었지만, 조금이라도 앞당기고 싶었다. 두 어린아이가 이 도시에 도착하면 왕당파와 공화파 사이에 적절히 유지되던 긴장도 결판이 날 것이다. 왕당파는 자신들이 서명한 "회반죽이 끝난 평화"를 공화파가 존중하지 않는다고 비난할 것이다. 그들의 몰수된 재산이 반환되지 않았고, "착한 사제들"이 여전히 억압받고 있었다. 또 보수를 위한 비용도 지불되지 않고 있었다.

1795년 6월 19일, 샤레트의 머리에 청천벽력 같은 소식이 날아든다. 서신을 통해, 어느 사원에서 지내던 루이 17세가 11일 전 사망했다는 것을 알게 된 것이다. 그는 정말로 충격을 받았다. 왜냐하면 그는 루이 16세의 아들이 골결핵을 앓고 있다는 사실을 전혀 몰랐기 때문이다. 그러나 공화파 협상자들은 이를 알고 있었다. 그는 속은 것이다. 마른 눈물을 흘리며 그는 벨빌의 연병장으로 나갔다. 그는 자신의 의지를 어떤 모호함도 없이 분명히 밝히려는 듯, 이렇게 끝나는 연설을 몇 분 동안 했다. "명예와 왕좌, 제단에 대한 우리의 애착은 오늘 나로 하여금 다시 무기를 들게 하고 말았습니다." 그는 장례 미사를 치르고 어린 왕자의 명복을 빈 후, 나중에 '정식으로' 루이 18세로 인정받는 프로방스 백작에게 자신을 소개하러 갔다. 그리고 이튿날부터 3000명의 병사에게 에사르 진지를 공격하라고 명령했다. 전쟁은 고유의 권리를 되찾았고, 샤레트는 살아가야 할 이유를 되찾았다.

옥쇄 전투

진정한 군대를 재건하는 것은 단순히 어려운 일이 아니었다. 불가능했다. 평화를 맛본 방데 주민들은 전투를 재개하는 것에 싫은 기색을 내비쳤다. 더욱이 토지와 가족을 포기해야 한다니. 프로방스 공작 역시 의구심이 들기는 마찬가지였다. 그는 샤레트를 가톨릭 왕실 부대 대장으로 임명했지만, 베로나에서 보내온 서신을 보면 이전만큼의 열정을 갖고 있지는 않았다. 성직자들도 그 어느 때보다 양분되어 있었다. 그를 지지하는 이들도 있었지만, 종교는 이제 전쟁을 필요로 하면 안 된다고 생각하는 이들도 있었다. 키베롱 원정은 실패로 끝났다. 이 원정에서 영국인들이 반란군들에게 상당한 물자와 무기를 내줬고, 수천 명의 프랑스인 망명자들을 하선시켜 받아줘야 했다(1795년 6~7월). 이를 계기로 샤레트는 자신들이 가진 힘만으로는 이제 전쟁을 치를 수 없다는 것을 확실히 깨닫는다. 하지만 정신력 강한 이 투사는 낙담하여 좌절하지 않으려 애썼다. 9월에 누아르무티에를 탈환하려던 시도도 헛수고로 끝났다. 그다음에는 영국 돛 123개를 단 배들의 호위를 받으며 9월 30일에 릴디외에 하선할 아르투아 백작을 환영하러 라트랑슈쉬르메르로 1만 5000명의 병사를 인솔해 갔다. 샤레트는 다시 힘이 솟았다. 자, 이것이 부대를 다시 동원시킬 마지막 기회다. 연안의 주요 길목을 잘 통제한 후, 10월 12일에 그는 라트랑슈 해안가에 자리를 잡고 섰다. 그는 붉은색 칼라를 단 멋진 해군 제복을 갖춰 입었고, 병사들도 모두 한 치의 실수도 없이 완벽하게 복장을 갖추게 했다. 그리고 백작이 도착하면―사실 백작은 절대 오지 않을 거지만―, 오래된 왕실 군가인 〈앙리 4세 만세〉를 제창하라고 지시했다. 한 전령이 샤레트에게 와서 소식을 전했다. 미래의 샤를 10세(아르투아 백작)가 결국 하선을 포기했다고. 왜냐하면 "영국인들이 반대하기 때문에." 영국으로서도 너무 위험이 큰 일이었다. 이 소식은 방데의 대장에게 비수를 꽂았다. 왕실의 마음과 영혼을 정복하고 싶다는 그의 마지막 희망이 날아가 버렸다. 그는 아르투아 백작이 보낸 자에게 이렇게 일갈했다. "자네 대장에게 가서 말하라. 당신들이 나에게 보낸 건 사형 선고라고. 나는 오늘은 병사 1만 5000명을 지휘하지만, 내일은 이들이 1500명에 불과할 거라고. 그들은 자신들의 말을 어겼고, 나에게서 모든 수단을 앗아갔다. 나에게 남은 일은 도망치거나, 영광스럽게 죽는 것밖에 없다. 내 선택은 이미 이루어졌다. 나는 무기를 손에 든 채 죽을 것이다."

벨빌로 돌아오는 길에 십자가 같은 사거리 교차로가 나왔다. 한 사람, 한 사람이 자기 갈 길을 잡았다. 자기 집이 있는 방향으로. 마침내 다 끝났다. 거래의 시간이 왔다. 농민들은 가축과 무기를 맞바꾸었고, 사제들은 평화와 설교할 권리를 맞바꾸었다. 1796년 겨울, 샤레트는 깊은 슬픔에 빠져들었다. 백색군의 전성기에 마지막 장군이었던 스토플레가 앙제에서 붙잡혀 2월 25일에 처형된 것이다. 이제 단 한 사람 남았다. 바로 샤레트. 물론 그도 자기 차례가 올 거라는 걸 알고 있었다. 하지만 몸값을 높일 것이다. 그래서 벨빌을 떠나기로 마음먹는다.

걸어서. 온몸이 열기로 달아오른 채. 한 줌도 안 되는 충복들만 그를 따랐다. 그들은 낮에는 은신했고 밤에는 걸었다. 마슈쿨과 르제 사이를 방황하며. 한때는 그들이 축제까지 벌였던 마을인데 이제는 환영받지 못했다. 발각될지 모른다는 두려움이 그들을 엄습했다. 이 불한당 중 마지막 사람을 잡는 사람에게 포상금 6000에퀴를 약속했다. 의심이 그들을 갉아먹었다. 이런데 싸움을 계속해야 할까? "수레[33]에 바퀴가 있는 한, 수레는 굴러간다"라고 샤레트는 말했다. 그의 부하들 중 몇 명은 오슈 장군[34]이 제안한 영국이나 스위스로의 유배를 그가 거절한 것을 비난하기도 했지만, 그래도 소용없었다. 여전히 허세를 부리며 그가 대답하기를, 공화국 정부가 여행사가 된 줄은 몰랐다고 말한다. 그러나 대장의 이런 말장난이나 허세를 다들 좋아하지 않았다. 샤레트는 이해했다. 그날 밤, 서약을 받은 후 그들을 모두 자유롭게 해주기로 했다. 공화국 부대가 이곳을 포위하기 전에 도망가기를 원하는 자들은 도망가게 했다. 어떤 자들은 그렇게 했고, 또 어떤 자들은 거절했다. 자신들이 만일 살고자 한다면 자신들의 명분은 죽을 것이고, 자신들이 죽는다면 자신들의 명분은 살 거라는 생각이었다.

1796년 성주간의 수요일, 샤레트와 40여 명의 마지막 동지들—이 가운데 여자도 한 명 있었다—은 에사르 숲 인근에서, 억수처럼 쏟아지는 빗속에서, 한 청색군 부대에게 붙잡혔다. 이 청색군 부대의 대장은 트라보라는 부관이었다. 그는 꽤 명성 있는 젊은 장교로, 용맹하고 공정하며 정확한 자였다. 숄레 전투에서는 부상을 당하기도 했다. 양측 간에 발포와 교전이 몇 차례 있었다. 샤레트는 오른쪽 어깨에 탄환한 발을 맞았다. 다른 한 발은 그의 두개골을 스쳐 갔다. 그는 피를 엄청나게 흘렸다. 샤레트의 부하인 파이퍼가 얼른 그의 하얀 깃털을 자

---

33. '샤레트Charette'는 일반 명사로는 수레라는 뜻이다. 자기 이름을 빗댄 언어유희다.—옮긴이

34. 모젤 및 라인 부대 대장으로, 프러시아 및 오스트리아 부대와 싸워 승리한 장군인데, 이 지역의 평정을 위해 1794년 말에 이곳에 파견된다. 공화국 서부군 총사령관이기도 한 그는 유화와 협상의 달인이었지만, 올빼미당이나 방데 반란군을 마지막 한 줌까지 다 없애버리기 위해 강력한 진압전을 구사할 줄도 알았다.

기 모자에 꽂아 상대의 눈을 자기한테 돌리게 했다. 샤레트는 샤보트리 숲의 잡목림 속으로 들어가 몸을 숨겼다. 교란 작전은 성공했지만 잠깐이었을 뿐이다. 청색군은 얼마 안 있어 파이퍼를 붙잡았는데, 샤레트가 아닌 걸 알고는 그 자리에서 바로 사살했다. 샤레트는 완전히 지쳐서 그의 내무 시종 보사르가 그를 어깨 위에 들쳐 업었다. 보사르도 몇 미터 가다가 쓰러졌다. 보사르의 견갑골에는 탄환이 박혀 있었다. 이제 남은 다른 두 병사가 번갈아 가며 샤레트를 업었다. 그러나 이들도 곧 죽는다. 결국 샤레트는 혼자 기어가다 속이 텅 빈 나무 밑동을 보고는 그 안으로 기어 들어갔다. 발견되지 않기를 바라는 실낱같은 희망을 품고. 착각이었다. 장검을 치켜세운 얼굴 하나가 나타났다. 그에게 얼굴을 보이라고 요구했다. 잘 알아볼 수 없는 상태였다.

"샤레트는 어디 있나?" 트라보가 물었다.

"여기 있잖소." 안에 있는 자가 창백한 미소를 지으며 대답했다.

"정말인가?"

"그렇소. 샤레트의 명예를 걸고. 내가 잡힌다면 다른 사람이 아닌 바로 당신이 날 잡아주길 원했소."

"영웅심은 어디 갔소?"

"아니오, 결코 잃지 않았소."

서로에게 친절한 이 미묘한 몇 마디 대화는 포로에게 건네진 럼주한 잔으로 끝이 났다. 그는 곧이어 들것에 실려 샤보트리 관사로 옮겨졌다. 치료하기 위해서가 아니라 처형일에 그를 출석시키기 위한 최소한의 응급 처치를 하기 위해서였다.

부활절의 일요일, 이 패자는 운송선에 태워졌다. 운송선은 멘Maine강을 타고 내려가 이어 루아르강으로 들어갔다. 죄수를 낭트까지 이동시키는 데 물길이 더 빠르고 더 확실하다는 판단에서였다. 그가 수감될 낭트의 부패 감옥에서는 그 이전에 이미 그의 여자 사촌들과 동료 수십 명이 머물렀다. 그는 지하 독방에 던져졌고, 이튿날 특별한 배려 없이 난폭하게 끌어내져 건장한 수사관에게 보내졌으며, 이어 모욕적인 심문을 받았다. 그다음에는 낭트 거리 곳곳을 '전시 산보'[35]해야 했다. 포로에게 형을 집행하기 전에 공개적으로 전시하여 수모를 주는 고대 로마식 형벌 방식이었다. 지난해에 이 도시를 행진할 때만 해도 사람들은 그에게서 조금은 영광스러운 모습을 보았다. 이제는 완전히 뒤바뀐 모습이었다. 군악대가 선두에 섰고 그 뒤를 기병과 보병이 한 치의 오차도 없는 단일 대오를 이루어 그를 포위한 가운데, 그는 다 찢어지고 더러워진 군복에, 오른팔에 붕대를 감고, 피로 물든 커다란 붉은 수건을 머리에 둘러싼 채, 여태까지 있었던 수많은 전투와 특히 최근의 마지막 며칠 동안 일어난 불행에 완전히 지쳐 핼쑥해질 대로 핼쑥해진 얼굴로 몇 시간째 거리를 걷고 있었다. 오후가 끝날 무렵, 이 "방데의 부왕"은 다시 한번 심문을 받았다. 누이와 최측근이었던 재단사를 마지막으로 한 번 보고는 1796년 3월 29일에 군사 법정으로 끌려갔다. 반란을 주도한 죄, 망명 귀족 및 외국인과 내통한 죄, 폭력적이고 절대적인 무력을 행사한 죄, 기타 등등으로 그는 여지없이 유죄가 선고되었다. 그리고 당연하다는 듯 사형이 선고되었다. 판결이 나오자 그는 아무런 표정 없이 가만히 있었다. 이미 오래전 자신이 이렇게 되리라는 걸 알고 있어서였을까.

---

35. 원문은 'promenade-exhibition'. 산보promenade와 전시exibition의 합성어.—옮긴이

작은 방에서 오랜 시간 고해를 한 후,[36] 오후가 되어 아그리퀼퇴르 광장으로 끌려 나왔고, 2열로 도열한 근위대병 사이로 안내되었다. 군중은 소리를 질렀고 야유를 했으며 그의 얼굴에 침을 뱉기도 했다. 그는 찬송가 〈미제레레〉를 부르며 이런 군중에게 전혀 관심을 보이지 않았다. 총살될 벽 앞까지 오자, 기베르 신부는 여태 그래왔듯이 용기 있는 모습을 잃지 말라고 당부했다. 샤레트는 그에게 아무렇지 않게 대답했다. "신부님, 저는 죽음과 백번이나 맞섰습니다. 이번이 마지막이 되겠군요. 죽음에 도전하지도 않겠지만 죽음을 두려워하지도 않습니다."

그는 자기 눈에 눈가리개를 씌우지 말라고 했다. 무릎을 꿇는 것도 거부했다. 스스로 고개로 신호를 보냈고, 그 신호에 맞춰 18인의 사격수가 일제 사격을 했다. 그런데 그의 몸은 곧바로 바닥에 쓰러지지 않았다. 몇 초간을 버텼다. 군중은 순간 그가 부활한 줄 알았다. 그러나 그건 아니었다. 장엄한 죽음이었다. 서른세 살. 예수가 십자가에 못 박힌 나이였다.

---

36. 샤레트는 자신의 고해 신부로 공화국에 반항한 신부를 요구했으나, 그 요구는 받아들여지지 않았다. 기베르 신부는 국민공회 쪽에서 보낸 신부다.

9
로버트 리
(Robert Edward Lee, 1807~1870)

미국 역사상 가장 위대한 군인

그는 '남부의 아이콘'이자 '남부파의 전설'이었다. 제복과 콧수염, 회색말만 보아
도 사람들은 바로 그를 알아보았다. 로버트 E. 리 장군[1]은 1861년부터 1865년
까지 벌어진 미국 남북전쟁에서 가장 유명한 군인 가운데 한 사람이었다. 버
지니아에서 나고 자랐으며 웨스트포인트 사관학교에서 교육을 받았고 조지
워싱턴의 발자취를 그대로 따라 연방주의자의 길을 갈 수도 있었다. 그러나
그는 고향과 가족, 자신의 소속지로 돌아가는 편을 택한다. 그는 자신의 '미제
라블Misérables'[2]과 함께 병사 수나 병력에서 모두 대체적으로 우위에 있던 북
군과 몇 달 동안이나 싸우며 저항했다. 왜냐하면 그는 '노예 제도'라는 "실추
된 명분"을 옹호하는 부대의 우두머리였기 때문이다. 영광스러운 패배라는
자의식마저 갖지 않을 만큼, 늘 꼿꼿하고 우아한 신사 같은 자세를 유지하며
군인의 한 모델이 되었던 그는 고약한 자신의 평판을 나름 쏠쏠하게 즐겼다.

1. 이 장 말고도 이 책에서 다루는 인물들은 군인 출신이 많아 본문 안에 군대 계급 용어가 여럿 나온다. 국가나 시대마다 다소 차이가 있고 육군, 공군, 해군에 따라서도 차이가 있긴 하지만, 대략 유럽 및 영미권의 용어는 비슷하여 이를 참조하고 아울러 우리나라 군대 계급 용어를 참조하여 우리말로 옮겼다. 직책이 높은 순서대로 정리하면 대략 다음과 같다. Capitaine, Colonel, General은 대장, 대령, 장군 등으로 번역했다. Lieutenant Capitaine, Lieutenant Colonel, Lieutenant General 등은 중령이나 중위로 번역했다. Major는 대령 및 대위를 보좌하는 경험 많은 부사관 또는 참모 장교로 번역했다. 또한 commandant은 사령관이나 소령 등으로 옮겼다. commandant du régiment은 여단을 지휘하는 자로, 연대장 등으로 옮겼다. —옮긴이

2. '비참한' '불쌍한'이라는 뜻의 프랑스어. 로버트 리 장군이 이끄는, 북군에 비해 훨씬 병력이 떨어지는 남군을 빅토르 위고의 《레미제라블》에 빗대어 비유한 말이다. —옮긴이

그 집은 큰 정원이 있고 주랑이 늘어서 있는 저택이었지만 그다지 사치스러운 건물은 아니었다. 버지니아에 수천 채 있을 법한 집이었다. 1848년에 세워진 이 저택은 아포맷톡스라는 도시에서 북동쪽으로 5킬로미터 떨어진 곳에 있었는데, 그 거리는 워싱턴과 샬럿 사이의 거리쯤 된다. 3층짜리 건물이었는데, 내부는, 일부러 과시하는 것 같지는 않지만 자기만의 취향이 있는 듯 예쁘게 꾸며져 있었다. 이 집의 주인은 윌머 매클레인이라는 한 식료품 상인으로, 그는 연합국 북부 도시인 머내서스 출신이었다. 1863년에 그가 이곳을 떠난 데에는 그럴 만한 이유가 있었다. 2년 전인 1861년, 포토맥에 있던 그의 집 '리펀 로지'는 당시 남군의 육군 장군인 보르가드의 작전 사령부로 쓰이고 있었는데, 남북전쟁 최초의 전투로 알려진 불런 전투가 터졌을 때 연방군(북군)의 대포에서 발사된 탄환이 그의 사촌 여동생이 서 있던 곳 한가운데로 떨어진 것이다. 이런 일을 겪은 이상 매클레인은 어떤 결정을 내릴 수밖에 없었다. 당시 49세였던(전쟁에 나가기에는 너무 나이가 많았다) 그는 신중하게 그곳에서 남쪽으로 200킬로미터 떨어진 남부 아포맷톡스로 이사를 왔다. 이곳은 덜 노출되어 있어 그나마 북군의 공격을 덜 받을 수 있었다.

그러나 그는 1865년 4월 9일, 다시 역사적 사건에 휘말린다. 연방국(북군)과 연합국(남군)³은 살상에 이르는 상호 적대적 관계를 끝내기 위해 조약에 서명하기로 한다. 그런데 하필 남·북군의 두 장군인 그랜트와 리가 만나는 장소로 다시 한번 그의 집이 선택된다. 매클레인은 리의 군 비서관인 마셜 대령에게 부탁해 자신의 집에서 몇백 미터 떨어진 곳에 있는 허름한 농가에서 그 모임을 갖게 해보려고 애를 썼지만 허사였다. 한마디로, 미국 남북전쟁은 그의 집에서 시작했고 그의 집에서 끝난 셈이다. 그런데 이번만큼은 부엌이 아니라 거실이었다.

로버트 리는 마셜 대령만 대동한 채 매클레인의 집에 먼저 도착했다. 리는 멋진 의식용 제복을 입고, 보석으로 상감된 칼을 차고 있었다. 몇 달 전 누군가 그에게 선물한 그 칼에는 프랑스어로 격언이 새겨

---

3. 남북전쟁은 간략하게 요약하면, 1861년 4월 12일부터 1865년 5월 13일까지 '아메리카 합중국'과 '아메리카 연합국' 사이에서 벌어진 내전으로, 전자는 워싱턴 디시를 수도로 하고 에이브러햄 링컨이 대통령이었던 북부를 의미하고, 후자는 리치먼드를 수도로 하고 제퍼슨 데이비스가 대통령이었던 남부를 의미한다. 이 책에는 당시 노예제 및 여러 경제적 이해관계 속에서 파생한 북부와 남부의 복잡한 갈등 및 내전 양상을 증언하듯 남부와 북부를 지칭하는 단어들이 다소 혼재되어 있다. 우리말 번역어로는 '연방'과 '연합'으로 북부와 남부를 구분하는데, 어감 차이가 뚜렷하지 않아 분명하게 구분하기 위해 때로는 괄호 안에 '북군'과 '남군'이라고 옮긴이가 덧붙이기도 했다. 우선 '연방Union'은 북군과 북부를 뜻한다. '연합Confederacy'은 남군과 남부를 뜻한다. 연방은 오늘날 아메리카 '합중국United States'의 이전 용어다. 로버트 리 장군이 소속된 아메리카 연합국(1861~1865년)의 영어 표기는 'Confederate States of America(CSA)'다. 남부연합은 시기에 따라 자치적이고 독립적이면서도 강한 결속체를 표방하는 의미에서 '남부맹방'으로도 불리는데 영어 표기는 'Southern Confederacy'다. 1861년 2월 8일, 미국 남부의 일곱 개 노예주 중 여섯 개 주가 연방 탈퇴를 선언하고 수립한 정부다. 아울러 '북부연방'과 '남부연합' 외에 '합중국 United States (프랑스어로는 États-Unis)'이라는 단어도 나오는데 북부연방을 가리키거나, 남부가 연방에서 이탈하여 남북전쟁이 발발하고 1865년에 재통일한 이후를 가리키기도 한다.—옮긴이

져 있었다. "하늘은 스스로 돕는 자를 돕는다." 평소 매우 독실하면서도 강건하고 완벽한 그의 정신력에 딱 들어맞는 문장이었지만, 그날만큼은 이 문장이 그렇게 경멸스러울 수가 없었다.

곧이어 군사 훈련 기술자이자 북군 군대장이며 캠프의 조력자인 배브록 중령이 합류했다. 세 사람은 서로 인사를 나누고 몇 마디 주고받은 뒤, 거실에 자리를 잡고 앉았다. 침묵이 이어졌다. 멀리서 이따금 포격전 소리로 짐작되는 소리가 들려올 뿐이었다. 승자의 위상을 과시하려는 건지 그랜트 장군은 다른 사람들을 반시간 이상 기다리게 하고 난 뒤에야 도착했다. 더욱이 이것 역시나 자신의 영광을 드러내기 위한 거였지만, 열두 명에 이르는 사관들의 호위까지 받고 있었다. 그가 거실로 들어왔을 때 그 자리에 있던 사람들의 눈에도 두 사람은 확연히 대조적이었다. 한 사람은 중간키의 북군 장교. 검은 수염이 얼굴을 거의 다 덮을 정도였고, 푸른 바다색 제복 상의에 진흙이 묻은 장화 차림은, 내전이 일어나 기적적으로 회생하긴 했지만 알코올 중독으로 군대에서 해임된 오하이오 출신 갖바치 아들의 모습이 그대로 남아 있었다. 그리고 다른 한 사람은 아주 큰 키의 버지니아 장군으로, 흠결 하나 없는 완벽한 제복에 그 제복과 같은 색인 회색 수염을 하고 있었다. 그의 우아한 자태는 그가 세습 귀족 출신임을 떠올리게 함과 동시에 지금은 엄중한 전시 상황임을 떠올리게 했다.[4] 이 장면이 지금 어떤 상황인지 전혀 모르는 사람이라면 아마 1초의 망설임도 없이 후자를 승자로 여겼을 것이다. 하지만 몇 분 후 미적지근한 악수를 한 후,

---

4. 그의 부인 메리는 미국 독립전쟁의 영웅이자 국부이며 미국 초대 대통령인 조지 워싱턴의 후손이다.

상대인 남부 측 대표의 항복을 정식으로 받아갈 사람은 바로 전자인 그랜트 장군이었다.

미국의 레 미제라블

율리시스 S. 그랜트와 로버트 E. 리는 웨스트포인트 사관학교의 옛 동창생으로서, 그리고 평균 이상의 우수한 실력을 가진 두 전장의 총지휘관으로서 서로를 존중했다. 그러나 서로 잘 알지는 못했다. 왜냐하면 1846년에서 1847년에 벌어진 멕시코 전쟁에서 딱 한 번 만난 게 전부이기 때문이다. 그랜트 장군은 리 장군을 나름 호의적으로 기억하고 있는 편이었다. "전에 멕시코에서 한 번 만난 적 있지요. 장군의 모습을 항상 기억하고 있었습니다. 어디서 만나도 바로 알아볼 수 있을 거라는 생각을 했습니다." 리 장군은 예의를 갖추어 응대할 만한 기분은 아니었다. 패배를 거의 알지 못하던 자가 느끼는 패배의 쓴맛 때문이었을까? 아니면 다가올 약탈에 대한 두려움 때문이었을까? 생생한 굴욕감은 사실 몇 시간 전에 이미 겪었다. 상대와 항복 조항을 논의하기 위해 백색 깃발을 앞세운 채 양키(북군) 전선으로 들어갔는데, 상대는 나오지 않고 그 자리에 그저 장교 한 명을 내보낸 것이다. 4년 동안 죽어간 26만 남부 어린아이들의 환영이 눈앞에 도열해 지나갔다. 전쟁의 기술과 방법은 더욱 정교해졌다. 더 폭력적이고 살상적으로 변할 20세기 세계 대전의 전쟁 양상을 이미 전조한 것일까? 자신보다 열다섯 살어린 상대에게 그가 대꾸한 말은 무례하고 잔인했다. "이번만큼은 장군을 만난 걸 확실히 알겠소. 전에 몇 번 장군을 떠올려보긴 했는데 도무지 기억나지 않더군요. 아주 사소한 것도 말이오." 결코 사교의 시간은 아니었던 것이다.

그랜트는 리의 독설을 기분 나빠 하지 않았다. 만일 그가 이런 태도를 취한다면 대화 상대자로서 예의를 지키지 않는 것이니 굳이 자신이 나서서 상대를 더 모욕할 필요도 없었다. 그는 이미 승자였다. 그걸로 충분했다. 자기 말고도 이미 위대한 장군들 다섯[5]이 지금 자신이 상대하고 있는 이 '회색 여우' 같은 악마를 무찌르느라 고생했으니 말이다. 리 장군 앞에 그가 내민 항복 조건은 상대로서는 받아들이기 힘들었겠지만 군사적 상황에는 합당했다. 남부 장군이 뭔가 생각하는 듯이 보인 것도 바로 그래서다. 장군 얼굴에서는 어떤 분노도 읽히지 않았다. 무기와 기자재 전부를 연방에 양도한다. 그러나 남부연합군 병사들, 이른바 포로들은 신분 등록을 마친 후 집으로 돌아갈 수 있게 허가한다. 기병대나 포병대의 일반 병사들은 (장교들과는 달리) 자기 말이나 전차를 보관할 수 없다는 조항이 원래 있었지만, 그랜트는 나중에 요구하면 회수해 가도 좋다고 약속했다.

리 장군은 가슴을 쓸어내렸다. 리는 남북전쟁을 종결하는 조약에 서명했다. 그랜트와 악수했고, 그 방에 있던 다른 북부 장교들과 서둘러 인사한 후 아무 말 없이 그곳을 빠져나왔다. 그의 얼굴은 태연했지만 주먹은 꽉 쥔 채였다. 누군가 그의 애마인 트래블러를 데려왔다. 거의 모든 전장을 함께했던 말이다.[6] 그는 큰 숨을 한번 내쉬고는 말에 올라탔다. 그리고 매클레인의 저택 출구 쪽을 향해 말 머리를 돌렸다. 북군

---

5. 매클렐런, 포프, 번사이드, 후커, 미드.

6. 아메리칸 새들브레드 종인 이 말은 파상풍에 걸려, 리 장군이 죽고 1년 지나서 죽는다(14세). 말의 유해는 주인이 묻힌 렉싱턴의 교회, 그의 옆에 묻혔다.

의 승리와 평화를 축하하기 위해 백 발의 축포가 예정되어 있었지만, 이상하게 축포는 늦어지고 있었다. 아니다. 이 축포는 결코 울리지 않을 것이다. 남부와 북부의 화해를 위해 너무나 기나긴 여정을 밟아온 에이브러햄 링컨 대통령(며칠 후 그는 암살된다)처럼 그랜트 장군도 그런 복잡한 마음이 들었고, 그래서 결심한 것이다. 어떤 개선식도 하지 않기로. 그랜트 장군은 리 장군도 자신의 마음을 충분히 이해하리라 믿고, 갑자기, 말 위에 꼿꼿이 앉아 있는 이 오랜 라이벌을 향해 그의 생애에서 가장 우아하고 귀족적인 동작을 취했다. 조용히 모자를 벗어, 자기 앞에서 자기보다 더 승자 같은 표정을 한 이 패자를 향해 인사한 것이다.

게티즈버그 전투(1863년 7월)까지 남군의 '베레지나Berezina'[7]였던 리 장군은 사실 패배를 잘 알지 못하던 사람이었다. 바로 이런 이유로, 스콧 장군[8]이 보기에는, 이 버지니아 사람이 연방에 나름으로 의리를 지킨 셈이었다. 스콧 장군은 리 장군을 "살아 있는 가장 위대한 미국 군인"으로 여겼다. 비단 그만이 아니라 시어도어 루스벨트에서 드와이트 아이젠하워를 거쳐 윈스턴 처칠에 이르기까지 다음 세대의 주요 국가 지도자들도 그렇게 생각했다. 빅토르 위고의 주인공들처럼 '미제라블'[9]하다고 했을 정도로 병사 수나 병참술, 재정 등에서 다 열세인 누

---

7. 나폴레옹이 러시아 원정에서 대패한 강 이름. '대패' '낭패'라는 비유적 표현으로 쓰인다.─옮긴이

8. 남북전쟁 당시 북군 장군이었던 윈필드 스콧 장군일 것이다. 1852년에 대통령 후보로도 지명된 바 있다.─옮긴이

9. 빅토르 위고의 이 책은 프랑스에서 성공적으로 출판되고 바로 얼마 뒤인 1862년에 미국에서 번역되었다.

더기 부대를 이끌고 승전에 승전을 거듭했으니 말이다. 이 부대만 갖고도 리 장군은 강력한 적을 상대로 3년 넘게 버텼다. 미국의 수도에서 약 200킬로미터 떨어진 리치먼드에서 군사 작전을 펼쳤을 뿐 아니라, 북부와 남부의 경계에 있는 포토맥강 이북의 몇몇 연방 지역을 차지하는가 하면, 워싱턴 교외 지역에도 대포를 여러 대 배치했다. 남부 주민들은 기아에 시달려 반란을 일으켰고 18세부터 45세에 이르는 징병군은 피로에 지쳐 고통을 호소했지만, 어떤 순간에도 이 남군 전쟁 사령관의 권위에 이의를 제기하지 않았다. 아니, 만일 한 번 그런 게 있었다면, 게티즈버그 전투 이튿날 그가 주도한 사안을 문제 삼은 일이다. 그는 남북 갈등을 완전히 끝내버리기 위해서라도 펜실베이니아를 정복하겠다는 무모한 생각을 한 적 있었다. 이 전투에서 사망자가 5000명, 부상자는 1만 5000명이 나왔고 5000명이 포로가 되거나 실종되었다. 단 사흘간 벌어진 전투에서 말이다. 이런 끔찍한 재앙이 있고 나서 한 달 후, 리 장군은 당시만 해도 그다지 부각되지 못하던 남부연합의 대통령 제퍼슨 데이비스에게 편지를 썼다. "각하, 저를 대신할 사람을 부디 찾아주십시오. 저보다 젊고 능력 있는 자를 임명해 주십시오. 저는 저희 군대가 그 어느 군대보다 용맹하고 굳세다는 것을 잘 알고 있습니다. 그러니 그런 군대에 걸맞은 최고의 수장을 보고 싶습니다. 제 인생에서 그보다 더 아름다운 일은 없을 겁니다. 제가 한 것보다 더 많은 일을 할 수 있는 자, 제가 희망했던 바보다 더 많은 것을 해낼 수 있는 자가 반드시 있을 겁니다. 그게 제가 아닌 한, 저는 그 누구도 비난하지 않겠습니다."

다른 부대 군 지휘관들은 이런 태도에서 약간의 기만, 아니면 겸손을 가장한 자만, 그것도 아니면 다소 장기전이 되어 패배할 수도 있을 전장에는 참가하지 않으려는 의도 등을 간파하려 했다. 그러나 리는 정말로 진심이었다. 그의 이력을 봐도, 그는 평생 어떤 행동이나 부탁을 할 때 전적으로 진심인 사람이었다. 그러나 이런 부탁을 남부 대통령이 들어주지 않을 것이 자명했다.

장군의 유년 시절

로버트 에드워드 리는 1807년 1월 19일에 버지니아에서 버지니아 토박이인 부모의 다섯째 아들로 태어났다. 이 부부는 둘 다 그 지역 유수의 명문가 출신이었다. 아버지 헨리 리 3세는 영국 본토에 대항한 혁명 가문의 후손으로, 그 역시 미국 독립전쟁 때 조지 워싱턴을 수행해 전쟁에 나간 장군이었다. 그는 특히 경기병 부대의 선두에서 두각을 나타냈다. 버지니아의 주지사가 된 아버지는 어머니인 안 힐 카터와 결혼했는데, 그녀의 조상 가운데 영국 왕 찰스 2세가 미국 대륙에 파견한 유명한 영국 정치인이 있었다. 바로 로버트 '킹' 카터다. 그는 1726년과 1727년에 버지니아(당시는 영국 식민지) 총독을 지내기도 했다. 어린 로버트는 아버지를 거의 보지 못했다. 직업이나 운명 또는 정치적 신념 때문에라도 아버지는 늘 집을 떠나 있었다. 그의 가족은 워싱턴에서 그다지 멀지 않은 알렉산드리아에서 살았다. 1812년 볼티모어 반란 때 아버지 헨리는 구사일생으로 살아난 바 있다. 이웃한 캐나다에서 영국인들을 몰아내기 위해 다시 영국과 전쟁을 치를 때[10] 미온적인 태

---

10. 매디슨 대통령은 해상 무역의 자유를 보장하기 위해 이웃한 캐나다에서 폭정을 일삼고 있

도를 보여 배신자로 낙인찍힌 것이다. 헨리는 카리브해에 유배되었다가 5년 후 병이 든 채 돌아왔다. 그러나 얼마 안 있어 아내와 아이들을 다시 보지 못하고 세상을 떠난다.

아버지 없는 고아가 된 로버트는 어머니의 손에 자라며 엄격한 성공회식 교육과 예절을 배운다. 그는 운동을 좋아하면서도 수학과 고대 언어에도 재능이 있었다. 하지만 독서는 별로였다. 특히 성경 읽기에는 취미가 없었다. 그의 종교적 믿음은 깊긴 했지만, 때론 편협하고 완고했다. 18세가 되자 뉴욕주에 있는 웨스트포인트 사관학교에 들어갔는데 그곳은 영국과의 싸움에서 패배하자 이제는 거기 사는 서부 원주민들과 싸울 분위기였다. 여섯 번째 아이를 출산한 어머니 안 힐 카터는 로버트 때문에 비싼 등록금을 내지 않아도 되자 안심했다. 동생들한테만 한 달에 28달러가 나가야 했기 때문이다.

이 학교를 선택한 것이 옳았음은 바로 증명되었다. 근면하고 성실하고 검소하며—사관생들 중 이런 자질은 드문 편이었다—자제력이 상당한 그는 그야말로 뛰어난 학생이었다. 특히 데니스 매헌의 군사 전략 강의에서 우수한 성적을 자랑했는데, 매헌은 나폴레옹 전술에 완전히 빠진 사람이었다. 신속한 결정과 행동, 부대 구성원 간의 상시적 소통, 전력의 집중, 포병의 광범위한 활용 등 이른바 나폴레옹 전법은 군사 교과서 중의 교과서였다. 로버트는 여기서 배운 내용을 35년 후에 잘 써먹을 것이다. 1829년에는 이 사관학교를 차석으로 졸업하고, 영리한 생도들이 주로 간다는 공병대를 택해 현장에 파견된다. 버지니아

는 영국 제국을 몰아내기 위해 영국 본토에 대항하는 전쟁을 일으키고자 한다. 맹방파에 속한 헨리 리 장군은 이 전쟁에 반대한다. 볼티모어 주민들 대다수는 반영국 정서를 지닌 이민자 출신들이어서 유럽과의 무역을 찬성하던 터라 헨리 리의 이런 태도에 분노한다.

에서 미주리, 조지아에 이르는 지역의 강가 연안이나 바다 근역에 여러 방벽과 요새를 건설하는 동안 몇 년이 흘러간다. 이어 어머니가 사망하고 냇 터너 소요 사태[11]가 일어나면서 정신적으로 힘든 시기를 보내다가 메리 커스티스를 만나 마음의 안정을 찾고 행복한 결혼 생활을 하게 된다. 조지 워싱턴 손자의 무남독녀[12]인 메리 커스티스는 알링턴에 있는 아주 화려한 고급 저택에서 부유하게 자란, 좀 먼 사촌뻘 되는 인척이었다. 수많은 전쟁을 치러야 했던 그에게 메리는 너무나 기적적이고 은밀한 존재로, 그에게 일곱 아이를 낳아주었다(딸 넷과 아들 셋. 아들들은 모두 회색 제복을 입게 될 것이다). 로버트는 어릴 때 아버지의 정을 느껴보지 못해서인지 온 정성을 다해 아이들을 보살폈다.

타타르 사막에서 적이 튀어나오면 언제든 공격할 태세가 되어 있는 드로고 대위[13] 같은 생활을 15년 동안 하고 나니, 드디어 전쟁이 찾아왔다. 이제 세 가지 희망을 한 번에 달성할 수 있을 것 같았다. 모험, 영광, 승진! 1846년 5월 11일, 미국 의회는 무례한 멕시코에 전쟁을 선포했다. 워싱턴시에서 땅을 팔라고 요구했는데 이를 거부하고 나오

---

11. 1831년 8월 23일, 자신을 예언자라 주장하는 냇 터너의 선동으로 버지니아 남동부 노예들이 노예주에게 대항해 반란을 일으켰다. 이때 백인 60여 명이 학살되었다. 그러자 군이 나서서 흑인 노예들을 완전히 진압했고, 이번에는 100여 명의 흑인이 죽거나 사형에 처해졌다.

12. 좀 더 정확히 말하면, 고자였던 조지 워싱턴은 아이를 가질 수 없어 부인이 첫 결혼으로 낳은 아이들을 자기 자식들로 입양한다. 그 가운데 존 파크라는 아들이 있었는데 그 사람이 메리의 할아버지다.

13. 이탈리아 작가 디노 부차티의 소설 《타타르인의 사막》(1940)에 나오는 주인공이다. 영화로도 각색되었다. 조반니 드로고는 이탈리아 국경 타타르 사막에 있는 요새에 신입 장교로 파견된다. 오지도 않을 적을 기다리며 병사들은 지쳐간다. 무지막지하게 광활한 대륙의 풍경과 함께 요새에 갇힌 인물들이 겪는, 공포에 가까운 폐쇄감을 묘사하면서 전쟁의 황망한 부조리함을 잘 드러낸 작품이다. ─옮긴이

자 괘씸하다며 리오그란데 근처 미국 국경 지대(포트텍사스)를 공격한 것이다. 리 대위는 텍사스주 샌안토니오에 파견되었고, 이어 울 장군의 명에 따라 멕시코 북부에 합류하기 위해 어느 기선에 올랐다. 여기서 옛 웨스트포인트 사관학교 동창생들을 다 만나게 된다. 옆자리와 앞자리에 매클레런, 보르가드, 스미스, 존스턴 등이 앉아 있었다. 목표는 베라크루스 요새 공격. 작전은 성공했다. 그에게 낯선 작전은 아니었다. 공병대 기술을 연마한 그는 멕시코 지대의 요새를 폭파하는 업무를 맡았다. 여러 주가 지나면서 그가 구사하는 전략 기술의 장점이 확인되었다. 따옴표를 쳐서 인용할 만한 대단한 작전들이었다. 그 공으로 그는 진급했다. 이제 패배한 멕시코와, 기대한 만큼은 아니지만, 좀 덜 혹독한 평화 조약이 체결되었다. 1848년 2월 2일이었다.[14]

20개월간 전쟁을 치르는 동안, 그의 진영에 속한 한 열정적인 보초병이 죽을 뻔하다 살아남은 일이 있었다. 죽음이 언제든 자신에게 닥칠 수 있다는 생각에 그는 두려움을 느꼈지만, 반면 자신이 지금 얼마나 대단한 팀에 소속되어 있는지 새삼 실감했다. 이 팀에는 합중국이 축포를 쏴줘야 할 영웅이 한둘이 아니었다. 젊은 날의 추억과 함께 미래의 신화를 써 내려갈 인물들. 멕시코 함락을 승리로 이끈 윈필드 스콧 장군은 조금 있으면 합중국의 대통령 후보로 나갈 것이고, 남북전쟁 중 에이브러햄 링컨의 고문이 될 것이다. 또 차풀테펙 전쟁의 영웅인 식민지 태생의 피에르 귀스타브 투탕 드 보르가드[15]는 뉴올리언스

---

14. 그럼에도 불구하고 이제 캘리포니아, 애리조나, 뉴멕시코와 텍사스 일부가 미국의 통제하에 들어가게 되었다.

15. 프랑스계 미국인이라 이름을 발음할 때 프랑스어와 영어가 혼용된다. 프랑스어로는 '보르가르'로 발음되지만, 미국식 발음 '보르가드'로 표기한다. ―옮긴이

시장에 나가는 불운한 후보자가 될 것이며, 미래 남군의 사령관이 될 것이다. 몬테레이에서 두각을 나타낸 앨버트 시드니 연대장은 1862년 4월 전투에서 사망하기 전까지 서부를 관할하는 남군을 지휘하게 될 것이다. 또 멕시코 주둔 미합중국 육군 대장인 재커리 테일러 장군은 1848년에 미국 대통령에 당선될 것이다. 토머스 조너선 잭슨은 "옳지 않다고" 판단해 퇴각 명령을 거부한 덕에 승진하고 남북전쟁 기간에 리 장군의 든든한 부관이 될 것이다. 조셉 후커 부관은 1년 동안 계속해서 무훈을 쌓아 연속 승진, 포트맥의 북군을 지휘하게 될 것이다. 또 중위에 이어 대위가 된 조지 브린튼 매클렐런은 목숨을 건 작전을 연이어 수행한 천재적인 장교로, 미래의 양키 군대장이 될 것이다. 그리고 여기서 특히 율리시스 S. 그랜트를 빼놓아서는 안 된다. 그는 큰 전쟁 때마다 매번 눈부신 기병 실력을 발휘할 것이다(몬테레이, 베라크루스, 차풀테펙에서). 한 세대 내내 멕시코 전쟁은 군사적 가치뿐만 아니라 특별한 정치적 가치가 있었다. 미래의 정당성을 확보하기 위한 일종의 도유식塗油式이었던 셈이다.

이제는 시민전쟁

열띤 멕시코 전쟁이 끝나고 3년을 부대에서 가만히 시간을 보내다 보니 리 장군은 의구심이 일었다. 군인의 삶은 지루한 부대에서 목이 빠지게 대기하는 것인데 다른 직업을 가지면서 가족을 돌보는 게 낫지 않을까? 이런 딜레마에 빠진 그를 구해 주는 결정을 내린 건 군 당국이었다. 1852년 8월, 출신 학교인 명문 웨스트포인트 사관학교의 총장 자리에 그를 임명한 것이다. 아들 커스티스와 조카를 비롯해 이 집안 다른 남자들도 이 학교를 나오고 1861~1865년 전쟁에 모두 참여하게 될 것이다. 모든 이의 기억 속에 이 웨스트포인트 총장은 엄격하고 정확하며 완고하나, 인간적이고 매우 종교적인 사람[16]으로 그러면서도 관용적인 사람으로 남는다.

또 하나의 새로운, 그리고 결정적 단계가 1855년에 펼쳐진다. 국방 장관(전쟁 장관) 제퍼슨 데이비스(미래의 남부연합 대통령)가 서부 지역의 정복을 방해하는 멕시코 원주민을 진압하기 위해 연대 하나를 창설한 것이다. 이제 리 장군은 참모부 사무실을 떠나 현장에 파견된다. 지도, 계산, 기술은 이제 안녕. 진정한 장교가 되기 위해 현장으로 간다. 이 천재적인 전前 대령은 현장에서는 중령[17] 직위를 달고, 텍사스에 주둔하는 제2기병연대 부연대장에 임명된다. 그에게 부여된 임무는 코만치족이나 멕시코 산적을 추격하는 것이었다. 그런데 다시 한번 운명의 여신이 문을 두드린다. 그의 알링턴 집에서 장인이 세상을 떠난 것이다. 로버트가 텍사스 부대로 오면서 메리도 이곳 알링턴으로 왔는데, 원래 몸이 약한 데다 이렇게 뜨겁고 건조한 사막 한가운데서 살아본 적이 없어서인지 몹시 힘들어했다. 그렇다고 그녀 혼자 고향으로 돌아가 농장 집을 관리하게 할 수도 없었다(그녀는 외동딸이었다). 그들 농장은 여러 채의 가옥에다 노예가 200여 명이나 되는 어마어마한 규모였다.[18] 그래서 로버트는 휴직을 신청하고 사랑하는 고향 버지니아

---

16. 이 시기에 그는 성공회 교인 서약을 갱신한다.

17. 수료증에서 대령colonel 직급이었다면, 정규군으로서 직급은 대위capitaine였다. 참모 과정grade de major 없이 바로 2단계 승급한 것이다.―옮긴이

18. 리의 아내 메리는 아버지의 죽음으로 어마어마한 유산과 땅을 상속받는다.―옮긴이

로 돌아가 평화로운 시민의 삶을 살기로 한다. 마치 악보의 음표를 연주하듯 평화롭고 잘 조직된 삶 말이다. 그의 이런 햇살 가득한 삶에 한 번 울린 천둥이 있다면, 그건 바로 1859년 10월에 일어난 존 브라운 사건[19]이다. 냇 터너 사건을 연상시키는 이 사건은 이 나라가 암흑의 시간 속으로 잠길 것임을 예고하는 것인지도 몰랐다.

기록보관소 직원이었던 이 신비주의 기독교인은 메릴랜드 북부 출신으로, 노예제 폐지론자들로 뭉친 소모임의 대표였다. 그는 하퍼스 페리라는 작은 마을을 공격해 그곳의 무기를 탈취했고, 그 무기를 노예제에 대항해 반란을 일으킨 흑인들에게 공급했다. 따르는 사람들은 많지 않았지만, 그는 몇몇 시민을 인질로 삼아 20여 명의 동료와 함께 시내 무기 창고로 들어갔다. 지역 민병대는 이들이 잡아간 포로들을 구하겠다며 이들을 포위해 들어갔다. 리 대령은 사태를 정리하고 반란군을 체포해, 유혈의 반격 사태로 상황이 비화하지 않도록 그곳에 급파되었다. 리는 민병대의 지원을 받으며 해병대[20]를 이끌고 이들에 대한 공격을 감행했다. 진압은 성공했다. 군인 한 명이 사망했고 시민은 한 명도 다치지 않았으며 반란군 열 명이 사망했다(그 가운데는 반란을 이끈 브라운의 두 아들도 있었다). 존 브라운은 부상을 입은 채 체포되었다. 그의 재판은 신속하게 처리되었다. 사형이 선고되었으며 1859년 12월 2일에 처형되었다. 사형 집행 전, 그에게 마지막 변론할 기회가 주어졌는데, 그는 노예제 폐지론에 대한 자신의 신념을 분명히 밝혔

---

19. 과격한 반노예주의자 존 브라운이 노예를 해방하기 위해 연방 육군 무기 창고를 습격하고 점령한 사건. 로버트 리는 군대를 이끌고 가서 브라운 일행을 진압했다. —옮긴이
20. 이 대륙 해병대는(우리의 해군 소총수와 비슷하다) 미국 독립전쟁 때 창설되었다. 이 부대는 해군 당국이 지휘했다.

다. 가령 다음과 같은 문장을 보면 잔혹한 미래가 통렬히 예견되어 있다. "이제 이 죄 많은 나라의 범죄는 피 외에 다른 무엇으로도 속죄되지 않을 것이다. 홍건한 피로 이 나라를 적시지 않고도 속죄할 수 있을 거라 생각했는데, 그건 환상에 지나지 않았다."

존 브라운이 '범죄'라고 비난한 이 범죄는 이제 이 끔찍한 남북전쟁의 기원이 될 것이다. 그 범죄는 바로 노예제에 기반을 둔 일체의 사회·경제 제도를 가리켰다. 1808년에 흑인 노예무역은 폐지되었지만, 미 합중국은 연방 헌법이라는 명목하에 국경 지대에서는 노예제도를 허가하거나 또는 금지하고 있었다. 국경 지대 중 열다섯 개 주가 아직도 이런 노예제를 정당화하며 눈감아주고 있었다. 그 이유는 여러 경제적 요건 때문이었거나, "인류학적 증거"도 있었고 "역사적 의무"도 있었으며 종교적 이유도 있었다. 흑인 인구 400만이 대부분 면화 농장이나 쌀, 담배 농장—남부 지방 경제의 특성—에 고용되어 일하고 있었다. 이들의 생활과 노동 조건은 이들을 고용한 경영자들과 상당히 달랐다. 둘 사이에는 인종주의에 바탕을 둔 깊은 심연이 존재했다. 노예 인력은 거의 동물이나 다름없었다. 동정적인 자비가 없지는 않았지만, 경제적 수익을 내는 것이 관건이어서 남자든 여자든 건강 상태가 좋고 의욕이 넘치며 일을 잘하는 노예가 필요했다. 경영자들 가운데는 몇 년간 착하고 성실하게 일해 준다면, 노예 해방까지 시켜주겠다는 자도 있었다.

도덕적 이유만이 아니라 경제적 이유로—보편구제론과 이득 추구는 미국의 기원부터 이른바 '아메리칸드림'의 두 양식이었다—, 북부의 주들은 산업과 자본을 추구하면서 보호무역적인 색채를 띠었다. 북부 사람들은 국가가 현명하게 개입하여 그들의 성장을 지원해 주길 바라며 늘 공화당[21]에 투표했다. 이들은 노예제에 기반한 사회·경제 제도를 가지고 늘 민주당[22]에 투표하는 남부와 대결하며 몇 차례 교전을 벌인 바 있었다. 대다수가 농업 지대이고, 미 대륙을 처음 개척한 아버지들의 정신을 계승한 남부의 후손들이니만큼 그들은 완전한 자유를 원했다. 유럽 국가들이 남부의 농업 생산물을 직접 사가고, 품질 좋은 유럽의 공산품은 이웃한 북부 주에 제시하는 가격보다 훨씬 싸게 파는 이른바 자유 직거래를 원했다. 한 달이 가고, 또 한 달이 가면서 긴장이 고조되었다. 이제 국면은 제도 차원으로 바뀐다. 1787년 헌법을 연방 체계로 돌릴 수는 없을까? 몇몇 주에서 거부한 정책을 수도 워싱턴으로 하여금 강제 시행하게 하면서 노예에 관한 한 자유권을 주고 관세의 권한도 더 많이 주게 말이다. 이런 목소리는 남부에서 점점 더 많이 나왔다. 남부 사람들은 북부가 흑인들의 상황을 걸고넘어지는 것은 도덕군자연하는 것일 뿐, 그 안에 경제 제국주의를 숨기고 있다고 보았다. 북부 몇몇 주에서는 흑인들이 공개적으로 매질 당할 위험이 있다며 두 달 이상 거주하는 것을 금지하지 않았나? 그들에게서 투표권도 박탈했고 재판 법정에 증인으로 설 기회도 박탈하지 않았나? 대부분의 경우 통행증을 요구하지 않았나? 자유로운 인간이라는 개념은 아직 포토맥 너머에나 상대적으로 존재할 뿐이다. 그 증거라면, 여전

---

21. 1854년에 창당된 공화당은 캔자스의 노예제를 허가하는 법안에 반대하는 민주당과 자유당의 몇몇 의원이 나와서 만든 당이다.

22. 18세기 말에 조지 워싱턴의 연방당에 반대하며 창당된 민주당이 이 시기에는 보수적인 경향을 띠었다. 19세기 초 민주당의 주요 지도자였던 앤드루 잭슨은 이쪽 진영에서 나온 첫 번째 대통령이 된다(1829년에 선출되었고 1833년에 재선출되었다).

히 인종주의적이면서 노예제에는 반대한다는 주장을 들 수 있다. 인간 윤리 운운했지만 사실은 경제적 이익을 보호하기 위한 주장이었다.

1860년 11월 선거에서 노예제 반대론자인 공화당 후보가 대통령에 선출되자 남부연합 대표자들은 불안해졌다. 이들이 안심할 수 있도록, 대통령으로 선출된 에이브러햄 링컨이 몇 가지 선언을 했지만,[23] 남부 대표자들은 이제 노예제만이 아니라 그들의 문화와 사회, 문명의 전통을 지킬 수 없다는 생각이 들기 시작했다. 그들은 자신들만의 독창성이 이런 전통에서 비롯된다고 여겼다.[24] 한 달 후 사우스캐롤라이나주가 연방을 탈퇴한다고 선언했다. 1861년 2월에는 앨라배마, 조지아, 미시시피, 루이지애나, 플로리다, 텍사스가 남부연합에 합류했고, 당시 미시시피주 민주당 의원이던 제퍼슨 데이비스가 이 연합의 수장으로 선출되었다. 그는 멕시코 전쟁에 용감하게 참여했으며 1853년부터 1857년까지 전쟁부 장관으로 임무를 수행한 바 있었다. 링컨은 대통령으로서 업무를 시작하면서 남북 간 긴장 완화 정책을 펴는가 하면

---

23. 1861년 3월, 임무 개시를 알리는 시무식에서 그는 이런 연설을 했다. "남부연합 주민들은 이제 공화국 행정부가 출범하니 자신들의 재산과 평화, 안전이 위협받을 것이라고 생각하는 듯합니다. 그러나 이런 추측에는 어떤 이성적이고 합리적인 근거도 없습니다. 그 완벽한 반대 증거는 항상 존재했습니다. 각자가 이것을 확실하게 보장받을 수 있습니다. 지금 이 순간 여러분에게 말하고 있는 이 사람의 공개 연설에서 거의 그 완벽한 증거를 보고 계십니다. 제가 전에 했던 말을 다시 한번 인용할 따름입니다. '지금 존재하는 미합중국의 노예 제도에 직접적으로든 간접적으로든 개입할 계획이 저에게는 없습니다.' 저에게 그럴 권한이 없기도 하지만, 그런 욕망 또한 전혀 느끼지 않습니다."

24. 대부분이 농장 지대인 남부 지역은 도시화가 그다지 진행되지 않은 상태였다. 주민들은 시골풍의 전원 공동생활을 하고 있어서 일상에 거의 변화가 없었고 느린 생활 리듬을 갖고 있었으니, 산업 대도시인 북부 생활과는 완전히 대척점에 있었다. 종교의 위상 역시 주요했다. 절대적 자유를 열망하는 남부의 분위기는 마거릿 미첼의 소설 《바람과 함께 사라지다》(영화로 더 유명하다)에 상당히 정확하게 구현되어 있다.

또 한편 찰스턴(사우스캐롤라이나)의 연방 요새를 공격했다. 남부의 독립성을 인정하지 않음으로써 화약에 불을 붙인 셈이었다. 전쟁은 선포되었다.

선택의 시간

아내와 함께 알링턴 농장을 재건하느라 2년여의 휴직 기간을 보낸 후 텍사스 부대로 다시 돌아왔을 무렵, 로버트 리는 사우스캐롤라이나의 연방 탈퇴 소식을 들었다. 그는 링컨 대통령에게 어떤 호감도 없었지만(버지니아주에서 공화당 후보를 지지해 표를 주는 경우는 1퍼센트도 안 되었으며 그 역시 예외는 아니었다), 연방이 해체되는 것을 보자 두려웠다. 두 진영 중 하나만을 선택해야 하는 상황에서 그가 사랑하는 버지니아주는 분리주의 쪽에 합류할 공산이 컸다. 그는 노예제를 광적으로 지지하는 사람이 절대 아니었고, 이른바 휴머니스트 경영자의 상을 품고 있었다. 다시 말해 노예제를 절제하여 쓸 뿐, 기꺼이 언제든 노예를 해방시킬 의지가 있었다. 그러나 무엇보다 자신이 나고 자라고 본 버지니아에 깊은 애착이 있는 사람이었다. 연방주의자이면서 분리주의자이기도 하고 독립주의자라기보다 자치주의자였다. 연방주의자로서 그의 진심을 누군가 의심한다면, 다음 사실 하나만으로도 충분히 입증될 수 있다. 1861년 3월 중순 즈음, 로버트 리는 이제 막 창설하려고 준비 중인 남부연합군 여단장 직책을 제안받았지만 거절한 것 말이다. 이런 그의 행동을 워싱턴에서 알고 있었을까? 며칠 후 링컨 대통령이 개인적으로 불러 그에게 다름 아닌 연방군 부대의 지휘봉을 제안한다. 고향을 저버리지 않고 연방에서 탈퇴한 남부연합에 합류하거나, 아니면 그 남부와 전투를 벌이는 북부군이 되어야 하는 양자택일의 기로에 선 것이다. 결국 그의 친구이자 또 다른 버지니아 사람인 스콧 장군이 연방군 부대에 들어가 이 일을 수행하게 될 것이다("자네 인생에서 가장 큰 실수는 그거였네").

그러나 역사는 인정사정없이 흘러간다. 의심을 살 수 있었던 링컨 대통령의 제안을 어찌 되었든 거절하고 얼마 안 되어, 이번에는 분리 찬반 투표에서 55 대 88이라는 압도적 차이로 버지니아주도 탈퇴로 선회한다. 무엇을 할 것인가? 다른 모든 선한 군인들처럼 리도 정말 어려운 일은 자신의 임무를 수행하는 것이 아니라 자신의 임무를 이해하는 것임을 깨달았다. 기도가 이어졌다. 고통스러운 눈물이 이어졌다. 침울했다. 두 가지 대상, 즉 두 가지 참여, 아니 두 가지 애정 가운데 하나를 택해야 하는 고통스러운 과정이었다. 며칠간 시간이 필요했다. 한쪽에는 가족, 친척, 친구, 기존의 생활 방식, 나고 자란 고향이 있다면, 다른 한쪽에는 국가에 충성하고 복종할 군인으로서의 의무가 있었다. 아니면 퇴역해 버리는 것. 차라리 군복을 벗고 싶어 했던 다른 100여 명의 장교들처럼 그도 그런 선택을 할 수도 있었다.

그가 보낸 여러 서한을 보면 그가 이 문제를 놓고 얼마나 많이 성찰하고 망설였는지 짐작할 수 있다. 링컨의 전쟁 비서관이었던 사이먼 캐머런, 친구이자 링컨의 고문이었던 스콧 장군, 그리고 동생 안 마셜 (북부인 볼티모어에서 살고 있었다)에게 보낸 편지가 그러하다. 세 사람 모두에게 그는 연방 부대를 떠날 것을 암시하며 "내가 태어난 주를 방어하는 것 이외에는" "더는 칼을 뽑고 싶지 않다"는 열렬한 심정을 표현한다. 그의 퇴역은 잠정적으로 결정 난 듯이 보인다. 물론 "집에 머무는" 것 외에 다른 야망을 품을 수 없다는 것을 확언하기도 한다. "신께서 내 업무가 결코 필요하지 않도록 해주십사" 간청하기도 한다. 유토피아적인 독실한 서약이었다. 사실 일주일도 채 안 되어 남부연합의 수도 리치먼드에서 그의 출석을 요구한다. 아칸소, 테네시, 노스캐롤라이나 등이 연방에서 탈퇴함으로써 이제 남부연합 세력은 총 열한 개 지역으로 늘어났다. 이번만큼은 리도 피하지 않았다. 여동생에게 보낸 통렬한 편지에서 그는 이렇게 쓴다. "미 연방에 대한 내 헌신과 미국 시민으로서의 의무와 충성에도 불구하고 나는 결코 내 가족과 친지, 내 아이들, 내 집을 치는 것은 할 수가 없어. …… 네가 날 원망하리라는 걸 알아. 나를 믿고 사랑하는 마음으로 제발 나를 이해해 줘. 내가 옳다고 생각한 일을 하기로 했다고 믿어줘."

리는 이제 알링턴에 작별을 고한다. 그리고 한 달 후에는 전선에서 가까운 지역[25]이라는 이유로 메리와 나머지 가족도 알링턴을 떠난다. 버지니아 부대 사령관으로서 그가 맡은 임무는 분명하고도 어마어마했다. 기본적인 조직과 장비를 겨우 갖춘, 3만 명 정도에 불과한 의용대 소속의 '배아胚芽'를 싹틔워 진짜 군대로 만들라는 것.

현장 사무실

거의 무적의 장군이라는 이미지를 이삭 줍듯 가져가기 전, 리 장군은

---

25. 리 가족은 다시는 알링턴으로 돌아가지 않는다. 그들의 노예인 셀리나 그레이에게 위탁한 그들의 저택은 남부연합군이 접수한다. 남북전쟁 시기에 워싱턴 방어의 전초 기지로 쓰기 위해서였다. 거기에 있던 예술 작품은 양심적으로 아무도 손대지 않았다.

처음 몇 달 동안은 몇 번의 실패를 경험해야 했다. 그의 부대원들은 준비와 훈련이 제대로 안 된 데다가 입고 있는 제복도 끔찍하고 잘 못 먹고 비를 피할 곳도 마땅치 않아 아프기 일쑤였다. 이런 부대를 이끌고 싸우다 보니 매클렐런 장군이 공략했던 서부 버지니아를 재정복하는 데 실패한다. 이 실패는 아마도 7월 머내서스에서 있었던 첫 승리로 너무 흥분한 데 따른 오만에서 기인했을 것이다(매클레인의 식료품 저장고에 대포 탄환이 떨어졌지만 말이다). 병력의 수적 우세나 상당히 복잡한 전술에 대한 자신감에서 승리를 예견했으나 막상 해보니 이 전술을 실제로 구현하기는 힘들었다. 100여 명의 인명을 불필요하게 살상하는 위험을 군이 무릅쓰지 않고 그는 그 지역 부대에게 퇴각 명령을 내렸다. 부대의 일부 요원이나 온몸이 달아오른 언론은 그의 이런 작전을 이해할 수 없다며 비난했다. 데이비스 대통령도 실망했을까? 그럴 수 있다. 실제 지휘권에서 배제된 리는 캐롤라이나주와 조지아주(특히 서배너) 연안 쪽으로 파견되어 강력한 북군 양키 함대의 위협에 대비, 남부연합의 해상 지대를 방어하고 지원하는 업무를 맡는다. 무엇보다 우선 그가 공병 장교라는 사실을 다른 사람도 그도 상기하고 있었던 것이다. 불평할 것도 없고 비참해할 것도 없다. 그는 주저하지 않고 움직인다. 1862년 3월에는 리치먼드 소환을 받아들여 대통령 가까이로 간다. 사건들이 처참한 방향으로 흘러가는 와중에도[26] 대통령은 리를 항상 옆에 두고 남부연합 부대의 군사 작전을 지도하게 할 것이다. 그가 조언과 고문에서는 워낙 명망이 있었기에 이 역할은 맡기면서 실질적이

---

26. 북군은 남부연합 동쪽 주와 서쪽에 있는 주의 연결을 끊어내기 위해 미시시피에서 내려와 테네시, 켄터키, 미주리를 즉각 점령했다.

고 구체적인 현장에서는 그를 빼낸 셈이다.

이 자리에서도 리는 빛을 발한다. 외교관의 자질이기도 한 유연하고 신중한 수완을 발휘하여—전쟁 장관이나 현장 장군들의 기를 누르지 않고—분쟁 관리에 필요한 것들을 제시한다. 우선 병력을 즉각 보완하기 위해 징병법을 가결한다(18세에서 35세 사이의 모든 남성은 3년간 복무한다는 내용이다[27]). 버지니아주 같은 서부 지역에서는 특히나 연방 부대의 공격을 쉽게 받을 수 있으므로 일상적인 군대 재편성을 허용한다. 매클렐런이 지휘하는 포토맥 부대의 진군을 방해하기 위해 교란 작전을 실시하고 리치먼드를 방어한다. 토머스 잭슨 장군—불런 전투라고도 불리는 머내서스 전투에서 승리한 후 이 장군에게는 '석벽 Stonewall'이라는 별명이 붙었다—은 이 교란 작전을 능수능란하게 펼쳐, 실제로 연방 참모진 수뇌부로 하여금 리치먼드 공격에 가진 병력을 다 쏟아부을지 말지 주저하게 만들었다. 그 결과 1862년 6월 1일에 치른 '페어오크스 전투'[28]는 확실한 승자 없이 끝났다. 하지만 이로써 북군의 공세는 약화된다. 그리고 리에게는 이제 승승장구의 길이 열린다. 이 전투에서 크게 부상을 입은 존스턴 장군을 대신해, 데이비스 대통령은 북버지니아 사령관에 고문이던 리를 앉힌다. 전쟁 장관 고문역은 이제 안녕. 그야말로 이젠 지상에서 진리를 향해 길을 낼 때다. 석 달 후에 나온 결과는 다음과 같다. 6월 25일부터 7월 1일까지 오크그로브, 게인스밀,[29] 글렌데일, 맬번힐 등 여러 곳에서 전투를 벌이는

---

27. 게티즈버그 패주 후인 1863년 7월에는 45세까지 적용되었다.

28. 남군은 '세븐파인스' 전투라고도 부른다.

29. 남군 사람들이 '콜드하버Cold Harbor' 전투라고 부르는 이 전투는 루이필리프의 아들인 조앵빌 공작 루이필리프 도를레앙이 쓴《포토맥 전투》에도 언급되어 있다. 그는 젊은 조카

동안 북군은 몇 킬로미터를 후퇴했고, 더는 리치먼드를 위협하지 않았으며, 거의 버지니아 반도를 포기하기에 이르렀다. 인명 손실이 상당했음에도 불구하고—사상자 4000명과 그 네 배인 부상자—, 로버트 리는 남군의 영웅이 되었으며 그의 위상은 더욱더 강화되었다. 특히나 부대원들과 일상을 공유하는 친교성이나 간소한 생활 방식—매일같이 옥수수 갈레트를 먹거나 양배추 수프를 끓여 먹었고, 고기는 일주일에 단 두 번만 먹었다—으로 더욱 인기가 높았다. 얼마 전까지만 해도 언론은 그를 단순한 나룻배 사공쯤으로 다뤘는데, 이제 그의 업무가 연안 해역이나 해상 지대 요새를 강화하는 총감독 역할이다 보니, 그를 카이사르나 나폴레옹과 같은 급으로 다룰 정도였다.

이어지는 몇 달 동안 리 장군의 아우라와 명성은 더 확고해졌다. 방어를 강화하려면 명백한 전략적 추론에 근거해야 하는데 이를 철저히 무시한 채 그에게는 불리하기 그지없는 11월 법안이 가결되었지만 이를 무시하고 북군 양키 지역을 공격하기로 결심한다. 동쪽으로는, 연방 편이 아닌 메릴랜드와 펜실베이니아를 공략한다. 이어 서쪽으로는 켄터키주. 이것은 마치 나폴레옹이 이탈리아 원정에서 구사한 전략과 같다. 수적 열세를 부대의 기동력과 고취된 열정과 사기로 단번에 만회하는 담대한 공격성. 그 목표는 군사적이면서도 정치적이었다. 즉, 링컨 대통령을 압박해 기를 꺾음으로써 평화 조약을 체결, 연방에서 탈퇴한 남부를 지지하게 만드는 것이었다. 앤티텀 전투(1862년 9월)에서의 격렬한 대항 조치로 다시 반격을 취하고 난 뒤, 리 장군의 이 야

샤르트르 대공, 파리 백작과 함께 이 전쟁에 북군으로 참여했다. 파리 백작은 자기 형처럼 매클렐런 장군이 이끄는 포토맥 군대의 참모로 임명되기도 했는데, 그의 일기 《미국 여행》에 이 참전 경험이 소개되어 있다(참고 문헌을 볼 것).

심찬 계획은 작동하는 듯했다. 1862년 12월에 그는 번사이드 장군(매클렐런을 이은 장군)이 이끄는 부대를 프레더릭스버그에서 격퇴했다. 푸른색 투니카를 입은 병사 1만 2000명이 전사했다. 더욱이 워싱턴에서는 링컨의 사임이 거론되었다. 6개월 후, 챈설러즈빌 전투에서 다시 한번 북군은 끔찍하게 대패한다. 남군은 한 명이 두 명을 상대하는 꼴이었는데도 다시 한번 후커 장군이 이끄는 북군을 물리친다. 펜실베이니아와 그곳 300만 주민을 치러 가는 일은 자유롭게 열려 있었다.

리는 이성적인 사람이고, 전투에서도 그렇지만 평소에도 절제력과 진지함으로 유명한 사람인데, 이제 공병대 한가운데를 위엄 있는 자태로 말을 타고 다니니 흡사 "고대풍의 영웅주의"—10년 전 알마 전투 때 레글런 경을 두고 생타르노 원수가 했던 말이기도 하다[30]—를 보는 듯했다. 아니면 마지막으로 인생을 건 미친 도박을 벌이려는 것인지도 몰랐다. 여기에는 스토아식 운명론도 엿보인다. 신앙과 신비주의 사이 경계 지점이라고 할까. 사실 그의 사랑하는 딸 앤이 1862년 10월, 23세의 나이에 장티푸스로 죽어서였을 것이다. "하느님은 우리 곁을 떠날 준비가 훨씬 더 잘된 사람만을 골라 시련을 겪게 하는 자비를 베푸는 것일까."[31] 전쟁을 치르는 중에도, 아니 어떤 상황에서도 그는 가족에게 애정과 애착을 보였다. 기회는 드물었지만, 할 수 있는 한 그는 메리가 거주하는 리치먼드의 프랭클린가 707번지로 찾아갔다. 메리

---

30. 크림 전쟁 때(1853~1856년), 프랑스, 영국, 오스만 연합 부대가 흑해 연안에 있는 세바스토폴이라는 항구를 공략한 전투에서였다. 당시 흑해에는 러시아 황실 해군 부대가 정박해 있었다. 생타르노 프랑스 해군 원수와 레글런 경은 크림 공격 작전을 함께 짜며 최전선 전투에 참여했다.

31. 리는 1년 후 상심에 젖어 같은 표현을 또 쓴다. 아들 피츠휴의 아내, 그러니까 며느리 샬럿 조지아나 위컴이 사망했을 때다.

는 너무 일찍 찾아온 중풍으로 쇠약해질 대로 쇠약해져 있었다. 메리는 아침부터 저녁까지 두 번의 기도와 두 번의 미사를 드리는 것을 제외하고는 나머지 모든 시간은 전선의 부상자들에게 보낼 옷과 장비를 준비하는 데 썼다. 그들 곁에는 아직 세 딸이 있었다. 리는 거의 매일 아들들(커스티스, '루니'라 불린 피츠휴, '로브'라 불린 로버트 주니어)의 상황도 점검했다. 그는 아버지로서 아들들에게 늘 자부심을 느꼈고 그것을 표현했지만, 사실 불안과 근심도 도사리고 있었다. 혼자 고독하게 있을 때면 이런 시름이 더 깊어졌다.

이제는 끝이다…

게티즈버그 전투(1863년 7월 1~3일)는 미국 남북전쟁의 결정적 전환점이다. 리 장군은 펜실베이니아에서 남군이 결정적으로 승리를 거두면 북부 측에서 평화 조약 협상 테이블에 나올 거라고 기대했다. 그러나 기대와 달리 끔찍한 인명 손실, 정치적·군사적 재앙과 더불어 남부의 대패로 끝났다.[32] 매주 시간이 흘러갈수록 남부연합군의 맹방이 불리해졌다. 남부는 북부에 비해 인구나 산업 면에서 열세라는 사실을 실

---

32. 제퍼슨 데이비스 대통령은 7월 중순 어느 하루를 굴욕과 기도의 날로 선포한다. 이날 리 장군은 이렇게 시작하는 교지를 부대에 전달한다. "병사들이여! 우리는 전능하신 신의 뜻을 거역하는 죄를 저질렀다. 우리는 신의 자비와 긍휼을 잊었다. 우리 정신 속에 복수와 자만심이 가득 차 있었던 탓이다. 대의를 옹호하는 자들은 신의 눈에도 순수하게 보여야 한다는 것을 기억하지 못했다. …… 신은 우리의 유일한 은신처다. 신은 우리의 힘이다. 신 앞에서 우리 자신을 부끄러워하자."

감했다. 크림 전쟁[33]에서도 보듯이, 전쟁은 기관총 사수나 기갑 부대를 아무리 잘 갖추어 병력 규모를 키워도 화포의 강세가 결정하는 법이다. 기병대가 휘몰아치고 총검을 찔러대면서 회색 투니카를 입고서 무너지는 영웅 서사시는 고대의 전유물일 뿐이다.

이런 사실을 가장 먼저 의식한 사람은 바로 리 장군이었다. 그는 거의 침울증에 빠지다시피 해서 데이비스 대통령에게 자신을 해임해 달라고 간청한다. 대통령의 답은 단 한마디였다. 안 됩니다. 이제 또 둘 사이에서 어떤 선택을 해야 하는가. 하나는, 실패한다면 자신의 머리를 갖다 바칠 줄 아는 양심을 가진 전사로서의 진정성. 또 다른 하나는, 패배로 사기가 떨어지고 전의를 잃은 데다 적보다 수적으로 열세인 부대이니 결국 또다시 패배하고 말 것이라는 두려움. 왜냐하면 이게 남부의 운명이었기 때문이다. 이미 남부 쪽 영토는 계속 줄어들고 있었다. 재능이 출중한 장군들인 존스턴, 잭슨, 스튜어트 모두 한 사람씩 전장에서 무너졌다. 이동할 것인가, 아니면 스폿실베이니아 전투 (1864년 5월)에서처럼 참호 속에 숨어 있을 것인가. 군대는 패배에 패배를 거듭했다. 자존심이 발동해 성질을 내며 폭발하듯 몇 번 용케 잘 방어한 것(윌더니스 전투나 콜드하버 2차 전투[34]) 외에는 양키 부대의 불

---

33. 1853~1856년에 러시아와 오스만튀르크, 영국, 프랑스, 사르데냐 연합군이 크림반도와 흑해를 둘러싸고 벌인 전쟁. 러시아는 군사력이 근대화되지 않아서 패배를 면치 못했다고 인정하고, 그 이후 군의 근대화에 박차를 가한다.─옮긴이

34. 1864년 5월 초, 윌더니스 숲에서 남부연합 부대는 수적으로 두 배나 열세였지만 그랜트 부대를 퇴각시켰다. 한 달 후 콜드하버에서는 병력이 서로 거의 비슷했는데, 회색 제복 부대가 다시 한번 청색 부대를 밀어낸다. 이 승리는 특히나 놀라운 방어 체계 덕분이었다. 잘된 참호 조직망 덕분에 적의 진군은 더디거나 막혔다. 적은 거의 정지 또는 부동 상태가 되었고 갑자기 이들 부대에 포화가 비처럼 쏟아졌다. 반세기 후 같은 유형의 병력 배치가 유럽에서 수천 킬로미터 전선에 펼쳐질 것이다.

가피한 전진을 조금이라도 지연시키는 것 말고 할 수 있는 일이 없었다. 북군은 이제 그랜트 장군이 지휘하고 있었고 남부연합의 주도인 리치먼드를 향해 바짝 밀어붙이고 있었다. 그다음 과녁은 이제 애틀랜타, 서배너, 샬럿 등이 될 터였다.

리치먼드로 가는 길을 열어젖힐 피츠버그 포위는 무려 9개월이나 지속될 것이다(1864년 6월부터 1865년 3월까지). 그리고 푸른색 제복의 북군 1만 1000명과 회색 제복의 남군 4000명의 목숨을 앗아간다. 사실 남부연합군은 리 장군의 군사적 재능 덕분에 그나마 버틸 수 있었으므로, 그가 구축한 요새 방어 체계는 아주 놀라운 효력이 있음을 입증한 셈이었다. 1865년 2월에 남부연합군 전체를 지휘하는 총사령관으로 임명되었을 때, 유혈도 유혈이지만 도무지 끝나지 않는 이 기나긴 전쟁으로 육체적으로도 지칠 대로 지친 장군은 이제 최후의 도박을 벌인다. 여러 남부 책임자들이 이 도박을 적잖이 반대했는데도 말이다. 이제 그는 흑인 노예들을 차후에 해방시켜 준다는 조건을 내걸고 자원 입대시킨다. 이런 조치는 한 번도 입증된 적 없는 실험이었다. 그러나 버지니아주 몇몇 흑인 병사들만 빛을 발했을 뿐, 리치먼드를 포기하자 그에 박자를 맞춘 듯 흑인 병사들은 무력함을 드러냈고 연합군은 더욱더 패색이 짙어졌다. 리 장군은 병사 4000명을 이끌고 아포맷톡스로 후퇴하고, 이제 그랜트 장군은 이곳을 최후의 공격지로 삼아 마침내 항복을 이끌어낼 것이다.

매클레인의 농장으로 돌아온 이 대패배자는 투덜거리는 늙은 남부 군인들에게 그가 막 서명한 항복 조건을 발표했다. 영광의 순간이 두 차례 있었고 몹시 쓰디쓴 패배의 순간이 있었다. 그는 '레 미제라블'에게서 그나마 깊은 안도의 한숨 소리를 듣고 싶었다. 그런데 반대로, 이

퇴역 군인들의 얼굴에서 그가 읽은 것은 슬픔이었다. 장군이 모자를 손에 든 채 트래블러를 타고 야영지를 돌자 군인들은 한 줄로 섰다. 갑자기 어디서 이런 외침이 들렸고, 다들 이 말을 복창했다. "장군님, 한 마디만 더 해주십쇼. 우린 다시 싸우러 떠날 수 있습니다."

남부 주에 살았던 주민들 대다수는 여러 세대가 흘러서도 리 장군의 고귀한 정신과 우수한 전략을 기억하며 흠모했다. 그는 렉싱턴의 워싱턴 칼리지 총장으로서 굉장히 존경받는 삶을 살다가 1870년에 세상을 떠난다. 그를 패배자로 기억하는 사람은 없다. 링컨에서 시작되어 그랜트로 이어진 남북의 화해 과정에 그는 적극적으로 참여했고,[35] 그랜트는 1869년에 대통령으로 선출된다.[36] 로버트 리는 훗날 국가적 집단 기억의 틀 차원에서[37]에서 완전히 명예가 복권되었을 정도로 그의 이미지는 긍정적이기만 하다. 통일된 미국이 그들 세대 중 가장 뛰어난 군인이라고 평가되는 사람을 비천한 자로 평가할 수는 없는 노릇 아니겠는가?

---

35. 리 장군은 남부연합에 대한 향수에서 저질러진 링컨의 암살을 단호하게 규탄한다.

36. 두 사람은 이때 다시 한번, 그리고 마지막으로 만난다.

37. 한동안은 이 과거 역사의 집단기억 문제가 잠잠하다가 2017년에 리 장군을 둘러싼 몇몇 긴장된 사건이 다시 불거진다. 버지니아주 샬러츠빌의 한 지역 공원에 그의 동상을 설립하는 문제를 놓고 찬성과 반대 시위가 몇 주간 계속되었다. 백인 패권주의자들이 조직한 시위는 이들에게 대항하는 반대 시위자 중 한 사람의 죽음으로 끝이 났다. 이 죽음은 다시 전국 각지에 분노를 일으켰고, 결국 이 남부 장군의 이름을 딴 장소명이나 거리명은 사라졌다. (2020년 5월 경찰의 가혹행위로 야기된 흑인 조지 플로이드의 사건 여파로 다시 로버트 리 장군의 기마상 철거 계획이 발표되었다. 로버트 리 장군의 수난은 2020년까지도 계속되고 있는 셈이다. -옮긴이)

10
트로츠키

(Leon Trotsky, 1879~1940)

배신당한 혁명가

러시아 혁명이 벌어지던 1905년, 페트로그라드 소비에트의 우두머리였고, 볼셰비키가 권력을 장악할 수 있게 한 1917년 10월 쿠데타의 주동자이며, 탁월한 웅변가이자 예리한 이론가이며, 혁명을 이끈 '붉은 군대'의 창설자이자 레닌의 계승자였던 트로츠키는 제2의 붉은 차르가 되기 위한 모든 패를 손에 쥐고 있었다. 그런데 그는 밑바닥까지 추락하여 결국 멕시코에서 암살된다. 그것도 그가 가장 경멸했던 인간, 스탈린의 사주로 말이다. 트로츠키, 그러니까 레프 다비도비치 브론슈타인은 정치인의 정치를 무시한 오만 때문에 희생되었다. 시시하게 보았던 '관료'가 얼마나 영악하고 위험한지 그는 알지 못했다. 그러나 소설 같은 인생과 비극적 종말은 그에게 지성적·정치적 아우라를 부여해 주었고, 이는 20세기 내내 부인되지 않았다. 스탈린이 권력 투쟁에서 승리했다면, 트로츠키는 후대의 평가에서 승리했다.

1922년 4월 4일, 스탈린은 볼셰비키당 중앙위원회 총서기장에 선출되었다. 러시아의 이 새로운 강자는 처음에는 별다른 이목을 끌지 못했다. 이렇다 할 명성이 없었기 때문이다. 당원들만 해도 43세의 이 중진 인사를 잘 알지 못했다. 하지만 그는 당원들 중 새 체제의 주요 집행부인 정치국과 중앙위원회와 조직국[1]에 다 발을 들여놓은 유일한 인물이었다. 그는 이런 '장치'의 비밀을 알고 있었다. 그 장점과 약점 모두를.[2]

회의에서 공개적으로 자기 의사를 표현한 적도 없는데 얽은 얼굴에 무성한 콧수염에 키가 1미터 68센티미터에 불과한 이 조지아[3] 사람을 총서기장에 임명하니, 더더욱 놀라지 않을 수 없었다. 이런저런 밀담을 나누는 모습이 이따금 사람들 눈에 띄긴 했지만 말이다.

---

1. 당의 결정과 그 실행 업무를 맡는 부처(러시아어로는 Orgburo(Оргбюро')-옮긴이).

2. 그가 내린 첫 번째 결정은 당 지도부의 강령을 단순화하는 것이었다. 당의 대다수를 차지하는 '간부'들의 발언도 당에서 내린 첫째가는 지침을 넘어설 수 없었다.

3. 조지아는 현재 흑해의 연안국 이름이다. 수도는 트빌리시이며 동유럽과 서아시아 양 대륙에 영토가 걸쳐 있다. 러시아 제국 및 소련 영토였던 시절에 이 나라 존재가 알려져 러시아어식 표기 음차인 '그루지야'가 우리에게는 더 익숙하다. 일본이나 중국에서도 이런 음차를 그대로 사용하나 독립 이후 러시아인들과 조지아인들은 과거 역사 속에서 소련 및 러시아와의 악감정 때문에 2005년부터 '그루지야'라는 러시아 음차를 버리고 영어식 국호를 쓰고 있다.-옮긴이

중앙위원회 위원들은 우선 당장은 이 새로운 사람에게 만족했다. 왜냐하면 2년 동안 내전을 치른 데다 5년 정도 크고 작은 유혈 사태를 겪어 빨리 안정을 찾고 싶은 마음밖에 없었기 때문이다. 1917년 10월 25일[4] 볼셰비키가 정권을 장악한 이후 러시아는 혹독한 대가를 치러야 했다. 1차 세계 대전 기간에 250만 명 이상이 전장에서 사망했다. 세계에서 가장 광대한 이 나라는 또 내전 및 '공산주의 전쟁'으로 야기된 400만 이상의 사망자를 애도해야 했다.[5] 이 살육에다 굶주림으로 죽어간 500만 희생자를 더해야 한다. 사람들은 러시아인들이 풀을 먹거나 오줌을 마시거나 심지어 죽은 어린 자식들의 시신을 먹는 것까지 보았다. 200만이 넘는 시민, 특히 엘리트층이 볼셰비키의 강권을 피해 고국을 뜬 것까지는 굳이 말하지 않아도 말이다.

유린된 러시아에는 더는 선도하는 인물이 없었다. 첫 번째 붉은 차르였던 레닌(52세)은 모든 전선에 출정한 결과 지칠 대로 지쳐 있었다. 극도의 편두통과 불면증에 시달리던 그는 언제라도 신경줄이 파열할 것 같았다. 침울증에 빠진 그는 작가 막심 고리키에게 "너무 지쳐서 더는 아무것도 할 수 없을 것 같다"고 털어놓는다.

1922년 5월, 스탈린이 선출되고 한 달 후, 레닌에게 첫 뇌졸중이 찾아온다. 레닌이 여전히 공식적으로 최고 우두머리로 있는 이상, 계승 문제가 대두된다. 스탈린은 양대 지주라 할 카메네프[6]와 지노비예

---

4. 이 날짜는 1918년까지 러시아에서 사용된 율리우스력에 따른 것인데, 서양에서 쓰이는 그레고리력에 따르면 13일 늦다.

5. 내전 시기(1918~1921년)에 볼셰비키 권력은 생산수단을 철저히 통제한다. 이런 행동 방침에 대해 '전시 공산주의'라는 명분을 내건다. 그런데 레닌은 이 정책을 수정해 약간의 경쟁을 허용하는—이보다 소심할 수가 없다—이른바 '신경제정책NEP'을 실시한다.

프[7]를 옆에 낀 채, 매일 아침 콧수염을 말아 올리면서 그것을 꿈꾸었다. 스탈린의 유일한 라이벌은 트로츠키라는 이름을 가진 자였다. 키는 스탈린과 6센티미터밖에 차이가 안 나지만, 수사적 감각과 재치로 이 조지아 사람을 압도하는 혈통을 지닌 42세의 혁명가. 트로츠키는 지식이 풍부하고 탁월한 능변의 연설가이자 사람들을 이끌 줄 아는 조직자였지만, 거만하고 허세가 있었으며 자신의 재능을 과신한 나머지 다른 사람을 멸시하고 윽박질렀다. 이것이 그의 아킬레스건이었다. 그는 감탄의 대상이자 혐오의 대상이었는데, 진짜 문제는 그가 권력의 정점에 있었을 때 그를 미워하는 사람이 훨씬 많았다는 점이다.

급진적인 농촌 청년

트로츠키의 원래 이름은 레이바였고 여덟 아이 중 다섯째였다. 아버지 다비드는 우크라이나 남부, 그러니까 흑해 옆 헤르손주에 농장을 소유하고 있었다. 그는 제법 부유한 농민으로, 밀을 재배하고 소, 양, 돼지를 키웠다. "새로운 러시아"와 오스만 제국 사이 경계의 안전을 확보

---

6. 레프 카메네프(1883~1936)는 1905년 볼셰비키 중앙위원회 일원이었고, 레닌이 도피 중에 발간한 저널인 《이스크라》의 편집을 맡았다. 1918년에는 모스크바 소비에트 최고회의 의장이 되고, 이어 인민위원회 위원 및 공산당 정치국 의장이 된다. 그는 자신의 매형인 트로츠키를 소외시키는 일에 적극적으로 참여했다. 그 역시 스탈린의 명령으로 지노비예프처럼 처형당한다.

7. 그리고리 지노비예프(1883~1936)는 1906년에 볼셰비키당에 들어갔으며, 레닌이 유배 중일 때 그의 오른팔 노릇을 했다. 1918년에는 소비에트 레닌그라드 및 코민테른(공산주의 인터내셔널) 의장을 맡았다. 카메네프처럼 그도 트로츠키를 흔들다가 뒤늦게 1924년부터 트로츠키 노선에 합류한다.

하기 위해 제국에서 장려하는 소작에 참여한 농민이었다. 이 소작인들은 브론슈타인 일가처럼 이디시어를 쓰기보다 우크라이나어와 러시아어의 혼성어를 쓰는 독일 출신 유대인이었다.[8] 아홉 살에 그리샤—그의 별명 중 하나다—는 루터파 학교에 입학했다. 거기서 러시아어를 완벽하게 습득하고 독일어를 배웠다. 이 미래의 연설가는 유년 시절에는 어린 농부였다. 말을 탔고 아버지가 가계부 쓰는 것을 도왔다. 아버지는 기술자 아들 두는 것을 꿈꾸었다. 아들은 기술자보다는 수학자가 되고 싶었다. 중등학교 공부를 위해 오데사로 가는데, 그 근처 니콜라예프에서 한 젊은 체코 인민당원을 만나고, 그때부터 다른 것을 결심한다. 직업 혁명가가 되자! 다시 말해, 러시아 니힐리스트 네차예프의 정의에 따르면, "사익을 추구하지 않는 자, 사적인 일을 갖지 않는 자, 사사로운 감정에 집착하지 않는 자, 재산도 갖지 않고 성姓[9] 또한 갖지 않는 자"가 되자.

이 젊은 열성 당원은 쇼펜하우어의 《논쟁술》[10]을 열독하며 남부 러시아 농민연맹 창설(1897년)에 참여한다. 벌써 이때부터 그는 동료들

---

8. 프로이센, 오스트리아, 러시아가 폴란드를 공유하는 동안(1772~1795년), 수십만 유대인이 발트해와 흑해를 축으로 하는 곳에서 주로 거주하며 차츰 러시아인이 되어갔다. 그곳에 유대인 농민 정착지를 세우려는 생각을 한 사람은 바로 차르 알렉산드르 1세(1777~1825)다.

9. 이른바 가계家系를 잇는 족벌적 이름을 뜻한다.―옮긴이

10. 쇼펜하우어의 유고작으로, 논쟁에서 이기는 방법 여섯 가지를 제시한다. 가령 이런 것들이다. 확대 해석하라, 동음이의어를 사용하라, 은폐된 순환 논증을 사용하라, 질문을 통해 더 많이 시인을 받아내라, 질문을 해서 상대를 화나게 만들어라, 상대에게 에둘러 질문하라, 유리한 비유를 선택하라, 양자택일의 질문을 하라 등등. 이런 전술을 상대나 상황에 따라 적절히 활용하는 것이 특히 중요한데, 맨 마지막으로 자신의 논거가 부족해서 불리해질 때 쓸 수 있는 전술을 제시한다. 그것은 '인신공격을 하라'이다.―옮긴이

에게도 강경함과 완고함이 뒤섞인 태도를 자주 보여 눈에 띄었다. 그는 흡사 말을 탄 무지크moujik(혁명 이전의 러시아 농민) 같았는데, 그의 동료 가운데 한 사람의 표현에 따르면, 기분이 최상으로 좋을 때면 어떤 희생도 마다하지 않을 것 같았지만, 기분이 안 좋을 땐 극도로 험악해졌다고 한다.

차르 비밀경찰국은 그를 파괴적 사회 전복 활동으로 체포해 투옥시켰고 이어 1898년에 4년 유배형을 내려, 그는 동부 시베리아로 떠난다. 거기서 젊은 여성 혁명가이자, 두 딸 지나이다(1901년생)와 니나(1902년생)의 어머니가 될 알렉산드라 소콜롭스카야를 만나 결혼한다.

이르쿠츠크 지역의 유형수들과 만나면서부터는 '레프'라는 덜 유대인스럽고 더 러시아인 같은 이름—더 정확한 발음은 '리예프'이고, 프랑스어로는 '레옹'과 비슷하다—을 쓰는데, 당시 스위스에서 도피 생활을 하던 레닌의 저서 《무엇을 할 것인가》를 비롯해 여러 정치 서적을 탐독하며 점점 더 급진적이 되었고, 전단을 작성하기도 했다. 여기서 그가 만난 사람 중에는 폴란드 귀족 출신인 미래의 음산한 '체카Cheka',[11] 즉 소비에트 비밀경찰국의 창설자 제르진스키도 있었다. 브론슈타인 2세는 문학 비평에서도 재능을 보여 여러 잡지에 글을 썼다. 영국 역사학자 로버트 서비스도 지적했지만 시베리아는 "침엽수림 지대의 자유로운 혁명 대학"이었다. 그곳은 이제 겨우 주목받기 시작한 극동 지역이었다. 트로츠키가 굴라크, 그러니까 강제 수용소를 지옥이라 한 데 비해 이곳은 작은 천국이 될 것이다. 선한 군주가 다스리는

---

11. 1917년 12월 20일에 만들어진 볼셰비키 혁명 당시의 정치경찰. 훗날 게페우GPU가 된다. —옮긴이

"차르 국가"는 유형수들에게 급료를 주었고 이웃 마을로 이동하는 것을 허용했으며 보수를 받는 일자리도 허용했다. 트로츠키는 아버지 옆에서 한 적 있던 회계 보조원 일을 찾았다.

몽골 근처여서 그곳에서의 삶이 그렇게 나쁘지는 않았지만, 혁명의 기운이 퍼지고 있었으니 이 부름에 응답하지 않을 수 없었다. 1902년 여름, 그는 아내와 자식을 버리고도 후회하지 않고 트로츠키Trotski[12]라는 이름을 적은 가짜 여권을 가지고 시베리아 횡단 열차를 타고 도망쳤다. 도망자는 침엽수림을 지나 영국식 정원에 이르렀다. 런던에 머물던 《이스크라》[13]의 편집장 레닌을 만나러 온 것이다. 이 언론의 핵심 조직은 레닌의 귀환을 기획한 마르크스주의 직업 혁명가들이 차지하고 있었다. 이들 가운데 트로츠키가 기거할 곳을 알아봐준 여성이 있는데 카자크 출신으로, 바로 그의 두 번째 아내가 될 나탈리아 세도바다. 여기서 그는 사회민주당의 고참인 게오르기 플레하노프,[14] 베라 자술리치[15]를 만났고 '페로Pero(깃털)'라는 가명으로 글을 썼다. 트로츠키는 사회민주당 2차 총회에 참석했다. 바로 이 1903년 총회에서 레닌의 볼셰비키(다수파)와 마르토프의 멘셰비키(소수파)가 결국 분리된다. 이로써 당 핵심부에 강성한 마르크스주의자들보다 열혈 노동자들이 들어오는 게 훨씬 유리해졌다.

---

12. 이 가명이 어떻게 나왔는지는 알려져 있지 않다. 시베리아 간수의 이름이라는 말도 있고 가짜 여권을 판 폴란드 마을 주민의 조상 이름 가운데 하나라는 말도 있다.

13. '불똥' 또는 '불티'라는 뜻이다.

14. 게오르기 플레하노프(1856~1918)는 러시아 사회민주주의노동당의 창설자이자 이론가다. 당명과는 상관없이 마르크스주의 당이었다.

15. 베라 자술리치(1849~1919)는 러시아인으로, 무정부주의자였다가 마르크스주의자가 된다.

트로츠키는 지적으로는 레닌과 가까웠고 그를 찬미했지만 그의 권위주의에는 의구심을 품었다. "프롤레타리아를 기반으로 한 독재 정부"를 세우고자 하는 그의 의지도 의심스러워 보였다. "병영 체제가 우리 당과 맞을 수 없듯이 공장은 더더욱 우리 당의 모델이 될 수 없다." 그리하여 그들 당이 중산층을 절제 있게 견제하고 있는데도 불구하고 그는 우선 멘셰비키에 합류한다(이런 선택은 나중에 역사적으로 볼셰비키에 의해 비판받는다). 그러나 2년 후, 당 차원의 통합을 명분으로 멘셰비키와 결별하는데, 이로 인해 트로츠키는 두 진영 모두와 사이가 틀어지기에 이른다.

브롱크스를 거쳐 또 다른 소비에트로

1905년 1월 9일,[16] 차르에게 진정서를 올리려고 상트페테르부르크에 온 평화로운 군중을 향해 군인들은 소총을 겨누었고 수백 명이 사망했다. 이 '붉은 일요일'로 혁명이 발발했다. 트로츠키는 군 반란을 일으키기 위해 이 도시에 몰래 잠입한 마르크스주의 정당의 최고 간부였다. 8개월 후인 10월에 총파업이 일어나고, 그는 이 도시의 제1소비에트[17]—선출된 대표자들로 이루어진 평의회—를 지휘한다. 반란의 불

---

16. 1월 22일이라고도 하지만 이 날짜는 그레고리우스력에 따른 것으로, '피의 일요일'은 1월 9일이다.—옮긴이

17. '소비에트Soviet'라는 말은 평의회 또는 대표자 회의를 의미하는 러시아어다. 러시아 혁명 때 노동자, 군대, 농민 등이 대의원을 맡는 소비에트가 자발적으로 형성되면서 특별한 의미를 갖게 되고 훗날 국가 제도로까지 확대되어 소련(소비에트 연방)이라는 말이 되었다.—옮긴이

길은 일본과의 전쟁[18]으로 약화된 군주 체제가 입헌군주제 원칙을 발표함으로써 한 발 물러난 이후 벌어진 것이라 더 오래 지속되었다. 그러나 몇 달이 지나면서 이 26세의 젊은 마르크스주의자 학생은 혁명의 실천가로 변신한다. 12월 16일, 그는 체포되었고 재판을 받았으며, 반란이 아니라 그보다 더 심각한 전복이라는 범법 행위를 했다는 이유로 형을 선고받아 다시 강제 수용소로 이송된다. 그러나 또 한 번 탈출, 핀란드로 달아나는데, 이때 썰매를 타고 도망치는 장면이 훗날 전설처럼 회자되기도 한다. 순록이 끄는 썰매를 어느 술 취한 사내가 끌었고, 그는 마치 소설에서 묘사되는 것처럼 바람에 망토를 휘날리며 칼을 휘두르는 주인공처럼 설원을 달렸다.

그는 빈, 베를린, 취리히, 파리, 마드리드 등 유럽 도시 곳곳을 전전하다가 이어 뉴욕으로 가서는 기사와 사설을 여러 편 발표하여 소비에트 당의 단결을 호소하고 옹호한다. 이렇게 혁명 사상을 고취하는 이론가로 거듭나면서 지칠 줄 모르는 불굴의 이미지가 생겨난다. 그의 신조는 이런 것이었다. 토지 문제가 해결되지 않는 나라에서 혁명의 주요 열쇠는 프롤레타리아가 이끄는 당에 농민을 가입시키는 것이다. '사회주의 혁명'은 국가 단위에서 시작되지만 그 지속성을 확보하기 위해서는 세계 단위로 확산되어야 한다. 세계 가운데서도 특히 경제 분야에서 훨씬 뒤처진 나라에서 말이다. 이것이 바로 역동적인 '영구혁명'[19]이 원하는 바다. 노동자들의 권력이 결정적으로 수립되는 그

---

18. 이른바 러일전쟁(1904년 2월 8일~1905년 9월 5일)에서 놀랍게도 일본이 승리를 거둠으로써 러시아 사할린섬의 절반을 얻는다. 러시아는 그 후 만주 남부를 중국에 양도하게 된다.

19. 원어는 révolution permanente. 스탈린의 일국사회주의에 맞서 트로츠키는 영구혁명(또는 연속혁명)을 주장했다. 지속적이고 항구적이며 영원한permanent 혁명을 트로츠키가

날이 올 때까지.

트로츠키는 손도 손이지만 다리가 더 부산한 '남서증鑑書症' 환자 같았다.[20] 볼셰비키가 자체 중앙위원회를 없애고 다른 사회주의 당원 동료들로부터 분리되어 독립하고 난 지 얼마 안 된 1912년 9월, 그는 고국을 떠나 여섯 달 동안 이곳저곳 다니며 전쟁 통신원 역할을 한다. 당시는 이른바 오스만 제국이 발칸 연맹(그리스, 세르비아, 몬테네그로, 불가리아)과 대적할 때였다.[21] 트로츠키는 성찰을 심화하기 위해 늘 현장을 필요로 하는 사람이었다. 하여 트로츠키는 이제 세르비아와 오스트리아 사이의 전쟁이 불가피하리라는 사실을 내다봤다.

1차 세계 대전이 터지자, 그는 빈을 떠나야 했다. 러시아 시민이자 정치 망명객이니 오스트리아의 적이 될 게 분명했다.[22] 그는 제2인터

강조한 배경에는 프롤레타리아 혁명이 부르주아가 일군 민주주의 혁명 정도에 만족해서는 안 되고, 사회주의 혁명으로 계속해서 나아가야 하며, 스탈린의 일국사회주의가 마르크스주의를 국가사회주의로 왜곡해 국가적 자만심에 도취되어 있거나 과도한 관료 체제만 양산한다고 비판했다. 궁극에 사회주의 혁명은 끝없이 세계 전체로 나아가야 하며 이 연속혁명의 목표는 권력을 잡는 데 있는 것이 아니라 역사의 진보를 향해 나아가는 데 있다고 보았다.—옮긴이

20. 정신의학에서 남서증, 즉 '그라포마니graphomanie'란 무턱대고 자꾸 글을 쓰고 싶어 하는 병이다. 트로츠키는 앉아서만 글을 쓴 게 아니라 현장을 직접 발로 다니며 글을 썼다는 비유적 표현이다.—옮긴이

21. 1913년 5월, 이 전쟁에서 패배한 터키(오스만투르크)는 런던 조약에 따라 유럽에서의 주도권 및 영토 소유권을 박탈당한다.

22. 제국주의 및 식민 전쟁을 통한 서구 유럽 열강들의 각축전이 시작된 19세기 말부터 20세기 초에 이미 1차 세계 대전의 전조가 나타났다고 볼 수 있다. 세르비아는 과거부터 오스만투르크족의 지배 아래 놓여 있던 발칸 반도 여기저기에 흩어져 살던 동족을 하나로 모아 국가를 건설하려는 열망이 가득했고, 게르만족을 중심으로 다민족으로 구성된 오스트리아(당시는 오스트리아-헝가리 제국)는 현상 유지를 원했기에 독립하려는 세르비아를 견제할 수밖에 없었는데, 러시아는 당시 발칸 반도에 대한 영향력을 키우기 위해 세르비아를

내셔널 사회주의 당이 평화로운 참여 대신 각국의 군사력을 동원하여 연합하는 데 좌절하여 파리에 가서 정착한다. 1916년 9월에 다시 체포 및 추방 명령이 떨어져 파리를 떠나야 했고, 이제 그를 맞아줄 나라는 유럽을 벗어난 미국밖에 없었다. 그가 자리 잡은 곳은 뉴욕의 브롱크스였다. 1917년 2월 페트로그라드의 파업과 시위 소식을 여기서 접한다. 1905년과 비교하면 전장에서 너무 멀리 떨어져 있는 셈이었다. 그토록 기다려왔던 전제 정치의 종식과 승리의 환호를 이 먼 타국에서 듣다니, 사냥몰이의 뿔피리 소리가 이곳 뉴욕에까지 크게 들리지 않는 것이 아쉬움이라면 아쉬움이었다.

어쨌든 그다음 달 그는 가족과 함께 스칸디나비아로 향한다. 캐나다에서 한 달간 머무른 후 마침내 5월 4일에 페트로그라드에 도착하는데, 이번에는 레닌의 뒤를 따라간다. 1905년 소비에트 공화국의 이 카리스마 넘치는 최고 지도자는 핀란드 역에 도착할 때부터 이미 개선장군이었다. 그 당시 러시아에는 (아주 잠시) 케렌스키 임시정부가 들어서 있었는데, 그간 전쟁을 치르면서 대중의 인기를 잃어버린 상태였고 이렇다 할 정책 하나 내놓지 못하고 있었다. 가령 자유주의와 사회주의의 교집합을 끌어내는 정책 같은 것 말이다. 이런 배경 속에서 코르닐로프 장군[23]의 군사 쿠데타가 일어난다. 트로츠키는 처음에 잠시

지원했다. 1차 세계 대전이 일어나기 전 유럽은 러시아, 프랑스, 영국의 삼국협상과 독일, 오스트리아, 이탈리아의 삼국동맹 체제로 양분되어 있었다.—옮긴이

23. 코르닐로프 장군(1870~1918)은 농민의 아들로서 차르 군대의 이 직위까지 올라갈 만큼 승승장구했는데, 케렌스키에 의해 군사령관으로 임명되었다. 케렌스키의 결력력을 의심하며 그는 임시정부를 전복하기로 결심한다. 병사들이 그의 명령을 거부하고 철도 노동자들이 중심이 되어 파업을 시작하자, 그의 군부대는 수도 페트로그라드까지 진주하는 데 실패한다. 그는 직위 해제되고 투옥되지만 탈주에 성공한다. 그리고 이른바 '의지주의자들'이

멈칫거리다가 이내 강경책을 호소하며 불끈거린다. "머리는 떨어져야 하고 피는 흘러야 한다. …… 프랑스 혁명의 힘은 바로 인민의 적들의 머리를 잘라버린 단두대에서 나왔다." 레닌이 그에게 힘을 실어주자 더욱더 승승장구한다. 다른 볼셰비키 지도자들, 가령 카마네프, 지노비예프, 스탈린 같은 사람들은 그의 이런 방법론을 비난한다. 그럼에도 불구하고 10월 11일에 쿠데타 원칙은 승인되었다. 이제 트로츠키는 군인들의 식당을 돌면서 이 '대의'와 하나가 된다면, 더는 전장에 나가지 않아도 된다고 그들에게 약속한다.

10월 25일, 볼셰비키 신문을 인쇄하는 공장을 폐쇄한 일을 구실 삼아 '붉은 군대' 및 크론시타트(페트로그라드와 마주 보는 발트해의 러시아 도시) 해군의 수장 레온 다비도비치[24]는 도시의 전략적 거점, 특히 임시정부가 자리 잡은 '겨울 궁전'을 점거하고 장관들을 체포했다. 소비에트 위원들을 향해 그는 짧지만 매서운 연설을 했다. "여기서 나가는 자들과 타협하자고 제안하는 자들에게 우리는 이렇게 대답할 수밖에 없다. 당신들은 불쌍한, 낙오한, 이미 끝난 자들이다. 갈 테면 가라. 당신들이 가는 곳은 역사의 쓰레기장이다."

새로운 정부가, 인민위원평의회, 즉 소브나르콤이 구성되었다. 그 첫 회장은 당연히 레닌이었다. 레닌은 트로츠키에게 지도부 중책을 제안한다. 그러나 트로츠키는 거부한다. 그러자 블라디미르 일리치(레닌)는 내무부 장관직을 제안하는데, 역시나 같은 답이다. 1922년에 레닌은

라 불리는 백색부대의 지휘를 맡았으며, 1918년 4월 13일에 전투에서 사망한다.

24. 트로츠키. 저자는 그의 이름을 트로츠키만이 아니라 본명이나 예명, 때론 별명을 문맥에 맞게 또는 비유적으로 바꾸어가며 썼다. 그래서 일부러 트로츠키로 다 통일하지 않았다. ─옮긴이

다시 트로츠키에게—이어 카메네프에게—스탈린의 파벌을 견제하기 위해 인민위원평의회 부회장이 되어달라고 부탁한다. 그러나 트로츠키는 이 제안 역시 거부한다. 사람들에 대한 경멸로? 아니면 관료주의에 대한 혐오로? 아니면 댄디즘? 아주 우아한 문체로 쓴 그의 회고록 《나의 삶》에서 그는 자신이 유대인 출신이어서 그런 자리들을 거부했다고 썼다. 트로츠키는 유년 및 청소년 시절에 선조들의 전통을 접했다. 물론 이미 유대인 율법 전통을 버린 가족 환경에서 자라긴 했지만 말이다. 성인이 되어서는 무신론을 주장했고 자신을 유대인으로서 전혀 의식하지 않았다. 국제주의자이자 마르크스주의 혁명가인 그는 분디스트,[25] 유대인 사회주의자들 또는 시오니스트들, 유대 민족주의자들과도 투쟁했다. 시오니스트들은 여기저기 흩어져 살며 박해를 당하는 유대 민족을 보호하고 지켜줄 국가를 세운다는 목표 하나로 달려왔다. 하지만 트로츠키는 이들이 구사하는 방법에 속지 않았다. 이들은 이른바 '사적인 면'을 앞세워 싸웠지만, 실제로는 '사적인 삶'을 개선시키는 역할을 전혀 하지 못했다.[26] 반유대주의로 물든 나라에서 이들에게는 정치적인 것이 더 중요한 목표였던 것이다. 그런데 트로츠키는 1917년 말 무렵에 외무부 소속 판무관직은 받아들인다. 혁명을 수출

---

25. 리투아니아, 폴란드, 러시아 유대인 노동자들의 총동맹 구성원을 가리키는 말. 19세기 말에 창설된 비종교적 조직으로, 사회주의를 통해 유대인 노동자들이 자유와 해방을 얻길 염원했다. 이 요원들 거의 전부가 강제 노동 수용소(굴라크) 및 나치의 유대인 학살 수용소로 이송된다.

26. 여기서 '사적인 면'은 반어법으로, '사적인 삶'과 맞대어 씀으로써 그 표현의 효과를 높인다. 국제공산주의 운동을 이끈 트로츠키의 관점에서 볼 때 시오니스트 운동이나 유대 민족주의 운동은 보편적 세계 가치가 아닌 '사적인' 가치, 달리 말해 유대주의라는 집단적 정치 이익을 추구하는 것이 될 우려가 있으므로 이를 경계하는 비판적 시각이 내재되어 있다.—옮긴이

함으로써 애국주의가 아닌 국제주의를, 그러니까 '무국적 유대인'이라는 고유한 성격을 증명하려 한 것 아니었을까?

굴욕적인 평화 조약

새로운 옷을 입은 트로츠키는 레닌의 명에 따라 베를린과 빈 사이의 평화 조약을 성사시켜야 했다.[27] 전쟁을 계속할 경우, 이미 지칠 대로 지친 러시아 병사들이 대거 탈영할 수 있었고 중부 유럽 열강 부대[28]에게 섬멸될 수도 있었다. 페트로그라드에 이어 모스크바까지 이 열강들에 점령될지 몰랐다. 1918년 3월 4일에 브레스트-리토프스크에서 체결한 조약은 양보 및 항복의 양상을 띠었지만,[29] 울랴노프[30]에게 우선

---

27. 볼셰비키 간부들 대다수는 이 평화 조약 체결을 '자본주의 제국주의'에 항복하는 것으로 여겼다. 트로츠키는 이 평화 조약에 서명하지 않고 적대 관계를 중단할 다른 방법을 모색했다.

28. 1915년부터 1917년까지 유럽 각국의 군대는 서로 연합하거나 동맹을 맺고 있었는데, 독일, 오스트리아, 헝가리, 불가리아 등 중부 유럽에 위치한 나라들과 특히 그 아래 소아시아로 이어지는 오스만 제국 등이 당시 강력하게 동맹을 맺고 있었다. 당시에 국한해 이 중부 열강 세력을 '중앙 제국Empire centraux'이라고도 불렀다. 이에 대항해 영국, 프랑스, 이탈리아, 러시아 등이 서로 간의 이해관계 속에서 연합했다.─옮긴이

29. 볼셰비키는 80만 제곱킬로미터(프랑스의 1.5배)에 해당하는 땅을 양도해야 했다. 또 인구 및 생산량의 4분의 1, 농업 생산물의 3분의 1, 석탄 및 철의 3분의 2를 넘겨야 했다.

30. 레닌의 성. 본명은 블라디미르 일리치 울랴노프다. 레닌의 가문은 러시아, 독일, 스웨덴계의 조상에 뿌리를 두고 있다고 알려져 있지만, 레닌이 유대계 핏줄이라는 주장이 끊임없이 제기되었다. 러시아는 반유대주의 정서가 강해 그가 유대계 혈통이라는 사실은 늘 민감한 문제를 야기했다. 앞 단락에서 서술된 것처럼 트로츠키 역시 유대인으로서 당시 제정 러시아가 취한 여타의 반유대주의 정책에 반감을 갖고 있었지만 대놓고 드러내지 못했다. 그러나 그는 민족주의 차원에 머물며 같은 오류에 빠질 수 있는 시오니즘과도 일정한 거리를 유지하며 국제주의적 볼셰비키 혁명에 더 매진했다. 레닌은 자신을 순수 러시아 혈통으로

권이 있었으므로 이 이름에 걸맞은 힘을 회복할 시간을 벌어야 했다.
더욱이 이제 힘은 페트로그라드에서 모스크바로, 훨씬 동쪽으로 이동
하고 있었다. 당 지도부는 크렘린에 자리를 잡았고 그들의 안전을 보
장해줄 '찐한' 동료들인 체카도 루뱐캬 건물에 자리 잡았다. 외무부 판
무관은 이제 국방부(전쟁부) 요원으로 임명된다. 그의 새로운 임무는 곧
터질 듯한 내전에서 승리를 거두기 위해 전투력 강하고 충성심 강한 군
대를 처음부터 끝까지 조직하고 준비할 것. 그 이름은 '붉은 군대'였다.
실용적인 트로츠키는 차르 시대의 사관[31]을 130만 명 넘게 모집해(전체
인원의 절반) 부대의 기본적인 틀과 형태를 세우고, 하사관 20만 명을
모집해 이 사관들을 감시하는 정치적 업무를 맡겼다.[32]

새로운 군대는 8월 백색군[33]에 대항해, 또 녹색군[34]에 대항해—농
민들은 강제 징용과 징집[35]에 반대하며 봉기했다[36]—몇몇 시험을 치

여겼으나 그의 외조부는 우크라이나 유대인 출신이며 나중에 러시아정교회로 개종했다는
사실이 여러 문건을 통해 밝혀진 바 있다. 레닌이라는 이름은 그가 시베리아에서 유형 생
활을 할 때 썼던 가명이다.—옮긴이

31. 이들은 경제적인 이유나 애국주의, 명령에 복종하는 기질 때문에 이 조치를 받아들일 수밖
에 없었다. 사실상 이들의 가족은 잠재적 인질이기도 했다.

32. 스탈린은 시민전쟁을 이끌 능력도 안 되는데 이들을 '전문가'라 부르고 군사 경력으로 인
정해 준다고 비웃었다.

33. 차르 제정 때 가장 유명한 훈장으로, 용을 물리치는 성 게오르기우스의 모습이 새겨진 그
색깔에서 유래한 이름이다.

34. 제정 러시아 시절에는 서구의 영향을 많이 받아 러시아 군인의 제복도 당시 군사 강국이던
프로이센이나 영국의 영향을 많이 받았는데, 보병이나 포병, 기병 등 대다수가 녹색 군복
을 착용해 녹색군이라고도 불렸다.—옮긴이

35. 1918년 2월 23일에 공식 창단된 새 '붉은 군대'는 이듬해 여름에 80만 병사를 모집했고
2년 후에는 500만 이상이 된다.

36. 대략 140여 회의 반란이 있었다.—옮긴이

러야 했다. 더욱이 전 진영에서 반대자들이 들고일어났다. 사회주의 혁명 세력,[37] 무정부주의자들, 노동자들, 실망한 해군들, 군주권을 다시 되찾기를 열망하는 제국의 신민들까지. 레닌이 말하는 정치적 책임을 의식해 '붉은 군대'의 엔진이 잠시 가동되지 않은 적은 있었지만, '붉은 군대'의 내부 전선[38]은 결코 약해진 적이 없었다. 여전히 자신들에게 적대적인 5만에 이르는 포로를 학살하고 수감자들의 가족까지도 처형한다는 내용의 제안서에 서명했으며, '굴라크'[39]를 다시 열게 했고, 체카의 인원을 3년 사이에 1만 2000명에서 28만 명으로 증원했다. "우리 당은 시민전쟁을 위한 당이다. 시민전쟁은 곧 빵을 위한 투쟁이다. 시민전쟁, 만세!"라고 그는 끊임없이 외쳤다.

그는 녹색 제복 또는 가죽 웃옷에 승마복 바지를 입고, 각반을 차고 계절에 따라 어떤 때는 투구 같은 모자를 쓰고 또 어떤 때는 모피를 댄 모자를 쓰고서 방탄 장치가 된 기차를 타고서 온 전선을 누볐다. 이 기차는 기관차 두 칸과 침대차 열두 칸으로 구성된, 진정한 강철 괴물이었다.[40] 검은 가죽 옷을 입은 200여 명의 기습조 병사들이 늘 움직이는 이 국방부 장관의 안전을 완벽하게 책임졌다. 군사력은 훨씬 강할지 모르지만 내부 결속력이 약한 백색군과 맞붙었을 때, 그야말로 일치단결한 '붉은 군대'는 그 힘을 유감없이 발휘했다. 1919년 5월, '붉

---

37. 원래 사회주의혁명당SR은 사유 재산 철폐에 찬성하는 농민들이 주축이 된 당이다. 나중에 가장 급진적인 '좌파 사혁당'과 '우파 사혁당'으로 분열되는데, 후자에는 주로 부유한 농민과 지식인 같은 온건파가 포함되었다.

38. 군대 기강 및 내부 결속력을 함의한다.─옮긴이

39. 1931년에 도입된 강제 수용소 제도.

40. 이 침대차에는 일간지를 발행할 인쇄 시설도 있었고, 도서실, 여가실, 양호실, 전기 발전 장치실, 전신 및 전보, 무선통신 기지국 등도 갖춰져 있었다.

은 군대'는 콜차크 사령관을 우랄산맥 쪽으로 밀어냈고, 이어 또 다른 백색군을 에스토니아로 밀어냄으로써 반혁명 세력의 희망을 무참히 꺾어놓았다. 비록 전투는 1921년까지 이어졌지만 말이다.

1918년 9월, 레닌 암살 기도[41]가 발생한 지 일주일도 채 못 되어 레닌은 "인민 계급의 적들로부터 소비에트 공화국을 보호하기 위해" "붉은 공포" 군단을 만든다. 이 조직은 "백색 부대 조직에 들어가거나, 음모를 꾸미거나, 반란 또는 봉기를 일으킨 자들을 현장에서 즉각 사살"할 수 있었다. 페트로그라드에서는 1300여 명의 인질이 이 군단의 손에 넘겨졌고, 크론시타트에서는 400여 명이 붙잡혔는데, 특히 이곳 인질들은 바지선에서 버티다가 붙잡히곤 했다. 차르 지지파, SR, 멘셰비키, 무정부주의자 등을 통틀어 가을에만 총 1만 5000명이 암살되었다.[42] 이 시기, 트로츠키는 모스크바에서 병사들의 사열을 받으며 열병식을 하고 있었다. 과거의 차르들처럼. 더 훗날로 하면, 1945년, 마치 게오르기 주코프[43]처럼.

그러나 트로츠키가 혁명과 관련된 역량과 수완을 온전히 펼친 시기는 1921년 2월 28일부터 3월 18일까지다. 1917년 10월, 빵과 자유를 요구하며 반란을 일으킨 엘리트 혁명가들과 크론시타트의 노동자들 및 선원들에 대한 진압이 실시된다. 이제는 '육군 원수'로 불리는 트로

---

41. 공식적으로는 사회주의혁명당원인 파니 카플란이 범인이라고 알려져 있지만, 이 사건의 전모는 전혀 밝혀지지 않았다.

42. 1825년부터 1917년 차르 시대까지는 사형 선고가 총 6321건 있었는데, 그 가운데 1310건이 1906년 한 해에 나왔다.

43. 게오르기 주코프(1896~1974)는 2차 세계 대전에서 대활약한 소련 군인이자 정치가. 소련 육군 최고 계급인 소비에트 연방 원수에 올랐다.—옮긴이

츠키는 이른바 "볼셰비키 전제 정치"로 이들의 진정서를 향해 함락 및 억수 같은 포병 사격으로 응답한다. 3월 18일 저녁—역사적 아이러니인지, 파리 코뮌이 시작된 지 정확히 50년 후—에 반란자들은 처참히 쓰러진다. 결산 내역은 다음과 같다. 사망자만 1만 명, 죄수 및 총을 맞고 쓰러진 부상자가 1000여 명, 사형을 선고받은 자가 2000명, 강제 수용소에 보내진 자가 6000명, 그 가운데 4500명이 1년 안에 사망했다. 트로츠키는《테러리즘 옹호》(1920)에서 이론화한 유혈 공포정치를 실행에 옮겼다. '붉은 군대'의 대장은 이념 전선도 가까이에서 감시했다. 국제공산주의 운동[44]의 상황 및 1920년 프랑스 공산당이 나가면서 시작된 SFIO(사회주의 노동자 인터내셔널)의 분열을 살폈고, 독일의 상황도 챙겼다. 그는 독일 내 봉기를 변호하기도 했다. 늙어 쇠약해진 지도자 레닌 옆에서 이제 이 '영구혁명'의 이론가 트로츠키는 점점 더 비공식적으로 황태자 같은 인물이 되어갔다. 단, 그 자리가 죽음의 자리가 아니라면.

불가능한 승계

1922년, 더 옥죄는 진압 도구가 나온다. 훨씬 체계적인 구조를 갖춘 게페우가 체카를 대신한 것이다. 새로운 형법을 만들어 반혁명 범죄 개념을 확대 적용, "권력을 약화하고 무너뜨리는 일체의 행동"을 처벌했

---

44. 국제공산주의 또는 세계공산주의로 번역되는 '인터내셔널 코뮤니스트'의 개념 및 조직을 처음 만든 사람은 트로츠키다. 그는 "노동 계급의 혁명 경험을 공유하고 보편화하며, 기회주의 및 애국적 사회주의 같은 불순물 섞인 운동을 제거하고자" 했다.

다. 이 일을 위임받은 게페우는 유형을 보내거나 수용소에 수감할 지식인 명단을 작성한다. 레닌은 두 가지 가운데 하나를 택하라는 말을 가령 이런 식으로 농담처럼 했다고 한다. "당신은 밖이 좋겠소!" 이 시기에 스탈린은 그들에 숨어 조심스레 이 도구에 빗장을 지르고 있었다. 그는 당 간부들의 급료를 올리고,[45] 여기에 고기, 설탕, 버터, 담배 같은 특별 수당을 더했다. 6년 후, 스탈린은 1937~1938년 숙청 기간 당시에 졌던 자신의 채무를 청산하기 위해 다시 이 행동을 취할 것이다.

병으로 쇠약해진 블라디미르 일리치 울랴노프는 여태 자신이 보호해 준 이 옛 조지아 신학생의 조작과 술수를 더는 믿지 않는다. 이듬해부터는 여러 논쟁이 불거지며 당을 뒤흔드는데, 대외 무역을 독점한 소비에트사회주의연방공화국의 성격[46]을 고려함과 동시에 일종의 전략이라는 구실을 내세워 개인 구좌 내역까지 보겠다고 한 것이다.[47] 12월 단 한 달 동안 레닌은 뇌졸중으로 다섯 번이나 쓰러졌다.

---

45. 노동자의 대여섯 배.

46. 스탈린은 이에 반대하고, 외부 국가와의 거래를 용이하게 하는 신경제정책NEP를 생각했다. 그러나 레닌은 이를 단념하지 않았다. 러시아의 경제는 너무나 취약하고 뒤처져 있으니 장벽을 쳐야 한다. 그렇지 않으면 외국에서 훨씬 싸면서도 품질 좋은 물건들이 대량 수입되어 소비에트 산업은 무너질 것이다. 이것이 레닌의 생각이었다. 당시에는 레닌의 관점이 신중하고 전략적이어서 더 우세했다. 그러나 스탈린이 '파드되'를 미리 그려본 셈이다('파드되'는 발레 용어로 남녀 무용수가 1부에서는 느린 아다지오로, 2부에서는 바리아시옹(변주)으로, 3부에서는 빠른 템포로 추는 춤이다. NEP 정책을 레닌과 스탈린이라는 두 무용수가 추는 이 춤의 구성에 비유한 표현이다. 나중에 레닌은 결국 기근을 막기 위해 NEP를 택하기에 이른다. ─옮긴이)

47. 스탈린은 총화된 '전선'에 동의하면서, 우크라이나, 벨라루스, 조지아, 아제르바이잔, 아르메니아 등이 최소한의 자치권은 가져도 된다고 생각했다. 반대로, 레닌은 러시아 민족주의와 '러시아화'를 통해 이 지역들의 자치권을 종식시키려 했다. 모든 공화국은 평등의 발 위에 있어야 했다. 그도 그럴 것이 사람들은 붉은 차르의 칙령을 더는 문제 삼지 않았다. 스

이제는 편지마저 겨우 불러줄 정도였다. 이 편지 가운데 하나—그의 유언 중 하나로 규정되는 것—를 보면, 자신을 계승하게 될지도 모를 볼셰비키 지도자들을 하나하나 잇달아 해임할 준비를 하고 있었음이 드러난다. 스탈린도? 이 편지에 따르면 "그는 무제한의 권력을 손안에 틀어쥐고 있다. 그는 너무 거칠고 난폭해서 서기장 자리에서 물러나야 한다." 트로츠키는? "중앙위원회에서 가장 능력 있는 자임은 분명하지만, …… 과도한 확신에 차 있고, 행정적으로 단순히 처리할 일도 과도한 열정을 보인다." 자신의 계승자가 될 만한 사람을 파면하는 데 실패한 레닌은 집단적 조직체를 만들라고 당부한다. 그는 이 "놀라운 조지아 사람"을 활용해 마지막 승리를 맛보면서 트로츠키를 자신의 협력자로 삼으려 했다. 레닌은 트로츠키에게 보낸 편지에서 이렇게 말한다. "나는 유일한 그 작전으로 '우리'가 무난하게 승리를 거둘 수 있을 것이라고 보네. '우리'는 거기서 멈추지 말고 계속해서 공세를 취해야 하네." 그런데 이 편지의 수신자는 권력 투쟁 과정에서 이상하게 존재감이 별로 없다. 권력 투쟁에 아예 관심이 없어서? 정치 공작에 대한 경멸? 유명세에 대한 과신? 아니면 순진함? 하지만 트로츠키는 계속해서 자신의 대화 상대자들에게 차가운 눈빛을 보였다. 지방 공증인이 쓰는 것 같은 코안경을 코에 걸치고 있어서 더 그런 인상을 주었고, 목소리도 늘 차가웠으며, 대화도 감정 없이 날카롭고 예민하고 명민하기만 했다. 자세나 말하는 태도, 동작에도 나르시시스트 같은 느낌이 강해서 사람들의 신경을 건드렸다. 소비에트 같은 나라에서는 브

탈린은 한 발 뒤로 물러났다. 1922년 12월 30일, 레닌주의 소스를 친 USSR(소비에트연방)이 탄생한다.

럼멜[48]보다는 마키아벨리가 될 필요가 있었다.

레닌으로서는 마지막 노력으로, 아홉 살 어린 후배 스탈린에 대한 그간의 마음의 응어리를 씻어내기로 하고 그를 다시 말에 올라타게 한다. 그러니까 스탈린에게 노조 조직하는 일을 맡긴 것이다.[49] 그러나 1923년 3월 5일, 그는 스탈린과의 관계를 끊어버리고 트로츠키에게 스탈린과 싸울 것을 제안한다. 이것이 이 볼셰비키 지도자가 마지막으로 한 권고였다. 그도 그럴 것이 그는 다시 뇌졸중으로 쓰러져 4일 후 공적 무대에서 영영 사라지고 말 것이기 때문이다.

그러나 관료주의자 스탈린은 시간을 버리지 않았다. 그는 이미 위원들의 임명을 통제하고, 트로츠키에 대한 불신임 서한을 정치국 위원들에게 서명하게 함으로써 차기 총회의 빗장을 걸어버렸다. 조악한 말솜씨에 투박한 외모였지만 영악했던 그는 코카서스 특유의 억양과 뻣뻣한 자세로 음흉한 미소를 지어 보였다. 그렇게 한동안 그는 사회주의 이념의 순수성을 지키는 수호자임을 자처하고, 당의 신성한 의무와 단일성을 강력하게 피력하면서 악기의 줄을 전부 튕겨보듯, 할 수 있는 것은 다 한다.

트로츠키는 이제 《프라우다》에 이 관료 기구의 규칙과 관료주의에

---

48. 조지 브럼멜. 18~19세기 낭만풍 영국 댄디즘의 선구자.−옮긴이

49. 1903년 러시아 사회민주주의 노동당 제2차 총회부터, 트로츠키는 레닌을 로베스피에르에 비유하며 그의 권위적인 성향을 비판했다. 노조에 대해서도, 그는 그것을 '흔들고' 싶어 했다. 그 대신 지도자들을 선택해 노동의 생산성을 증대하는 임무를 맡기고자 했다. "왜냐하면 이것이 노동자 대중의 상황을 개선할 수 있는 유일한 수단이었기" 때문이다. 반면 레닌은 여러 차례에 걸쳐 관료주의를 비판하면서도 "관료주의적 편집증"을 보이는 태도와 그의 "망상주의적인 계획들" "흥분, 과장, 집착"을 비판했고, 더 나아가 '붉은 군대' 창설자의 "정책 이해 무능"까지도 비판했다.

대한 비평을 게재하며 칼을 뽑아들 것이다. 그의 반격은 무섭고 신랄했다. 1924년 1월 19일, 레닌의 사망(53세) 바로 이틀 전에 스탈린은 중앙위원회에게 "당 기구의 신뢰를 떨어뜨리는 직접적인 시도는 모두 고발하게 하는 지령"을 채택하게 했다. 그런데 지금도 이해할 수 없는 태도지만, 이때 트로츠키는 공개적으로 자아비판을 하며 사죄한다. 반스탈린적인 격렬한 논조의 레닌의 '유언'이 공개되었을 때도 그는 다시 주도권을 잡으려 하지 않는다. 조지아 사람 주가슈빌리[50]가 조지아를 갑자기 러시아화하고 총서기장에 다시 자신을 재임시키자 수많은 비평가가 연신 비판을 했다. 그렇지만 트로츠키는 여전히 아벤티노 언덕에 머물고 있었다.

1924년 1월 27일, 고인이 된 레닌의 관을 운구하는 후계자 후보들은 마치 대부의 관을 운구하는 마피아 같았다. 스탈린, 지노비예프, 카메네프, 부하린, 몰로토프. 그런데 단 한 사람만 부재했다. 트로츠키가 쉬고 있던 흑해의 한 역에서 기차가 출발하지 못하도록 이미 스탈린이 모든 조치를 취해 놓은 것이다. 이것이 바로 기술적 격리의 첫 번째 일화다. 트로츠키는 정치국의 주요한 결정이 취해지는 이른바 '세프트'[51]라 불리는 회의로부터 배제되고, 이어 중앙위원회에서도 배제된다. 그는 이런 조치에 대해 정정당당하게 따질 수 있는데도 그러지 않으며 당과 국가의 상대적 역할에 대해서만 따지면서 스스로를 고립시켰다. 스탈린은 계속해서 자기 사람들을 심었다. 어떤 사람들은 1953년 3월에 그가 사망할 때까지 그의 곁에 있었다. 몰로토프, 보로실로프, 칼리

---

50. 스탈린은 본명이 아니며 그가 비밀 활동을 할 때 쓰던 가명이다. 스탈린의 본명은 이오시프 비사리오노비치 주가슈빌리Iossif Vissarionovitch Djougachvili다.

51. 숫자 7을 의미하며, 러시아어로는 'сент'라 표기한다. -옮긴이

닌, 미코얀, 카가노비치, 키로프, 오르조니키제 등등. 스탈린은 '영구혁명'[52]이라는 개념을 만든 자의 '영구절망'을 놀리는 재미를 보고 있었다. 트로츠키는 당이 하는 모든 일에 등을 돌리고 이렇게 쓴다. "지위고하를 막론하고 수천 명의 공무원에게 비프스테이크와 포도주, 또 다른 선물들을 보장해 주기 위해 그는 전체주의를 하는 것이다."

그런데 트로츠키는 중앙위원회 서기장과 함께 스탈린의 전체주의를 훨씬 쉽게 끝낼 수도 있었다. '붉은 군대' 연대를 시켜 건물을 에워싸는 것만으로도 충분했다. 하지만 이런 시나리오는 날려 보냈다. 자신의 라이벌을 밀어내려고 권력을 쟁취하는 것처럼 보이는, "보나파르트 수습생" 같은 딱지가 붙는 것을 원치 않았기 때문이다. 그는 앞으로 다가올 패배를 감당할 수 있을까? 보리스 수바린[53]에게 작별을 고하며 그는 이렇게 털어놓았다. "그들은 나를 죽일 걸세."

지옥으로 내려가는 길은 끝이 없었다. 1925년 1월, 트로츠키는 육군부 및 해군부 인민위원직에서 해임된다. 지노비예프가 정치국에서 그를 제명할 것을 제안하자, 그는 더 실추된다. 당시에 스탈린은 '통합'이라는 명분으로 이에 반대했지만, 이런 결정 자체를 좌지우지할 수 있는 유리한 상황이었다. 몇 달 후, 스탈린은 이제 지노비예프와 카메네프를 제거한다. 불쌍한 처지가 된 두 사람은 다시 트로츠키와 '재통합' 야당 또는 좌파 야당을 결성하면서 그와 연합한다. 그리고 이 "국

---

52. 트로츠키는 경제란 세계적인 것이고, 자본주의는 국경 같은 경계를 가지고 놀이를 하는 것으로, 선진 국가에서 프롤레타리아가 혁명을 해야 러시아 혁명의 영속성이 보장된다고 보았다.

53. 보리스 수바린(1895~1984)은 우크라이나 태생의 프랑스인으로, 반스탈린주의 공산주의자였다가 나중에는 반공산주의자가 된다. 잡지 《에스트-우에스트(동-서)》의 발행인이기도 했다. 스탈린 전기를 처음 쓴 사람이기도 하다.

가 단위 불법 조직"은 곧 철옹성 같은 '가이드'를 제시한다.

노멘클라투라nomenklatura[54]가 자기 몫을 챙기는 동안, 러시아는 기근에 허덕였다. 농민들은 얼마 있지도 않은 땅마저 헐값에 팔아치웠다. 부농들은 폭리를 취했다. 과거에 '붉은 군대' 전사들이었던 자들은 시베리아와 코카서스의 산적이 되었다. 파업으로 공장이 마비되었다.

1927년, 트로츠키는 너무 혹사한 나머지 여러 차례 졸도하고―아마도 간질이었을 것이다―, 온갖 중상모략과 반유대주의자들의 공격을 받는다. 11월에는 PCUS 중앙위원회에서 배제되고, 이어 당에서도 제명당한다. 아울러 8000명에 이르는 트로츠키주의자들이 시베리아 강제 수용소에 수감되기 시작한다. 그와 절친한 친구였던 아돌프 조페[55]는 병에 시달리다 자살한다. 그는 유언 같은 편지에서 이렇게 썼다. "자네는 1905년 이후 정치적으로 늘 옳았네. 레닌도 그걸 인정했네." 그러나 비판적인 말도 덧붙인다. "승리에 대한 확신은 단호한 비타협성에서 나오지. 일체의 순응을 거부하면서 말이야. 이것이 바로 블라디미르 일리치가 거머쥔 승리의 비밀이었어." 모스크바 특파원으로 있던 미국 기자 루이스 피셔도 이와 유사한 분석을 내놓는다. "트로츠키는 도덕과 권력과 철학과 공포정치와 혁명 등에 시달린 아말감[56] 같은 사람이었다. 그는 분열된 자아를 가졌다. 스탈린은 규석 덩어리였다."

---

54. 사회주의 당 및 관료 기구의 특권자 명부.―옮긴이

55. 그는 트로츠키의 친척인데, 브레스트―리토프스크 평화 조약(1918년 2월 23일) 협상을 맡은 소비에트 대표단을 지휘했다. 나중에는 베를린의 대사로 임명된다.

56. 아말감은 수은과 다른 금속의 합금으로, 수은의 양이 많으면 액체 상태가 되나 대체로 고체 상태. 분열된 자아를 이런 화학적 속성에 비유한 표현이다.―옮긴이

1928년 1월 17일, 트로츠키 가족은 러시아 저 아래 끝에서도 더 들어간 중앙아시아의 카자흐스탄, 그리고 거기서도 더 남쪽으로 내려간 알마티로 보내진다. 가는 데만 열흘 넘게 걸렸다. 말라리아, 미친 듯이 짖어대는 개, 부족한 식량과 물. 한마디로 거친 환대를 받았다. 그런데 이 '붉은 군대'의 옛 대장은 아무 일 없다는 듯 오리 사냥을 하며 즐거워했다. "야외에서 9일이나 지내고, …… 아름다운 별 아래서 양고기를 먹고, 씻지 않아도 되고, 옷을 갈아입지 않아도 되고, 말에서 내려 강물에 발을 담그고, 거의 24시간을 물과 골풀에 둘러싸인 곳에서 보낸다는 것. 이런 건 자주 경험할 수 있는 게 아니다"라고 썼다. 초원에서 느끼는 행복이었을까?

이 내부의 추방자는 자신의 추억을 기록하기 시작한다. 중국과 일본에 대해 공부하고, 경제 및 반식민주의 투쟁을 다룬 프랑스어, 독일어, 영어 저작을 탐독한다. 아버지와 아들은 할 수 있는 한 야당을 크게 조직하는데, 조직원들 100여 명이 유형되면서 이들 세력은 더없이 약화된다. 게페우는 말하자면 중소기업처럼 졸아든 이 브론슈타인 혁명 잔당의 편지들을 걸러 감시하고, '무기 없는 예언자'[57]의 두 사위를 유형 보내 곧 총살한다. 12월에 게페우의 한 밀사가 그에게 정치 활동을 완전히 그만두라는 뜻을 은밀히 전한다. 한 달 후 시베리아 호랑이 세 마리를 사냥하러 나갈 준비를 하고 있을 때, 그는 "반反소비에트 활동"을 이유로 완전히 추방된다. 당 내부에서 그를 옹호하기 위해 손가락 하나 드는 사람이 없었던 것이다.

---

57. 트로츠키 전기 3부작의 둘째 권 제목이다. 이 전기는 폴란드 유대인 출신의 영국 역사가이자 기자인 아이작 도이처가 집필했다. 이 3부작의 제목은 다음과 같다. 1권 '무기 있는 예언자', 2권 '무기 없는 예언자', 3권 '치외법권의 예언자'.

혁명의 배척자

1929년과 1930년, 스탈린은 180만 농민을 강제 수용소로 보내면서 이 기회를 활용하여 부하린의 '우익' 야당[58]을 제거했다. 최후의 단계에서 스탈린과 트로츠키는 극도로 대립했다. 트로츠키가 스탈린 비난을 결코 멈추지 않는 만큼, 스탈린도 트로츠키를 그만큼 증오했다. 1905년 혁명의 영웅이자 '붉은 군대'의 아버지는 투옥되고 유형을 떠났으니 이미 패배자였는데도 불구하고 스탈린의 증오는 말끔히 해소되지 않았다. 유형 생활을 하는 10여 년 동안 트로츠키는 더 비극적인 상황에 놓인다. 그의 가족과 친구들이 계속해서 처형되고 그는 매일같이 깊은 허무감에 휩싸였다. 1940년 8월 20일, 멕시코 근교 코요아칸의 한 마을에서 그 자신마저 암살될 때까지.

하지만 그는 이 유형과 추방 생활 속에서도 좌절하지 않고 뭐라도 하려는 사람 같았다. 그는 글을 쓰고 책을 읽고 문학에 대해 말했다. 이런 지적 열기는 공개적으로 알려진 그의 불행과는 대조적이었다. 1938년에 스탈린식 재판[59] 중에 미국 철학자 존 듀이가 주재하는 국제 심문 회의가 있었는데, 이 위원들 앞에서 트로츠키는 이상한 고백을 한다. "나는 권력을 열망하지 않습니다. 나는 내 문학 활동에서 더 만족감을 느낍니다. 권력은 무거운 짐입니다. 그러나 불가피한 고통이자 악입니다. 당신의 사상이 옳다면 그 사상을 받아들이면 됩니다. 그

---

58. 사실 이 '우익' 야당은 농민들 징발을 반대했다.

59. 스탈린 통치하에 이뤄진 정치 재판을 빗댄 말. 일종의 인민재판처럼 스탈린식 숙청을 정당화하기 위해 재판받는 자는 자신의 죄를 무조건 인정해야 하고 친구나 가족이 탄원을 해도 이를 거부하는 등 만반의 심리적 준비를 하고 들어가야 했다.—옮긴이

러나 권력의 메커니즘은 비참합니다."

터키의 뷔위카다섬(그리스인들에게는 프린키포섬)에서의 첫 유형부터 멕시코 마지막 거주지에서의 삶에 이르기까지, 트로츠키는 혁명의 수도사이자 군인처럼 똑같이 규칙적인 생활을 한다. 아침 여섯 시 반에 기상하여 차 한잔 마신 다음, 이어 책상에 앉는다. 아홉 시에는 아내 나탈리아와 함께 아침 식사를 한다. 그리고 다시 공부하러 간다. 오후 한 시에는 그곳 출석자들과 부하들, 또 경비대원들과 함께 점심을 먹는다. 오수 시간에는 자기 방에 올라가 책을 읽는다. 차 한잔 마시고 다시 공부하러 간다. 영국 시간으로 일곱 시, 그러니까 저녁 식사 시간 때까지. 그의 생활은 건전했다. 그는 술을 일절 마시지 않았다(스탈린 및 조지아 출신의 난폭한 군인들은 술을 자제하지 못해 크렘린에서 술을 금지할 정도였다). 담배도 피우지 않았다. 그는 다시 책을 읽고, 이어 취침한다.

아마도 그는 이렇게 틀어박혀 규칙적으로 공부와 쓰기에만 집중하는 삶을 은밀히 원했는지도 모른다.《나의 삶》의 머리말에서 레프 다비도비치는 이렇게 쓴다. "배우고자 하는 열망이 결코 나를 떠난 적이 없다. 혁명을 하느라 그것을 철저히 하지 못했을 뿐이다." 더욱이 터키 지역은 햇살이 눈부셨다. "이곳은 특히 가을과 겨울에 글을 쓰기에 정말 좋은 곳이다. 섬이 한적해지면, 멧도요가 풀밭에 나타났다. …… 낮은 담장을 넘어 10미터만 가면 물고기를 잡을 수 있었다. 15미터만 가면 바닷가재도 있었다." 그는 가끔 작은 배를 타고 그리스 쪽으로 가서 고등어도 잡았다.

마르크스주의자 '인민'

외국의 열성 당원 및 지지자들[60]이 그를 찾아왔고, 그의 옆에서 같이 일했다. 트로츠키는 파시즘을 막지 못한 데 대한 국제공산주의(인터내셔널 코뮤니스트)의 실패를 선언했고 이제 새로운 국제주의 운동을 선언했다. 이 운동에는 제4인터내셔널[61]이라는 이름이 붙는데, 말하자면 '볼셰비키-레닌주의' 선언이었다. 그는 매일같이 당원들에게 10여 통의 편지를 쓰고 메모를 보냈으며, 분열을 막으려 노력했고, 파시즘, 나치즘, 스페인 전쟁, 인민전선 같은 굵직한 사안에 대해 해설했으며, 다시 세계 대전이 올지 모른다고 걱정했다.[62]

---

60. 이들 가운데 초현실주의자이자 미래의 프랑스 사회학자인 피에르 나빌, 조르주 심농, H. G. 웰스의 며느리 마르조리 등이 있었다.

61. 제4인터내셔널은 1938년에 태동한다. [제4인터내셔널은 파리에서 창립되었다. 스탈린의 코민테른으로는 국제 노동자 계급을 이끌 수 없다고 생각한 트로츠키와 다른 마르크스주의자들이 창설한 조직으로, 트로츠키가 사망한 이후 트로츠키주의는 매우 다양하게 분화한다. 제1인터내셔널(1864~1876년)은 마르크스와 엥겔스의 이론을 기반으로 창립되었고, 제2인터내셔널(1889~1916년)은 프랑스 혁명 100주년을 기념하며 1889년에 창립되었다. 19세기 말에 서구 열강들의 각축전이 시작되면서 제국주의 및 독점자본주의 시대가 열렸고 이에 대한 대응으로 의견이 첨예하게 갈리면서 많은 내홍을 겪는다. 1914년에 1차 세계 대전이 발발하자 제2인터내셔널을 이끌던 독일 사민당과 프랑스 사회당은 각자의 민족을 선택하고, 급기야 1916년에 해체된다. 제3인터내셔널은 마르크스주의·레닌주의에 입각, 블라디미르 레닌의 발기로 1919년 3월에 창당되었는데 1943년 5월 15일에 스탈린이 해체한다. 스탈린 권력이 강화되면서 유명무실해졌다. ―옮긴이)

62. 그가 파시즘에 대한 견해를 내놓으면서 스탈린과의 불화가 또다시 불거졌다. 조지아 사람 스탈린은 혁명기(1917~1921년) 이후 안정기(1921~1928년)를 거쳤고, 이어 새로운 단계, 즉 훨씬 급진화한 단계로 나아가야 한다고 생각했다. 그런데 이 마지막 단계의 주요한 장애물은 "사회적 민주주의"이며 이는 "사회적 파시즘"의 쌍둥이 자매라는 거였다. 이런 견해가 얼토당토않다고 생각한 트로츠키는 반대로 나치즘에 대항할 수 있는 "유일한 전선"은 사회적 민주주의와 공산주의의 결합이라고 생각했다.

마르크스주의자이자 은둔 고행자인 트로츠키는 정치 투쟁에 참여하기 위해 좁은 방에서 나오고 싶었다. 그러나 그의 망명을 요청받은 국가들인 독일, 영국, 프랑스, 네덜란드, 오스트리아 등은 이 붉은 악마를 맞아들이기를 거부했다. 게페우가 스탈린의 전적인 지시를 받았다는 소문이 퍼지면서 유럽에서도 소비에트식 프로파간다가 먹혔던 것이다. 이런 수사법은 하나의 술책에 불과했다. 모스크바 최고의 경찰 요원은 다름 아닌 스탈린이었다!

이 시기 동안 USSR(소비에트사회주의연방공화국)에서 미래의 이 "인민의 작은아버지"는 농업의 집산화를 강행하고 제1차 경제5개년계획을 발표했다. 그렇다면 트로츠키의 안은 적당히 묻히고 "왜곡된 관료주의적 적용"[63]으로 비판받았던 스탈린의 안이 대두될 것인가. 트로츠키의 슬로건에 적응된 많은 스탈린 반대자들도 스탈린의 안에 서서히 흔들리고 끌리면서 하나로 결집했다. 트로츠키가 보기에 이들은 "죽은 영혼"이었다. 이미 100년 전 작가 니콜라이 고골이 규탄한 대로 졸렬한 자들이었다. "혁명은 이런 인간들을 다 잡아먹어야" 한다고, 이 시각 모랄리스트는 쓴다.

복수는 차갑게 나오는 요리다. 러시아식 수프 보르시처럼. 1932년 2월 20일, 스탈린은 트로츠키와 그의 가족에게서 소비에트 시민권을 박탈한다. 이제 트로츠키의 이름을 대거나 그와 서신 교환을 하는 등 소통하는 자는 "외국인 첩자"로 간주될 것이다. 코카서스의 교살자는

---

63. 사람들이 트로츠키에게 이 "기적의 조지아 사람"이 그를 흉내 낸 게 아닌지 물으면, 그는 이렇게 대답하곤 했다. "목 위에 부스럼이 난 사람이 있으면 훌륭한 의사는 그 부스럼을 메스로 잘라줄 것이고, 솜씨 없는 장인은 환자의 목을 다 잘라내겠지. 스탈린이 내가 제안한 것보다 훨씬 많이 나아간 건 사실이야."

희생자 주변에서부터 올가미를 놓는다. 이즈음 레프 다비도비치는 큰 딸 지나가 나치가 점령한 베를린에서 추방되기 바로 직전, 가스를 틀어놓고 자살했다는 소식을 듣는다. 5년 전에는 작은딸 니나가 결핵으로 죽었다.

무력해진 트로츠키는 독일이 나치 천하가 된 이상, 이제 "유럽에서 가장 강력한 프롤레타리아 사회도 붕괴"했음을 절감한다. 그는 셀린의 《밤의 끝으로의 여행》을 읽는다. "이 소설은 프랑스 문학의 어휘를 송두리째 뒤흔들어 놓았다"고 그는 적는다. 그렇다고 그가 "프랑스의 사회적 조건을 규탄하면서 어떤 것을 제안하는 건 아니다."

1933년 여름이다. 이 추방자는 마르세유에 내린다. 그리고 로양 근처에서 거주한다. 왜냐하면 파리 체류는 거부되었기 때문이다. 그렇지만 열혈 지지자들을 만나기 위해 분장을 하고서 파리를 이따금 방문했다. 열성 지지자들은 이 '노인'의 정중하게 비꼬는 듯한 특유의 화법에 깊은 인상을 받는다. 앙드레 말로는 "안경 낀 눈부신 환영"이라거나 "아시아 조각상"이라고 말한다. 그러니까 불상을 떠올리지 않으려야 않을 수 없어서 그렇게 표현했을 것이다. 마르크스주의의 궁극의 아바타는 부처일까? 54세의 이 직업 혁명가는 이제 완전히 지쳐 있었다. "젊음은 이미 오래전에 사라지고 없다. 그러나 나는 갑자기, 내가 간직하고 있던 추억마저 사라졌음을 깨달았다. 얼굴들은 생생히 기억하고 있는데." 반면 모스크바의 스승들은 그를 결코 잊지 않았다. 이른바 '히틀러-트로츠키주의자'들에게 반대하는 캠페인이 벌어졌다. 실제로 독일 공산당의 상당수 당원이 나치 운동에 가담했다. 이 주제는 금기였다. 트로츠키는 '붉은색'과 '갈색'을 연결시킨 최초의 사람들 중 한 명이다. 그는 "관료주의는 파시즘과 거의 동일한 방식으로 국가를 통치할 것"이라고 적었다. 책임으로부터 멀어진 그는 그 어느 때보다 추상화 및 개념화 작업에 깊이 빠져든다. 마르크스주의, 혁명, 프롤레타리아, 제4인터내셔널. 그의 세계관은 이제 묵시록이 된다. 만일 프롤레타리아가 새로운 속세의 메시아를 알아보지 못한다면, 인류는 이를 통렬하게 후회할 것이다.

스탈린이 한 일이라고는 도그마를 내세우는 것밖에 없었다. 우선은, 그리고 늘 정치적인 그는 대대적 숙청을 감행하기 위해 레닌그라드 공산당 서기장 키로프 암살을 구실로 삼았다.[64] 트로츠키는 이제 프랑스에서 달갑지 않은 존재가 된다. 이제 노르웨이만 남았나? 노르웨이에 도착했을 때, 한 열성 지지자는 그를 "날카로운 회색 눈"에 "상대를 압도하면서도 변화무쌍한 눈빛"을 지닌 자로 묘사한다. 또한 "어깨가 넓고, 강하며, 생동감 넘치고, 활달하고, 잘 웃고 행복한, 형제애 넘치는" 사람으로. 트로츠키는 문장 도식을 잘 만드는 감각이 있었다. "스탈린주의는 노동운동의 매독이다." 반면, 스탈린은 현실적인 실용 감각이 있었다. 파리에서는 게페우 요원 마르크 즈보로브스키, 일명 에티엔이 정체를 속이고 트로츠키의 아들이자 중요한 조력자인 세도프의 심복으로 활약하고 있었다. 편지, 접선, 조직, 인맥. 모스크바의 눈은 어디든, 무엇이든 다 지켜보고 있었다. 심지어 뉴욕에서 트로츠키의 출판 대리인이었던 레버도 트로츠키를 감시하기 위한 스파이였다.

---

64. 세르게이 키로프는 당시 스탈린의 후계자로 지목되기도 했던 인물인데, 레오니드 니콜라예프라는 당내 불순분자에게 살해당한다. 이 암살을 스탈린이 주도했다는 설이 있는가 하면, 자신을 적대시할 것 같은 자들을 하나씩 이미 처형하거나 수용소로 보내고 있었는데 자신의 편이라고 생각한 키로프가 갑자기 죽자, 당내에 자신의 반대 세력이 많다고 의심하여 이후 대량 숙청에 나섰다는 설도 있다. 이즈음 당내 거물들인 지노비예프, 카메네프, 부하린 등이 다 숙청당한다.—옮긴이

1936년에 스탈린의 탄압은 새로운 단계로 접어든다. 루반카에 투옥된 지노비예프와 카메네프는 트로츠키가 스탈린 및 키로프, 보로실로프 같은 다른 지도자들을 처분하라는 명령을 내린 적 있다고 '자백'했다. 8월에 이들이 법정에 서면서 이른바 "모스크바 재판"이라 불리는 세 재판 중 첫 번째 재판이 시작된다. 이 재판은 1938년 3월까지 이어져 결국 정치국, 중앙위원회, '붉은 군대' 장교의 3분의 1에 해당하는 수가 총살되거나 수용소에 보내졌다. 트로츠키는 이렇게 쓴다. "스탈린은 라이벌의 사상을 겨냥하는 것이 아니라, 목덜미를 겨냥한다."

종착역, 멕시코

스페인 공화주의자들의 변호인이자 장군인 라사로 카르데나스가 있는 멕시코가 이 기피 인물을 받아들인다. 1937년 1월 9일, 유조선 '루스호'는 탐피코 항구에 정박한다. 트로츠키와 그의 가족은 아메리카 트로츠키주의자들 대열의 수장인 맥스 색트먼, 이미 유명한 여성 화가 프리다 칼로[65]—이듬해 여름 그는 그녀와 짧은 관계를 갖는다—의 환영을 받았다. 프리다 칼로는 거대한 벽화를 그린 작가이자 과거 건축 조합 운동가였던 화가 디에고 리베라의 아내였다. 멕시코 근교 코요아칸에서 트로츠키 가족은 식물이 가득 들어찬 파티오가 딸린, 파란색 낮은 집에 기거한다. 트로츠키는 정치와 거리를 두고 기술자로 일하던

---

65. 앙드레 브르통은 여성 화가 프리다 칼로(1907~1954)가 "폭탄을 두른 리본"이라고 말하곤 했다. 원래 있던 소아마비에다 교통사고를 당해 심각한 장애를 입은 이 예술가는 여러 남자와 위험한 관계를 다수 맺었다.

아들 세르주 세도프가 자신이 일하던 공장의 노동자들을 독살하려 했다는 이유로 고발당했다는 소식을 그 집에서 듣는다. 결국 그 아들은 총살당한다. 군중에게서 흘러나온 말이지만, 트로츠키의 옛 비서였던 어윈 울프도 암살되었다는 소식을 듣는다.

모스크바의 두 번째 재판에서 비친스키 검사는 "혁명에 반하는 트로츠키주의는 이미 오래전부터 국제 파시즘의 전위적 분견대로 변질되었다"고 선언한다. 정치경찰이 그의 아내 나탈리아의 오빠를 체포한다. 이듬해 트로츠키의 형 알렉산드르 역시나. 형은 아무런 정치적 성향을 보이지 않았는데도 결국 사형당한다. 이 형의 다섯 아들 중 네 명이 강제 수용소로 보내지며, 다섯째인 막내아들은 총살당한다. 볼셰비키 혁명가 카메네프의 아내인 그의 누이 올가도 5년 전 그녀의 두 아들이 그랬던 것처럼 군법 회의를 거쳐 총살당한다. 그의 첫째 부인 알렉산드라 소콜롭스카야(니나와 지나이다의 엄마)와 그녀의 가족은 굴라크에 보내진다. 11월에 스탈린은 이렇게 선언한다. "트로츠키주의자는 다 몰아내야 하고, 도살해야 하고, 몰살해야 한다."

1938년에도 이전 해와 같은 비극이 반복된다. 2월 13일에 장남 레온 세도프는 의심스러운 수술을 받은 후 파리에서 사망하는데, 암살된 것으로 추정된다. 3월 2일에 세 번째이자 마지막 모스크바 재판이 열린다. "우파 및 트로츠키주의자들"에 대한 재판이었다. 모두가 자신을 향한 음모를 꾸미고 있다고 생각하는 스탈린의 망상과 착란은 한도 끝도 없었다. 트로츠키는 이렇게 적는다. "레닌을 암살하기 위해 부하린이 무엇을 준비하고 있는지, 일본 군대장과 라코브스키[66]가 어떤 관계인

---

66. 크리스티안 라코브스키(1873~1941)는 불가리아 태생의 루마니아인 의사이자 소비에트

지, 또 크렘린 의사들이 늙은 고리키를 독살했다고 하는 등 새 전보를 읽을 때마다 나는 꿈을 꾸고 있거나 정신 착란에 걸린 것만 같았다."

2차 세계 대전 바로 전날, 그는 혼자였다. 가족과 친지, 옛 동료 들의 암살 소식을 듣고는 낙망했다. 더욱이 이들은 죽기 전 공개적으로 자아비판을 하며 자신의 신념을 저버리거나 트로츠키를 헐뜯었다. 최고의 트로츠키주의 파르티잔들은 스페인 전쟁에서 암살되었다.[67] 지금 자신이 은신한 이 최후의 유형지에서도 그는 마음을 놓을 수 없었다. 모스크바에 매수된 멕시코 공산당은 그를 비판하는 기사를 언론에 대대적으로 실었다. 1939년 5월 24일 새벽 네 시, 무장한 사내 20여 명을 대동한 한 지휘관이 그의 방을 사격하고 폭탄을 던졌다. 사상자는 없었다. 이들 중 30여 명이 체포되었는데 여기에는 멕시코 공산당 정치국 요원이 한 명 있었다. 스캔들은 어마어마했다. 모스크바는 작전을 바꿨다. 이제는 잠입 공작이었다. NKVD(내무인민위원회)는 항상 경호원으로 둘러싸여 있는 이 '늙은이'에게 접근하기 위해 요원 라몬 메르카데르(다른 이름은 프랭크 잭슨 또는 자크 모르나르)를 시켜 아메리카의 열혈 트로츠키주의자 실비아 아헬로프에게 접근했다. 1939년 10월에 멕시코에 들어간 메르카데르는 처음으로 트로츠키의 집에 들어가는 데 성공한다. 1940년 5월 28일이었다.

외교관이었다. 트로츠키의 가까운 친구였던 그는 트로츠키와 좌파 야당을 포기한다. 스탈린에게 협력했지만, 재판과 처형(1941년)을 면하지는 못했다.

67. NKVD는 반스탈린 마르크스주의 운동의 책임자들을 완전히 숙청했다. 그런데 POUM(마르크스주의 통일노동당)의 지도자였던 안드레우 닌은 트로츠키와 무정부 단체(CNT, FAI) 등과도 일정한 거리를 둔다.

이해 여름, 세계의 얼굴은 그 인상이 달라진다. 스탈린과 불가침 조약을 체결한 히틀러는 유럽 대륙의 대부분을 차지했고 이제 영국과의 전쟁을 준비했다. (패배하고 절반은 점령당한) 프랑스는 페탱 원수가 "민족 혁명"을 일으킨다. 블룸, 달라디에, 망델, 가믈랭 장군은 체포되었다. 드골은 궐석 재판으로 사형 선고를 받는다. 앙리 프레네는 레지스탕스 운동을 일으킨다. 발트해 국가들은 소련에 병합되어 이제는 소비에트 공화국이 된다.

8월 20일, 멕시코 근교에서 덥수룩한 머리에 작은 안경을 쓴 호리호리한 남자가 토끼들에게 먹이를 주고 있었다. 몇 분 후 그는 서재에서 논문 한 편을 들고 온 한 방문객을 맞는다. 트로츠키는 그것을 읽는다. 레오나르도 파두라의 표현을 빌리면, 그가 이렇게 내뱉는다. "잭슨, 이건 쓰레기야."[68] 그러면서 연필로 종이 위에 왼쪽에서 오른쪽으로 또 오른쪽에서 왼쪽으로 죽죽 선을 긋는다. 이 쿠바 작가의 상상에 따르면, "바로 그 순간, 라몬 메르카데르는 오른팔을 트로츠키의 머리 위로 올렸다. 그의 손에는 피켈의 자루가 꽉 쥐어져 있었다. 마지막 순간, 그는 눈을 감았다. 라몬은 트로츠키도, 그의 손에 들린 줄이 죽죽 그어진 종이도 볼 수 없었다. 바로 그때, 트로츠키가 종이에서 고개를 들어 올렸고, 그가 본 것은 자신의 두개골 한가운데를 찾으며 온 힘을 다해 등산용 피켈을 부술 듯 쥐고 있는 자크 모르나르, 그러니까 라몬 메르카데르였다. 공포와 고통의 비명이 비에나 거리의 성벽 토대를 뒤흔들었다." 경호원들이 서둘러 달려왔다. 그들이 발견한 것은 이 암살자의 손아귀에 잡힌, 그토록 사색적이던 영원한 투사와 그의 두개

---

68. 《개들을 사랑했던 남자Dans L'homme qui aimait les chiens》(Métailié, 2011)에서.

골에 박혀 있는 피켈이었다. 그나마 그에게 남은 시간 동안, 그는 자객[69]에게서 자백을 받아냈고, 제4인터내셔널이 반드시 승리하리라는 신념을 마지막으로 표했으며, 나탈리아에 대한 무너질 수 없는 사랑을 고백했다.

트로츠키는 제2의 삶을 살게 되리라. 10월혁명의 주인공이자 시민 전쟁 기간에 냉혹한 '붉은 군대'의 대장이었던 그는 죽음으로써 이제 순수 영혼, 더불어 "인간적 얼굴"을 한 대안적 공산주의자로 변신한다. 스탈린 독살자들[70]에게는 이런 기회가 전혀 주어지지 않았지만 말이다. 그는 거의 성인聖人이었고, 순교자였으며, 무신론적 마르크스주의자였다. 혁명의 절정이자 극치였다.

---

69. 트로츠키의 경호원들에게 붙잡혀 멕시코 경찰에 넘겨진 이 사람은 징역 20년형을 선고받았으며, 한동안 진짜 신분을 감추며 살았다. 1960년 8월에 석방되자 모스크바로 건너가 소비에트 공화국의 영웅 훈장을 받고 장군으로 승진했다. 1978년에 사망했다.

70. 스탈린은 1953년 3월 1일에 공산당 간부인 흐루쇼프 등 공산당 정치국원들과 만찬을 하던 중 쓰러져 별장에 옮겨진다. 그곳에 머무르다가 3월 5일에 사망했다. 스탈린의 죽음을 두고 정치적 책략과 독살설이 난무하는데, 스탈린에게 발탁되어 NKVD의 수장 노릇을 하며 트로츠키파 숙청에 전력한 스탈린의 심복 베리야 등에 의해 암살되었다는 설이 있다. ─옮긴이

11

장제스

(Chiang Kai-shek, 1887~1975)

너무 큰 옷을 입은 장군

마흔에 농민의 아들은 군대장이 되었고 불가능을 가능으로 만들었다. 군벌들[1]을 물리치고 방대한 중국을 통일하는 것. 그러나 섬세함이 떨어지고 결정력이 약한 이 군인은 미미한 성공에 그치고 만다. 1932년에 일본 침략자들을 보며 무력감을 느낀 그는 중국 국민당의 부패와 국민당 지도자들에 의한 국토 유린을 방기하거나 심지어 배려까지 했다. 결국 중국 인민들은 매일같이 그에게서 떨어져 나갔다. 이로써 린뱌오와 마오쩌둥 같은 중국 공산당원들에게 길을 열어주었고, 굴욕적인 패배를 겪은 후 타이완(포르모자섬[2])으로 피신하여 1949년부터 1975년 사망할 때까지 철권통치를 하는 데 그쳤다.

---

1. 중국의 군벌은 1912년 청나라가 멸망한 뒤 군사력을 기반으로 전국의 지방에 웅거하며 권력을 행사한 고위 군인 및 그들의 병력을 뜻한다. 특히 유명한 군벌은 위안스카이의 북양 군벌이며, 안휘파, 직예파, 봉천파 등의 북부 군벌이 있었고, 다른 지방들, 예를 들어 산서·서북·신강 군벌들 또한 세를 과시했으며, 남부에서는 계계·운남·사천 군벌이 활약했다. 군벌들 간의 내전은 1916년부터 특히 심화되다가 1928년 장제스가 베이징에 진입할 때까지도 계속되었다. —옮긴이

2. 포르투갈인들이 타이완에 붙인 이름. —옮긴이

장제스 장군은 침략과 진압, 분리와 이탈로 다수의 인명 손실을 낸 거대한 중국 대륙 남부 저장성의 고향 마을 시커우현—해발 1000미터 정도의 산중턱에서 갑자기 세 갈래 길이 나오는 곳—에서 갈림길이 나오자 발을 뒤로 뺐다.

1927년 8월, 그는 이곳의 고요를 만끽했다. 논과 차밭에서 일로 바쁜 농부들을 바라보며 다시 한번 평화를 느꼈다. 신장 170센티미터의 날렵하고 우아한 몸에 콧수염이 가늘게 달린, 선이 고운 얼굴이었다. 머리카락을 다 밀어버린 이 40세 미남 장군은 어린 시절의 추억에 젖어들고 싶어 정상까지 올라갈까 하는 생각을 잠시 했다.

어린 시절 기억의 편린들이 하나둘 되살아났다. 행복한 느낌을 앗아가는 끔찍한 기억도 되살아났다. "부유한 농부"였고 존경받는 명사였던 아버지는 그가 아홉 살 때 돌아가셨다. 가세가 기울기 시작했다. 2년 후에는 또 형이 죽었고, 어린 소년은 충격을 받았다. 감당하기 힘든 상처가 너무 일찍 생겨버린 셈이었다. 애지중지하던 아이를 잃은 어머니는 이제 외동아들이 된 그에게 모든 희망을 걸었다. 아이에게 예절과 규율을 가르쳤고 병적일 정도로 지나친 훈육을 하며 아이를 숨막히게 만들었다. 마을의 여러 사숙私塾을 다니며 한학을 배웠는데, 스승들은 이 마르고 신경질적이며 성격이 급한 아이에게 반드시 읽어야 할 중국 고전 열세 편을 고문하듯 가르쳤다. 그리고 14세가 되자 자기보다 다섯 살 많은, 억세고 무뚝뚝한 여자와 결혼해야 했다.

그러나 이 모든 게 다 지난일 아니던가? 다음 달이면 그는 쑹메이링에게 청혼할 것이다. 중국 최대 갑부의 딸이며 미국 대학을 나온 대★부르주아지 여성이었다. 그녀는 보스턴식 영어로 "나는 얼굴만 동양적으로 생겼을 뿐"이라고 말하곤 했다. 중국의 저 깊은 벽지에서 태어나 자란 그는 이제 여기서 반격할 것이다. 이 눈부신 여자 옆에서 중국 대륙의 새로운 지배자가 될 것이기 때문이다.[3]

이 두 존재의 결합만큼 미스터리한 일도 없다. 그녀처럼 외향적이고 영리하고 여러 언어를 구사하는 사람은 없었다. 그처럼 쭈뼛거리고 촌스럽고 과묵한 사람은 없었다. 쑹씨(송씨) 가문은 부패에 시달리는 중국에서 미래의 이득과 동의어인, 그야말로 미래가 촉망되는 군인에게 일종의 투자를 한 것이다. 열정적 사랑은 없는 결합이었지만 여러 시련을 거치며 순항해 갈 것이다. "우리 같은 예쁜 여자들이 없다면 당신 같은 남자들은 도대체 뭘 할 수 있습니까?"라고, 뉴욕의 마천루에서 치른 100세 생일잔치에서 쑹메이링은 농담처럼 말했다.

---

3. 쑹씨 가문의 세 자매 이야기는 영화로 만들어졌을 정도로 유명하다. 영화는 이런 자막으로 시작한다. "나에게는 세 딸이 있다. 하나는 돈을 사랑했고, 또 하나는 권력을 사랑했으며, 다른 하나는 중국을 사랑했다." 첫째 딸 아이링은 산시성 최대 금융 부호 쿵샹시의 배우자가 되고, 둘째 딸 칭링은 아버지의 친구이자 자기보다 스물일곱 살이나 많은, 중화민국의 국부 쑨원의 배우자가 된다. 셋째 딸 메이링은 장제스의 배우자가 된다. 장제스는 쑨원의 집에 드나들다가 쑨원의 처제인 메이링을 보고 첫눈에 반한다. 주변에서는 두 사람의 결혼을 다 만류한다. 특히 언니 칭링은 장제스를 극도로 싫어했다. 쑨원도 이 결혼에 반대하자 장제스는 그러면 혁명에 투신하지 않겠다고 쑨원을 압박했다고 한다.—옮긴이

강박 관념 : 중국을 재통일하자

1927년, 장제스는 5년 전부터 자신의 롤 모델인 쑨원[4]이 1911년에 난징에 세운 중화민국의 장군이자 총통이었다. 그는 소비에트사회주의 연방공화국 '붉은 군대'의 기능과 명령 체계를 열정적으로 학습했고, 특히 구질서를 활용하여 구질서를 끝내는 이 새로운 군대 체제의 기량을 매우 흥미로워했다. 소련에서 체류했던 경험 때문인지 그는 혁명 사상을 품은 군인으로 의심받기도 했다. 하지만 그는 마르크스주의자가 아니었고, 계급 투쟁을 믿지도 않았으며, 중국 공산주의자들을 무시했다. 쑨원처럼 그도 중국에는 "가난한 자와 덜 가난한 자"가 있다는 것은 인정했다. 그러나 좋은 독트린은 쑨원이 말한 삼민주의처럼 세 가지로 요약된다고 생각했다. '민족주의' '민권주의' '민생주의'. 이것은 그가 선호한 순서이기도 했다. 그는 몇몇 장교의 조언에 따라 카를 마르크스의 《공산당 선언》과 레닌의 저작을 읽긴 했지만, 타고르[5]의 시를 더 좋아했다. 이 인도의 시인은 "생명 사상을 기반으로 한 무한성

---

4. 1911년 여름, 만주국은 지방 부호들의 개인 재산으로 운영되던 중부 지방의 철도 사업을 독점하려고 시도하지만 잘 되지 않는다. 여러 지방이 독립을 주장하는 한편, 온건적인 중간 계층이 공화국에 가담하면서 만주국에서 떨어져 나간다. 공화국 임시정부는 난징에 세워진다. 임시정부는 쑨원을 대총통에 추대하는데, 그는 위안스카이 장군에 의해 바로 제거된다 (1913년). 가장 보수적인, 공화국의 대변인이었던 위안스카이는 자신에게 권력을 공식적으로 양위하도록 만주국을 설득한다. 그러나 그 역시 내부 경쟁자들의 분열로 말미암아 군대 장들에 의해 축출된다. 1917년 남부 지방은 여러 지역으로 분할되고, 쑨원은 위안스카이가 베이징에 세운 정부에 적대적인 또 다른 정부를 광둥(광저우)에 세우고 다시 대총통으로 돌아온다. 하지만 중국의 진짜 주인은 전쟁으로 부와 권력을 쌓은 지방의 토호 세력인 군벌이었다. 이들이 야기하는 무질서를 정리하기 위해 쑨원은 모스크바와 긴밀한 공조를 취하며 1924년에 공산주의자들과 연합한다. 그다음 해에 그는 사망한다.

5. 라빈드라나트 타고르(1861~1941)는 노벨문학상을 받은 최초의 아시아인이다(1913년).

과 불멸성"을 강조했고, "세상의 활동이 의미를 가지려면 사랑과 행복이 있어야 한다"고 보았다. "레닌은 세계 혁명의 수단으로 투쟁과 권력을 강조한" 반면, 장제스는 타고르가 강조한 사랑과 행복을 평생 지키겠노라고 일기장에 쓰기도 했다. 그는 아편전쟁[6] 이후 서구 열강의 제국주의와 맞서 싸워야 한다고 결의를 다졌지만 "혁명적 민족주의"를 주창하지는 않았다. 또한 중국에서 이 제국주의의 '도구들'이 되어버린 지방 군벌들과 맞서 싸워야 한다고 생각했는데, 그의 최종 목표는 바로 1911년 그 끔찍한 해에 청조가 무너진 뒤 중국이 완전히 분열되어 위태로워졌으므로 하나의 중국을 다시 이룩하는 것이었다. 영국이 티베트를, 일본이 만주를, 차르의 러시아가 중앙아시아와 몽골을 차지한 이래 중국도 쉼 없이 위협받고 있었다.

아주 능란하게도 국민당[7]의 우파를 대표하는 반反공산주의자 장제스는 1920년대부터 소련과 동맹을 맺어 이 관계를 잘 관리할 줄 알게 된다. 당시 소련은 겉보기에는 정복적인 제정 시대의 야욕을 버린 듯했다. 그는 소비에트 군사 고문들의 도움을 기대했다. 이들 가운데는

---

6. 1830년대 아편의 재앙에 맞서, 만주 황제는 이를 막겠다는 결단을 내린다. 그러나 문제가 있었다. 이 아편 무역에는 대영제국이 있었다. 당시 대영제국은 중국에서 차를 수입했는데 중국은 영국에서 아무것도 사주지 않아, 중국과의 무역 적자가 최고조에 달해 있었다. 그래서 생각한 방법이 아편 무역이었는데, 직접 거래하는 것이 아니라 우선 동인도회사가 인도 벵골에서 아편을 생산하고 이것을 캘커타(콜카타)의 경매 시장에서 값을 올려 상인들에게 팔면 이 돈으로 차 값을 지불해 주는 식이었다. 런던에서는 이런 수익성 좋은 사업을 막는 것은 도무지 받아들일 수 없는 일이었다. 그래서 원정대가 중국 연안에 파견된다. 이것이 첫 아편전쟁의 시발점이다(1839~1842년). 이 불평등하고도 약한 강도의 갈등은 굴욕적인 난징 조약으로 결론이 난다. 홍콩섬 및 중국의 주요 다섯 항구를 영국에 양도한다는 내용이 었다.

7. 쑨원이 1912년에 창당하고 지도한 민족주의 정당.

앤드레 말로의 《정복자들》에 나오는 인물인 그 유명한 코민테른(공산주의 인터내셔널)의 요원 보로딘도 있었다. 장제스는 군대의 틀을 갖추면서, 대놓고 드러내지는 않았지만 권력을 쟁취하고자 했던 것이다.

바로 전해 봄에 이미 그는 수상쩍은 군인들을 체포하고 이들의 당내 권력을 빼앗아 말끔하게 정리했다. 또 용병들을 진압하고 음모를 꾸몄는데, 그가 이 음모를 꾸몄다는 사실은 결코 발각되지 않았다.[8] 이런 강권 발동, 어떤 의미에서는 쿠데타가 성공하자, 이제 두려움 없이 소비에트의 또 다른 고문이며 일명 '갈렌'이라 불리는 바실리 콘스탄티노비치 블류헤르(1889~1938)[9]가 설계해준 대로 북벌을 단행한다.

병적兵籍으로만 보면 군벌의 병사 수가 20만 명 이상으로 장제스 군대보다 세 배는 많았다. 그러나 장제스 부대는 우파 및 공산당 부대, 민병대, 황푸 군관학교 후배들 및 지방 치기배들까지 다 끌어모은 일종의 패치워크였다. 통일성은 없었지만, 또 몇몇 대장은 부패했지만, 이 민족주의자 장군은 1926년 말까지 여섯 개 지방과 1억 7000만 주민, 그러니까 전체 인구의 3분의 1에 해당하는 인구를 통제했다.

군대는 진일보한 반면, 이 장군의 정치 성적은 낙제였다. 쑨원이 화두를 던진 '중국 혁명'은 어떤 성격을 띠어야 할까? 이 혁명은 민족주

8. 장제스는 쑨원이 사망한 후 왕징웨이가 장악한 국민당 내에서 왕징웨이를 비롯한 자신의 라이벌을 하나하나 제거하려는 음모를 꾸민 것으로 알려져 있다. 그런 이들 가운데는 공산주의자들, 러시아 교관 쿠이비체프 등도 있다.

9. 제련공 노동자 출신인 블류헤르는 차르 군대의 부사관이 되었고, 시베리아에서 브란겔과 콜차크 등의 백색 부대와 맞서 싸우며 계급장을 달았다. 1937년에는 미하일 투하쳅스키 총사령관을 사형시킨 재판정의 일원이었는데, 그 이듬해에 계속되는 숙청에 반대하다가 고문을 받고 사망한다. 장제스는 소비에트 고문이던 보로딘과 아주 가까운 사이였고, 광둥에서 혁명을 일으키기 전에 이미 관계를 돈독히 다져놓았다. 보로딘은 1949년에 굴라크에서 사망했다.

의자들을 배제해야 할까? 아니면 전체 인구의 90퍼센트가 넘는 농민들을 위해 급진적 혁신을 가져와야 할까? 토지 소유권의 근본적 변화로? 장제스는 1927년 4월에서 12월 사이에 상하이에서 벌어진 노동자들의 혁명 운동을 진압함으로써 자신의 답을 일부 내놓았다. 아마도 그가 뜨거운 청춘 시절에 드나들었을 비밀결사인 청방靑幫의 폭력배들에게 도움을 얻어 이 진압을 수행했는데 희생자만 무려 1만 명에 이르렀다. 그는 체포할 공산당원의 목록을 배포하며 나라 전체에 '백색 공포'를 퍼뜨렸다. 이 공산당원 목록에 마오쩌둥도 들어 있었다.[10]

장제스는 중국공산당과 코민테른의 이중 작전에 속지 않았다. 그는 일기장에 이렇게 쓴다. "공산당원들은 내부에서 소요를 일으킨다. 우리 당이 해체되기 전에는, 모든 군대가 무너지기 전에는 절대 멈추지 않을 것이다." 이제 모호한 안개는 걷혔다. 하지만 대가를 치러야 했다. 모스크바와의 결별.

손이 자유로워진—적어도 그는 그렇게 믿었는데—이 민족주의자 장군은 이제 영민하게 상인들과 토지 부농들에게 선심을 쓰고 자신의 명령을 잘 따르는 정치중앙위원회를 발판 삼아 이전보다 좀 더 많은 권력을 손에 쥔다. 게임의 고수인 그는 이제 시커우로 돌아가 유년 시절의 풍경을 다시 보며 생각에 잠긴다.

다시 업무에 복귀하기 전, 그는 일본에 들른다. 일본에서 온천욕을 하고 있던 미래의 장모에게 딸 메이링을 달라고 하기 위해서다. 그는 미래의 처가가 시키는 대로, 첫 번째 부인과 이혼하고 성경을 공부하

---

10. 마오쩌둥은 당시 광둥에서 농민 운동의 간부를 양성하는 기관의 원장을 맡아 들것 운반인, 토목공, 또 전쟁 때 없어서는 안 될 인력 들을 모집하고 양성했다.

며 기독교로 개종할 것이다.[11]

그다음 해인 1928년 봄, 그는 다시 북벌을 진행한다. 이번에는 베이징 쪽으로 향한다. 이제 더 많은 군벌을 상대해야 했고, 가끔은 일본 부대와도 싸워야 했다. 이 일본 부대는 군벌들과 연합할 때도 있었다. 6월 12일, 그는 이제 한 도시에 입성한다. 바로 난징이다. 베이징보다 한참 남쪽에 있지만, 명조의 수도였기에 자신의 정부를 상징적으로 이곳에 세우는 게 좋겠다고 판단한 것이다. 그해 말, 장제스는 뾰족한 열두 개 광선이 뻗어 나오는 하얀 태양이 그려진 파란색 국민당 깃발을 자랑스럽게 바라볼 것이다. 이제 재통일된 중국 대륙 위에서 이 깃발은 힘차게 나부낄 것이다. 그는 큰 승리를 만들어낼 줄 아는 장인이긴 했다.

방탕과 고행 사이

22년 전, 이 깡마른 학생은 열아홉 살 무렵이 되었을 때 군인의 길을 가야겠다고 결심하는데, 당시에는 중국군이 일본군으로 편입된 때였다. 별다른 열등감 없이 세계를 향해 개방한 일본[12]은 한마디로 부러운 모델이었다. 또 일본 군대는 한 나라의 주권을 지켜줄 수 있을 만큼 강했고 규율도 엄격했다. 아직도 봉건 사회이고 거의 무정부 상태나 다를 바 없이 결속력이 떨어진 중국과는 정반대였다.

저장성의 시골 출신 젊은이는 일본 도쿄의 깨끗한 거리와 가로등,

---

11. 1930년에 행해진 일이다.

12. 1868년 메이지 시대 이후.

사무라이 정신에서 나온 엄격한 군대 체계, 또 무사도武士道[13]와 하얀 화장을 한 게이샤에게 매혹되었다. 신중하고 성실하고 정직한—어떤 때는 격정과 흥분에 사로잡힐 때도 있었지만—이 젊은 학생은 수도사 군인[14]처럼 규칙적이고 절제력 있는 생활을 했다. 새벽 다섯 시에 기상했고, 차가운 물로 세수하고 체조와 명상을 했다. 식사는 검약했다. 쌀과 왜무짠지, 여기에 가끔 생선과 고기를 곁들인 식사. 휴가를 받아 중국으로 들어가던 길에 그는 상하이에서 영향력 있는 한 남자를 알게 된다. 그는 상하이 항구를 통제하는 비밀 단체와 관련 있는 사람이었다. 누군가의 소개로 '중국동맹회'[15]라는 비밀결사의 열혈 운동가들과도 만나는데, 부패한 만주 청조의 사기꾼 같은 위정자들을 타도하기 위해 결성된 조직이었다.

1911년에 상하이에서 혁명이 터졌을 때 그는 일본에서 포병대 훈련을 마치고 막 중위가 된 참이었다. 그는 "죽을 각오가 되어 있는" 일선 부대의 대장으로서 곧장 바다를 가로질러 건너가 전투에 참여했다. 이 부대에는 어부들, 중국 마피아 조직으로 유명한 삼합회三合會[16]와 관련 있는 도시 깡패들이 섞여 있었다. 1912년 1월 1일에 쑨원은 개선

---

13. 일본식 독음은 부시도ぶしどう. '무사의 길'이라는 뜻.

14. 원어는 'moine-soldat'로, 가운데 줄표를 써서 일견 이질적으로 보이는 두 단어를 조합한 것이다. 서양에서는 실제로 예수회를 만든 로욜라처럼 군인 출신 사제도 있고, 사제 출신 군인도 있다. 그러나 이 문맥에서는 수도사나 군인이나 금욕과 절제, 규율을 지키는 생활을 철저히 해야 하기에, 비유적인 표현으로 보인다. ─옮긴이

15. 국민당의 전신.

16. 홍콩을 비롯해, 넓게는 중화권의 마피아 조직. '삼합'이라는 명칭은 장제스도 드나들었던 청방, 홍문洪門 같은 한족 비밀결사에서 유래한 것으로 보인다. 중국 국민당과 장제스는 이 삼합회 암흑계 인사들과도 연결되어 있었기에, 장제스가 국공내전에서 패배한 원인을 이런 세력과의 유착이나 부패를 완전히 청산하지 못한 데서 찾기도 한다. ─옮긴이

장군처럼 대환영을 받으며 상하이에 돌아오고, 공화국 임시정부의 총통을 맡는다. 중화민국의 이 새로운 영웅들은 중국 대륙을 1368년부터 1644년까지 다스린 영광스러운 한족의 마지막 왕조인 명조를 찬양한다. 한 달 후 만주가 원류인 청조의 마지막 황제 푸이—당시에 여섯 살이었다—는 퇴위한다.

장제스는 새 통치 체제의 궂은일을 도맡는다. 그러나 이런 것도 잠시였다. 구체제를 복원하려는 도당의 보수주의 장군 위안스카이에 의해 쑨원이 다시 밀려났기 때문이다.[17] 그러나 위안스카이가 세우려는 구체제는 만주인들 없는 독재 체제였다. 민머리 중위 장제스는 상하이가 국제 공공 조계 구역으로 들어가자 상하이에서 비밀 활동을 시작한다. 여러 모의에 가담하기도 하고, 해외에서 활동하는 중국 갑부 상인들로부터 자금을 거두기도 한다. 그는 깡패 집단들과도 열심히 친교를 맺는다. 즐기고, 마시고, 비밀 클럽에 다니고. 유명한 귀족 여성과 함께 있는 모습을 자주 보이기도 했다. 셀룰로이드 깃에 단추 세 개가 달린 군복만 봐도 사람들은 그를 바로 알아봤다. 일본에서의 엄격한 규율 생활과는 정반대로 생활한 셈이다. 하지만 이런 삶도 그에게는 시시하고 덧없었다. 그의 일기를 보면 자신에게 결코 호의적이지 않은 자화상이 나온다. "난폭하고 폭군 같고, 성마르고 자만심 가득하고, 고집 세고, 사악하고, 괴이하고, 질투심 많고, 탐욕스럽고, 사치스럽고

---

17. 위안스카이는 대토지 자산가 같은 가장 보수적인 자들과 결탁했다. 국민당이 의회에서 다수를 차지하자, 그는 이 의회 수장의 암살을 사주하고, 공화국의 여러 지도자를 압박하여 유형지로 쫓아내기도 했다. 권력을 완전히 독점하자 외국 및 외부 세력과는 협상의 정치를 펼쳤다. 심지어 일본에 순종하기도 했다. 그러나 이른바 '군벌'이라고 불리는, 지방을 좌지우지하는 세력으로 성장한 군인들을 통제하는 데 실패하여 남부 지역의 이탈과 분리를 막지 못한다. 그 뒤로 주도권은 쑨원에게 넘어간다.

거만한, 슬픔과 분노로 가득 찬, 사람들 앞에 서기를 좋아하고 허세 떨기 좋아하는 나."

지방 군벌의 꼭두각시에 불과한 무능한 위안스카이에게 대항해 다시 혁명이 일어나고[18] 남부 지방이 분리된 후, 1917년에 다시 권력을 잡은 쑨원의 일을 봐주기 위해 광둥 지방의 광저우로 돌아온 장제스는 다시 삶에 의욕이 생긴다. 육군 사령관으로 임명되었으니 더더욱 그럴 만했다. 놀라운 승진이었다. 쉽게 우울감에 빠지는 경향이 있는 그를 상명하복의 위대한 군 정신이 그나마 잡아주었다. 그는 제니[19]와 결혼한다(첫 번째 부인과는 일방적으로 이혼한다). 그런데 과거에 놀았던 흔적인지 그녀에게 임질을 옮겨 추문을 일으키기도 한다. 이에 수치심이 들어 바로 금욕 생활에 돌입하는가 하면, 술도 끊고, 새벽에 일어나 운동을 하고, 아주 간소하게 먹고, 약간 불결하지만 지극히 서민적인 국물만 마셔도 차를 마셔 씻어냈다.

그는 세상을 정확히 관찰하고 자신만의 정치적 독트린의 밑그림을 그리기 위해 이런 금욕에서 나오는 맑은 정신세계를 충분히 활용했다. 하여 아주 기이한 착상물을 하나 내놓는데, "조지 워싱턴의 이상"과 "나폴레옹의 방법론"과 비스마르크식 모델인 "철과 피"[20]의 맛을 조합

---

18. 위안스카이(원세개)에 대항하는 이른바 반원反袁 운동은 1915년 윈난 봉기를 계기로 도처에서 일어난다. 결국 계속되는 반원 운동의 소용돌이 속에서 위안스카이는 1916년에 사망한다. —옮긴이

19. 본명은 천제루陳潔如다. 상하이 태생으로, 장제스의 두 번째 부인이며, 이혼 후 미국으로 유학을 떠나 생긴 미국식 이름이 '제니'다. 장제스가 일본 여인과의 사이에서 낳은 딸 장야오광을 키우기도 했다. 유학을 마치고 중국 본토로 귀국하여 홍콩에서 정치가로 활약했다. —옮긴이

20. 특히 이 문장이다. 1862년, 독일 재상 비스마르크는 다음과 같이 확신했다. "우리 시대의

한 것이 그것이다. 그리고 그토록 꿈에 그리던 참모총장으로 승진하자 비로소 그의 내면에 안정감과 질서가 찾아온다. 이제 그가 유일하게 추구한 목표, 즉 중국 대륙의 재통일에 몰두할 수 있게 된다.

일본의 침략

장제스는 1928년에 목표한 바를 달성했지만, 그가 세운 건물이 너무 취약했는지 또다시 긴급히 군벌 돌격대를 해체할 일이 생긴다. 중국 속담에 이런 말이 있다. "병사들은 물과 같다. 국가의 배를 띄우거나 가라앉게 한다." 유격대는 베이징과 광저우 사이의 철도를 폭파하고, 창장강으로 가는 교통로를 차단하고, 이미 기근과 홍수로 참담해진 나라를 더 피폐하게 만들었다.[21]

이와 같은 불안과 동요 때문에라도 장제스는 한층 더 독재자 같은 태도를 보였고 여기저기서 이의 제기가 쏟아졌다. 그런데 이것만으로는 충분치 않은지 외부에서 두 가지 위협이 날아들었다. 남부 장시성 산악 지대에서 5만 명에 이르는 홍군[22]이 호위하는 중화소비에트공화

크나큰 문제들은 연설이나 다수결 투표로 해결되지 않는다. 1848년(유럽이 만끽한 인민들의 봄. 가령, 프랑스 2월혁명)에는 그것이 가능했지만, 지금은 아니다. 이제는 철과 피에 의해 해결된다."

21. 1931년에 발생한 이 범람으로 20만 명 이상이 사망했으며, 2000만에 이르는 주민들이 집을 잃었다.

22. 마오쩌둥은 징강산에서 군대를 개편해 1927년에 일명 '홍군'의 기초를 다진다. 소련의 '붉은 군대'에서 명칭을 그대로 따와 원문에도 'Armée Rouge'로 되어 있으나 소련군과 구분하기 위해 '홍군'이라 번역한다. 중국에서는 중국공농혁명군中國工農革命軍 또는 중국공농

국이 선포된 것이다. 그리고 북쪽에서는 일본군이 만주의 열두 개 도시를 점령했다. 일본군은 80만 제곱킬로미터에 이르는 영토를 통제하고, 퇴위한 푸이를 다시 황제로 옹립해 만주국이라는 괴뢰 정권을 세웠다.

만주사변은 중국 학생들의 분노를 촉발했다. "도쿄로!"를 외치며 학생들은 시위를 벌이고 중국 외교부 관사를 점령하는가 하면 외교부장을 폭행했다. 도처의 궐기에 정신을 차릴 수 없어진 장제스는 우선 모든 직책에서 물러나고 싶었다. 다시 영원한 휴식처 시커우로 돌아간다.

귀향 후 몇 주가 지난 1932년 초, 일본 해군 소총수들이 상하이에 하선했다. 장제스는 아무것도 하지 않기로 결심한다. 그는 다음과 같이 이성적으로 판단한 것이다. 일본군이 30만 병력을 몰고 온다 해도 중국 대륙 전체를 점령할 수는 없을 것이다. 또한 군사력이 월등히 높은 일본군을 공격하는 것은 자살 행위나 다름없다. 요약하면, 차라리 "공산당 강도" 제거에 몰두하는 편이 훨씬 쓸모가 있을 것이다. 이런 정치적 판단에 따라 그는 중국인들에게 다음과 같은 슬로건을 내건다. "외세와 타협하고 내부에 평화를 가져오자."

형세 관망주의 또는 소극주의를 비난하는 자들에게 장군은 이런 비유법으로 대답한다. "일본의 침략은 외부적인 것이다. 이건 피부병이

홍군中國工農紅軍이라 불렸고, 중화민국 정부는 홍군에 적개심을 품고 '붉은색 적'이 아닌 '도적 적'을 써서 적군匪軍이라고도 불렀다. 1937년에 2차 국공합작이 성사되면서 홍군은 팔로군으로 개편된다. 홍군은 별칭일 뿐이다. 또한 마오쩌둥은 홍군을 창설한 후, 농민들의 지지를 바탕으로 징강산을 근거지로 삼아 주변 지역으로 서서히 진출, 1930년에는 중국 중남부를 중심으로 열다섯 개의 소비에트를 건설한다. ─옮긴이

다. 점점 곪다가 터지면 낫는다. 그러나 공산당 산적들의 발호는 내부적인 것이다. 이것은 심장병이다." 국민당 군대는 세 전투에서 실망스러운 결과를 내며 고전하다가 마침내 1934년 4월, 광창에서 홍군을 완전히 제압한다. 홍군은 그로부터 6개월 후에 딱한 후퇴를 하며 '대장정'[23]을 시작할 것이다(대장정은 마오쩌둥 대서사시의 절정이다). 후줄근해진 병사들의 이 긴 행렬은 무려 80킬로미터에 이르렀다. 그해 말, 홍군은 고비 사막 접경지대인 산시성陝西省 북부에 주둔하고 다시 전투를 벌이기 위해 무기의 날을 세운다.

변신

공산당을 무찌른 장제스는 이제 일본을 공격할까? 아니면 한 번 더 교묘하게 빠져나갈까? 12월 9일, 장군은 산시성의 주도인 시안을 방문한다. 옛 북부 군벌(봉천 군벌) 출신인 장쉐량의 초대에 대한 응답이었다. 장쉐량은 아버지를 이어 이 군벌의 2대 수장이 된 인물로, 내전을 종식하고 공산당을 포함한 모든 중국인이 힘을 합해 일본에 대항하기 위해

---

23. 마오쩌둥이 이끄는 대장정은 1934년에 시작되었다. 중국공산당은 국민당 군대가 쫓아올 수 없는 곳으로 계속해서 이동한다. 그들은 곳곳에서 군벌의 부대를 맞닥뜨렸고 매일같이 전투를 하며 이동해야 했다. 중국 동남부에서 시작하여 점차 서북부로 이동, 열여덟 개 산맥을 넘고 스물네 개 강을 건넌, 그야말로 대서사시였다. 처음에는 10만 명 정도가 이 대장정에 합류했지만, 중도에 서서히 떨어져 나가 옌안에 도착했을 때는 8000여 명밖에 남지 않았다. 그러나 이 시기 마오쩌둥의 탁월한 리더십으로 지도 체제가 확립되었고, 수많은 희생자를 내긴 했지만 일본에 선전 포고했던 약속을 지키고 농민을 비롯한 민중의 적극적인 지지로 중국혁명의 불씨를 완벽하게 지펴놓았다. ─옮긴이

노력해야 한다고 오래전부터 주장한 인물이다. 심지어 그는 자신의 권한을 뛰어넘어, 훗날 마오쩌둥 정부의 외교부장이 되는, 중국공산당의 저우언라이와 비밀 협약을 맺기까지 했다. 그가 장제스 장군을 공식적으로 초청한 이유는 싸우고 싶어 안달이 난 부대원들 앞에서 자신의 뜻을 밝히기 위해서였다. 그러나 실은 장제스를 감금하기 위해 벌인 일이었다. 장제스는 도착하자마자 학생들의 소란스러운 구호 소리를 들어야 했다. 초대한 손님을 감금하기까지 아직은 사흘이 남아 있었다. 거래? 장제스가 모든 "중국 애국자들"을 하나로 결집하는 전선을 형성하는 데 찬성하면 그는 목숨을 부지할 것이고, 그렇지 않으면······ 협상이 15일간 진행된다.[24] 국민당 쪽에서 나온 협상자는 그의 아내 메이링과 매형 쑹쯔원이었다. 장제스는 자우언라이 앞에서 일본 제국주의와 대항해 함께 싸우고 홍군과 합류하는 안을 수용한다.[25]

첫 번째 전투는 7개월 후 어떤 '사고'[26]로—중국인들이 좋아하는 완

---

24. 쑹메이링과 장쉐량은 한때 연인 사이였다. 위에서 언급되는 시안 사건을 일으킨 장쉐량은 중국의 2인자였지만, 1인자인 쑹메이링의 남편 장제스, 즉 최고 통치권자를 인질로 삼아 일본과의 무력 항일 운동을 촉구하며 국공 합작을 요구, 이를 성사시켜서 그 담대한 기개가 전설처럼 회자된다. 장쉐량은 장제스를 풀어주고 스스로 군사 법정에 선 후 10년 금고형에 처해졌다가 국민정부가 타이완으로 옮겨 갈 때 이송되어 반세기 이상 가택 연금 생활을 한다. - 옮긴이

25. 장제스는 이 사건으로 장쉐량에게 10년 금고형을 선고한다.

26. 프랑스어로도 '사고incident'와 '사건évènement'은 뉘앙스가 달라 구분된다. 사고를 뜻하는 'incident'은 '땅의 울퉁불퉁한 기복'이라는 뜻도 있으며, 우연히, 우발적으로 생긴 미미한 사건을 가리킨다. 흔히 전쟁이라는 '사건'은 우발적으로 일어난 것처럼 보이는 '사고'에 의해 발발한다. 그러나 역사의 비하인드 스토리는 '사고'가 결코 우연이 아니라 전쟁 기획자들이 만들어낸 음모일 수 있다는 점을 왕왕 보여준다. '마르코 폴로 다리 사고'(마르코 폴로가 언급한 적 있어서 서양에서는 이 다리를 이렇게 부른다)도 마찬가지다. 중국에서는 이를 일명 7.7사변 혹은 '루거우차오(노구교) 사건'이라고 부르는데, 중일전쟁의 발단이

곡법이다―시작된다. 이 사고는 베이징에서 15킬로미터쯤 떨어진 '마르코 폴로 다리'에서 일어난 사건이다.[27] 일본군은 서둘러 베이징을 점령한 데 이어 서부 산악 지대에 있는 허베이성과 산시성山西省을 점령한다. 일본군은 주둔지를 마련할 새도 없이 그곳 주민들을 총검으로 학살하고 포로들을 처형한다. 이들은 산시의 산악 지대를 제외하고는 별다른 저항에도 부딪히지 않았다. 산시 지역에서는 대장정의 베테랑 장군이자 중국 홍군의 창설자인 주더[28]가 지휘하는 제8군단이 매복전을 펼쳤다. 승리에 도취된 일본군은 상하이에서 두 번째 전선을 펼친다. 상하이는 상업적 항구로 도쿄로서도 중요한 전략적 요충지였다. 남으로는 타이완이, 북으로는 한국이 있고, 바로 맞은편에 일본이 있으니, 상하이만 확보한다면 이 넓은 해상 지역을 온전히 통제할 수 있을 터였다. 전투는 1937년 8월부터 11월까지 지속된다. 국제 조계를 직접적으로 겨눈 것은 아니다. 그러나 여객선들이 신중하게 유럽인 가족들을 인도차이나로 이동시킨다. 로베르 귈랭 기자의 증언에 따르면, "그 사건은 그 도시에서 상당히 먼 곳에서 일어났다. 작전이 벌어지는 광경을 볼 수 있는 유일한 곳이었다. 그 광경을 보려고, 프랑스령이 된

된 사건이다.―옮긴이

27. 1937년 7월 7일에서 8일 밤, 일본군은 완핑이라는 작은 마을을 향해 발포하기 시작한다. 이 마을에는 중국군이 상주하고 있었는데, 일본군 병사 하나가 이 마을로 들어갔다가 사라진 일이 생겼다. 이에 일본 사령부는 불만을 표하고, 실종된 일본 군인을 수색하려면 마을 안으로 들어가야 한다고 주장하며 중국군에 이를 요청한다. 중국군은 당연히 거절한다. 그러자 이를 빌미로 일본군은 공격을 개시한다. 이것이 이른바 '마르코 폴로 다리 사건', 다른 말로는 '루거우차오 사건'인데, 일본군의 자작극임이 밝혀진다. 이 사건을 계기로 일본 제국과 중화민국은 전쟁에 돌입한다.

28. 주더(1886~1976)는 중화인민공화국의 군인이자 정치가. 개국공신이라고 불릴 만큼 중화인민공화국 정부 수립에 공을 세웠다. 한국전쟁에도 참전했다.―옮긴이

이곳 마을의 높은 테라스와 지붕에 사람들이 새까맣게 몰려와 있었다. 음료를 두어 차례 들이킨 후 어쨌든 나도 그곳으로 올라갔다."

상하이는 중일전쟁의 주요 전투지가 된다. 하지만 최대 학살은 12월에 난징에서 벌어진다. 중화민국의 총통이 된 장제스가 이 도시를 포기하라고 명령하고 난 다음이다. 하지만 한때 그는 그곳을 끝까지 수호하겠다고 맹세한 바 있었다. 끔찍한 공포가 이어졌고, 중국 군인들은 도망치거나, 어떤 군인들은 자신의 형제를 탈영병으로 잘못 보고 총을 쏘기도 했다. 도시가 함락되자 일본군은 무장 해제된 군인들을 6일 동안 완전히 도륙했다. 심지어 빨리 해치우기 위해 "열두 명씩 하나로 묶어 서로 총질하게 하거나", 일제 사격을 가했고, 시신에 기름을 부어 불태웠다. 국민당을 뿌리까지 뽑아내는 것이 이들의 목표였다. 이제 경찰, 공무원, 그 밖의 국가 부역자들을 모두 청산했다. 세 번째 단계는 시민들을 없애는 거였다. 대규모 강간을 자행했고, 살해했고, 약탈했다. 이때 희생된 중국인 가운데 사상자만 무려 10만 명이었다.[29] 이 난징 대학살은 2차 세계 대전이라는 반인륜적 전범戰犯의 시대를 알리는 전조였다.

난징 주민들은 철저히 버려진 기분이 들었다. 그들의 총통은 부대의 퇴각을 합리화하기 바빴다. "우리 병력을 유지하느냐, 아니면 전쟁을 연장하느냐, 그것도 아니면 체면을 차리느냐. 우리는 이런 어려운 선택의 갈림길에 놓여 있었다. 우리는 지칠 대로 지쳐 있었다. 그래서 첫 번째 선택을 할 수밖에 없었다." 사실 최악의 상황에서도, 심지어 8년

---

29. 중국 당국은 사상자 수를 30만 명으로까지 올려 보기도 한다. 전투가 끝나고 나서도 무자비한 폭력이 자행되었기 때문이다(5만에서 9만 명 정도의 사망자가 있었다고 본다). 강간은 8000건에서 2만 건까지도 본다.

후 일본에 항복할 때까지도 장제스는 자신의 이런 견해를 절대로 바꾸지 않았다. 전쟁이 길어질 거라고 생각한 그는 인내를 요구했다. "전쟁의 운명은 난징이나 다른 어떤 도시에서 결정되는 것이 아니다. 바로 이 거대한 대륙의 전장에서 결정된다. 우리 민족의 불굴의 의지로 결정되는 것이다. 우리는 4000만 제곱리[30]에 해당하는 우리 영토를 한 발 한 발 되찾아 나가기 위해 투쟁할 것이다."

1938년 초, 국민정부의 군대—모스크바와의 결별로 이제 독일 사관들로 일부 재편성되었다—는 핏기가 다 사라진 듯 힘을 쓰지 못했다. 젊은 사관들과 엘리트 사관들 절반 이상이 섬멸되었다. 일본군의 사망자와 부상자는 4만 명에 불과했다. 일본군은 25만 병사에, 80만에 이르는 예비역이 대기하고 있었다. 이들은 진짜 직업군인들로, 특전사 및 보병, 기병 등 완전무결한 정예 부대원이었다. 1500대에 이르는 일본 전투기가 중국 전투기 300대를 격추했다. 해군 병력은 또 어떤가. 일본은 세계에서 세 번째 해상 강대국이었다.[31] 어떻게 저항할 수 있겠는가? 직접적인 전선을 피하는 수밖에 없었다. 중화민국은 이제 폐허가 된 난징의 본부를 떠나 난징보다 확실히 중심부에 위치한 후베이성의 우한으로, 충칭으로, 쓰촨으로 들어갔다. 일본군이 밀고 들어옴에 따라 더 안쪽으로, 더 남동쪽으로 밀려서 들어간 것이다. 미국에서 유학해서인지 미국인 같기도 한 메이링은 귀족 습관을 버리지

---

30. 리里는 중국의 거리 단위로 약 576미터에 해당한다(시대마다 이 척도 환산이 달라지는데, 과거 주나라 시대에는 1리가 약 358미터이고, 한나라 시대에는 약 415미터이나 현대에 와서는 거리 표준화에 의해 대략 500미터다-옮긴이).

31. 일본군은 강을 따라 올라가 중국 대륙으로 잠입하기 위한 포병대 함선 40여 대까지 갖추고 있었다.

못하고 새 작전 사령부 안에 폭스트로트를 출 수 있는 별장을 지었다. 이곳의 보안은 나치 돌격대 출신이기도 한 독일 국가방위군 대위 발터 스테네스가 맡았다. 그는 히틀러의 명에 따라 투옥되었으나 탈출에 성공한 자였다.

국민당은 패주하면서 600개 이상의 공장, 12만 톤 이상의 물자, 4만 명의 노동자, 생산 공장을 가동시킬 수 있는 1만 명의 기술자를 거두어 간다. 수훈이라면 수훈일까.

총사령관은 절대 동요하지 않고 침착하게 말한다. "적의 전략은 싸우지 않고 중국을 점령하는 것이다. 나는 적이 싸우되 아무것도 얻지 못하기를 바란다. 그러나 적은 빨리 해결하는 전쟁을 바란다. 나는 적이 전쟁을 해결할 능력이 안 되면서 전쟁하기를 원한다. 따라서 우리는 반드시 승리할 것이다." 그간 반역과 배신행위를 한 것으로 간주되어 주요 임무에서 배제된 장교들에게도 명령권을 위임한다. 이제는 술책이 통하지 않았다. 그러나 장제스는 자신에게 반대하는 자들이 늘어나는데도 최소한의 비판도 들으려 하지 않았다.

1938년 6월, 그는 적의 전진 속도를 늦추기 위해 황허의 제방을 무너뜨리라고 명령한다.[32] 이로 인해 4000개 마을과 12개 도시가 물에 잠겼고, 40만 농민이 익사했으며, 200만 난민은 집을 잃고 떠돌았다. 결과를 위해서라면 수단은 무조건 정당화되는 걸까. 중국 농민들은 이를 똑똑히 기억할 것이다.

---

32. 일본군에게 계속해서 패배하던 중국은 허난성의 성도 정저우까지 밀렸는데, 이곳만큼은 사수해야 했던 장제스는 황허의 제방을 무너뜨려 일본군을 저지하려고 했다. 그곳은 산이 없는 대평원이어서 엄청나게 넓은 지역이 침수되었는데 주민들에게 제대로 경보도 하지 않아 인명 피해가 상상을 초월하는 규모가 되었다. -옮긴이

10월 21일, 임시정부의 새 수도인 충칭에 물자 및 식량을 보급하는 역할을 하던 광둥성마저 함락되자 주변은 사냥꾼의 뿔피리 소리가 요란하다. 불행은 절대 홀로 오지 않는 법인가. 며칠 후, 국민당의 2인자인 왕징웨이[33]가 배신을 한다. 그는 일본과의 "합리적 평화"를 원한다면서 당시 일본이 점령하고 있던 인도차이나의 하노이로 가버렸다. 고생을 너무 많이 한 탓일까. 장제스는 이제 현실을 부인하며 터무니없는 생각을 하기에 이른다. 그는 일기에 이렇게 쓴다. "오늘 내가 일본 불한당에게 산산이 찢겨 죽는다 해도 이런 위기 상황이 시안 사변 때보다 천배는 낫다." 사실 중화민국은 주민의 4분의 3을 잃었으며 산업은 거의 다 초토화되었다. 농민들은 난폭한 징용에 분노했고, 인플레이션은 170퍼센트에 육박했다. 군대는 산산조각 나서 누더기가 되었다. 450만 병사 중에 겨우 3분의 1만이 소총을 휴대했다. 영양실조에 걸린 데다 위생 시설도 말이 아닌 상태여서 부대는 완전히 사기가 떨어졌다. 거만하고 부패한 고위급 장교들은 계속해서 온갖 거래를 통해 부를 쌓았다. 장제스는 이런 태도를 비난하면서도 결코 그들을 엄벌하지 않았다.

국민당이 버리고 가고 지역 명망가들이 포기해 버린 들판이 이제 완전히 공산당의 수중에 들어갔다. 일본군은 도시를 점령하고 교통로 및 통신로를 장악한 데 만족했다. 마오쩌둥의 중국 공산당은 소작료를 낮추고 고리대금에 맞서 싸우며 마을의 자위대를 조직한다. 국민당은 영토만 잃은 게 아니라 민심까지 잃었다.

---

33. 젊은 시절 만주국과의 투쟁에서 실력 발휘를 했던 영웅으로, 쑨원과도 가까워 잠시 그의 후계자로도 여겨졌다. 그러나 결국 왕징웨이는 일본이 난징에 세운 괴뢰 정부에 들어간다. 1944년 말, 나고야의 한 병실에서 사망한다.

권력이라는 환상

1941년 12월 7일, 일본군이 태평양에 주둔한 미군의 주요 기지인 진주만을 공격하고 이에 미국이 전쟁에 개입하면서 장제스는 3년 이상 마모되도록 싸워온 전쟁에서 조금이라도 빠져나올 수 있었다. "태평양과 세계가 끝없는 배신과 배반, 잔혹한 힘의 저주로부터 벗어날 때까지 우리는 당신들 편에 서서 싸우겠습니다. 우리가 그동안 쌓아온 모든 역량을 우리의 이 새로운 공동 전선에 바치겠습니다." 그는 루스벨트 대통령에게 곧장 전보를 친다. 80만 일본군 병사들과 전투기 100여 대를 저지할 수 있는 힘이 그에게 있다는 것이었다. "저항전을 성공시킬 수 있는 정치적 전략이 무르익었습니다. 무엇보다 이 전략을 끝까지 밀고 나가기만 한다면, 흐름이 완전히 뒤바뀔 수 있습니다. 이제는 제 조바심을 거둘 수 있을까요? 이제는 걱정하지 않을 수 있을까요?"

　그런데 어떻게 걱정하지 않을 수 있겠는가? 진주만을 공습한 지 18일 만에 일본군은 홍콩에 군대를 투입한다. 이것은 6개월간 지속될 전방위적 정복전의 서곡에 불과했다. 이어 일본은 필리핀과 싱가포르, 중국 남부의 주요 보급 기지인 버마에 이어, 네덜란드령 인도(미래의 인도네시아), 솔로몬 제도, 오스트레일리아 북부 도시 다윈까지 폭격한다. 후난성에서 끔찍한 기근이 시작될 것이고, 사망자가 200만, 300만 명이나 속출할 텐데, 어떻게 아무런 의구심을 갖지 않는단 말인가? 장제스는 제비가 오면 봄이 올 거라고 스스로를 다독였다. 도쿄는 중국 전체를 정복하는 것이 목표가 아니었다. 정복한 지역을 통제하는 정도면 애쓴 보람을 느끼기에 충분했다. 1942년 6월, 미드웨이 해전에서 야마모토 제독은 공격 중단을 명령한다. 8개월 후 미국은 과달카날

섬에서 비로소 눈부신 승리를 거둔다. 이제 행운의 수레바퀴는 결정적으로 다른 방향으로 돌아가고 전세는 그야말로 역전되었다. 이런 모든 소식이 중국 지도자들의 마음을 달래주었다. 일본 해군이 필리핀 제도 정중앙에 있는 레이테섬에서 완전히 박살나는 1944년 가을까지 기다려야 했지만 말이다.

1943년 11월 말, 카이로 회담의 공식 사진만 보아도 낙관적인 분위기가 고스란히 읽힌다. 장제스는 바로 옆에 있는 프랭클린 루스벨트와 대화를 많이 나눈 듯하고, 그 옆에서 윈스턴 처칠이 메이링을 향해 웃고 있다. 중국 총통은 아무나 못 들어가는 "4대 강국" 클럽에 들어간 것이다. 장제스는 그렇게 믿었다. "우리 국가의 명성과 영향력, 그 정신적 위대함이 역사상 그 어느 때보다 높다"고 그는 일기장에 적었다. 아편전쟁에서 패한 후 맺은 굴욕적인 불평등 조약의 종료를 알린 다음에는, 만주와 타이완[34]을 회수할 수 있다고 연합군이 그에게 약속하지 않았던가? 그의 행동 덕분에 중국은 그의 스승 쑨원에 의해 주창된 '삼민주의' 원칙 가운데 하나를 완수하는 것 아닌가? 민족의 주권을 되찾는 것 말이다.

그런데 꼭 그렇지만도 않았다. 중화민국은 외부에서 보면 영롱한 불빛으로 반짝이는 것처럼 보였지만, 안에서는 부패가 만연했다. 다이리라는 아주 끔찍한 비밀경찰서장은 장제스 정부를 전복하려고 했다

---

34. 타이완은 17세기 때만 해도 네덜란드의 통치령이었다가 청조 지배기를 거친 후 50년 동안 일본에 의해 통치되는 식민기(1895~1945년)를 보냈다. 일본이 패망하자 연합군 총사령부의 명령에 따라 타이완에 주둔하던 일본군을 총감독하던 총독 안도 리키치는 중화민국에 항복했고, 이어 국민혁명군이 타이완섬에 진주하기 시작했다. 타이완 거주민들은 국민정부 군대를 처음에는 환영하지만, 이들 군대가 부패한 데다 거주민에게 위압적으로 대하자 불만을 품는다. ─옮긴이

는 이유로 기소된 사관 600명을 증거도 없이 체포했다. 이들 가운데 열다섯 명을 현장에서 바로 총살했다. 미국의 원조를 받는 동안에도 부끄러운 줄도 모르고 밀매와 부패가 횡행했다. 이는 서민들의 빈축을 사고 분노를 일으키기에 충분했다. 국가 체제의 기둥인 쑹씨 가문, 즉 장제스의 처가 쪽이 특히 이런 일에 앞장섰다.

바다에서 패한 일본 제국 군대는 포기하지 않았다. 일본의 전쟁 문화는 신비주의에 바탕을 둔 검과 총검의 "새로운 사무라이" 문화였다. 이들 사전에 '항복'이란 말은 없었다. 1944년 4월, 그들은 50만 병사와 200대의 전투기, 400대의 탱크, 2만 대의 전차, 그리고 2000척이 넘는 소형 군함을 앞세우고 '이치고(1호)' 공격전을 감행했다. 목표는? 동남아시아로 이어지는 물자 보급로를 위해 이번에는 육로를 확보하고, 쌀, 석유, 고무 등을 수탈하기 위해 인도차이나로 가는 길을 열고자 미국 항공기들이 이용하는 중국 남동부 공항을 점령하는 것. 8개월 후, 40개 사단 75만 병사를 잃은 중화민국 군대는 스틸웰 장군이 지휘하는 미군에 작전 통수권을 넘긴다.

그런데 예상과 다르게 일본은 갈팡질팡한다. 일본 군인들은 지쳤고, 보급로도 끊어졌다. 일본 수뇌부의 가장 큰 두려움은 미군이 일본 군도에 하선하는 것이었다.

이 최후의 전투에서, 장제스는 더는 존재감이 없다. 더욱이 그는 얄타 회담(1945년 2월 4~11일)이나 포츠담 회담(1945년 7월 17일~8월 2일)의 사진에도 없다.[35] 이제 그는 초대받지 못한 것이다. 그가 세계 강대

---

35. 바로 이 자리에서 소련이 일본에 선전 포고를 하기로 결정한다. 나치 독일의 항복 이후 3개

국들 사이에 끼어 있는 모습은 아주 잠깐뿐이었다.

태평양 전쟁의 마지막 군사 행동으로, 1945년 8월 8일에 소련은 일본과의 전쟁을 선포한다. 소련의 '붉은 군대'는 지칠 대로 지친 80만 일본 병사들을 상대로 속전속결 번개같이 전쟁을 펼친다. 그리고 이 세상 그 어디보다 비참한 폐허의 유적이 되어버린 일본 괴뢰 정부인 만주국의 황제 푸이를 체포한다. 장제스가 가장 두려워하던 일이 벌어지고 말았다. 말리노프스키 원수가 이끄는 소비에트 병사들은 이곳에 주둔하며 중국공산당 장군 린뱌오에게 이 지역 농촌 통제를 맡겼고, 가득 쌓여 있는 일본 무기들도 다 꺼내서 쓰게 했다. '붉은 군대'가 마오쩌둥의 '인민해방군'을 이렇게 적극적으로 돕고 나오자, 이제 마오의 군대는 게릴라 집단이 아니라 비행기 900대, 대포 2500대, 기관총 9000대, 군용 트럭 2만 5000대 등을 보유한 근대적 군대로 탈바꿈한다. 한편 린뱌오는 자신의 부대에 '꼭두각시' 병사 15만 명을 편입시키는 정치적 수완을 발휘하기도 했다.

그런데 미국인들은 전쟁이 끝나면 어떤 일이 벌어질지 이미 예상한 상황이었다. 그들은 공산주의자들의 연합이 불안했던 것이다. 그래서 대규모의 에어브리지[36]를 조직하고 광둥에서 만리장성까지 국민당 정부군 20만 명을 진군시켰다. 곧이어 병사 20만 명을 더 투입했다. 목표는 중국 땅에 있는 200만 일본 군인의 장비와 설비에서 얻을 수 있

월 만이다. 이 회담으로 소련은 사할린 남부를 회수하고, 쿠릴 열도를 확보한다. 또 포트아서는 소비에트 미사일 기지가 되고, 만주와 타이완, 평후 제도는 중국에 반환된다.

36. 프랑스어로는 'pont aérien'이라고 하는데, 항공 운송 체계 중 하나다. 철도나 도로, 선박 같은 다른 교통 및 운송 수단을 활용할 수 없는 특수한 상황이 생겼을 때 급히 편성하는 항공 운송 체계를 가리킨다.―옮긴이

는 것은 다 회수하는 것이었다.

1945년 8월 14일, 중화민국 국방부 장관 쉬융창[37]은 미국 전함 '미
주리호'에서 일본의 항복 문서에 서명했다. 그의 옆에는 미국의 맥아
더 장군도 있었다. 세계 대전은 끝났다. 중국내전은 다시 시작될지도
몰랐다.

나쁜 악령

1946년 5월 3일, 국민당 정부는 난징의 집무실을 되찾았다. 장제스
는 무개차를 타고 수도를 누비며 박수갈채를 받았다. 공산당의 패배와
함께 첫 번째 대결에서 국민당이 유리한 고지를 점했기에 더더욱 그
는 국가의 재통일이 다가오리라 기대했다. 그해 말, 중국 홍군은 17만
5000제곱킬로미터를 포기했고 165군데 마을을 잃었다.

총사령관은, 또 한 번, 국민당 간부들에게 재갈을 물리지 못하는 과
오를 범했다. 관료들은 공사 구분을 못하는 것은 물론, 부패, 오락과
도박, 매춘 등 그 못된 습성을 버리지 못했다. 재무부 장관 웡원하오는
홀로 이런 중국을 일으켜 세워보려고 노력했다. 시급했다. 인플레이
션이 나라를 좀먹고 있었다.[38] 국내 자본과 외화가 수증기처럼 증발했

---

37. 국민정부의 군령부軍令部(해군 총괄 기관) 부장 및 중화민국 3대 국방 장관을 지냈다.
    1945년 중화민국 대표로 미주리호에 승선하여 일본 외상 시게미쓰 마모루의 항복을 받아
    냈다. -옮긴이
38. 국민당 정부가 발행한 지폐를 법폐(法币, fabi)라고 하는데, 가령 1937년 100법폐였던 것
    이 10년 후에는 1300만 법폐까지 치솟는다.

고, 주요 곡식인 쌀은 부족했고, 지하경제가 번창했다. 민중은 으르렁거렸다. 노동자들은 국민당과 별도로 새로운 노조를 세워 계속해서 파업을 벌였다. 학생들은 "기아와 내전"에 반대하는 집회를 열었고 주둔 미군 병사의 난폭성을 규탄했다. 특히 베이징의 한 여학생이 미군에게 성폭행을 당한 뒤 시위가 더욱 거세졌다. 정부는 이런 일들을 모두 못 본 척했다. 시민의 호소에 진압으로 응답했다.

공산주의자들은 이런 추이를 잠자코 지켜보고 있었다. 과일은 거의 익었다. 1947년 여름, 조수가 바뀌었다. 공산당 부대는 국민당에 연속으로 패배하고 있었는데, 이듬해 1월에 광범위한 소요 사태가 일어났고, 이어 상하이에서 다시 학생들의 시위가 거세졌다. 바에서 일하던 여성 3만 명도 포주들과 함께 시위에 가담했다. 이 사업주들은 바 건물을 폐쇄한 것에 항의하여 시市 사회업무과에 쳐들어가 집기를 들어내고 약탈했다. 2월에 경찰은 방직 공장을 점거한 노동자 6000명을 끌어내기 위해 대대적으로 진압 작전을 펼쳤다. 그 결과 세 명이 죽고 2000명이 체포되었다.

만주라는 함정

공산당 장군 린뱌오는 만주에서 자신의 역량을 한층 더 강화한다. 그는 40만 국민당 병사에게 대항할 70만 병사를 모은 후, 1948년 9월에 선제적으로 치고 나가 4개월 후 지역을 완전히 점령한다. 그의 전략은 간단했고 효과적이었다. 여기저기 흩어진 주둔지를 정리하기 위해 교통로를 전부 차단했다. 국민당 전투기들이 상황을 역전시킬 수도 있었지만 엔진 연료도 없고 비행기 동체 부품도 닳아 있었다. 그냥 땅에 발이 묶여 있을 수밖에 없었다. 1949년 1월 24일, 린뱌오 장군의 집결 명령 이후 베이징은 마치 다 익은 과일이 떨어지듯 그들 수중에 들어왔다.

상황이 너무나 절망적이어서 장제스는 아들 장징궈에게 타이완으로 퇴각할 준비를 하라고 시켰다. 이곳은 중국 대륙이 늘 탈환을 꿈꾸었던 곳으로, 그는 거기를 중국의 미래를 뒷받침해 줄 곳으로 여겼다.[39] 베이징 박물관의 소장품 3000상자를 보냈고, 중국 은행 금고에서 3억 달러에 해당하는 금과 은, 외국 화폐 등을 보냈다. 그러나 국민당은 섬에서 환영받지 못했다. 타이완의 엘리트들은 대륙에서 이곳까지 떠밀려 온 이자들을 '촌뜨기'(이들은 '산사람'처럼 말했다)라며 무시했다. 대륙 중국인들은 그들이 50년 동안 도쿄와 내통하고 협력하고 일본어로 말하곤 했다고 그들을 '배신자'라며 증오했다. 이 섬은 일제 점령기에 일본식으로 근대화까지 되어 있었다. 1949년 1월 21일, 그의 기술인지 습성인지—큰 위기가 닥치면 사라져버리는—장제스는 이번에도 중화민국 대총통 및 군대장직에서 물러난다. 일기장에 쓴 것처럼 그는 절절히 후회한다. "정치에 투신한 수십 년 동안 나는 국가를 건설하고 인민의 삶의 조건을 개선하는 데 한 일이 없다." 처절한 고백이다. 그러나 너무 늦은 후회 아닐까?

이제 마지막으로, 아들의 가족과 함께 고향 시커우로 간다. 거기서 3개월 정도 머문다(국가의 운명이 요동치고 있는데, 그러고 있기에는 좀 긴 시간이다). 조상들을 모신 사당을 방문하고, 학자들이 입는 검은 옷을

---

39. 타이완은 표면적 3만 6000제곱킬로미터이고 당시 인구는 800만 명이었다. 이와 비교해 중국 대륙은 표면적이 900만 제곱킬로미터이고 당시 인구는 5억 명이었다. 민족주의자들의 패주가 무엇을 의미했는지, 이 엄청난 차이가 말해 준다.

입고서 작은 정자에 머물며 사색하고 명상하고 독서한다. 4월, 국민당은 광둥으로 본부를 옮긴다. 이 도시는 6개월 후 함락된다. 5월 7일, 장제스의 일기는 사망 통지서 같다. "중화민국은 임종에 이르렀다. 가슴이 미어진다. 눈물이 솟구친다. 우리 앞에 놓인 길은 오직 하나뿐이다. 그러나 그 길은 너무나 구불구불하다." 12월 초, 그는 국민당 최후의 본부가 있는 청두에 간다. 10일, 공산당이 공항에 접근해 오는 동안, 그는 타이완의 수도 타이페이로 가는 비행기를 탔다. 그는 다시는 중국 본토를 보지 못할 것이다.

장제스는 미국의 군사 보호 아래 권위주의 정부 체제를 수립했다. 그리고 죽을 때까지, 거의 4반세기 동안 권력 강화에 집중했다. 중화민국 대통령이자 국민당의 총수이며 국군 총사령관으로서.

그는 미국의 관대한 원조로 나라를 근대화하는 데 주력한다. 벨기에인 중국학자인 사이먼 레이스는 장제스의 이 못 말리는 열정을 이렇게 표현한다. "타이완까지 가는 줄기찬 망명 속에서, 장제스는 이 허구 중국의 영속 대통령이 됨으로써 자신의 이력을 모두 채웠다. 보여줄 걸 다 보여줬는데도 무대에서 우아하게 퇴장하지 못하고 어디 난간이라도 붙잡고 있는 그저 그런 시시한 배우처럼 말이다. 그사이 관객은 하품을 하면서 하나씩 자리를 뜬다."

장제스는 1975년에 세상을 떠났다. 3년 후, 워싱턴과 베이징은 가까워지고, 미국 대통령 리처드 닉슨과, 장제스의 끔찍한 라이벌이었던 '대★ 조타수' 마오쩌둥의 역사적 만남이 이루어진다. 1979년에 미국이 타이페이와 외교를 단절한 것은 중국을 대표하는 상대를 하나만 두기 위해서였다. 바로 중화인민공화국.

12

체 게바라

(Che Guevara, 1928~1967)

신화적 인물의 마지막 추락

그는 자유 혁명이라는 키메라 속에 자신의 권태를 감추고 있던 서구 청춘의 얼굴을 대변했다. 군부 체제의 군인 정신에 의해 살해당한 그는 손에 무기를 든 채 영웅적인 죽음을 맞았다. '체'[1]는 그의 행동만큼이나 의지의 순수성 때문에라도 수십 년 동안 혁명 영웅의 상징이 되기에 손색이 없었다. 그런데 여기에는 오해가 있다. 아르헨티나의 이 유혹적인 사내는 천사가 아니었다. 그는 '공포의 미덕'을 부르짖은 생쥐스트[2]의 상속자일 수 있었다. 그는 부하들에게는 전제적이었고, 자신이 해방시키겠다고 한 사람들을 무시하는 지독한 아이러니를 보였다. 자신에 대해서는 정작 알지 못했던 이 신비에 싸인 자는 쿠바에서 아프리카를 거쳐 마침내 골고다 언덕을 오르듯 볼리비아에 다다랐다.

1. 체Che는 원래 이탈리아어 "케 코사 체Che cosa c'è?", 즉, "무슨 일이야?"를 뜻하는 말에서 왔을 것이다. 아르헨티나로 대거 이주해 온 이탈리아인들이 c'è를 Che로 바꾸어 발음했고, 나중에 아르헨티나 사람들이 습관적으로 에르네스토 게바라를 이렇게 부르면서 이 별명이 붙었다(저자가 붙인 주 23번도 참조).—옮긴이

2. 앙투안 생쥐스트(1767~1794)는 프랑스 혁명기 공포정치 기간에 공안위원회 위원을 지낸 혁명의 주역으로, 로베스피에르와 함께 활동한 정치가다. 테르미도르 반동 때 로베스피에르와 함께 단두대에서 처형되었다. 국민공회에서 루이 16세 재판을 두고 의원들 사이에서 논쟁이 벌어졌는데(이 결정으로 마라, 당통, 데물랭, 로베스피에르 등 초기 혁명 동지들은 가는 길이 조금씩 달라진다), "공화국을 수립하는 길은 반대되는 모든 것을 철저히 파괴하는 데 있다"는 확신을 갖고 있던 생쥐스트는 매우 폭발력 있는 연설로 로베스피에르의 관심을 끌었다. 냉정하고 준엄하고 정교한 논리를 갖춘 로베스피에르에 비해 생쥐스트는 관념적이고 이상적이었다. 역사적 여건 등은 거의 고려하지 않는 다소 광신적인 순수 상태의 공화주의를 꿈꾸며 로베스피에르보다 더 극단으로 나아갔다.—옮긴이

1966년 7월, 쿠바섬의 피나르 델 리오 지방. 열다섯 남짓한 사내들이 쿠바 혁명으로 추격당한 적 있는 한 미국인의 옛 농가 지대에 모여 훈련을 하고 있었다. 그들은 새벽 다섯 시에 기상, 총포 구경 6에서 11에 이르는 소총을 차고 20킬로그램이 넘는 배낭을 메고 낮 열두 시부터 저녁 여섯 시까지 강행군을 했다. 온몸이 땀범벅이 되자 의지마저 부스러질 듯했다. 올리브색 전투복에, 길고도 가는 실루엣(키 175센티미터)에 유연한 걸음걸이가 특징인 아르헨티나인 교관 에르네스토 게바라 데 라세르나에게는 이런 군대식 고행이 좋은 추억거리였다. 그의 얼굴은 다른 동료들에 비해 훨씬 창백했다. 섬세한 얼굴선에 머리칼은 중단발 정도로 자라 있었고 턱수염과 콧수염이 나 있었는데, 10년 전에 비해 그렇게 많이 변하지는 않았다. 10년 전 그는 이미 멕시코에서 50킬로미터 떨어진 초원의 농가에서 지내며 쿠바인들로 이뤄진 소그룹과 강행군을 한 적 있었다. 그 그룹의 리더는 피델 카스트로라는 이름의 젊은 변호사였다. 당시 그는 서른 살이었고 그들의 교관은 스페인 공화국의 장군을 지낸 사람이었다. 게바라는 훗날 의사가 되기를 꿈꾸고 있었다. 그런데 지금의 게바라는 이제 그들의 목표를 실현할 리더였다. 그들의 목표는 볼리비아를 첫 '포코foco',[3] 그러니까 "새로운 베트남"으로 만들어 혁명의 불을 붙일 진원지로 삼는 것이었다. 그렇게 하면 이 불길은 아르헨티나로, 우루과이로, 브라질로, 이어 페루로 번져 중남미 대륙 전체를 거침없이 태울 것이다. 그러나 이번 여름에 시급한 것은, 우선 행군이다. 그가 《혁명전쟁의 추억》에서 쓴 것처럼 행군은 "느리거나 지친 자들로 방해를 받으면 안 되는 게릴라의 기본 요소"였다.

라틴아메리카를 불태울 미래의 이 '방화범들'은 쿠바 혁명의 출발 기지인 시에라 마에스트라[4]에 아련한 향수를 품고 있었다. 모두가 전쟁에 익숙한 장교들이었는데, 1959년 1월 1일 아바나에 화려하게 입성한 후부터는 줄곧 관료 생활만 해야 해서 권태로워 죽을 지경이었다. 이들 가운데는 산업부 차관도 있었고, 제당부, 광산부 또는 행정부 고위직을 지낸 관료도 있었다. 이들은 쿠바 사람들이 즐겨 입는, 바지에 축 늘어뜨려 입는 펑퍼짐한 하얀 셔츠인 구아야베라와 그들의 화양연화 시절에 입었던 초록색 군복을 가지고 물물교환이라도 하고 싶었다. 피델 카스트로만 하더라도 어떤 상황에서든 군복을 챙겨서 다녔다. 그는 평생 총사령관이었다. 아무도 넘보지 못할 '최고 지도자'였

---

3. 젊은 고등사범학교 학생이던 레지스 드브레는 친구인 카스트로 및 게바라와 함께 여러 차례 인터뷰를 한 뒤, 이런 전략을 '포퀴즘foquisme'이라는 용어로 이론화했다. (1940년생인 드브레는 체 게바라와 함께 게릴라 활동을 하며 수차례 투옥된 전적으로도 유명한 프랑스의 유명 철학자이자 다작한 저자다. 그는 '포퀴즘'을 비롯해 여러 신조어를 만든 일로도 유명하다. 특히 최근에는 문화와 테크놀로지 간의 상관관계를 연구하는 학문인 '메디올로지'라는 말도 만들어냈다.—옮긴이) 1967년에 출간된 그의 저서 《혁명 속의 혁명Révolution dans la révolution》에 이것이 잘 설명되어 있다. 농민들의 지원을 받는 게릴라가 성공하면 혁명에 대중 정당이 더는 필요하지 않다는 주장이다. 레닌과 트로츠키도 그들의 저작을 통해 이를 강조한 바 있다.

4. 쿠바섬의 산악 지대. 스페인어로 '시에라'는 산맥이라는 뜻이며 '마에스트라'는 여주인이라는 뜻이다. 고도 1974미터, 길이 240킬로미터에 이르는 옆으로 길게 뻗은 산맥이다.—옮긴이

다. 체 게바라의 모험 가득한 계획들에 대해 그는 다소 의구심을 가졌지만, 형제애와 냉소주의 사이에서 그네를 타는 평소의 습관대로 일주일에 한 번은 옛 전쟁 동료들의 훈련장을 찾았다.

1966년 10월 23일, 체는 아바나를 떠났다. "알다시피, 내 운명은 게릴라로 죽는 것이니 나는 게릴라로 죽을 것"이라고 그는 말한다. 여정은 길었다. 자신의 흔적에 혼선을 주기 위해 여러 군데를 들러 우회했다. 모스크바, 프라하, 파리까지. 파리에서는 사진작가 알베르토 코르다의 사진으로 특히 유명해진, 게바라 특유의 별무늬 장식이 달린 베레모와 파이프 대신 귀가 약간 덮이는 이상한 모자를 쓰고 다녔고, 마침내 라파스[5]에 도착했다. 거쳐 가는 도시마다 신분증을 바꿨으나, 매번 모든 사람의 마음을 사로잡는 어떤 이달고(스페인 귀족)의 모습으로 나타났다. 이 모습은 사실 쿠바 비밀 기관이 만들어낸 그의 새 인상착의로, 라몬 베니테스라는 이름을 가진 한 무역 상인의 신분증 사진만 보아도 알 수 있다. 꽉 끼는 진회색 양복에 거의 절반이 민머리이고 두터운 테 안경을 끼고 입 안에 보철 장치를 해서 턱 모양이 바뀌어 완전히 달라진 모습의 체 게바라다. 그의 어린 딸 알레이다마저 이 이상한 스페인 사람이 아버지의 친구라고 자신을 소개하자, 그 뜨거운 눈빛에서 아르헨티나 사람일 수는 있겠다고 생각했지만 자기 아버지인 줄은 전혀 몰랐다.

체는 볼리비아의 수도에 도착했다. 이어 볼리비아 남동부에 있는 산타크루스 지방과 인구 2만의 도청 소재지 카미리에 도착했다. 그는 지

---

5. 라파스는 볼리비아 서부 라파스주의 주도다. 알티플라노 고원에 건설된 도시로, 볼리비아의 정치·문화·경제의 중심지다.—옮긴이

프차로 두 시간을 달려 한 버려진 농장에 도착했고, 이어 쿠바, 페루, 베네수엘라, 아르헨티나 등 각지에서 온 게릴라 요원 50여 명이, 물방울이 찔끔찔끔 떨어지듯, 하나둘 시간차를 두고 합류했다. 게바라와 이름이 같은 모이세스 게바라 광부 노조 위원장의 비양심적인 태도에 분노한 몇몇 볼리비아인도 뒤이어 합류했다.

농장('그랑하')은 두 채로 되어 있었는데 위에는 구불구불한 철판으로 덮여 있었다. 이 철판을 스페인어로 칼라미나라고 부르며, 그래서 이 집을 '카사 데 칼라미나(칼라미나 집)'라고 부른다. 이 가옥은 난카우아수강에서 멀지 않으면서도 고립되어 있었기에 은신처이자 베이스캠프로 선택된 것이다. 이 강 이름은 원주민 말로 "험하게 깎아지른"이라는 뜻이다. 그것이 전조였을까? 11개월 후, 이곳 최후의 생존자들은 막다른 골목에 들어간 개처럼 죽을 것이다. 가시 많은 온갖 잡풀이 난 끔찍한 자연 환경에 모기와 진드기가 들끓었고, 특히나 인간 살 속에 유충을 까는 작은 날벌레인 보로스 같은 것들이 많아서, 그들은 11개월 동안 이것들과도 싸워야 했다. 이 베이스캠프는 쿠바 혁명 초기 시절에 지었던 '엘옴브리토El Hombrito(작은 인간)' 모형처럼 지어진 것으로, 무선 전신기나 기자재, 서류와 문서 등을 감추기 위해 작은 터널을 하나 팠고, 채소밭과 서재도 갖추었다. 게바라는 라틴아메리카 전역에 혁명의 불을 지피는 기간을 10년 정도 예상했기에 이곳에서 상당히 오래 버틸 예정이었다. 농장에서 몇백 미터 떨어진 곳에 작은 언덕이 하나 있었는데 그곳에 해먹도 설치했다. 적에게 기습을 당하면 반사적으로 튀어나가기 위해 지켜온 오랜 준칙이었다.

지옥을 향한 행군

그들이 그곳에 정착한 지 두 달 조금 지났을 때, 그들을 수상쩍게 여긴 한 이웃의 신고로 볼리비아 경찰은 이들의 이상한 움직임을 포착했다. 경찰은 처음에는 이들이 마약 거래상인 줄 알았다. 그런데 곧이어 이 낯선 집단을 군대가 감시했다. 1967년 2월 1일, 체는 몸을 단련하고 농민들도 만날 겸 48일 정도 걸리는 행군을 계획한다. 농민들의 도움이 없으면 게릴라는 숲에서 길을 잃은 오합지졸일 뿐이었다.

행군은 얼마 안 가 수난사가 되었다. 30킬로그램이나 되는 배낭을 짊어진 데다 신발도 불편해서 큰 칼로 숲길을 헤치며 나아가기가 쉽지 않았다. 게릴라군은 전투를 시작하기도 전에 이미 지쳤다. 먹을 것은 토착민들에게 직접 돈을 지불하고 즉석에서 샀다. 토착민들의 삶은 생각보다 훨씬 비참했다. 고립되어 살다 보니 문맹인 데다 말도 잘 통하지 않았다. 이들이 쓰는 말은 과라니족의 언어였다. 그런데 이 백인들은 지저분하고 덥수룩한 데다 무기까지 들고 있었고, 더욱이 스페인어 아니면 케추아어, 혹은 그들은 이제 쓰지 않는 다른 원주민 말을 하니 불신하고 경계하는 것이 어쩌면 당연했다.

게바라는 이를 예감했을까? 아버지에게 보낸 편지에서, 그는 자신을 세르반테스의 "슬픈 얼굴의 기사"에 비유한다. "로시난테의 말발굽이 일으키는 먼지 속에서 저를 공격하는 거대한 적들의 팔을 찔러보려고 창을 내밀어도 봤지만, 저는 겨우 이 작은 종이에 몇 자 적어 그곳에 계신 모든 분들께 드릴 제 포옹이나 실어 보낼 뿐입니다." 아니다. 며칠 후 리오그란데강을 건너는 순간, 그는 자신을 돈키호테가 아니라 기독교 세계 최초의 순교자인 예수 그리스도로 보게 될 것이다.

"우리는 요르단에 도착했소. 나를 세례해 주시오." 그는 모든 사람이 오해할 수 있는 블랙 유머로 역시나 자신처럼 불행한 한 동료에게 명령 아닌 명령을 했다. 그런데 이날만큼은 정말 성서 속 비유를 들지 않을 수 없었다. 왜냐하면 이 '저항군'은 자신들이 옥수수를 사준 농부 오노라토 로하스의 집에 들러 잠시 쉬어갔을 뿐인데, 이것이 빌미가 되었기 때문이다. 이 농부는 볼리비아 병사들에게 체 게바라와 이 게릴라 부대를 넘긴 자로 역사에 기록될 것이다. 그렇다면 그는 이 예수 수난사에서 열대 지방의 유다가 되는 것인가.

"나부터 시작하여 모두가 한계에 다다라 있었다"고 그는 일기에 썼다. 계속해서 실패가 이어졌다. 탈주병 두 명이 체포되었고, 한 사람은 익사했다. 레지스 드브레는 홀린 듯, 얼이 빠진 듯 "거지나 꼽추가 지나가는 것 같은 이 행렬"을 보았다. 그들은 "한 줄로 서서 걸어가는 몽유병자 같기도 했고, 마치 마구를 달았거나 길마를 얹고 가는 것도 같았다. 누더기를 걸친 채 몸을 주체하지 못해 흐느적거리며 걷고 있었다." 27세의 이 젊은 철학자는 혁명에 참여한 제3세계 국가들의 첫 번째 회의(이른바 '트리콘티넨탈레')를 위해 당시 쿠바의 아바나에 와 있었다. 회의가 끝난 후, 체 게바라의 다음 탐사지가 될 수도 있을 볼리비아 내 부지를 찾는 임무도 가지고 있었다. 그가 비밀리에 쓰는 이름은 '당통'[6]이었는데, 당통은 페루 근처에 있는 알토 베니의 한 곳과 차

---

6. 조르주 당통(1759~1794)은 마라, 로베스피에르 등과 함께 프랑스 혁명의 주역으로, 공포 정치 기간에 공안위원회 초대 위원장을 지냈으나 점차 온건파로 돌아서면서 로베스피에르 와 갈등을 겪었다. 대단한 웅변가여서 혁명가들에게 수없이 영감을 주었지만, 낭비벽이 있었고 뇌물을 받았다는 소문이 무성했다. 로베스피에르의 통제 경제 및 독재를 비판하다 결국 그에 의해 단두대에서 처형된다. ―옮긴이

파레라는 반_半열대 지역의 한 곳을 제안했다. 게바라는 결국 이런 논의는 알게 되지도 못하리라. 그는 사실 누구의 말도 듣지 않는 사람이었다. 볼리비아 공산주의자들[7]도—이들은 '겁쟁이들'이다—, 광산 노조원들—이들은 이미 '프티부르주아'다—의 말도. 그는 오히려 자신이 쓴 글을 다시 읽으며 사상을 고취했다. "게릴라 전쟁, 그것은 전 인민의 전쟁이다. …… 작지만 강력한 이 보조자의 도움이 없으면 이 전쟁은 생각조차 할 수 없다. 이들의 도움이 있어야만 잘 무장된 부대의 조직적 공격도 이겨낼 수 있다." 이 보조원은 무기를 장착한 그의 동료들처럼 말이 많지도 않다. 당통은 "끝없이 생기는 내적 거리감 탓에 체와 그의 동지들은 서서히 갈라졌다. 이들 사이에는 침묵과 두려움의 벽이 있는 것 같았다"라고 썼다. 그는 또 이렇게 덧붙인다. "이해받아도, 이해받지 못해도 그는 매사에 빈정댔다. 명령을 하면서 설명하지 않았고 부대원에게 이렇다 할 정보를 주지 않았다. 특별히 어떤 것을 요구하지도 않았고 말을 걸지도 않았다." 만일 게바라가 훨씬 공개적으로 자신의 존재감을 내보였다면, 수백의 열혈 공산주의자나 볼리비아에 향수를 품은 사람들—독립과 국가적 통일, 사회적 정의가 한데 어우러진 이들—이 틀림없이 체 게바라의 편이 되어주었을 거라고, 그를 아는 사람이라면 다 그렇게 확신한다.

3월에 처음으로 진지한 매복이 이루어지자 부대에 다시 활기가 돈다. 라파스의 정부군 일곱 명이 살해되었고, 70명이 포로가 되었으며 팬티 차림—최대의 수치—으로 그들 병영에 보내졌다. 이 "멋진 게릴

---

7. 볼리비아 공산당의 지도자 마리오 몬헤는 모스크바가 격찬하는 '평화적 공존' 노선을 취했다. 그러나 그게 잘되지 않자, 이 '좌파 모험주의' 또는 '게릴라'에 격렬히 반대하게 된다.

라전"을 마치자 체는 특별한 경우에만 맛보는 쿠바 시가 '푸로'를 끽연한다. 이것이 마지막 게릴라전이 될 것인가? 굴욕감이 항상 도움이 되는 건 아니다. 자칭 국가 원수 바리엔토스 장군의 뒤를 이어 볼리비아 군사령관도 카미리를 떠난다. 그들한테는 체면을 버리는 것이 큰 문제는 아니었다. 그달 말, 수염투성이인 이 작은 그룹은 반경 100킬로미터 안에 배치된 2000명의 군인들에게 포위된다. 올가미가 다시 조여진다, 질식할 때까지.

늘 자신을 확신하던 게바라는 볼리비아 군대가 장비도 부족하고, 무기도 구식이며, 훈련도 미비한 점에 기대를 걸었다. 그는 정글에 있었기에 반게릴라 전선에 투여할 특수 부대를 훈련시키기 위해 미국 교관들이 사이공에서부터 온 것을 전혀 모르고 있었다(미국은 당시 한창 베트남 전쟁을 치르고 있었다). 그래도 경험을 통해 신중해진 이 아르헨티나인은 앙상한 부대를 세 그룹으로 다시 나눴다. 그런데 1800만 제곱킬로미터 가까이 되는 대륙에 불을 질러야 할[8] 전투대원이 겨우 50명이라니. 그는 전투 능력이 없는 사람들은 최대한 뒤로 뺐다. 그래도 이들을 대동하고 전투를 치르겠다는 굳센 의지로 그가 중간 및 전위 부대의 맨 앞에 섰다. 드브레만 하더라도 공부하는 사람이라 머리만 썼지 전투 경험이 없었고, 체가 초대한 아르헨티나 풍자화가 키로 로베르토 부스토스도 이 전투대원 중에 끼여 있었다. 또한 자칭 영국-칠레계 기자라는 조지 앤드루 로스도 있었는데, 그는 CIA 요원을 위한 최고의 커버스토리를 만들겠다며 그를 인터뷰하러 온 사람이었다. 그다

---

8. 앞에서 '포코' 개념이 나왔듯이, 비유적 표현이다. 즉 혁명의 진원지에 불을 붙여 전 대륙에 혁명의 불을 옮겨 붙인다는 의미다. ─옮긴이

지 달갑지 않던 이 세 사람이 마을로 내려갔다가 곧장 발각되었고 곧이어 체포되었다. 로스의 매우 빠른 석방은 그의 진짜 역할이 무엇이었을까 하는 의구심을 갖게 하기에 충분했다. 비행기들이 그 주변을 폭격했고, 신부, 의사, 지사 등으로 구성된 대표단이 게릴라 요원들에게 와서 이제 그만 철수하라고 간청했다. 체는 결국 이 대표단의 간청을 따르기로 하고 후위 부대와 합류하기로 결정한다. 그런데 무선 전신기 문제로 이 두 그룹은 만나지 못한다. 계속 큰 원만 그리며 상대의 주변을 돌 뿐 만날 수 없었던 것이다. 한편 여기저기서 충돌과 교전이 이어졌다. 쿠바 중앙위원회 위원이자, 스탕달의 애독자이며 "게릴라 요원 중 최고의 요원"이었던 27세의 쿠바인 롤란도는 탄환을 맞고 쓰러졌다. 볼리비아인 로로는 부상당한 채 체포되어 헬리콥터에 실려 가다 상공에서 바로 내던져질 것이다.

1967년 5월부터 10월까지 저항군은 할 수 있는 모든 일을 다 해 어떻게든 게바라를 구제해 보려 했다. 물, 음식, 그의 천식을 위한 약. 체는 콘키스타도르 피사레 부대의 대위였던 로프 데 아기레[9]가 된 것 같았다. 아기레는 부대와 결별하고 엘도라도를 찾아 뗏목을 타고 강을 떠난 사람들을 허망하게 찾으러 다니지 않나.

조직원들은 지칠 대로 지쳐 있었다. "트림과 방귀, 구토와 설사를 하루 종일 하던 날, 이건 정말 한 편의 파이프오르간 연주회였다"고 라몬 게바라는 일기장에 쓴다. 어느 날 아침 그는 "온몸이 더러워진 젖먹이 아이처럼" 깨어났다. "누가 바지 하나를 빌려줬지만 씻지 않은

---

9. 배우 클라우스 킨스키가 베르너 헤어조크의 영화 〈아기레, 신의 분노〉(1972)에서 주인공 역을 맡아 열연했다.

내 몸에서는 악취가 진동했다." 그들 소그룹은 볼리비아 부대의 "망치와 모루" 작전에서 어떻게든 빠져나가려고 애를 썼다. 그러나 볼리비아 부대의 한 소대가 협곡 안으로 밀고 들어왔고, 또 다른 소대는 입구를 막고 있었다. "우리는 이제 불굴의 초인이 된다." 체는 가장 아끼던, 그래서 "떨어질 수 없는 동료"라는 별명을 붙인 전前 경호원을 잃고 난 후 현실을 거부하며 자신을 끊임없이 괴롭혔다. 다른 '콤파녜로(동료)'들은 개처럼 취급했다. 일종의 비굴한 출구인 '데스카르가descarga', 그러니까 무거우면 짐을 버리고 싶은 심리가 작용했을 수 있다. '카스티고castigo', 그러니까 괜히 다른 데서 화풀이를 하는 전이된 질책일 수도 있고 말이다. 또한 그는 정신력 강한 부하마저 울게 만드는 군대 상사의 가혹한 학대에 이미 익숙해 있었다. 레지스 드브레가 쓴 대로, "마치 이 교단教團을 깨뜨려버리고 고독에 파묻히고 싶은" 사람처럼 다른 사람들을 모욕하곤 했다. 왜냐하면 그는 "광신적인 신봉자들로 이뤄진 하나의 완벽한 당파 조직"을 갖고 있었기 때문이다. 이 수를 다 합하면 "성 도미니크와 성인들 그리고 몇몇 기독교 순교자들" 정도는 나올 수 있었다.

8월 초, 볼리비아 군대는 숲속에서 게릴라 부대가 마지막으로 숨어 있던 장소를 발견했다. 숨을 잘 쉬지 못하고 헉헉거리던 이 아르헨티나인은 그야말로 "인간 넝마" 같았다. 한편 그는 "이런 종류의 투쟁으로 인간 종種이 이룰 수 있는 가장 고양된 등급의 혁명가가 되는 것"이라고 믿고 있었다. 그다음 달에는 후방 부대까지 섬멸되었다. 이 끔찍한 죽음의 지대에서 나가기 위해 그들은 북쪽으로 방향을 잡았다. 가면서 농부 오노라토 로하스의 집 앞을 다시 지나가게 되었다. 근처에 매복하고 있던 군인들이 그들이 건너갈 강 주변에 불을 놓았다. 살육이었다. 체는 무기와 함께 첫 번째 필수품인 군화마저 잃어버렸다. 이제 그는 볼리비아 원주민 장인들이 만드는 수공예품인 '아바르카'라는 신발을 죽을 때까지 신을 것이다.

9월 초, 드브레와 부스토스 그리고 몇몇 탈영병을 대상으로 반#공개 재판이 열렸다. 이 재판은 유산된 대서사시가 뜻밖에 만천하에 알려지는 계기가 되었다. 연일 언론을 '때린' 이 대대적 선전은 "우리가 승리를 거둔 열 번의 전투 이상의 가치를 우리 운동에 부여했다"라고 이 '사령관(코만단테)'도 인정한다.

이번에는 보안 지침을 소홀히 한 전위대가 산산조각 난다. 라틴아메리카를 불태울 임무를 수행하고 있다는 사령관이 가진 병사는 골짜기로 숨어든 열일곱 명의 생존자가 전부였다. 패주할 때조차 그는 여전히 특유의 냉소를 띠었다. 그는 《볼리비아 일기》 10월 7일자에 이렇게 쓴다. "11개월을 투신한 우리 게릴라전은 별다른 사고 없이 목가적이었다." 그런데 이튿날 오후 한 시경, 기관총과 박격포의 일제 사격을 받는다. 탄환 한 발이 그의 소총을 맞혔고 다른 한 발은 그의 모자를 뚫었다. 체는 장딴지에 부상을 입었다. 볼리비아 '콤파녜로'인 윌리와 함께 포위망에서 빠져나가려 했지만, 두 사람은 곧바로 정부군 특무 부대에 포획되었다. 머리카락이 덥수룩한 두 사람 중 한 사람이 가리 프라도 살몬 부대장에게 말했다. "내가 체 게바라요." 그는 자신의 귀도 눈도 믿을 수 없었다. "그의 눈은 정말 인상적이었습니다. 눈빛이 맑았고, 다갈색에 가까운 더벅머리와 무성한 수염을 가지고 있었어요." 훗날 볼리비아군의 장군이 되는 그는 게바라의 마지막 모습을 이렇게 떠올릴 것이다.

교전이 일어난 협곡에서 라이게라 마을까지 빠져나오는 데만 거리가 2킬로미터였다. 험난한 길을 또 가야 했다. 사망자들은 잘라낸 나뭇가지 위에 올려져서, 부상자들은 들것에 실려서 갔다. 체는 십자가에 양팔을 매단 듯 두 남자의 어깨에 양팔을 기대어 늘어뜨리고 있었다. "포로들은 아님." 라파스의 명령은 공식적이었다. 두 중사가 자원하여 처형을 맡는다. 10월 9일, 마리오 테란[10]은 체의 얼굴은 남겨두고 흉곽과 다리에 M-2 기관총으로 아홉 발을 쏘았다. 그는 마을 신부인 스위스인 로저 샬러의 축도를 받은 후 바로 들것에 실려 헬리콥터 운반대 위로 올려졌다. 바예그란데 공항에 헬리콥터가 도착하자 그의 시신은 눈부신 카메라 세례를 받았다. 그리고 산후안 데 디오스 병원으로 이송되었다. 다른 게릴라들의 시신은 이제 곧 시체 공시장으로 변할 세탁장 땅바닥에 놓여 있었다. 체 게바라의 시신은 시멘트 세탁 수조 위에 올려졌다. 두 독일인 수녀가 이 마르고 머리카락이 뒤엉킨 남자의 시신을 씻겼다. 그는 아이러니한 미소를 머금고 있었다. 천사 같았다. 이것이 이 '순교자'의 마지막 사진이다. 그의 손은 지문 식별을 위해 손가락 하나만 남기고 절단되었다.

그다음 달, 《레트르 누벨Lettres nouvelles》이라는 잡지에 존 버저[11]라는 영국인 예술 비평가가 체 게바라 사령관의 시신과 유명한 두 서양 회

---

10. 마리오 테란(1940~)은 바리엔토스 장군의 명에 따라 체 게바라를 처형하는 일을 자원하여 맡았다. 1977년에 프랑스 잡지 《파리 마치》는 그의 증언을 빌어 체 게바라가 마지막으로 한 말을 전했는데, 그에게 이렇게 말했다고 한다. "침착하게 하시오. 그리고 잘 겨누시오! 당신은 딱 한 사람을 죽이는 거요." 공식 자료에 따르면 테란은 체 게바라를 사살하고 나서 약 2년 후인 1969년경에 자살한 것으로 보인다. 그의 자살이 게바라를 처형한 일과 어떤 관련이 있는지는 밝혀지지 않았다. 그런데 사실은 죽은 게 아니라 신분을 위장하고 살았다. 쿠바 의사들에게 백내장 수술을 받기 위해 2007년에 다시 모습을 드러낸 적이 있다.—옮긴이

11. 이 비평가의 저작들이 국내에 많이 번역되어 있는데, 존 '버거'로 소개되어 있다. 그러나 Berger는 버저[bɜːrdʒər]로 발음된다.—옮긴이

화를 비교하는 글을 썼다. 그 그림은 바로 렘브란트의 〈해부학 수업〉
과 만테냐의 〈죽은 예수〉였다. 레지스 드브레가 쓴 것처럼, 피골이 상
접한 체의 시신 속에서 "기독교의 두 이상적인 죽음의 장면이 만났다.
인간의 원죄를 대속하기 위해 죽은 속죄양. 그리고 그들이 바친 '샤를
마뉴 대제'를 침묵 속에서 바라보는 기사들. 롤랑 백작이 뿔피리 불기
를 끝까지 거부한 것처럼." 전설은 탄생했다. 이제 티셔츠에 아르헨티
나의 이 분노한 신의 초상화가 새겨질 것이고, 서구의 성난 젊은이들
은 베레모를 쓰고서 "호, 호, 호치민! 체, 체 게바라"를 외칠 것이다.

계획된 자살

그런데 만일 체가 스스로 패배하기 위해 볼리비아로 갔다면? 레지스
드브레는 《찬양받으신 우리 주님들 Loués soient nos seigneurs》에서 "확증
이 가는 지표가 백 개나 있었지만 이 역설을 고백하는 데 나에게는 20
년이 필요했다"라고 말한다. 이 '사령관'의 아마추어리즘과 건방짐 또
는 자만심 같은 것들은 명백했다. 이론상으로 볼리비아는 반란이 일어
날 만한 조건을 다 가진 듯이 보였다. 남아메리카에서 가장 가난하고
정치적으로 가장 불안정한 곳이었다. 또 광산 노동자들이 많아서 특히
노조가 강했으므로 쿠데타가 일어나기 십상이었다. 더욱이 브라질, 페
루, 칠레, 아르헨티나, 파라과이, 이 다섯 국가와 국경을 맞대고 있으니
여기서 불이 붙으면 전 대륙으로 퍼질 수 있지 않을까 생각했던 것이
다. 볼리비아의 표면적은 프랑스의 두 배에 달하지만, 인구수는 적었
다. 전체 주민 수가 500만에 불과하니 비정규전을 치러야 할 그들이 통

제하기에도 무리가 없을 것 같았다. 그렇다면 이상적인 작전 장소이지 않을까? 외양상으로는 그렇다. 현실은? 잉카 제국의 옛 북부 페루였던 이 국가는 1825년에 탄생한 비교적 젊은 나라였다. '볼리비아'라는 국명은 "위대한 해방자"이자 잠시 초대 대통령을 지낸 시몬 볼리바르에서 따왔다. 이 나라는 당시 둘로 나뉘어 있었다. 알티플라노 고원이 굽어보는 안데스산맥의 서쪽에는 은, 주석 등 광물 자원이 집중되어 있었고 주민들은 케추아어를 사용했다. 동부 적도 지대는 아마존 열대 우림으로 뒤덮여 있어 사람이 거의 없었고 소수민은 과라니어로 말했다. 게릴라 부대는 지내기 힘든 이 지역을 일부러 택했고 토착민 공동체와 서로 친해지고 연대하면 '물 만난 고기'처럼 활동할 수 있을 거라고 생각했다. 그런데 그건 사정을 전혀 모르는 이야기였다. 볼리비아는 우선 이웃나라들의 먹잇감이었다. 한마디로 상처받고 손해 본 나라, 그래서 뒤처진 나라였다. 민족주의가 강성해진 건 그 때문이었다.[12] 이웃나라들의 먹잇감이 된 이후, 외부에서 온 자들이라면 다 수상쩍게 보았다. 더군다나 손에 무기를 든 자들이라면 특히 경계했다. 볼리비아의 민족주의에는 또 다른 특징이 있었는데, 혁명적 이념을 먹고 자라난 민족주의라는 것이다. 그래서 카스트로주의 같은 수출품이 이 나라에는 잘 먹히지 않았다. 게바라의 게릴라 부대가 도착하기 14년 전인 1952년, '민족혁명운동MNR'이 무력으로 정권을 잡고 이 나라를 완전히 다르게 바꾸어놓았다. 광업을 국유화했고 토지를 토착민에게 분배했으며 보통 선거를 도입했고 교육을 보급했다. 더 대담한 조치는,

---

12. 태평양 전쟁이 끝나자 칠레는 볼리비아에게서 바다 접근권을 빼앗았고(1879~1883년), 이어 파라과이는 차코 전쟁 기간 동안(1932~1935년) 원래 볼리비아 땅이었던 곳의 절반을 차지했다.

중간 계급 및 하층 계급에게도 군대 조직을 완전히 개방해 광부 및 농부의 아들도 입대할 수 있게 한 것이었다. 군대 위계질서가 사회에 너무 많이 이식된 감은 있었지만, 중간 계급 출신의 '젊은 장교들'은 확실히 급부상했다.

바리엔토스 대장은 바로 이런 배경에서 나온, 군인 세대를 대표하는 인물이었다. 비범한 협상가였던 그는 농민 공동체 사이의 경쟁을 멈추게 할 줄 알았다. 더욱이 농지 개혁을 통해 이른바 농민-군인에게 재산권을 부여하기도 했다. 늘 민중과 가까이 지내며 헬리콥터를 타고 이 마을, 저 마을로 다니며 주민들의 생일과 결혼식과 장례식까지 챙겼다. 그리고 마을 촌장에게 몇 푼 쥐어주는 것도 결코 잊지 않았다. 인기가 높았던 그는 '젊은 장교들'에게도 든든한 지지를 받았다. 바로 이 젊은 장교들이 체 게바라와 싸우는 최전선에 서게 된다. 말하자면 이미 그들 스스로 혁명을 이뤘는데, 체가 혁명을 해주겠다고 나선 꼴이었다.

천식 환자의 무전여행

1967년 10월 9일, 모든 게 원점으로 돌아왔다. 세계를 이리저리 돌아다니기 전, 에르네스토 게바라는 처참하게 죽음을 맞은 라이게라에서 몇백 킬로미터 떨어진 곳[13]에서 18개월 정도를 살았다. "그는 자신의

---

13. 정확히는 로사리오다. 산타페주에 있으며 아르헨티나에서 세 번째로 큰 도시로, 파라나강의 서쪽 기슭에 있는 항구다. 농산물 수출 등 물자 유통의 중계지다. 체 게바라의 고향으로도 유명하지만 아르헨티나 프로 축구팀을 운용하는 도시로도 유명하다. 축구 선수 리오넬 메시도 로사리오 출신이다. ─옮긴이

십자가를 어머니의 고향이자 약혼녀들의 고향이며 탱고의 고향인 아르헨티나에서 그다지 멀지 않은 곳에 세우게 된 것이다. 아마 그는 거기서 죽고 싶었는지도 모른다"고 레지스 드브레는 암시하듯 말한다.

게바라의 아버지는 200헥타르에 이르는 마테차 농장 '예르발'을 경영했다. 그는 마테나 호랑가시나무 종을 재배했는데, 아들의 건강 때문에라도 잘 우린 마테차를 작은 호리병에 늘 담아두고 틈만 나면 홀짝거렸다. 이 농장은 부에노스아이레스 북부에서 1000킬로미터 이상 떨어진 곳으로, 브라질과 파라과이로 나가는 길목에 있었다. 이곳은 또 이른바 '미션' 지역으로 예수회 신부들이 과라니 부족에게 가톨릭교를 포교한 곳이기도 하다. 신부들은 좁은 오솔길이 나오면 벌채용 큰 칼로 풀들을 치면서 가야 했다. 체는 이제 그들의 먼 후계자가 될 것인가?

말뚝 기둥을 박아 그 위에 지은 목조 건물인 이 가족의 집은 강을 굽어보았다. 저녁이면 농장 작업반장이 금 재질의 바늘을 꺼내 어린아이 발에 박힌 진드기를 꺼냈다. 1928년 6월 14일에 태어난 그는 당시 스물일곱 살이었던 아버지의 이름을 그대로 물려받는다. 에르네스토 게바라 린치. 그의 조상은 이곳 아르헨티나 땅에서 열 세대 전부터 살았고, 대다수가 스페인 혈통이었다. 여기에 노르망디 지방 출신의 아일랜드계가 조금 섞였다.[14] 체의 아내는 여섯 살 연하로, 부에노스아이레스의 사그라도 코라손 데 헤수스 학교를 나온 부유한 집안 딸인데 일찍이 부모를 여의었다. 그녀의 이름은 셀리아 데 라 세르나 이 요사.

---

14. 그의 조상으로는, 헤이스팅스 전투 때(1066년) '정복자 기욤'의 기병대를 지휘한 위그 드 린치Hugues de Linch를 비롯해, 버지니아의 대농장주이자 판사인 찰스 린치도 있다. 이 성을 보면 익숙한 단어가 떠오를 것이다. '린치', 즉 집단 폭행이나 정식 재판 없이 행해지는 약식 처형이라는 말이 여기서 기원했다. 체 게바라는 배신자들에게 린치를 가할 것이다.

셀리아의 가족은 대다수가 토지 소유농이거나 군인이었다.[15] 그녀는 수녀가 되려다가 반체제주의자인 이 매력남과 사랑에 빠지고, 그는 그녀를 위해 건축 공부를 그만두고 건물 관리업자가 될 것이다.

마테 농장 경영이 생각보다 쉽지 않자 이 가족은 부에노스아이레스로 돌아가 산이시드로라는 부촌 근교에 자리 잡는다. 바로 이곳에 살 때인 두 살 무렵, 어린 체에게 천식 발작이 처음 나타난다. 수영하기를 좋아했던 아이 엄마는 특별히 엄선된 수영 클럽을 다녔는데, 아이는 엄마를 내내 기다리다가 엄마가 해안가에서 멀어지는 모습을 보면 심한 분리불안을 느꼈을 것이고 그래서 천식이 시작되었을 것이다. 이제 가족의 삶은 완전히 뒤바뀐다. 체의 부모는 동쪽으로 700킬로미터나 떨어진 코르도바 지방으로 다시 이사한다. 이곳은 덥고 건조하고 공기는 깨끗했다. 에르네스토 주니어는 스스로 의지를 단련하고 범상치 않은 자제력을 키운다. 열 살에는 죽을 뻔했다가 살아났다. 축구에서도 원하는 목표를 달성했는데, 여러 차례 맞고도 잘 버텨낸 덕분이었다. 수영을 몇 킬로미터나 하기도 했다. 지쳐도 포기하지 않고, 높이 40미터는 되는, 관처럼 구부러진 작은 협곡을 헤엄쳐 건너가기도 했다. 그는 아르헨티나 고위층이 섭렵하는 스포츠는 전부 즐겨 했다. 복싱, 펠로타 바스크,[16] 등산, 럭비, 승마, 펜싱. 천식 발작이 와서 침대에 꼼짝없이 매여 있어야 할 때면 독서에 열중했다. 알렉상드르 뒤마, 잭 런던, 로버트 스티븐슨, 쥘 베른 등을 읽었고, 시인으로는 가르시아 로르카, 안토니오 마차도, 보들레르 등을 즐겨 읽었다. 스타인벡이나 포

---

15. 이들 가운데 "사막의 정복"에서 이름을 날린 사람도 있었다. 이는 팜파스(대초원) 지대를 획득하기 위해 그곳 주민들을 인종 청소한 악명 높은 사건이다.

16. 바스크 지방의 전통 스포츠로, 테니스와 비슷한 경기다. -옮긴이

크너 같은 미국 작가들도 좋아했으며, 특히《돈키호테》의 몇몇 단락은 외워서 인용할 정도였다. 그는 또 뛰어난 체스 선수이기도 했다.

이 신동은 19세에 의학으로 방향을 정한다. 손에 늘 책을 끼고 있고 정신분석학에 빠져 있기도 하고 드넓은 공간을 꿈꾸기도 하는 이 아이러니한 젊은 청년에게 젊은 아가씨들은 반했다. 그의 첫 여행은 작은 모터를 단 자전거를 타고 아르헨티나 구석구석을 일주하는 것이 된다. 이 대학생은 가난한 원주민과 혼혈의 세계를 본다.

대학에 와서는 마리아 델 카르멘 페레이라와 사랑에 빠진다. 청혼을 하고 캠핑카 여행을 제안한다. 그녀가 거절하자 이번에는 라틴아메리카 전역을 일주하며 정치 교육과 감정 교육을 마친다. '털을 짧게 깎은 말'이라는 뜻의 '엘펠라도El Pelado'는 그가 자신에게 붙인 별명이다. 이제 엘펠라도는 1951년 12월에 자기보다 일곱 살 많은 친구 알베르토 그라나도[17]와 함께 구종 '노턴 500' 모델인 '포데로사'('기운이 왕성한 여자'라는 뜻)를 타고 길을 떠난다. 이들의 행선지는 칠레와 파타고니아를 거쳐 안데스산맥을 따라 미국까지 가는 것이었다. 바로 이해에 잭 케루악도《길 위에서》(1957)라는 작품을 쓰는 데 영감을 준 미국 동서 횡단을 한다. 미래의 게릴라 전사는 발길 닿는 대로 떠도는 여행가이자 '비트 제너레이션'의 영웅이 될 모든 것을 갖추고 있었다.

두 친구는 호주머니에 350달러밖에 없었다. 일곱 달 동안 1만 킬로미터를 주행하기에는 너무 적은 돈이었다. 그들은 잡일을 거들고 농가에서, 헛간에서, 어떤 때는 나병 환자 수용소에서 잔다. 운 좋게 아르헨티나 바비큐인 '아사도' 파티나 낚시 모임에 낄 기회가 생기면 이때

---

17. 그는 카스트로 치하 쿠바에서 의과 대학 교수가 된다.

다 싶어 영양을 보충한다. 이런 기회가 안 생기면 어쩔 수 없이 빵조각이나 마테로 끼니를 때운다. 그러다 좀 제대로 된 생활이 하고 싶어지면, 이삿짐 운반 일을 하거나 축구 트레이너를 하며 경비를 벌었다. 이들의 여정은 한 편의 소설 같았다. 달리는 모터사이클에서 떨어져 소떼 한가운데로 곤두박질치기 전까지는 말이다. 그는 새끼 돼지 한 마리를 짓밟았다고 마을에서 쫓겨나기도 했는데, 실은 무도회에서 한 여자와 춤을 췄고 이를 본 남편이 자기 아내를 너무 세게 껴안는다고 질투해서였다. 이 여행은 세계와 인간에 대한 각성을 하게 한 '그랜드 투어'였다. 에르네스토가 정치에 관심을 가졌던 초기에는 니힐리즘으로 잔뜩 기울어 있었다. "나는 내가 편향 없는 절충자라는 걸 안다. 독트린의 해부자이며 도그마의 정신분석가인 나는 무언가에 사로잡힌 사람처럼 소리를 지르고, 바리케이드를, 해자를 다 때려 부술 것이다. 내 총을 피로 물들일 것이다. 내 손에 떨어진 패자들의 목을 딸 것"이라고 그는 《여행 노트》에 격하게 쓴다.

의학 공부를 마치고 의사 자격증을 딴 지 얼마 안 되어 그는 이 일에서 손을 뗀다.[18] 이번에는 기차를 탄다. 볼리비아, 페루, 에콰도르, 과테말라, 코스타리카. 1953년 7월 26일에는 피델 카스트로라는 27세 변호사가 독재자 바티스타[19]를 타도하기 위해 몬카다 병영을 공격했다는 소식을 듣는다. 니카라과에서 그는 잠시 어떤 개혁 운동에 참여

---

18. 어떤 증언에 따르면, 그는 이 학위를 따지 않았을 수도 있다.

19. 풀헨시오 바티스타(1901~1973)는 농부의 아들인데 1933년에 "하사들의 반란"에 참여한다. 이 반란으로 민족적·사회적 기치를 내건 '100일' 정부가 수립된다. 그다음 해에 군사평의회가 창설되고 그는 참모장이 된다. 1940년에는 공화국 대통령으로 선출되고, 1944년에는 재선에 나서지 않는다. 1952년에 쿠데타가 일어나자 다시 정권을 잡는다.

하는데, 아르벤스라는 젊은 대령이 일으킨 토지 개혁 운동이 그것이다. 당시 미국 CIA는 토지 자산가 및 다국적 과일 상인 연합 세력의 지지 아래 쿠데타를 사주할 계획을 세우고 있었는데, 바로 그 일이 생기기 전에 일어난 운동이다. 그는 처음으로 이런 정치 운동 경험을 하면서 기뻐서 어쩔 줄 모른다. "여기서는 모든 게 재밌어요. 사격, 폭격, 대화, 토론. 내가 살던 곳은 진짜 단조로운 곳이었네요"라고 베아트리스 숙모에게 보내는 편지에 쓴다. 그러면서 약간 허세를 부리며 이렇게 덧붙인다. "우리의 늙고 애석한 스탈린 동지 초상화 앞에서 맹세했어요〔얼마 전인 3월 5일에 스탈린은 사망했다〕. 이 문어처럼 집념 강한 자본가들이 박멸되는 것을 보기 전에는 나는 결코 안식을 취하지 않겠다고요."

그는 의사가 되고 싶었다. 그다음에는 '무전여행가'가 되고 싶었다. 이제는 직업 혁명가가 될 것이다. 그는 회의적이고 냉소적인 경향이 있었지만 이제 열성적이고 준엄해질 것이다. 돈키호테에서 트로츠키가 솟아나오고 있었다.

멕시코에서 이루어진 잘못된 만남

다음 단계, 멕시코. 에르네스토는 시간을 갖기로 한다. 자리를 잡고, 매일 아침 병원에서 진료를 본다. 그런데 병원에서 전에 과테말라에서 만난 적 있는 쿠바 사람을 다시 만나게 된다. 이 사람이 그에게 "쿠바 식민지"에 대해 알려주고 이미 라디오에서 들어 알고 있는 카스트로도 소개해 준다. 에르네스토와 피델, 두 청춘은 처음 만나자마자 열 시간 동안 내리 이야기를 나누었다. 혁명 그리고 남아메리카 대륙의 미래에 대해서도. "새벽에, 나는 이미 미래 원정단의 의사가 되어 있었다"라고 아르헨티나인은 쓴다. 에르네스토는 지치지 않는, 이 가늘고 얇은 목소리의 웅변가에게 매혹되었다. 그는 1미터 90센티미터에 이르는 운동선수 같은 큰 키에 얼굴은 창백하고 근시였다. 레지스 드브레에 따르면, 두 사람은 모든 점에서 반대였다. "게바라는 책을 읽는 문어적 인간이었다면, '크리오요스criollos'[20]는 구두적 인간이었다. 종합, 조직, 논리정연에 대해서는 거부감이 강해 뒤로 물러서는 전통적이고 구두적인 언어의 인간."

약 18개월 후인 1956년 11월 23일, 무기와 탄환과 식량을 가득 실은 오래된 요트 '그란마'는 툭스판이라는 멕시코 항구를 출발해 오리엔테 지방을 향해 나아갔다. 이곳은 바로 '쿠바의 국부' 호세 마르티가 1895년에 스페인 사람들과 싸우기 위해 배를 댄 곳이었다. 이틀 후, 배에 물이 찬다. 12월 2일에는 사주에 좌초한다. "이것은 하선이 아니었다. 좌초였다"고 체는 기록한다. 패주가 이어진다. 비행기의 사격, 익사, 죄수들의 처형. 게바라의 목에 총알이 스쳤으나 상처는 경미했다. 게릴라 견습생 82명 중 27명만이 방랑의 몇 주를 거쳐 산에 둥지를 튼 베이스캠프에 도착했다.

데뷔는 액운인 셈치고 쓴맛이었다. 경비대 초소를 처음 공격했을 때는, 무기들이 고장 나거나 수류탄이 터지지 않기도 했고, 다이너마이트는 아무 소리도 나지 않고 조용했다. 그는 "쿠바 정글에서 피에 굶주린 채 생존한 나"라고 묘사했지만, 그건 아르헨티나 해방군 견습생

---

20. 프랑스어로는 '크레올어를 쓰는 사람'을 뜻하는 이 말은 카리브 제도에 들어선 스페인 식민 도시에 처음 정착한 스페인 본국인의 후손을 가리킨다.

의 허세에 지나지 않았다. 1957년 5월 28일, 마침내 행운의 여신이 이 '바르부도스'[21]에게 미소를 짓는다. 시에라마에스트라 발치에서 바다와 접한 곳에 주둔한 부대인 '우베로'를 보기 좋게 공격한 것이다. 체는 "위험을 완전히 무시하며" 두각을 나타냈다. 언덕에서 적들이 경기관총 사격을 퍼붓는데도 쳐들어가는 "과도한 공격성"에 카스트로는 주목하게 될 것이다.

산으로 귀환. 게바라는 농민들의 진료를 수락한다. "이가 빠진 여자들, 노화가 빨리 와버린 여자들, 배가 부풀어 오른 아이들, 기생충이 있고, 구루병이 있고, 대부분 비타민이 결핍된 여자들"이라고 의사는 이 불우한 자들을 치료하며 적는다. 어느새 이빨 뽑기가 그의 전문 분야가 되어 있었다. 그러나 29세가 되었을 때는 이제 마르스가 되기 위해 아스클레피오스 자리를 내려놓는다. 병사 75명으로 꾸려진 소부대의 우두머리가 된 것이다. 이제 대장이다. 그리고 곧 '민족해방군'의 가장 높은 직책인 '사령관'이 될 것이다. 그는 초록 올리브색 전투복을 입고 허리에는 '콜트 45' 자동권총을 찼는데, 그의 전투복 바지의 옆 주머니에는 늘 책과 탄환, 에어로솔이 들어 있어 주머니가 터질 듯했다. 에어로솔은 천식 발작 위기가 왔을 때 이를 진정시키는 기적의 물건이었다. 셔츠에는 늘 수첩, 종이, 만년필이 들어 있었다. 챙 달린 모자 아니면 황금색 별 모양이 박힌 베레모를 벗는 일은 거의 없었다. 이 전사에게는 다른 것들에 비해 특히나 엄격한 품목이 있었는데, 그것은 바로 신발이었다. 낙하산 부대원들이 주로 신는 군화로, 끈을 꽉 조여

---

21. 수염이 덥수룩하게 많이 자란 사람들을 뜻한다. 게릴라들은 교전을 치르는 동안 면도할 시간이 없었다. 그런데 교전을 끝내고 승리를 거둔 후에도 수염을 깎지 않고 그대로 놔두었다. 이런 수염이 게릴라 전사를 알아보게 하는 일종의 식별 기능을 하게 한 셈이다.

매지 않고 약간 풀어놓는 신발이었다.[22]

1958년에 그는 게릴라 부대의 2인자로 지명된다. 그리고 이제 'FF', 즉 '피델의 종말Fin de Fidel'이라는 단어의 이니셜을 딴 바티스타군의 대규모 공격 작전이 실패한 후로는 카스트로 옆에 없어서는 안 될 부관이 된다.

병력이나 병사 수에서는 단연 우세했는데도, 쿠바의 독재자는 가련하게 번번이 실패했다. 병사 450명이 포로가 되었다. 그들의 무기는 은폐되거나 몰수되었다. 태풍과 홍수가 와서 잠시 끊어질 때도 있긴 했지만, 전투는 4개월 동안 카스트로 형제인 피델과 라울—동생 라울은 형의 그늘 아래 있었지만 형의 말을 잘 따랐다—, 항상 쾌활한 아바나의 노동자 카밀로 시엔푸에고스, 교사였던 후베르 마토스 그리고 게바라의 명령에 따라 무리 없이 계속 이어졌다.

그의 운명을 예고하는 1958년이라는 이해의 마지막 2주 동안 게바라는 아바나에 입성하기 전에 마지막 빗장이라 할 산타클라라라는 도시와 그곳 병영을 눈부신 원정으로 탈취했다. "유격대가 사방에서 사격을 했지만, 그는 마치 길에서 아무 일도 일어나지 않은 것처럼 아주 침착하게 앞으로 나아갔다"고 한 목격자는 증언한다. 그는 이때 병사가 400명도 안 되었고 무기가 늘 부족한 상황이었는데도 단 5일 만에 열두 개 병영 및 참호에 숨어 있던 군인 3000명을 처치했다. 이들의

---

22. 베레모와 파이프를 비롯해 게바라의 게릴라 전사 복장은 훗날 대중에게 패션 코드로 다소 신비화되어 소비되지만, 군화에 애착이 컸다는 이런 표현은 앞서 나온 볼리비아 원주민들의 신발 '아바르카'와 대조되어 비극미를 띤다. 체 게바라는 패주하면서 군화를 잃어버려서, 죽는 순간 그의 발에 신긴 신발은 얇고 무력한 아바르카였다. 포탄이 터지는 전장에서 죽은 전사의 벗겨진 신발 형상은 슬프고 장엄하다. —옮긴이

병영은 특히나 탱크와 전차로 철갑을 두른 듯 완벽하게 수비하고 있었는데 말이다. 도시로 들어가서는 주민들에게 바리케이드를 치게 했다. 이제 붉은 도요타를 타고 또 다른 전선으로 이동했다. 체 게바라는 이렇게 자신의 게릴라 영웅전을 쓰고 있었다. 이제 '체'[23]를 모르는 사람은 없었다. 아르헨티나 사람들이 말할 때 습관적으로 쓰는 감탄사인 '체'가 숫제 이 게릴라 영웅의 별명이 되어버렸을 정도다. 이제 그는 그를 찬양하는 영광의 노래를 갖게 될 것이다. "길 좀 비켜/ 안 나오면, 널 쫓아버리겠어/ 우리 체 게바라 님이 계시잖아/ 이놈의 세상을 끝장내 버릴 거야."

　1959년 1월 1일, 산타클라라 요새는 여전히 잘 버티고 있었고 바티스타는 산토도밍고로 도망갔다는 소식이 들려왔다. 카스트로는 다음 날 한 쿠바인을 아바나로 들여보내기로 결정한다. 그는 바로 카밀로 시엔푸에고스. 낯선 이가 아니다. 체 게바라처럼 이미 유명한 이였다.

친구들 간의 여타 문제들

산속에서 2년을 보낸 후 스파르타인처럼 된 게바라는 이제 환락의 도시 아바나로 갔다. 사창가가 딸린 넓은 카지노에, 맘보와 차차차를 추며 뱉어내는 달러들. 고모라의 날들은 카운트되었다. 카스트로는 1월 8일에 시행된 그의 첫 장시간 연설 담화에서 자신의 의도를 정확히 말

---

23. '체Che!'는 아마 이탈리아어 '차오Ciao!'에서 유래했을 것이다. 이 말은 아르헨티나에서 누군가를 부를 때, 이목을 집중시킬 때 흔히 사용된다.

했다. "범죄자들은 그 무엇으로도, 그 누구로도 구제할 수 없을 것입니다." 게바라는 18세기에 스페인 사람들이 닦은 도로 입구에 지어졌고 당시에는 감옥과 특별 재판정으로 변신한 카바냐 요새의 수장이 되어 숙청 업무를 담당한다. 6개월 동안 180명에게 사형 통지문이 날아갔다. "혁명재판소는 진정한 법정입니다. 원한이나 과잉 감정을 분출하는 곳이 아닙니다." 마르크스주의자 조사관은 주둥이에 '푸로'를 물고 나타나 총살 집행반에게 은은한 담배 향내를 풍기며 말했다.

시에라마에스트라에서 그도 반역자들을 직접 처형했다. 그 첫 번째 대상은 카스트로를 제거하기 위해 매수된 소농민 에우티미오 게라였다. "나는 그자의 오른쪽 뇌에 구경 32 권총의 방아쇠를 당겨 이 문제를 해결했다"라고 '천사' 몰살자는 쓰게 될 것이다. 카바냐에서는 바티스타 독재 정부의 경찰들과 군인들이 처형되었다. 그뿐만 아니라 "공중도덕을 지키지 않는 부패한 자들"도 처형되었다. 그런 자들 중 맨 앞에는 상하이 포르노 익살극 극장주도 있었다. 용서란 사령관에게 낯선 것이었다. 아들만은 살려달라고 간청하는 어머니를 향해 부속 사제를 손가락으로 가리키며 말했다. "이분에게 위로받으시오."

카스트로는 요새 감옥에 이 비교 불가능한 탁월한 투사를 데려다 놓은 것이 흡족하지 않은 것은 아니었지만, 이 축제와 '파창가pachanga'[24]의 나라에서 이런 범죄는 흥을 깨는 일이 될 수 있고 너무 '페사도'한 (무거운) 것이 될 수 있어 걱정이었다. 이 엄격한 금욕주의적 아르헨티나인과 '초테오choteo',[25] 즉 모든 것을 조롱하고 웃어넘기는 경향이 있

---

24. 쿠바의 춤 가운데 하나.-옮긴이

25. '놀리다' '조롱하다'라는 뜻의 동사 'chotear'에서 파생했다.-옮긴이

는 쿠바인 사이에는 서로를 결코 이해할 수 없는 심연이 가로놓여 있었다.

카스트로는 무엇보다 특히 게바라의 호전적이고 마르크스주의적인 언어에 거리감을 느꼈다. 카스트로는 쿠바는 "좌파 독재도, 우파 독재도" 아닌 "초록 올리브색 군복을 입은 휴머니스트 혁명"[26]의 나라가 되어야 한다고 생각했다. 게바라의 마음을 돌리기 위해, 마치 '엉클 샘'을 어르고 타이르듯 그는 계속해서 이 점을 설명하고 강조했다. '엘 카바요', 그러니까 이 말馬은—동물로 비유하면, 피델에게는 이런 말 같은 기질이 있었다—지극히 모호한 자였고, 그의 '콤파녜로(동지)'는 그에게서 떨어져 나가려 하고 있었다. 바로 이런 이유로 카스트로가 게바라에게 재정 업무를 맡기고 세상 저 끝 벽지로 들어가는 여행을 제안했는지도 모른다. 물론 그곳에 가서도 탁월한 혁명 대사가 되겠지만. 2년 좀 안 되는 기간 동안, 게바라는 토지개혁 국가위원회[27] 산업 담당관에 임명되었다가 중앙은행 총재를 맡았고, 이어 산업부 장관직에 연속해서 임명된다. "소년 시절에 좌파 사상에 물든 실용적 군 지휘관 출신인 이 소속지 없는 '아웃사이더'는 이제 실제적인 현실 세계에 들어가 자신의 실력을 증명하지 않으면 안 되었다"고 레지스 드브레는 예리하게 지적했다. 이 '아웃사이더'는 역할이 주어지면 그것을 해낸다. "그의 인생은 단 하나의 단어로 요약된다. 일, 일, 또 일." 혁명에는 "일분일초도 아깝지 않은가?" 그는 하루 일과를 오전 즈음 시작하여 새벽 네 시에 끝냈다. 자정에도 모임을 잡았다. 시몬 드 보부아

---

26. 사람들은 속지 않았다. 새 권력이 들어오면 곧 폐간될 운명의 한 보수주의 신문은 싹트기 시작하는 이 쿠바 혁명을 올리브가 아닌 "겉은 파랗지만 속은 빨간" 수박에 비유했다.

27. INRA. 하지만 프랑스식의 농업 연구소와는 전혀 다른 성격이다.

르는 자신의 '계약 남편'을 대동하고 가서 《프랑스-수아르》지에 나갈 인터뷰를 한 적이 있는데, 이런 부당한 시간에 인터뷰 약속이 잡히자 적잖이 놀랐다.[28] 하지만 별다른 토를 달지는 않았다. 실존주의 철학자가 대담자에게 묻는다. "당신에게 혁명이란 무엇입니까?" 그는 망설임 없이 대답한다. "가능성의 영역을 뒤로 더 미는 겁니다."[29]

《타임》지는 피델이 "현재 쿠바의 심장이고 영혼"이며, 그의 동생 라울은 "혁명의 단검의 단단한 *끄트머리*"이며—그는 국방장관이었다—, 게바라는 '뇌'라고 말했다. 또한 그는 "삼두 정치에서 가장 매혹적이고 가장 위험한 요소"라고 보았다. 이 미국 잡지는 '레닌-스탈린-트로츠키'라는 삼두 정치의 전설을 재창조하고 싶었던 걸까?

"위험한 체"라고 했는데, 그는 우선 쿠바 경제에 위험한 사람이었다. 1960년 여름, 서른여섯 개 제당 업체, 두 정유 산업체, 전기 및 전신 업체 등에 국유화 조치가 단행된다. 쿠바섬에 투자한 미국인의 4분의 3이 이 업체들에 투자했다. 이 "새로운 인간"은 노동자 단체들의 삼각 깃발[30]과 찬사에 고무되어 자신의 급료를 포기하고 "정신적 자

---

28. '설탕 위의 태풍'이라는 제목을 단 이 르포르타주는 총 16회에 걸쳐 나갔다. 사르트르는 이 마르크스주의자 지도자를 '세례 요한'에 비교했고, 특유의 절제를 보이면서도 체를 "우리 시대의 가장 완벽한 인간"이라고 소개했다. 카스트로가 이들을 배에 태워 카리브 제도에서 가장 습한 지역인 시에나가 데 사파타로 데려갔다면 얘기가 달라졌을까? 수천 종의 나무가 있고 300여 종의 새와 30여 종의 파충류가 사는 곳으로 말이다. 프랑스의 두 지식인은 1960년 3월 5일, 이 미팅 자리에 있게 된다. 이날 사진작가 알베르토 코르다가 이제는 그 유명한 클리셰가 된, 베레모를 쓴 게바라 사진을 찍었고 말이다. 이제 이 트리오의 얼굴이 찍힌 티셔츠가 전 세계에 돌아다닐 날도 멀지 않았다.

29. 'reculer(뒤로 밀다)' 동사를 써서, 뒤로 더 밀면 그만큼 영역이 늘어난다는 반어적 표현법이다. ─옮긴이

30. '삼각 깃발'은 발터 베냐민도 이야기한 '창조적 파괴' '신성한 폭력'이라는 함의가 깃든 상

극제"를 만들어내기에 이른다. 국립 인쇄소에서 《돈키호테》를 10만 부 인쇄하고 발행해 노동자들에게 읽힌 것이다.

체제의 급진화―정당 탄압, 신문 폐간, 기독교 대학의 국립대학화, 지역 도시를 감시하는 혁명방위위원회 창설―는 그가 마시는 마테 차 같은 것이었다. 혁명의 역사적 인물인 우베르 마토스가 토지 개혁을 반대하다 공식적으로 20년형을 선고받았지만 체는 눈 하나 깜박하지 않는다. 가장 인기 높던 사령관 카밀로 시엔푸에고스가 이상한 비행기 추락 사고로 숨졌을 때(1959년 10월 28일)에도 별다른 문제제기를 하지 않는다. 또 쿠바 국립도서관이 300명의 지식인을 심판하는 법정으로 바뀌었을 때도 아무 반응이 없었다. 열대 적도판 강제 노동 수용소라 할 'UMAP(생산 지원 군사체)'가 정치적 반역자들 및 동성애자 등 이른바 '탈선자'들을 거둬 갈 때도 마찬가지였다.

체는 유럽 극좌파에 매혹된 자도 아니었다. 자유주의자인 적도 결코 없었다. 그는 어쩌면 원액의 스탈린이었다. 그러나 더 자기파괴적인 스탈린. 자기파괴성 속에서만 그는 의연함을 유지했다. 어쩌면 이 점이 그를 낭만적 인물로 비치게 했을 것이다.

에르네스토의 콩고 모험

1959년 여름, 그의 첫 공식 해외 순방이 시작된다. 3개월 정도 되는 이

___

징어다. "공간을 없애가면서 공간을 만들어가는" 파괴적이면서도 생성적인 투쟁 과정을 역설한 말이다.―옮긴이

기간에 그는 제3세계, 다시 말해 모스크바나 워싱턴과 '비동맹'인 나라들의 주요 인사들과 만났다. 나세르, 네루, 티토. 이 여행 덕분에 그는 겨우 기분 전환을 한다. "이상한 나라에 간 앨리스"처럼 자신을 위탁 판매 사원 또는 해외 영업 사원이라고 자조하듯 표현하기도 했다.

출발하기 전, 그는 어린 딸을 다시 본다. 그리고 자신을 마르크스주의에 입문시킨 이 딸의 어머니에게 이혼을 통지한다. 그의 첫 부인은 페루 출신 일다 가데아다. 그의 새 아내는 어떤 의미에서 이상적인 아내다. 산타클라라 전투에서 만난 뛰어난 열성적 투사였으니 말이다. 그녀의 이름은 알레이다 마르치.[31] 그런데 그를 낳아준 사람이자 그가 비밀을 털어놓은 유일한 사람인 어머니에게 그는 이렇게 쓴다. "나는 가정도 여자도 아이도 집도 부모도 형제도 없어요. 나와 같은 정치적 사상을 가진 사람들만이 내 친구예요." 체는 천성으로 보나 취향으로 보나 고독자가 될 것이다.

틀에 박힌 생활을 하면서 행정 관료로서 보내는 일상이 답답하게 느껴지던 차에 국제 위기가 터진다. 이 기회를 틈타 그는 관료 생활에서 빠져나온다. 33세에 불과했지만 이미 베테랑 퇴역 장군이던 그는 CIA 덕분에 다시 군직에 복귀한다. 당시 CIA는 미국에 망명한 반카스트로주의자들과 함께 1961년 4월 15일의 코치노스만 작전[32] 계획을 세우

---

31. 그녀와의 사이에 네 자녀가 있다. (이 두 번째 부인과의 사이에서 낳은 장녀 알레이다 게바라 마르치는 2014년에 한국을 방문해 여러 인터뷰 및 강연을 한 바 있다.—옮긴이)

32. 대선 다음 날, 케네디 대통령은 반反카스트로 작전을 감행해야 한다는 당시 CIA 국장 앨런 덜레스의 말에 설득된다. 그는 공중 포격을 니카라과에서 처음 개시한다. 그러나 실패한다. 이틀 후인 1961년 4월 17일, 공습 작전 코드명인 '2506'을 딴 '2506여단'은 카스트로가 진두지휘하는 가운데 플라야 히론과 플라야 라르가에 상륙한다. 19일, 반카스트로 미군 병력은 118명의 사상자를 냈고, 1200명의 포로를 양산했다. 미국의 대패였다. (코치노스

고 있었다. 하지만 그는 작전 사령부에 있지 않았다. 업무상으로 볼 때 그를 거기에 배치할 성싶은데 말이다. 그가 총애를 잃기 시작한 시점으로 봐야 할까? 반면 1962년 10월 '미사일 위기'[33] 때 그는 다시 정점에 오르는데, 그도 그럴 것이 미사일 기지로 유명한 피나르 델 리오 지방의 방어를 그가 맡았기 때문이다. 하지만 그는 그간 심혈을 기울였던 계획경제 연구로 다시 돌아간다. 플로리다로 빠져나가는 기술자들 때문에 상당한 경제적 손실이 있었고 이를 그가 걱정한 것은, 1980년쯤 되면 쿠바인의 수입이 '양키'의 수입보다 우위에 있을 거라고 자부해서였다. 더 나은 사회주의 사회를 분만하기 위해 항상 분주하던 그는 상당히 신경이 곤두서 있었다. 그는 체제가 요구하는 모든 "자발적 노동"에 참여했다. 홍보 영화에서도 이를 잘 보여주지만, 사탕수수

만은 쿠바섬 남쪽의 내만이다. 스페인어로 '코치노스'는 돼지라는 뜻으로, 미국에서는 '피그스만'이라고도 한다. 카스트로가 미국을 한 방 먹인 이 유명한 사건은 보통 '피그스만 침공'이라고 불린다.─옮긴이)

33. 당시 소련의 지도자 흐루쇼프는 잠수정의 호위를 받는 핵미사일 탑재 수송기를 쿠바로 보냈다. 워싱턴으로서는 이런 핵무기를 자국 바로 아래쪽에 위치한 쿠바섬에 배치하는 것을 결코 용납할 수 없었다. 10월 16일에 시작된 이 정치적 위기는 극적 긴장감 속에서 13일 동안 지속된다. 역사가들과 소설가들은 이에 영감을 받아 더 극적인 상상을 하기도 했다. 하지만 소련은 결국 이 미사일을 도로 가져가게 된다. 미국이 쿠바섬을 다시는 침공하지 않겠다는 약속을 받아내고 터키와 이탈리아에 있는 미국 미사일의 철수를 제안하면서 말이다. 현실적으로는 미국이 지고 소련이 이긴 것처럼 부각되었지만, 국제적 시각에서 종합해 보면, JFK는 냉전의 절정기였던 이 시기에 양자 간의 팔씨름에서 이기고서 자리를 나간 셈이다. (소련이 10월 26일에 제안한 내용은, 미국이 쿠바를 침공하지 않으면 미사일을 철거하겠다는 거였고, 10월 27일에 제안한 것은 쿠바의 소련 미사일 기지와 터키의 미국 미사일 기지의 상호 철수였다. 미국은 27일 제안은 사실상 무시하고 26일 제안만 수락했다. 10월 28일, 흐루쇼프가 미사일 철거를 명령하면서 이 극적인 위기는 타개된다. 그런데 이 사건을 계기로 1963년 미국과 소련 간에 핫라인이 개설되고 부분적 핵실험 금지 조약인 '모스크바 조약'이 체결된다.─옮긴이)

를 베거나 트랙터를 모는 '마세테로(열심히 공부하는 모범생)'의 모습을 보이며 되도록 웃통을 벗고 밀짚모자를 쓴다. 열린 선전 교과서라 할 그는 "공산주의적 윤리 없는 경제적 사회주의에는 별로 관심 없다"고 계속해서 되뇐다. 천식을 억누르느라 소염제 코르티존을 너무 많이 먹었는지 얼굴이 부풀어 오른 것을 주목한 사람은 그다지 많지 않았다. 그는 쿠바인들이 자신을 증오하는 것을 알면서도 모르는 척했다. 그를 조롱하는 동화 같은 것이 농담처럼 퍼지고 있었는데 말이다. "여기에 무시무시한 식인귀가 살아. 그게 바로 체야. 그 녀석이 널 과나아카비베스(강제 노동 수용소)로 보내서 벌주고 총 쏘고 못살게 굴 거야."

2인조 카스트로-게바라 팀은 이미 와해되었지만, 둘 가운데 누구도 먼저 거기에 대해 언급하지 않았다. 새로운 '총통(카우디요)'이 된 카스트로는 이제 절대 권력을 누리며 노멘클라투라의 은밀한 매력을 즐기고 있었다. 그는 이제 갈리시아 씨족[34]의 우두머리가 되었고, 그의 영역 쿠바는 아버지 대보다 훨씬 방대해져 있었다. 아르헨티나인도 자기 나름의 "새로운 인간"을 꿈꾸었고, 정복할 전장을 꿈꾸었다. 레지스 드브레도 썼지만, "그에게 정말 미스터리가 있다면, 정착할 수 있는 유일한 좌장 자리가 있었는데도 그걸 마다하고 유목민으로서 겪어야 할 모든 시련에 완벽하게 충실했다는 것이다."

영악한 카스트로는 최후의 영웅적인 임무를 그에게 맡겼다. 사실상 해고 통보였다. 콩고에 새로운 '포코'를 만들라는 것. 콩고의 전前 수상 루뭄바가 암살되었기 때문이다.[35] 체는 조사 및 선전 활동을 하기 위

---

34. 쿠바 크리오요 주민의 대다수는 스페인 서쪽 지방인 갈리시아와 그 주도인 라코루냐 출신이다.

35. 파트리스 루뭄바(1925~1961)는 콩고민주공화국의 초대 총리였는데, 전前 식민국인 벨기

해 장교들을 만나러 간다. 이것이 그의 마지막 순방 활동이 될 것이다. 말리, 기니, 세네갈, 가나, 다오메(베냉). 이어 그는 중국으로 가서 마오쩌둥—같은 사회주의 혁명가로서 마오의 그늘에 가려져 있던 카스트로는 마오에게 은근한 시기심을 품었다—과 회담한다. 그는 베이징을 출발해, 파리에 들른다. 루브르에 가서 히에로니무스 보스의 〈광인들의 배〉를 꼭 보라고 말하곤 했던 그 파리다. 그런 다음 아프리카로 향한다. '포키즘(포칼리즘)' 위탁 판매를 하는 해외 영업 사원은 카이로에서 잠시 기항한다. 나세르는 콩고 탐험을 만류한다. "성공하지 못할 거요. 당신이 백인이어서 쉽게 눈에 띌 테고, 당신과 함께 다니는 다른 백인들을 보면서 '당신들이나 외국인 용병이나 별 차이가 없다'고 말할 것이오." 이 이집트 대령은 '리얼폴리티크' 속에 있었고, 체는 바로크식 영웅주의 속에 있었다. "한 인간의 삶을 비평하는 순간은 바로 그가 죽음과 맞서기로 한 때요"라고, 그는 진짜 두려움 모르는 인물 나세르에게 설명하려 들었다. "죽음과 맞서기로 결심하면 그는 영웅이 되는 거고, 그의 기획은 성공이든 실패든 한 가지로 결론 나겠죠." 두 사람의 대화는 서로 귀를 막고 하는 대화 같았다.

1965년 3월 14일, 체 게바라는 마지막으로 대중 앞에 나타난다. 96일간의 세계 일주를 마치고 이제 막 카스트로 손에 넘어간 쿠바에 도착한다. 카스트로는 그를 아바나에서 20여 킬로미터 떨어진 마을로 데려간다. 두 늙은 전사 동료는, 아마도 동생 라울이 옆에 있었을 테지만, 간혹 언성이 높아져 대화가 중단될 만큼 불꽃 튀는 토론을 했다. 이 두 사람은 무슨 이야기를 나눴을까? 그들 전기에도 전혀 언급된 적

에를 비롯한 서구 열강과 결탁한 카탕가주 지도자 촘베, 군대장 모부투에 의해 실각한다.

없는 블랙홀이다. 시대는 바뀌었다. 모스크바와 동맹한 피델은 "평화적 공존"을 믿지 않는다. 게바라는 여전히 자신의 가공 세계 속에 있었다. 아마도 1인자는 과거 2인자의 이 충동적 기질을 더는 덮어줄 수 없다고 말했을 것이다.

아바나를 떠나기 전인 4월 초 무렵, 게바라는 칠레의 공산주의자 시인 파블로 네루다의 시를 옮겨 적는다. "아무도 우리를 묶어두지 않네. / 아무도 우리를 매어두지 않아. / 나는 선원들의 사랑을 사랑하지. / 키스를 남기고 그들은 떠나네. / 나는 떠나네. 나는 슬프지. 나는 항상 슬프지."

그는 자녀들과 부모님 그리고 "20세기의 이 작은 용병"을 기억해 주길 원하는 이들에게 편지를 쓴다. 그리고 마지막으로 최고 지도자 피델에게 쓴다. "저는 당의 지도부에서 맡은 모든 임무를 공식적으로 포기합니다. 장관직, 사령관직 그리고 쿠바인이라는 조건 모두를 포기합니다." 이 서한은 10월에 열린 쿠바 공산당 중앙위원회에서 공식적으로 대독되었다. 두 사람의 결별은 이제 공식적인 것이 되었다. 아니, 정치적인 것이 되었다. 이 서한은 카스트로에게 찬사를 보내면서 그의 명예를 회복시켜 준 셈이다. 옛 '사령관' 우베르 마토스는 체 게바라가 "피델 카스트로의 도구이자 희생양이었다"고 확신한다.

1965년 4월 말, 체는 여러 동유럽 공산주의 국가들을 거쳐, 알제와 카이로, 나이로비, 다르에스살람을 거쳐 탕가니카 호수 연안에 도착한다. 카빌라[36] 편에 선 흑인 쿠바 전사들 100여 명—이들을 아프리카인으로 만들기 위해—을 이끄는 대장으로서 모부투의 손아귀에 들어

---

36. 체 게바라가 죽은 지 30년 후인 1997년, 그는 모부투를 몰아내고 정권을 잡는다.

간 콩고를 되찾으러 온 것이다. 그러나 곧 환상이었음을 깨닫는다. 혁명의 불길은 피어오르지 않았다. 비밀 야영지에서 여자들과 아이들은 천진난만하게 돌아다녔고, 춤을 춘다며 늘 음악을 크게 틀었다. 그들은 참호 파는 일도 거부했다. 죽은 자를 묻는 구멍 아니냐고 했다. 사격 훈련에도 그다지 관심이 없었다. 오른쪽 눈을 도무지 감을 수 없다고 투덜거렸다. 소규모 교전을 조금만 벌여도 무기를 버리고 야영지를 이탈했다.

실망 또는 환멸을 느낀 게바라는 자조하듯 이렇게 말한다. "우리 동지 하나가 농담처럼 말하기를, 콩고는 혁명과 완전히 '상반되는' 것들만 다 모아놓은 곳이라는 것이었다." 그는 '동맹' 카빌라도 사실 무시했다. 그에겐 아무런 의미도 없는 자였다. "진지한 혁명 정신도 없고" "행동을 이끌 이념도 없고" "행동에 수반되는 희생정신도 없는" 자였으니 말이다.

콩고에 온 지 7개월 만에 쿠바인들은 자기 나라로 돌아간다. 시오랑[37]은 몰랐겠지만, 시오랑의 사도인 이 대장은 이렇게 말한다. "이것이 바로 부식腐蝕의 서사다." "콩고에 있는 동안 난 철저히 혼자라고 느꼈다. 쿠바에서도, 내가 편력한 세상 어디에서도 느낄 수 없던 고독이었다." 최후의 콘키스타도르는 '골고다 언덕'은 상상할 수 없었다. 그의 골고다 언덕이 바로 그를 기다리고 있던 볼리비아였다는 것도.

---

37. 에밀 시오랑(1911~1995)은 루마니아 태생의 시인이자 철학자로, 거의 일생을 파리에서 보냈다. 회의주의, 더 나아가 염세적이고 절망적인 시를 썼다.

13
리처드 닉슨
(Richard Nixon, 1913~1994)

저주받은 이름

제37대 백악관 입주자는 미국의 위대한 대통령 중 한 사람이었다. 국내에서는 빈민과 흑인에게 가장 관대한 사회 정책을 폈다. 그 이전 어느 민주당 대통령도 그 이상은 하지 못했다. 대외적으로는 미국이 벌인 전쟁 중 가장 길었던 베트남 전쟁을 종식시켰다. 그리고 마지막으로, 특히 외교에서 주도권을 잡고서 중국공산당을 직접 만나 25년간의 냉전 체제를 끝냈다. 이런 정치의 달인이 어떻게 워터게이트 도청 사건 하나로 무너졌을까? 이 사건 하나로 그에게는 검은 전설이 씌워졌고, 결코 여기서 빠져나올 수 없었다. 그로서는 무척 부당하고 억울할 수 있었다.

1974년 8월 9일, 워싱턴에 패배의 나날을 알리는 거센 바람이 불었다. 헬리콥터 한 대가 리처드 닉슨과 그의 부인 팻을 백악관에서 앤드루스 에어포스 기지로 이동시키기 위해 준비하고 있었다. 헬리콥터는 이 기지에서 출발해 미국 대통령의 고향인 캘리포니아로 갈 예정이었다. 의원들, 판사들, 기자들—그는 이자들 모두에게 구토증을 느꼈다—은 그의 두꺼운 얼굴 가죽을 벗겨서라도 혹독한 대가를 치르게 하고 싶어 했다. 그의 파멸을 갈구했다. '워터게이트 사건'으로 그의 권력 남용이 드러나고 의회의 분노와 법원의 압박이 커지며 탄핵될 위기에 처하자, 이 불굴의 투사는 그만 다 포기하고 싶어졌다. 이튿날 정오에 해임이 예정되어 있었지만, 그가 존경해마지 않는, 드문 프랑스인 중 한 사람인 드골 대통령이 1969년에 그랬던 것처럼[1] 그 역시 바로 그 전날 자진

1. 샤를 드골(1890~1970)은 레지스탕스 운동가이자 2차 세계 대전 당시 기갑 부대를 탁월하게 지휘한 군인이었다. 정계에 입문한 뒤로는 국방부 차관을 지냈으며, 종전 후 총리를 두 차례 역임했고 이어 제5공화국 제18대 대통령에 취임하며 재선까지 성공한다(1959~1969년). 취임 후 나치 부역자들을 대대적으로 정리하고 1960년대에 알제리 전쟁을 평화적으로 종식한 공을 인정받았다. 그런데 그의 결말은 좋지 못했다. 대중과의 소통이나 자신을 비판하는 정치 세력과의 토론을 피하는 등 권위적인 태도를 보여 구세대 정치인의 한계를 드러냈다. 결국 프랑스 68혁명의 소용돌이 속에서 불안정한 정국을 해결하지 못하고 하야 선언(1968년 5월 29일)을 하기에 이른다. 그러자 군을 위시한 우파 세력이 이 선언에 놀라 대대적인 시위를 벌인다. 우파는 그해 6월 말에 치른 의회 선거에서 다수 의석을 차지한다. 반등의 기

사퇴를 발표한다.

마지막으로, 그는 미국 국민을 향해 텔레비전 연설을 한다. "저는 때론 성공하기도 했고, 때론 실패하기도 했습니다. 그러나 언제나 시어도어 루스벨트 대통령[2]이 모래판에 선 인간에 대해 했던 말을 가슴에 새겼습니다. 그자는 얼굴이 온통 땀과 모래와 피로 뒤덮인 채 용감하게 싸웠고, 속았고, 실패했고, 또 실패하고 실패했습니다. 왜냐하면 과오와 실패 없는 노력은 없기 때문입니다. 하지만 앞으로 나아가기 위해 최선을 다했습니다. 열정적으로, 헌신적으로 귀중한 대의에 자신을 바치다 보면, 결국 위대한 승리를 쟁취할 것을 알았기 때문입니다. 설혹 그가 실패했다 해도, 위대한 것을 시도했기 때문에 실패한 것입니다." 그의 연설은 대단했다. 거의 서서 참패한 그였지만 아마 미국 정치인들 중 최고의 웅변가로 남을 것이다. 그런데 이게 다 무슨 소용이란 말인가. 닉슨은 풍자의 대상으로 전락했다. 30년 가까이 이른바 '트리키 닉슨Tricky Nixon'이라는 별명으로 그의 이미지는 고착되었다. '교활한 닉슨' 또는 '트리키 딕'이라고 불리기 시작한 것은 1946년 첫 대선 때부터다. 하이드가 늘 지킬 박사를 이기듯, 사람들의 기억 속에서는 그가 그러했다.

그날 저녁, 그는 스펜서 트레이시의 영화[3]를 보느니, 프랭클린 J. 샤

미가 보이는 듯했지만, 결국 자신의 재신임을 묻는 국민투표가 부결됨으로써 1969년 4월 27일에 대통령직을 사임한다.—옮긴이

2. 시어도어 루스벨트(1858~1919)는 공화당 출신으로, 1901년부터 1909년까지 미국 대통령으로 재임했다.

3. 영화 〈지킬 박사와 하이드〉를 암시한다. 이 영화에서 스펜서 트레이시가 주연을 맡았다. 그는 존 포드 감독에게 발탁되어 거칠면서도 강인하고 절제력 있는 연기를 보여주었다. 〈신부의 아버지〉나 〈초대받지 않은 손님〉, 헤밍웨이 원작 소설로도 유명한 〈노인과 바다〉의 노인

프너 감독의 영화 〈패튼〉, 그러니까 바스토뉴 전투에서 승리한 패튼 장군 역할을 한 조지 G. 스콧⁴을 보고 싶었다. 패튼이란 무엇인가? 용기, 고집, 멧돼지다. 바로 그런 캐릭터다. 상스러운 마차꾼 언어? 그러나 그가 좋아하는 모든 것이 여기에 있었다.

생존의 법칙

미국 제37대 대통령의 검은 전설은 그의 임기 마지막 해에 약간 더 낭종처럼 굳어진다. 예술가들은, 특히나, 마음껏 이 주제를 다뤘다. 뉴욕의 소설가 필립 로스는 유대인 출신이자 민주당 지지자였는데ㅡ닉슨이 다 싫어하는 것들이다ㅡ소설 《우리의 갱》(1971)에서 보이스카우트 캠프에 폭탄을 던지는 편집증 환자 대통령 '교활한 딕슨'이라는 인물을 묘사한다. 영화감독 조지 루커스는 〈스타워즈〉(1977)에 나오는 사악한 제왕의 모델로 그를 염두에 둔다. 동종 업계의 로버트 앨트먼 감독은 〈은밀한 영광〉(1984)에서 위스키 병과 권총 하나를 사이에 두고 독백하는 그를 등장시키기도 하는데……아니, 도대체 언제쯤이나 그를 놓아줄까?

권좌에서 내려온 지 4반세기나 흘렀는데도 닉슨은 여전히 역대 대

역할로도 유명하다.ㅡ옮긴이

4. 패튼 장군 역할을 맡은 조지 스콧은 이 역할로 1971년 아카데미 남우 주연상 수상자로 선정되었지만, 그는 배우들을 경쟁시키는 것은 타락이라고 생각하여 시상식장에 나타나지 않았다. 그뿐만 아니라 트로피도 찾아가지 않아 이 트로피는 패튼 장군 기념관에 보관되어 있다고 한다. 영화 〈패튼〉은 1943년에 아프리카 튀니지 요새에서 로멜 장군이 이끄는 최강 독일군과 맞서 싸울 미군 기갑병단장에 패튼이 임명되고, 패튼 장군은 특유의 투지로 미군을 훈련시켜 로멜 군단을 마침내 분쇄한다는 내용이다.ㅡ옮긴이

통령 중 최악의 대통령 1위를 차지한다. 역사에서 흔적도 없이 사라진 그 이전의 대통령들인 워런 하딩, 제임스 뷰캐넌, 프랭클린 피어스를 제치고서 말이다. 어떤 통계에 따르면 불명예 면에서는 히틀러를 앞서기도 한다. 반면 갤럽 조사에 따르면 다행히도 세계에서 가장 놀라운 인물 중 한 사람이다. 사람들 의견은 이렇듯 매우 다양하다.

닉슨의 신비는 그 놀라운, 심지어 매혹적이기까지 한 추락에 있다. 선임자이자 경쟁자였던 존 피츠제럴드 케네디가 약속해 놓은 달을 정작 딴 사람은 닉슨이었는데, 이렇게 운 좋은 사나이가 어떻게 그렇게 바닥으로 추락한 것인지. 달이라고? 5년 전인 1969년 7월이었다. 그야말로 불멸의 시간이었다. 백악관의 수장은 밤의 천체에 처음 발을 내디디며 성큼성큼 걷는 우주 비행사 닐 암스트롱과 대담을 했다. 전혀 다른 시간, 전혀 다른 모습이었다. 그 이후 그는 진흙탕으로 끌려 들어갔다. 타락한 자. 하지만 마지막까지 그는 국가를 위해 봉사할 것이다. 짧은 환송식을 하기 위해 백악관 직원들이 모여들었고 지금 그는 그들 앞에 서 있다.

이 달걀 모양의 타원형 테이블에서 몇 미터 떨어진 곳에서 그는 5년 6개월 20일 동안 세계 제일의 강대국을 조종하고 운전했다. 퀘이커교도였던 어머니 해나의 미소와 함께, 요바린다라는 캘리포니아주의 작은 마을에서 1913년 1월 9일에 시작한 그의 삶이 주마등처럼 흘렀다. 특유의 신중하고 신비로운 분위기를 지닌 처녀 해나는 라틴 및 그리스 문화에 젖어 있었으며, 프랑스어와 독일어를 할 줄 알았다. 그녀는 성녀였다. 죽을 때까지 두 아들을, 그러니까 1925년에 갑자기 세상을 떠난 아서(셋째)와 이어 8년 후 결핵으로 죽은 해럴드(장남)를 불철주야 돌보았다. 리처드는 살아남았고, 세 명의 에너지를 합한 것만큼 에너지가 넘쳤다.

　그동안 힘든 일과 실패를 겪으면서도 그는 언제나 극복했고 자신을 국가에 바쳤다. 그의 인생에서 가장 어둡고 가장 굴욕적인 이날, 그는 존경하는 아버지가 했던 말을 떠올렸다. 아버지는 자기 손으로 직접 집을 짓고 가정을 일군 사람이었다. "리처드, 늘 자신과 싸워야 한다."

　아버지 프랭크 닉슨은 강하게 싸워온 사람이었다. 한 번도 헛발을 디디지 않고 열심히 살아온 자였다. 시작은 전동차 기사였다. 레몬 농사를 짓다가 쓰디쓴 실패를 맛봤다. 주유소를 운영했고, 이어 식료품 가게를 운영했다. 아이들도 아버지를 도왔다. 어린 리처드는 새벽 네 시부터 로스앤젤레스 도매 시장에 가서 과일과 야채를 떼어 왔다. 아침 여덟 시면 다른 친구들은 이제 겨우 꿈속에서 빠져나올 시각이었는데, 닉슨은 학교 가는 버스를 탔다. 약간 수줍고 어둡게 자랐지만 영특하고 재치가 있었다. 특히 뛰어난 언어 구사력에 선생님들은 놀라곤 했다. 아직 어려서 경험이 없는데도 세상사 모든 주제가 그의 관심과 흥미를 끌었다. "건물은 임대하는 게 나을까요, 소유하는 게 나을까요?" "헌법이 여러분에게 부여하는 특권은 무엇인가요?" 어떤 주제의 질문이든 손을 높이 들고 열정적으로, 신념을 갖고 대답했다. 앞으로 법학 공부를 하게 될지는 몰랐지만, 정치를 하겠다는 결심은 이때부터 했다. "사람들을 돕기 위해서."

정치 먼저!

리처드 닉슨은 17세에 두 명문 대학인 하버드대와 예일대에 갈 수 있는 장학금을 얻는다. 하지만 결핵을 앓던 형의 죽음으로 대학에 등록하지 못한다. 부모님 곁을 지켜야 했기 때문이다. 그는 《회고록》에서 "이런 시련은 오히려 내 운명을 아이러니하게 도왔다. 어려운 위기를 늘 대비하고 극복하게" 했다고 쓴다. 그는 캘리포니아의 휘티어 칼리지에서 역사와 정치학을 공부했다. 이어 "남부의 하버드"라 불리는 노스캐롤라이나주의 듀크 대학에 입학한다. 이 대학에 다니는 동안 그는 남북전쟁의 흔적이라고 할 인종차별주의나 분리주의가 여전히 남아 있는 모습을 본다. 그는 줄곧 연보라색 스웨터만 입고 다니는 가난한 대학생이었다. 학교 장학금도 받고 조그만 일자리를 구해 돈을 벌긴 했지만 주거비나 식비를 다 해결할 수는 없었다. 대학 마지막 해에는 동급생 셋과 물도 안 나오고 전기 시설도 안 된 숲속 오두막에서 살았다. 새벽에 학교 화장실로 가서 면도를 했고, 샤워는 핸드볼 연습을 하고 나서 체육관 시설에서 했다. 사는 게 너무 힘들어 다 포기하고 싶은 생각이 든 것이 한두 번이 아니었다. 그럴 때마다 아버지가 했던 말을 떠올리며 마음을 다잡았다. 아버지의 말씀은 키플링의 유명한 시 구절인 "아들아, 너는 한 남자가 되는 것이다"를 떠올리게 했다. "네 일생을 바쳐 이룬 것이 무너져 내리는 걸 보고서도 묵묵히 다시 그것을 일으켜 세울 수 있다면…… 아들아, 넌 한 남자가 되는 것이다."[5]

학위를 손에 쥔 그는 캘리포니아 변호사 시험에 보란 듯이 합격한다. 스물네 살부터는 휘티어에 있는 '윙거트 앤드 뷸리' 법률사무소에서 상속세 전문 변호사로 일한다. 돈은 목이 좋은 길모퉁이에서 버는

---

5. 이 발췌문 단락에 해당하는 키플링의 영문 시 일부는 다음과 같다. "Or watch the things you gave your life to, broken, And stoop and build 'em up with worn-out tools."
　 —옮긴이

법이다. 그런데 이게 진짜 그의 목표일까?

1974년 8월 9일, 백악관에서 보낸 마지막 날, 닉슨 곁에는 아내 팻이 있었다. 그녀는 그에게는 없어서는 안 될 기둥이었다. 그녀의 본명은 셀마 캐서린 라이언인데, 성 패트릭의 날 직전에 태어나서 팻이라는 애칭이 붙었다. 두 사람은 아마추어 극단에서 처음 만났는데, 처음 만났을 때처럼 지금 그녀는 다소곳이 아무 말이 없다. 어딘가 서툰 구석이 많은 리처드가 그녀의 취향은 아니었다. 하지만 자신을 유혹하기 위해 거의 초인적으로 노력하는 그에게 깊은 인상을 받았다. 스케이트 링크까지 따라올 정도가 되자 결국 그녀는 1940년 3월에 그의 청혼을 받아들인다. 샌클레멘테섬의 데이나포인트에 석양이 질 무렵 그는 아주 낭만적으로 프러포즈를 했다. 닉슨 부부는 훗날 그곳에 저택을 구해서 산다.

워터게이트 때 약간 과장된 소문이 나돌긴 했지만, 그래도 부부의 모범이 있다면 바로 이 부부다. 그들은 두 딸을 두었는데, 1946년에 태어난 줄리는 미래에 아이젠하워 부인이 될 것이다(아이젠하워 장군의 손자와 결혼한다). 그리고 다시 2년 후에 패트리샤가 태어난다. 하지만 닉슨이 아내의 말을 항상 잘 듣는 것은 아니었다. 1946년 공화당 중진들의 적극적인 독려로 하원 선거에 나갈 결심을 굳혔지만, 아내를 설득하느라 밤새 부부 싸움을 해야 했다. 결국 그녀는 자신의 운명을 그의 손에 맡긴다. 그때부터 정치가로서 그의 이력은 단숨에 비상한다. 33세에 하원 공화당원이 되고, 용감하게 루스벨트의 뉴딜 정책을 조직적으로 공격하며 유명해진다. 4년 후에는 자신의 정적인 한 여성을 "속옷도 핑크색을 입는" 사람이라고 비난할 정도로 이번에는

'빨갱이', 그러니까 반공을 무기 삼아 상원 의원이 된다.[6] 39세에는 미국 부통령이 된다. 그리고 마침내 영광을 누리다 추락하는 대통령이 된다.

만일 그가 아내 팻의 말을 귀담아들었다면 운명이 달라졌을까? 누가 알겠는가. 1960년 대선에서 케네디와 맞붙었다가 떨어졌고, 2년 후에는 캘리포니아 주지사 자리에서도 떨어지면서 정계를 떠나기로 하지 않았던가? 당시만 해도 "뉴욕의 유혹"에 넘어가 빅애플로 돌아가서 다시 변호사 업무를 시작하려고 했다. 하지만 정치 바이러스가 너무나 강했고, 로펌이 즐비한 뉴욕 연안은 그의 취향이 아니었다. 6년간의 공백기를 거친 후, 그는 다시 정치판에 뛰어든다. 공화당의 두 거물, 우파인 베리 골드워터와 자유적인 넬슨 록펠러의 노선에 비해 그는 훨씬 중도적이고 합의적인 노선을 걸으며 미국 전역을 돌아다닌다. 딕은 이제 예전의 딕이 아니었다. 세월의 풍파를 겪는 동안 훨씬 단련되었고 침착해졌다. 오래전부터 그를 괴롭히던 신경증이 더는 없었다. 그러자 다시 한번 정계를 갈망한다. 이번엔 될 것이다. 결국 1968년에 그는 미국 대통령에 선출된다. 56세의 귀환이 성공하다니, 미국 정치 역사에서 매우 드문 일이었다. 여기까지가 신화였다면, 이제 이렇게 온 두 번째 기회는 그를 호락호락 놔두지 않을 것이다.

---

6. 의원 수를 확보하기 위해 민주당과 공화당이 치열하게 경쟁하던 시기, 리처드 닉슨은 이른바 공산주의자 색출로 유명해지면서 매카시를 이용하기도 했다. 매카시에게 미국 내 공산주의자들의 현황을 상세하게 알려준 사람이 바로 닉슨이었다고 알려져 있다. ―옮긴이

펜타곤의 일탈

이미 지친 그였지만 캄피돌리오 언덕에서 타르페이아 바위까지의 거리는 멀지 않았다. 1971년 6월 13일 《뉴욕 타임스》에 '펜타곤 문서'[7]에 관한 기사가 나오면서 기계가 완전히 고장 나기 시작한다. 이 기사는 여러 비밀문서를 통해 해독한 미국의 대對 베트남 정책 30년간의 요약본이라 할 수 있었다. 《뉴욕 타임스》는 빈정대듯, 닉슨이 그토록 애지중지하던 장녀 '트리샤(패트리샤)'의 결혼 소식을 이 기사 바로 옆에 실었다.

"외향적인 직업을 수행하면서도 내향적인"—이것이 그를 표현할 수 있는 고유한 문구다—닉슨 같은 사람에게는 비밀보다 더 신성한 것은 없었다. 기자, 지식인, 또 교훈이랍시고 끝없이 충고하는 자들의 무책임한 수다보다 그의 성질을 돋우는 건 없었다.[8] 이런 핑계로 닉슨은 언론을 멀리했고, 이런 파열 때문에 백악관 보좌진의 편집증과 망상은 한층 더 심해졌다. 보좌진은 급기야 모든 문제를 도발하는 자들의 정체를 파악하고 감시하는 일을 맡을 '배관공' 팀을 구성하기에 이른다.

---

7. '펜타곤 문서Penagon Papers'의 공식 명칭은 '미-베트남 관계: 1945~1967'이다. 《뉴욕 타임스》는 6월 13일부터 이 보고서의 내용을 연재 기사로 내보냈는데, 국가 기밀 서류는 공개하면 안 된다는 법원 금지 명령으로 연재가 중단되기도 한다. 특히 이 기사를 통해 미국이 베트남전 참전 구실로 내세운 '통킹만 사건'이 북베트남의 도발이 아니라 미국 군대가 조작한 사건임이 밝혀졌다. 미국 국민들은 충격에 빠진다. 《뉴욕 타임스》 후속 보도와 《워싱턴 포스트》의 보도가 이어지면서 베트남 전쟁이 미국 정부와 군수 기업체, 반공주의자들이 결탁한 침략 전쟁이었다는 사실이 드러났다. —옮긴이

8. 그는 허버트 후버 대통령(1929~1933년에 역임) 이래 역대 대통령 중 기자 회견을 가장 적게 한 대통령으로 기록된다.

'반역자'의 정체는 곧 드러났다. 대니얼 엘스버그[9]라는 자였다. 그는 우드스톡 축제 같은 데서 미국 국가國歌를 망쳐놓는, 지미 헨드릭스 풍의 리듬에 맞춰 몸을 흔드는 더벅머리 '급진파' 청년은 아니었다. 그는 다름 아닌 한때 강경파였던 전前 해군 장교였다. 또한 펜타곤의 주인인 미 국방장관 로버트 맥나마라의 조력자였고, 랜드 연구소[10]의 연구원이었으며, FBI 국장 후버의 사위 되는 인물이었다. 한마디로 술탄의 궁정 같은 곳에서 자란 인물이었다. 그러니 미국 대통령은 화가 나지 않을 수 없었다. 닉슨이 아무도 믿을 수 없게 된 것은 어쩌면 이때부터였을 것이다. 미국의 적들은 도처에 있었다. 베트남 전쟁 반대자들만이 아니라 백인 우월주의 비밀결사인 '쿠클럭스클랜', 맬컴 엑스와 '블랙파워'의 호적수인 흑인 급진파들, 반反문화 운동을 벌이는 모든 종류의 파르티잔들, 심지어 그들 조국의 최대 이익과 반대되는 어떤 도덕적 가치를 위해 전향한 옛 해군 전사들까지. 사정이 이렇다 보니 닉슨에게는 불신의 풍토병이 생기지 않으려야 않을 수 없었다. 닉슨에게는 친구인 이스라엘 수상 골다 메이어와 유사한 정신적 성향이 있었다. "편집증 환자처럼, 절대로 적이 없어야 한다고 생각했는데, 그럴 순 없는 것이다."

임기 중에 내가 도대체 무엇을 잘못했다는 건가? 미국의 평화를 염원하고 인종 갈등과 내전을 종식하기 위해 정말 많이 노력하지 않았

---

9. 대니얼 엘스버그는 펜타곤 문서의 작성자다. 그는 당시 MIT 부설 국제연구소 수석 연구원이었다. 처음에는 인도차이나에서 미국이 맡은 역할을 지지했지만, 이 문서 작성이 끝나갈 무렵에는 적극적으로 반대하는 입장이 된다. 그는 미국의 이런 저의를 폭로하기 위해 평소 잘 알고 지내던 《뉴욕 타임스》 기자에게 이 극비 문서를 넘겼다.—옮긴이

10. 미국의 자문 및 정책 연구 기관. (미국의 어느 방산 대기업이 설립한 군사 문제 연구 기관으로, 미국의 대표적인 싱크탱크 중 하나다.—옮긴이)

나? 그의 모델은 대서양 너머에 있었다. 빅토리아 왕조 시대의 수상이었던 벤저민 디즈레일리.[11] 보수주의자이지만 사회적 감수성에 민감했던 디즈레일리를 그는 아주 높이 평가했다. 백악관에 들어오자마자 그는 복지를 강화하고 빈민 수를 줄이고 중간 계층인 아프리카계 미국인을 급부상시킬 결심을 했다. 이렇게 하게 된 것은 어렸을 때 경제 대공황의 피해를 눈으로 똑똑히 보았기 때문이다. 가족이 경영하는 식료품 가게에서 "이빨이 빠진" 거지를 보았기 때문이다. 그래서 의회에서 자칭 '진보주의자들'에게 미움을 받는다 해도 사회복지 제도를 근본적으로 개혁하고, 4인 가구 기초생활자 모두에게 최저 소득을 보장해 주는 제도—이것은 미국에서는 가히 혁명이다—를 만들려고 했다.

30년 후 민주당 대통령 버락 오바마가 이와 유사한 제도를 도입하지만, 공화당 정서로는 좀 의구심이 가는, 노벨경제학상 수상자 폴 크루그먼에 따르면, 닉슨의 안보다 덜 관대한 제도다.

백악관의 수장은 바로 앞에 재임한 대통령인 민주당의 린든 존슨 행정부 때 소요가 발발했던 근교에 다시 평화를 가져다주기 위해서도 상당히 노력했다. 그런데도 사람들은 닉슨이 흑인, 이탈리아 및 아일랜드 출신 미국인, 유대인에 대해 농담 조금 한 것 가지고 트집을 잡으며 비난했다. 남부에서는 흑인 학교와 백인 학교가 나뉘어 있었는데, 사실상 닉슨은 이런 제도를 종식시키고 하나로 통합하는 정책을 밀어붙이고 있었는데도 말이다.

---

11. 벤저민 디즈레일리(1804~1881). 1868년에 잠시 총리를 지내다가 두 번째이자 실제적인 정부 집권기(1874~1880년)인 6년 동안 사회 공공주택 건설을 장려하고, 공중보건을 개혁했으며, 취학 범위를 넓혔고, 노동 시간을 제한했다(특히 아동 노동). 그는 변함없이 보수 우파 지성인들의 한 모범적 모델로 통했다.

그런데 1971년 9월 3일, 엘스버그가 치료받던 정신과 의사 진료실에 도둑이 들었다. 환자 진료 카드를 훔치기 위해서였다. 이 일은 한국전쟁에 참전한 적 있는 군인 출신 변호사 고든 리디와 전 CIA 요원이었던 하워드 헌트가 지휘한, '배관공'들의 첫 임무였다. 고든 리디는 나치 시대 독일에 사로잡혀 얼굴 옆선에서 아리아족 느낌이 나는 여자를 아내로 택한 사람이었으며, 하워드 헌트는 마이애미에서 반反카스트로 열혈 당원을 모집하는 임무를 맡았던 CIA의 전문 요원이었다. 이 가택 침입은 완벽하게 실패작이었고, 이 기나긴 패착 목록의 맨 처음에 올라오는 항목이었다.

왜 대통령은 '펜타곤 문서'에 냉정을 잃었을까? 이 문서는 이전 행정부, 그러니까 케네디 정부를 제압해 버릴 만한 내용도 많았다.[12] JFK의 황금빛 전설을 끝내주기에는 너무나 좋은 기회 아닌가? 소년 같은 '살인 미소'를 지닌 JFK에게서 미국 대중은 스코틀랜드 스커트를 입은 모습으로 할리우드를 완전히 유혹한 2차 세계 대전의 영웅, 스콧 피츠제럴드를 떠올렸다. 실용적이면서도 딜레탕트 같은 부잣집 아들. 댈러스에서 순교자가 됨으로써 성인 반열에 오른 인물인데, 그에게 일일이 이유를 들어가며 시비를 걸 수 있을까? 불가능하다. 게다가 대통령은 천하고 비열해서는 안 된다. 닉슨은 '숙적'과도 페어플레이를 했다. JFK 암살 이후로는 이제 케네디가의 다른 남자들과 그렇게 했다. 형에 이어 대통령을 꿈꾸던 로버트, 테디와도.

---

12. 1955년 아이젠하워 대통령이 처음으로 베트남에 미국 고문단을 보냈다. JFK는 이 정책을 더욱 강화하여 1만 5000명의 '전문가'를 보냈고, 그곳에 해군 및 공군 기지를 설치하고 특별 공군 전투기 두 대에 폭격 및 고엽제 살포를 허용했다. 린든 존슨 정부 때는 50만 미군 병사를 보내는 등 그 규모가 정점에 달했고 대대적 폭격을 감행했다.

두 야수는 처음 정치에 입문할 때부터 만났다. 서로 정중하게 공격했다. 양쪽 선거 캠프에서는 섬세하고 미묘한 정치 공작 기술을 걸어 상대를 위협했지만, 두 사람은 뒤에서 서로를 지지했다. 존 F. 케네디가 1953년 9월 12일에 세인트메리의 뉴포트 교회(로드아일랜드)에서 나중에 '재키'라 불리는 재클린 리 부비에와 결혼할 때도 닉슨을 결혼식에 초대한 것은 우연이 아니었다.

하지만 캘리포니아 식료품 가게의 아들이었던 닉슨은 항상 이 뒤바뀐 분신을 보며 "계급적 열등감"을 느꼈다. 오로지 자신의 노력만으로 눈부신 사회적 상승을 이루며 아메리칸드림을 구현했지만, 결국 소용없었다. 그는 항상 자신의 출신에 신경 썼다. 신사복을 입어도 왠지 꽉 끼어서 시골티를 벗을 수 없었다. 사람들은 그가 JFK처럼 흰 바지에 폴로셔츠를 입는 것은 상상도 하지 못했다. 그는 뭔가 흐릿하고 서툴렀다. 모르는 사람을 만나면 어색해하고, 특히 여자들을 만나면 더 서툴렀다. 1960년 대선 TV 토론에서 케네디에게 끔찍한 패배를 당했는데, 그는 이 상처를 평생 극복하지 못한 듯하다. 선탠을 한 듯한 구릿빛 피부에, 늘 웃는 얼굴에 여유가 있고, 어두운 색 신사복을 입어도 눈이 부신 케네디는 닉슨을 너무나 쉽게 이겼다. 하지만 닉슨은 망토를 쓰고 자신을 숨기면서도 훨씬 더 앞으로 나아갈 줄 아는 외교 정치의 달인이었다. 여론 조사에서는 그가 선두를 달렸지만, 의상 때문에 더 칙칙해 보이는 피부색, 얼굴에 비 오듯 땀이 흐르는 체질에다 말할 때마다 인상을 쓰는 구겨진 표정, 너무 빨리 자라는 수염 등 한마디로 케네디와는 너무 대조적이었다! 텔레비전 세대에게 이미 매스미디어는 정치를 잡아먹는 뱀파이어였다.

전설은 두 남자를 반목하는 결투자로 몰고 간다. 올리버 스톤의 영화에서 리처드 닉슨은 케네디의 초상화를 살펴며 이렇게 한숨짓는다. "사람들이 당신을 볼 때는 그들이 원하는 것을 보지만, 사람들이 나를 볼 때는 바로 그들 자신을 보는 것이오." 그들은 누구일까? 닉슨의 유권자, '침묵하는 다수'였다. 그는 이 '침묵하는 다수'에게 그의 연설 중 가장 아름다운 연설로 기록될 만한 연설을 했다. 1969년 11월 3일의 연설이다. "평화를 위해 우리 모두 하나가 됩시다. 패배에 대비하려면 우리는 하나가 되어야 합니다. 왜냐하면 우리는 이 사실을 이해해야 합니다. 북베트남은 미국과 싸울 수도 없고 미국을 굴복시킬 수도 없습니다."

'배관공들'의 생사고락

이 시기, '배관공'들은 하나하나 계획을 쌓아갔다. 대선 기간 동안 그들의 새로운 과녁은 워싱턴 포토맥 강가에 서 있는 '워터게이트Wartergate'라는 별명이 붙은 건물에 입주한 민주당 선거 본부였다. 목표는 민주당 전국위원회 회장 사무실에 도청 마이크를 설치하는 것이었다. 이 위원회의 회장은 래리 오브라이언이라는 사람으로, 옛 케네디의 고문이자 험프리 선거대책위원장을 지낸 사람이었다. 작전은 무탈하게 진행되었다. 그런데 녹음을 들어보니 마이크가 왠지 불안정해 '배관공'들은 범죄 장소로 다시 돌아와야 했다. 1972년 6월 17일 토요일, 새벽 두 시 컬럼비아 관할 경찰은 이들을 현장에서 체포했다. '배관공들' 가운데 제임스 매코드라는 옛 FBI 요원이자 CIA 요원인 자가 있었는데, 칠칠치 못하게 수첩을 몸에 지닌 채 체포되었다. 수첩에는 여러 주소와 전화번호가 있었고, 이 가운데 백악관의 전화번호들도 있었다. 특히 닉슨의 고문인 하워드 헌트의 번호가.

이들의 체포 소식이 발표되자, 대통령 측은 짧은 반박문만 내놓았다. "대통령은 이 사건과 아무런 관련이 없습니다." 사실 닉슨은 이 누설에 동요되었다. 위험을 직감했다. "FBI에게 말하게. 국익을 위해 이 사건을 더는 파헤치면 안 된다고 말이야." 닉슨은 수석 비서관 홀드먼을 다그쳤다. 더 말할 게 뭐 있나. 너무 늦었다. 이미 둑은 터졌다. 이제 첫 번째 쓰나미가 몰려온다. 1975년 9월 15일, 이 침입자들은 수감되었고 이들의 재판은 4개월 후로 예정되어 있었다.

왜 닉슨은 거짓말을 했을까? 아니, 왜 암묵적 거짓말 속으로 도망쳤을까? '히스 사건'[13] 이후 미 사법 당국에게 거짓말은 범죄 행위보다 더 심각한 것임을 그 누구보다 잘 아는 그가 말이다. 처벌받지 않을 거라는 생각? 위기에서 구사일생으로 매번 빠져나왔으니 이번에도 그럴 거라는 믿음?

그의 첫 위기는 20년 전 드와이트 D. 아이젠하워 대선전 때 왔다. 장군의 경쟁 후보였던 그는 다양한 기업 출자자에게서 나온 검은 금고에 손을 댔다는 이유로 고소를 당했고, 대선전의 희생양이 되었다. 선

---

13. 1948년에 알저 히스는 소련의 첩자 노릇을 했다는 이유로 고소당한다. 아무도 이 외교관이 고국을 배반하는 일을 했을 거라고 생각하지 않았다. 그는 얄타 회담에서 미국 대표단으로 참가했을 뿐만 아니라, 훗날 유엔 설립의 기원이 되는 샌프란시스코 회의 사무총장을 지냈으며, 우아하고 상냥한 하버드 출신의 귀족 같은 인물이었으니 말이다. 당시 하원의 반미 활동 척결위원회 위원이었던 닉슨을 제외하곤 아무도 이 거물급 인사의 수상한 냄새를 맡지 못했다. 이 용의자가 "너무 달짝지근하고, 너무 반지르르하며, 너무 믿음직스럽게" 생겼기 때문이다. 결국 그는 거짓 선서를 한 죄로 형을 선고받았고, 캘리포니아 국회의원으로 선출된 닉슨은 유명세를 탄다. 냉전 시기 초기에 닉슨은 반공산주의 운동을 벌여 "화이트칼라를 한 매카시"라는 별명을 얻었다.

거 캠프는 그를 포기하기 시작했다. 그러자 그는 평소의 신조대로 반격을 취하기로 마음먹었다. "이런 종류의 일을 당하면 당황해 똥을 싸거나 요강을 엎어버린다." 더러워진 명예를 씻기 위해 그는 텔레비전을 이용, 미국 국민들에게 직접 말하기로 한다. 수세에 몰릴 때 피하느니 적극적으로 자기방어를 하는 편이 낫다는 것이다. 이것은 훗날 정치의 한 전범이 될 것이다. 금고? 그렇다. 그건 존재한다. 하지만 어떤 비밀도 없다. 기업 출자자? 그렇다. 그들은 돈을 금고에 부어주었다. 하지만 그 대가로 그들은 어떤 보상도 받지 않았다. 자신의 부가 불법인가? 그렇다면 재산 목록을 공개하겠다. 휘티어에 있는 집? 지금은 거기에서 부모님이 살고 계신다. 워싱턴 집? 거기서 가족과 함께 산다. 4000달러짜리 생명보험, 대출 상환, 1950년산 올즈모빌……. "봐라, 이게 전부다." 그는 이렇게 결론지었다. "이것이 우리가 가진 전부다. 우리가 소유한 전부다. 이건 많지 않다. 많지 않지만 팻과 나는 1센트까지도 정직하게 벌었으니 만족한다." 그러더니 비밀 속내를 털어놓는 톤으로 목소리를 낮추며 사실 한 공화당 지지자에게서 받은 게 있긴 하다고 고백한다. 다름 아닌 작은 코커스패니얼 강아지 한 마리였다. 6000만 미국인이 이 방송을 지켜보았고, 아연실색했다. 혹은 그 어린 강아지를 떠올리고는 울었다. 사람 심장 졸깃하게 만든 이 고공비행 쇼는 후대에 개의 이름을 따서 '체커스 연설'로 불린다.

그래서 그는 이 새 위기도 자신에게 익숙한 기술로 해결할 수 있을 거라고 믿었다. 더욱이 백악관에서 조금 떨어진 곳에서 이 위기를 조정하고 있었다. 그의 외교적 성공—마오쩌둥과의 회담, 소련과의 군비 축소 협의—으로 이 논쟁은 가려져 미국인들은 이 뉴스에 별로 관심도 없었다. 여론 조사에서도 그가 훨씬 앞서가고 있었다. 그는 "평화와 번영"을 가져다줄 대통령이었다. 민주당 후보 맥거번은 민주당을 지지하는 유권자가 보기에 너무 좌파적이었고, 닉슨은 남부 민주당 지지자들이나 보수주의자, 심지어 인종주의자까지도 유혹할 줄 알았다. 더욱이 그를 보좌하는 국무 장관 헨리 키신저가 베트남 전쟁을 종결하겠다고 발표함으로써 그는 한층 더 유리한 고지를 점하고 있었다. 사실 닉슨은 1972년 11월에 60퍼센트가 넘는 지지율로 상대당 후보를 압도했고, 50개 주 중 49개 주에서, 537군데 선거인단 중 520군데에서 이기고 있었다. 이미 이긴 게임이나 마찬가지였다.

고문들의 먹잇감

그런데 위기를 넘기면 넘길수록 리처드 닉슨은 의기소침해졌다. 옴네 아니말 트리스트 포스트 코이툼Omne animal triste post coïtum.[14] 그는 최측근인 홀더먼과 에일리크먼을 제외한 나머지 모든 협력자를 해임하는 비상식적인 결정을 내린다. 홀더먼과 에일리크먼은 캠프 데이비드 대통령 관저—적들의 표현에 따르면 그들의 '벙커'—에 있었다. 공식적으로는 민주당 의회에 대항하기 위한 작전을 짠다고 했다.

닉슨의 주변 인물이 항상 그의 아킬레스건이었다. 가령 가장 중요하면서 가장 위험한 보좌관인 백악관의 수석 비서관 해리 로빈스 홀더먼. 그는 정부 기계를 돌아가게 만들고 대통령 집무실에 접근하는 자

---

14. 고대 로마 제국 시대의 유명한 그리스 출신 의사 페르가몬의 갈레노스(기원후 131년경~201년경)가 한 말로, 정확한 인용문은 이것이다. "Omne animal triste post coïtum. praeter gallum mulieremque(모든 생명체는 성행위 후 슬프다. 수탉과 여자만 제외하고)."

들을 여과하는 인물이었다. 홀더먼이 백악관과 백악관 바깥 세계 사이에 벽을 세웠다고 사람들은 그를 비판했다. '벙커' '베를린 장벽' 같은 비유적 표현을 미국 언론이 즐겨 쓴 것은 홀더먼과 그의 부관이자 옛 동창생인 존 에일리크먼 모두 독일 출신이었기 때문이다. 그들에게는 '프러시안' '도베르만' '독일 셰퍼드', 더 나아가 '나치' 같은 별명이 붙기도 했다.

여기에 또 지나치게 두루 편재하는 헨리 키신저를 더해야 한다. 그는 국가안보 보좌관에 이어 국무 장관, 즉 외교부 장관을 지낸 인물이다.

이 두 사람은 이상한 커플이다. 반유대주의 뉘앙스가 묻어나는 농담을 적어도 안 한 적은 없는 캘리포니아 퀘이커교도 출신과 나치 박해를 피해 고향 바이에른을 떠나 미국으로 쫓겨온 유대인 지식인 커플이라니. 키신저는 메테르니히[15]의 열성적 지지자였다. 이 비열한 현실 세계를 지배하는 것은 적대감임을 그는 잘 알고 있었다. 키신저는 병적인 질투심이 있어서 잠재적 경쟁자를 죄다 제거하려는 경향이 있었다. 그런데 국정을 좌지우지하는 이 비장의 무기의 진짜 장점은 바로 지성과 유머였다. 국제 관계 사안에 관한 한, 그는 대통령이 특별히 애호하던 대화자였다. 그래서 늘 "디어 헨리"라고 불렀지만, 외양상 그렇게 보였을 뿐 실제 백악관 외교 정책을 만드는 기획자는 그가 아니었다. 바로 닉슨 자신이었다. 반면, 1973년 살바도르 아옌데 권력

---

15. 오스트리아 출신의 외교관 클레멘스 폰 메테르니히(1773~1859)는 나폴레옹 체제 이후 유럽의 새 열강들이 새 국경을 만들고 유럽의 새 질서를 세우기 위해 모인 빈 회의(1814~1815년)에서 핵심적인 역할을 했다. (메테르니히는 당시 대세론이었던 독일 중심의 통합론에 반대, 오스트리아 국익을 중심으로 한 보수주의적 관점을 견지하며 어느 국가도 독자적으로 다른 국가들을 제압해서는 안 된다는 '균형 이론'을 제시했다. 이런 태도 때문에 독일에서 그는 유럽 통합을 방해하는 인물로 각인되었다.-옮긴이)

을 치기 위한 쿠데타가 일어났을 때 CIA의 도움을 얻어 칠레로 날아간 사람은 현실적이고 강력한 외교 방법론의 주창자인 키신저였다. 칠레에서 유황 냄새가 날 정도로 악명을 떨친 사람은 '트리키 딕슨'이 아니라 끔찍한 독일어 억양이 남아 있는 영어를 쓰는 전 하버드 정치학 교수 키신저였다. 닉슨은 키신저에게 감탄하기도 했지만, 늘 그를 '주보이Jew-boy(유대인 소년)'라 부르며 불신했다. 왜냐하면 닉슨 말에 따르면, 키신저가 외교 정책을 가로채고 싶어서—단지 그 이유로—자신을 의심하는 것은 물론, 정신병리적인 태도를 보이기도 했기 때문이다.

백악관 수장의 주변 인물 가운데 중요한 사람이 한 명 더 있다. 악령 같은 인물, 아니 일종의 자유 전자電子 같은 인물이었다. 바로 찰스 콜슨이다. 대통령은 '베를린 장벽'을 둘러치기 위해 정말 어처구니없게도 이 옛 해군 대위를 스스로 직접 선택했다. "콜슨이란 놈은 고릴라 불알을 가졌어"[16]라고 닉슨은 탄복하듯 말한 바 있다. 문제는, 바로 그가 닉슨을 위험한 비탈길로 몰고 간 사람이라는 것이다. 그는 닉슨에게 일종의 망상을 심어주어 극단주의에 빠지게 만든 측면이 있다. 가령 부러진 팔처럼 아무짝에도 쓸모없는 워터게이트의 그 '배관공' 팀을 꾸린 사람도 바로 그였다. 그다음은 여러분도 이미 아는 대로다.

만일 닉슨에게 제대로 된 고문이 있었다면 어땠을까. 닉슨은 진정한 친구가 별로 없었다. 에어로솔의 고안자인 로버트 앱플래널프나 쿠바 출신의 자수성가형 인물 찰스 G. '베베' 레보소 정도나 있을까? 레보

16. 징역형을 선고받은 후 콜슨은 우파 근본주의 설교자가 된다. 서약하면서 그는 이렇게 말한다. "예수에게는 유다가 있었고, 닉슨에게는 존 딘이 있었다." 존 딘은 유다처럼 미국 대통령의 배신자가 될 것이다.

소와 닉슨도 좀 재미난 조합이다. 처음에 두 사람은 키비스케인 해변에서 만났다. 반反카스트로주의자였던 레보소는 40도씨가 넘는 날씨인데도 윗저고리를 벗지 않는 이 캘리포니아 정치인이 처음엔 좀 웃기다고 생각했다. 이 정치인은 골프도 칠 줄 몰랐고, 술도 마실 줄 몰랐다. 여자에게도 관심 없었고 한번 말을 시작하면 쉬지를 않았다. 그러나 두 사람은 서서히 서로를 알아갔고 떨어지려야 떨어질 수 없는 사이가 되었다.

잘 생각해 보면, 재선에서 승리한 후 닉슨이 침울해진 이유가 있다. 1973년 1월 8일, 대통령직 수락 연설을 마치고 며칠밖에 지나지 않을 때인데, 민주당 선거 사무실 절도 용의자들에 대한 재판이 시작된 것이다. 가장 센 중형을 선고하는 것으로 유명해 '막시모 시리카Maximo Sirica'라는 별명이 붙은 시리카 판사 앞에 이들은 줄줄이 불려 나갔다. 의원들은 민주당 의원 어빈이 위원장으로 있는 조사위원회를 꾸렸다. 이 위원회는 100여 명이나 되는 인력을 동원해서 그들 나름으로 전방위적으로 조사를 벌였다. 워터게이트 사건은 이제 신문 3면의 잡보 기사가 아니었다. 이제 국가 차원의 사건으로 비화해, 지나가는 길마다 초토화하는 초대형 스캔들이 되었다. 1월 27일 마제스틱 호텔에서 발표된, 미국 역사에서 가장 긴 전쟁이었던 베트남전의 종식을 선언하는 파리 협정의 그 찬란한 빛마저 가릴 정도였다.

외고집인 닉슨과 키신저가 믿고 있는 "내부 음모설"의 근거를 대기 위해서는, 우선 FBI의 '넘버 2'였던 마크 펠트를 소환해야 했다. 그가 이 사건을 《워싱턴 포스트》 기자인 밥 우드워드와 칼 번스타인에게 알려줌으로써 사건의 성격을 완전히 뒤바꾸어 놓았으니 말이다. 그의 코드명은 '딥 스로트Deep Throat'였다. 당시 흥행에 성공한 포르노 영화

〈깊은 목구멍〉에서 따온 것이다. 그의 동기는? '넘버 1'의 자리를 자기 대신 후버에게 준 데 대한 앙갚음? 그는 이 기자들에게 정말 많은 것을 말해 준다. 그가 해준 얘기로는, 1972년 초 백악관 '배관공'의 주요 일원인 고든 리디가 전 법무부 장관이자 공화당 선거 캠프의 단장이던 존 미첼에게 '젬스톤'(보석의 원석)이라는 별칭의 야심 찬 계획을 제안했다는 것이다. 베트남 전쟁 반대자 납치, 민주당 대선 후보들 정탐, 민주당의 분란을 조성하기 위해 여성 흑인 후보 띄우기 등 여러 내용이 뒤섞여 있었다. 그리고 이 긴 목록 중에 워터게이트라는 거대한 복합 건물 내에 자리 잡고 있던 민주당 선거 본부에 불법 침입하는 내용도 끼여 있었다.

하루하루 지날수록 닉슨의 방어선은 흔들렸다. 그의 협력자들은 마침내 하나둘씩 하선했다. 측근 중 한 명이었던 존 딘은 감형을 거래 조건으로 하여 사법 당국에 협조하기에 이른다.[17] 이건 최악의 시나리오였다. 존 딘이 '프러시아 사람' 홀드먼에게 모든 것을 내려놓겠다는 말을 했을 때, 홀드먼은 환멸을 느끼며 이렇게 말한다. "치약은 한번 짜면 안으로 다시 들어가기 힘들지." 딘은 배신자였다. 백악관에서 그가 맡은 역할은 셰익스피어 비극의 이아고 같은 것이었다. 시리카 판사는 워터게이트 피고인들에게 아주 무거운 형을 선고한다. 헌트는 35년 형, 리디는 20년형. 그런데 확정적인 선고는 아니었고 그들이 다 털어놓게 하려는 의도로 그런 높은 형량을 선고한 것이다.

닉슨의 정치 인생에서 처음으로 자신의 작전이 먹혀들지 않았다. 그는 유능한 형법학자들에게 도움을 청할 생각을 하지 않고 혼자 방어

---

17. 그래서 감옥에 딱 4개월 있게 된다.

해 보겠다며 고집을 피웠다. 유리한 패가 하나도 없는데, 불구덩이로 자신을 더 끌고 간 셈이었다. 그는 난관에 처한 체스 기사처럼 계속해서 악수를 둔다. 자신의 소중한 패인 홀더먼과 에일리크먼을 희생시켰다. 이들은 강제 '해임'되었으며, 이어 클라인딘스트 법무부 장관도 좌천시켰다. 그리고 그 자리에 전 국방부 비서관이던 엘리엇 리처드슨을 기용한다. 그는 케네디가와 가까운 하버드 대학 법학 교수였는데 워터게이트 사건을 맡을 특별 검사로 임명했으니 사건이 잘 덮일 수 있을지 의문이었다.

"설사 법을 어기는 일이라도 필요하면 우리는 당장 합니다"라고 냉소적인 헨리 A. 키신저는 지금도 농담하듯 말한다. 닉슨도 이런 용어를 써가며 그 비슷하게 말한 적 있다. "평화와 국가 질서를 위협에 빠뜨리는 것을 막기 위한 행동이라는 조건이 붙는다면, 대통령이 범한 과실은 불법이 아닙니다." 이런 발언이 스캔들이 될 만큼 대단히 놀랍지는 않다. 미국 역사에서 이런 예는 심심찮게 있었으니까. 대통령이 자유 위에 군림하는 자유를 갖는 경우 말이다. 에이브러햄 링컨도 남북전쟁 초반에 북부연방을 구하기 위해 신문을 폐간하고 인신보호법을 보류한 적 있다. 워싱턴, 애덤스, 제퍼슨 모두 입법 및 사법 권력에 정보를 모두 넘기지 않을 수 있다는 "행정 특권"을 강조했다.

아, 적어도 FBI와 CIA의 간부들이 이런 그를 이해했더라면, 일탈과 몇몇 조사를 막았더라면…… 정년 없는 종신직이었던 FBI의 국장 에드거 후버는 이 사건에 절대 휘말릴 생각이 없었다. 이 "타락한 개자식"—업무를 마친 후에는 변장을 하고 다녔다는 설이 있다—은 너무 신중했거나, 너무 의심이 많았거나. 아니면 너무 정치적이었다.[18]

선線 위에서

1973년 7월 16일, 한 백악관 직원의 협조로 상원 특별조사위원회의 폭로가 공개되면서 이 사건은 더 비화한다. 백악관 서기관 알렉산더 버터필드가 이 조사위원회에 도청 장치의 존재를 알려준 것이다.

도청 장치 설치는 미국 대통령을 보호하는 업무를 맡은 기술팀에 의해 2년 전부터 시작되었다. 마이크는 전화기 속이나 중차대한 내용의 대화를 하기 좋은 방 안에 설치되었다. 대통령 집무실, 서재, 기타 등등. 설치자 말고 별도로 다른 두 사람이 들을 수 있었다. 바로 닉슨의 수석 비서관 H. R. '밥' 홀더먼과 버터필드였다.

이런 불법 행위는 개인의 자유를 침해하는 차원에서는 심각한 일이었다. 하지만 프랭클린 D. 루스벨트 때부터 시작된 일이라 대통령들 사이에서는 익숙한 일이었다. 하원 의원이기도 한 루스벨트의 아들 제임스만 하더라도 사건의 형국이 비상하게 돌아가자 어쩔 줄 몰라 하는 닉슨의 특별 비서관 로즈 메리 우즈를 이렇게 안심시킨다. "사람들이 그 일로 그를 비난한다면, 우리 아버지는 두 배 이상 비난받아야 할 거야!"

트루먼, 아이젠하워, 케네디, 존슨 등 백악관의 거의 모든 수장이 이

---

18. 1972년 5월 2일, 그가 사망하자, 닉슨 대통령은 그래도 국장을 치르게 한다. 닉슨은 후버의 후임자를 찾는 데 몹시 애를 먹다가 나름의 비책을 써서 FBI 바깥에서 찾는다. 그러나 그가 제안한 후보자는 탈락하고, 그다음 후임자도 탈락한다. 결국 한 내부 인사가 후버의 후계자가 된다. 대통령이 FBI에 어떤 조치도 취할 수 없었다는 반증이다. 닉슨은 더는 CIA와 손잡지 않았다. 훗날 CIA는 자신들에게 적대적인 대통령을 낙선시키기 위해 워터게이트 사건을 조작했다는 이유로 고소당하기도 한다. (에드거 후버는 심장혈관 이상으로 사망하는데, 장의사들이 시신을 수습하러 그의 집에 도착했을 때, 신사복을 입은 건장한 남자 스무 명이 집을 샅샅이 뒤지고 있었다. 이른바 엑스파일, 후버 파일을 찾기 위해서였다. 그 파일의 내용이 어떤 것이었을지 추측이 난무한다.—옮긴이)

런 식의 도움을 받았다. 닉슨이 백악관에 들어갔을 때, FBI 국장이던 J. 에드거 후버는 그에게 교환기를 거쳐서 오는 전화만 받으라고 조언하기도 했다. 다른 전화는 그를 함정에 빠뜨릴 수도 있다는 거였다. 닉슨은 《회고록》에서 침대 밑에 놓인 의심스러운 케이블은 모두 치우게 했다고 이야기한다. 나중에는 신뢰하기 힘들어진 헨리 키신저와 나눈 대화는 녹음하게 했지만 말이다.

오랫동안 사람들은 이 도청의 진짜 동기가 무엇이었을지 의문을 가졌다. 편집증이었나? 세상의 모든 지도자는 이 증상이 조금 있거나, 아주 많이 있다. 닉슨은 아마도, 자신이 생을 걸고 일궈온 작품을 구하기 위해 반드시 재선되기를 원했을 것이다. 그는 베트남이라는 수렁에서 빠져나오기 위해 정말 깊은 인내심을 가지고 외교 정책을 짜고 엮었으며, 더 나아가 세계 평화를 위해 나아갔다. 그 이상 다른 목표는 없었다. 이미 1969년 1월 그의 첫 입후보 연설에서 "역사가 부여하는 가장 큰 명예는 평화 중재자라는 타이틀"이라고 말한 바 있었다. 그러나 아무도 이 말에 주의를 기울이지 않았다. 추모이자 설욕으로서 이 문장은 오늘날 그의 무덤 위에 새겨져 있다.

닉슨은 자신의 판테온에, 백악관 선배이자 1913년에서 1921년까지 미국 대통령을 지낸 우드로 윌슨[19]을 가장 높은 자리에 올려놓았다.

---

19. 우드로 윌슨은 우선 1917년에 독일에 전쟁을 선포함으로써(그리고 징병 제도를 고안하면서) 고립의 한 세기를 끝냈다. 1918년 1월에 그가 공표한 '14개 요지의 담화문'은 지금도 회자되는데, 이 담화문에는 다른 무엇보다 먼저 비밀 외교를 끝내고, 무기를 감축하고, 모든 점령지를 반환하고, 항해와 교통의 자유, 무역과 상업의 자유 등을 역설하는 내용이 담겨 있었다. 1919년 6월 28일에 미국 상원은 독일과 동맹국 사이에 서명된 베르사유 조약의 비준을 거부한다. 그 결과 국제 협조주의를 추구하는, 담화문 1부에 포함된 국제연맹을 위한 헌장안도 거부된다.

목사의 아들 윌슨은 1차 세계 대전 이후 "세계를 해방시키겠다"는 결심을 하고 집단 안전 체제를 도입하려고 노력했다. 당시는 대통령이 상원의 구속을 받던 시절이니 혁명적인 발상이었다. 이런 공로로 나중에 받은 노벨평화상이 그에게는 위로가 되었을 것이다.

평범한 민간인이 된 닉슨은 여가 시간을 가지는 동안 10여 권의 책을 출판한다. 국무 장관 헨리 키신저와 함께 공들여 구상한 새로운 세계 질서를 확립하기 위해 한 발 한 발, 훨씬 더 길고 성숙하게 연구한다. 1막. 크렘린에 살고 있는 잘 속아 넘어가는 노인들에게 어떤 땔감을 써야 이른바 "쇠락한 제국주의자들"이 가열되는지 알려주기 위해 미국은 핵무기 공격을 가장하여 개입자 역할을 해야 한다. 2막. 세계 평화를 위협하는 이 미친 듯한 과열 군비 경쟁을 끝내기 위해 소련과 비밀 협상에 들어가야 한다. 그리고 즉각 솔트SALT 협정[20]에 서명함으로써 냉전 이후 25년이 지난 이 시대에 두 국가 간에, 또는 다른 상대 진영 간에 새로운 역사의 장을 써야 한다. 3막. 경험이 많아 노련한 닉슨과 키신저는 이 놀이에서 같이 놀기를 바라는 제3의 도둑을 들여보냈다. 바로 마오쩌둥의 중국이다. 1972년 2월 29일, 닉슨과 마오의 역사적 악수가 시작된 바로 그날, 워싱턴-모스크바-베이징의 '삼각 외교'가 생긴 것처럼 말이다. 그것은 놀라운 행동이었다. 15년 전인 1954년 인도차이나 전쟁이 끝나갈 무렵, 존 포스터 덜레스 국무 장

---

20. SALT는 'Strategic Arms Limitation Talks'의 줄임말이다. 이 협정은 1972년 5월 26일에 체결되었는데, 향후 5년 동안 전략적 무기 제조를 제한하고, 탄도 미사일 발사대 설치를 제한하는 내용을 담고 있다. 1979년에는 두 번째 솔트 협정이 체결되는데, 이번에는 대통령이 바뀌어 지미 카터 대통령과 소련 쪽 레오니트 브레즈네프가 협상 대표가 되며, 추가적인 무기 제한 조치 및 핵무기 발사를 금지하는 내용을 담고 있다.

관은 상대국 동료인 저우언라이가 내민 손을 거절했었다. 중국 지도자들은 서방 기자들이 천안문 광장을 촬영하는 것을 이번에는 허가했다. 처음 있는 일이었다. 그리고 군악대가 〈별이 빛나는 깃발〉(성조기)이라는 미국 국가를 연주한다. "오, 그대는 보이는가, 이른 새벽 여명 사이로, 어제 황혼의 미광 속에서 우리가 그토록 자랑스럽게 환호했던, 널따란 띠와 빛나는 별들이 새겨진 저 깃발이, 치열한 전투 중에도 우리가 사수한 성벽 위에서 당당히 나부끼는 것이." 닉슨은 이 스펙터클한 광경을 만들어내기 위해 앙드레 말로에게서까지 조언을 듣는 등 그무엇 하나 허투루 하지 않았다. 앙드레 말로는 이 중원 제국의 비약秘藥보다는 파리 생제르맹의 술집 '리프'를 더 잘 아는 사람이긴 했지만. "당신은 이제 그야말로 환상적인 운명을 산 한 인간을 만나는 겁니다. 그는 이제 자신의 인생에서 마지막 일을 하고 있다고 믿고 있을 겁니다."《인간 조건》의 작가는 현재 세상에서 가장 심각한 사람인 닉슨에게 또 이렇게 덧붙였다. "당신은 그(마오)가 당신에게 말을 걸고 있다고 생각하겠지만, 사실 그는 죽음을 향해 말을 걸고 있을 겁니다."

드골 정부의 문화부 장관인 말로의 이 음산한 신탁이 무엇이었든 간에, 미국인들은 이제 베이징의 암묵적 지지 덕분에 민주당의 케네디와 존슨이 끌고 들어간 베트남이라는 수렁에서 빠져나올 수 있었다. 하지만 서로를 존중하는 차원에서, 비둘기이지만 매인 것처럼 보여야 했다. 미국 대통령 관저 공식 문장 한가운데에 그려진 맹금류 흰꼬리수리처럼 말이다. 조약에 서명하기 전, 닉슨은 베트콩 사령부가 숨어 있다고 알려진 캄보디아에 군비를 증강하기로 하고 마지막 전쟁을 치르려 했다. 미국 대통령은 자신의 "미치광이 이론"을 엄격하게 따랐다. 우선 적으로 하여금 자신이 이성적 논리를 망각했다고 믿게 한다. 최악을 포함해 뭐든 다 할 태세가 되어 있다고 믿게 만드는 것이다. 그는 "사람들은 사랑이 아니라 공포에 반응한다"는 것을 안다. "교리 문답에서는 이런 것을 가르치면 안 되겠지만, 이야말로 진실이다." 그래서였을까. 그는 특히 피가 끓는 대학생들 같은 급진적 집단에게 증오 대상이 되었다. 대학생들은 버클리를 선두로 "전쟁 범죄" "도덕적 괴물"에 반대하는 시위를 캠퍼스에서 대대적으로 벌였다.[21] 4막. 그것은 "베트남화 전쟁"이다. 다시 말해 미국 병사들을 남베트남 병사들로 교체하는 것이다. "시신의 황색화".[22] 5막은 휴전 협정을 통해 비극을 끝내는 것이다. 1973년 1월 말까지 미군 철수를 원칙으로 하고.

포위된 미국

물론 사법부나 의회가 미국 외교 정책을 설명하고 방어하는 문제를 다루려던 것은 아니었다. "만일 딘, 홀더먼, 에일리크먼 또는 콜슨이 대통령 집무실에서 대통령을 사적으로 만났다면 대화를 전부 녹음한 것이 있게 마련이다." 조사위원회장은 이 점을 심문한다. 좋다, 그런데 어떻게? 2년이 훨씬 넘는 기간이면 대화의 양만 거의 4000시간이 넘는데 그게 다 녹음되었다니! 미국 사법 당국에게는 어마어마한 노다지

---

21. 1970년 5월 4일, 켄트 대학에서 비극이 벌어졌다. 국가방위대가 학생들을 향해 사격을 했고 네 명이 죽었다. 이에 항의하기 위해 10만 명이 넘는 학생들이 워싱턴 대로에서 시위를 벌였다.

22. 원문은 "Jaunissement des cadavres". 이제 죽어갈 병사들은 백인 미군이 아니라 아시아 황인종이 될 거라는 인종차별적 발언이나, 인용 따옴표가 있으므로 그대로 옮긴다.—옮긴이

였고 행정부에게는 그야말로 다이너마이트였다.

사건은 순식간에 새로운 국면을 맞는다. 진실을 알려면 이 녹음물을 전부 들어보면 된다. 닉슨은 테이프를 파손하려는 계획을 세웠지만, 이건 또 하나의 은폐가 되어 상황을 더 악화시킬 수도 있었다. 워터게이트 사건 조사위원회는 테이프를 요구했고, 닉슨은 제출하기를 거부한다. 법무부 장관 엘리엇 리처드슨은 의회의 압력을 받아 백악관 수사권을 가진 독립특별검사에 아치볼드 콕스를 선임한다. 대통령은 그렇다면 테이프의 요약본만 제출하겠다고 제안한다. 콕스는 거절한다. 닉슨은 이 특별검사를 해고하라고 법무부 장관에게 명령한다. 그러나 장관은 이를 거부하고 장관직을 사임한다. 이 일을 부탁받은 차관 역시 이를 거절한다. 결국 법무부의 서열 3위가 이를 수락하고, 콕스 특별검사는 해임된다. 이 일은 "토요일 저녁의 학살"이었다. 닉슨에게는 이것이 종말의 서곡이었다. 민주당의 테디 케네디에게는 "매우 유감스러운 행위"였다.

수천 통의 분노한 전보가 백악관에 날아들었고 대통령의 탄핵을 요구했다. 닉슨은 녹취를 푼 수천 페이지의 자료를 조만간 공개하겠다고 발표했다. 하지만 전부는 아니었고, 특히 1972년 6월 23일 홀더먼과 나눈 대화는 빠져 있었다.[23] 만일 이 대화가 판사들의 손에 들어간다면 정말로 사형 판결이 나올 수도 있었다. 그것의 일부 발췌만으로 과연 그런지 판단해 보자.

홀더먼: "그렇게 되는 걸 지도부는 원치 않았으니까 괜찮을 겁니다.

---

23. 버지니아 대학 사이트에서 이를 조회할 수 있다. http://whitehousetapes.net/transcript/ nixon/smoking-gun. 제목은 '스모킹 건'이다.

…… 모든 걸 제어할 수 있는 방법은 팻 그레이(FBI 국장)에게 말하는 거예요. 나머지는 괜찮습니다만, 각하가 개입하지 말았으면 하는 게 이 부분에 좀 있어요."

닉슨: "이건 다 오해야. FBI에게 우리가 원하는 걸 말하게. 다 국익을 위한 거니까 이 사건을 더 파는 걸 우리가 원치 않는다고 말하게. 그 한 가지야, 그게 전부고."

법적으로, 이런 암시를 가리키는 용어가 있다. '사법 방해'. 다른 어느 민주 국가보다 미국에서는 이런 행위는 매우 심각한 범죄였다.

"골치 아픈 일은 꼭 편대 비행을 한다."[24] 이 말을 한 사람은 어떤 프랑스 대통령[25]인데, 닉슨은 1973년 10월에 탈세 혐의로 고소된 부통령 스피로 애그뉴와 결별해야 한다. 그러자 부통령을 제럴드 포드로 교체한다. 공화당이 소수인 상원에서 무력한 상원 의장을 맡고 있던 이였다. 그다음 달, 새로운 불운이 찾아온다. 세무 당국이 그에게 신고 세액의 경정을 요구한 것이다. 이 끔찍한 굴욕에 맞서기 위해 그는 텔레비전 중계를 통해 미국 국민들에게 다시 직접 호소한다. 1973년 11월 17일이었다. "나는 사기꾼이 아닙니다I'm not crook."[26] 이 겨울은 국가 정상에게 몹시 침울하고 비통한 계절이었다. 가장 악의적인 비평에서는 이때의 백악관을 나치 독일의 히틀러 벙커와 비교한다.

---

24. 같은 임무를 띠고 두 대 이상의 전투기가 함께 비행하는 것. 골치 아픈 일은 여러 가지가 동시에 몰려와 더 골치가 아프다는 뜻이다. ─옮긴이

25. 자크 시라크 대통령이다.

26. 완전한 문장은 다음과 같다. "국민은 그의 대통령이 사기꾼인지 아닌지 알아야만 합니다. 만일 그렇다면, 저는 사기꾼이 아닙니다. 내가 소유한 것은 다 정당하게 취한 것입니다."

자기테이프 전쟁

1974년이라는 해는 사법 절차 및 완전한 추락의 해가 될 것이다. 이해 초부터 닉슨은 지지율 조사에서 39점을 잃는다. 3월 1일, 워터게이트 사건의 7인은 수감된다. 그들 가운데 대통령 측근은 미첼, 홀더먼, 에일리크먼, 콜슨이다. 이들 모두에게 금고형이 선고된다. 7월 24일, 닉슨과 법정 사이에서 새로운 팔씨름이 벌어진다. 그도 그럴 것이 콕스 특별검사가 대법원으로 와서 부활해 있었기 때문이다. 이미 유명해진 판결이지만, 그는 이례적으로 국가와 대통령을 심판 저울대의 양편에 놓았다. "미합중국 대 리처드 닉슨." 대법원에서 "행정적 특권"이라는 원칙은 항변될 수 있지만, 단 그 녹음테이프가 제출될 때만이다. 한편 상원 법사위원회는 미합중국 대통령의 탄핵 가설을 슬슬 꺼내기 시작한다.[27] 이것은 최고의 치욕이었다. 의회에서 진행하는 일들이 6일 동안 라디오로 생중계되었다. 닉슨에게 권력 남용, 의회 모욕, 탈세 등의 혐의로 재판받게 해야 한다는 목소리가 비등했다. 이 시기, 새로운 녹음테이프들이 더 나왔고 상황은 악화 일로였다. 이 가운데 하나는 닉슨이 워터게이트 불법 침입의 전모를 알고 있었고 조사를 막기 위해 파란불 조치를 취한 것을, 그러니까 행동 개시를 허가한 것을 아주 명백하게 증명했다. 존 에일리크먼은 위증 및 엘스버그 사건의 공모 혐의로 재판을 받았다. 공화당 내에서는 닉슨을 지지하는 사람도 있었지만, 이제 그런 지지도 뜨거운 태양 아래 녹아버리기 시작했다. 탄핵을

---

27. 이런 치욕스러운 절차를 밟은 대통령이 이전에 한 명 더 있었다. 앤드루 존슨. 링컨 다음 대통령으로, 거의 동표가 나와 가까스로 이 난관에서 빠져나갔다.

피하려면 상원의 30표가 필요했다. 그러나 이 가운데 절반도 얻지 못했다.

8월 5일, 그는 1972년 6월 23일의 그 유명한 자기테이프를 제출하는데, 조사관들은 이 자기테이프 가운데 6분간에 해당한 대화에서 이 사건을 완전히 끝장내 버릴 "결정적 증거"를 찾는다. 닉슨은 권투 선수가 수건을 던지고 링 바깥으로 그냥 나가는 것처럼 모든 걸 포기하고 싶었다. 이건 다 끝난 경기다.

이틀 후, 백악관의 수장은 부통령이자 자신의 후계자인 포드와 함께 사임을 발표한다. 이어 키신저와 함께. 지극한 보신주의자였던 이 국무 장관은 이번만큼은 닉슨을 자기 팔에 안았다. 저녁에 닉슨은 키신저를 불러 링컨시팅룸이라는 작은 방에서 만난다. 그는 좌초된 배처럼 소파에 푹 꺼져 있었다. 두 사람은 늦게까지 남아 함께 술을 마셨다. 닉슨은 울었다. 이어 그동안 불신했던 키신저에게 링컨베트룸으로 함께 가서 자기 옆에 무릎을 꿇고 앉아달라고 부탁했다. 두 사람은 기도했다. 그날 저녁, 그의 국무 장관—훗날 국무 장관을 더 지내게 되지만—은 역사가 그를 위대한 대통령으로 만들어줄 것임을 확신한다고 말했다. 그러자 디키는 자조하듯 말했다. "역사를 쓰는 사람이 누구냐에 따라 다르네, 헨리."

8월 8일, 이튿날 정오에 있을 사퇴 발표를 하루 앞당겨 대통령 스스로 발표했다. 8월 9일, 정오 12시 3분, 미국의 새 대통령은 취임 선서할 준비가 되어 있었다.[28] "우리의 긴 국가적 악몽은 이제 끝을 맞았습니다"라고 그는 말했다.

---

28. 미국 역사상 유일하게 그는 선출된 부통령도 아니고 선출된 대통령도 아닌 대통령이다.

닉슨가※는 샌클레멘테(캘리포니아)에 있는 자택으로 갈 수 있었다. 추락한 대통령은 자신의 자료 이전을 부탁했다. 4500만 페이지가 넘는 문서와 수천 개의 자기테이프 등. 나중에 회고록을 쓸 때 참조하기 위해서였다. 그러나 문제가 있었다. 워터게이트 재판이 종료된 상태가 아니라는 거였다. 이 말은 전임 대통령도 재판을 받아야 한다는 말로 해석될 수 있었다. 스스로 용서를 구함으로써 이를 피할 수도 있었다. 하지만 그는 이 놀라운 특권을 사용하지 않는다. 후임 대통령 제럴드 포드가 이 일은 맡아서 해결한다. 간략히 말하면, 닉슨 대통령이 사법 부정으로 고소당했지만, 이후 어떻게든 사면되게 하겠다는 거였다.[29] 그런데 사면이라는 절차를 통해 용서를 구하는 것은 자신이 잘못했고 범죄를 저질렀다고 인정하는 거나 마찬가지였다. 1974년 9월 8일, 그가 공식적으로 사면되는 날은 그의 인생에서 "가장 굴욕적인" 날이 될 것이다. 육체적으로나 정신적으로나 지칠 대로 지친 그는 정맥염으로 병원에 입원한다. 수술 후 침대에 붙박여 있었는데, 그의 적들과 언론은 가짜로 아픈 척하는 거라며 그를 힐난했다.

재판 서류들은 끝도 없이 계속해서 나왔다. 1975년 1월 초, 워터게이트의 피고인들은 사법 방해 및 위증으로 유죄가 선고된다. 닉슨은 재판 비용을 대느라 거의 파산지경이 된 만큼 더 열성적으로 회고록 집필에 몰두한다. 그는 플로리다의 키비스케인 해안가에 있던 집을 팔고, 영국의 기자이자 방송 사회자인 데이비드 프로스트와 계약을 맺어 일련의 인터뷰물을 만든다. 1977년에 이 인터뷰 방송이 나갔을 때, 미

---

29. 이런 결정으로 아마 그는 1978년 민주당 지미 카터와 대선전에서 맞붙었을 때 실패했을 것이다.

국인 5000만 명이 시청했다. 기록적인 시청률이었다!

공화당에서는 닉슨으로 대변된 온건파가 이제 보수파에게 자리를 내줘야 했다. 가령 로널드 레이건에게 기회가 온 건 그래서다. 이제 아버지 부시와 아들 부시로 이어지는 부시의 해가 되면서 '신보수주의자들(네오콘)'에게도 기회가 온다. 새로운 국면이 열린다.

1975년 4월 30일, 베트남에서 평화 조약이 체결되고 27개월 후에 사이공이 공산주의자들의 손에 넘어간다.

그의 생애 마지막까지, 19년 후가 되겠지만, 희귀하고도 소중한 태양의 빛이 중국 대륙에서 올 것이다. 1976년 2월, 마오는 비행기 한 대를 특별히 임차해 닉슨을 베이징으로 초대한다(그로부터 7개월 후 마오는 세상을 떠난다). 3년 후, 붉은 중국의 새 지도자가 된 덩샤오핑이 워싱턴을 국빈 방문하는데, 이때 카터 대통령에게 그의 전임자도 출석시켜 달라고 요구한다. 옛 대통령은 명민함과 활달함, 날렵한 지성을 결코 잃지 않았다. 1978년에 그는 《RN: 리처드 닉슨 회고록》이라는 열 권짜리 책 중에서 첫 번째 책을 출간한다. 강요된 은퇴 생활을 하는 동안 그는 이 책을 다 쓰고 서점에서도 제법 성공한다. 의리가 있었던 그는 1980년에 이란 지도자 샤[30]의 장례식에 참여한다. 샤는 결국 미국뿐만 아니라, 프랑스를 비롯한 서양 우방국들 모두에게 버림받은 인물이다. 이어 1년 후에는 암살된 이집트 대통령 사다트의 장례식에 참석한다. 세월이 흘러가면서 이 '배척자'는 사람들의 기억에서 잊혔

---

30. 페르시아 제국의 부활을 꿈꾸며 1953년에 쿠데타로 등장한 샤 정권은 서구 국가들과 적극적인 외교를 펼치거나 이란을 서구적으로 근대화하려고 노력했지만, 서구의 앞잡이로 전락했다는 비판을 받기도 했다. 1960년대 석유 주권을 회복하려는 의지가 강해서 미국 및 다른 서방 국가들과 갈등을 빚기도 했다.─옮긴이

다. 그러나 배척자는 신탁으로 부활한다. 그의 외교적 비스타vista(통찰력, 감각)를 이유로 점점 더 그의 견해를 원하고 그의 말을 경청하는 사람이 늘어난 것이다. 1993년 6월 22일, 닉슨은 팻의 장례식을 치른다. 아내가 떠난 지 1년 좀 못 되어 그 역시 아내 곁으로 간다. 심근경색으로 사망한 그는, 캘리포니아에 있는 그녀 곁에 묻혔다.

워터게이트 사건 20년 후, 그간 페스트 환자 취급받던 그가 이제는 정치의 베테랑이자 현자로 통한다. 1994년 4월 27일, 그의 장례식에는 현직 대통령 빌 클린턴을 비롯해 생존한 전직 대통령 거의 모두가 참석했다. 포드, 카터, 레이건, 부시 대통령 및 그들의 부인들. 전 국무장관 헨리 키신저, 상원 공화당 의원 밥 돌, 빌리 그래햄 목사. 위대한 미국 대통령 중 한 사람으로 그를 다시 복원하는 듯한 이 최후의 이미지는 매우 인상적이다.

인생이 저물자 닉슨은 더 강한 모랄리스트가 되었다. 마치 샹포르[31]가 되기 위해 마키아벨리를 버린 것 같았다. 그는 이렇게 썼다. "인간은 동시에 선하거나 악하다. 동시에 빛이거나 어둠이다. 간혹, 어떤 상황에서는 악이 선을 이긴다. 불길한 본능이 그를 잠식한다. 인간의 삶은 고독하고, 어둡고, 탁하고, 난폭하고, 짧다. 그래, 이런 말을 한 홉스가 옳았다. 인생은 영원한 투쟁이다."

---

31. 18세기 프랑스 작가이자 언론인. 냉철한 눈으로 프랑스 혁명 이전 구체제 말기 사람들의 풍속과 심성을 신랄하게 비판하는 잠언 등을 썼다. 베르사유 삼부회 및 테니스코트 서약 등을 보러 갈 정도로 혁명의 열기에 관심이 깊어 자코뱅 당뿐만 아니라 지롱드 당에도 가입, 활동했다. 특히 미라보의 열혈 지지자로, 로베스피에르 공포정치 기간에 자살을 기도하지만 미수에 그친다. 하지만 그때 생긴 상처로 병사한다. ―옮긴이

선線, 넘을 것인가 말 것인가

"만일 그대가 나를 소유하면

그대는 모든 것을 소유하게 될 것이다.

그러나 매번 그대가 나를 원할 때마다 나도 줄어들고

그대의 살날도 줄어들 것이다."[1]

–발자크, 《나귀가죽》

발자크의 소설 《나귀가죽》의 주인공 라파엘은 "과세를 매겨서라도" 제한해야 할 만큼 과도한 열정을 가진 한 시대 청춘의 표상으로 등장한다. 어느 날 그는 어슴푸레한 조명의 골동품 가게에서 환영처럼 나타난 한 노인으로부터 표면이 오돌토돌한 가죽 한 조각을 얻는다. 일명 이 "나귀가죽"은 어둠 속에서 눈부신 광채를 쏘아대며 그가 "바라

---

1. 오노레 드 발자크, 《나귀가죽》, 이철의 옮김, 문학동네, 2009, 70쪽.

는" 것을 모두 "행하게" 해줄 마법의 물건 같았지만, 추락하듯 긴 꼬리를 드리우는 "혜성" 같았다고도 발자크는 쓰고 있다. 왜 혜성일까? 불길한 전조를 뜻하는 걸까? 혜성은 분명 자신의 핵을 가지고 있다. 먼지와 얼음의 압축이긴 하지만. 그런데 혜성은 태양에 가까이 다가갈수록 핵에서 분출된 물질로부터 코마와 꼬리가 만들어지고 이로써 타원형 궤도에 진입하여 살아가는데, 태양에 더 가까이 다가간다면 휘발성 물질을 잃어버려 태양계를 이탈, 결국 소멸된다고 한다.

《13인의 위대한 패배자들》을 번역하는 동안 내가 이 13인의 인물에 완전히 이입하여 열정적으로 번역할 수 있었다면, 이들이 꼬리 달린 혜성처럼 느껴져서일 수도 있다. 이들은 분명 자신의 역량과 실력으로 어느 지점까지 올라가지만, 결국 멈추거나 미끄러지고 만다. 내 막연한 패배의식의 공명상자에서도 하루가 멀다하고 이런 소리가 들려온다. "힘찬 날개가 없어 결코 비상하지 못하리라. 소처럼 자갈밭 한가운데서 평생 일하리라." 강렬히 원하고 바라기 때문에 행하나, 그 행함으로 자멸한다는 "바람"과 "행함"의 역설을 발자크는 "나귀가죽"[2]이라는 신박한 제목의 소설을 통해 이야기하고 있다. 우리의 생존 본능은 이 나귀가죽을 갖고 싶어하는 욕망을 지녔으면서도 갖고 싶지 않아 하는 딜레마에 처하게 한다. 가질 것인가, 말 것인가. 선을 넘을 것인가, 말 것인가. 역사의 승자와 패자도 이처럼 정확히 정의하기 힘든, 그러나 분명 존재하는 이런 '선線'에서 운명이 결정되는 것만 같다.

이 책에서 소개하는 13인의 인물은 이름만 들어도 아는 전설적인 자

---

2. 프랑스어로는 'Peau de chagrin'이라고 하는데, chagrin은 프랑스어로 '슬픔' '번민'이라는 뜻이다. 발자크는 이를 함의하면서도 말과 짐승의 뒷잔등을 의미하는 터키어 Sâgri에서 파생한 동음이의어 chagrin을 중의적으로 함께 쓰고 있다.

들이다. 이들과 관련된 수많은 역사적 지식과 정보들이 넘쳐나고 얽히고설킨 구체적 사건과 일화들이 방대하여 이를 한번에 효과적으로 기술한다는 것이 쉬운 일은 아니다. 한데 이 책은 걸출한 스토리텔링 실력으로 한 편의 영화를 보듯 한 인물의 일대기를 재현한다. 출생부터 사망까지, 유년시절의 성장과정부터 정치무대의 등장까지, 무훈의 달성부터 실패와 좌절까지 한 인물의 생애 전반을 서술하면서도 특징적이고 인상적인 일화들은 더욱 정교하게 부각하는가 하면, 각 인물의 삶에서 중요한 변곡점이 된 사건이나 상황을 해설하는데, 그 인물의 성격이나 기질, 운명적 한계 등에 대한 언급도 잊지 않는다. 마치 이들이 단순한 역사적 인물들이 아니라 우리 마음 깊은 곳을 자극하는 소설적 인물, 그러니까 '페르소나주'처럼 느껴지게 하는 것이다. '페르소나주personnage'란 소설가가 구현한 등장인물을 뜻하는데, 중세 종교언어에서 파생한 단어다. 중요하고 선한 영향력을 미치는 사람을 뜻하거나, 어떤 극적인 상황에 처해 있는 인물을 뜻하는데, 결국 역사적 일화든 상상적 소설이든 어떤 '주제'를 강렬하게 재현하는 자이다. 이 책에 나오는 13인의 인물은 '위대한 패배자'라는 '주제'를 재현하기 위해 등장한 매력적인 한편의 소설적 인물들이다.

그런데 인물의 재현 이전에 정확한 배경이 설계되어야 한다. 인물들을 돋을새김으로 부각하기 위해서는 역사적 배경이 면밀히 깔려야 하는 것이다. 포에니 전쟁, 갈리아 전쟁, 백년전쟁, 종교전쟁, 프랑스 혁명전쟁, 스페인 식민전쟁, 러시아 혁명전쟁, 미국 남북전쟁, 중국 군벌전쟁, 마오쩌둥의 대장정, 라틴아메리카 해방전쟁, 워터게이트 사건과 베트남 전쟁 등 이 책에는 그야말로 세계사의 주요 전쟁이 모두 등장한다. 전쟁의 원인과 그 결과, 실체와 그 이면, 참상과 그 진실을 이해하기 쉽게 묘사하고 분석해낸다.

배경이 깔리고 나면 두 인물이 부각된다. 두 인물은 일대일 결투를 하듯 운명적으로 드잡이한다. 한니발은 스키피오에게 패배했고, 베르킨게토릭스는 카이사르에게, 클레오파트라는 아우구스투스에게, 잔 다르크는 샤를 7세에게 패배했다. 몬테수마는 코르테스에게, 기즈 공작은 앙리 3세에게, 샤레트는 나폴레옹 혁명군에게, 로버트 리 장군은 율리시스 그랜트 장군에게, 트로츠키는 스탈린에게, 장제스는 마오쩌둥에게, 체 게바라는 카스트로에게, 닉슨은 케네디에게 패배했다.

왜 패배했는가? 이 13인의 인물들이 야망과 실력으로 '카피톨리노 언덕'까지 올라갔다면, 어떤 운명의 기복으로 '타르페아 바위'로 굴러 떨어진 것인가. 지은이들은 패배의 요인을 다각도로 설명하기 위해 주어진 외부적 상황이나 조건을 동원하면서도 그 주요 원인을 허세, 자만, 경멸, 교만, 맹목, '휴브리스(과도함)', 우유부단, 나약함 등의 타고난 성격과 기질 같은 정신적 요소에서 찾는다. 만일 승리했다면, 이런 불안 요소를 처음부터 덜 가지고 있거나 극복한 덕분일까? 적어도 이 책의 관점에서는 패배의 요인을 과도한 열정이나 지나친 관념주의, 이상적 유토피아나 선의지, 명예나 도덕을 우선시하는 이른바 순진한 자긍심 따위에서 찾는다. 냉정한 '폴리티크'의 세계에서는 가령 '내'가 주어가 아니라 '나와 너'의 전체 구조가 주어가 되고, 맹금류처럼 넓은 시야를 확보해야 상대에게 당하지 않을 것이다. 만일 가톨릭 세계의 귀족주의에 매몰된 앙리 드 기즈가 저 고대 기원전 중국 춘추시대의 병법서를 읽었다면 상황이 달라졌을까? 승산 없는 싸움을 하지 말 것, 적의 송곳니를 뽑고 싸울 것, 바람처럼 숲처럼 불처럼 살 것, 과 같은 승리의 비법을 알았다면 말이다.

비범한 전략가였던 한니발은 패권주의자라기보다는 연방주의자로서 훨씬 수준 높은 정치관과 세계관을 가지고 있었는지도 모른다. 그러나 그에게는 "궁극의 장애물을 만나면 회피하는 경향이 있었다"고 지은이들은 꼬집는다. 베르킨게토릭스는 카이사르와의 필사적 대결을 위해 일종의 집단주의를 강조하며 10여 개 갈리아 부족을 규합하는 데 성공했지만, 이런 단일 대오는 갈리아부족에게 지속가능한 것이 아니었다. 통합보다 분열을 좋아하는 갈리아인 특유의 성향을 베르킨게토릭스는 간과했다. 개인주의가 강한 프랑스인의 성향을 자책하듯 지은이들은 이런 분열성이 프랑스에 "늘 있어왔고 앞으로도 영원할 끔찍한 독"이라고 자조한다.

　클레오파트라는 단순히 '카이사르의 여자'이거나 '안토니우스의 여자'가 아니었다. 클레오파트라는 그 어떤 역사적 인물보다 상투적 이미지로 소비되어 왔지만, 가장 규명하기 힘들고 설명하기 복잡한 인물이라고 지은이들은 힘주어 말한다. 클레오파트라는 동양과 서양을 잇고자 했던 알렉산드로스 대왕의 과업을 꿈꾼 정치가였다. "결단성 있고, 야망 있으며, 관능적이고, 사랑에 빠져 있으며, 때론 나른해하고, 사람을 홀리며, 명령할 때는 명령하고, 계산할 때는 계산하며, 질투할 줄 알고, 복종하지 않으며, 길들여지지 않는, 다루기 힘든 존재." 한마디로 정의할 수 없는 그녀는 이렇게 형용사 열거법으로밖에 설명되지 않는다.

　잔 다르크의 전설이 시작되고 끝나는 '오를레앙'과 '루앙'이라는 도시 대신에 그녀가 태어나고 자란 고향 '동레미'에 주목한다면 잔 다르크를 보는 관점이 달라질까? 약탈과 방화, 강간으로 어수선했던 이 국경 마을의 특수성을 진지하게 생각해보자. 그녀가 본 것은 카타리나 성녀, 마르가리타 성녀, 미카엘 대천사가 아니라, 어쩌면 자신의 심적 고통을 해결할 실마리를 성경의 인물로 투사한 환각을 본 것인지 모른다. 순수하고 어린 영혼이 불안을 떨쳐내기 위해 시도한 극도의 노력과 고통은 오히려 감동적이기까지 하다. 지은이들은 잔 다르크의 역사적 역할을 조명하는 동시에 현대의 '잔 다르크 사용법'에 더 주목하기도 한다.

　권력 의지 없음과 허황된 미신을 믿는 어리석음 때문에 아스테카 왕국을 지켜내지 못했다고 지은이들은 멕시코 제국의 마지막 황제 몬테수마 2세를 힐난하지만, 아이러니하게도 이 무능한 초연함이 왜 더 인간적으로 느껴지는 것일까. 가톨릭교 십자가와 무기를 앞세운 서양의 무시무시한 손은 일방적 교환을 강요했다. 이것은 몇백 년 앞서 전조된 근대적 전쟁의 표상일까? 왜냐하면 바야흐로 시장이, 투기 자본이, 식민 제국이 등장하기 때문이다. 장사꾼들은 이제 쇠 십자가가 아닌, 쇠 동전을 짤랑대며 통합과 화합을 강요할 것이다. 이를 일갈하기 위해 지은이들은 셰익스피어를 인용한다. 스페인 제국의 신민들이 떠난 해외 탐방의 포부는 이런 가사에 함의되어 있지 않은가. "나는 전쟁을 위해 떠나네/왜냐하면 난 가난하니까/하지만 내가 돈이 있다면/난 떠나지 않을 거야."

　16세기 종교전쟁이란 이른바 현대에도 늘 문제가 되는, 유일 가치가 지배되는 세상을 알리는 포문이다. 가톨릭과 프로테스탄트의 대결은 단순한 종교 대결이 아니라 과거 세력과 미래 세력의 대결이며, 멈출 줄 모르는 야수적 일대일 결투 끝에 피를 봐야 끝이 나는 파국의 대서사시인지 모른다. 1572년 성 바르톨로메오 축일의 대학살 사건은 지금도 세계 곳곳에서 또 다른 방식으로 현재 진행중이다. 나와 다른 얼굴을 한 상대를 지나치게 증오하거나 애착하며 몸이 달아오르는 이 공포스러운 쾌감은 인간의 어떤 본성을 폭로하는가. 정의감에 충만한 의지의 주체로 알고 있던 자아가 실은 알 수 없는 환영에 붙들린 예속의 주체에 불과했던가. 몽테뉴는 "나는 어떤 사상에 내적으로 침투되어 마음이 매여 지내는 일이 없다. 분노와 증오는 정의의 의무에서 벗어난다"고 말한다. 몽테뉴는 그렇다고 택할 수 있는 중도가 따로 있다고도 말하지 않는다. 몽테뉴는 티투스 리비우스를 인용하며 "중도란 어느 길을 취함이 아니고, 운의 편으로 넘어가기 위해 사건을 기다려보는 태도"라고 말한다.

완벽한 예속성은 이른바 루이 14세의 절대왕정에서 정점에 이르지만, 폴 발레리의 말처럼 절대 1인 체제라는 완벽한 안정 체제는 일종의 환상이었다. 스스로 파멸시킬 악의 씨앗을 품고 있었기에 꽃을 피운 이상 이제 질 일만 남는다. 콩데 대공으로 표상되는 귀족들의 반란과 일탈, 그리고 당시 파리 지성 사회에 깊은 사색적 영감을 불러일으키며 유의미하게 포교된 장세니즘은 그 어떤 구속도 받지 않는 주체에 대한 새로운 각성이었다. 장세니스트들에게 중요한 것은 오로지 "개인적 방식으로 신을 느끼는 것"이었다. 그 누군가에 의해 일방적으로 강요된 행동이나 과도한 목표를 갖는 선의지에 의한 행동은 그들이 보기에 더더욱 속물적인 것이었다. 구원을 바라지 않는 행위가 차라리 종교의 본성이라고 설파한 이들의 주장은 오늘날의 우리들에게 울림이 더 크다.

군주 1로 표상되는 사회가 아니라 개인 1로 표상되는 사회. 단수의 명예에서 복수의 명예로 이동하는 사회. 마침내 18세기 근대적 인간의 시대가 도래한다. "'큰 이름'을 타고나지는 않았지만 '자신의 이름'

으로 존경받는 사람"이라고 어느 귀족에게 일갈한 볼테르의 당당한 출현이나, "인간 스스로의 노력을 통해 비천한 처지에서 벗어나 자기 자신을 넘어서서 태양 같은 거인의 걸음걸이로 드넓은 우주를 편력하는 것"을 소망했던 루소의 꿈은 개인 인권과 주권을 실현할 혁명의 시기를 앞당기고 있었다. 군주제의 몰락과 이른바 공화제의 탄생은 인간이 아무리 사회적 존재로 집단사회 가치에 예속되어 살아갈지라도 저 태곳적 자연인 기질, 아니 오로지 자기 자신에게만 소속되어 자유로운 삶을 향유하던 길들여지지 않은 맹수의 본능이 우리 인간에게 늘 수액처럼 흐르고 있음을 반증한다.

19세기가 18세기 혁명의 유산을 계승하기 위한 인간의 정신적, 이념적 투쟁으로 점철되었다면, 산업혁명이라는 19세기의 또다른 괴물은 의기양양한 얼굴을 하고 기차처럼 당당히 피스톤을 움직이며 질주한다. 국가의 경계를 넘어온다. 아니, 넘어뜨린다. 그래도 기꺼이 환대받으며 화려하게 세계 전역에서 당당한 개선식을 치렀다. 눈부시게 번쩍이는 '돈'을 향해 달려가지 않는 자, 부富를 증식하는 데 아무런 관심이 없는 자, 바로 그대들에게 불행 있으라! 당신들의 이름은 이제부터 패배자다. 근대 국가에 먼저 도달한 세계 1, 2등 국가는 무기를 더욱 근대화 하여 세계 각축전의 서막을 보여주었다. 세계 대전의 주역들은 이것만이 생존이고 실력이며 진보라고 믿고 있었지만, 이것이 어떤 것을 파생할지 그 실체를 그때만 해도 몰랐을 것이다. 21세기의 우리가 그 실체를 목도하고 있는 바다. 평화를 얻기 위해 공포를 사야만 하는 시대. 역사는 인간의 꿈 이외의 영역에서 진행된다는 것을 엄포하듯 인정사정없이 비정하게 흘러간다. 다양성과 공존성은 자연의 섭리에만 존재할 뿐 결코 인간의 섭리가 아니라는 것을 주입하듯 인간에게 가차없는 양자택일이 강요된다. 연방주의자이면서 분리주의자인 로버트 리 장군은 북군이면서 남군이 될 수는 없었다. 무엇 하나를 반드시 양자택일 해야 하는 것이다. 군인 로버트 리에게 어려운 것은 "군인이라는 임무를 수행하는 것이 아니라 군인이라는 임무를 이해하는 것"이었다고 저자들은 지적한다. "두 개의 대상, 두 개의 참여, 두 개의 애정 가운데 하나를 고통스럽게 택해야 하는 것." 로버트 리 장군이 겪은 깊은 고뇌의 본질은 이것이었다. 결국 고향을 택한 로버트 리 장군처럼 "내 마음속의 방데"를 택한 샤레트는 단 하나의 가치를 외치는 프랑스 혁명의 공화국 깃발 아래로는 들어갈 수 없었다. 그는 반혁명파가 된다. 올빼미당의 스타가 된다. 이른바 보수주의자들의 불가피한 선택에는 곱씹어볼 만한 순수한 결백이 분명 있다. 그러나 왠지 쓰디쓴 맛이 여운처럼 남는다.

'인류'는 존재해왔어도 수많은 다개체가 살아가야 하는 집단 군락 서식지에 '인류애'는 애시당초 자라나기 쉽지 않은 것일까? 공화주의의 기치 아래 모든 개체가 평등해지는 공동체를 꿈꾸는 사회주의의 이상은 차라리 몽상적인, 아니 언어적이면서도 비언어적인 추상적 예술 영역에서나 가능한 것인지 모른다. 트로츠키는 그냥 혁명가가 아니라 '끔찍한' 혁명가였다. 그러니까 차라리 진정한 문학가, 예술가였다는 것이다. 불가능의 영역을 탐사하는 문학가였기에 트로츠키는 패배한 것일까? 레닌과 함께 10월 봉기를 결정하고, 지속적이고 항구적이며 영원한 혁명을 강조한 트로츠키는 국가적 자만심에 도취되어 있거나 과도한 관료체제만 양산하는 스탈린의 일국사회주의를 오염된 마르크스주의라며 강력하게 성토한다. 트로츠키의 주장이 천번만번 옳았다 할지라도 살해당한 자는, 그러니까 지상에서 패배한 자는 왜 항상 트로츠키 유형이 되는 걸까. 발터 베냐민이 강조하듯, 보수주의자는 '사물'을 보전하고 전수하지만, 진보주의자는 사물을 쓸모있게 쓰고 없애버림으로써 '상황'을 전수한다. 로베스피에르를 위시한 순수 혁명주의자들은 역사의 무대에서 처형당하고 사라졌지만, 이들의 추상적 가치는 마르지 않는 샘물처럼 영원히 재생하고 회귀한다. 체 게바라의 순수 혁명 의지 역시나 좌초했다. 지은이들은 설명하기 힘든 체 게바라의 묘한 약점을 이렇게 간파한다. "체는 유럽 극좌파에 매혹된 자도 아니었다. 자유주의자인 적도 결코 없었다. 그는 어쩌면 원액의 스탈린이었다. 그러나 더 자기파괴적인 스탈린. 자기파괴성 속에서만 그는 의연함을 유지했다. 어쩌면 이것이 그를 낭만적 인물로 비치게 했을 것이다."

"너무 큰 옷을 입은 장군"이라고 어쩌면 이 13인의 인물 가운데 가장 평가가 인색한 다소 모욕적인 제목을 달고 장제스는 등장한다. 말 그대로 저장성 시골 출신의 젊은이로 운 좋게 입신양명한 자에 불과했을까? 수도사와 군인 성향을 동시에 가지고 있는 그는 규칙적이고 절제하는 삶을 살았지만, 가령 이런 게 사실이라면 위험한 리더의 한 유형을 암시하는 듯해 섬뜩하다. "일본 도쿄의 깨끗한 거리와 가로등, 사무라이 정신에서 나온 엄격한 군대 체계, 또 무사도武士道와 하얀 화장을 한 게이샤에게 매혹된" 장 제스.

지은이들이 체 게바라와 장 제스를 다소 저평가하는 반면, 닉슨은 실력에 비해 과도하게 악평된 인물이라고 평가한다. 텔레비전 시대가 도래하면서 이제 매스미디어가 뱀파이어처럼 정치를 잡아먹는 시대가 되었다. TV 대선 토론에서 출신과 외모로 케네디에게 끔찍한 패배를 당한 닉슨은 그 열등감을 극복하지 못한 탓인지 혼란을 겪는다. 올리버 스톤이 만들고 안소니 홉킨스가 열연한 영화 〈닉슨〉에서 리처드 닉슨은 케네디의 초상화를 보며 이렇게 말한다. "사람들이 당신을 볼 때는 그들이 원하는 것을 보지만, 사람들이 나를 볼 때는 바로 그들 자신을 보는 것이오."

이 13인의 위대한 패배자들의 모습에서 분명 어딘가 나와 닮은 모습을 발견하게 될 것이다. 거울에 비친 자신의 모습을 보며, 오류를 보고 인식할 뿐, 굳이 오류를 전면적으로 개선하려 들지는 않을 것이다. 내가 전혀 다른 사람이 될 수는 없기 때문이다. 그러나 적어도 거울을 보는 이상, 완전히 어둡지 않게 조그만 불 하나는 켜놓은 셈 아닐까.

2021년 여름
류재화

참고문헌

---

1 한니발, 로마를 떨게 한 장군

Habib Boularès, *Hannibal*, Perrin, 2000.

Giovanni Brizzi, *Moi, Hannibal, Nantes*, Éditions Maison, 2007.

Zakia Daoud, *Hannibal*, Perrin, 2012.

Pierre Grimal, *Le Siècle des Scipions. Rome et l'hellénisme au temps des guerres puniques*, Aubier, 1975.

Serge Lancel, *Hannibal*, Fayard, 1995.

Yann Le Bohec, *Histoire des guerres romaines*, Tallandier, 2012.

Basil H. Liddell Hart, *Scipion l'Africain*, Payot, 1934.

Jean Malye, *La Véritable Histoire d'Hannibal, l'homme qui fit trembler Rome*, Les Belles Lettres, 2011.

Khaled Melliti, *Carthage. Histoire d'une métropole méditerranéenne*, Perrin, 2016.

Claude Nicolet, *Rome et la conquête du monde méditerranéen*, t. II, PUF, 1978.

Colette et Gilbert Charles-Picard, *La Vie quotidienne à Carthage au temps d'Hannibal*, Hachette, 1958.

Paolo Rumiz, *L'Ombre d'Hannibal*, Hoëbecke, 2012 ; Gallimard, coll. 《Folio》, 2013.

2 베르킨게토릭스, 카이사르에게 '아니오'라고 말한 자

Jean-Louis Brunaux, *Vercingétorix*, Gallimard, 2018.

———, *Alésia*, Gallimard, 2012.

———, *Les Gaulois*, Les Belles Lettres, 2005.

———, *Guerre et religion en Gaule. Essai d'anthropologie celtique*,

Errance, 2004.

Luciano Canfora, *César, ou le Dictateur démocrate*, Flammarion, 2001.

Jérôme Carcopino, *Alésia et les ruses de César*, Flammarion, 1958.

_____, *Jules César*, Bartillat, 2013.

César, *La Guerre des Gaules*, Les Belles Lettres, 1923.

Dion Cassius, *Histoire romaine*, Les Belles Lettres, 1994.

Alain Deyber, *Les Gaulois en guerre. Stratégies, tactiques et techniques*, Errance, 2009.

Robert Étienne, *Jules César*, Fayard, 1997.

Christian Goudineau, *Le Dossier Vercingétorix*, Arles, Actes Sud/Errance, 2001.

Jacques Harmand, *Vercingétorix*, Fayard, 1996.

Camille Jullian, *Vercingétorix*, Tallandier, coll. 《Texto》, 2012.

Yann Le Bohec, *Alésia*, Tallandier, 2012.

_____, *César, chef de guerre*, Le Rocher, 2001.

Serge Lewuillon, *Vercingétorix ou le mirage d'Alésia*, Complexe, 1999.

Jean Markale, *Vercingétorix*, Hachette, 1982.

Paul M. Martin, *La Guerre des Gaules. La Guerre civile*, Ellipses, 2000.

_____, *Vercingétorix : le politique, le stratège*, Perrin, 2009.

Laurent Olivier, *Le Pays des Celtes*, Seuil, 2018.

Plutarque, *Vies parallèles*, t. III, Gallimard, coll. 《Quarto》, 2002.

Danielle Porte, *Vercingétorix, celui qui fit trembler César*, Ellipses, 2013.

Michel Reddé, *L'Armée romaine en Gaule*, Errance, 1996.

Philippe Richardot, *Les Erreurs stratégiques des Gaulois face à César*, Economica, 2006.

Suétone, *Vie des douze Césars*, t. I, Bartillat, 2010.

Jean-Michel Thibaux, *Vercingétorix*, Plon, 1994.

Jean-Louis Voisin, *Alésia*, Perrin, 《Tempus》, 2014.

3 클레오파트라, 사라진 환상

Mary Beard, *SPQR, histoire de l'ancienne Rome*, Perrin, 2016.

Jacques Benoist-Méchin, *Cléopâtre, dans Le Rêve le plus long de l'histoire*, vol. 2, Perrin, coll. 《Tempus》, 2010.

Michel Chauveau, *Cléopâtre. Au-delà du mythe*, Liana Levi, 1998.

Pierre Cosme, *Auguste, maître du monde. Actium, 2 septembre 31 avant Jésus-Christ*, Tallandier, 2014.

─────, *Auguste*, Perrin, coll. 《Tempus》, 2009.

Michael Grant, *Cleopatra*, Edison, Castle Books, 2004.

Lucien Jerphagnon, *Les Divins Césars : idéologie et pouvoir dans la Rome impériale*, Fayard, coll. 《Pluriel》, 2011.

Emil Ludwig, *Cléopâtre*, Plon, 1956.

Paul M. Mart in, *Antoine et Cléopâtre*, Bruxelles, Complexe, 1995.

Régis F. Mart in, *Les Douze Césars*, Perrin, coll. 《Tempus》, 2007.

Plutar que, *Vie d'Antoine*, Les Belles Lettres, 2015.

Pierre Renucci, *Marc Antoine. Un destin inachevé entre César et Cléopâtre*, Perrin, 2015.

─────, 《Le rêve brisé, Cléopâtre, Alexandrie, août 30 avant J.-C.》, dans *Les Derniers Jours des reines*, Perrin, 2015 ; Pocket, 2017.

Stacy Schiff, *Cléopâtre*, Flammarion, 2012.

Joël Schmidt, *Cléopâtre*, Gallimard, coll. 《Folio》, 2008.

Christian-Georges Schwentzel, *Cléopâtre, la déesse-reine*, Payot, 2014.

Filmographie

Joseph Mankiewicz, *Cléopâtre*, 1963 (avec Elizabeth Taylor dans le rôle-titre).

4 잔 다르크, 죽음으로 일군 승리

Colette Beaune, *Jeanne d'Arc*, Perrin, 2004.

─────, *Naissance de la nation France*, Gallimard, 1985.

Jacques Chiffoleau, *La Comptabilité de l'au-delà*, Rome, École française de Rome, 1980.

Philippe Contamine, *Charles VII. Une vie, une politique*, Perrin, 2017.

─────, *Jeanne d'Arc, histoire et dictionnaire* (avec Olivier Bouzy et Xavier

Hélary), Robert Laffont, coll. 《Bouquins》, 2012.

_____ , *La Guerre de Cent Ans*, PUF, 2010.

_____ , *La Vie quotidienne pendant la guerre de Cent Ans*, Hachette, 1976.

Georges et Andrée Duby, *Les Procès de Jeanne d'Arc*, Gallimard, coll. 《Folio》, 1995.

Jean Favier, *La Guerre de Cent Ans*, Fayard, 1980.

_____ , *Pierre Cauchon. Comment on devient le juge de Jeanne d'Arc*, Fayard, 2010.

Claude Gau vard, *Le Temps des Valois*, PUF, coll. 《Une histoire personnelle》, 2013.

_____ , *La France au Moyen Âge du ve au xve siècle*, PUF, 2014.

Gerd Krumeich, *Jeanne d'Arc à travers l'histoire*, Albin Michel, 1993.

_____ , Jeanne d'Arc en vérité, Tallandier, 2012.

Jules Michelet, *Jeanne d'Arc*, Gallimard, coll. 《Folio》, 2017.

Georges Minois, *La Guerre de Cent Ans*, Perrin, coll. 《Tempus》, 2016.

Régine Pernoud, *J'ai nom Jeanne la Pucelle*, Découvertes Gallimard, 1994.

Jacques Trémolet de Villers, *Jeanne d'Arc. Le procès de Rouen (21 février-30 mai 431)*, Les Belles Lettres, 2016 ; Perrin, coll. 《Tempus》, 2017.

5 몬테수마 2세, 마지막 황제

Bartolomé Bennassar, *Cortés, le conquérant de l'impossible*, Payot, 2001.

_____ , *Le Siècle d'or espagnol*, Perrin, coll. 《Tempus》, 2017.

Hernán Cortés, *La Conquête du Mexique*, La Découverte, 1981.

Bernal Diaz del Castillo, *Histoire véridique de la conquête de la Nouvelle-Espagne*, La Découverte, 1987.

Jean Descola, *Les Conquistadors, Tallandier*, coll. 《Texto》, 2017.

Christian Duverger, *Cortés*, Fayard, 2001.

_____ , *Les Origines des Aztèques*, Seuil, 1983.

Michel Graulich, *Montezuma : l'apogée et la chute de l'Empire aztèque*, Fayard, 1994.

José Lopez-Portillo, *Quetzalcoatl*, Gallimard, 1965.

William H. Prescott, *La Fabuleuse Découverte de l'Empire aztèque*, Pygmalion, 1991.

———, *La Chute de l'Empire aztèque*, Pygmalion, 1992.

Jacques Soustelle, *La Vie quotidienne des Aztèques à la veille de la conquête espagnole*, Hachette, 1955.

Hugh Thomas, *La Conquête du Mexique*, Robert Laffont, coll. 《Bouquins》, 2011.

6 앙리 드 기즈, 왕이 아닌 신을 위하여

Pierre Chevallier, *Henri III, roi shakespearien*, Fayard, 1985.

Jean-Marie Constant, *La Ligue*, Fayard, 1996.

Joël Cornette, *Les Années cardinales. Chronique de la France. 1599-1662*, Armand Colin-Sedes, 2000.

Bernard Cottret, *L'Édit de Nantes. Pour en finir avec les guerres de Religion*, Perrin, coll. 《Tempus》, 2016.

Monique Cottret, *Tuer le tyran? Le tyrannicide dans l'Europe moderne*, Fayard, 2009.

Denis Crouzet, *Les Guerriers de Dieu. La violence au temps des troubles de Religion, vers 1525-vers 1610*, Champ Vallon, 1990, 2 volumes.

Janine Garrisson, *Les Derniers Valois*, Fayard, 2001.

Arlette Jouanna, *La Saint-Barthélemy*, Gallimard, coll. 《Folio》, 2017.

———, *Le Devoir de révolte. La noblesse française et la gestation de l'État moderne, 1559-1661*, Fayard, 1989.

———, *Histoire et dictionnaire des guerres de Religion* (dir.), Robert Laffont, coll. 《Bouquins》, 1998.

Nicolas Le Roux, *Le Régicide au nom de Dieu*, Gallimard, 2006.

Arlette Lebigre, *La Révolution des curés*, Paris 1588-1594, Albin Michel, 1980.

Georges Livet, *Les Guerres de Religion*, PUF, 1970.

Pierre Miquel, *Les Guerres de Religion*, Fayard, 1980.

Henri Pigaillem, *Les Guises*, Pygmalion, 2012.

Jean-François Solnon, *Henri III*, Perrin, coll. 《Tempus》, 2007.

_____, *Catherine de Médicis*, Perrin, coll. 《Tempus》, 2008.

7 콩데 대공, 오만의 결정체

Lucien Bély (dir.), *Dictionnaire Louis XIV*, Robert Laffont, coll. 《Bouquins》, 2015.

Simone Bertière, *Condé, le héros fourvoyé*, Le Livre de Poche, 2011.

_____, *Mazarin, le maître du jeu*, Le Livre de Poche, 2009.

Jean-Marie Constant, *C'était la Fronde*, Flammarion, 2016.

Daniel Dessert, *Argent, pouvoir et société au Grand Siècle*, Fayard, 1987.

Arlette Jouanna, *Le Devoir de révolte. La noblesse française et la gestation de l'État moderne, 1559-1661*, Fayard, 1989.

John A. Lynn, *Les Guerres de Louis XIV, 1667-1714*, Perrin, coll. 《Tempus》, 2014.

Michel Pernot, *La Fronde*, Éditions de Fallois, 1994.

Jean-Christian Petitfils, *Louis XIII*, Perrin. 2014.

_____, *Louis XIV*, Perrin, coll. 《Tempus》, 2017.

Arnaud Teyssier, *Richelieu*, Perrin, 2014.

Denis Tillinac, *La Duchesse de Chevreuse*, Perrin, coll. 《Tempus》, 2013.

8 프랑수아 아타나즈 샤레트, 내 마음속의 방데

Anne Bernet, *Charette*, Perrin, 2005.

_____, *Histoire générale de la chouannerie*, Perrin, 2016.

Joël Bonnemaison, *Moi, Charette, roi de Vendée*, Monaco, Le Rocher, 1993.

Jean-Joël Brégeon et Gérard Guicheteau, *Nouvelle Histoire des guerres de Vendée*, Perrin, 2017.

Patrick Buisson, *La Grande Histoire des guerres de Vendée*, Perrin, 2017.

Jean-François Chiappe, *La Vendée en armes (3 volumes : 1793 ; Les Géants ; Les Chouans)*, Dualpha, 2006.

Louis-Marie Clénet, *Les Colonnes infernales*, Perrin, 1993.

Hervé Coutau-Bégarie et Charles Doré Graslin (dir.), *Histoire militaire des guerres de Vendée*, Economica, 2010.

Louis Delhommeau, *Le Clergé vendéen face à la Révolution*, Siloë, 1992.

Lionel Dumarcet, *François Athanase Charette de La Contrie, une histoire véritable*, Les 3 Orangers, 1997.

François Furet et Mona Ozouf (dir.), *Dictionnaire critique de la Révolution française*, Flammarion, 1988.

Patrice Gueniffey, *La Politique de la Terreur : essai sur la violence révolutionnaire, 1789-1794*, Fayard, 2000.

————, *Histoires de la Révolution et de l'Empire*, Perrin, coll. 《Tempus》, 2011.

Françoise Kermina, *Monsieur de Charette*, Perrin, 1993.

Jean-Clément Mart in, *La Vendée et la Révolution*, Perrin, coll. 《Tempus》, 2007.

Reynald Secher, *Vendée, du génocide au mémoricide : mécanique d'un crime légal contre l'humanité*, Cerf, 2011.

Jean Tulard (dir.), *La Contre-Révolution : origines, histoire, postérité*, CNRS Éditions, 2013.

Jacques Villemain, *Vendée 1793-1794. Crime de guerre? Crime contre l'humanité? Génocide? Une étude juridique*, Cerf, 2017.

Philippe de Villiers, *Le Roman de Charette*, Albin Michel, 2015.

9 로버트 리, 미국 역사상 가장 위대한 군인

Farid Ameur, *Gettysburg, 1er-3 juillet 1863*, Tallandier, 2014.

————, *La Guerre de Sécession. Images d'une Amérique déchirée*, François Bourin Éditeur, 2011.

Vincent Bernard, *Robert E. Lee, la légende sudiste*, Perrin, 2014.

————, *Le Sud pouvait-il gagner la guerre de Sécession?*, Economica, 2017.

————, *Ulysses S. Grant, l'étoile du Nord*, Perrin, 2018.

Le Figaro Histoire, *La Guerre de Sécession, la véritable histoire*, décembre 2017-janvier 2018.

André Kaspi, *La Guerre de Sécession, les États désunis*, Découvertes Gallimard, 1992.

John Keegan, *La Guerre de Sécession*, Perrin, 2009.

James M. McPherson, *La Guerre de Sécession, 1861-1865*, Robert Laffont, coll. 《Bouquins》, 1991.

Margaret Mitchell, *Autant en emporte le vent* (roman, 3 tomes), Gallimard, coll. 《Quarto》, 2003.

Philippe d'Orléans, comte de Paris, *Voyage en Amérique, 1861-1862*, Perrin/Fondation Saint-Louis, 2011.

10 트로츠키, 배신당한 혁명가

Claude Anet, *La Révolution russe. Chroniques 1917-1920*, Phébus, 2007.

Pierre Broué, *Trotsky*, Fayard, 1988.

Stéphane Courtois, *Lénine, l'inventeur du totalitarisme*, Perrin, 2017.

Alexandre Jevakhoff, *La Guerre civile russe, 1917-1922*, Perrin, 2017.

Jean-Jacques Marie, *Trotski*, Payot, 2006.

————, *Le Trotskysme et les Trotskystes*, Armand Colin, 2002.

Alexander Rabinovitch, *Les bolcheviks prennent le pouvoir*, La Fabrique, 2016.

Robert Service, *Trotski*, Perrin, 2011.

————, *Staline*, Perrin, 2013.

Boris Souvarine, *Sur Lénine, Trotski, Staline*, Allia, 2007.

Alexandre Sumpf, 1917. *La Russie et les Russes en révolution*, Perrin, 2017.

————, *La Grande Guerre oubliée*, Perrin, coll. 《Tempus》, 2014.

Léon Trotski, *Ma vie*, Gallimard, 1953.

————, *La Révolution trahie*, Éditions de Minuit, 1963.

11 장제스, 너무 큰 옷을 입은 장군

Alya Aglan et Robert Frank (dir.), *1937-1947. La Guerre-Monde*, t. I et II, Gallimard, coll. 《Folio Histoire》, 2015.

Marie-Claire Bergère, *Sun Yat-sen*, Fayard, 1994.

Lucien Bianco, *Les Origines de la Révolution chinoise, 1915-1949*, Gallimard, 1967.

Brian Crozier, *The Man Who Lost China : the First Full Biography of Chiang Kai-shek*, New York, Scribner's Sons, 1976.

Jacques Guillermaz, *Une vie pour la Chine. Mémoires (1937-1989)*, Hachette, 1994.

Harold Isaacs, *La Tragédie de la Révolution chinoise*, Gallimard, 1967.

Rémi Kauffer, *Le Siècle des quatre empereurs*, Perrin, 2014.

Simon Leys, *Images brisées*, Robert Laffont, 1976.

Julia Lovell, *La Guerre de l'opium, 1839-1942*, Buchet-Chastel, 2017.

Jean-Louis Margolin, *L'Armée de l'Empereur. Violences et crimes du Japon en guerre, 1937-1945*, Fayard, coll. 《Pluriel》, 2009.

Philippe Paquet, *Madame Chiang Kai-shek*, Gallimard, 2010.

Alain Roux, *Chiang Kaï-shek : le grand rival de Mao*, Payot, 2016.

Jay Taylor, *The Generalissimo : Chiang Kai-shek and the Struggle for Modern China*, Cambridge, Harvard University Press, 2009.

12 체 게바라, 신화적 인물의 마지막 추락

《Benigno》, *Vie et mort de la Révolution cubaine*, Fayard, 2003.

Régis Debray, *Les Masques. Une éducation amoureuse*, Gallimard, 1987.

――――, *Loués soient nos seigneurs. Une éducation politique*, Gallimard, 1996.

Ernesto Che Guevara, *Combats d'un révolutionnaire. Journaux de voyage et autres textes*, Robert Laffont, coll. 《Bouquins》, 2010.

Pierre Kalfon, *Che*, Seuil, 1997.

Jean-Pierre Lavaud, *L'Instabilité de l'Amérique latine, le cas de la Bolivie*, L'Harmattan, 1991.

Jacobo Machover, *La Face cachée du Che*, Armand Colin, 2017.

Jorge Ricardo Masetti, *Avec Fidel et le Che. Ceux qui luttent et ceux qui pleurent*, Les Belles Lettres, coll. 《Mémoires de guerre》, 2017.

Huber Matos, *Et la nuit est tombée. De la révolution victorieuse aux bagnes cubains*, Les Belles Lettres, 2006.

Thierry Noël, *La Dernière Guérilla du Che*, Vendémiaire, 2014.

Serge Raffy, *Castro*, Fayard, 2013.

Paco Ignacio Taibo II, *Ernesto Guevara, connu aussi comme le Che*, Payot, 1997.

David Van Reybrouck, *Congo. Une histoire*, traduit du néerlandais par Isabelle Rosselin, Arles, Actes Sud/Babel, 2013.

13 리처드 닉슨, 저주받은 이름

Georges Ayache, *Kennedy-Nixon, les meilleurs ennemis*, Perrin, 2012.

Nicole Bacharan et Dominique Simonnet, *Les Secrets de la Maison Blanche*, Perrin, 2014.

Conrad Black, *Richard M. Nixon, A Life in full*, New York, Public Affairs, 2007.

Antoine Coppolani, *Richard Nixon*, Fayard, 2013.

André Kaspi, *Les Américains*, t. II, Seuil, coll. 《Points Histoire》, 1986.

André Kaspi et Hélène Harter, *Les Présidents américains. De Washington à Obama*, Tallandier, coll. 《Texto》, 2014.

Henry Kissinger, *À la Maison Blanche*, 1968-1973, Fayard, 1979.

Denis Lacorne et Augustin Vaisse, *La Présidence impériale, de Franklin D. Roosevelt à George W. Bush*, Odile Jacob, 2007.

Pierre Melandri, *Histoire des États-Unis*, t. 1, Perrin, coll. 《Tempus》, 2013.

Claude Moisy, *Nixon et le Watergate. La chute d'un président*, Hachette, 1994.

Richard Nixon, *Mémoires*, Stanké, 1978.

13인의 위대한 패배자들

한니발부터 닉슨까지, 패배자로 기록된 리더의 이면

1판 1쇄 2021년 8월 23일

지은이 | 장크리스토프 뷔송, 에마뉘엘 에슈트
옮긴이 | 류재화

펴낸이 | 류종필
편집 | 이은진, 이정우
마케팅 | 이건호
경영지원 | 김유리
표지 디자인 | 박미정
본문 디자인 | 이미연
교정교열 | 문해순

펴낸곳 | (주) 도서출판 책과함께
　　　주소 (04022) 서울시 마포구 동교로 70 소와소빌딩 2층
　　　전화 (02) 335-1982
　　　팩스 (02) 335-1316
　　　전자우편 prpub@hanmail.net
　　　블로그 blog.naver.com/prpub
　　　등록 2003년 4월 3일 제2003-000392호

ISBN 979-11-91432-16-9 03900